HISTOIRE

DU MOBILIER

RECHERCHES ET NOTES SUR LES OBJETS D'ART

QUI PEUVENT COMPOSER L'AMEUBLEMENT ET LES COLLECTIONS

DE L'HOMME DU MONDE ET DU CURIEUX

PAR

ALBERT JACQUEMART

Auteur de l'*Histoire de la porcelaine*, des *Merveilles de la céramique*, etc., etc.

AVEC UNE NOTICE SUR L'AUTEUR

PAR M. H. BARBET DE JOUY

Conservateur des collections du Moyen-Age et de la Renaissance au musée du Louvre

OUVRAGE CONTENANT

PLUS DE 200 EAUX-FORTES TYPOGRAPHIQUES

PROCÉDÉ. GILLOT

PAR JULES JACQUEMART

PARIS

LIBRAIRIE HACHETTE ET CIE

79, BOULEVARD SAINT-GERMAIN, 79

—

1876

HISTOIRE
DU MOBILIER

DU MÊME AUTEUR

HISTOIRE DE LA CÉRAMIQUE, depuis l'antiquité jusqu'à nos jours. 1 magnifique volume grand in-8, avec 200 gravures, 800 monogrammes insérés dans le texte et 10 eaux-fortes, par J. Jacquemart. . . . . 25 fr.

Typographie Lahure, rue de Fleurus, 9, à Paris.

PRÉFACE

Ce livre est l'œuvre dernière d'un esprit laborieux et délicat; la science et la sagacité qui y abondent, sont les fruits naturels et mûris à leur heure, de longues études et d'observations continues; à des recherches incessamment poursuivies, trop tôt interrompues, le talent d'un fils tendre et soucieux de la gloire paternelle, ajoute le plaisir des yeux, le secours spontané que des dessins spirituels prêtent à la lucidité d'un texte.

Il y a un an, l'auteur tenait encore la plume : il a cessé d'écrire et de vivre le 14 octobre 1875.

Né en 1808, Parisien, il a vu renaître et se développer le goût devenu la passion de la génération qui succède à la sienne.

Les hommes qui datent du commencement du siècle peuvent se rappeler quel était, à peu d'exceptions près, le mobilier de leurs parents : la nudité d'un vestibule, la froideur d'une salle à manger, l'ordonnance d'un salon, la symétrie d'une chambre. Comment et par quels enseignements l'imagination et l'habileté se sont-ils substitués à la routine et à l'ignorance, quels hommes ont précédé ceux qu'aujourd'hui nous voyons agir?

A la fin du siècle, la Terreur avait anéanti les fortunes et dispersé les mobiliers de l'aristocratie française; les amateurs d'objets précieux, plus nombreux alors en Angleterre qu'en autre pays de l'Europe, avaient recueilli la plus grosse part du luxe de la monarchie, mais à côté ou à la suite des étrangers de qui les enrichissements ont été une perte irréparable, l'œuvre de conservation qui devait précéder le réveil du goût, s'effectuait patiem-

tion et ses écrits. Lorsqu'une Commission fut nommée, il y a quelques années, pour le perfectionnement de la manufacture de Sèvres, Albert Jacquemart était d'avance désigné par l'opinion pour en faire partie, et y apporta des idées nettes et solidement élaborées ; ses collègues se rappelleront, avec le regret de ne plus l'entendre, sa parole facile, toujours élégante, la justesse de ses observations, l'étendue de son savoir.

Ses preuves, d'ailleurs, étaient des plus convaincantes et des plus complètes : en 1861 et 1862, en collaboration avec M. Edmond Le Blant, il avait publié, chez M. Techener, l'*Histoire artistique, industrielle et commerciale de la porcelaine;* de 1866 à 1869, chez M. Hachette, trois volumes des *Merveilles de la Céramique*. Pendant dix ans, dans la *Gazette des Beaux-Arts*, il avait répandu ses idées, communiqué sa science, devancé les plus habiles, suivi les plus hardis : M. Henri Perrier, qui, dans le journal *l'Art*, a dressé une liste des volumes et tirages à part, des articles publiés dans la *Gazette*, des catalogues raisonnés, dont la réunion constitue l'œuvre d'Albert Jacquemart, inscrit quarante numéros et ne dit pas que la liste soit complète; la parcourir avec attention, c'est se rappeler à son rang tout ce qu'on a lu de lui, sur la curiosité, de neuf et d'ingénieux, depuis qu'une phalange d'écrivains habiles a consacré ses talents à l'éducation d'une société qui aime passionnément et recherche avec intelligence les élégances des siècles illustrés par les progrès et la perfection des arts.

Le crayon et le burin du fils n'avaient fait défaut ni à l'*Histoire de la porcelaine*, ni aux *Merveilles de la Céramique :* dans le premier de ces deux ouvrages de son père, M. Jules Jacquemart avait gravé vingt-six planches à l'eau-forte qui avaient révélé toute la puissance de son talent; il avait, sans compter, répandu dans le second les plus charmants dessins.

Famille privilégiée, où le fils a pu si parfaitement graver ce que le père savait si bien décrire.

BARBET DE JOUY

Octobre 1876.

HISTOIRE

DU MOBILIER

INTRODUCTION

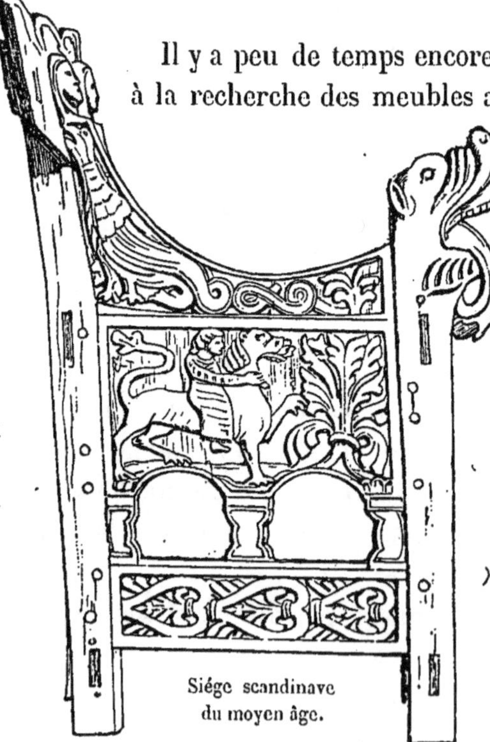
Siége scandinave du moyen âge.

Il y a peu de temps encore, les hommes qui se livraient à la recherche des meubles anciens, des antiques, des verreries de Venise, des poteries sigillées ou peintes, étaient classés parmi les originaux, les fous. On sait ce que disait La Bruyère des curieux de son temps ; au commencement de ce siècle, l'esprit public n'était pas plus éclairé sur la portée des recherches archéologiques ; le nombre des amateurs avait augmenté ; le cercle des objets recueillis s'était élargi ; pourtant Walter Scott, collectionneur lui-même, sacrifiait au préjugé en désignant comme d'innocents maniaques destinés à être trompés, ceux qui voulaient voir dans les choses d'usage ancien une histoire des hommes et de la civilisation.

Nous ne réfuterons pas ici ces idées ridicules; la chose a été faite avec autant d'esprit que de savoir par M. Edmond Bonnaffé dans ses *Collectionneurs de l'ancienne Rome et de l'ancienne France.*

C'est donc tout récemment et grâce à la persévérance des chercheurs que les idées se sont modifiées; le goût en se propageant s'est éclairé. Cessant de courber la tête sous une stupide ironie, les curieux se sont faits les instituteurs du public; les savants catalogues de nos collections du Louvre, de Cluny, de la Bibliothèque, sont devenus de lucides traités d'histoire; de nombreux livres spéciaux ont classé méthodiquement les épaves des siècles passés, en ont montré la connexion avec les progrès des mœurs; les collectionneurs n'ont plus mis une ambition naïve à augmenter seulement le nombre de leurs pièces; ils ont choisi, entre toutes, celles qui indiquaient un progrès dans l'art ou qui portaient la trace et le témoignage des événements contemporains.

Aussi nul n'oserait aujourd'hui fronder sérieusement la manie du *bibelot;* on en rit par un reste de fausse honte et par souvenir des traditions arriérées, et parmi les rieurs mêmes il en est peu qui ne recherchent quelques spécimens modestes ou éclatants de ces anciennes industries qui montrent l'avancement du passé en stimulant si heureusement le travail intellectuel de notre temps.

Pourtant si ce pas immense a été fait, il en reste un autre non moins difficile à accomplir. On ne peut demander aux gens du monde que leur fortune, leurs instincts poussent à l'acquisition des choses d'art, de s'entourer de livres sans nombre, et de passer de longues heures à les compulser pour trouver une date, fixer les caractères d'un style, ou chercher la probabilité d'un nom. Dans notre vie agitée, active à l'excès, combien, parmi les curieux, déroberaient aux affaires le temps nécessaire pour consulter les inventaires, parcourir les musées dans le but d'une confrontation nécessaire pour établir sûrement l'origine et la filiation d'un objet?

Il nous a donc paru qu'il serait essentiellement utile d'éviter à tous les curieux l'obligation de ce travail, en réunissant, sous une forme simple et méthodique, les renseignements que l'histoire, la chronologie, la technique, peuvent fournir sur chaque branche de l'art; en signalant siècle par siècle les types qu'on peut consulter immédiatement dans nos collections publiques. Ainsi, sans perdre de temps et par une lecture sommaire, l'amateur reconnaîtrait l'origine réelle et la date d'un objet acquis ou qu'il voudrait acquérir, et alors même qu'il croirait utile de confirmer ses appréciations par la vue d'un monument analogue, il irait sans hésitation à la galerie qui peut le lui montrer.

Souvent on délaisse un spécimen précieux parce que son aspect est insolite et qu'on craint d'être en présence d'une contrefaçon maladroite. C'est là souvent le caractère des œuvres de transition, ou de ces fabrications collatérales marquant, dans des contrées voisines, l'influence d'une industrie estimée, dont les branches doivent, plus tard, prendre une importance capitale. Ces connexions, il suffit de les signaler pour éveiller l'attention du curieux ; un mot, une figure, un nom d'artiste, jettent tout à coup la lumière sur ces points obscurs, et l'hésitation cesse, au grand profit du progrès des études historiques.

C'est pour avoir senti combien ces éléments d'étude étaient épars et insaisissables que, depuis nombre d'années, lisant la plume à la main, accumulant les notes, colligeant les noms, nous avons réuni des matériaux énormes qu'il ne s'agissait plus que de mettre en ordre pour composer ce livre.

N'est-ce donc qu'une compilation ? Non ; nous espérons qu'on jugera qu'il y a plus que cela. Des recherches spéciales, un commerce intime et prolongé avec les choses de l'extrême Orient, nous ont ouvert, peut-être, des aperçus nouveaux touchant les civilisations anciennes de ces contrées, et l'influence qu'elles ont pu exercer sur les arts de l'Occident. De là, pour la détermination chronologique et ethnique des styles, une certitude qui avait manqué jusqu'alors.

On demande, aujourd'hui, beaucoup à la forme d'un livre ; un simple dictionnaire, des chronologies arides, rebuteraient immédiatement le lecteur qui, tout en cherchant la lumière, veut éviter l'ennui. Nous avons donc adopté une division en livres et chapitres où le curieux pourra trouver sûrement le point qui l'intéresse ; chaque branche de l'art a, pour ainsi dire, son histoire spéciale, soit en Orient, soit en Occident, et, lorsqu'il nous a été possible de dissimuler les listes nominatives en les fondant dans le texte, nous l'avons fait avec empressement. Le tableau suivant, présentant les divisions générales et particulières du volume, permettra au lecteur de se diriger sans hésitation, et lorsque certaines matières auront des connexions entre elles, nous ne manquerons pas de renvoyer de l'une à l'autre.

LIVRE PREMIER

MOBILIER

CHAPITRE Ier. Mobilier historique. — Son caractère. — Ses époques principales.

CHAPITRE II. Mobilier éclectique. — Comment il doit être formé.

CHAPITRE III. Espèces diverses de meubles.

§ 1. Meubles en bois sculpté, — de l'Occident, — de l'Orient.

§ 2. Meubles incrustés en piqué, — de l'Occident, dits *alla certosa*, — de l'Orient.

§ 3. Meubles d'ébène, — incrustés d'ivoire, — sculptés.

§ 4. Meubles incrustés de pierres. — Occident : meubles gemmés. — Mosaïque de Florence. — Meubles incrustés de l'Orient.

§ 5. Meubles d'ébène ornés de cuivres.

§ 6. Meubles plaqués d'écaille et de métal.

§ 7. Meubles en marqueterie de bois divers.

§ 8. Meubles plaqués avec appliques de porcelaine.

§ 9. Meubles en laque ou en vernis, — de l'Europe, — vernis Martin, — de l'Orient.

§ 10. Meubles en bois doré ou peint.

LIVRE DEUXIÈME

TENTURES

CHAPITRE Ier. Tapisseries. — Europe. — Orient.

CHAPITRE II. Broderies, — européennes, — orientales. — Dentelles.

CHAPITRE III. Étoffes. — Europe. — Orient.

CHAPITRE IV. Cuirs estampés. — Papiers peints.

LIVRE TROISIÈME

OBJETS D'ART DÉRIVÉS DE LA STATUAIRE

CHAPITRE Ier. Marbre. — Pierre. — Albâtre.

CHAPITRE II. Bronzes, — antiques, de la Renaissance. — Plaquettes. — Médaillons. Bronzes orientaux.

LIVRE QUATRIÈME

OBJETS D'ART ORNEMENTAL

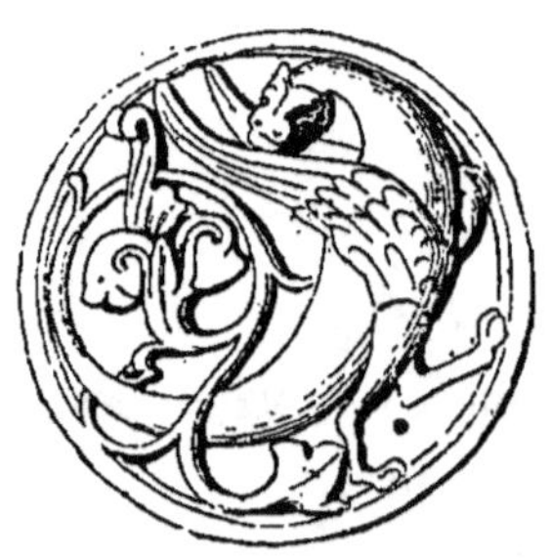
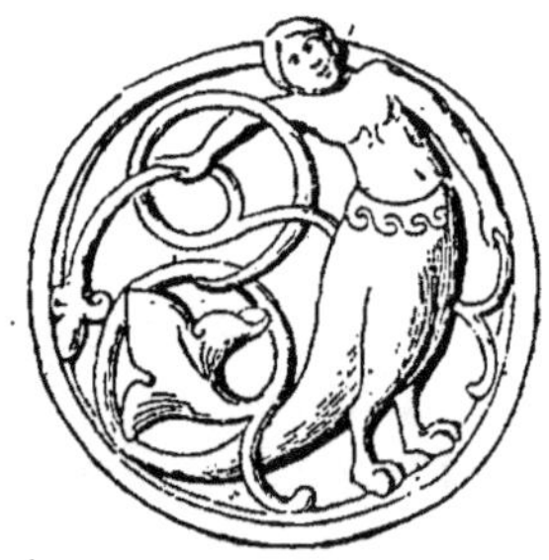

LIVRE PREMIER

MOBILIER

CHAPITRE PREMIER

MOBILIER HISTORIQUE

Pour parler du mobilier, il faut commencer par définir la valeur du mot selon les diverses époques auxquelles il s'applique. Dans son sens propre et général, mobilier veut dire tout ce qui est mobile, transportable, facile à mettre à l'abri.

En effet, dans les premiers temps de notre histoire, l'homme était en quelque sorte nomade ; si les besoins mêmes de la défense faisaient ériger des châteaux, forteresses propres à arrêter une incursion ennemie, à protéger les modestes habitations qui venaient se grouper autour, seigneurs et vassaux, riches et pauvres, prévoyant l'invasion victorieuse ou la nécessité d'aller combattre au loin pour la cause du pays, se tenaient prêts à renfermer dans des coffres réunis d'avance les objets composant leur avoir : ces coffres sont donc le premier, le plus ancien mobilier.

A mesure que la sécurité s'accrut, que les sociétés plus condensées trouvèrent un appui dans leur organisation légale, le bien-être se développa, et avec lui le luxe, ce besoin inné des races intelligentes, dont les yeux veulent être satisfaits en proportion des lumières de l'esprit.

Ce n'est donc, à proprement parler, qu'après les luttes du moyen âge qu'il a pu exister un mobilier tel que nous l'entendons aujourd'hui, c'est-à-dire un ensemble d'objets placés dans les divisions principales de l'habitation pour satisfaire à des besoins différents et s'offrir sous un aspect agréable, élégant, grandiose même.

Il est donc bien difficile aujourd'hui de composer un mobilier vraiment historique, même en cherchant ses éléments dans les époques voisines de nous. Les mœurs et les besoins ont changé ; les pièces anciennes ont été détruites en grand nombre, et lorsqu'on les trouve, elles n'offrent qu'une appropriation incomplète au *confortable*, invention moderne, mais qui s'impose absolument dans toute habitation luxueuse.

Quelques personnes ont songé, il est vrai, à transformer les meubles anciens pour les adapter aux exigences actuelles ; c'est là une barbarie contre laquelle protesteront tous les hommes de sens. Respectons les épaves des temps passés et gardons-nous d'y porter une main sacrilége. C'est à ce prix que des reliques précieuses peuvent conserver leur prestige et rehausser les galeries des heureux qui les possèdent.

Nous n'admettons pas non plus le compromis adopté par quelques-uns, et qui consiste à compléter, par des imitations modernes, un ensemble caractérisant une époque. Peu de personnes s'y laisseraient tromper, et une pièce fausse glissée dans une collection quelconque jette le trouble dans l'esprit du visiteur et le fait douter de l'authenticité de tout le reste.

Jetons maintenant un rapide coup d'œil sur les époques auxquelles le curieux peut demander avec chance de succès les parties diverses d'un mobilier de choix.

Au quatorzième siècle, Charles V et Jeanne de Bourbon avaient réuni au Louvre et dans leurs châteaux des merveilles sans nombre dont un inventaire détaillé nous a conservé la description. Il fallait nécessairement que les appartements destinés à contenir ces trésors leur offrissent un cadre convenable, et, en effet, tous les écrits contemporains constatent l'admiration qui saisissait les visiteurs et que partagèrent l'empereur Charles IV et son fils Wenceslas, roi des Romains, lorsqu'ils vinrent à Paris en 1378. Ces princes eurent même un grand plaisir, disent les écrivains, à recevoir de la part du roi de magnifiques joyaux *tels qu'on les savait faire à Paris*. Christine de Pisan a chanté

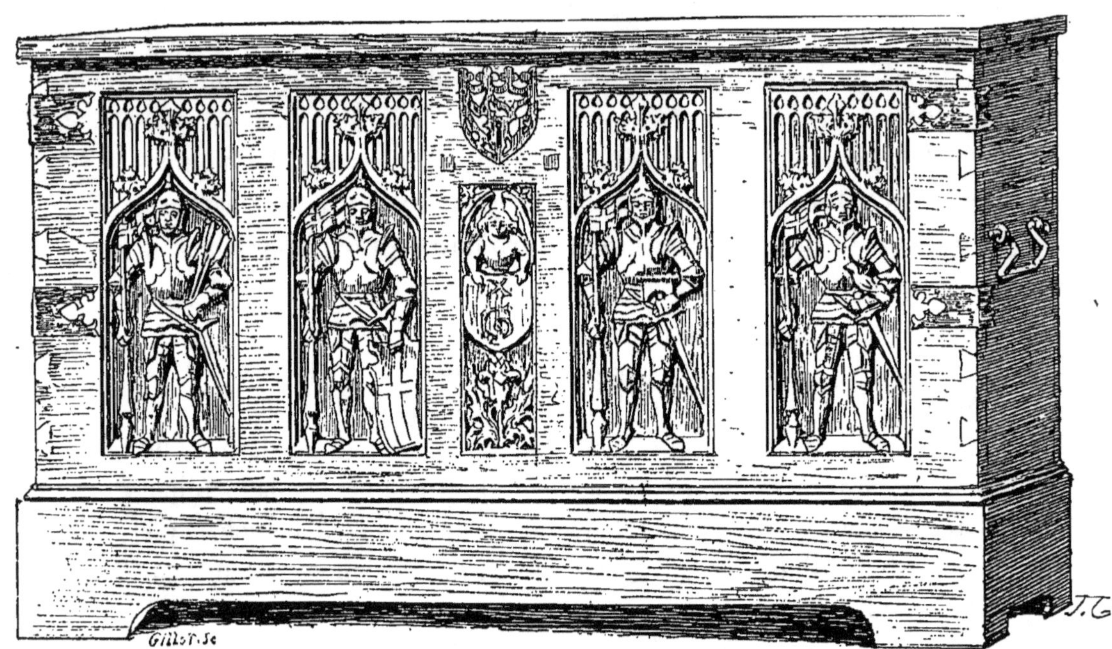

Coffre en noyer du quinzième siècle. (Collection de M. A. Queyroy.)

les splendeurs des demeures royales « les aornemens des sales, chambres d'estranges et riches bordeures à grosses perles d'or et soye à ouvrages divers ; le vaissellement d'or et d'argent, et autres nobles estoremens (meubles) n'estoit se merveilles non ». Mais si elle trouve de tels accents pour louer la magnificence souveraine, elle sait, dans le *Trésor de la cité des dames*, s'élever vigoureusement contre le luxe immodéré qui s'introduit dans tous les états et dérange les fortunes ; ainsi elle signale à la critique l'ameublement et les recherches de la femme d'un marchand, non de ceux qui vont outre-mer, par tous pays ont leurs facteurs et sont appelés « nobles marchantz ; mais celle dont nous disons achapte en gros et vend à détail pour quatre souz de denrées (se besoing est), ou pour plus ou pour moins (quoiqu'elle soit riche et portant trop grand estat). Elle fist à une gésine d'ung enfant qu'elle eut n'a pas longtemps. Car ains qu'on entrast en sa chambre, on passoit par deux autres chambres moult belles, où il y avoit en chascune ung grand lict bien et richement encourtiné, et en la deuxiesme ung grand dressoir couvert, comme ung autel, tout chargé de vaisselle d'argent. Et puis de celle-là on entroit en la chambre de la gisante, laquelle étoit grande et belle, tout encourtinée de tapisserie faicte à la devise d'elle, ouvrée très-richement en fin or de Chippre, le lict grand et bel, encourtiné d'ung moult beau parement, et les tappis d'entour le lict mis par terre, sur quoy on marchoit, tous pareilz à or, et estoient ouvrez les grands draps de parement, qui passoient plus d'ung espau par soubz la couverture de si fine toile de Reims, qu'ilz estoient prisez à trois cents francs (3,240 francs), et tout pardessus ledict couvertouer à or tissu estoit ung autre grand drap de lin aussi délié que soye, tout d'une pièce et sans cousture, qui est une chose *nouvellement trouvée à faire*, et de moult grand coust qu'on prisait deux cents francs (2,160 francs) et plus, qui estoit si grand et si large qu'il couvroit de tous lez le grand lict de parement, et passoit le bord dudict couvertouer, qui traisnoit de tous les costez. Et en celle chambre estoit ung grand dressoir tout paré, couvert de vaisselle dorée. Et en ce lict estoit la gisante, vestue de drap de soye tainct en cramoisy, appuyée de grandz oreillez de pareille soye à gros boutons de perles, atournée comme une damoyselle. Et Dieu scet les autres superfluz despens de festes, baigneries, de diverses assemblées, selon les usaiges de Paris à accouchées, les unes plus que les autres, qui là furent faictes en celle gesine ; et pour ce que cest oultraige passa les autres (quoiqu'on en face plusieurs grands) il est digne d'estre mis en livre. Si fut ceste chose rapportée en la chambre de la Royne.... qui guères plus n'en feroit. »

Le quinzième siècle n'aurait certes rien à ajouter à ce luxe ; tout au plus pourrait-on lui demander des objets de nature à meubler un oratoire ou un cabinet de travail, c'est-à-dire des chaires, des bancs, des pupitres et prie-Dieu, des armoires pouvant contenir des livres, etc. Au reste, Guillebert de Metz, dans sa *Description de Paris*, va nous prouver à combien peu se réduisait alors le mobilier, même chez un curieux, en analysant ce que possède « maistre Jacques Duchie » dans son hôtel de la rue des Prouvelles (Prouvaires).

« La première salle est embellie de divers tableaux et escriptures d'enseignemens atachies et pendus aux parois. Une autre salle remplie de toutes manières d'instrumens, harpes, orgues, vielles, guiternes, psalterions et autres, desquelz ledit maistre Jacques savoit jouer de tous. Une autre salle estoit garnie de jeux d'echez, de tables, et d'autres diverses manières de jeux à grand nombre. Item une belle chapelle où il avoit des pulpitres à mettre livres dessus, de merveilleux art, lesquelz on faisoit venir à divers siéges loings et pres a destre et a senestre.... Item pluseurs autres chambres richement adoubez de lits, de tables engigneusement entaillies, et pares de riches draps et tapis à orfrais.... »

Au seizième siècle, les meubles applicables à nos usages sont déjà plus nombreux ; les nécessités du transport subsistent encore et tout doit pouvoir se démonter ; les lits ont leurs colonnes et autres parties articulées ; les tables sont à tréteaux ou brisées pour se rabattre sur leur axe ; les cabinets sont nombreux et variés de matières et de dimensions, de telle sorte que, remplis d'objets précieux, ils puissent trouver place dans les coffres ou bahuts ; les chaises à tenailles ou brisées, en un mot le mobilier de *camp* est prêt à être emballé avec les coussins de garnitures, les tapis et tentures mobiles qu'on accrochait là où se trouvait la résidence du moment.

A la fin du siècle, les meubles se multiplient encore et déjà les plus encombrants cessent de voyager ; au moment où l'on quitte le château qui les renferme, on les relègue dans le *galetas* ou garde-meuble où ils resteront jusqu'au retour. A ce moment le goût des curiosités se

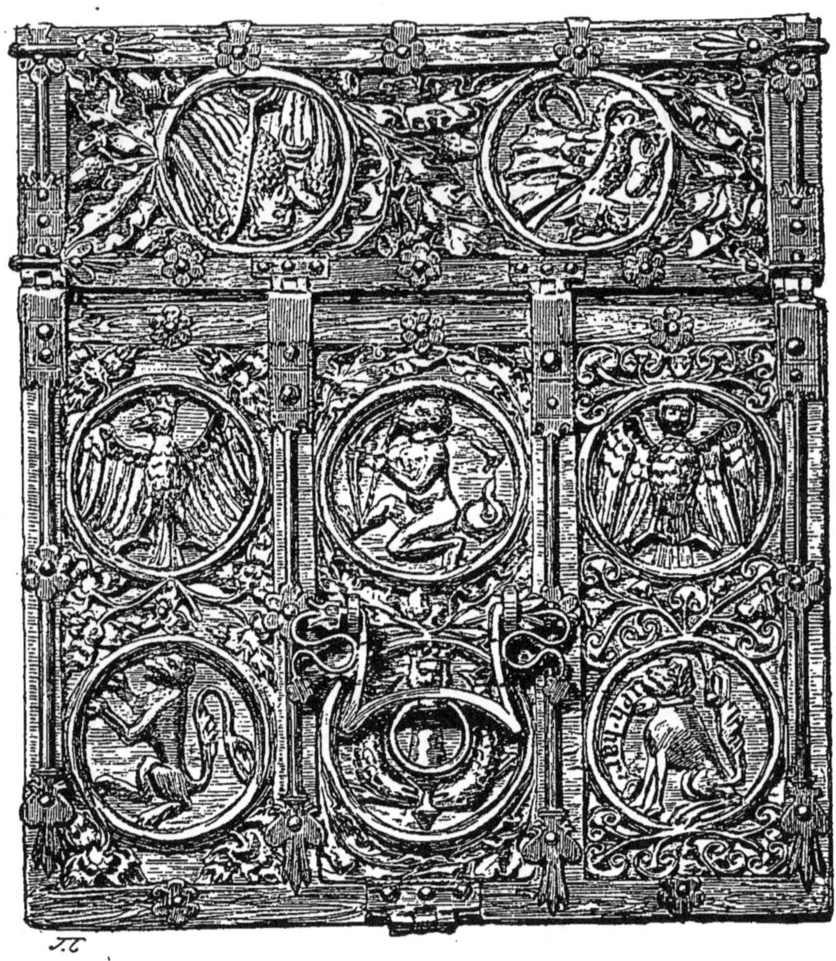

Coffret sculpté, à poignées et ferrures ciselées; travail allemand de la fin du quatorzième siècle.
(Ancienne collection Alf. Gérente.)

répand ; les navigations lointaines procurent les meubles d'*Yndie*, les coffrets peints à la façon de Turquie, les tapis orientaux et ces porcelaines de Chine qu'on se procurait si facilement au Caire que Belon ne pouvait croire qu'elles vinssent véritablement de l'Orient extrême.

Il est facile, au reste, de se rendre compte aujourd'hui des richesses que pouvait renfermer un palais en 1589 ; l'*Inventaire des meubles de Catherine de Médicis*, publié par M. Edmond Bonnaffé, est à cet égard aussi instructif que possible et nous allons lui emprunter la description de l'arrangement compliqué d'un lit de *parement* rédigée par le tapissier Trubart.

« Ung lict à doubles pentes à campanes au gros poinct de tapisserie de soye rehaussé d'or et d'argent, garny de six pentes de tapisserie trois pour le haut et trois pour les soubassemens, quatre pentes de damas blanc figuré d'or, sur lesquelles y a des bandes de broderie d'or et d'argent cliquant, pour servir au dedans du lict, quatre quenouilles du mesme damas, trois grandz rideaux de mesme damas garnys d'une bande d'ouvrage de soye rehaussée d'or et d'argent par dehors, et par dedans d'une bande de broderie d'or et d'argent cliquant avec des chiffres, quatre bonnes graces de tapisserie de soye rehaussée d'or et d'argent doublée du mesme damas blanc figuré d'or semblable aux rideaux, la couverte de parade de mesme damas blanc figuré d'or garny de pentes de broderie d'or et d'argent cliquant au lieu de passement. Le tapis de table traînant de mesme damas, garny d'une bande de tapisserie de soye rehaussée d'or et d'argent faicte en cordelière, le bas d'une bande de tapisserie de soye à campane rehaussée d'or et d'argent. Ung dez à doubles pentes, les pentes de dehors faictes de tapisserie de soye à gros poinct, rehaussée d'or et d'argent, de damas blanc figuré d'or garny d'une bande de tapisserie de soye rehaussée d'or et d'argent façon de cordelière, la queue et le fond moictié de damas blanc figuré d'or et l'autre moictié de mesme, les pentes de dehors, les dictes pentes doublées de taffetas blanc, la queue et le fond doublés de bougran blanc, sur deux aulnes en quarré. »

N'oublions pas qu'il s'agit ici d'un lit royal, et pour revenir à des choses moins exceptionnelles, renvoyons à Cluny, où la garniture provenant du château de Villepreux et ayant appartenu à Pierre de Gondy, évêque de Paris, montrera le luxe du seizième siècle sous un aspect plus modeste, et permettra de composer un lit mieux approprié aux besoins actuels.

Nous ferons ressortir encore cette particularité importante que l'inventaire de Catherine de Médicis montre réunis en grand nombre les cabinets en ébène marqueté d'ivoire et ceux façon d'Allemagne, c'est-à-dire, marquetés de bois divers, mais qu'il passe sous silence les meubles sculptés, qui devaient être encore en usage, comme le pourraient prouver ceux aux chiffres d'Henri II et au double croissant qu'on rencontre dans les musées et chez les curieux. C'est une indication pour le mélange possible de ces trois espèces dans un même ensemble. On est encore dans le seizième siècle pur tant que n'apparaissent pas les pièces un peu alourdies de l'époque d'Henri IV qui mènent directement au style Louis XIII.

Le mobilier de cette époque de transition, triste parfois à cause de l'abus du bois d'ébène, a déjà certaine pompe annonçant le siècle de Louis XIV ; et quand nous parlons de mobilier, nous n'entendons pas sortir des pièces d'apparat plutôt luxueuses qu'utiles. C'est encore là le caractère de l'époque du grand roi ; chacun a vu ce qui reste de Versailles et les merveilleuses pièces dont a hérité le Louvre à la suite des révolutions qui les ont chassées des résidences royales ; voilà ce dont était formé l'arrangement des palais des grands. Germain Brice décrivant le palais Mazarin en 1698, dit : « Il n'y a point de lieu dans Paris où il y ait plus de curiosités, ni qui soit rempli d'une plus grande quantité de meubles précieux, que celui-ci.... Pour des meubles, on en voit partout de magnifiques, dont on change à chaque saison de l'année.... Après avoir passé plusieurs chambres de plein-pié, tendues de riches tapisseries rehaussées d'or et d'argent, on entre dans une longue galerie, remplie de chaque côté de cabinets garnis de pierreries et de ciselures d'or et d'argent qui sont sur des tables de marbre ou de pierres rapportées. On y verra aussi des vases de jaspes et d'albâtre, de diverses grandeurs, avec de petites statues de bronze, d'un travail exquis. Le plancher de cette galerie est couvert d'un tapis de Turquie tout d'une pièce, d'une longueur extraordinaire. Les appartements d'en bas ne sont pas moins magnifiques. Toutes les salles qui le composent sont pleines de cabinets d'Allemagne et de la Chine, avec des coffres de vernis du Japon, d'une légèreté et d'une odeur admirable.... Dans une autre chambre qui est proche, il y a de grandes

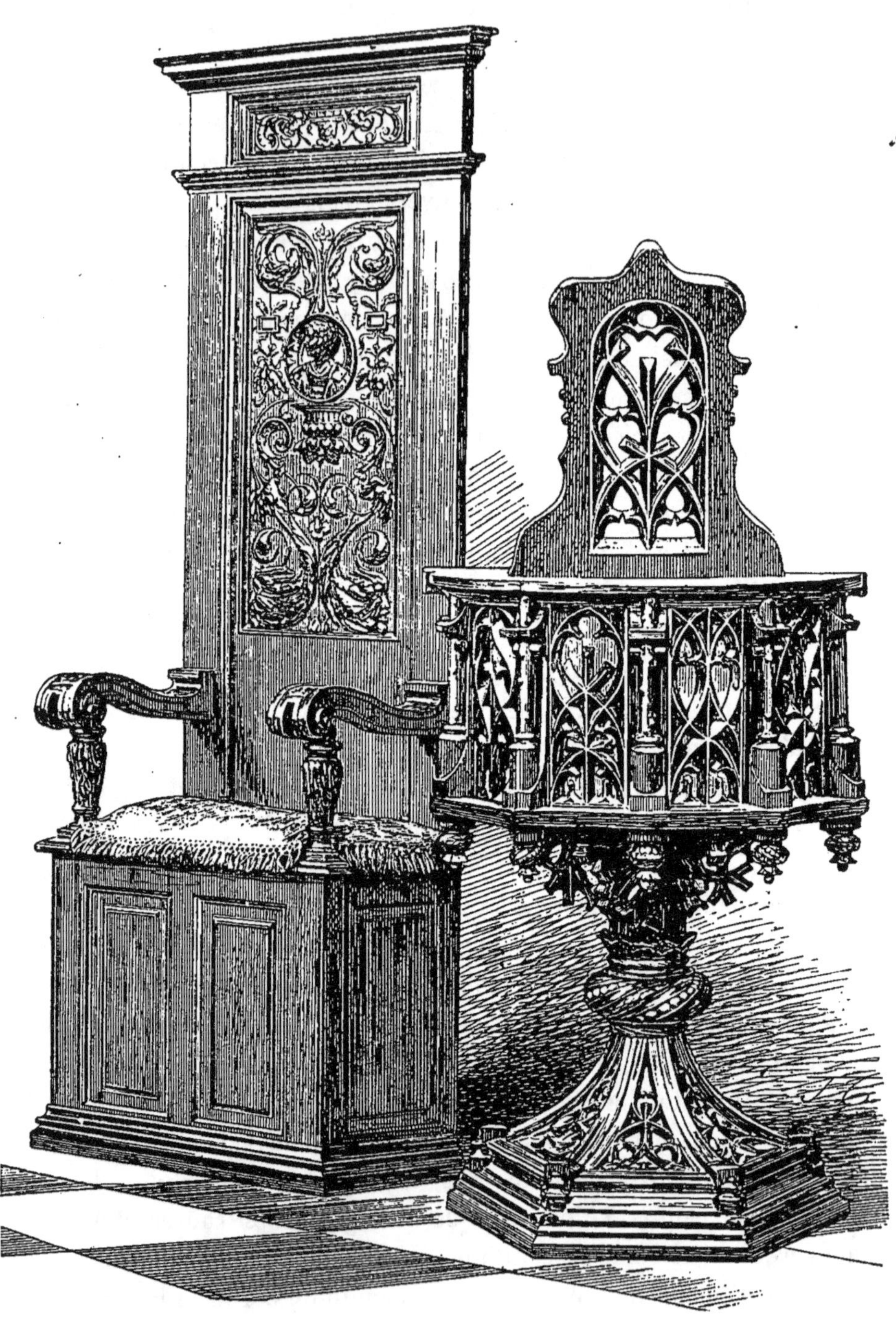

Haute chaise en noyer du règne de François Ier. (Collection de M. A. Moreau.) — Fauteuil semi-circulaire, à pivot, peint, doré et verni; travail allemand du quinzième siècle. (Collection de M. Récappé.)

tables de pierres rapportées et de marbre. La galerie basse et le salon par où on doit passer, sont aussi remplis de bustes et de statues antiques. Cette galerie est de la même longueur que celle dont on a déjà parlé. Enfin on ne saurait trouver ensemble une plus grande variété de belles choses, des horloges, des pendules extraordinaires, des statues d'argent et de vermeil doré, des vases de même matière et en grand nombre. »

On ne saurait chercher un tableau plus complet et prouvant mieux l'absence du mobilier d'usage; pour trouver celui-ci intime et coquet, il nous faut arriver au règne de Louis XV, ce roi qui désertait les grands appartements pour se réfugier dans les réduits à portes dérobées et à escaliers secrets.

Mais alors, si l'emphase a disparu, le caprice exagéré prend sa place, tout se contourne ; le tarabiscoté, le chantourné, les chicorées exubérentes, apparaissent dans toutes choses ; le simple est inconnu. C'est l'époque difficile entre toutes pour l'homme de goût, car le laid y coudoie ce qui n'est que fantaisie ou élégance outrées, et, par un choix judicieux, on peut, en écartant les exagérations, œuvre évidente des artistes de peu de valeur qui ne saisissent les idées que par leur côté excessif, trouver les éléments d'un mobilier charmant de chambre à coucher, de boudoir ou de retiro. Là commence l'ère remarquable des ciseleurs, et les bronzes appliqués sur l'ébénisterie, comme ceux des flambeaux, des girandoles et des lustres, sont souvent d'un admirable travail et d'une conception pleine d'esprit.

De l'époque Louis XVI nous dirons peu de chose ; le goût y porte tout le monde et elle est parfaitement connue ; son caractère de simplicité coquette est une spirituelle protestation contre les rocailles et le dévergondage des meubles précédents. Là, tout ce que nos habitudes actuelles peuvent demander se rencontre sous les formes les plus délicates. La rareté, le haut prix, la crainte des contrefaçons, voilà les seuls écueils que puisse rencontrer le curieux.

On voit par ce rapide aperçu combien la formation d'un mobilier historique offre de difficultés, combien il y faut apporter de soin et de tact afin d'éviter les anachronismes. Dès les temps anciens, l'amour de ce qui est curieux et rare avait introduit dans les intérieurs cette variété heureuse qui caractérise si parfaitement le goût du collectionneur. Les Romains voulaient s'entourer des objets précieux que la conquête ou le commerce lointain pouvaient leur procurer ; le moyen âge eut les mêmes tendances, et la recherche de l'exotique ne fit que croître avec le temps. Chez nous, les croisades furent une première révélation ; les guerres d'Italie achevèrent l'œuvre et suscitèrent notre renaissance.

Les ouvrages orientaux, les riches tapis, les antiques, ont donc le droit de figurer dans les mobiliers anciens pour en augmenter le charme ; c'est ce qui ressort des descriptions qui précèdent. Au dix-septième siècle, l'Inde et la Chine peuvent mélanger leurs produits à ceux de notre industrie nationale ; sous Louis XV, la porcelaine s'impose partout ; c'est le moment de l'épanouissement de notre manufacture nationale et de la découverte en Saxe de la pâte dure semblable à celle des Chinois ; non-seulement la table, mais les cheminées, les meubles, les consoles se couvriront des groupes, des vases, des girandoles de nouvelle invention, ce qui ne veut pas dire que les ouvrages orientaux doivent être proscrits. Ceux-ci perdent un peu de leur vogue sous Louis XVI, et la porcelaine de France tend à prendre leur place ; avec ses peintures délicates, ses couleurs douces et variées, la porcelaine de Sèvres s'harmoniait merveilleusement avec les placages de bois de rose et les ciselures rivales du bijou, avec les bronzes dorés au mat et les orfévreries fines prétendant au style antique. L'art, disons plus, la science consiste donc à savoir choisir ces éléments divers et à les combiner de telle sorte que le goût soit satisfait sans préjudice pour la vérité historique : alors l'impression est complète et le visiteur croit revivre à une autre époque.

En arriver là est difficile sans doute ; il a fallu non-seulement de grands sacrifices, mais des circonstances heureuses, pour permettre à quelques curieux de compléter un salon, une chambre à coucher, un boudoir, avec des choses non-seulement anciennes, mais d'époque bien précise. Aussi chacun cite le salon Louis XIV de M. Léopold Double, et ce boudoir charmant de la Duthé, où le plafond, les boiseries peintes sont accompagnés de tous les accessoires d'origine recueillis patiemment, poursuivis au feu des enchères publiques ou arrachés au marteau des démolitions. On admire aussi les appartements somptueux de la famille de Rothschild, où l'on s'attend à chaque instant à voir apparaître les sympathiques figures de Marie-Antoinette et de Mme de Lamballe, dont le souvenir est partout évoqué.

CHAPITRE II

MOBILIER ÉCLECTIQUE

Ces difficultés ne doivent pas décourager ceux qui désirent emprunter au passé les objets dont ils s'entourent ; si l'histoire leur échappe par la rigueur de ses exigences, ils peuvent adopter un compromis qu'admet le goût en se composant un mobilier franchement éclectique.

Expliquons-nous ici : parmi les curieux de notre temps, il en est quelques-uns qui, comme leurs ancêtres de la Renaissance et des siècles suivants, se déclarent franchement *collectionneurs* et possèdent un *cabinet*. Dans ces temps, on le sait, le cabinet, dépendance et parure de la demeure, renfermait, avec les bijoux et objets de parure, les pièces d'orfévrerie, les bronzes, les armes, les marbres, les médailles, les cristaux et pierres dures, les tableaux, c'est-à-dire, tout ce qui peut constituer la curiosité. Aujourd'hui, beaucoup, parmi ceux qui recueillent les reliques du passé, se refusent, par modestie, à avouer qu'ils possèdent un cabinet. Sont-ils moins riches en raretés que les curieux anciens? Nullement ; ce qu'ils acquièrent ne se groupe pas dans une seule galerie, le *cabinet;* cela s'épand de toutes parts, cela les entoure où qu'ils soient, et leurs jouissances en sont augmentées, puisque à chaque instant ils ont sous la main l'un de ces mille objets qu'ils aiment. Or, voilà précisément ce qui constitue le mobilier éclectique.

Pourrait-on en conclure qu'il s'agit de posséder des choses de valeur et de les rapprocher au hasard, pour être dans la loi de l'éclectisme ? on certes, et celui qui aura pu voir les hôtels de M. Adolphe Moreau, de M. Georges Berger, du baron Charles Davillier et de M. Edmond Bonnaffé, en demeurera convaincu ; il y remarquera qu'une règle étroite, celle de la convenance et du bon goût, domine cette apparente fantaisie.

Un riche intérieur ne doit pas ressembler, en effet, au magasin d'un marchand bien pourvu, et partout le disparate est choquant ; les choses spécialement datées par le style ont des harmonies indiquées ; les crédences du moyen âge, les bahuts aux fines ogives, jureraient au voisinage des commodes et bureaux tourmentés de forme, éclatants par leurs cuivres tordus et envahissants ; les robustes faïences françaises deviendraient grossières au conctact d'un meuble Louis XVI, et la porcelaine de Sèvres s'affadirait sur une armoire de Boule et rapprochée des cristaux de roche du dix-septième siècle.

La règle, nous dira-t-on ; où la trouver? Nous le répétons, dans le goût. Proclamons à la louange de nos artistes que c'est surtout d'eux qu'on peut prendre conseil pour le savant assemblage de ces choses diverses ; le choix dans les formes, la note juste dans le rapprochement des couleurs, la suprême élégance des ensembles, montrent l'expérience acquise dans leurs études de chaque jour, dans leurs connaissances historiques, en mettant en relief, chez ceux qui d'instinct sont coloristes, toute la puissance de ce génie particulier.

Mettre en valeur une tapisserie d'Arras ou de Flandre, faire ressortir convenablement un cabinet de laque, un piqué de l'Inde ou un ébène incrusté d'ivoire, trouver la place des armes, des porcelaines, des bronzes, montrer une terre cuite de Clodion, un ivoire de Duquesnoy, une orfévrerie de Baslin, suspendre à sa vraie place une broderie persane, une soie de l'Inde, un rouleau japonais, ne saurait être l'œuvre du premier venu. L'anachronisme peut être aussi choquant entre deux pièces mal assorties qu'entre les membres épars d'un mobilier complet ; les plus belles armures prendront un air de ferraille suivant le fond qui leur servira de repoussoir.

Choisir, trouver les transitions, voilà le vrai secret ; c'est celui où excelle M. Barbet de Jouy, non-seulement pour le groupement des richesses publiques dont il est le conservateur, mais pour l'arrangement de sa demeure privée.

De toutes choses, les moins difficiles à placer sont celles de provenance orientale ; la pureté de leur goût, leur éclat, leur permet d'af-

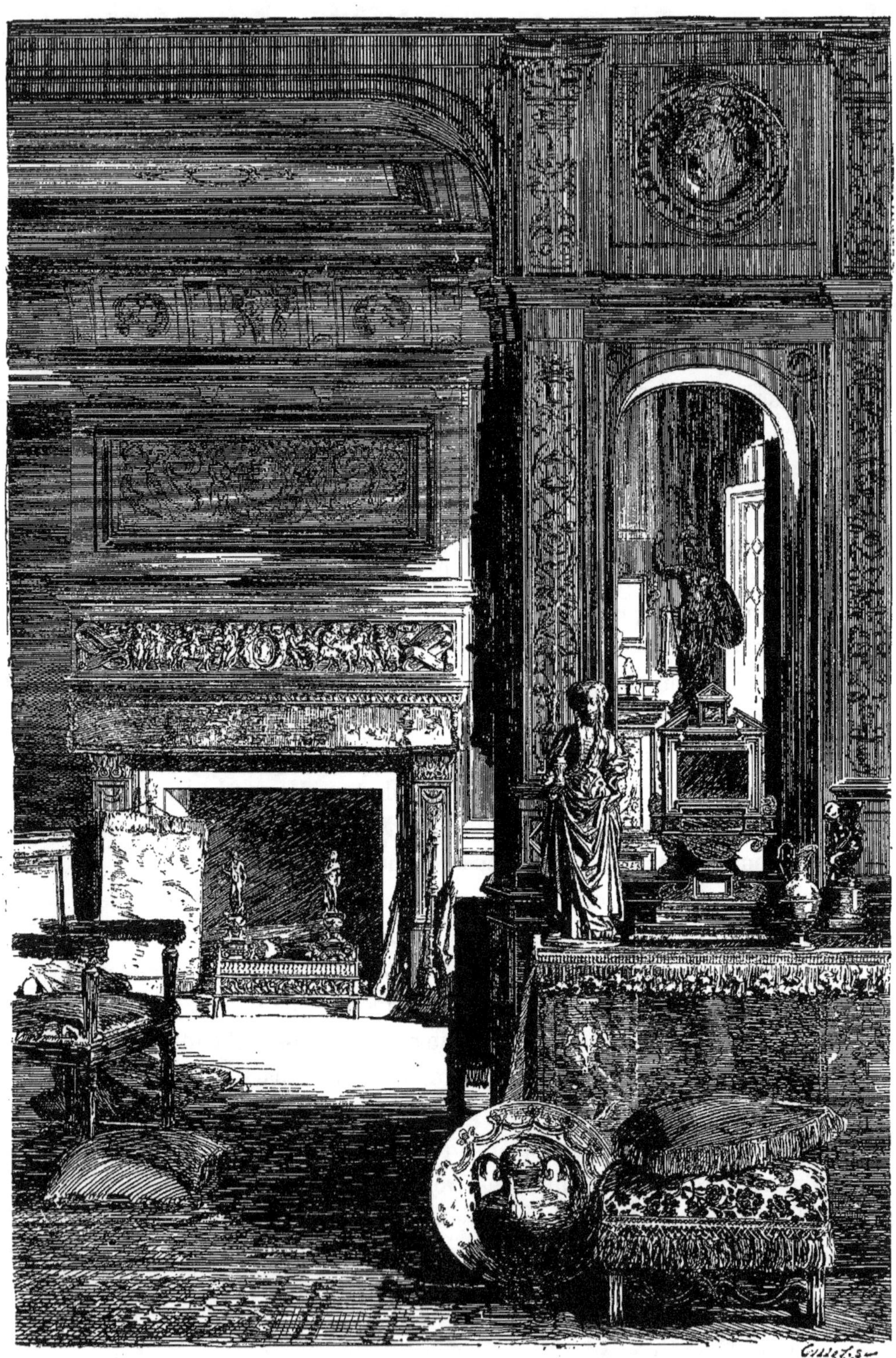

Salon style Renaissance, chez M. Edmond Bonnaffé.

fronter tous les contacts. François Ier les accueillait, malgré sa passion pour les œuvres de la Renaissance; sous Louis XIV, les meubles et les porcelaines de la Chine et du Japon devaient s'associer aux marqueteries et aux bronzes, pour en relever la sévérité; leur part alla s'élargissant sous les règnes suivants, et à la fin du dix-huitième siècle elle était dominante, ainsi qu'on en pourra juger par cette description d'un boudoir, tirée d'*Angola*, histoire indienne, ouvrage sans vraisemblance. Agra (Paris), 1746.

« Un lit de repos en niche de damas couleur de rose et argent, paraissait comme un autel consacré à la volupté; un grand paravent immense l'entourait; le reste de l'ameublement y répondait parfaitement; des consoles et des coins de jaspe, des cabinets de la Chine chargés de porcelaines les plus rares, la cheminée garnie de magots à gros ventre de la tournure la plus neuve et la plus bouffonne, des écrans de découpures, etc. » Oui, c'était bien là le luxe goguenard d'une époque galante et légère, s'élançant pimpante et rieuse vers l'abîme qui devait l'engloutir. Les critiques voilées comme celles d'Angola, les remontrances des philosophes moroses, pas plus que les efforts honnêtes de Louis XVI, ne pouvaient arrêter l'élan fatal et ramener le goût et les mœurs dans des voies plus raisonnables.

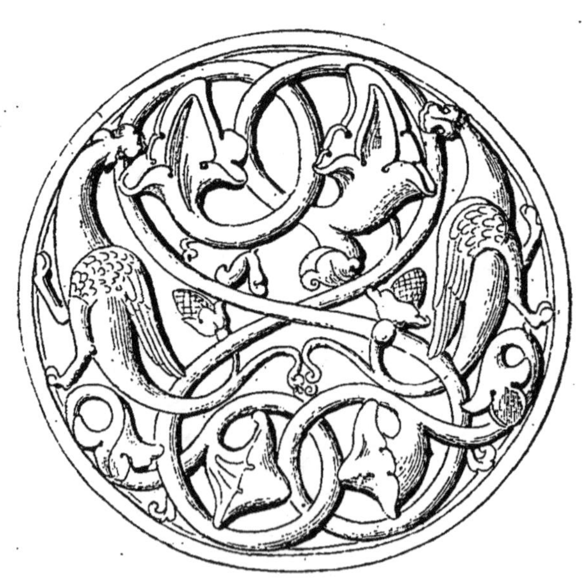

CHAPITRE III

MEUBLES — ESPÈCES DIVERSES

Il y a deux parts à faire dans le mobilier du moyen âge; les monuments les plus importants sont évidemment ceux d'usage religieux; n'est-ce point, en effet, dans la maison de Dieu que devait se manifester le plus grand luxe? Les ateliers établis dans les monastères ne devaient-ils pas réserver tous leurs soins pour cette partie de leur travail? L'histoire le prouve et c'est parmi les stalles de chœur, les garnitures de sacristies qu'il faut chercher les chefs-d'œuvre de l'art.

Nous nous arrêterons peu, pourtant, sur cette partie du mobilier qui s'éloigne un peu de la spécialité de cette étude; il nous suffira de signaler les types qui, dans nos musées, en offrent la caractéristique. Nous citerons en première ligne, le grand dressoir de sacristie conservé à Cluny et qui provient de l'église de Saint-Pol-de-Léon. Sa construction à triple étage, la délicatesse de son couronnement, découpé comme une dentelle, ses panneaux où saillent les armes de France, de Bretagne et celles d'un donateur peut-être, ses belles ferrures armoriées comme le bois, en font un des plus intéressants spécimens de l'ébénisterie du quinzième siècle. Une pièce non moins importante et du même temps est la boiserie sculptée formant grille de clôture qui garnissait une des chapelles de l'église d'Augerolles (Puy-de-Dôme). Mentionnons encore un grand banc de réfectoire aux armes de France et provenant probablement d'une abbaye royale et arrêtons-nous au seuil de la

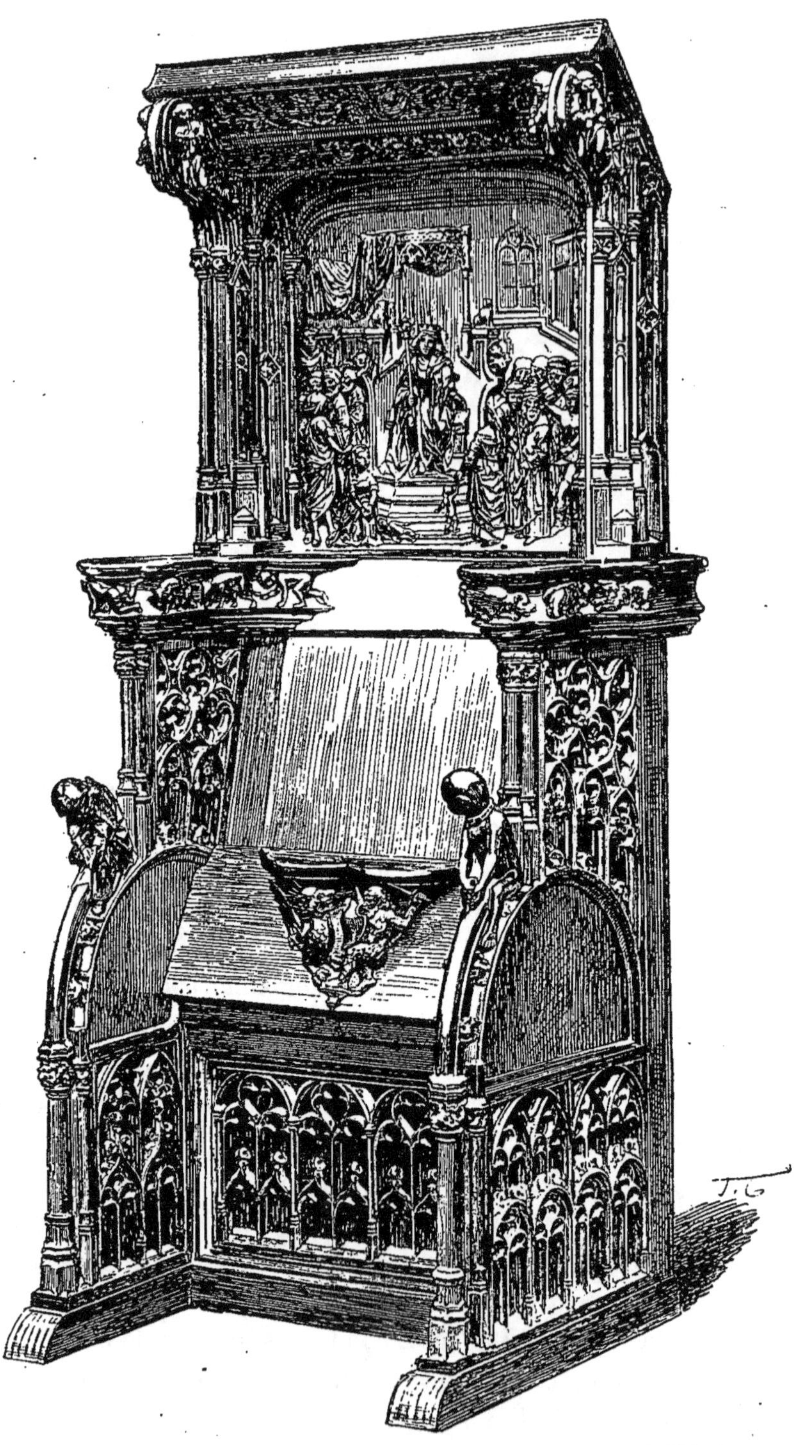

Stalle mobile; travail flamand du milieu du quinzième siècle. (Collection de M. le baron James de Rothschild.)

renaissance, où le mobilier religieux se rapproche par le style du mobilier civil.

Pour trouver les restes de celui-ci, il faut nécessairement chercher dans les habitations seigneuriales. Les premiers artisans chargés de la confection des récipients divers, et plus ou moins grands, qui devaient servir à renfermer et transporter l'avoir de chacun, étaient tout simplement des charpentiers. Il n'est même pas sans intérêt de passer en revue les différents termes qui ont servi à qualifier ce genre primitif de meubles. Le *bahut* dans l'origine était une enveloppe de cuir ou d'osier couvert de toile servant à renfermer et garantir une large boîte dans laquelle se casaient des boîtes plus petites ; avec le temps le nom passa de l'enveloppe à la boîte même et servit à désigner jusqu'à des armoires et des écrins. Le *coffre* est plus variable encore, il se confond souvent avec le bahut, et devient synonyme de malle, écrin, bouge, etc. Très-grand, il servait de refuge aux autres pour le voyage et, dans l'intérieur, faisait l'office de nos armoires; il servait en même temps de siége et même de table. Quant aux coffres plus petits, ils variaient autant par la forme que par la matière, et ceux d'or, d'argent, de bois précieux, de cuivre ciselé et émaillé, eurent une grande part dans la vie élégante et le luxe du moyen âge; l'habitude de serrer dans des coffres, non-seulement les bijoux précieux, mais le numéraire, fit adopter le nom pour exprimer l'ensemble des finances du roi ou de celles de l'État.

La *huche* est encore un coffre ou bahut appelé parfois arche, huceau, hucheau, huchel et buffet ; le hucheau était moins grand que la huche et rien ne permet de reconnaître si les autres variétés du nom indiquaient une différence de forme ou d'usage. M. de Laborde, dans son savant glossaire, fait seulement remarquer qu'en raison des objets précieux que renfermaient les huches, des officiers domestiques de l'hôtel royal prirent le titre de garde-huches.

Revenons à nos ouvriers primitifs, les charpentiers ; pour eux l'art devait être relégué au second rang ; la solidité, on le conçoit, était la première qualité pour ces coffres destinés à voyager souvent sur le dos de sommiers puissants, appelés chevaux bahutiers, à parcourir les escaliers tortueux, les passages étroits des tours féodales et à supporter le poids de ceux qui en faisaient leur siége ; aussi l'une des plus anciennes ornementations consista-t-elle dans l'application de ferrures compliquées qui ajoutaient leur résistance à celle des bois savamment ajustés. Le musée parisien de l'hôtel Carnavalet possède un de ces coffres bardé dans le même système et peut-être par la même main que la célèbre porte de Notre-Dame, l'un des chefs-d'œuvre du treizième siècle.

Pourtant, dès la fin du onzième siècle on avait compris la nécessité d'embellir par quelques reliefs des objets constamment placés en vue et qui devaient chercher à se rapprocher du luxe des tentures et des vêtements ; on alla même plus loin, les grandes surfaces furent couvertes de fonds d'or et rehaussées de peintures.

Au siècle suivant, on se préoccupa de la recherche des formes ; on fit entrer les bois façonnés au tour dans la construction du meuble, puis au treizième siècle on ornementa les fonds de sculptures d'un léger relief.

Pendant ces deux siècles d'ailleurs, le mobilier resta très-borné ; comme nous venons de le dire, les huches et bahuts en faisaient la base, puisqu'on leur confiait les habits, le linge, les objets précieux et l'argent ; le lit venait ensuite, puis la chaire ou chaise du maître du logis, des bancs à dossiers, quelques escabeaux, le buffet qui était mobile et autour duquel on pouvait circuler pour faire le service, et le dressoir en forme d'étagère qu'on garnissait de nappes et sur lequel on rangeait la vaiselle de prix. Les lits étaient entourés d'étoffes suspendues par un système de cordages, et les gros meubles garnis de coussins mobiles et de tapis sarrasinois.

Le treizième siècle, en amenant le perfectionnement des outils, provoqua d'ailleurs une séparation parmi les ouvriers livrés à la fabrication du meuble, divisés désormais en deux corps de métiers : les charpentiers et les menuisiers. Les premiers se spécialisèrent pour les constructions massives ; les autres, pénétrant de plus en plus dans le domaine de l'art, s'assimilèrent aux ymaigiers ou sculpteurs proprement dits, et firent courir sur le bois assoupli, les tiges fleuries, les rinceaux élégants encadrant les personnages et les scènes de l'histoire sacrée ou profane, ou bien encore développèrent dans les compartiments à ogives ou quadrilobes, les sujets des fabliaux et des chants légendaires.

Dans le quatorzième siècle et pendant les premières années du quinzième, la recherche du luxe fut surtout dirigée vers les riches

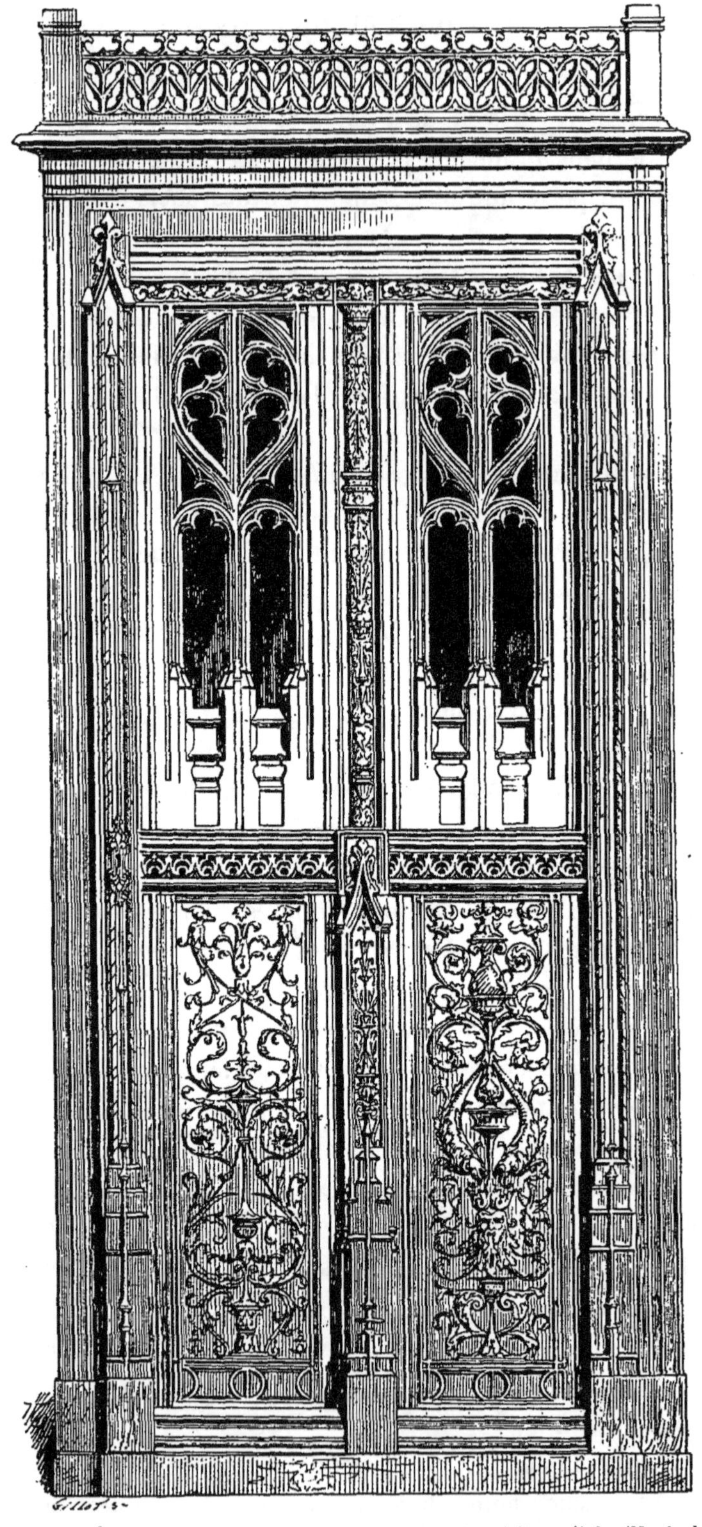

Armoire en bois sculpté; travail français du commencement du seizième siècle. (Musée du Louvre.)

étoffes et les tapisseries dont on recouvrait les meubles, les siéges et les bancs. Les draperies flottantes des lits participaient de ce goût, issu des croisades et inspiré par la vue des magnifiques étoffes de l'Orient. La sculpture progressait pourtant, en Italie on commençait même à donner place à la marqueterie dans le travail du bois, autre emprunt fait évidemment aux pratiques orientales.

Au quinzième siècle voici quel était l'aspect d'une chambre à coucher : le lit encourtiné à ciel avec gouttières montrait ses riches couvertures; à côté était la chaire ou chaïère du maître, puis le tableau de dévotion ou le petit autel domestique appendu à la muraille. Le dressoir et d'autres petits meubles se voyaient autour de la pièce et souvent, devant l'immense cheminée, était un banc à dossier où l'on venait chercher la chaleur. Cette disposition qu'on trouve dans des miniatures et des tapisseries de provenances diverses, prouve l'uniformité des mœurs dans les différentes classes de la société; là ce sont des personnages dont les vêtements et le luxe annoncent la position élevée; ici ce sont de simples bourgeois entourés de leurs serviteurs et d'une foule de choses permettant de juger que cette pièce est en même temps la chambre à coucher, la salle de réception et le réfectoire de la famille.

Si nous pénétrons dans le cabinet de travail de l'homme d'État ou de l'écrivain, nous y trouvons la haute chaise ou faldistoire à dossier monumental, le pupitre tournant nommé roue, servant à maintenir à portée un certain nombre de livres, et des lectrins et des pupitres de diverses sortes pour écrire.

Cette époque correspond d'ailleurs à l'expansion complète de l'architecture ogivale, et les meubles inspirés par le même esprit se divisent en ogives flamboyantes, se couronnent de clochetons à fines aiguilles et de crosses à feuilles épanouies; leurs niches renferment des figures élégamment maniérées, et les panneaux à bas-reliefs rivalisent de perfection avec les retables compliqués et les triptyques religieux. Aussi, l'on ne couvre plus de ces meubles que les parties qui devaient nécessairement l'être, afin de laisser en vue les ingénieuses conceptions de l'artiste. De ces meubles beaucoup déjà ne servaient qu'à satisfaire au luxe, tandis que ceux destinés aux voyages demeuraient simples et se cachaient modestement dans les parties de l'habitation réservées pour la vie intime.

Nous ne pousserons pas plus loin cet aperçu sommaire, car à partir du seizième siècle la vie publique et privée est écrite sur un si grand nombre de monuments, peintures, tapisseries, gravures, manuscrits, qu'il serait superflu d'en essayer une analyse essentiellement décolorée auprès des originaux.

Ce qu'il nous reste à faire c'est d'étudier les meubles, non plus dans leur ensemble, mais par espèce, afin d'en montrer les progrès, les connexions et d'en faire apprécier le style dans leurs transformations successives.

§ 1. — MEUBLES EN BOIS SCULPTÉ

Ce que nous avons dit précédemment de l'usage des meubles primitifs nous dispense d'insister sur ce fait que la plupart étaient en chêne; il ne fallait rien moins que cette matière résistante unie par les robustes assemblages des charpentiers, pour affronter les transports continuels et les chocs sans nombre. On comprend que nous n'avons pas à nous appesantir sur les premiers bahuts dont la majorité a dû disparaître. C'est au moment où l'art se manifeste que l'intérêt commence. Nous avons déjà parlé du coffre bardé de l'hôtel Carnavalet; examinons encore comme caractéristique de la fin du treizième siècle la curieuse pièce acquise à la vente d'Alfred Gerente par le musée de Cluny; c'est un bahut dont les faces sont ornées d'arcatures encadrant des hommes d'armes couverts de leurs armures et des jongleurs; l'une des extrémités montre une chevauchée guerrière, l'autre un arbre aux rameaux divergents chargés de feuilles; le dessus, légèrement bombé, est à médaillons quadrilobés renfermant des scènes de mœurs et des personnages civils et militaires. Les ferrures sont d'un art plus avancé que celui du bois; on peut, en effet, fixer au commencement du treizième siècle l'apogée de l'art du forgeron.

Une sorte de lacune existe entre cette époque et le quinzième siècle où les monuments deviennent nombreux, lacune comblée, il est vrai, par des œuvres de sculpture qui établissent suffisamment les tâtonnements de l'art; c'est un moment de transition, et les appellations diverses par lesquelles on désignait les ouvriers du meuble sont une preuve évidente de l'indécision qui règne dans l'exercice de leur métier :

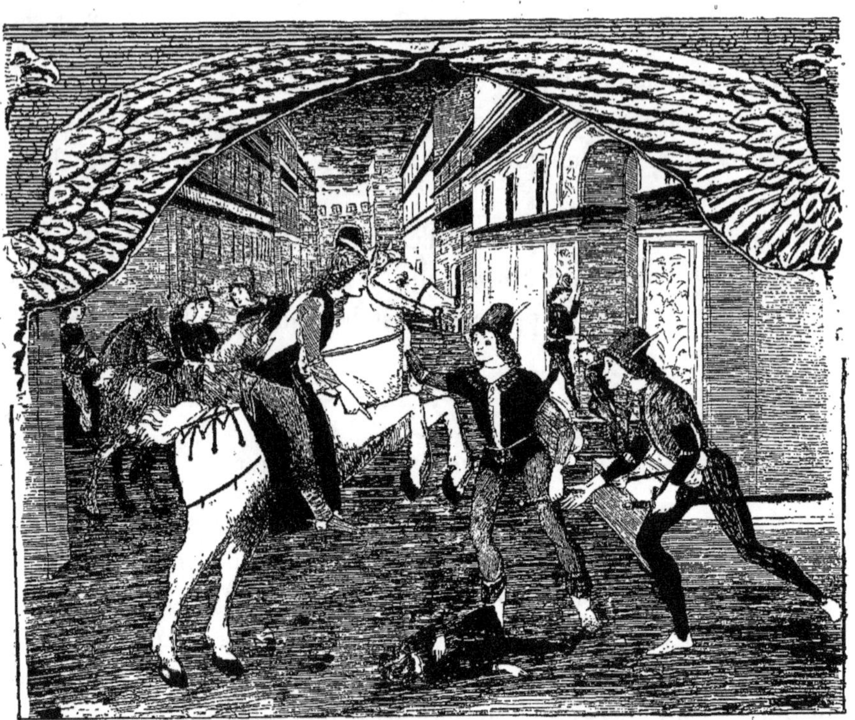

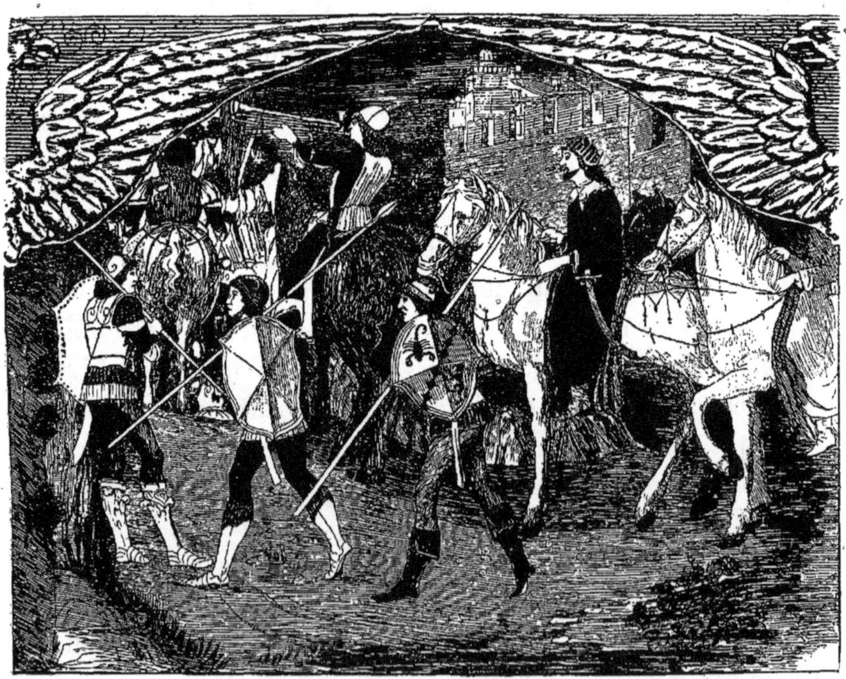

Panneaux d un cassone italien décoré de peintures, du milieu du quinzième siècle. (Collection de M. Henri Cernúschi.)

les uns sont qualifiés de charpentiers ; les autres sont huchiers et coffriers; enfin le nom de menuisier apparaît pour ainsi dire avec la nouvelle forme de l'art et lorsqu'il manifeste ses élégances ; pour trouver des ébénistes, il faudra traverser encore un siècle et pénétrer en pleine Renaissance.

Voici d'ailleurs les premiers noms qui surgissent dans les archives du moyen âge :

1316. Richart d'Arragon, coffrier.
1349. Hue d'Yverny.
1352. Guillaume le Bon, coffrier.
1355. Jean Grosbois, huchier.
1355. Jacques de Parvis, huchier.
1360. Jehan Petrot, échiquier.
1365. Colin de la Baste, huchier.
1365. Hannequin de la Chapelle.
1365. Thibaut le Roulier.
1387. Jehan le Huchier.
1388. Jehan de Richebourt.
1391. Jehan de Troyes.
1396. Simonnet Aufernet, huchier.
1397. Robin Garnier, coffrier.
1398. Girardin, huchier.
1399. Jehan de Liége, charpentier.
1399. Sandom, huchier.

Au quinzième siècle, nous trouvons un charron, Mahier, qui en 1415 fit une chaise roulante en bois de noyer, pour promener la reine Isabeau de Bavière relevant de maladie. Était-ce une œuvre d'art ? Deux choses peuvent le faire soupçonner : d'abord le choix de la matière, ensuite l'élégance habituelle de la femme de galante mémoire qui devait s'y faire voiturer. Les autres artisans :

1448. Piercequin Hugue.
1454. Sauveton Fumelle.
1465. Guillaume Basset.
1477. Guillaume Boyrin.
1478. Jehan de la Planche.

prennent le titre de *huchiers*, hors Fumelle qualifié de *menuisier*. Il y avait même des spécialistes comme Lucas faisant des échiquiers en 1496, comme Jehan Petrot en avait fait en 1360.

Avec les progrès du luxe et ceux du talent, les carrières tendent à se confondre, les genres à se mêler ; dès 1450, l'Italie préparant l'éclosion de son génie particulier, montre, dans toutes les professions, des hommes d'un talent hors ligne ; Giuliano da Maiano, Benedetto, sculpteurs et menuisiers, ne se contentent pas des ressources que peuvent offrir les riches compositions architectoniques combinées avec la statuaire, il leur faut y ajouter la variété des tons et ils imaginent d'incruster le bois de marqueteries diverses. Ils formeront ainsi une école d'où sortiront les *intarsiatori* dont nous parlerons plus loin. Les sculpteurs-ébénistes purs n'en fleurirent pas moins ; en 1406, Marc Brucolo et Antoine Torrigiani construisirent l'espèce de tabernacle destiné à conserver, à Florence, le manuscrit des Pandectes. Le gonfalonier Thomas Soderini chargea Lorenzo de Bicci, en 1451, d'ajouter la richesse du meuble en peignant, sur le fronton Saint-Jean-Baptiste, et sur les portes, Moïse entouré de lis d'or, et les symboles des quatre évangélistes. Cette habitude de joindre la peinture au travail du bois était fort répandue alors, et le peintre Dello, mort vers 1455, s'était fait une réputation dans cette branche d'art.

Il serait, sans doute, téméraire de lui attribuer les scènes que nous reproduisons d'après deux panneaux de bahut appartenant à M. Henri Cernuschi ; tout ce qu'on peut dire, c'est qu'elles sortent du pinceau d'un maître. Un bahut analogue de la même collection est d'ailleurs précieux à plus d'un titre ; d'origine italienne incontestable il est sculpté d'ornements de style ogival élégant qui reçoit un rehaut particulier de certaines réminiscences antiques et romanes ; ainsi, la frise supérieure est une poste arrangée selon le style gothique ; les quatre compartiments de la face antérieure sont formés par des arcades en anses de panier intérieurement trilobées et portées par des colonnettes torses ; toute cette architecture est à fonds colorés et encadre parfaitement les sujets, représentant un même jeune homme se présentant successivement devant des hommes en costumes religieux ; puis dans un château où sa présence est annoncée par des hommes sonnant de la trompette, des femmes viennent le recevoir et l'introduisent dans l'intérieur. Le dernier tableau montre une salle

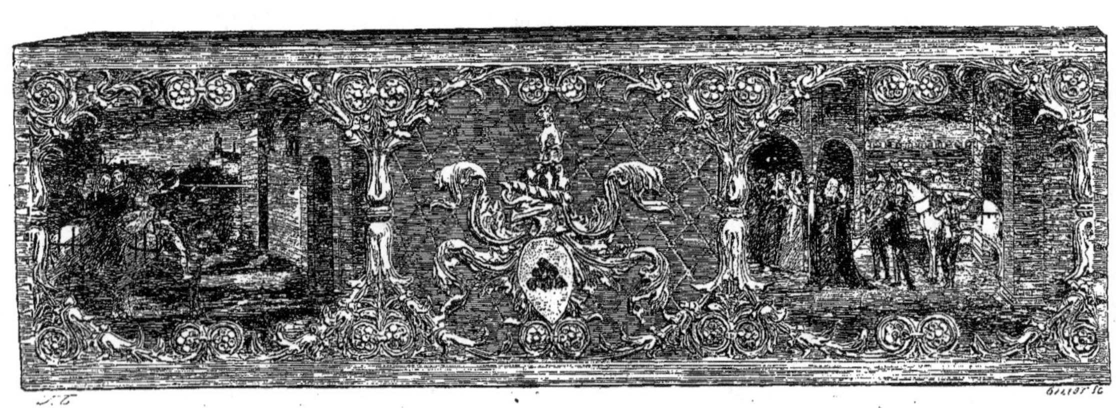

Coffre de mariage ou cassone portant une armoirie en relief et des sujets peints; travail italien du quinzième siècle. (Collection de M. Henri Cernuschi.)

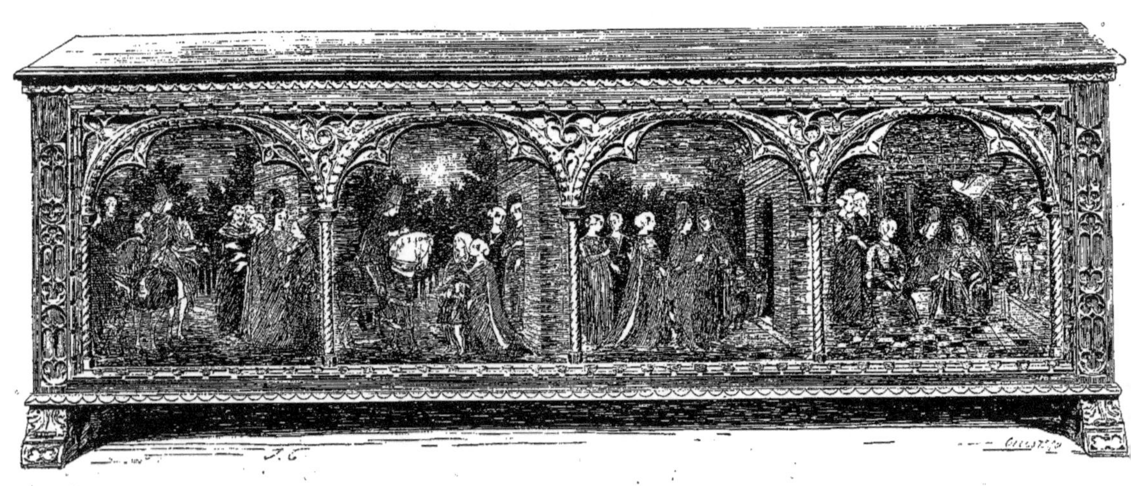

Coffre de mariage ou cassone orné de reliefs dorés et de peintures; travail italien du quinzième siècle. (Collection de M. Henri Cernuschi.)

dans laquelle ce jeune homme est assis entre une matrone et une jeune fille qui a figuré dans les deux tableaux précédents; des musiciens sonnent des fanfares et tout fait présumer qu'il s'agit d'une cérémonie de fiançailles. Ainsi ce bahut du quinzième siècle, c'est déjà le *cassone* ou le coffre de mariage qui s'offrait avec les présents de noce, coutume que nous verrons reproduire pendant tout le siècle suivant en Italie, et qui s'est introduite chez nous, où la *corbeille* est encore bien souvent un meuble de grand luxe, brillamment garni.

Ce qui nous confirme dans l'opinion qu'il s'agit d'un coffre de mariage, c'est une autre pièce peinte de la collection Cernuschi où le nom s'affirme de lui-même; là des ornements appliqués, de style antique et dorés, forment trois compartiments. Celui du milieu renferme une armoirie en relief et peinte; les deux autres montrent deux jeunes époux arrivant suivis d'une cavalcade et accompagnés de musiciens, devant la demeure paternelle dont ils réclament l'entrée; ils sont accueillis, et sous un vestibule à colonne la mère reçoit la jeune femme dans ses bras en présence de toute la famille; le cortége a d'ailleurs disparu, et l'on n'aperçoit, près de la porte, que le mulet bahutier chargé du bagage des époux.

Cette pièce est encore du quinzième siècle, ainsi que l'annoncent les costumes; mais son ornementation fait déjà prévoir la Renaissance. Nous n'essayerons même pas de donner une liste des artistes italiens qui ont pu consacrer leur ciseau à l'embellissement des meubles, les contemporains eux-mêmes se sont contentés de dire que les plus illustres parmi les sculpteurs n'avaient pas dédaigné cette branche de l'art.

Préciser exactement la date des ouvrages du quinzième siècle est extrêmement difficile; les plus anciens et les plus nombreux dérivent du style ogival; les contreforts, les meneaux, les trèfles et les rosaces en font le plus habituel ornement; mais ce style s'est continué plus ou moins longtemps en se modifiant suivant les centres et le goût; le gothique du nord de la France n'est pas celui du midi ni de l'Italie, et les pièces à figures ont subi des influences plus variables encore. Il y a des meubles sans analogues et qui défient toute classification : tel un magnifique coffre en bois de cèdre appartenant à M. Edmond Bonnaffé. Des personnages portant le costume de la cour de Bourgogne vers le milieu du quinzième siècle, représentent les épisodes du fabliau de la Fontaine d'Amour encadrés dans une riche bordure à rinceaux dans les méandres de laquelle courent des animaux. Cette bordure ne peut guère rappeler que les précieuses étoffes siculo-byzantines exécutées à Palerme. Pourtant, comme travail, le meuble est encore œuvre de charpentier; ses assemblages sont des plus simples; le couvercle uni, sans moulure, est bordé seulement d'un croiseté de petits triangles en creux imitant la disposition des piqués orientaux. Le sujet lui-même est bien plutôt gravé profondément que sculpté.

La fin du siècle est surtout un compromis entre le passé et les idées renaissantes; à partir de Louis XII, il faut trouver des indices sûrs pour distinguer ce qui est quinzième ou seizième siècle, français ou italien. De toutes parts, on sacrifiait au goût antique; les palmettes, les rinceaux à enroulements fleuris, les acanthes remplaçaient la flore occidentale, avec ses crochets et ses panaches puissamment fouillés; pourtant quelques centres anciens s'attardaient encore à découper les ogives flamboyantes et les clochetons gothiques, et les habitudes nouvelles entraînaient souvent l'artiste à faire un mélange de style indice de la transition des idées et du faire.

Comme cela arrive presque toujours au moment où l'art étend son domaine, où les besoins du luxe grossissent la phalange des artistes, les noms deviennent plus rares dans nos archives. Nous trouvons :

1522. Pierre Forbin, menuisier à Bourges.
1541. Martin Guillebert, huchier.
1550. Marcel Frerot, menuisier.
1555. François Rivery, menuisier de Catherine de Médicis.
1564. François Lheureux, employé par Catherine de Médicis.

Quant aux noms italiens, comment les réunir et les citer? A l'époque glorieuse de la Renaissance on n'avait pas encore eu l'idée de créer des catégories dans l'art; les fiers génies d'alors abordaient simultanément l'architecture, la sculpture, la peinture ou l'orfévrerie, et nul n'aurait considéré descendre de son rang en diminuant la proportion ou variant la matière des choses issues de sa pensée. C'est donc parmi les sculpteurs proprement dits qu'il faut chercher les ciseleurs de figurines et de meubles, c'est-à-dire parmi les Donatello, Bernardino Ferrante, les Cannozzi, les Moranzone, Antonio et Paolo Mantoani, fra Giovanni de Verone, fra Sebastiano de Rovigo, Brussolon de Venise, etc.

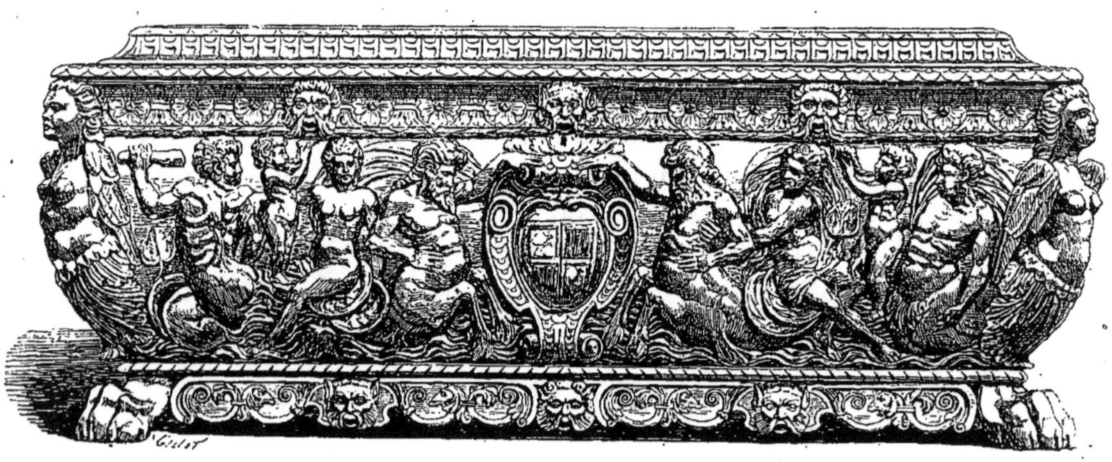

Coffre de mariage en bois sculpté ; travail italien du seizième siècle. (Collection de M. le comte de Briges.)

Déjà le mobilier se complique: la *crédence*, simple table destinée à faire l'essai, comme l'indique son nom, devient une armoire élégante à hauteur d'appui, souvent à pans et à tablette inférieure ; puis elle se complète par un dossier et même par une tablette passant ainsi à la forme du *buffet*. Qu'était celui-ci ? D'abord on avait donné son nom à la chambre destinée à contenir la vaisselle de prix ; plus tard on l'appliqua à un meuble ayant le même usage, et, par extension, aux objets formant la garniture. Empruntons à M. de Laborde la description d'un buffet offert au roi de Naples pour son couronnement en 1495 : « Au milieu de la salle avoit ung buffet qui fut donné au Roy, où y avoit linge non pareil, de degré en degré et y estoyent les richesses d'or et d'argent, qui appartiennent au buffet du Roy : aiguières, bassins d'or, escuelles, platz, pintes, potz, flacons, grans navires, couppes d'or chargées de pierreries, grilles, broches, landies, pallètes, tenailles, souffles, lanternes, tranchoirs, salières, cousteaulx, chaudrons et chendeliers tous d'or et d'argent. »

Le *dressoir* ou étagère différait peu du buffet ; on y exposait aussi les grandes pièces d'orfévrerie et les choses flatteuses à montrer ; le nombre des degrés était fixé par l'étiquette selon le rang des personnes. Le dressoir était donc le buffet des pièces de réception comme le buffet était le dressoir de la salle de festin.

Nous ne parlerons pas des *chaires* ou chaïères, les unes surmontées d'un dais, les autres à dossier élevé souvent couronné d'armoiries ; nous renverrons à en voir les différents modèles au Louvre, à Cluny et dans les collections des amateurs; il faudrait un long chapitre pour mentionner les chaises pliantes non moins compliquées que les fauteuils mécaniques actuels, les chaises à pivots qui permettaient de se tourner directement vers ses interlocuteurs, et les chaises caquetoires dont le nom peu poli indique bien un analogue de nos causeuses.

Où il est nécessaire de nous arrêter un moment, c'est au mot : *cabinet*. M. le marquis de Laborde considère ce meuble, si répandu aux seizième et dix-septième siècles, comme un bahut dressé sur quatre pieds, qui se serait empli de petits tiroirs fermés tous ensemble derrière une porte à deux battants, et quelquefois à quatre serrures. On imagina de donner à ce meuble une disposition architectonique à l'extérieur ainsi qu'à l'intérieur et on forma le cabinet. Le savant archéologue a négligé la transition qui s'est faite au seizième siècle entre le cabinet proprement dit et l'*armoire*, meuble à deux corps superposés et couronnés d'un élégant fronton. Par le fait, l'armoire est un cabinet dont la table de support a été remplacée par une base fermée à ventaux et ainsi utilisée.

Au surplus, décrire ces meubles divers que de splendides figures, des médaillons à bustes presque de relief, des arabesques de haut goût recommandent au curieux, serait une entreprise impossible. Tel cabinet, telle crédence sont des chefs-d'œuvre à tous les points de vue. Une série de ces *cassoni* d'origine italienne offre le plus curieux motif d'étude au point de vue de l'art et de l'histoire: en voici un, dans la galerie Cernuschi, à simple moulure, et tout orné par la peinture, qu'on serait tenté d'attribuer au commencement du quinzième siècle, si les costumes des personnages n'indiquaient l'époque de Louis XII; ceux-ci, de la collection de M. le baron Gustave de Rothschild, sont presque du même temps, et leurs magnifiques sculptures en relief interrompues par des armoiries, les puissants griffons de support, les arabesques savantes qui s'enlèvent vigoureusement sur un fond piqueté et doré, sembleraient les distancer de près d'un siècle. Ces fonds dorés sont un reste des habitudes du moyen âge, car la plupart des meubles que possèdent nos musées et qui brillent de la couleur chaude du vieux chêne poli, étaient autrefois enluminés dans leurs fonds comme sur leurs reliefs; on trouve encore à Cluny un coffre représentant les douze apôtres et qui a conservé son ancienne peinture.

C'est donc à la Renaissance que nous sommes redevables du progrès qui allait substituer la seule puissance du relief à l'éclat artificiel de l'azur ou du vermillon. Pour affirmer cette puissance, on en vint à choisir des bois fins, plus acccessibles aux délicatesses de la touche que le chêne à fibre rugueuse; la France prit surtout de préférence le noyer, faisant saillir sur sa surface unie les figures empruntées à l'école de Fontainebleau. Le choix de la matière et le style du travail permettent même de déterminer un certain nombre d'écoles: celle du nord de la France, fidèle à ses anciennes traditions, conserve le bois de chêne et le couvre de sujets dont les personnages, un peu courts, affectent une rudesse énergique; les ornements abondants rappellent ceux de Rouen et des autres édifices normands. L'école tourangelle et l'école lyonnaise, plus voisines des sources de la Renaissance, emploient, sur des bois fins, les riches arabesques, font servir les sphinx ailés à

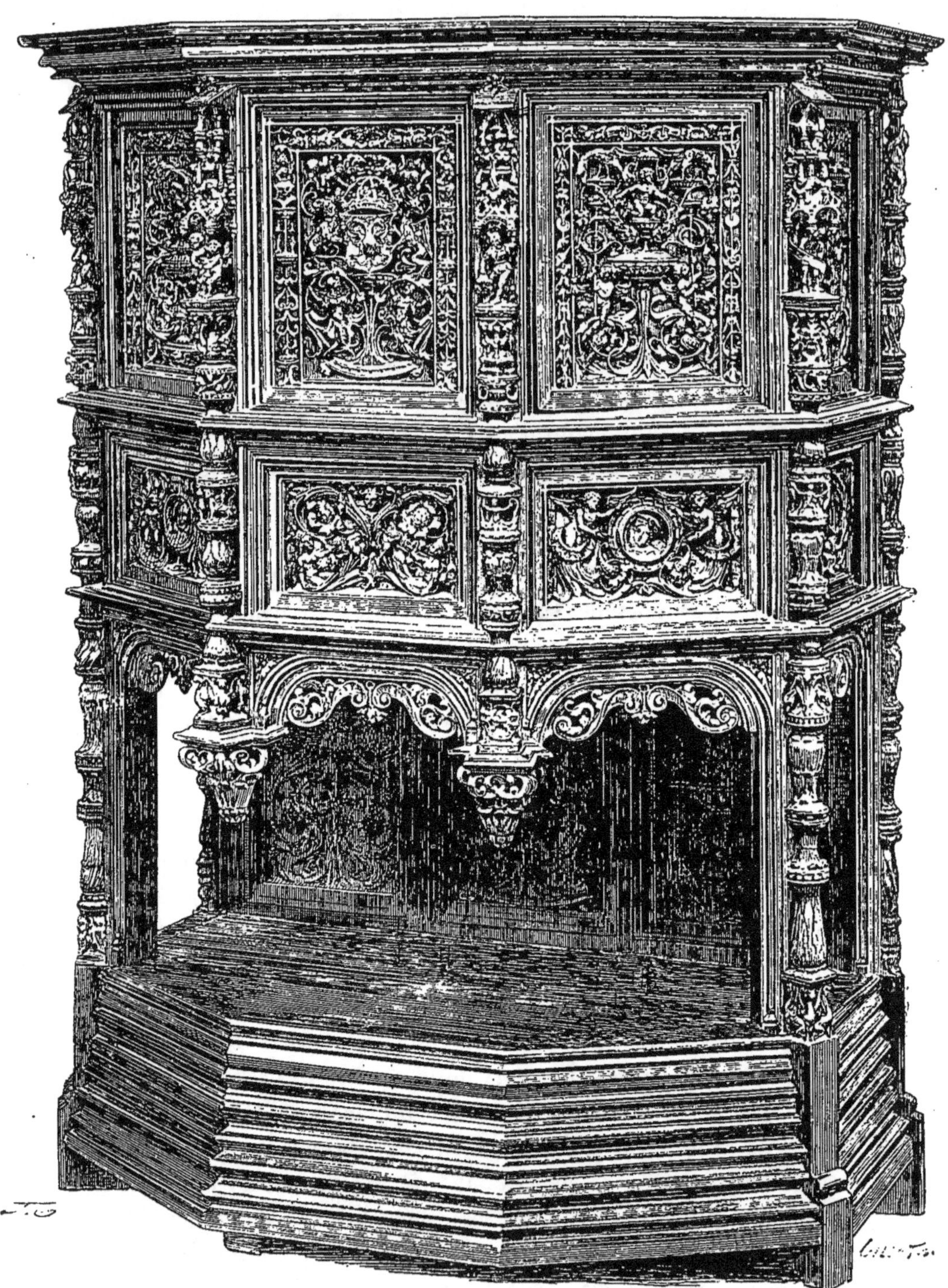

Crédence en chêne sculpté, exécutée probablement pour Maximilien Ier. (Collection de M. d'Yvon.)

supporter les tables ou les soubassements de leurs petits édifices; elles y sculptent des groupes élégants dont Jean Goujon et Germain Pilon sont les inspirateurs. Quant à l'école bourguignonne, elle a toutes les perfections, car elle est au centre même du progrès ; depuis Philippe le Bon, elle a connu les splendeurs du luxe, elle a reçu tous les encouragements qui peuvent rehausser l'art.

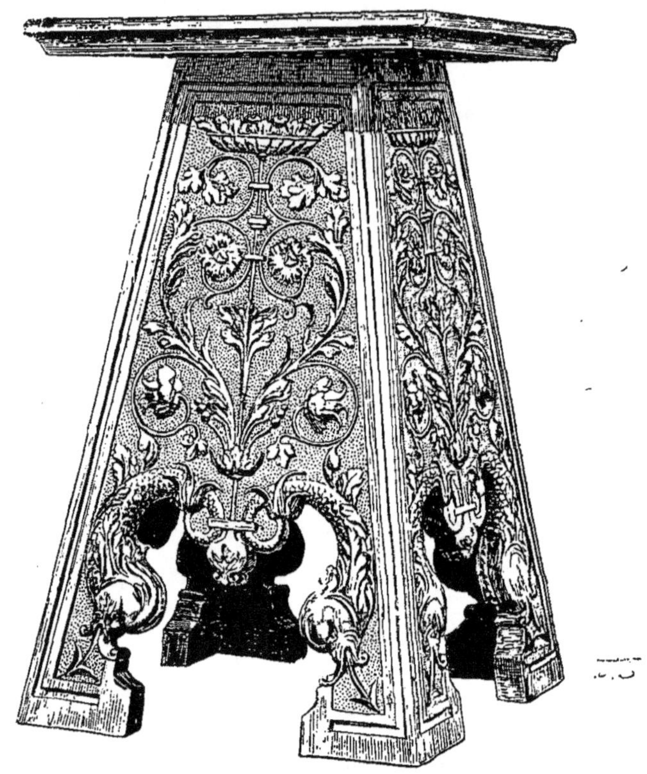

Escabeau en bois sculpté; travail italien du seizième siècle. (Collection de M. le comte d'Armaillé.)

Le seizième siècle offre donc une suite des plus variées et des plus intéressantes pour le mobilier; coffres, crédences, cabinets, armoires à deux corps, tables, lits, siéges, portes monumentales, on peut lui demander tout, et tout à perfection. Il faut distinguer, toutefois, et ne pas mettre en contact immédiat les conceptions simples et graciles de la France avec les plantureux ouvrages de l'Allemagne. Certains, parmi ceux-ci, malgré la science du travail, font courir des guirlandes exubérantes, saillir des consoles et des cariatides dont la structure robuste semble à peine suffisante pour maintenir l'équilibre du meuble. Ceci c'est de la dégénérescence, et elle va atteindre les dernières limites dans ce qu'on appelle kunstschrank (cabinet). Les ébénistes de Dresde, Augsbourg, Nurenberg, c'est-à-dire Hans Schieferstein en 1568, Ulrich Baumgartner en 1605, Hans Schwanhard, l'inventeur des pièces ondulées, ne se contentent pas d'y employer les bois divers et d'y appliquer les pierres; ils appellent à leur aide les orfèvres, et, en 1585, Kellerthaler, de Nurenberg, couvre d'argent repoussé, de gemmes variées, les moindres surfaces du bois. C'est la fin de la Renaissance, il est vrai, et le seuil du dix-septième siècle; mais chez nous, à la même époque, la décadence ne se manifestait que par des applications de marbre sur les panneaux et par l'intervention de l'ébène.

Nous devons considérer comme une variété du bois, sculpté à la Renaissance, certains travaux ébauchés sur le bois et qui ont été recouverts d'une préparation de pâte ciselée, puis peinte et dorée, ainsi que cela se fait pour les cadres, les consoles, etc. Ce qu'on rencontre le plus souvent dans ce genre, ce sont de petits coffrets à bijoux et autres menus objets, accessoires d'un mobilier de luxe. Mais il a existé des pièces capitales dont la disparition doit être mise en grande partie sur le compte de leur fragilité même. On a pu voir, en effet, lors de la vente de la collection Séchan, un cassone ou coffre de mariage de la plus belle époque, dont l'extérieur, décoloré et devenu fruste par l'effet du temps, donnait à peine l'idée de sa splendeur primitive. En forme de sarcophage antique, soutenu et divisé par des cariatides élégantes, il offrait, dans ses reliefs, des guirlandes appendues sur des têtes de chérubins, et des frises de palmettes séparées par des tritons aux croupes enroulées; le dessus laissait deviner un semé impossible à déterminer, tant ses détails avaient souffert d'injures. En soulevant le couvercle tout s'expliquait; son intérieur, comme le dessus, était un quadrillé à rosaces d'or se détachant sur un fond rouge; tous les filets des moulures, dorés à plat et bordés de picotis en séries, étaient relevés d'arabesques peintes en bleu mat; le pourtour de la caisse, garni de compartiments fermés, avait ainsi des refuges pour les objets précieux, qui se trouvaient séparés de la grande cavité destinée aux vêtements; ces sortes de boîtes, d'un vert sombre, brillaient aussi du rehaut de fines arabesques d'or. Au moyen de ces éléments d'ornementation,

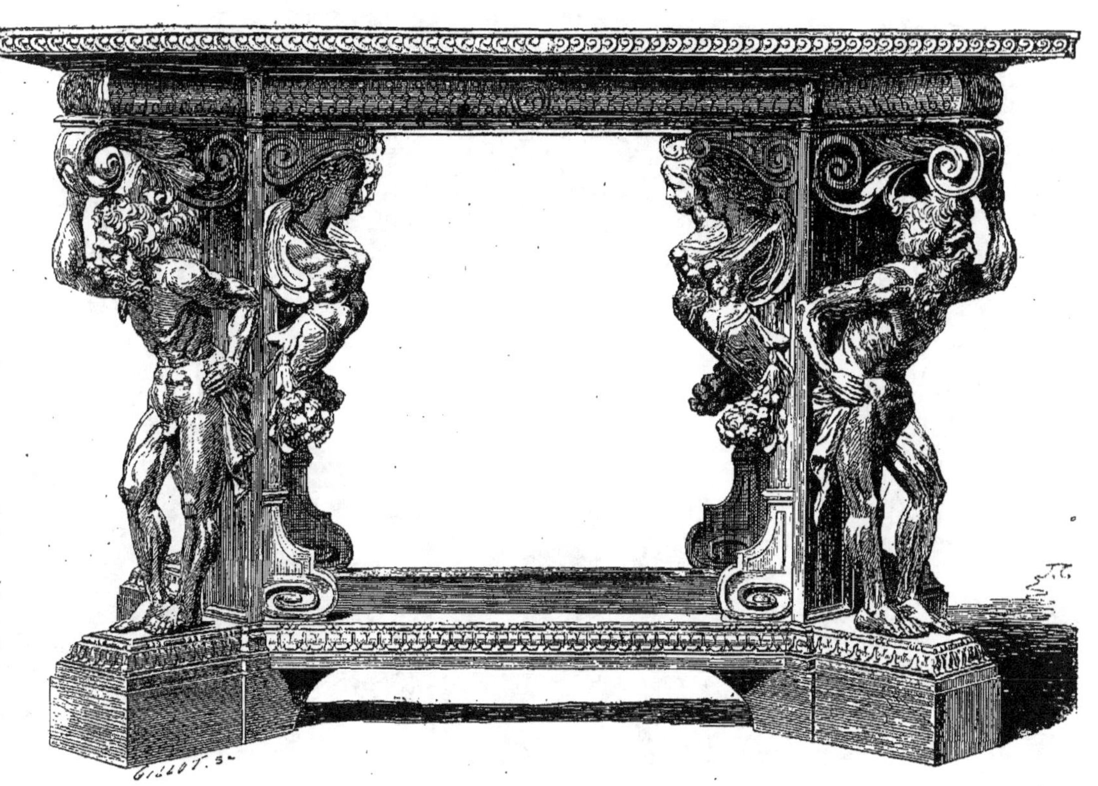

Table en bois sculpté; travail vénitien du seizième siècle. (Collection de M. Récappé.)

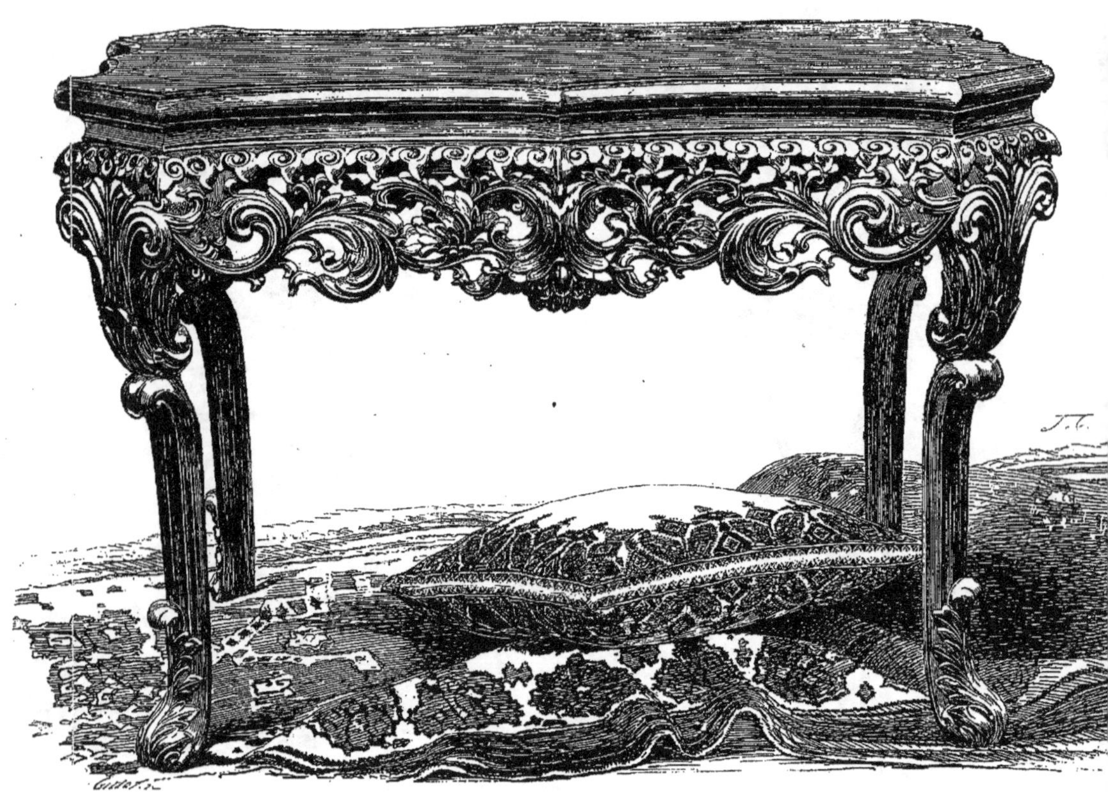

Table en bois de fer sculpté; travail chinois du dix-huitième siècle. (Collection de M. J. Jacquemart.)

l'esprit effectuait facilement la restauration des parois extérieures, et l'on pouvait se figurer alors à quel degré d'opulence pouvait arriver un meuble de cette rare espèce.

Nous nous arrêtons ici, non qu'on ne puisse trouver aux dix-septième et dix-huitième siècles des armoires, des buffets, des commodes même, en noyer sculpté ; mais ces choses réservées pour les classes moyennes étaient peu fréquentes, et sont devenues presque introuvables aujourd'hui. C'est donc dans d'autres genres de travaux qu'il nous faut ressaisir les différentes branches du mobilier de luxe.

ORIENT

Notre travail demeurerait toutefois incomplet si nous ne mentionnions une série importante : celle des meubles en bois sculpté de l'Orient, ce pays sans meubles. Nous commencerons par la Chine, où l'ébénisterie a eu, de tout temps, un développement considérable, et, au siècle dernier, un centre spécial, la ville de Ning-po, que les Taï-ping révoltés ont détruite depuis.

Que les Chinois se soient montrés habiles dans le travail du bois, il n'y a rien d'extraordinaire, puisque c'est la base de leurs constructions publiques ; les portiques, l'entrée des palais et des temples, le sanctuaire des divinités, tout est en bois, et c'est par l'abondance de l'or, par les couleurs consacrées, que se distinguent et se classent, selon leur rang, ces monuments fragiles. Quant aux meubles, ils sont taillés, le plus souvent, dans les bois les plus durs, celui qu'on nomme par excellence bois de fer, le bois d'aigle, et celui de teck ; les espèces plus tendres, le cèdre, les santals, le bambou, ne se montrent que rarement, en petites pièces ou parfois en appliques.

Parmi les morceaux capitaux, nous mentionnerons d'abord des cloisons mobiles destinées à diviser les appartements, et dont la partie inférieure, pleine et sculptée en relief de sujets sacrés et historiques, est surmontée d'une galerie à jour, découpée avec la plus charmante fantaisie. Nous citerons encore un meuble qu'on pourrait presque qualifier d'appartement, à cause de sa complication : c'est le lit ; dans le plus grand nombre de cas, sa charpente à jour est un grand cercle maintenu par des découpures et orné parfois de cadres renfermant des peintures sur soie. Il en est, nous le répétons, qui deviennent une chambre à coucher; le lit, à ouverture circulaire, est précédé d'un avant-corps pouvant se fermer par une porte à coulisse et qui contient un siége, et, en face, une petite table surmontée d'une glace, permettant de procéder à couvert à la toilette de nuit.

Nous venons de parler de siéges : on en trouve de formes très-variées; les uns, arrondis comme nos fauteuils de bureaux et à bras terminés par des dragons contournés, sont de véritables trônes; ceux peints en rouge sont réservés pour l'empereur; ceux où le bois se montre cru peuvent être occupés par les hauts dignitaires donnant audience. Les autres, à dossier carré, à bras sculptés, sont garnis, au fond et sur le siége, de pierres choisies avec des accidents naturels simulant un paysage montueux. Des tabourets de support circulaire et rectangulaires, des tables et des étagères, complètent ce genre de mobilier, avec de grands écrans, des tableaux renfermant des sentences ou des emblèmes, souvent en relief sur fond de laque.

Les derniers meubles dont nous venons de parler sont habituellement en bois noir ou rouge et très-dur; les lits, cloisons, paravents, en un mot, les fabrications courantes de Ning-po, sont en bois jaune incrusté d'ivoire, ou en bois brun à décor incrusté de pako jaune.

Il est, parmi les meubles chinois, plusieurs espèces qui apportent un appoint de bon goût dans les intérieurs somptueux; rien ne convient mieux pour supporter un beau vase rempli de fleurs que les tabourets en bois de fer ou en laque rouge. Mais on doit proscrire avec soin ces siéges et canapés exécutés sur des modèles européens, et qu'une ornementation hybride, hérissée de reliefs intempestifs, rend aussi désagréables à l'œil qu'incommodes pour l'usage.

Le Japon n'a guère envoyé jusqu'ici que ses étagères et des supports en laque ciselé, ou quelques petits meubles d'usage spécial, comme des crémaillères servant à placer les sabres, et des écrans. Nous devons cependant citer une sculpture monumentale qui a certainement fait partie de la décoration d'un temple ou d'un sanctuaire. C'est un groupe de dragons entourés par les nuages et le tonnerre. Cette belle frise, taillée dans le cèdre et relevée de couleurs légères, garnit la tribune du musée Cernuschi.

On peut rencontrer des bois sculptés de l'Inde et de la Perse, notamment des coffres et des cabinets en santal; il faut encore se

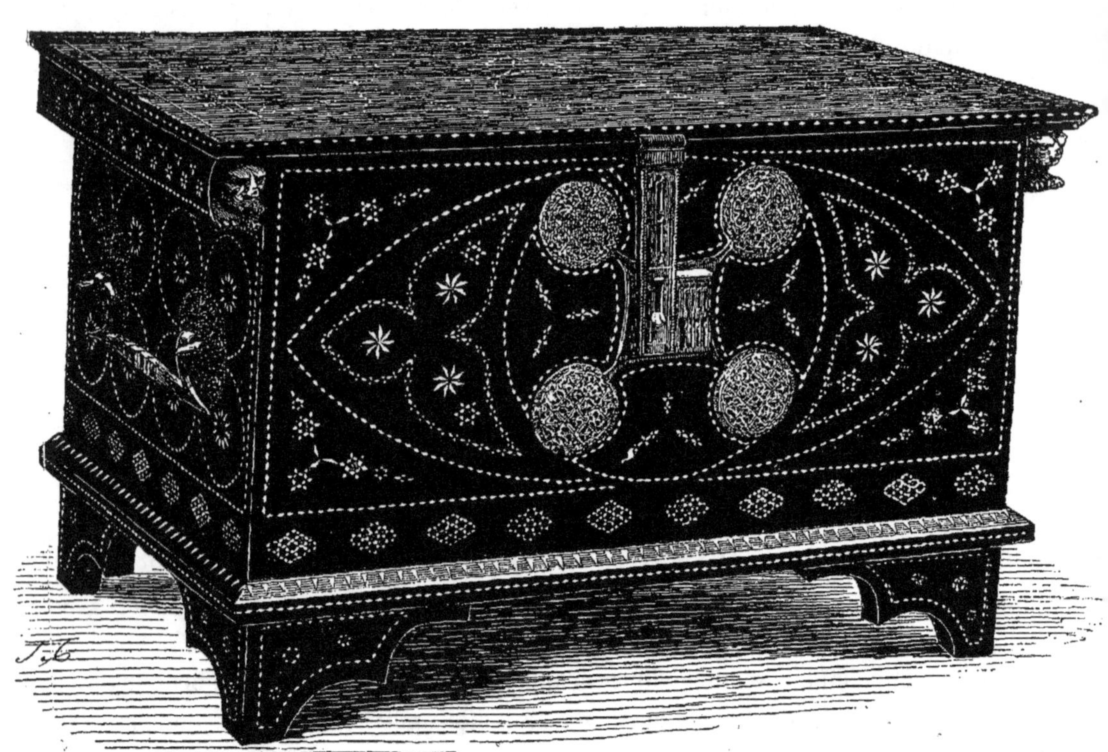

Coffre en tarsia, avec poignées et ferrures en fer forgé; travail sicilien du quinzième siècle. (Collection de M. H. Barbet de Jouy.)

garder ici de meubles faits pour notre usage à l'instigation du commerce anglais, et qui ne sont pas plus admissibles venant de l'Inde que de la Chine.

Nous ne pouvons passer sous silence des bois musulmans sculptés avec une grande élégance et qui peuvent trouver place chez un curieux à titre de consoles-étagères : ce sont les kaou-klouk ou porte-turbans ; ils sont composés d'une grande plaque sculptée ou découpée à jour, servant de fond et portant, à son tiers inférieur, une tablette arrondie ou découpée au pourtour et supportée par une sorte de potence ornementée et souvent à jour. Les arabesques les plus élégantes, les bouquets de fleurs sortant d'un vase, les treillis nattés ou entre-croisés, se rencontrent dans ces sculptures, que dominent souvent le croissant et l'étoile, emblèmes de l'islamisme. Beaucoup conservent la couleur du bois ; d'autres sont entièrement dorées ; enfin on en trouve où l'or et les couleurs se combinent ; les fleurs sont rouges ou blanches, les treillages verts, et les arabesques servant de cadre ou de bâti sont dorées. M. Séchan, qui avait parcouru l'Orient, avait recueilli un grand nombre de ces petits meubles, et la vente de sa collection a été, pour les curieux, une occasion de se procurer ce genre de sculpture.

§ 2. — MEUBLES INCRUSTÉS EN PIQUÉ

Ce que les Italiens appellent *tarsia*, ouvrage de marqueterie, serait, si nous en croyons Garzoni dans sa *Piazza universale*, la même chose que le travail désigné par Pline sous le nom de *cerostrotum ;* or, d'après son étymologie, ce mot indique une combinaison du bois avec des pièces de rapport en corne, et désigne plus particulièrement le genre qu'on nomme *piqué* lorsqu'il vient de l'Orient, et *certosino* quand il est d'origine italienne.

Les *intarsiatori*, ou marqueteurs, apparaissent en Italie dès le treizième siècle ; au quinzième, Giuliano da Majano aidé de Giusto et Minore, Benedetto da Majano, son frère, avec son élève Domenico di Marietto, ouvrent une voie nouvelle en employant des bois divers ou teints. Baccio Cellini, David de Pistoja, Guido del Servellino, Geri d'Arezzo, Girolamo della Cecca, s'illustrent après eux, et au seizième siècle, Bartolommeo de Pola, fra Gabriello et fra Giovanni de Vérone, fra Raffaello de Brescia, fra Sebastiano de Rovigo, fra Damiano de Bergame, en 1551, sont les plus célèbres intarsiatori. C'est sans doute à ces nombreux Frères, c'est-à-dire aux artistes formés dans les congrégations religieuses, que le genre doit son nom de *lavoro alla certosa*, travail à la chartreuse, ou par abréviation *certosino*, chartreux (sous-entendu travail).

Dans leur ardeur à pousser la marqueterie de bois hors de ses limites rationnelles, les artistes voulurent lui faire représenter des sujets et des paysages, ainsi qu'en témoignent plusieurs églises célèbres : tentative insensée, qui ne pouvait aboutir à rien de durable, et que nous verrons pourtant renouveler en France dans les deux derniers siècles.

Le vrai *certosino*, celui dont nous avons à nous occuper ici, commença à Venise et fut une imitation orientale; du treizième siècle à la fin du quatorzième, les incrustations étaient en bois noir et blanc, quelquefois rehaussées d'ivoire; ce n'est que plus tard qu'on augmenta le nombre des bois colorés, et que l'ivoire s'employa avec sa teinte naturelle et teint en vert; parfois même on ajouta au travail des petites plaques métalliques. Ces travaux primitifs sont presque toujours de petite dimension; ce sont des coffrets, des boîtes à bijoux d'une facture un peu sommaire. Lorsque le piqué s'applique au meuble, c'est d'abord avec une certaine réserve; un bahut appartenant à M. Henri Cernuschi est simplement orné de filets au pourtour, et, sur chaque face, d'un cercle, formés de petits losanges d'os incrustés dans le bois brun. Ce coffre remonte au quinzième siècle. Plus tard, viennent des cassoni, des cabinets, des tables pliantes, des siéges en X et même des chaises à dossier d'une élégante découpure, où les bois colorés, combinés avec l'ivoire, forment des dessins géométriques d'une grande richesse; souvent, dans des médaillons circulaires ou dans le milieu des panneaux se montre un vase d'où sortent des tiges fleuries qui montent en s'épanouissant comme un bouquet d'artifice. Rien n'est plus élégant que ce genre de meubles, dont le seul défaut est l'uniformité; car malgré quelques fleurettes et de rares frises de rinceaux, ce qui domine dans le décor, c'est la répétition des cercles étoilés, des losanges et autres figures régulières et prévues. Les hôtels de MM. de Rothschild sont largement pourvus d'ouvrages *alla certosa* qu'on peut citer parmi les plus beaux.

Presque tous les meubles en piqué *alla certosa* proviennent de

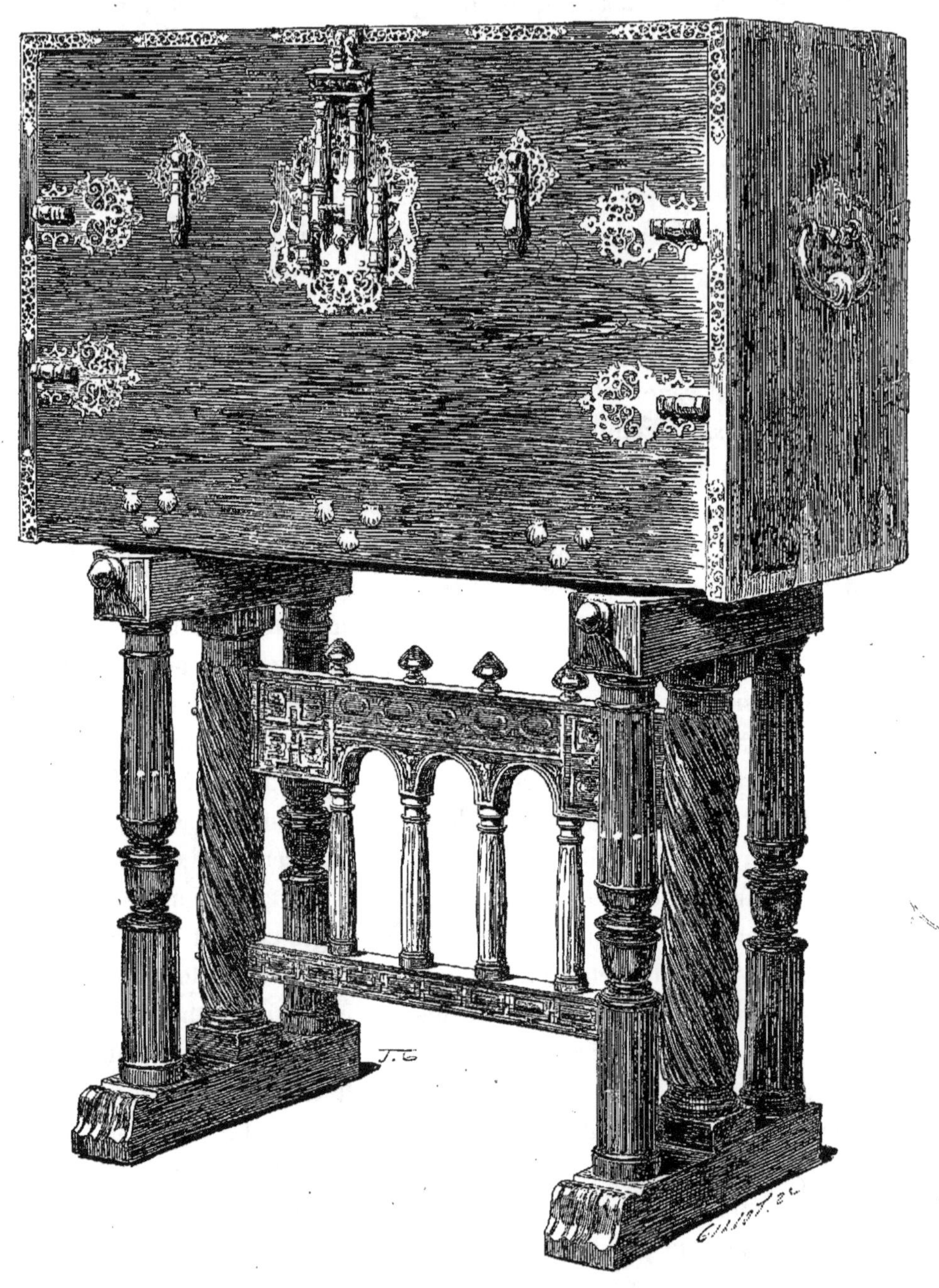

Coffre en bois avec appliques en bois découpé à jour. Le panneau central s'abat sur deux coulisses attenantes au pied; travail espagnol du dix-septième siècle. (Collection de M. Monbrison.)

l'Italie; pourtant on en rencontre, parmi les plus éclatants, qui ont été fabriqués en Portugal; on les reconnaît généralement à l'abondance des appliques en cuivre découpé qui leur servent de garniture. Les cabinets ont des encoignures et des entrées de serrures compliquées que la dorure rend particulièrement éclatantes.

ORIENT

C'est de l'Orient, nous l'avons dit, que le piqué s'est introduit chez nous; on l'y trouve à des dates fort anciennes, et il s'est maintenu en faveur jusqu'à nos jours, dans de charmants petits ouvrages qui sont dans les mains de tout le monde. On connaît trop ces merveilles micro-copiques pour que nous nous attardions à les décrire; nous dirons seulement que dans le travail moderne le système est souvent inverse de l'ancien : l'ivoire sert de fond; les bois de couleur, les métaux et la nacre forment les dessins; beaucoup de piqués modernes ont pour fond le santal ou le cèdre.

La Perse et l'Inde sont la patrie de ce genre de mosaïque. C'est de la Perse que sont venus les coffrets imités d'abord à Venise; beaucoup d'armes y sont entièrement couvertes de ce patient travail, qu'on retrouve sur des miroirs, des nécessaires à écrire, et sur une foule d'autres menus objets; parfois le piqué accompagne les peintures au vernis, sorte de laque particulière à la Perse. Les œuvres de l'Inde sont très-voisines de celles de la Perse et non moins fines; il est un genre évidemment contemporain des relations de l'Inde avec le Portugal, ce sont de grands cabinets supportés souvent par des cariatides d'ivoire d'un volume extraordinaire et d'un aspect barbare, et se terminant par des feuilles d'acanthe. Les génératrices ornementales des incrustations sont fort simples, les détails qui les surchargent en font seuls la richesse; ainsi les cercles entre-croisés formant réseau sont fréquents et constituent la grande masse du décor. La couleur du fond est chaude, d'un jaune ocreux vif, dû sans doute à un bois tendre et très-résineux voisin des santals; on ne saurait mieux comparer cette couleur qu'à celle de la cannelle; l'ivoire et l'ébène s'y enlèvent avec vigueur et l'ensemble est gai et réjouissant à l'œil.

Comme transition entre le piqué proprement dit et la marqueterie, viennent se placer des travaux arabes et turcs d'un effet charmant et que les musulmans ont portés avec eux dans toutes les contrées qu'ils ont conquises ; c'est cette sorte de mosaïque de bois, d'ivoire, de nacre de perle et d'écaille qui compose le mobilier élégant de ces contrées sans meubles. Rien n'est joli comme ces coffres, les uns s'ouvrant par le dessus comme nos bahuts, les autres pourvus d'un grand tiroir, qui servent à renfermer les vêtements luxueux et les objets de parure ; il en est qui sont entourés de trois côtés d'une galerie à jour et qui imi-

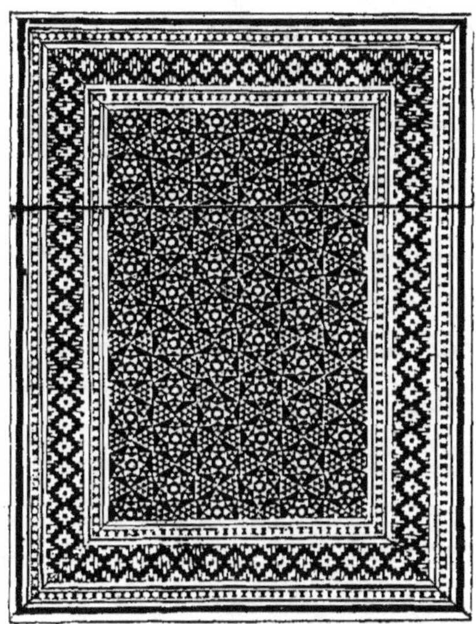

Boîte en piqué de l'Inde.

tent la forme d'un trône ou masnad ; quelques autres encore ont le dessus bombé. On connaît les petites tables polygonales, hautes comme un tabouret, et dont le pourtour est découpé en arcades en fer à cheval ; rien n'est plus varié que leur décor, où, parmi les rinceaux à fleurs, les dentelures festonnées ou subdivisées, se montrent des figures emblématiques comme les triangles entrelacés ou sceau de Salomon, le pentagone, les étoiles et le croissant. On trouve encore des kaou-klouk ou porte-turbans, sortes d'appliques découpées et à tablette, qui se suspendent au mur et offrent parfois, au milieu de leur riche ornementation, un petit miroir qui permet au croyant, lorsqu'il reprend sa coiffure, de la rajuster avec la rectitude et la gravité nécessaires. On voit encore assez souvent des miroirs à crémaillère fermés par des ventaux ornés et surmontés d'une sorte de couronnement découpé à jour, ou bien encore des miroirs à main en forme de palme, dont le revers se couvre de riches palmettes et de bouquets du plus charmant style.

La pièce la plus rare que nous ayons rencontrée était une chapelle portative enclose dans un magnifique encadrement. Le centre offrait la forme d'un portique soutenu par deux colonnes, véritable mihrab, particulièrement orné et devant lequel s'arrondissait une tablette en demi-cercle entourée d'une balustrade et destinée sans doute à recevoir la lampe symbolique. Cette pièce, par la distribution des masses ornementales et par le goût des détails, caractérisait certainement l'une des plus belles époques de l'art musulman.

Nous ne nous attarderons pas à parler des pupitres et autres menus objets qu'on peut rencontrer facilement ; nous nous contenterons de faire remarquer quelle note brillante les incrustations orientales peuvent jeter dans un mobilier de luxe où les bois sculptés dominent avec leur ton sévère et leurs formes sérieuses.

§ 5. — MEUBLES D'ÉBÈNE INCRUSTÉS D'IVOIRE OU SCULPTÉS

A quelle époque le bois d'ébène est-il entré dans la pratique de l'ébénisterie ? C'est un fait à déterminer, mais qui semble être resté en dehors des nécessités de l'art ; le chêne et le noyer satisfaisaient aux exigences de la sculpture et prêtaient un fond convenable aux incrustations de bois de couleur, et c'est précisément au moment où ces incrustations semblaient prendre faveur, où elles se montraient accompagnées de pierres éclatantes, que nous voyons apparaître l'ébène, matière rebelle au travail, triste à la vue, et qui, associée à l'ivoire surtout, prend un véritable aspect de deuil. Et c'est l'Italie, ce pays des suprêmes élégances, qui donne l'élan, non-seulement pour le travail du bois, mais encore en imaginant ces incrustations de blanc sur fond noir appelées *scaglinola*, et qui formaient des dessus de table comme celui dont le fragment existe à Cluny.

C'est à la fin du seizième siècle qu'il faut placer cette manifestation particulière de l'art ; que se passait-il alors dans les esprits ? N'est-ce pas vers ce temps que la cour de France adoptait les bijoux funèbres, et que les os en croix, les têtes de mort ressortaient sur les brillantes toilettes des femmes affolées de plaisir ?

Quelle que soit la cause de cette innovation, ses manifestations premières sont d'une délicatesse et d'un goût charmants ; on n'a pas oublié le délicieux cabinet, *stipo*, confié par M. le baron Alphonse de Rothschild à l'Exposition du Corps législatif ; d'une structure architecturale, comme tous les meubles de l'époque, il offrait un avant-corps central à triple fronton, soutenu par des colonnes engagées ; de nombreux tiroirs occupaient les côtés et se dissimulaient sous le ventail du milieu. Toute cette construction disparaissait en quelque sorte sous les détails, d'une finesse inouïe, des incrustations d'ivoire ; chaque frise, chaque panneau, si petit qu'il fût, reproduisait des épisodes de la mythologie, de l'histoire sacrée ou profane ; il y avait même place pour de simples épisodes de chasse. Or, ces sujets, savamment découpés, rehaussés d'une gravure pleine d'esprit, semblaient traités par les petits maîtres de la Renaissance eux-mêmes, tant la désinvolture en était élégante, le dessin ferme et pur. Le cabinet du musée de Cluny représente le genre à un degré plus ordinaire ; mais, par un détail, il semble affirmer plus encore le caractère de tristesse dont nous parlions en commençant ; ses garnitures de bronze sont argentées. Pourtant le cabinet de M. Foule renferme une variété intéressante du travail d'ébène et d'ivoire ; là les deux matières se balancent, et l'aspect général devient doux à l'œil. Des figures éburnées, placées dans des niches ou sur les rampants des frontons, appellent d'abord la lumière et éclairent l'ensemble ; les colonnes, à gravure fine et serrée, prennent un ton gris qui les harmonie entre le noir du fond d'ébène et le soubassement, franchement plaqué d'ivoire à incrustations noires. Ce curieux meuble est encore italien, car le panneau d'occlusion porte la carte de la péninsule et les plans de Rome et de Naples.

Ce travail d'ébène incrusté est-il spécial à l'Italie ? Nous ne le pensons pas, et nous avons vu bien des ouvrages qui semblaient indiquer le goût et le style de la France. Pourtant, les monuments sont trop peu nombreux, la durée de la mode trop éphémère, pour qu'on se prononce formellement à cet égard.

Est-ce à l'époque et à l'idée des incrustations d'ivoire qu'il faut rattacher une invention voisine qui renfermait le germe des marque-

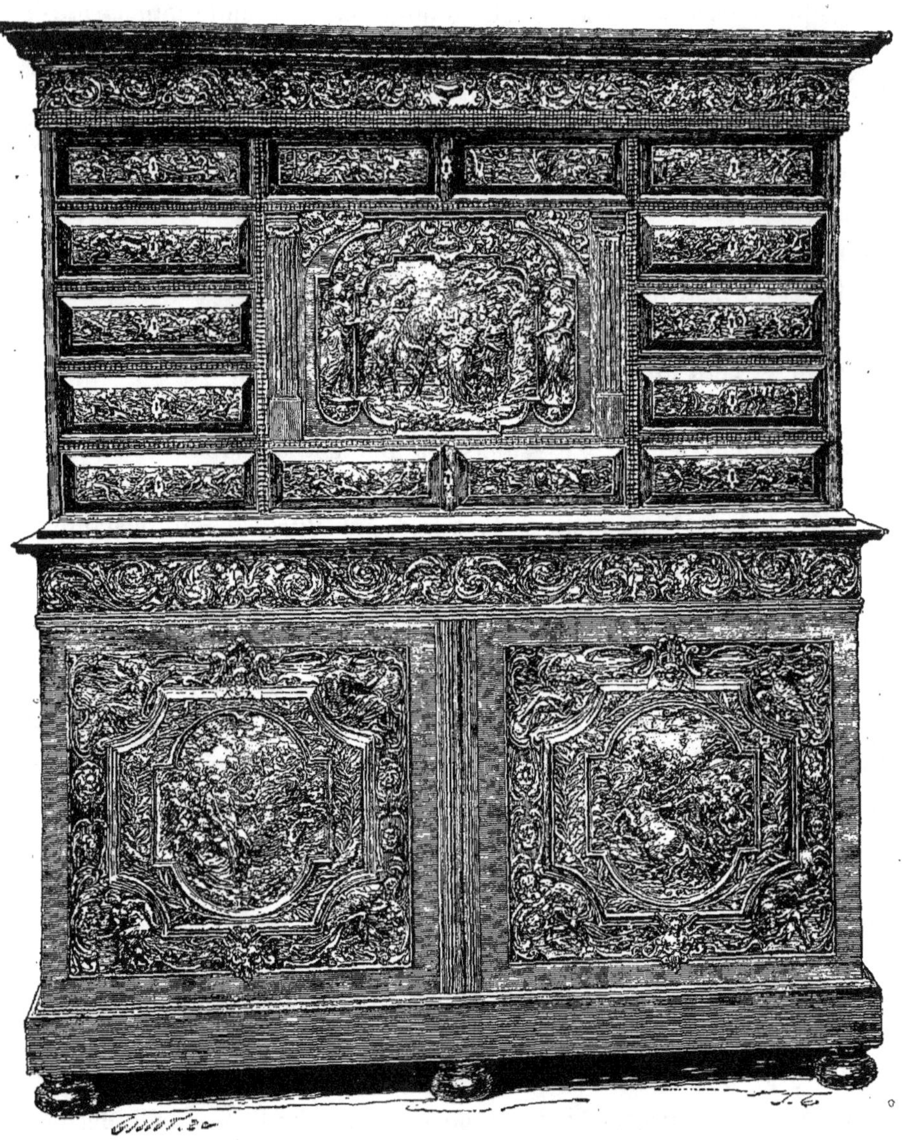

Meuble à deux corps en ébène, sculpté de sujets divers parmi lesquels se trouvent la continence de Scipion et les douze mois de l'année; travail français de l'époque de Louis XIII. (Collection de M. le baron de Boissieu.)

teries de Boule? Nous voulons parler de rares meubles en ébène incrustés de grands rinceaux et d'arabesques en étain gravé. L'effet en est encore plus triste que celui de l'ivoire, les deux tons tranchant plus durement l'un sur l'autre. Nous avons vu dans ce genre des pièces dont la décoration élégante pouvait tout aussi bien être l'expression du goût italien que de l'esprit français; les rinceaux étaient abondants et cherchés, les masses bien pondérées; ce n'était pas la Renaissance avec ses réminiscences antiques, et ce n'était pas encore l'art du siècle de Louis XIV avec ses palmes, ses coquilles et ses chutes de culots, ni ses baldaquins et ses masques à draperies. Il nous paraîtrait donc possible d'attribuer ces travaux au commencement du règne de Louis XIII, et d'y voir l'aurore d'un goût spécial au dix-septième siècle.

C'est là une des difficultés inhérentes aux recherches archéologiques; on rencontre à chaque pas des espèces intermédiaires conduisant d'un style à un autre, côtoyant les mêmes époques, et qui viennent s'opposer à une classification nette et positive. On voudrait trouver les inventeurs des genres, déterminer dans son ensemble le caractère des décors nouveaux, et l'on s'aperçoit qu'une chaîne non interrompue relie les conceptions humaines, que rien n'a été conçu de toutes pièces, et que le temps, de modifications en modifications, de progrès en progrès, est le grand artisan de ces changements dont l'évolution complète constitue la *mode*, et qui ne sont, en fait, que l'appropriation des choses aux besoins comme aux tendances de chaque époque.

L'ébène incrusté d'ivoire est la dernière expression du goût de la Renaissance; l'étain gravé était un analogue cherchant à s'appliquer aux meubles de grande dimension; l'ébène seul, sculpté et gravé, est comme la transition entre des mœurs différentes et un art nouveau cherchant sa voie. Lorsqu'il apparaît, c'est-à-dire sous Henri IV et Louis XIII, le mobilier se stabilise et se développe; le cabinet s'est fait armoire; le bahut, muni de portes, a grandi et ne tardera pas à s'appeler commode. En voyant à Cluny ces ensembles aussi pesants par le fait que lourds d'apparence, on comprend qu'il n'est plus question de transporter tout cela à dos de mulet. Il y a là encore des œuvres très-remarquables comme habileté de sculpture; des combats mouvementés encadrés de guirlandes refouillées avec une hardiesse qui semble se jouer de la dureté de la matière. Dans les grands meubles on retrouve l'influence de l'architecture contemporaine : ce sont les colonnes torses mises en vogue par le fameux autel de Saint-Pierre de Rome, ou bien les colonnes cannelées par le haut et enveloppées vers le bas par ces végétations capricieuses qu'on retrouve aux Tuileries et dans le Louvre de Catherine de Médicis.

Hans Schwanhardt, artiste allemand, mort en 1621, avait inventé les bandes ondulées qui se multipliaient jusqu'à l'abus ; sur les panneaux latéraux des meubles apparaissent, en gravure profonde, les grands bouquets de fleurs naturelles où dominent les tulipes et les anémones doubles, bouquets qu'on retrouvera dans l'orfévrerie, les émaux, les broderies sur étoffes, et dans tout ce qui touche au mobilier ou au costume.

Pourtant il est dans ce genre des pièces fort recommandables et hors ligne ; citons le magnifique cadre de glace de la collection de M. Foulc, et un autre exposé à Cluny. A défaut d'autre nom, mentionnons celui de Pierre Goler, Hollandais, qui fut particulièrement attaché au service de Mazarin, et qui s'est montré supérieur dans le maniement d'un bois difficile à manier.

Répétons-le, l'ébène sculpté, comme celui incrusté d'ivoire, est d'un aspect triste ; aussi, vers le premier tiers du dix-septième siècle, imagina-t-on d'éclairer l'intérieur des cabinets par un placage d'écaille encadrant des tableaux peints ; si l'on en croyait certains écrivains, Rubens n'aurait pas dédaigné d'employer son pinceau à ce genre de décor ; nous avons vu plusieurs meubles qui, s'ils n'étaient de lui, sortaient au moins de son école. C'est d'ailleurs en Flandre que les meubles de l'espèce étaient particulièrement répandus, et il est assez naturel d'y retrouver le style et la pompe de couleur du plus grand artiste de l'époque.

§ 4. — MEUBLES INCRUSTÉS DE PIERRES

La Renaissance ne se bornait pas à chercher l'élégance dans les formes et le savant travail des meubles ; dès le moment où ses ébénistes ornaient de sculptures magistrales les crédences et les cabinets à la structure architecturale, elle rêvait un luxe de plus et rehaussait

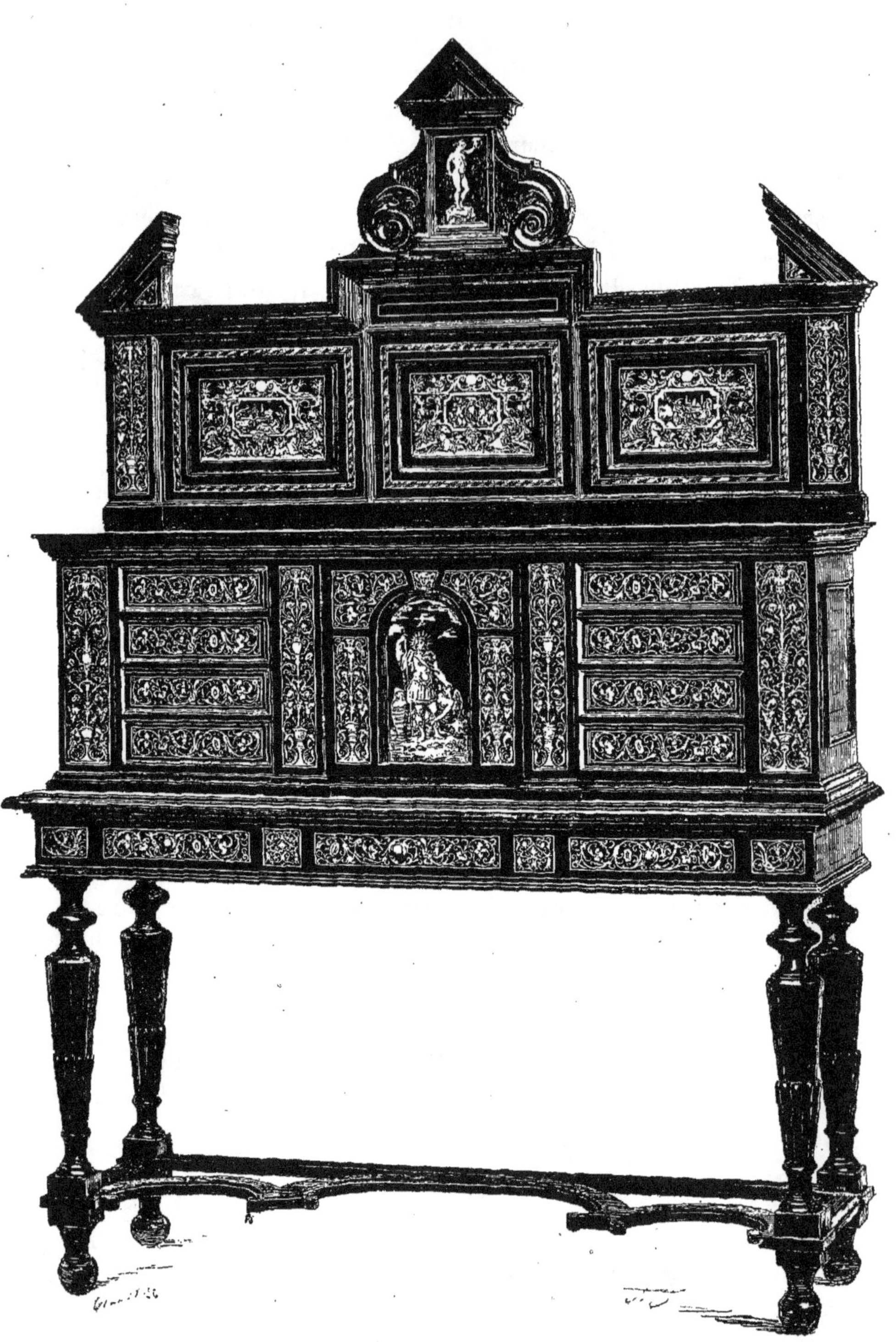

Meuble en ébène incrusté d'ivoire ; travail italien de la fin du seizième siècle. (Milan.)

les entablements et les stylobates par l'application de tablettes de marbre de couleurs diverses et de formes variées.

L'Italie fit plus, et par surcroît de recherche, peut-être par épuisement du génie primitif, elle substitua les matières rares et précieuses aux chefs-d'œuvre de l'art; elle transforma les *stipi*, les armoires, les horloges et jusqu'aux tables, en véritables mosaïques de pierres dures. Est-ce à Florence que se manifesta d'abord cette mode nouvelle? On doit le croire, puisque le travail en application de pierres prit le nom de mosaïque de Florence, qu'il a conservé depuis.

Essayons de suivre les phases diverses de cette transformation dont la marche dut être graduelle: d'abord des cabinets d'ébène reçurent des colonnes en lapis ou en jaspe avec base et chapiteaux de bronze doré; les compartiments des tiroirs ou les panneaux d'entre-colonnement furent rehaussés de médaillons ovales ou polygonaux d'agate, de cornaline, de jaspe et de lapis. Des moulures dorées ne tardèrent pas à encadrer ces riches compositions. Il restait un pas à faire et il fut bientôt accompli : le bois ne forma plus qu'un simple bâti dans lequel vinrent s'enchâsser de vrais travaux en mosaïque, mosaïque bien différente sans doute de cette *peinture* en cubes rapprochés qu'avaient inventée les anciens et qui fut si brillante en Italie depuis le moyen âge.

La mosaïque de Florence consiste dans le rapprochement de tablettes découpées choisies dans des gemmes dont la couleur se rapproche autant que possible de l'objet à représenter: s'agit-il d'un oiseau, on figurera les ondulations ou les maillures des plumes du ventre au moyen d'un de ces marbres finement veinés de teintes passant du chamois au brun; le col ou les ailes emprunteront des plaques rouges à la cornaline ou au jaspe; s'il faut imiter des fruits, les cerises par exemple, c'est encore la cornaline qu'on prendra, en la choisissant dans son passage du rouge vif au blanc, pour obtenir une espèce de modelé; il y a plus, on forcera l'effet au besoin en employant un fer rouge. Effectivement, on a reconnu que certaines pierres changent de teintes à une haute température; quelques-unes prennent une couleur plus vive, d'autres pâlissent. En usant habilement de cette connaissance on enrichit le travail et on le rapproche de la nature.

Un grand cabinet du musée de Cluny, malheureusement défiguré par des adjonctions successives, montrera la mosaïque de Florence dans tout son développement; là ce sont des paysages avec fabriques, ailleurs des oiseaux et des fruits, notamment de ces cerises dont le point lumineux a été obtenu par la décoloration de la cornaline au moyen du fer rouge. La plupart de ces sujets sont encadrés en lapis, et le meuble lui-même est revêtu d'une application d'écaille.

Il est facile de dater, au moins approximativement, les principales modifications que nous venons d'indiquer. Aux derniers temps de la Renaissance appartiennent les *stipi* ou cabinets simplement *relevés* de colonnes et de médaillons de pierres; nous les appellerions volontiers *meubles gemmés*. Au règne de Louis XIII se classent les meubles à dorures avec mosaïques réelles, conservant encore cette disposition architecturale que nous avons signalée dans les ébènes sculptés. Sous Louis XIV s'ouvre une phase nouvelle; les petits meubles ont disparu; il faut au roi-soleil une bien autre pompe que celle de ces monuments réduits; la mosaïque de Florence n'est pas bannie, loin de là; c'est elle qui va couvrir ces tables énormes aux pieds dorés, sur lesquelles se dresseront les groupes de bronze et les vases de porphyre. Il y a plus, on n'ira pas les demander à l'Italie; c'est à Paris même qu'elles s'exécuteront, dans les ateliers des Gobelins, fondés par le roi et dirigés par Lebrun. . . . . . .

On peut voir de magnifiques échantillons de cette fabrication dans la galerie d'Apollon au Louvre; elle se peut facilement reconnaître au style des arabesques, aux palmettes, coquilles et guirlandes qui entourent les écussons royaux. En les comparant aux mosaïques d'origine italienne, on y trouve une perfection égale et une égale intelligence dans le choix patient des éléments du travail. Puisque nous parlons de patience, renvoyons le curieux devant cette table où un personnage attaché à la maison du roi a représenté la carte de France divisée par provinces, avec toutes les légendes minutieusement incrustées.

Les grandes conceptions de Louis XIV n'ont pas empêché la mosaïque de Florence de s'appliquer à de menus objets; nous avons nommé les horloges et nous y revenons. Tous les amateurs ont remarqué à l'Exposition du Corps législatif une pendule appartenant à M. le baron Gustave de Rothschild et dont l'éclat était sans pareil; sa base découpée, en jaspe universel, avait pour motif milieu une palme en bronze doré d'où pendait une grappe de fleurs. Le corps, à fronton circulaire et à pans coupés, était encadré de bronze doré à masque couronné d'une pal-

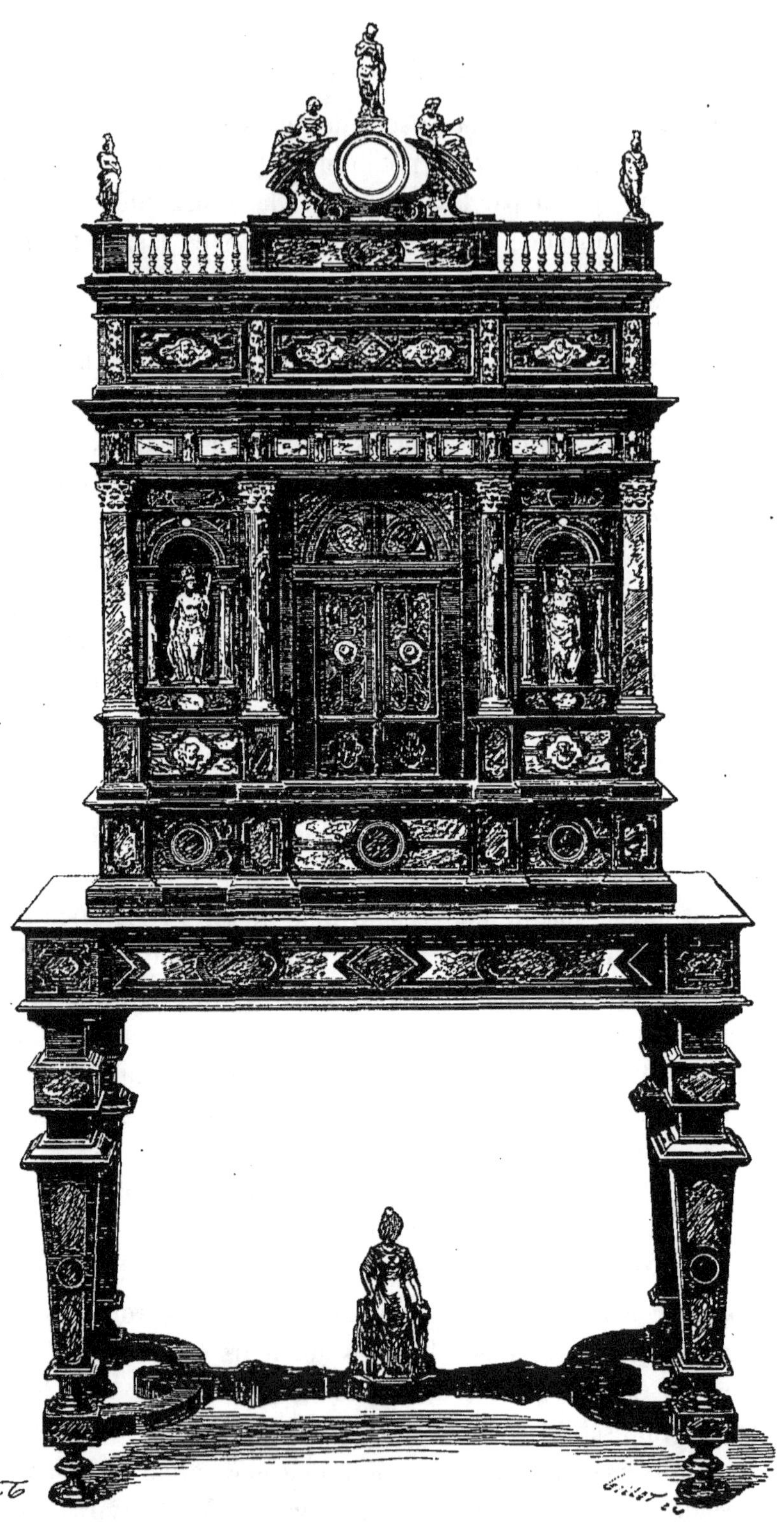

Meuble en ébène à mosaïque de pierres; travail italien du dix-septième siècle. (Florence.)

mette et donnant naissance à deux cornes d'abondance remplies de fleurs en pierres. Sur le fond de lapis-lazuli, ressortait le cadran entouré d'une guirlande de fruits et fleurs en pierres rehaussées de rubis et d'émeraudes ; cette guirlande tombait des deux côtés. Au-dessous, parmi d'autres guirlandes analogues, on voyait un buste de femme, exécuté en pierres dures et encadré de bronze. Accotées aux angles, des cariatides de bronze doré, représentant les arts et les sciences, servaient à supporter l'entablement, surmonté d'un dôme en bois d'ébène incrusté de bronze doré et circonscrit par une galerie à jour ; comme couronnement, la coupole portait une corbeille remplie de fruits en pierres de couleurs.

Si nous nous sommes étendu aussi longuement sur la description de cette pièce, c'est qu'elle est d'un intérêt notoire ; ce n'est plus seulement une mosaïque de pierres, c'est une sculpture en bas-relief dans certaines parties, en haut-relief sur le couronnement. La forme même du monument est remarquable ; c'est la pendule dite religieuse de l'époque de Louis XIV, et la beauté des matières employées, la perfection du travail la classent parmi les chefs-d'œuvre de la plus haute destination.

L'établissement aux Gobelins d'un atelier de mosaïque prouve tout le prix qu'on attachait à ce précieux travail, si bien approprié au luxe de Versailles ; c'est, en effet, parmi les incrustations de Boule et au contact des orfévreries et des vases en matière dure que ces mosaïques peuvent briller avec avantage ; elles écraseraient de leur faste l'ébène sculpté et incrusté, et rendraient froides les plus belles patines du bronze.

ORIENT

Les Orientaux ont eu comme nous leurs meubles incrustés, mais le système n'a rien de commun avec la mosaïque de Florence ; appliquées presque toujours sur des bois excessivement durs, les gemmes y forment relief ; ce sont, à proprement parler, des sculptures appliquées sur le bois pour y former des tableaux. Afin d'arriver à une représentation plus fidèle de la nature, l'artiste n'hésite pas à mélanger les matières dures, même parfois les pierres précieuses, de bois divers et d'ivoire teint. Celui-ci, à différentes intensités de vert, fournit les tiges et les feuilles de bouquets dont les fleurs seront en quartz rose, en jade, en topaze ; des vases seront taillés dans le lapis-lazuli, le jade vert, le cristal de roche, et posés sur des étagères en bois à jours délicatement fouillées, tandis que d'élégants fong-hoang au plumage diapré se poseront sur des rochers tourmentés de forme et entourés de bambous et de pins. En Chine, la plupart de ces bas-reliefs sont disposés en tableaux pour orner les intérieurs, ou appliqués sur des écrans et des paravents à plusieurs feuilles ; rarement ils ressortent sur le bois cru ; presque toujours le fond est recouvert d'un enduit de laque bleu ou rose. Les meubles vrais, c'est-à-dire les étagères, les coffres plus ou moins grands, montrent, au contraire, leur fond de bois, et souvent, comme les écrans, ils portent des inscriptions en jade ou en nacre découpée dans la partie la plus apparente de la composition : cela s'explique, car ces inscriptions commençant par la formule : « Par ordre de l'Empereur, » énoncent habituellement que la pièce est une récompense accordée à un fonctionnaire élevé, pour des services rendus à l'État. Les tableaux sont parfois des ex-voto consacrés dans les temples ; ils réunissent alors tous les emblèmes du culte, c'est-à-dire le brûle-parfums, les vases d'autel et les insignes honorifiques.

Les Japonais, comme il est naturel de le penser, égalent, s'ils ne dépassent, les Chinois dans le travail d'incrustation et de ciselure des pierres ; leurs grands meubles sont presque toujours laqués, et les sculptures qu'ils y appliquent sont d'une perfection, d'un style annonçant de véritables artistes ; on en pourra juger par cette étagère de la collection Jules Jacquemart où figure un oiseau impérial d'une vérité d'aspect, d'une fierté inimitables.

Ils ont d'ailleurs fait descendre le travail d'incrustation aux infiniment petits, en passant par les coffrets, les boîtes de pharmacie, pour arriver aux breloques de ceinture et aux bijoux.

Dans certaines de ces pièces, la minutie des détails n'enlève rien à leur caractère ; il est certaines caricatures microscopiques où l'on retrouve l'esprit de la touche, la merveilleuse expression dont nous aurons à parler à propos des ouvrages en bronze, en ivoire et en bois.

Nous n'avons pas à mentionner ici les travaux de l'Inde et de la Perse ; non qu'on n'y ait employé les pierres à des représentations naturelles analogues à celles des Chinois; mais comme le fond de ces mosaïques précieuses est lui-même choisi parmi les gemmes, c'est

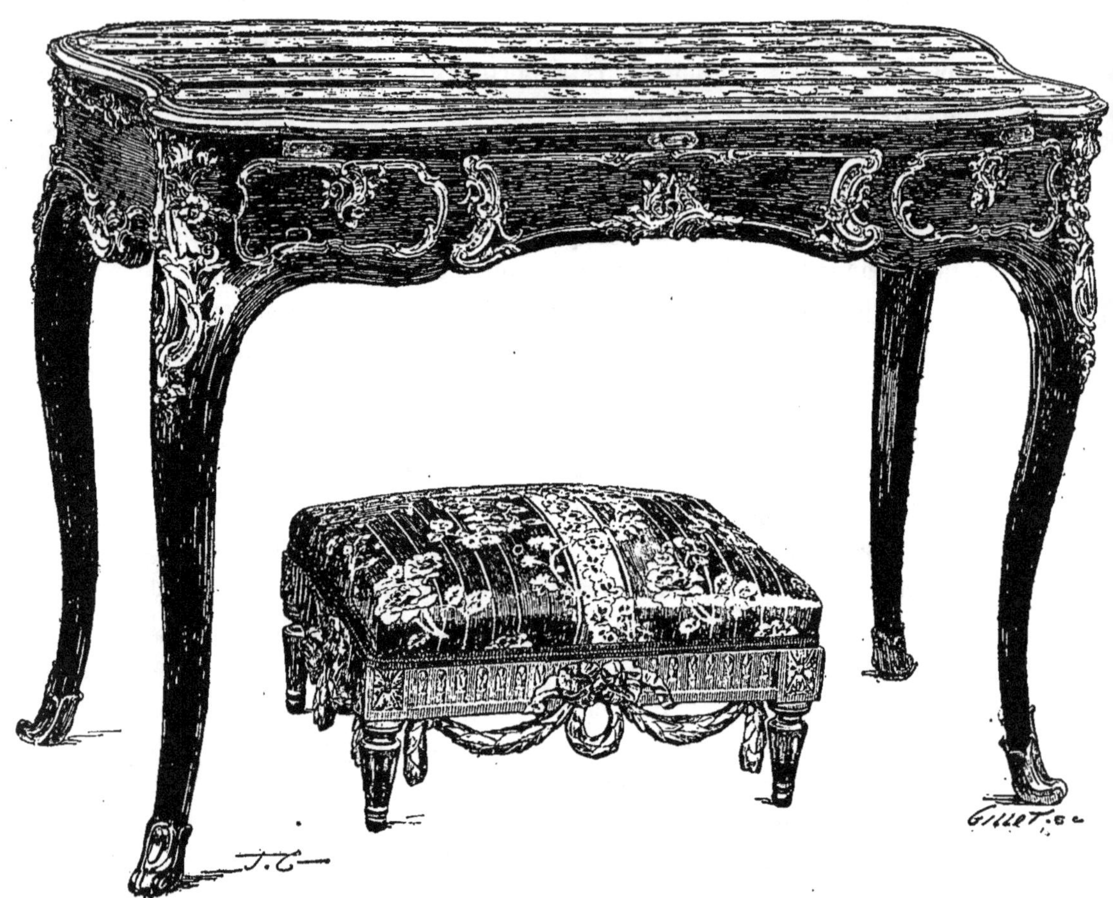

Petite table en bois de rose, montée en bronze doré, ayant appartenu aux filles de Louis XV. — Tabouret en bois sculpté et doré: époque de Louis XVI. (Collection de M. Léopold Double.)

lorsque nous nous occuperons de celles-ci que nous étudierons l'art merveilleux des Indiens et des Persans.

§ 5. — MEUBLES ORNÉS DE CUIVRES CISELÉS

Pour enlever à l'ébène sa tristesse naturelle et lui restituer l'éclat qu'on aime à trouver dans les choses ornementales, il suffisait de le relever par des applications de bronze ciselé et enduit de cette chaude et solide dorure dite à l'or moulu. C'est ce que firent les ébénistes du dix-septième siècle, et dès ce moment la ciselure du bronze devint une industrie capitale et l'une des plus importantes spécialités du meuble. Encadrements à masques et palmettes, moulures refouillées de fins ornements, bas-reliefs mythologiques, figurines dressées en appendices, vinrent se combiner avec les formes, simples au début, puis de plus en plus tourmentées, qui du règne de Louis XIII conduisent insensiblement jusqu'aux exagérations de la Régence.

Est-ce à dire que les meubles d'ébène à cuivres soient fréquents? Nullement, et bien au contraire; ils constituent l'une de ces transitions curieuses indiquant la recherche d'un inconnu non encore trouvé; ce n'est plus le meuble sculpté et gravé, reconnu trop sévère; ce n'est pas encore celui, si éclatant dans son élégance, qui devait trouver place dans les palais de Louis XIV; et si, concurremment aux placages de Boule et même à une époque postérieure, on trouve encore l'ébène aux cuivres dorés, c'est sans doute chez le magistrat aux allures sérieuses ou chez le janséniste aux mœurs austères.

D'ailleurs, et c'est là que se manifeste la recherche d'une forme nouvelle et indéterminée encore, dans bien des cas l'ébène disparaît pour faire place à une marqueterie timide. Les grandes surfaces ont une bordure dont les fibres sont disposées perpendiculairement aux lignes du pourtour; les panneaux montrent le bois divisé en quatre parties opposées en arête de poisson, c'est-à-dire que les fibres inclinées forment chevron sur la réunion médiane. Cette disposition s'accentuera bien davantage dans les marqueteries de placage en bois divers dont nous parlerons plus loin.

Ce changement de travail et de style coïncide avec une modification radicale de l'ameublement qui va entrer franchement dans sa voie moderne; l'ébène à cuivres se formule en bureaux et casiers, dits bouts de bureaux, sortes de cartonniers fermés, surmontés de pendules à figures souvent d'un très-beau travail ; en même temps les horloges à gaînes se manifestent, les bibliothèques et les armoires monumentales dressent leur masse imposante, à pilastres avec couronnement cintré. Bientôt les commodes à tiroirs se substitueront aux meubles déviés du cabinet, et dont le bas fermait à deux portes sous lesquelles se montraient déjà des sortes de tiroirs glissant dans des rainures intérieures. On le voit, cette espèce est toute de transition et offre souvent les mêmes dispositions que les meubles de Boule.

Le plus remarquable bout de bureau que nous ayons vu est celui appartenant à M. Gustave de Rothschild, et qui a figuré à l'Exposition faite en faveur des Alsaciens-Lorrains; le corps inférieur, rectangulaire, ouvrant par les côtés, portait sur sa face un trophée d'instruments de musique rattaché par des rubans noués, et, latéralement, des mascarons à palmettes et feuilles d'acanthe en bronze doré. Le corps supérieur, plus étroit au sommet et à deux ventaux ornés de masques couronnés de palmettes, se réunissait à la base par des épanouissements cintrés se repliant en grecque à leur point d'appui ; sur les parties creuses saillaient des consoles servant de base à des athlètes chargés d'enroulements en volutes. Le couronnement du meuble est un bronze allégorique moitié doré, moitié teinté par une patine brune ; sur un groupe de nuages que traverse la faux du Temps, apparaît un globe ailé à moitié couvert d'un voile et environné par un serpent; les heures y sont marquées et un génie les indique, tandis qu'un autre, entouré des attributs des sciences et assis sur les nuages, écrit sur un livre qu'il tient. La pendule est signée : Stollewerck, à Paris.

Ceci est évidemment du dix-septième siècle ; préciser plus nous paraît impossible ; il est fort difficile, comme nous l'avons dit, de renfermer les meubles divers dans des limites exactes, et de définir l'époque où commence et où doit s'arrêter chaque espèce. Pour l'ébène à cuivre, genre mixte et peu déterminé, l'observation scrupuleuse de la forme générale, du style et du travail des bronzes, peut fournir des indices dont il faut cependant user avec prudence. Les genres ne se sont pas succédé tout d'un coup et radicalement; les modes n'étaient pas aussi impérieuses dans les temps anciens qu'elles le sont aujourd'hui ;

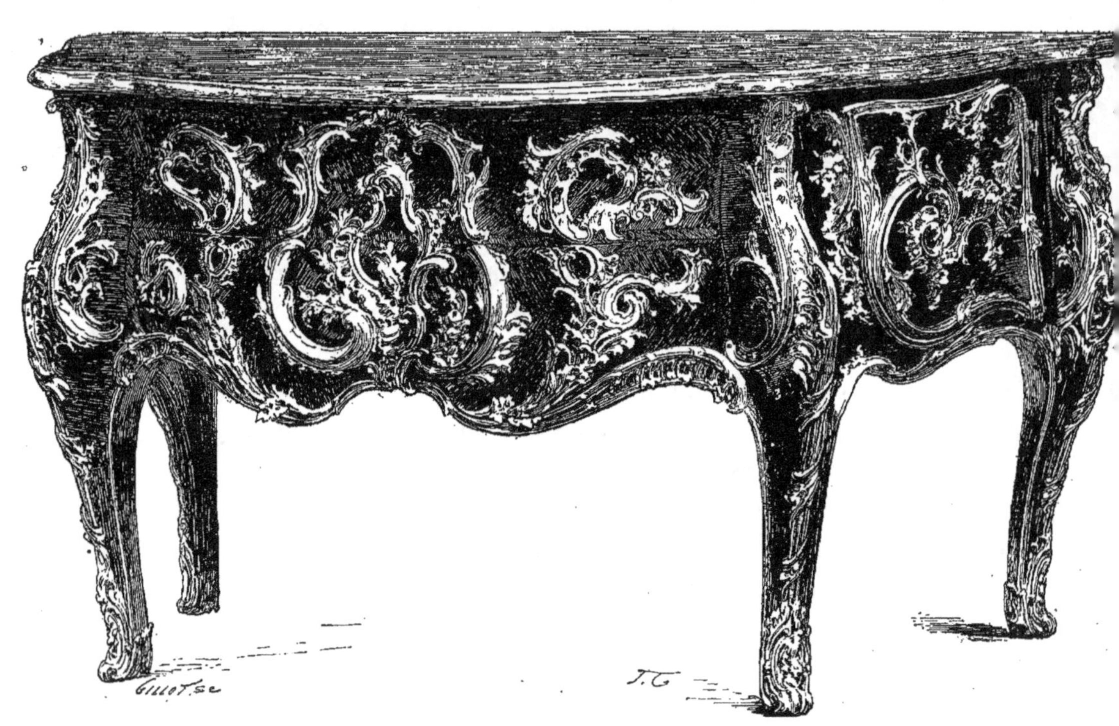

Grande commode à ventre en bois de rose et violette; décorée de bronzes ciselés par Caffieri; époque de Louis XV.
(Collection de sir Richard Wallace.)

aussi l'industrie pouvait fournir concurremment des espèces qu'on serait tenté d'échelonner dans des limites assez étendues, et souvent les traditions ont été conservées à travers les modes successives. C'est ainsi qu'à l'époque de Louis XV on trouve encore des ébènes à bronzes ciselés d'une structure charmante et du meilleur goût; on en a pu voir plusieurs à la vente de San Donato, et depuis à l'Exposition du Corps législatif.

§ 6. — MEUBLES PLAQUÉS D'ÉCAILLE ET DE MÉTAL

Louis XIV est certainement, de tous les souverains, celui qui sut le mieux entourer la majesté royale du plus éblouissant éclat; il lui fallait pour résidence de somptueux édifices, et si, comme palais, Versailles réalisait ses rêves, il voulait encore que les meubles destinés à entrer dans ces galeries étincelantes de glaces, de dorures, de tableaux et de sculptures, fussent dignes d'un voisinage pareil, et pussent montrer une splendeur jusqu'alors inconnue. Logique dans ses conceptions, le roi avait compris qu'il lui fallait confier à de véritables artistes la manufacture des tapis, des meubles, de l'orfévrerie; pour s'entourer des plus capables, il avait d'abord accordé des logements au Louvre à chacun de ceux qui se faisaient remarquer par des œuvres hors ligne; puis, en 1662, pour mettre une harmonie nécessaire entre tous les travaux, pour soumettre à une pensée commune les compositions individuelles, il centralisa les divers ateliers aux Gobelins, les plaçant en 1667 sous la direction de Lebrun son premier peintre; lorsque celui-ci mourut en 1690, il eut pour successeur Mignard; c'était la décadence.

Parmi ceux qui conçurent le meuble comme pouvaient le désirer Louis XIV et Lebrun, il faut citer en première ligne André-Charles Boule. S'était-il essayé d'abord dans les genres précédemment connus, comme il devait s'essayer encore dans ceux qui devaient prendre vogue après lui? Cela est probable. Mais il ne trouvait pas là l'éclat dont il avait besoin : il imagina donc de construire ses meubles en ébène, en couvrant les grandes surfaces d'applications d'écaille découpée et incrustée d'arabesques, rinceaux et ornements en étain et en cuivre relevés de gravures au burin ; cette brillante mosaïque était d'ailleurs accompagnée de bas-reliefs en bronze ciselé et doré, de masques, rinceaux, moulures, entablements, encoignures, formant cadre pour l'ensemble, et semant des points de rappel de lumière propres à empêcher l'œil de s'égarer dans un papillotage dangereux.

Pour donner au travail d'incrustation toute l'exactitude désirable, l'artiste eut la pensée de superposer deux lames de semblable étendue et de même épaisseur, l'une en métal, l'autre en écaille, et, après avoir tracé son dessin, de les découper d'un même trait de scie ; il obtenait ainsi quatre épreuves de la composition, deux de fond où le dessin s'exprimait par des vides, deux d'ornements, qui placés dans les vides du fond opposé s'y inséraient exactement et sans solution appréciable. Il devait ressortir de cette pratique deux meubles à la fois : l'un, qualifié de *première partie*, était à fond d'écaille avec applications métalliques ; l'autre, dit de *seconde partie*, se trouvait plaqué de métal avec arabesques d'écaille. Or, la *contre-partie* ayant encore plus d'éclat que le type, on combina les meubles par effets croisés, comme on peut le voir dans la galerie d'Apollon où les consoles sont des deux genres. Boule fit plus, et dans ses grandes compositions il sut ajouter à la splendeur de l'aspect en employant simultanément la première et la seconde partie en masse convenablement pondérées. Ce mélange se montrait dans toute sa perfection sur le grand meuble appartenant à sir Richard Wallace qui figurait à l'Exposition du Corps législatif.

Tout en reconnaissant le bon effet d'ensemble des deux genres imaginés par André-Charles Boule, nous insisterons sur ce point que la première partie doit être la plus estimée parce qu'elle est la plus complète. Qu'on prenne un des beaux types sortis des mains de l'artiste et l'on verra avec quel esprit la gravure vient corriger la froideur de certaines silhouettes ; les coquilles creusent leurs sillons rayonnants, les draperies des baldaquins s'agitent en plis savamment contrariés, les mascarons grimacent, les feuilles en rinceaux s'allégissent par des nervures accusées selon l'importance des masses, tout vit, tout parle.

Regardez la contre-partie, ce n'est plus que le reflet de la pensée, l'ombre effacée de la première conception.

Les meubles de Boule sont ceux qui se prêtaient le mieux à garnir les salons gigantesques et les appartements d'apparat, comme on les voulait sous Louis XIV ; ces grandes consoles appliquées remplissaient

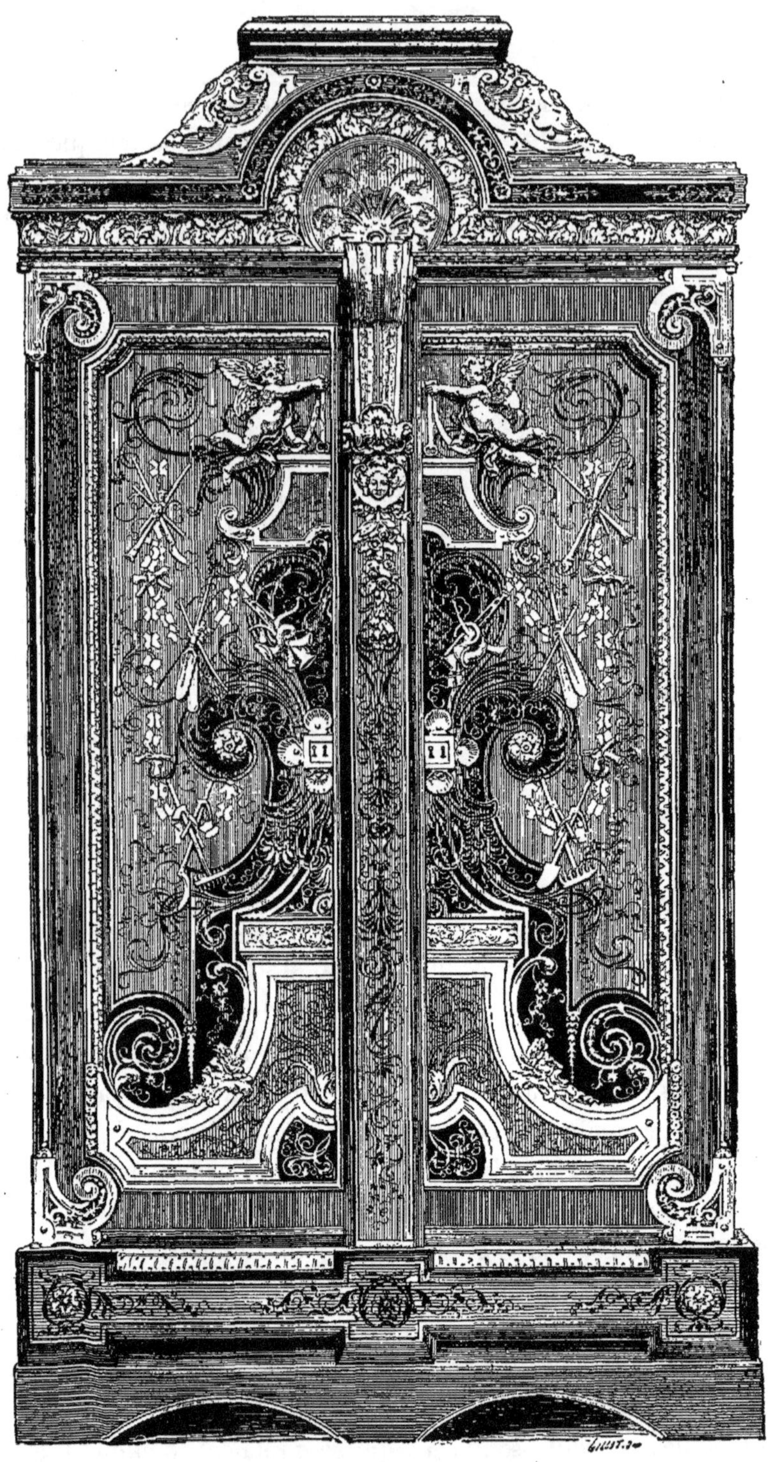

Armoire en ébène avec marqueterie de Boule; époque de Louis XIV. (Mobilier de la couronne.)

à merveille les entre-deux de croisées et se chargeaient des vases d'orfèvrerie, de jaspe ou de porphyre aux montures dorées, aux guirlandes ciselées que réfléchissaient les glaces sans nombre.

Quant au mobilier vrai, celui qui pouvait convenir à la vie intime, c'est celui où les ouvrages se montrent assez rares ; on rencontre des tables, des bureaux, des cartonniers, même des médailliers en petit nombre ; une commode existe dans la collection de sir Richard Wallace, mais elle est si loin de mériter son nom, ses détails sont tellement lourds, qu'on sent percer le besoin d'apparat sous cette apparente concession au mobilier usuel ; quelques coffrets, des écritoires, garniture obligée des bureaux, des armoires et bibliothèques, des encoignures, puis c'est tout.

Au surplus Boule est une école ; André-Charles, que de vieux catalogues qualifient de Boule le père, a eu quatre fils, des neveux peut-être et, dans tous les cas, de nombreux élèves ; le style et la perfection de ses travaux les feraient seuls reconnaître et distinguer des contrefaçons. Où il y a le plus à choisir c'est dans les innombrables pendules religieuses qui se plaçaient soit sur des gaînes, soit sur des consoles à suspension ; les siennes sont toujours surmontées de figures ou de groupes d'une merveilleuse exécution, et les bas-reliefs qui figurent sous le cadran sont non moins remarquables et en accord complet avec la décoration incrustée.

Pour s'exercer à reconnaître la main du savant inventeur du genre, il suffira d'examiner attentivement les pièces qui meublent la galerie d'Apollon et certaines autres disséminées au Louvre dans les salles de dessins qui leur ont donné asile depuis la dévastation des résidences royales. On y remarquera, entre autres, une magnifique armoire où la marqueterie en camaïeu occupe une place considérable ; les deux panneaux supérieurs offrent des vases remplis de fleurs de la plus belle exécution qu'encadrent seulement les incrustations en métal. Les tons sont si bien combinés que le cuivre et l'écaille n'écrasent pas la marqueterie de bois et que celle-ci n'attire pas l'œil au détriment des autres motifs ornementaux.

Cette sagesse, nous aimons à l'attribuer à l'homme éminent auquel Louis XIV demandait son mobilier royal ; nous laissons à la charge des fils et des successeurs de Boule les choses éclatantes outre mesure où des parties d'écaille sont remplacées par la corne teinte en bleu ou en vermillon ; cette polychromie intempestive enlève aux compositions leur majesté sévère et leur harmonie riche et sérieuse à la fois. Une bonne partie de ces écarts peut être attribuée à Philippe Poitou, imitateur du maître, devenu marqueteur du roi en 1683. Il est rare qu'un continuateur, nous l'avons dit, ne cherche pas à perfectionner en exagérant son modèle. Ce qu'il y a de certain c'est que le genre persista pendant une partie du dix-huitième siècle ; c'est vers le milieu de ce siècle que Oëbenne, marqueteur, devenu célèbre par ses magnifiques cadres sculptés bien plutôt que par ses meubles, se qualifiait encore d'élève de Boule ; il voulait sans doute désigner un des fils.

Aujourd'hui les curieux ont à se tenir en garde contre différentes sortes de contrefaçons ; beaucoup d'anciens meubles genre Boule ont eu leurs panneaux détruits et on les a remplacés par des morceaux de laque, quelquefois même imités, en conservant et restaurant la charpente d'ébène incrustée. Il y a eu, en effet, quelques Boule à vernis orientaux ; mais ils sont fort rares et les morceaux exotiques y étaient choisis avec grand soin et parmi ceux de belle qualité.

Quant aux imitations complètes, il nous paraît superflu d'y insister ; il y a si peu de rapport de style et de facture entre ces pièces et les originaux qu'il faudrait être bien novice pour s'y laisser prendre.

§ 7. — MEUBLES EN MARQUETERIE DE BOIS DIVERS

Comment, au quinzième siècle, les *intarsiatori* de l'Italie avaient-ils imaginé de peindre en bois de couleur des ornements et jusqu'à des paysages ? C'est qu'ils avaient vu les anciens peindre avec des fragments de pierre ; la mosaïque contenait en germe l'idée de la marqueterie. Comment, à l'époque moderne, les ébénistes reprirent-ils un procédé abandonné ailleurs depuis des siècles ? C'est que, entraînés au delà des bornes assez larges de leurs productions, ils voulurent, comme leurs devanciers, empiéter sur le domaine d'un art voisin ; les uns pensaient rivaliser avec la mosaïque ; les autres crurent pouvoir se faire peintres. Il y a certes un principe vrai : c'est que le mobilier a besoin de se mettre en harmonie avec les choses qui l'entourent ; mais il ne faut pas forcer les conséquences de ce principe et sortir des limites que le bon sens et le goût assignent à chaque industrie.

Les trumeaux à bergeries galantes, les tapisseries, suffisaient bien à l'expression de la mode du dix-huitième siècle sans que les marqueteurs se missent de la partie.

A quelle date doit-on faire remonter la marqueterie moderne? ce serait chose difficile à préciser ; si l'on considérait comme ses débuts l'emploi des bois disposés par panneaux, avec bandes d'encadrement et filets de bois pâles, il faudrait remonter jusqu'à la fin de la Renaissance. Nous avons parlé de modestes essais d'assemblages en arêtes sous Louis XIII, enfin sous Louis XIV nous avons vu André-Charles Boule peindre en bois deux magnifiques vases de fleurs sur les panneaux d'une armoire; là l'élan était donné ; l'idée s'était fait jour avec assez d'éclat pour se développer rapidement : aussi de la Régence à la fin du siècle elle grandit et s'appliqua jusqu'à l'abus.

Les progrès du commerce eurent une part notable dans ce développement de la marqueterie; les contrées lointaines apportaient leurs brillants produits ; et lorsque le bois de rose, vivement coloré dans sa fibre, mais borné par l'étendue des pièces, vint donner l'idée des dispositions opposées en arêtes, en damier, en losanges, lorsque le citronnier put fournir les filets blancs destinés à délimiter les grands espaces ou à rehausser les encadrements de bois de violette, la voie était ouverte au caprice, et il s'en empara sans mesure. Créscent inaugura d'abord les associations du bois de rose, de violette et d'amarante ; puis les teintes naturelles paraissant trop restreintes encore, on imagina de soumettre le bois aux teintures artificielles et de l'employer en mosaïques copiées sur la peinture.

Une fois la pratique admise, on la vit suivre sa marche envahissante avec une rapidité inouïe. D'abord ce furent des bouquets de fleurs avec leur coloris naturel, leurs feuilles variées de toutes les nuances du vert; puis les trophées d'instruments de musique ou d'instruments champêtres se suspendirent à des rubans aux couleurs vives ; de la bergerie aux emblèmes amoureux il n'y avait qu'un pas, et les carquois, les flambeaux couronnés par les colombes obligées, surgirent de toutes parts; mieux encore, dans des médaillons entourés de guirlandes, on coucha les bergères aux robes de satin parmi les verdures bocagères; on vit les pastorales coquettes de Boucher envahir les panneaux des secrétaires, les flancs des commodes et couvrir les bonheur-du-jour. Aberration singulière qui ne produisit évidemment, au moment même du travail, qu'une approximation des modèles, approximation fort inférieure et qui, par l'effet du temps, l'action de la lumière sur les teintures et le jeu naturel des résines pendant la dessiccation du bois, devait donner bientôt des images éteintes et un ensemble sans autre harmonie que celle résultant de la destruction des effets cherchés. On s'attriste en considérant la dose de talent et les peines qu'il a fallu dépenser pour arriver à la composition de ces scènes, réduites aujourd'hui à une sorte d'esquisse vaporeuse; les draperies, jadis brillantes, sont ternes et sales; les roses fanées ont duré ce que durent les roses, et lorsque l'on compare ces travaux aux tapisseries, aux siéges, aux étoffes qui devaient les entourer, on se dit que, même au sortir des mains de leurs auteurs, ils devaient être écrasés par ce voisinage.

Mais passons en présence du fait accompli, et tâchons, en reprenant les étapes du travail de la marqueterie, de retrouver l'histoire de l'évolution du mobilier moderne, les deux choses ayant entre elles les plus étroites connexions.

Nous avons dit un mot de la marqueterie italienne sans y insister, car les inventions de Giuliano et Benedetto da Maïano avaient bien plutôt pour objet de décorer les boiseries du chœur des cathédrales que de rehausser le mobilier privé; à peine trouvons-nous de rares bahuts (collection Cernuschi) où des sculptures rudimentaires, enlevées par un fond peint, sont encadrées dans un échiquetage de bois brun et jaune. Il y a bien les piqués *alla certosa;* mais ce n'est plus là de la marqueterie véritable.

Pendant la Renaissance les préoccupations sculpturales et la recherche des formes de l'architecture entraînent le mobilier dans une voie sérieuse incompatible avec les coquetteries du bois coloré ; lorsque, sur la fin, le besoin d'une élégance un peu tapageuse se manifeste, c'est par les applications d'ivoire gravé et par l'adjonction des pierres dures; l'architecture domine encore; elle se pare de joyaux comme les personnages de la cour.

Sous Louis XIII, le meuble se fait grand et s'alourdit à l'unisson des autres ouvrages de l'art ; l'ébène, que la sculpture ne parvient pas à égayer, cherche un appoint dans le bronze ciselé ou même dans l'application du cuivre repoussé; la Flandre essaye déjà d'y joindre des encadrements d'écaille.

Mais voilà Louis XIV, voilà Boule, et le bois s'incruste d'écaille et

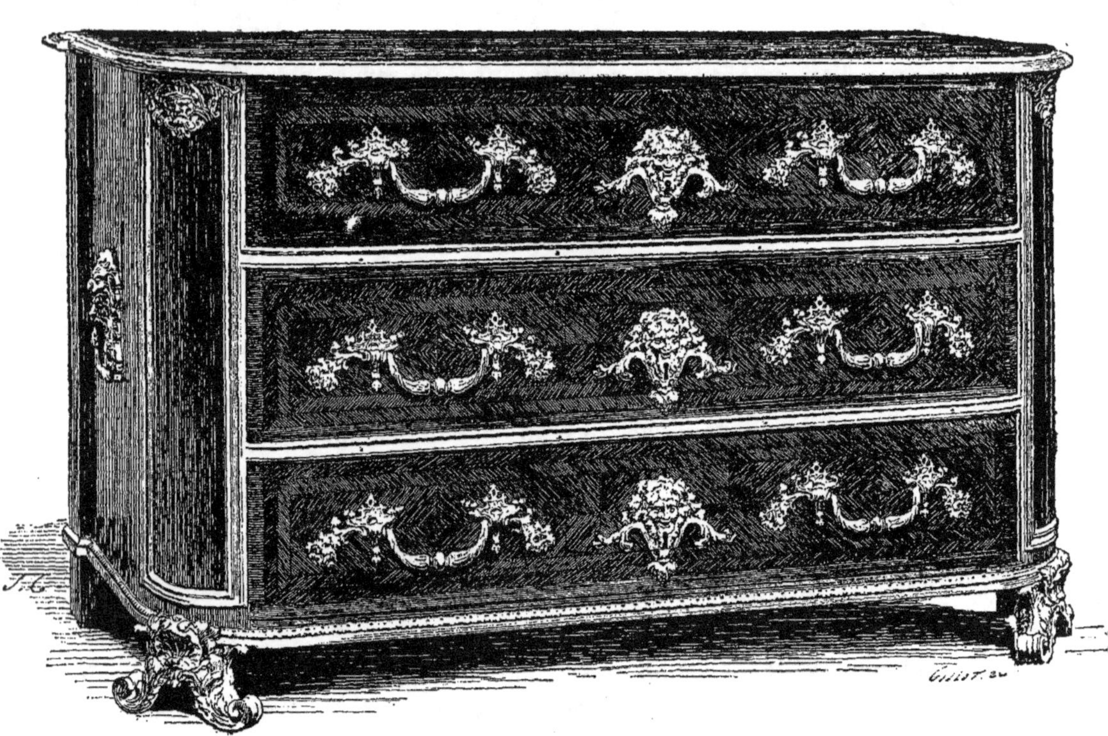

Commode en marqueterie ornée de bronzes ciselés; fin du règne de Louis XIV. (Collection de M. le docteur Piogey.)

de métaux brillants, pour se mettre au niveau du luxe des palais; le meuble est encore officiel, pompeux, étranger à la vie intime, ou bien il n'y pénètre pour ainsi dire que par le côté extérieur: le salon de réception, le cabinet de travail du magistrat et de l'homme public. S'il est permis de chercher les indices des modifications à venir, c'est là qu'on les trouvera: la tablette du bureau prend des contours; ses avant-corps s'infléchissent en courbes bombées; ses pieds, légèrement assouplis en S, viennent poser sur des entre-jambes en X; il y a détente dans la rigidité générale du meuble officiel admis à Versailles, et primitivement inspiré par le génie compassé de Lebrun, puis perpétué par la rigide discipline des Gobelins.

Sous la Régence et pendant les jeunes années de Louis XV, tout va changer; les bois divers vont triompher et parer des meubles d'une forme nouvelle; les petits appartements vont se substituer aux salons d'apparat; la chambre à coucher va devenir le nid de la vie privée et s'entourer du boudoir, du cabinet, de ces mille recoins élégants et commodes pour la comédie à surprises et cachettes que va jouer la société française.

Aussi que de choses nouvelles : la commode véritable avec ses divisions multiples; le chiffonnier à tiroirs nombreux; le secrétaire qui, sous son panneau fermant, peut dissimuler tant de choses et dont la tablette baissée peut servir de table à écrire; le bureau lui-même n'est plus cette loyale grande table accessible au regard et voisine du cartonnier où se classaient les titres et les correspondances; surmonté d'un casier à tiroirs, il peut rentrer incontinent sa tablette glissant à rainure et dérober aux curieux les papiers qui le couvrent au moyen d'un cylindre instantanément abaissé et fermant à clef.

Quant aux formes, elles prennent des licences inimaginables; tout se gonfle pour se profiler en lignes singulières; rien de droit, de régulier; les angles s'arrondissent ou se creusent; des sinuosités inattendues sillonnent les surfaces; les choses ventrues, contournées, tarabiscotées sont seules admises, et là-dessus croissent et se développent des végétations de bronze à chicorées impossibles; le cuivre doré d'or moulu rampe en bordures capricieuses, surgit tout à coup en poignées imprévues, se contourne en encoignures, forme des guirlandes détachées; ainsi se complète un tout bizarre, toujours spirituel et parfois élégant à force de singularité.

Le caprice est poussé à tel point que souvent la loi fondamentale de l'art, la *convenance*, est totalement oubliée ; pour créer des perspectives à l'œil, le meuble n'a plus ses côtés parallèles ; ils se courbent en s'écartant pour aller s'accoter sur un fond beaucoup plus large que la face antérieure, en sorte que les tiroirs, forcément rectangulaires, s'isolent dans le vide et laissent entre leur côté et celui du meuble des cavités complétement perdues. Plus tard, lorsque les ébénistes voulurent rentrer dans des formes plus sages, pour ne pas perdre l'avantage pittoresque de ces dispositions en éventail, ils flanquèrent de petits meubles d'une sorte d'étagère en quart de cercle où se logeaient les bibelots à la mode, les choses de provenance exotique ou les fines porcelaines de Sèvres et de la Saxe. En rentrant dans la logique architecturale du meuble, ils avaient ajouté à sa richesse et satisfait au goût du moment.

Le degré plus ou moins grand de l'exagération dans les créations du règne de Louis XV fournit une sorte de chronologie pour cette époque ; d'abord les chicorées peu saillantes dessinant des courbes agréables, s'unissent à des palmettes et à des lauriers, comme pour protester contre un divorce absolu avec le style précédent, tout en révélant les tendances nouvelles ; plus tard, sous l'impulsion de Meissonnier, toute timidité a disparu ; les hardiesses de la forme sont tellement effrénées que les débauches du cuivre n'ont plus rien qui surprenne ; elles se font excuser d'ailleurs par l'immense talent des ciseleurs. Il y a tant de verve dans les morceaux composés par Caffieri et Crescent, le burin est si délicat et si spirituel qu'on doit forcément admirer le travail en dépit du style. Vers la fin du règne, on peut prévoir la réforme qui va s'accomplir, les chicorées se font plus sages, les frises à rosaces, les chutes de culots et de fleurs se soumettent à une sorte de discipline ; le meuble prend une apparence plus tranquille et plus régulière. Madame de Pompadour ne fut pas étrangère à ce mouvement que, par convenance, on qualifia, nous dit M. Courajod, de style à la Reine. Marie-Antoinette devait achever la réforme.

Ajoutons un mot : dans le mobilier Louis XV, comme dans toutes choses, il y a un choix à faire pour l'homme de goût ; on peut condamner en principe les marqueteries imitées de la peinture, mais certaines conservent encore une saveur d'époque qui les recommande aux curieux ; il y a parfois de la grandeur dans les mosaïques de bois

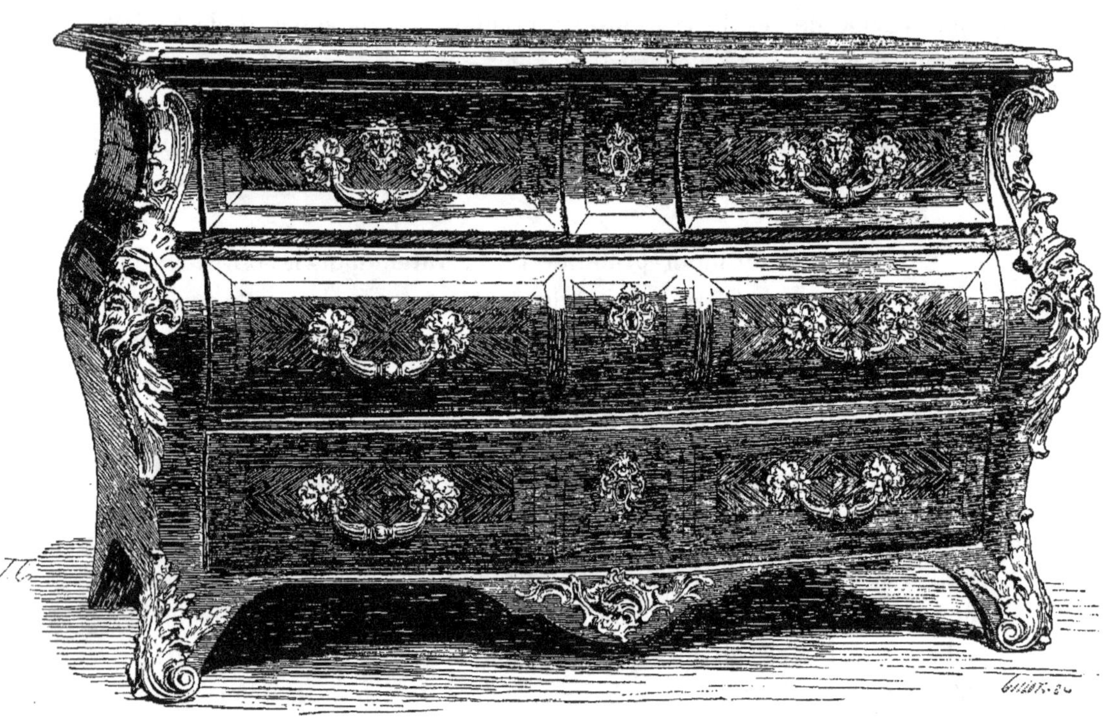

Commode à ventre en marqueterie ornée de bronzes ciselés et dorés; époque de Louis XV. (Collection de M. le docteur Piogey.)

à fond varié où s'encadrent des médaillons à trophées, et les bronzes qui les accompagnent prennent souvent une importance monumentale. Nous n'en voudrions pour preuve que le magnifique bureau à cylindre exposé au Louvre et qui porte avec lui ses candélabres et sa pendule.

Sans s'élever jusqu'à des créations de cet ordre, on peut citer des commodes, comme celles appartenant à sir Richard Wallace et à M. le baron Gustave de Rothschild, où le poinçon de Caffieri marque des chicorées d'un goût charmant et d'une exécution irréprochable. Nous pouvons rappeler encore parmi les chefs-d'œuvre, les charmants meubles à trois portes qui ont figuré à la vente de San Donato ; sur leur bois satiné marqueté de fleurs en bois de violette, se détachait le plus gracieux encadrement de bronze qu'il fût possible de rêver.

Quant aux petits meubles de dames, bonheur-du-jour, étagères, tables à ouvrage, on n'en peut voir de plus coquets et nous renverrions ceux qui en douteraient vers la riche collection de M. Léopold Double.

Puisque nous avons parlé des peintures en bois, il n'est pas inutile de dire comment elles s'exécutaient et par quels soins patients les artistes arrivaient à lui donner la plus grande perfection possible. Le plus difficile était, sans contredit, le modeél destiné à donner aux choses l'apparence réelle; on y arrivait par deux moyens : le feu et les acides.

Pour colorer le bois au feu, voici comment on s'y prenait : « on mettait du sablon ou du sable fin de rivière dans une pelle de fer, soumise à l'action du feu ; lorsque, par des essais opérés au moyen de petites tablettes de bois blanc, on s'était assuré que la chaleur du sable était suffisante pour roussir la fibre sans la brûler, on y plongeait debout les plaques à ombrer, d'abord dans toute l'étendue à colorer, puis successivement de moins en moins, pour dégrader la teinte jusqu'à la nuance la plus foncée.

« La coloration par les acides était plus délicate et plus variée ; on pouvait se servir : 1° d'eau de chaux tenant en dissolution du sublimé corrosif; 2° d'esprit de nitre ; 3° d'huile de soufre.

« L'esprit de nitre produit l'effet le plus puissant; il pénètre le bois à l'instant en lui donnant une couleur roussâtre ; mais il faut l'employer antérieurement à toute teinture, car il détruit les couleurs artificielles.

« L'huile de soufre est moins violente ; elle donne aux bois blancs une teinte d'un brun vineux et rehausse le ton des teintures; enfin l'eau de chaux est d'un effet plus doux encore.

« Les acides s'étendent sur le bois avec un pinceau ou une barbe de plume, et l'opération se renouvelle autant de fois qu'il est nécessaire pour nuancer l'ombre et lui donner son maximum d'intensité.

« La teinture se fait généralement à froid et peut aider elle-même à l'effet du travail : ainsi, quand le bois est pâle encore, on peut le retirer du bain, le sécher, couvrir de cire les parties qu'on veut avoir claires, et le retremper de nouveau pour le porter à la teinte voulue.

« Les bois ainsi préparés sont découpés et mis en œuvre, puis, lorsque la marqueterie est complète, on la rehausse, d'abord en creusant au burin quelques traits spirituellement jetés qui donnent de la vigueur à l'ensemble et aident à la perfection des détails. Ces traits sont remplis par un mastic noir.

« On peut aussi, quand la mosaïque est en place, en augmenter l'effet par des teintures posées par masses au pinceau; on se sert alors de teintures chaudes pour qu'elles pénètrent autant que possible afin d'avoir de la solidité. »

§ 8. — MEUBLES PLAQUÉS AVEC APPLIQUES DE PORCELAINE

Il faut le répéter encore, il n'est aucune classification qui ne soit boiteuse; entre la fin du règne de Louis XV et le commencement de celui de Louis XVI, il n'y a certes pas de transition marquée; le meuble assagi, de style à la reine, continue à se montrer avec ses marqueteries échiquetées et ses bronzes finement ciselés. Louis XV, fondateur de la Manufacture de porcelaine de France, n'avait certes pas négligé de faire encadrer les plaques à bouquets, bordées de bleu turquoise, dans les meubles qui l'entouraient ou qu'il offrait en présent. Pourtant, c'est plus particulièrement sous Louis XVI et au moment où le bois d'Amboine, l'acajou moucheté et ronceux, remplaçaient les mosaïques marquetées, que la porcelaine et les camées de Wedgwood s'incrustaient dans les panneaux, les frises et les tiroirs des meubles; il est donc permis, pour s'entendre, de qualifier les placages avec décor céramique du nom de celui qui les a particulièrement aimés et patronnés.

En fait, l'époque Louis XVI est celle où l'ébénisterie a le plus usé de ses ressources et multiplié les genres. L'acajou massif était en usage dès l'époque de madame de Pompadour, mais on n'y trouva qu'un auxiliaire de plus et la pratique de la marqueterie n'en reçut aucune atteinte; elle se continua, même dans ses excès, sous Louis XVI, et le charmant secrétaire de M. le docteur Voillemot en fournit la preuve par ses médaillons à sujets, ses arabesques et ses groupes de fleurs; les bronzes d'un fini minutieux dorés à l'or mat, indiquent le rang distingué qu'occupait cette pièce dans la production générale. Non-seulement on faisait concurremment alors des incrustations et des placages, mais on employait les bois massifs, de l'ébène à l'acajou, et même les panneaux de laque venus de l'extrême Orient.

Il faut donc chercher la vraie caractéristique de l'époque un peu dans les formes et surtout dans les bronzes. Nous avons dit combien étaient remarquables déjà ceux ciselés sous Louis XV, par Caffieri; mais la fin du dix-huitième siècle devait élever l'art à son point culminant: Martincourt, le célèbre Gouthière, son élève, Delarche, Jean-Louis Prieur, Vinsac et Ravrio amenaient le bronze doré au mat à une perfection que ne dépassait pas l'orfévrerie fine; il est telle plaque de serrure, tel bas-relief dont on ferait volontiers des agrafes de ceinture. Robert le Lorrain, statuaire à ses heures, ciselait aussi le cuivre et il avait eu pour élève Sautray qui, avec Gallien et Vassou, se signalaient dans la monture des vases, accompagnement naturel des meubles Louis XVI.

Ici se présente une remarque assez curieuse, au moment où madame de Pompadour essayait de ramener l'art dans une voie meilleure, c'était au nom des principes sacrés et immuables consacrés par l'antiquité; lorsque sous Louis XVI on chercha la simplicité des formes et la sobriété du style, c'était encore l'antique que l'on voulait saisir; or rien n'en était plus éloigné que la coquetterie élégante, la recherche surchargée de la décoration générale de ce temps. Il devait produire un génie, Clodion, qui certes n'avait rien de commun avec la Grèce et Rome. Dans les derniers moments du règne, lorsque apparurent les caisses d'horloges sans profils, les commodes rectangulaires à colonnes engagées, en un mot ces meubles d'assez triste tournure qui ne se recommandaient plus que par la perfection manuelle du travail, on criait encore à l'antique, et l'on préparait tout simplement la voie à ce style faux et guindé qui, sous l'impulsion de David et avec l'aide de froides palmettes et de rinceaux étriqués, devait constituer l'art grec du premier empire.

Où donc trouver, dira-t-on, la véritable caractéristique du genre Louis XVI? A nos yeux elle est dans les ouvrages qui, débarrassés des exagérations du contour, des rédondances de l'accessoire, représentent bien l'esprit français du dix-huitième siècle, c'est-à-dire l'élégance distinguée, la grâce sans afféterie. Nous découvrons ces qualités dans ces tables à ouvrages, ces jardinières et consoles, ces entre-deux de croisées, ces armoires-étagères que supportent des pieds délicats à cannelures légères, que rehaussent ces cuivres sans pareils assouplis par des artistes de premier ordre, et où s'insèrent souvent, ici les *queen's ware* de Wedgwood, là des plaques à sujets peintes à Sèvres, ailleurs de simples bouquets de la même porcelaine encadrés d'arabesques d'or en relief, ressortant sur le fond bleu de roi ou bleu turquoise, ou sur le rose Pompadour ou les œils de perdrix. Nous les retrouvons encore dans des porte-flambeaux à pied triangulaire et balustre cannelé relevé de rudentures que surmonte une tablette découpée, en un mot dans cette foule d'objets sans utilité réelle qui ne sont qu'un prétexte au génie pour se manifester, une occasion pour la richesse de montrer son goût.

§ 9. — MEUBLES EN LAQUE OU EN VERNIS

Il y a ici une distinction à établir entre les meubles européens proprement dits, ceux fabriqués en Europe avec des éléments orientaux, et les meubles d'origine orientale.

Au moment où la Chine et le Japon commencèrent à nous envoyer leurs précieux laques, l'émoi surgit parmi les curieux; les uns se mirent à former des collections spéciales, les autres se contentèrent de choisir les plus belles pièces pour les exposer dans leurs somptueux salons auprès des porcelaines et des *magots* si fort à la mode; les derniers allèrent plus loin : ils voulurent que leurs meubles mêmes fussent incrustés des plaques vernies à sujets ou paysages d'or en relief. Ce que nos ébénistes durent détruire de cabinets orientaux pour satisfaire à cette mode, c'est incalculable. Dès l'époque de Louis XIV on en trouve des morceaux associés aux marqueteries de Boule; sous Louis XV la vogue continue, pour atteindre sa plus haute expression pendant le règne de Louis XVI.

Nos artistes étaient trop intelligents pour ne pas se soumettre au mouvement et en tirer parti; d'abord, ils s'étaient contentés de dépecer les étagères, les boîtes, les paravents, pour en tirer parti; mais, la marchandise ne répondant pas à tous les besoins, ils imaginèrent d'envoyer leurs bois préparés vers les ateliers orientaux qui les vernissaient; il n'y avait plus, au retour, qu'à monter les pièces.

Cette contrainte, la lenteur qu'elle entraînait dans l'exécution du travail, l'augmentation prodigieuse du prix de revient, tout devait engager les ébénistes à chercher un moyen de remplacer le vernis oriental par une composition analogue et de même effet. Des hommes ingénieux se mirent à l'œuvre; et si leur réussite ne fut pas complète, ils arrivèrent du moins à illustrer leur nom et à doter l'Europe d'un produit nouveau. Le premier de ces inventeurs fut le Hollandais Huygens, qui dut suivre d'assez près son modèle, car si le nom de l'homme est parvenu jusqu'à nous avec un certain éclat, ses ouvrages sont inconnus, ce qui prouve qu'ils doivent se confondre dans la masse des vernis de second ordre qu'on repousse aujourd'hui. Le second et le plus célèbre fut Martin, ou plutôt les Martin, car il s'agit d'une famille sur laquelle d'ailleurs M. Louis Courajod a recueilli les plus curieux renseignements. Avant 1748, la renommée des Martin était établie et leur atelier avait été honoré du titre de Manufacture royale. Ils avaient trois usines : l'une faubourg Saint-Martin, l'autre faubourg Saint-Denis, la dernière rue Saint-Magloire. Un arrêt du Conseil du 19 février 1744 avait permis au sieur Simon-Étienne Martin le cadet, *exclusivement à tous autres*, de fabriquer pendant vingt ans toutes sortes d'ouvrages en relief et dans le goût du Japon et de la Chine. Cet arrêt ne vise évidemment que les imitations, et il est certain que les Martin en firent d'extrêmement remarquables; nous avons vu certaines boîtes et des coffrets où l'on hésiterait à reconnaître un travail européen si certains détails du costume des personnages et certains arbres des paysages, notamment des palmiers, ne montraient cette invention particulière d'un Orient de fantaisie qui eut cours pendant tout le dix-huitième siècle en dépit des descriptions des voyageurs et des figures que les Orientaux nous envoyaient d'eux-mêmes.

M. Courajod nous dit que madame de Pompadour estimait le vernis Martin et lui donna entrée chez elle; il ajoute: « Le Dauphin paraît surtout avoir goûté le travail du vernis Martin et l'heureux effet qu'on en peut tirer pour la décoration des intérieurs. Un des Martin, Robert je pense, fut, de 1749 à 1756, employé dans ses appartements de Versailles à des travaux considérables. En 1749, il touche 6,459 livres 5 sols 2 deniers pour ouvrages exécutés par lui dans le cabinet de la Dauphine. En 1756, il travaille encore et ses vernis lui sont payés plus de 9,000 livres. Le 28 janvier de la même année, le roi lui ordonne de peindre le cabinet de Madame Victoire. »

Arrêtons-nous un moment pour chercher de quoi il peut être question dans ce passage. Les Martin, cela est certain, et les termes de l'arrêt de 1744 le confirment, commencèrent par imiter les ouvrages en relief du Japon, c'est-à-dire le laque noir décoré en or. Mais, possesseurs d'un procédé sûr, maîtres par le succès, d'une clientèle élevée, ils étendirent leurs procédés et songèrent à inventer un vernis français de style, et supérieur, par la richesse, à celui des Orientaux. C'est celui-là, sans nul doute, qu'ils appliquaient à Versailles dans les appartements de la Dauphine et de la fille de Louis XV. Les vers de Voltaire, dans son *Premier discours de l'inégalité des conditions :*

> Et tandis que Damis, courant de belle en belle
> Sous des lambris dorés et vernis par Martin....

ne peuvent parler que du vernis de style français. C'est encore contre celui-ci que tonne Mirabeau dans *l'Ami des hommes*, lorsqu'il dit: « .... Qu'appelle-t-on dans ce cas mieux vivre? Ce n'est pas épargner plus aisément de quoi changer tous les six mois de tabatières émaillées, avoir des voitures vernies par les Martin?.... Tout le monde a donc cherché à se modeler sur ses accessoires. L'homme dont les meubles et les bijoux sont guillochés, doit l'être aussi par le corps et par l'esprit. L'homme aux vernis gris de lin et couleur de rose porte sa livrée en sa robe de chambre, en sa façon de se mettre, etc... »

Si nous essayons de faire deux parts dans l'œuvre des Martin, la première, comprenant les imitations orientales, est extrêmement bornée

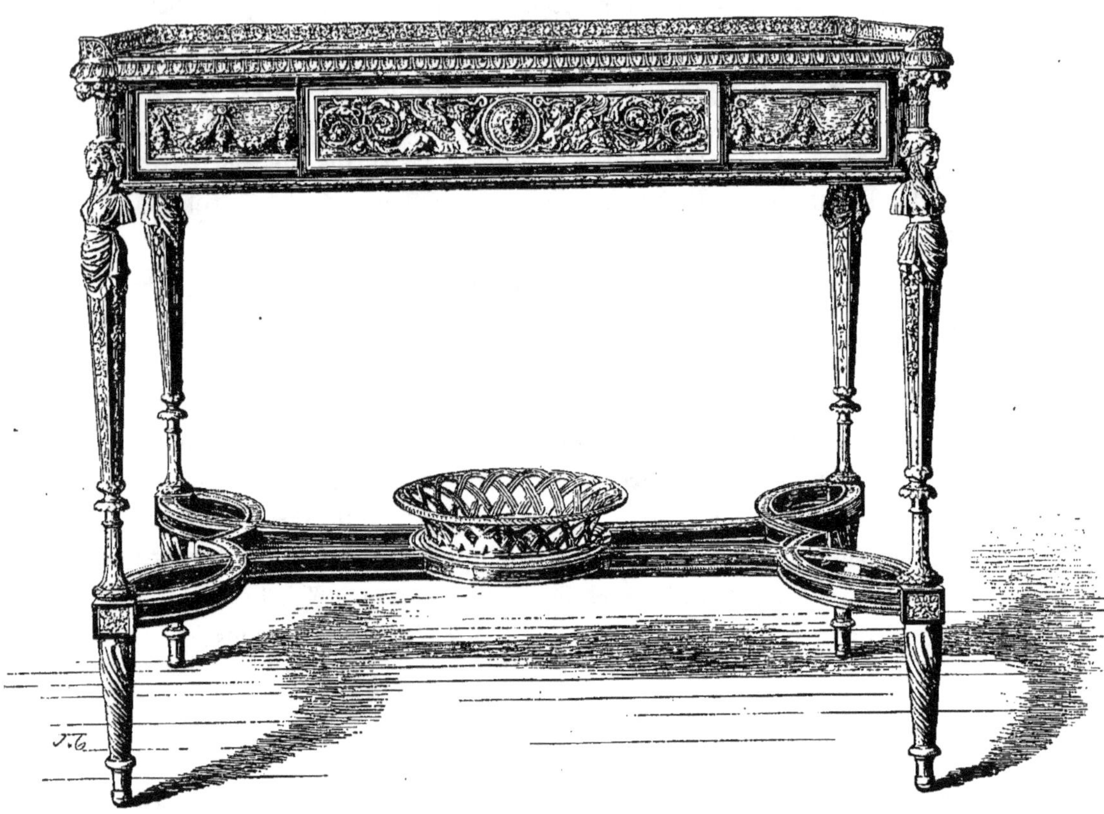

Petite table donnée par la reine Marie-Antoinette à Madame de Polignac ; dessus en laque du Japon, monture en bronze ciselé et doré. Fin de l'époque Louis XVI. (Musée du Louvre.)

et sans délimitation sûre, nous dirons bientôt pourquoi ; la seconde, au contraire, sera considérable, car elle renfermera, outre les meubles proprement dits, les voitures et chaises à porteurs, les paravents, les écrans et ces lambris dorés mentionnés par Voltaire, l'innombrable série des menus objets, coffres, tabatières, carnets, étuis, bonbonnières, qui font aujourd'hui la parure des étagères richement garnies.

Le vernis de ce genre a une transparence limpide qui lui permet de s'appliquer sur la peinture à personnages ; il est malheureusement sujet à se fendiller à l'air libre ; deux magnifiques encoignures appartenant à M. le baron Gustave de Rothschild montrent ce défaut, le seul qu'on y puisse reprendre. Au milieu de leur fond d'or sont des sujets mythologiques finement peints dans le genre de Boucher et encadrés de rocailles et bosquets du plus pur style Louis XV. Dans les petits objets du même vernis on trouve des sujets analogues et des compositions peintes d'après Lebrun, Téniers et les autres Flamands.

Quant aux laques noirs, les plus parfaits, nous le répétons, ont pu sortir des ateliers des Martin ; mais combien d'autres, sans parler de ceux des Huygens, peuvent s'y mêler ? La réussite même devait susciter des concurrences aux Martin, on pouvait espérer faire fortune en les suivant de loin et en vendant moins cher qu'eux ; aussi les entreprises se multiplièrent, et nous avons mentionné ailleurs celle de la veuve Gosse et de François Samousseau, son gendre, qui obtinrent, par arrêt du Conseil du 6 juin 1767, c'est-à-dire à l'expiration du privilége des Martin, l'autorisation d'établir une *manufacture royale* de vernis façon de la Chine, de l'appliquer sur toutes sortes de métaux, sur bois, cuir, carton, papier, terre cuite ou crue, faïence et porcelaine, avec dorure et autres couleurs. Où sont ces ouvrages ? qui les a rencontrés ? Personne que nous sachions, car ils se perdent dans le grand tout des choses secondaires que la curiosité néglige. Les beaux ouvrages ont seuls le droit de survivre à leur temps.

ORIENT

Notre intention n'est pas d'examiner ici les merveilleux laques de toute sorte qui nous sont venus d'Orient ; nous y reviendrons ailleurs, nous voulons parler seulement de l'objet spécial à ce chapitre, c'est-à-dire des meubles laqués.

Tout l'extrême Orient, la Chine, le Japon, l'Annam, la Perse et l'Inde, a su appliquer la résine laque à l'ornementation du mobilier, et l'a fait avec un goût qu'on ne saurait trop admirer.

Ce qu'on rencontre le plus fréquemment ce sont des cabinets à deux vent aux cachant de nombreux tiroirs ; d'autres à étagères, dont les compartiments inégaux sont disposés avec la plus charmante fantaisie ; des siéges, des tabourets de support, des tables, des guéridons, des paravents et écrans de dimensions variées. Ordinairement, ces meubles sont en laque noir décoré de reliefs d'or ; pourtant on en rencontre assez fréquemment d'une couleur rouge plus ou moins vive où les ornements sont ciselés et forment relief sur un fond guilloché. Il y a dans ces laques ciselés deux provenances à distinguer : la Chine fournit ceux de couleur rouge vermillon, à détails très-fins, provenant du nord et qu'on appelle dans le commerce laques de Pékin, bien qu'en Chine même on les désigne sous le nom de laques de Ti-tcheou. Ceux dont la teinte pâle se rapproche de la cire à cacheter sont les plus récents ; plus cette teinte s'assombrit, plus le meuble est ancien. Dans beaucoup d'étagères, le bâti et les panneaux sont rouges et ciselés et les tablettes de dessus sont en laque noir et or. Le Japon est le pays d'invention de ces laques et on en rencontre d'une date fort reculée ; leur caractère général est une sculpture plus large, plus accusée ; le rouge est foncé, et toutes les surfaces saillantes sont brillantes et lustrées ; dans les étagères les tablettes sont habituellement à fond noir avec décor de couleur *sans relief*, c'est-à-dire en laque usé. Ce sont, le plus souvent, des bouquets et des oiseaux qui forment cette décoration. Quelques meubles ciselés du Japon sont noirs ou brun foncé. Du reste, c'est encore au Japon que vont se perfectionner les ouvriers chinois spécialisés au laque de Ti-tcheou.

Les laques noir et or du Japon se reconnaissent à la beauté du fond, toujours vif, profond et brillant, et à la perfection des ornements ; assez fréquemment ils portent des armoiries ; c'est ce qui a lieu particulièrement pour les fassembaks, grandes boîtes de voyage qui jouent là-bas le rôle que jouaient chez nous les bahuts au moyen âge.

Quelques meubles sont relevés de burgau, c'est-à-dire d'incrustations en nacre de perle ; une espèce particulière a des fonds cailloutés ou semés de morceaux de nacre irréguliers et presque contigus ; elle appartient à un centre japonais que nous n'avons pu encore déterminer.

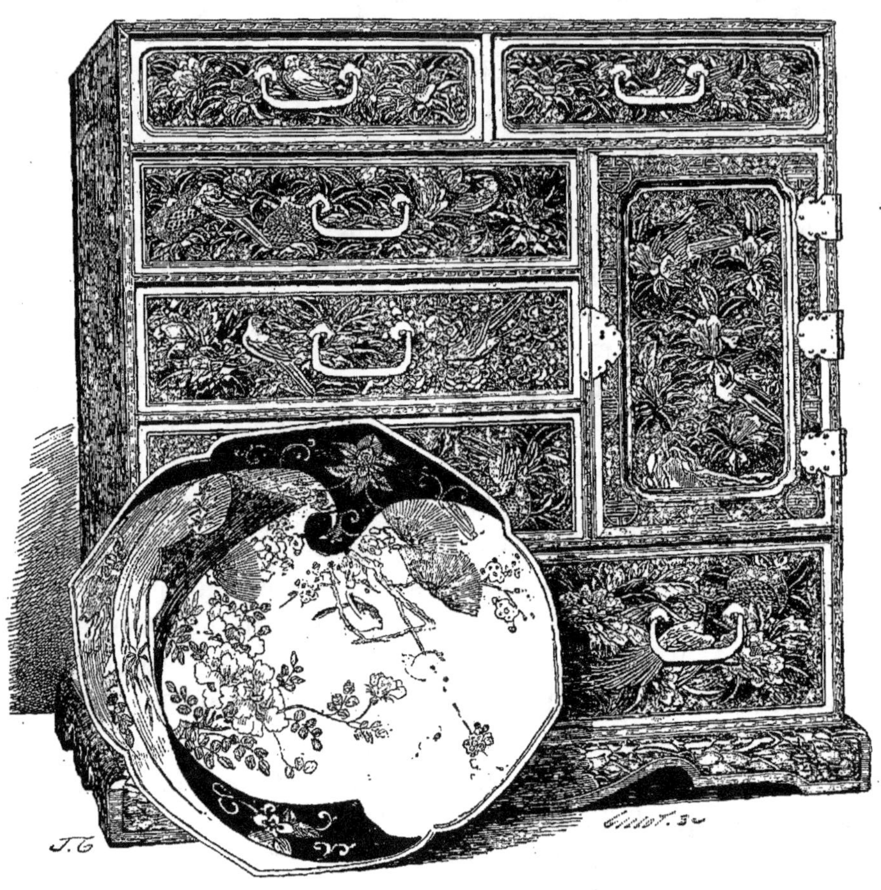

Cabinet de laque rouge ciselé du Japon. (Collection de M. P. Gasnault.) — Plat de porcelaine du Japon à décor chrysanthemo pœonien. (Collection de M. A. Jacquemart.)

Toutefois un travail analogue a été exécuté dans l'Annam et à Siam, où les laques burgautés sont peut-être plus fréquents que les autres.

Quant à la Perse et l'Inde, on y fait aussi de fort beaux laques incrustés de nacre; malheureusement la qualité du vernis n'est pas irréprochable, et les meubles qui nous parviennent sont tous plus ou moins détériorés. On se rappelle le curieux coffre relevé d'inscriptions qui figurait à la vente Séchan et une table non moins curieuse, doublée de laque coloré, qui appartenait à M. Jules Boilly; l'art y était irréprochable, mais les mosaïques chatoyantes se détachaient de l'enduit écaillé qui aurait dû les maintenir.

A quelle contrée peut appartenir une espèce intéressante qu'on désigne sous le nom de laque de Coromandel? Il nous est impossible de le dire. Les dessins y sont indiqués par des cloisons saillantes réservées dans le bois, à peu près comme dans l'émail champlevé, et les couleurs diverses sont mises sans épaisseur dans les cavités et tranchent ainsi d'autant mieux sur le fond noir. Les sujets représentés sont presque toujours chinois; les légendes et inscriptions sont en caractères chinois de l'espèce *kiai* ou régulière, et les emblèmes sont encore ceux du Céleste-Empire, dragons, fong-hoang, grues, etc. Les plus grandes pièces sont des armoires qui paraissent avoir été faites pour l'Europe, vers le dix-septième siècle, de grands paravents, des cabinets et des casiers à tiroirs destinés sans doute à garnir des bureaux. On ne s'explique pas comment l'origine de ces meubles a pu être ignorée. Ce qui est à peu près certain, c'est que la côte de Coromandel n'a jamais rien fabriqué d'analogue. L'une des plus belles armoires connues est celle conservée au cabinet des médailles; de magnifiques paravents existent chez M. Decaisne, membre de l'Institut.

§ 10. — MEUBLES EN BOIS DORÉ OU PEINT

Dans la revue rapide que nous venons de passer, des espèces principales de meubles, nous avons dû négliger certaines choses qu'il eût été difficile de classer régulièrement dans les catégories ouvertes, et qu'il est plus naturel de réunir dans une sorte d'appendice où viendront se ranger tous les accessoires du mobilier, depuis l'encadrement de la tenture, des tableaux et des glaces jusqu'aux consoles et supports de tous genres sculptés dans le bois et recouverts par la dorure ou par une peinture imprimée.

Dès le seizième siècle, les tentures se modifiaient ; les tapis ou cuirs de Cordouan, autrefois mobiles, se fixaient dans des panneaux sculptés sur lesquels se suspendaient, soit des tableaux et portraits peints entourés de leurs châssis (c'est ainsi qu'on désignait les cadres), soit les glaces à biseau ouvrages des Vénitiens. Les cadres eurent alors une importance capitale dans la décoration ; on les vit, en Italie, se développer en rinceaux abondants soutenant des figures de génies ; se couronner d'une composition pyramidale où figurait souvent le blason du possesseur ; sculptés dans les bois durs, comme le chêne, les plus parfaits de ces ouvrages étaient dorés sur le cru avec un or vif, dit or de ducats ; les autres étaient enduits de la pâte blanche qu'on emploie encore aujourd'hui et dorés sur une légère impression de vermillon. Les beaux cadres de la Renaissance italienne sont rares et il faut remonter aux monuments religieux, tableaux d'autel ou triptyques, pour voir ceux où les frises à palmettes, les pilastres avec rinceaux et arabesques montrent le génie des initiateurs du nouveau style, vers la fin du quinzième siècle. Les dernières années du siècle suivant n'offriront plus que des conceptions rédondantes où l'exagération de la richesse annonce la chute du goût.

En France, au contraire, cette époque est encore remarquable ; c'est elle qui avait fourni le beau cadre de glace de la collection Séchan où deux génies soutenaient un médaillon orné de chiffres entrelacés et timbré d'une couronne.

Sous Louis XIV les choses avaient bien changé ; Venise et ses miroirs furent distancés ; après avoir essayé vainement d'attirer des ouvriers de Murano pour fonder, au faubourg Saint-Antoine, une manufacture de glaces, Colbert apprit qu'il en existait une à Tour-la-Ville, près de Cherbourg, en plein exercice ; le ministre appela celui qui la dirigeait, Lucas de Nehou, à prendre en main la Manufacture royale des glaces, et bientôt on put en faire sortir la décoration splendide de la galerie des fêtes à Versailles. Il ne pouvait plus être question, désormais, d'obvier à la dimension réduite du miroir par le développement du cadre ; aussi celui-ci se transforme ; comme la bordure des boiseries, il se réduit à de fines combinaisons arabesques rattachées par des guirlandes de fleurs, relevées par des masques et palmettes ou par des coquilles et des rinceaux d'acanthe. Malgré la dimension étendue des

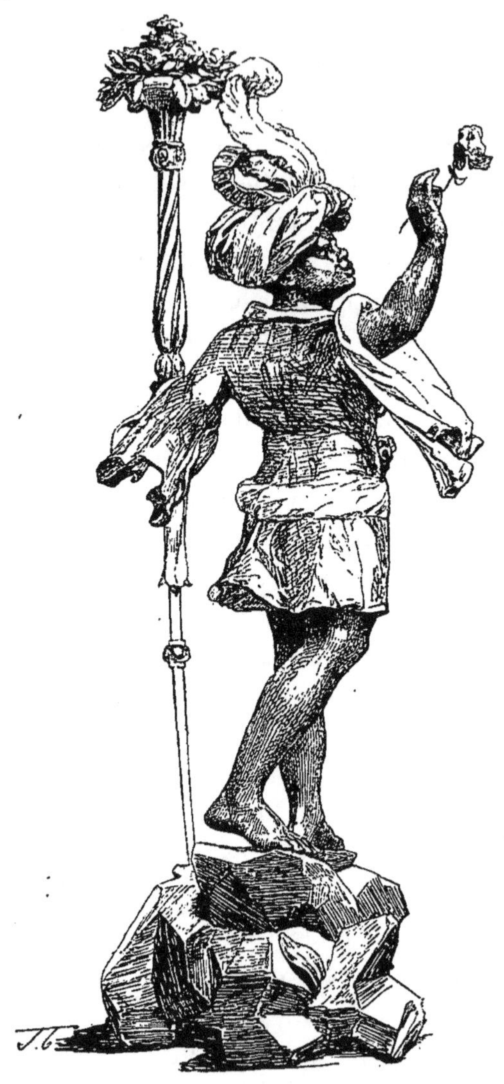

Porte-flambeau en bois doré et laqué en couleurs; époque de Louis XV.
(Collection de M. Castellani, Rome.)

glaces on en augmente encore l'effet par des pièces rapportées : ainsi, autour de la pièce principale, rectangulaire ou ovale, se rangent des écoinçons, puis des morceaux en bordure, d'autres formant fronton en haut et pendentif vers le bas ; le bois doré et sculpté réunit tout cela, cache les jointures par d'ingénieux entre-croisements, et fournit au bâti architectural ses principaux motifs, et ses culots et guirlandes, ses masques couronnés nécessaires pour affermir les masses et donner à l'œil des points de rappel. Ces sculptures sont d'une élégance extrême comme composition et d'une grande finesse comme travail.

Le règne de Louis XIV est d'ailleurs comme le triomphe du bois doré; les consoles couvertes en marbres rares ou en mosaïques de Florence; les tables à dessus de granit et de porphyre étaient charpentées à colonnes massives, à tabliers découpés, où les soleils, les lauriers et les attributs se détachaient sur les fonds quadrillés à rosaces; les entre-jambes à rinceaux se relevaient en volutes portant des vases élégants. On retrouvait les mêmes dispositions dans les pieds des siéges, vastes fauteuils à dos élevé, à bras ouverts et contournés, canapés immenses, couverts de velours, de tapisseries à fleurs et sujets, ou de soies brochées à couleurs harmonieusement mêlées. Quelques-uns de ces siéges, destinés sans doute à des hôtels plus modestes, étaient semblables aux autres, comme sculpture, mais taillés simplement dans le noyer resté cru et orné par le temps de ce beau vernis brun si chaud et si propre à faire ressortir les délicatesses du ciseau. Ceux-là devaient parfaitement convenir dans les pièces revêtues elles-mêmes de panneaux de bois à encadrements arabesques qui se substituaient déjà aux tentures dès le temps d'Henri IV, ainsi qu'on peut le voir dans la bibliothèque de l'Arsenal.

Le bois sculpté et doré se répandit pourtant, et l'époque de Louis XV le montre partageant toutes les excentricités du bronze appliqué aux meubles; il entoure les glaces de ses chicorées impossibles, se tord en appliques supportant des lumières; pousse en végétations fabuleuses mêlées de dragons insensés pour soutenir les consoles; il ne sait même pas devenir plus sage pour encadrer les œuvres de la peinture, et ses rinceaux à branches détachées, ses chutes de fleurs s'échappant de rocailles à profils singuliers entourent les portraits aux toilettes compassées ou les compositions mythologiques de Natoire et des Vanloo.

Sous Louis XVI, époque des délicatesses de tous genres, le bois devait entrer dans une phase nouvelle; non-seulement il assagit ses formes en se couvrant de fins détails, mais il pousse la coquetterie jusqu'à se priver de la parure de l'or pour se montrer revêtu d'une

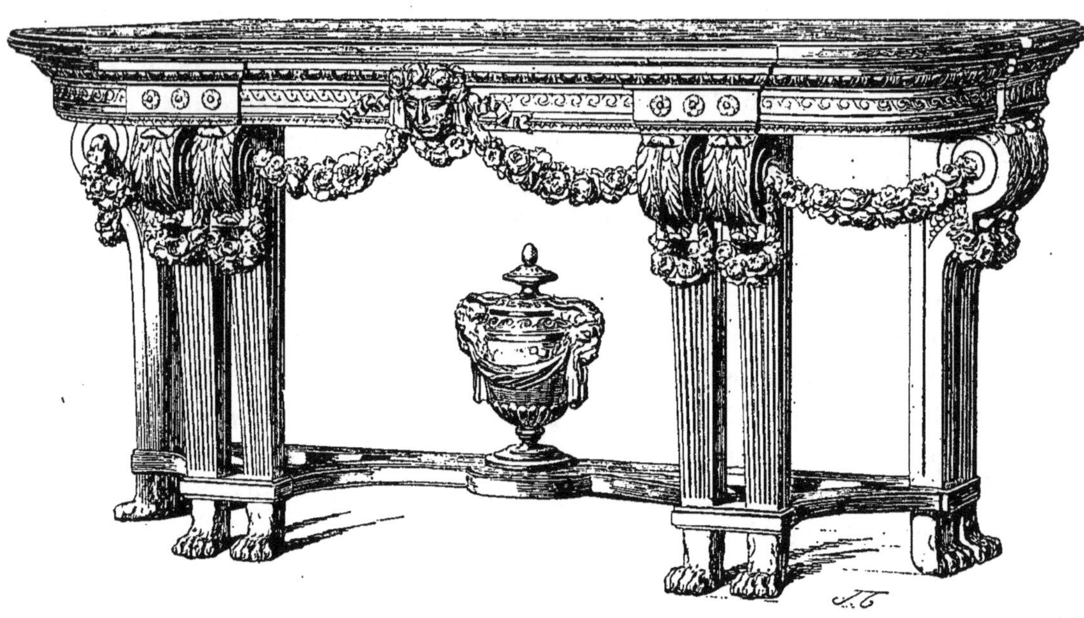

Console en bois sculpté et doré, époque de Louis XVI. (Collection de M. le baron Asselin.)

simple impression de peinture blanche, à peine relevée dans quelques cas, de moulures d'un lilas doux ou d'un bleu céleste. Rien n'est joli comme un petit salon de ce genre, où les bordures de glace quelquefois surmontées d'un trophée amoureux avec ses colombes et son flambeau, les consoles à dessus de marbre blanc, les meubles en satin broché très-pâle ou en soie à colonnes de teintes douces, n'ont d'autre rehaut que les beaux bronzes à l'or mat, fins comme des bijoux, et laissent ainsi ressortir la beauté victorieuse et l'élégance infinie des dames qui l'habitent et y jettent la vie par leur grâce animée. Il faut convenir que ce dix-huitième siècle tant décrié avait trouvé, dans ses derniers jours, les secrets du goût le plus raffiné et la dernière expression de la politesse et du bon ton.

Dans ce qui précède, il est un meuble que nous paraissons avoir négligé : c'est le lit. En effet, il mériterait bien, à lui seul, une histoire complète, car il a joué un rôle important dans la vie publique et intime. Au moyen âge déjà, il se parait dans certaines occasions : l'accouchée y recevait les félicitations, et la chaire placée auprès recevait les personnes de rang qui venaient entretenir la mère et voir le nouveau-né.

Plus tard, le lever était un moment d'audience ; le lit, placé sous un dais et sur une estrade, s'adossait au mur et était accessible des deux côtés ; le dossier seul et les colonnes s'offraient aux yeux avec leurs sculptures ; tout le reste était draperies ; d'abord les rideaux se tiraient, puis vint la mode des lits *façon d'impériale* dont les rideaux se relevaient. Il arriva même un moment où les étoffes envahirent les piliers du lit qui s'entourèrent de chossettes.

Ces colonnes disparaîtront plus tard, sous Louis XIV ; le dais se suspendra laissant apercevoir tout le pied du lit ; c'est alors que les ruelles deviendront le rendez-vous de la bonne compagnie apportant là les nouvelles quelquefois scandaleuses.

A l'époque d'Henri IV nous voyons apparaître l'alcôve, qui tend à remplacer le lit à dais ; dans la salle du Louvre où fut transporté le monarque mourant, les rideaux sont figurés en sculpture et soulevés par des génies. La balustrade existe encore en avant du gradin où pose le lit.

Cette mode pénétra peut-être dans les habitations modestes ; mais, comme nous venons de le voir, l'apparat introduit dans les mœurs au dix-septième siècle l'empêcha de se répandre; les demeures somptueuses eurent leurs lits à dais et baldaquins.

Ceux-ci reparurent sous Louis XV et Louis XVI, tantôt découpés ou circulaires, dorés ou peints en gris, couronnés d'emblèmes ou de panaches sculptés : ce qui n'empêchait pas les alcôves d'offrir leur refuge au coucher modeste; les lits prennent d'ailleurs à cette époque une disposition régulière, c'est-à-dire qu'ils ont leurs extrémités semblables; le damas de soie ou l'indienne à fleurs couvrent les panneaux et

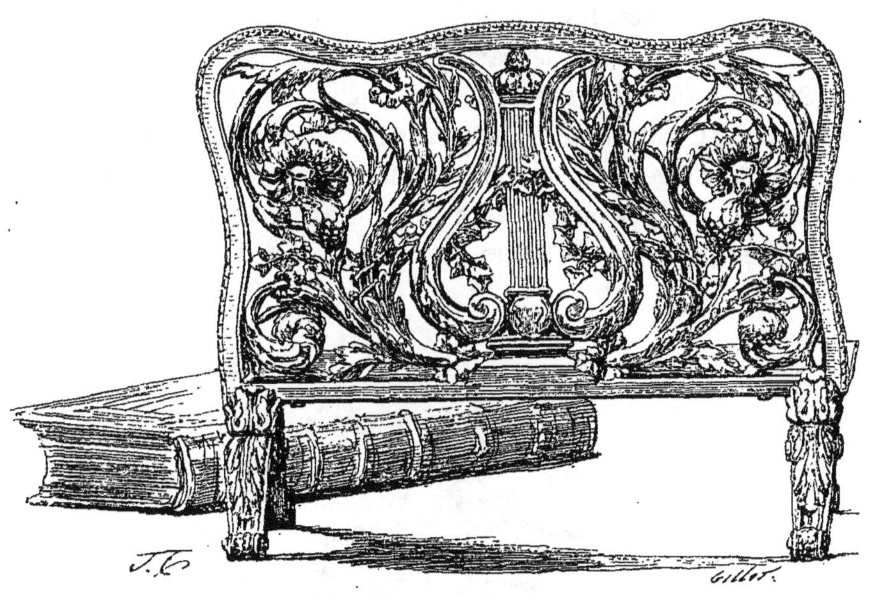

Pupitre en bois sculpté et doré, époque de Louis XVI. (Collection de M. L. Double.)

ne laissent paraître que les colonnes cannelées, le fronton arrondi à guirlandes, perles, etc., dont la ciselure est relevée par l'or ou la couleur gris perle. La chambre à coucher tend de plus en plus à se faire intime; le salon et le boudoir deviennent les seuls lieux de réception.

Laissons donc les lits et revenons aux petits meubles accessoires en bois doré qui eurent cours pendant les dix-septième et dix-huitième siècles : les consoles de suspension. Pendant le règne de Louis XIV elles eurent une importance véritable; là où les pendules religieuses venaient se fixer à la muraille, il leur fallait un accompagnement; les bustes, les petits bronzes, les vases de porcelaine se présentaient naturellement pour leur former cortége; et si les pendules de Boule avaient leurs supports en écaille incrustée, l'or se prêtait au mieux à l'accompagnement des choses moins éclatantes par elles-mêmes. Les consoles de ce temps sont souvent importantes par leur composition; les tablettes découpées sont supportées par des figures de grand style et d'une remarquable exécution; ou bien des rinceaux d'acanthe, des masques, des têtes radiées d'Apollon rappellent la célèbre devise: *Nec pluribus impar*. Il faut l'avouer, ces consoles deviennent aujourd'hui fort rares.

L'époque de Louis XV sort complétement de cette sobriété de composition; les rocailles, les guirlandes s'arrangent d'ailleurs assez bien pour ce genre de meuble accessoire, et lui donnent une importance qui permet de lui faire supporter des objets pesants et volumineux. Sous Louis XVI enfin la simplicité élégante reparaît, les enroulements d'acanthe à tige légère supportent les tablettes; les moulures se bordent de perles, en un mot on retrouve là les délicatesses que nous avons signalées dans les lits et les siéges.

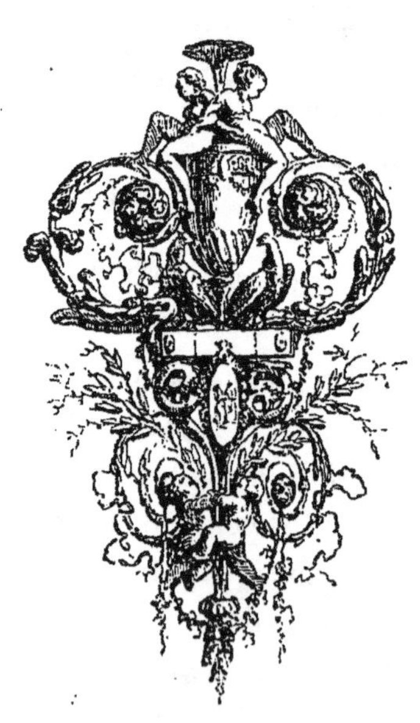

LIVRE DEUXIÈME

TENTURES, ÉTOFFES

Qu'on se place au point de vue civil ou religieux, la plus ancienne parure des édifices et des intérieurs consiste dans la tenture, accompagnement des statues, des peintures et des mosaïques. Si haut qu'on remonte dans l'antiquité on peut en retrouver l'usage ; dès les temps héroïques, les femmes phrygiennes et les femmes grecques étaient parvenues à représenter des fleurs et des figures humaines, non-seulement au moyen de la broderie, mais dans le tissu même d'élégantes étoffes. Les jeunes filles appelées à faire partie de la procession des panathénées, brodaient à l'avance le voile ou peplum de Minerve, tenture énorme qui devait couvrir l'area hypèthre, c'est-à-dire construite à ciel ouvert, dans le temple de la déesse.

Homère nous montre Andromaque occupée à broder lorsque les cris du dehors viennent lui apprendre la fin tragique d'Hector. Enfin l'histoire nous a transmis le souvenir d'Hélicon et d'Akesas, célèbres brodeurs dont on conservait à Delphes de belles tapisseries : Akesas introduisait même des personnages dans ses compositions.

On pourrait multiplier à l'infini ces exemples de l'usage, aux temps antiques, des tentures historiées ; mais où l'embarras commence, c'est lorsqu'il s'agit de déterminer l'espèce du travail ; Hérodote, Strabon, Arrien ne laissent aucun doute sur la présence en Occident, bien avant Alexandre, des toiles peintes fabriquées dans l'Inde ; sous les Ptolémées, Alexandrie devint le centre de l'imitation intelligente de tous les tissus élégants que produisaient les diverses nations du monde connu; guidés par des artistes grecs, des ouvriers adroits copiaient, en haute lisse, les tapis ras et veloutés ornés de figures qu'on faisait à Babylone et surpassaient, dit-on, même le travail des Persans. L'Égypte eut aussi ses toiles peintes analogues à celles des Indiens.

N'ayant pas à suivre, à travers les âges, l'histoire des tissus, et à rechercher si la décoration antique a pu employer simultanément les espèces diverses dont les noms se retrouvent dans les auteurs anciens, nous allons passer directement au sujet de cette étude, la tenture appliquée à l'ameublement. Nous adopterons d'ailleurs un ordre répondant à l'importance de chaque genre, c'est-à-dire en commençant par les tapis et tapisseries, en suivant par les broderies qui y sont presque connexes, pour terminer par les étoffes, dont l'influence sur les arts décoratifs est si visible dès les premiers temps de la civilisation.

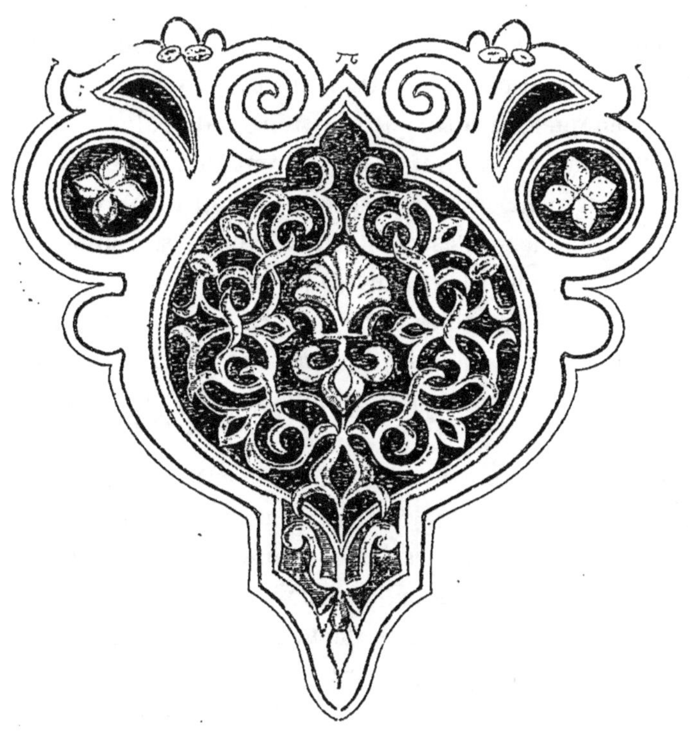

CHAPITRE PREMIER

TAPISSERIES

Nous n'essayerons pas ici de remonter à travers les siècles pour chercher ce que pouvaient être les antiques tapis de l'Orient ou de l'Égypte dont il vient d'être dit quelques mots; nous porterons bien plutôt nos investigations vers l'Occident et surtout vers les époques qui ouvrent en quelque sorte notre histoire nationale.

Dagobert, l'un des rois qui se montrèrent ambitieux des progrès des arts, Dagobert qui fit bâtir la basilique de Saint-Denis en y prodiguant le marbre et les merveilles de l'orfévrerie, ne se contenta pas de la peinture pour l'orner; il fit couvrir les murs et les colonnes de tentures tissues d'or et enrichies de perles. D. Bouquet et Trithème constatent le fait de cette magnificence qui, en s'étendant avec les progrès du faste, finit par substituer complétement les tapisseries aux peintures.

C'est par les monastères surtout que s'accomplirent les modifications des différentes branches de l'industrie naissante; ils furent en quelque sorte le berceau de toutes les connaissances humaines. Vers l'an 985, saint Florent, de Saumur, possédait une abbaye où les religieux tissaient des tapisseries ornées de fleurs et de figures d'animaux; d'après le texte qui rappelle ce fait, il semblerait qu'il s'agissait de dessins en rouge sur fond blanc, méthode conservée longtemps en Orient et qui revint en Italie vers les commencements de la Renaissance.

En 1025, il existait à Poitiers une manufacture de tapisseries et de tapis où les prélats de l'Italie même adressaient leurs commandes. En 1060, Gervin, abbé de Saint-Ricquier, se fit remarquer par des achats de tentures et par les tapis qu'il fit faire. Déjà ces tentures offraient des figures d'animaux, des portraits de personnages historiques et des sujets religieux.

Au onzième siècle encore, le nord de l'Europe était avancé dans l'art de la fabrication des tapis, et les curieux ont pu voir, dans le Moyen âge et la Renaissance, la reproduction de certaines tentures scandinaves.

De son côté saint Florent avait progressé; Matthieu de Loudun, abbé en 1133, commanda pour son église des tentures représentant des scènes de l'Apocalypse et des chasses de bêtes fauves. Pourtant, une rude concurrence était faite à cette manufacture par quelques établissements de la Picardie et de la Flandre.

Si nous en croyons un manuscrit de la Bibliothèque nationale cité par Francisque Michel : *Erec et Enide*, la capitale du Limousin aurait eu aussi sa fabrique :

> Puis s'en monta en unes loges
> Et fist un tapis de Limoges
> Devant lui à la terre estendre...
> Erec s'asist de l'autre part
> Desus l'ymage d'un lupart
> Qui el tapis estoit portraite.

Vers la fin du douzième siècle, on commençait à se servir, dans les usines flamandes, de métiers de basse et dehaute lisse qui, dit-on, portèrent un coup mortel à la tapisserie sarrasinoise.

Qu'était ce genre de tapisserie? Si l'on s'en rapporte à ce que nous venons de citer, il faudrait croire qu'il s'agit d'une *broderie* de genre oriental qui s'exécutait sans le secours des métiers et qui aurait été surtout imitée des ouvrages des Sarrasins de l'Espagne ou de la Sicile. Quelques auteurs pensent, au contraire, que la tapisserie sarrasinoise était l'œuvre même des Orientaux dont l'importation aurait été amoindrie naturellement par la concurrence que lui créaient les établissements français. Mais voici des indications qui semblent témoigner en faveur de la première hypothèse, conforme d'ailleurs à l'opinion de

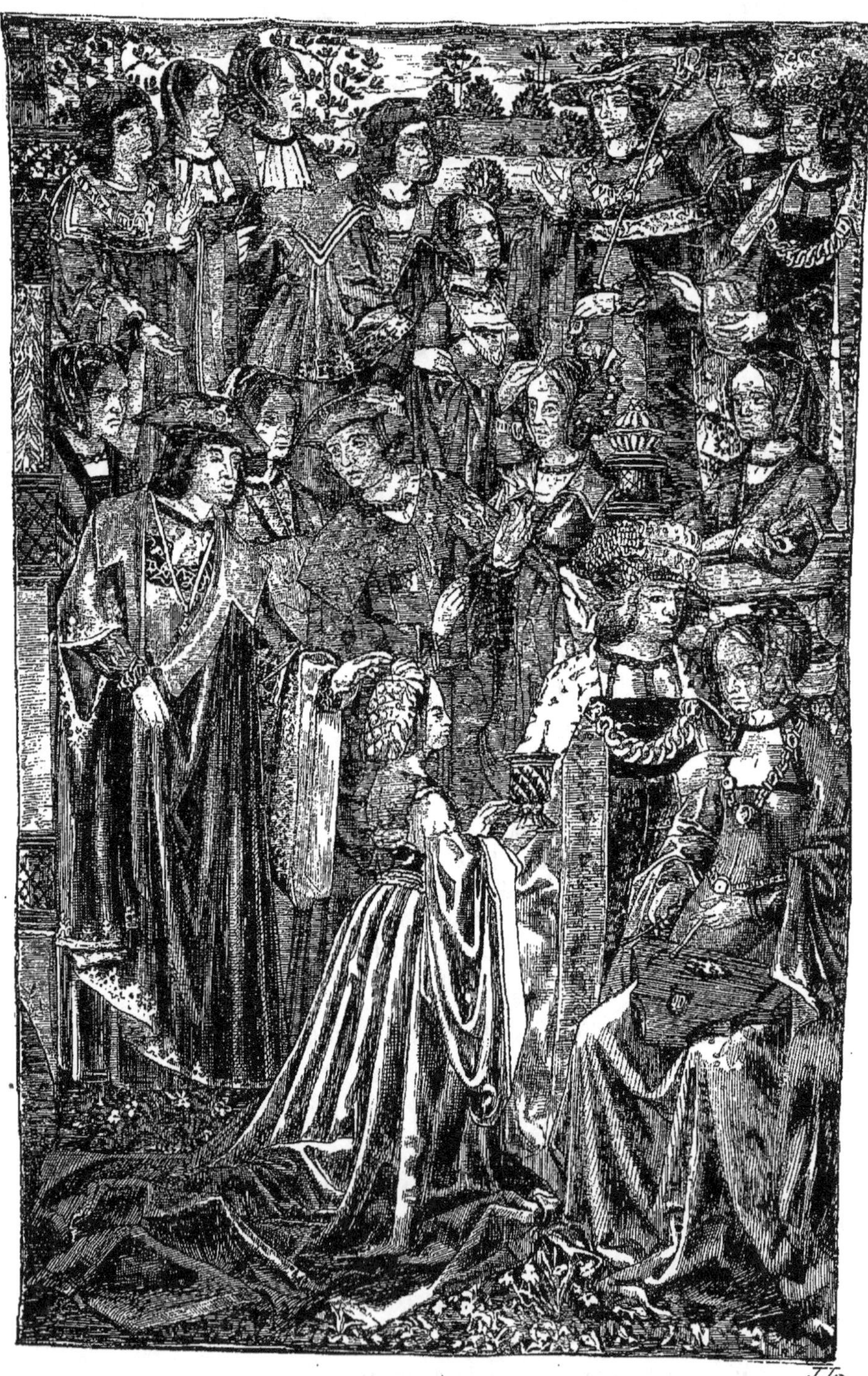

Tapisserie de Flandre; sujet tiré d'un roman de chevalerie; fin du quinzième siècle.
(Appartient à M. Dubouché.)

M. le marquis de Laborde : dès 1260, Estienne Boileau écrit, dans son *Livre des Mestiers :* « Quiconques veut estre tapicier de tapis sarrazinois à Paris, estre le puet franchement. » Vers 1277, on adapta les métiers de basse lisse à la fabrication, qui parvint à s'asseoir et à former maîtrise ; si bien qu'en 1302, des ouvriers hauts-lisseurs ayant demandé à faire placer leur industrie sous la protection réglementaire, furent incorporés dans la maîtrise sarrasinoise. Quant au genre de travail, s'il avait été oriental dans le principe, il se modifia, comme le prouve ce passage des *Ducs de Bourgogne :* « 1389. A Jehan des Croisetes, tapicier sarrazinois, demourant à Arras, pour un tappis sarrazinois de l'*istoire de Charlemaine.* » Robert Poinçon était un autre tapissier sarrasinois travaillant en 1390.

Pourtant, la tapisserie faisait son chemin ; en 1348, Amaury de Goire livrait au duc de Normandie une tapisserie des plus remarquables ; Charles V commandait les siennes à Arras, et on lui fournissait les célèbres batailles de Judas Machabée et d'Antiochus. En 1396, Lebourebien, bourgeois de Paris, exécutait pour la reine Isabelle de Bavière, femme de Charles VI, une chambre de tapisserie de soie de plusieurs couleurs, qui est l'un des premiers ouvrages d'usage purement civil et intime que nous rencontrions.

A la fin du quatorzième siècle, on trouve encore quelques noms parisiens parmi les tapissiers : tel celui de Colin Bataille, qui, en 1391, livre au duc de Touraine l'histoire de Theseus et de l'Aigle d'or ; il fait en outre, pour le duc d'Orléans, les histoires de Penthésilée, de Beuves, d'Anthone et des enfants de Renaud de Montauban. Quelques années plus tard, Jehan de Joudoigne et Jacques Dourdin ou Dourdan livraient au même duc d'Orléans un tapis de la fontaine de Jouvence, et, au duc d'Aquitaine, le Credo à douze Prophètes et à douze Apôtres et le Couronnement de Notre-Dame.

Il est probable que la plupart des autres noms sont ceux des marchands servant d'intermédiaires entre les acheteurs et les usines étrangères.

Au quinzième siècle, en effet, Lille, Arras, Valenciennes, Tournay, Audenarde et Bruxelles possèdent de nombreux établissements. Philippe le Bon en fonde encore un à Bruges.

Lors du mariage d'Anne de Bretagne avec Charles VIII, on meubla pour eux le château d'Amboise ; André Denisot et Guillaume Mesnagier, ouvriers tapissiers de Tours, y travaillèrent : le dernier tendit une pièce de tapisserie de soie représentant l'histoire de Moïse, et il avait en outre exécuté un grand tapis à la moresque. En 1494, à l'occasion d'une visite du duc et de la duchesse de Bourbon, on fit étendre toutes les tapisseries dans les cours du château et l'on y remarquait

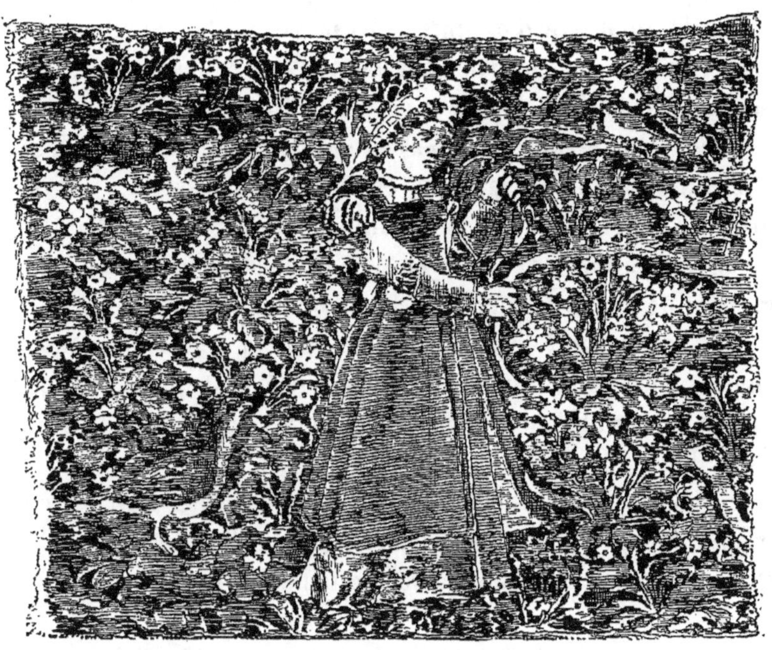

Fragment d'une tapisserie du quinzième siècle, de fabrique flamande. (Appartient à M. Gogué Robin.)

particulièrement l'histoire des Ages ; l'histoire d'Alexandre, celle d'Assuérus et Esther, la Cité des Dames, l'histoire de David, celles des Neuf Preux, de Renaud de Montauban et du Roman de la Rose.

Aussi, dès le commencement du seizième siècle, les efforts de nos rois tendent à rendre à la France son rang dans l'industrie tapissière. En 1529, Nicollas et Pasquier de Mortaigne livrent une tenture de soie représentant Léda, des satyres et autres divinités sylvestres. François Ier fonde à Fontainebleau même un établissement dirigé par Philibert Babou, sieur de la Bourdaizière, soumis à la haute inspection de Sébastien Serlio, et pour lequel Claude Badouyn, aidé par Lucas Romain, Charles Carmoy, Francisque Cachenemis et J.-B. Baignequeval, fournissaient des modèles à raison de 20 livres par mois ; les ouvriers étaient d'ailleurs placés sous la direction de Salomon et Pierre de Herbaines, gardes des meubles et tapisseries du château. Henri II confia à Philibert de l'Orme la suite de l'établissement de Fontainebleau tout en créant à Paris une nouvelle fabrique à l'hôpital de la Trinité, rue Saint-Denis. Cet hôpital pour les orphelins pauvres recevait cent garçons et trente-six filles auxquels on apprenait divers métiers ; on les qualifiait d'*enfants bleus* parce qu'ils étaient vêtus de cette couleur et qu'on les voyait par la ville suivre les enterrements. C'est dans cet ancien lieu d'asile et dans la salle où les confrères de la Passion avaient donné leurs premières représentations théâtrales, que, sur les dessins de Lerambert, fut exécutée la tapisserie célèbre de l'histoire de Mausole et Artémise, commandée par la reine Catherine de Médicis, en souvenir de son veuvage et chargée des emblèmes de ses regrets et de la devise qu'elle avait adoptée depuis la mort de son mari : *Ardorem extinctâ testantur vivere flammâ ;* elles attestent que la chaleur survit, bien que la flamme soit éteinte ; devise figurée d'ailleurs par cet emblème : une montagne de chaux vive arrosée par les gouttes de la pluie.

Cette tapisserie, composée de plusieurs pièces, mesurait soixante-trois aunes de long sur quatre de hauteur ; elle fut répétée plusieurs fois. Des inventaires ont quelquefois attribué l'ouvrage à Antoine Caron.

La Trinité fournit également, sur les dessins de Henri Lerambert, la tapisserie de Saint-Merry, magnifique série de douze pièces exécutées par Dubourg et mesurant treize pieds de haut sur vingt de long. Il en existait encore un exemplaire dans l'église en 1852, mais dans un état tellement déplorable que M. Achille Jubinal n'en put tirer qu'une tête de saint Pierre qu'il offrit au musée de Cluny, où elle figure aujourd'hui.

Charles IX à son tour érigea une fabrique à Tours, où, avec les dessins de Lerambert, fut commencée une tapisserie de *Coriolan*, dont l'exécution se prolongea jusque sous Henri IV ; on y fit encore une série de vingt-sept pièces, de cent dix-sept aunes de long, où étaient représentées les actions militaires de Henri III.

Frappé de la beauté de la tenture de Saint-Merry, Henri IV résolut de tenter un nouvel effort en faveur de l'industrie de la haute lisse ; il établit au faubourg Saint-Antoine, dans la maison des Jésuites expulsés, un atelier dirigé par Laurent auquel il adjoignit Dubourg; il plaça sous leurs ordres des ouvriers italiens en or et en soie; puis des tisseurs flamands qui, placés sous la direction de Fourcy, intendant et ordonnateur des bâtiments, obtinrent divers priviléges; pour protéger les travaux, l'introduction des tapisseries étrangères fut prohibée.

En 1603, lorsque les Jésuites revinrent prendre possession de leur maison, la manufacture fut installée dans les galeries du Louvre. En 1607, deux tapissiers habiles, Marc de Comans et François de la Planche, vinrent de la Flandre, attirés par les priviléges qui leur furent offerts; ils avaient un droit exclusif pendant vingt-cinq ans pour la tapisserie *façon de Flandre;* exemption de la taille; pension et subvention; octroi d'apprentis par le roi; droit de maîtrise et d'ouvrir boutique sans faire chef-d'œuvre; exemption de droits sur les *étoffes*, c'est-à-dire sur les laines et soies nécessaires au travail, et création de brasseries. En échange, ils devaient occuper quatre-vingts métiers au moins, et vendre au même prix qu'on vendait à l'étranger. Cette fabrique, installée dans ce qui restait encore debout du palais des Tournelles augmenté de quelques constructions accessoires, offrait cette particularité de vendre aux particuliers, tout en travaillant pour la maison du roi.

A la mort de Lerambert, Henri IV fit ouvrir un concours pour son remplacement; deux peintres furent choisis: ce furent Dumée, déjà chargé de l'entretien des peintures du château de Saint-Germain, et Guyot, gagés chacun de 150 livres par an.

Le sujet du concours avait été la tapisserie du *Pasteur fidèle;* elle fut exécutée en vingt-six pièces de cent sept aunes, ainsi qu'une tenture du *Vol du Héron* et celle des *Amours de Gombault et de Macé*, citée par Molière dans *l'Avare* et dont on a pu voir un exemplaire à l'Exposition de l'histoire du costume au palais de l'Industrie, copié par l'usine de Bruxelles.

Nous abandonnons ces divers établissements au moment où ils vont être réunis aux Gobelins; nous reprendrons sous ce titre l'histoire de notre tapisserie nationale et du personnel qui l'a illustrée, ainsi que celle des fabriques latérales.

Ce qu'il nous faut examiner, avant d'aller plus loin, c'est le genre de composition, d'exécution et de style qui peuvent permettre de reconnaître les époques et les origines de la tenture, ainsi que son mode d'emploi.

Nous l'avons dit déjà, au moyen âge le mobilier devait être constamment transportable; les tapisseries, suspendues aux murailles par des clous préparés d'avance, se décrochaient pour suivre leur possesseur et, pliées dans les coffres de voyage, elles allaient reprendre ailleurs leur rôle respectif; les plus grandes garnissaient le pourtour des salles; les autres couvraient les bancs et les meubles, suivant une mode généralement suivie pendant le quatorzième siècle. Pendant le siècle suivant, une recherche plus grande porte à multiplier les tentures en les spécialisant: outre les garnitures de chambres, on voit apparaître les courtines et gouttières de lit; les broderies sont plus particulièrement réservées pour couvrir les meubles et les siéges.

Quant à la facture, les tapisseries du quatorzième siècle imitent le style et la simplicité des miniatures de manuscrits; on n'y voit pas d'arrière-plans : un fond uniforme de couleur détache le sujet, où les personnages sont alignés avec une régularité singulière. La tenture de l'Apocalypse possédée par la cathédrale d'Angers, et qui a été fabriquée à époques éloignées, est démonstrative à cet égard: les premières pièces sont sur fonds rouges et bleus; sur les autres, ces mêmes fonds sont semés d'ancolies, de mufles de lion, d'initiales, et enfin de branchages et rinceaux.

Assez souvent les têtes et les extrémités des personnages sont simplement profilées, les détails étant laissés au travail du peintre: on a vu à l'Exposition du Corps législatif une petite tapisserie de ce genre qui n'avait pas été achevée au pinceau: les chairs laissaient voir la chaîne du tissu. Cette curieuse pièce fait partie du cabinet de M. J. Fau : elle représente onze personnages en costume civil.

Au quinzième siècle, tout le contour est indiqué par un trait visible et ferme; les couleurs sont établies entre ces traits et modelées seulement par deux ou trois tons fondus l'un dans l'autre au moyen de hachures plus ou moins épaisses.

On sait comment s'opère le travail de la tapisserie; le tissage se fait partiellement parce qu'il serait impossible de promener tous les fils colorés qui entrent dans sa confection d'un côté à l'autre de la chaîne, comme dans les brochés ordinaires; le nombre de fils nécessaire pour chaque teinte est soulevé par l'ouvrier qui, par le fait, exécute une mosaïque de laine ou de soie formée de morceaux juxtaposés bien que fabriqués sur la même chaîne. On peut le reconnaître, puisqu'il y a solution de continuité lorsque le changement de couleur se fait brusquement entre deux fils de chaîne. C'est cette obligation de tisser les tapis fil à fil, de quitter et de reprendre à tout instant chaque laine ou soie de trame, de l'arrêter, la nouer et la couper, qui force l'ouvrier d'exécuter à l'envers les tapis ras. Or, ces tapis étant généralement plus longs que larges, dans les anciennes tentures, on avait imaginé, pour faciliter le travail, de disposer la chaîne horizontalement; dès lors le travail d'ombres en hachures y devient vertical. Les couleurs sont franches; les chairs sont dessinées par un trait rose vif; le rose pâle est le ton local, plus coloré sur les joues, et ombré par un brun léger. Pour les draperies, c'est le bleu à trois tons éclairés par du blanc; le rouge est éclairé par l'or; le vert est modelé par du bleu foncé dans l'ombre, et par du jaune dans la lumière. Les fonds sont d'abord enrichis de rinceaux et fleurs; puis apparaissent les arrière-plans et les vues perspectives, en un mot la transition se fait du quinzième au seizième siècle, comme elle s'était accomplie précédemment, par nuances insensibles; aussi est-il souvent fort difficile de fixer la date des pièces formant passage.

On pourra prendre une idée des tentures du quinzième siècle en visitant à Cluny la magnifique pièce représentant l'Ange qui conduit saint Pierre hors de sa prison; cette pièce, timbrée aux armes du chapitre de Beauvais, date de 1444 à 1462. La tapisserie provenant du château de Bayard, et offerte par M. Achille Jubinal à la Bibliothèque, est encore un excellent type, ainsi que la Délivrance de Dôle, œuvre historique, datée de 1477, qui vient d'être donnée par M. Spitzer à la Manufacture des Gobelins. Enfin à Cluny, l'histoire de l'Enfant prodigue; la suite de l'histoire de David et Bethsabée, montreront le passage de l'art primitif à cette perfection absolue que nous allons trouver dans les ouvrages du seizième siècle; déjà le modelé cherche à se faire plus souple; le trait de contour s'efface souvent dans l'effet, et ne s'affirme que là où il devient nécessaire pour imprimer une plus grande vigueur à l'ensemble. On a pu remarquer ces qualités, unies à la perfection du dessin, dans la belle pièce en forme de triptyque exposée au Corps législatif par M. le baron Davillier, et qui portait la date de 1485.

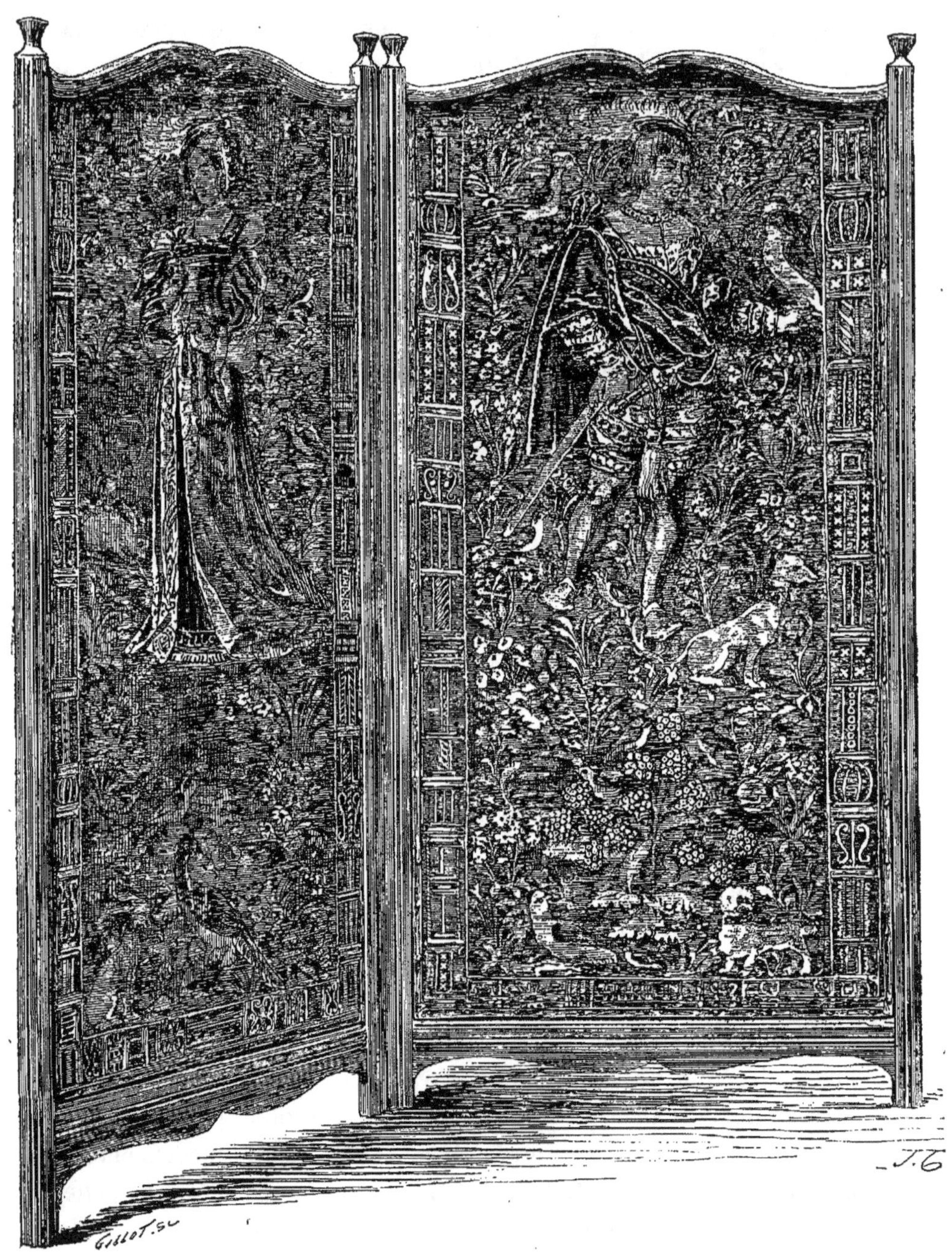

Paravent composé de deux feuilles de tapisserie à personnages; costumes du commencement du seizième siècle.
(Appartient à M. A. Moreau.)

Nous venons de le dire, le seizième siècle c'est, à nos yeux, la perfection dans l'art de la tapisserie; le style s'y montre au plus haut degré; le coloris y est abandonné à l'intelligence des ouvriers; il suit les progrès de la teinture sans jamais chercher à s'astreindre au fondu des cartons; c'est grand, décoratif, et, quel que soit le degré de complication de la tenture, elle reste ce qu'elle doit être, et ne fait pas trou dans les murailles pour y enfoncer des perspectives impossibles.

Ici nous devons revenir sur nos pas pour tâcher de saisir, à côté des caractères d'époques, ceux des fabrications de chaque grand atelier, ou de recueillir au moins les rares notions qui s'y rapportent.

ARRAS

Il faut citer la première cette usine célèbre qui fournit de ses magnifiques produits toutes les contrées de l'Europe et donna même en Italie son nom au travail de la tapisserie. *Arazzo* est encore la dénomination de la tenture, *arazzeria* celle de la fabrique.

Nous ne saurions dire à quelle époque remonte sa fondation; en 1351, on trouve déjà mention d'un orfroi d'Arras, parmi d'anciens comptes; nous avons parlé aussi de cet article de l'inventaire de Charles V en 1379: « Un grand drap de l'œuvre d'Arras historié des faits et batailles de *Judas Machabeus et d'Anthogus.* »

Les noms d'ouvriers qui nous ont été conservés sont ceux de:

1367. Vincent Bourselle.
1378. Huwart Wallois.
1389. Jehan de Croisètes, tapissier sarrasinois, déjà cité.
1398. Robert Pousson, qui émigre à Lille.
1401. Simon Lamoury, id.
1404. Jehan Lamoury, id.
1406. Colard des Gres, id.
1407. Jehan de Ransart, id.

Rien que par le fait des émigrations dont nous trouvons trace ci-dessus, on comprend combien il est difficile de distinguer les ouvrages artésiens de ceux de la Flandre et avec quelle prudence il faut se prononcer sur l'origine des tapisseries du quinzième siècle. Il en est une que nous avons pu étudier, grâce à la complaisance de M. Georges Berger, et qui, par le sujet et la facture, nous paraît à peu près authentique. Le sujet se rapportait entièrement aux vendanges bourguignonnes ; de hauts personnages en costumes élégants du temps de Charles VII circulent au milieu de gens occupés de la récolte et du commerce des vins ; là on apporte les fruits ; plus loin on remplit des tonneaux placés sur des chantiers ; en voici qui partent sur une charrette, et là un homme compte des pièces d'or sur un baril posé debout. Le seigneur a reçu un pampre gigantesque chargé de raisins blancs qu'il semble faire admirer à la dame au hennin splendide, aux vêtements brochés rehaussés de bijoux, qui l'accompagne, suivie de ses pages et d'autres personnages sans doute attachés à sa maison. Par les costumes et la facture cette tapisserie est l'une des plus curieuses qu'on puisse voir ; on ne peut que regretter qu'elle ait énormément souffert et que ses couleurs et son tissu même soient bien atteints.

Si, au moyen âge, Arras était le véritable centre de l'industrie des tapis, les malheurs de la guerre lui ravirent son sceptre, et sa fabrication se trouva ruinée lors de la prise de la ville par Louis XI. Aussi est-ce à tort qu'on attribue à Arras les célèbres tentures exécutées d'après les cartons de Raphaël et qui se conservent au Vatican sous le nom d'*Arazzi della scuola vecchia.* Elles sont sorties de la fabrique de Bruxelles et c'est là que nous en parlerons.

PARIS

Dans les rôles de la taille sous Philippe le Bel, en 1292, on trouve inscrits déjà vingt-quatre tapissiers ; nous avons cité au quatorzième siècle Colin Bataille, puis nous voyons, en 1412, Antoine Semectre qui, lui aussi, quitte la capitale pour aller chercher fortune à Lille ; « en 1424, ce sont Guillemin Deschamps, Jehan Chevance et Goumier Dumoustier ; en 1454, Nicaise de Crombin, tapissier d'Anne de Bretagne, et Jaquemin de Vergières, tapissier de haute lisse ; » enfin nous avons cité les divers établissements fondés par les rois et que nous allons voir bientôt se centraliser aux Gobelins.

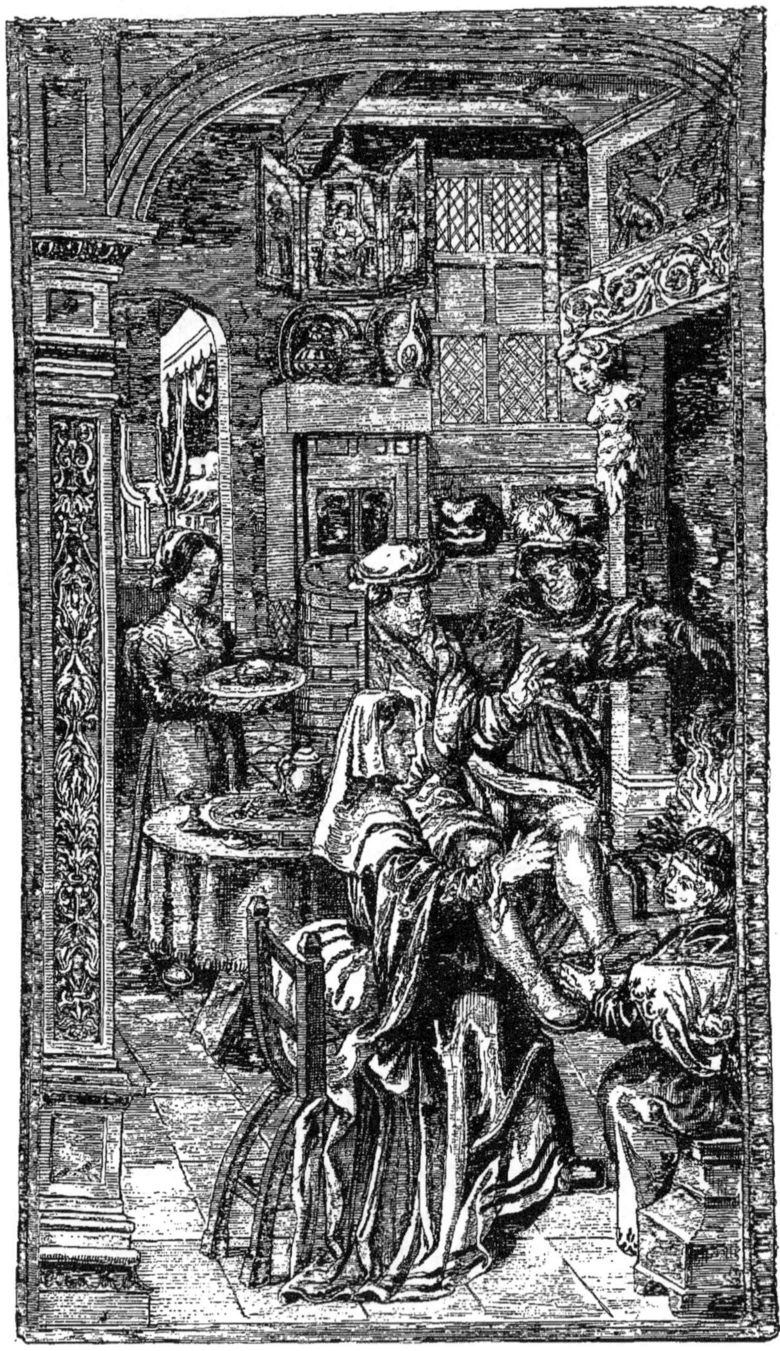

Tapisserie de fabrique flamande : scène d'intérieur présentant le costume et le mobilier de l'époque de Louis XII. (Appartient à M. Orville.)

LILLE

Cette importante cité devient un des plus intéressants sujets d'étude au point de vue des arts, depuis que M. Jules Houdoy en a élucidé l'histoire; avec cette patience intelligente qu'on lui connaît, il a compulsé les archives, dépouillé les comptes, interrogé les registres aux bourgeois, en sorte que ses travaux ont la certitude d'une enquête et que ses assertions peuvent être acceptées sans contrôle.

L'industrie de la haute lisse remonte à Lille au quatorzième siècle. Est-ce à dire que, depuis cette époque, Lille ait abordé les hautes conceptions historiques? Non sans doute, et pendant longtemps même il est question de *banquiers* pour couvrir les siéges, de coussins, de tentures armoriées, de tapisseries rouges semées de fleurs de lis blanches, armes de la ville, en un mot d'une fabrication courante. C'est au seizième siècle, et sous la domination de la maison d'Autriche, que l'art se développe : Marie, sœur de Charles-Quint, gouvernante des Pays-Bas, rend, en 1538, une ordonnance sur la fabrication, destinée à réprimer certaines fraudes, et notamment celle qui consistait à *farder ou ayder les tapisseries de quelques couleurs et substances de poincture que ce soit.* Il n'est permis d'user de cet artifice que pour *les visages et autres membres nus.* L'assortiment des tentures n'était pas encore assez complet pour qu'on pût modeler les chairs avec des laines tissées, et l'on accordait cette tolérance qui était une suite des usages reçus au quatorzième siècle.

L'industrie des tapisseries était alors pour les Flandres une si grande source de renommée et de profit que Charles-Quint voulut la réglementer d'une manière définitive et il publia, en 1544, les *Ordonnance statut et edict sur le fait et conduyte du stil et mestier des tapissiers.* Après avoir rappelé les fraudes qui se commettent, l'empereur voulant mettre un terme à l'abus non moins révoltant qui consiste à donner à un ouvrage le nom de telle fabrique la plus renommée, bien qu'il soit de médiocre valeur, déclare qu'on ne pourra travailler que dans les villes soumises à des règlements spéciaux pour la police des manufactures, soit à *Lorain, Bruxelles, Anvers, Bruges, Audenaerde, Allost, Enguien, Byns, Ast, Lille, Tournay* et aultres francs-lieux; il veut d'ailleurs que les fabricants soient tenus « *de prendre et eslire une marque et enseigne* et de la présenter aux jurés pour estre mise et registrée au livre quy se tiendra audit mestier à celle fin avec leur nom et surnom, *laquelle marque et enseigne chacun maistre tiendra sa vie durant sans aulcunement altérer ou changer.* » Il est dit encore que le maître ouvrier faisant ou faisant faire une tenture de plusieurs morceaux rajustés dans une même bordure, sera tenu de faire ouvrer sur l'un des bouts ou au fond de ladite tapisserie sa marque ou enseigne et auprès d'icelles telles enseignes que la ville ordonnera : afin que *par telles enseignes et marq soit cogneu que ce soit ouvrage de la dite ville et d'un tel maistre ouvrier.*

Pour Lille, la marque obligatoire était l'écusson de gueules à la fleur de lis d'argent. Il n'y avait d'exception que pour les tapisseries d'une valeur très-minime.

Le prix qu'attachait l'empereur à la garantie de la marque le portait à édicter cette pénalité extrême : « Que nul, quel qu'il soit, ne se présumera de contrefaire, falsifier de faire ou enfasser la marque d'un autre sur la paine et fourfaicture de la main dextre et de jamais povoir user dudict mestier. »

Réglementée ainsi l'industrie devait marcher régulièrement, et, en effet, elle progressa à Lille très-rapidement; mais, avant d'examiner les produits qu'elle a pu laisser, il n'est pas sans intérêt de donner aux curieux la liste des noms d'artisans qu'est arrivé à recueillir M. Houdoy; la voici dans l'ordre chronologique :

1318. Jehan Orghet.
1368. Willaume, haut lissier.
1409. Jehan Filloel, id.
14.... Jehan Sauvage.
1424. Simon Le Vinchent.
1442. Jacquemard Largeche.
1457. Camus Dujardin, haut lissier.
1460. Pierre Delos.
1470. Jehan de Haze.
1471. Jehan Calet.
1474. Grard Lejosne.
1510. Jehan Van der Brugghe, — Pierquin Derinne, — Franchois Hoen, — Pierre Van Opponem, ouvriers tapissiers.

1510. Jehan Pissonnier.

1512. Jean Faussart.

1520. Gabriel Van den Tombe.

1524. Gabriel Sauvaige.

1529. Jehan de Hamer, — Van Ophonem, — Pieter Pennemacker, — Zacharias.

1535. Jean Van Maelborch.

1538. Hector Bellemond, — Jacques Carpentier, — Jehan Carpentier, — Corn. Clerebaut, — Pierre Clincquemeure, — Gilles Duhamel, — Allard et Grard Escailler, — Paquet d'Estaires, — Bonaventure Hamel, — Alard Herselin, — Jacques Herselin, — Pierre Herselin, — Jehan Leclercq, — Jacques Lesage, — Jehan Malatire, — Jacques Meurille, — Cornille Rouverit, — Jehan Sirou, — Pierre Tesart, — Pierre Thibaut, — Pierre de Weple.

1546. Guillaume Pannemaker.

1571. Gilles de Bouturle, — Loys Dupré, — Guillaume Mens, — Jehan Rigau.

1586. Jehan Breuckelinck, — Guillaume Breuckelinck, — Gertrude Waghenans, veuve Breuckelinck.

1588. François Speering.

1625. Vinchent Van Quilkerberghe, privilégié pour 9 ans.

1634. Van Caeneghem.

1641. Jehan de Quickelberghe.

1653. Jean de Strycker.

1658. Gaspard Van der Bruggen, — Henri Reydams.

1677. Jooris Blommaert et Franchois Vanderstichelen, fabricants de basse lisse appelés à Beauvais en 1684.

1679. Jean Cabillau.

1684. François et André Pennemacker, élèves de Bruxelles et des Gobelins, privilégiés; font des verdures.

1688. Jean de Melter, venu de Bruxelles, fabrique importante.

1701. Guillaume Wernier, gendre de Jean de Melter et son successeur, travaux importants jusqu'à sa mort, en 1738

1714. Deslobbes, établissement éphémère.

1719. Jacques Deletombe, gendre de Pennemacker.

1723. Jean Hendrick et Guillaume Beer.

1740. François Bouché.
1780. Étienne Deyrolle.

Nous l'avons dit déjà, les plus anciens travaux lillois sont particulièrement des tapisseries ornementales et meublantes ; cependant on a dû y faire aussi des figures, et les Pennemacker inaugurèrent au dix-septième siècle ce genre particulier appelé *verdures*, où le fond de paysage prend une importance capitale et les figures ne jouent plus que le rôle d'accessoires. Jean de Melter et son gendre Guillaume Wernier essayent de rivaliser avec Bruxelles pour les tentures à histoires et consacrent particulièrement les *Tinnières*, c'est-à-dire les scènes villageoises peintes par Téniers ou dans son genre. L'Exposition universelle a montré, de Wernier, une grande composition : les Noces de Cana, signée et datée de 1735 ; on connaît encore des scènes de Don Quichotte et d'autres tentures importantes à l'hôpital Saint-Sauveur.

François Bouché, lui, ne cherchait rien moins qu'à rivaliser avec les Gobelins, et dans certaines pièces il y a réussi.

Du reste, la marque obligée de la fleur de lis blanche sur fond rouge et les noms recueillis dans la liste ci-dessus permettront aux curieux de reconnaître les tapisseries lilloises qu'ils pourraient rencontrer.

BRUXELLES

Mais nous avons hâte d'aborder l'histoire de Bruxelles, ce centre important vers lequel doivent converger toutes les admirations accordées à ce qu'on appelle les *tapisseries flamandes*. Ce que nous pouvons dire ici sera bien peu de chose comparativement au travail complet que prépare M. Pinchard, archiviste de la ville de Bruxelles, et dont la publication est si impatiemment attendue. Ce sera toujours un élément provisoire de recherches pour les amateurs.

Les premières tapisseries qu'on puisse avec certitude attribuer à la célèbre fabrique sont celles de l'époque de Louis XII et du commencement de la Renaissance, qui manifestent un style merveilleux et une composition grandiose ; les bordures sont parfaitement caractérisées ; elles sont formées, non d'une guirlande de fleurs, mais de branches posées l'une au-dessus de l'autre, vigne, mûrier, groupe d'iris, grenadier, etc., sur fond bleu foncé avec rehauts d'or. On a pu voir, à l'Exposition du costume, les inappréciables tentures appartenant à sir Richard Wallace; les unes étaient muettes, les autres expliquées par des inscriptions en caractères gothiques, donnant surtout le nom des personnages ; on reconnaissait ainsi les sujets tirés des fabliaux français et notamment du Roman de la Rose; là *Amours* reçoit un message de *Bouche d'or* en présence de *Paix* et *Concorde;* sur une galerie siégent *Doulx parler*, *Prudece* et *Doulx regart*. Les personnages accessoires sont *Malebouche*, *Faulx semblant*, *Dangier*, *Vilain coraige* et *Haine couverte* qui forge les mauvaises langues. On retrouve une partie de ces personnages dans l'attaque du château d'Amour.

Rien n'est plus remarquable que la grâce des figures, l'ampleur des draperies, et la suprême élégance des groupes, composés évidemment par des peintres de premier ordre dont on aimerait à connaître le nom. Du même genre et d'une facture non moins savante étaient trois pièces d'une tenture offrant le *Temple et triomphe de Chasteté*, le *Triomphe de la mort* et le *Triomphe de la bonne renommée*, exposées aussi à l'histoire du costume par MM. Flandin et Leclanché ; une date mal formulée, mais où l'on ne pouvait lire autre chose que 1507, ajoutait à l'intérêt de cette série. Vers cette époque, c'est-à-dire au moment où les arts étaient dans leur efflorescence, la Flandre devint le centre des commandes de toute l'Europe. Félibien avance que c'est « Bernard Van Orley (vivant vers 1490) qui a fait exécuter les tapisseries que les papes, les empereurs et les rois faisaient faire en Flandre d'après les dessins d'Italie. » Ce qu'il y a de certain, c'est que les cartons de Raphaël, conservés en partie à Hampton-Court, ont été exécutés à Bruxelles, et forment cette suite inestimable de onze tapisseries qui existe encore au Vatican. La onzième, qu'on avait cru perdue : le *Couronnement de la Vierge*, a été retrouvée, en 1869, par M. Paliard, et la description qu'il en donne offre un détail précieux : les bordures, dit-il, « sont ornées de fleurs, fruits, oiseaux, sirènes et génies de petite dimension avec leurs couleurs, sur un fond d'or ; elles ont chacune la même largeur de trente centimètres, comme celles verticales et horizontales supérieures de la *Conversion de saint Paul* et de la *Pêche miraculeuse*, car ces trois sujets remplissaient à côté l'un de l'autre le fond de la Sixtine, la *Pêche miraculeuse* à gauche, le

Couronnement au centre, sur l'autel, et la *Conversion de saint Paul* à droite. Nous voyons donc commencer, avec le seizième siècle, le système de bordure qui devait survivre au siècle même et remplacer presque complétement les branches coupées de la fin du quinzième. Y eut-il exceptionnellement des bordures particulières imposées par les cartons? Nous serions tenté de le croire, et tout le monde a pu remarquer que la tenture votive consacrée par la veuve du prince de la Tour et Taxis, inventeur des postes, avait un de ces encadrements à candélabres, tablettes et listels, dans le genre des compositions de l'école de Modène. Cette belle tapisserie représentant une procession, et la consécration d'une statue de la sainte Vierge, portait cette légende dans une sorte de tablette bleue: *Egregius Franciscus de Taxis pie mēorie postarū mḡr hic fieri fecit anno* 1518.

Des premiers temps de la fabrique c'est à peine si quelques noms sont parvenus jusqu'à nous; on cite:

1466. Jehan de Rave, auteur de l'histoire d'Hannibal.
1497. Pierre Denghien, — Jehan Dupont, — Frank de Houwene.
1499. Jean Van Brugge.

Au seizième siècle, les noms ne sont pas plus nombreux; nous trouvons en 1514, Pierre Van Alst, puis, en 1548, Guillaume de Pannemakere, chargé par Charles-Quint d'exécuter sur les cartons du peintre Jehan Vermay la fameuse tenture de la conquête du royaume de Thunes (Tunis), sujet favori de l'époque, qu'on trouve sur l'orfévrerie et même sur la majolique italienne. Le choix des matières consacrées à cette œuvre dit assez le prix que l'empereur attachait à sa réussite: la chaîne devait être du *meilleur et plus exquis fillet venant de Lyon*, et la trame de *fil d'or et d'argent fin et de soye fine de Grenade*.

A ce moment l'autorité se préoccupait de la réglementation de l'industrie et de la punition des fraudes qui s'y étaient introduites, notamment en ce qui touche la contrefaçon des marques. A quelle époque ces marques avaient-elles été inventées? Nous l'ignorons, mais ce dut être sous l'autorité des ducs de Bourgogne. En effet, les plus anciens signes que l'on rencontre sont deux sortes de B affrontés séparés par un signe rouge et qui ne sont autres que les *foisils* et la flamme que leur choc a tirée de la pierre, c'est-à-dire les insignes mêmes de la Bourgogne; peu à peu l'ignorance des tisseurs change ces signes, les B deviennent plus nets, mieux formés, et le moment arrive où celui qu'on avait retourné reprend sa position naturelle; la flamme subit bien d'autres changements suivant le caprice de l'artisan; ici c'est un écusson de gueules, là une grenade, ailleurs un cœur ou même un cœur la pointe en haut.

En dehors de ces marques il en est d'autres dont il a été fait mention dans l'édit de Charles-Quint; ce sont d'abord les armes et insignes adoptés par les villes manufacturières; puis les signatures, et enfin des chiffres particuliers dont l'explication aurait un intérêt évident.

Les curieux ont pu remarquer, à l'Exposition de l'histoire du costume, une tenture représentant, sur des pièces de différentes dimensions, une histoire de Diane, d'un bon dessin, d'une exécution soignée, et que son propriétaire, M. Bézard, donnait comme ayant été faite pour orner le château d'Anet; les sujets n'auraient été qu'une allégorie destinée à rappeler le nom de la célèbre duchesse de Valentinois. Nous n'avons pas à discuter cette attribution; mais la distance qui sépare la date de la mort de Diane de Poitiers, 1566, et celle inscrite sur les tapisseries, 1610, permet de la suspecter. L'intérêt capital pour nous c'est que la tenture réunit la marque fondamentale de Bruxelles

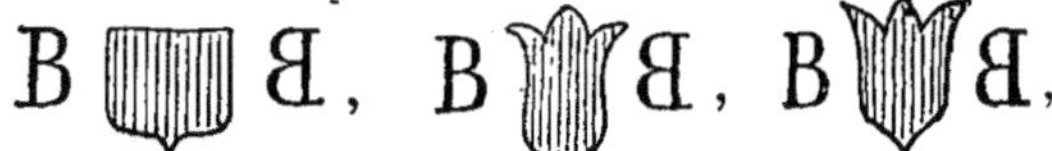

la signature

FRANCISCVS SPIRINGIVS

et

SPIRINVS FECIT ANNO 1610

un écusson de ville? 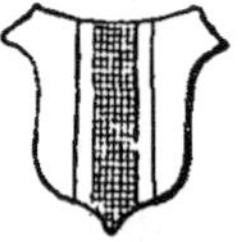 et, enfin, une marque constante 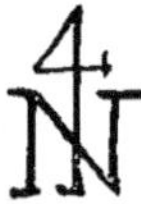

brodée en blanc sur la marge bleue, et généralement sur le côté droit. La signature est tissée en blanc, sur un filet jaune qui sépare la bordure inférieure du sujet; le signe de Bruxelles est parfois sur la lisière gauche. Quant à l'écusson d'argent au pal de sable? il est accompagné des initiales HD dont la signification nous échappe; cette double initiale nous semblerait prouver qu'il ne s'agit point ici d'un timbre municipal (il y a déjà celui du duché de Bourgogne), mais peut-être de l'écu d'un intendant de la fabrique?

Nous l'avons dit, la fabrication est soignée; l'or, l'argent et la soie abondent dans le tissu, et les bordures répondent à la description que nous avons donnée de celles inaugurées dans les tentures du Vatican. Les fleurs et les fruits entourent de leurs groupes des niches ou des cartouches à petites figures mythologiques; ce sont *Paris* et *Helena*, *Pyramus* et *Tisbe*, *Ulysse* et *Circé*, *Leander* et *Hœro*, *Mars* et *Vénus*, *Jupiter* et *Calisto*, *Mercurius* et *Herse*.

Dans une série à sujets tirés de l'histoire ancienne, et exposée par M. Récappé, on trouvait, outre la marque fondamentale

B B, B B, B B,

les chiffres 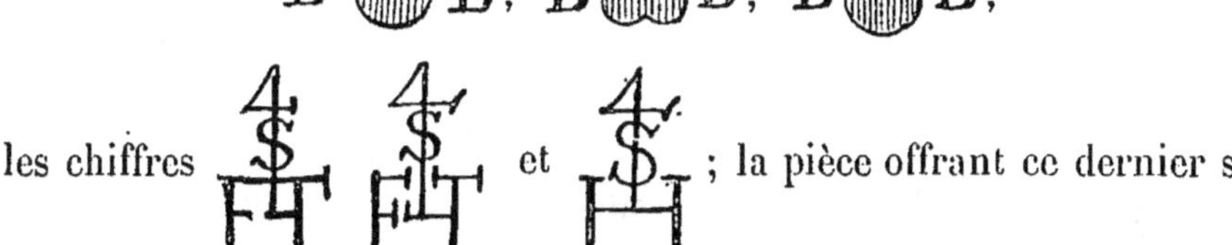 et ; la pièce offrant ce dernier se distinguait des autres par la bordure à sujets sacrés; on y voyait Suzanne surprise par les vieillards, et une femme au bain, sans doute Bethsabée, à laquelle un serviteur présentait un billet inscrit de caractères qui pouvaient être une signature.

Quant à la tenture de Gombault et Macé, dont nous ne voulons pas reproduire les légendes rabelaisiennes, elle porte, avec l'écusson de gueules aux deux B, ce signe 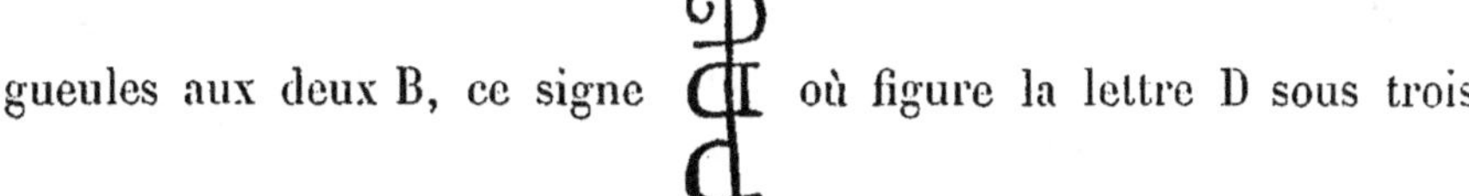 où figure la lettre D sous trois formes différentes. Cette sorte de signature, si différente des autres, est-elle flamande, ou serait-ce la copie d'un chiffre français, comme le sujet lui-même est la reproduction du carton français de Dumée et Guyot?

Nous n'avons rencontré aucune tapisserie signée de Franchois Guebels qui travaillait vers 1571; au dix-septième siècle, les noms se montrent plus fréquemment; outre François Speering que nous avions trouvé à Lille, en 1588, avant qu'il vînt exécuter à Bruxelles l'histoire de Diane, nous voyons, en 1613, une tenture représentant les faits de la vie d'Alexandre le Grand, par Jean Raes, d'après des cartons de l'école de Rubens. Johannes-Franciscus Van den Hecke, qui signe parfois I.-F. Vanden Hecke, retrace le *Passage du Granique*, la *Magnanimité* et le *Triomphe d'Alexandre*, d'après les compositions de Lebrun.

Mais une série digne d'être citée entre toutes est celle tissée en 1663, par A. Auwercx, d'après les cartons de Van Kessel et Herp, et représentant des sujets tirés de l'histoire de Martin Ier, roi d'Aragon, devenu roi de Sicile par la mort de son fils. Ces sujets se rapportent à des services rendus au roi par G.-R. de Monçade, seigneur d'Airola, en Sicile, et la tenture a été expressément faite pour un des descendants de ce seigneur. Elle est admirablement réussie, malgré quelques anachronismes de costume; les fonds, surtout les marines, sont d'une légèreté charmante, et les larges bordures, où ressortent des armoiries parmi des emblèmes de tous genres, armes, fruits, fleurs, objets précieux, etc., sont d'une fermeté et d'une vérité dont rien n'approche.

Citons encore des verdures représentant les saisons et signées: Marcus de Vos et I.-F.-V. Hecke, et surtout les charmantes tapisseries appartenant à M. Gauchez, et qui sont dans le goût ornemental de notre fabrique de Beauvais: le motif principal est une armoirie timbrée d'une couronne ducale, au-dessous de laquelle est le Temps enchaîné par l'Amour. Le fond représente un tapis à fleurs et guirlandes que des Amours soutiennent par les coins. Là nous avons une double signature, celle du peintre: *D. Teniers jun. pinx.* 1684, et celle du tapissier: *Gill. Van Loefdael fecit.*

Ajoutons les noms de Roellans, de Jean de Melter, qui a sans doute plus travaillé à Lille qu'à Bruxelles, et enfin un nom fort compromis par l'effet du temps, et que nous avons cru pouvoir lire: *F. IFVNIERS;* il était sous une figure équestre du dix-septième siècle.

Doit-on attribuer à Bruxelles même la fabrication de tentures d'un ordre secondaire et qui se spécialisent par des inscriptions flamandes, telles que les quatre pièces appartenant à M. le comte Adrien de Brimont et qui représentent les épisodes de la vie de saint Rombaud? Les dimensions, le genre du travail et le style nous porteraient à voir là une œuvre provinciale.

Nous ne pouvons nous arrêter sans mentionner encore des tentures fort singulières exécutées, paraît-il, à Bruxelles d'après des cartons italiens de l'école de Modène; elles figurent les mois sous la forme du dieu auquel chacun d'eux est consacré; nous voyons Apollon et Bacchus dans de brillantes auréoles et entourés d'ornements et grotesques sur fonds très-vifs. L'éclat des couleurs, la complication de l'ensemble annoncent bien une grande fabrique ; mais la lourdeur du dessin et l'aspect rude et barbare du tout laisse l'esprit dans une sorte d'inquiétude ; nous ne saurions, quant à nous, donner aucune date à ce travail.

AUDENARDE

La première charte d'institution du corps des tapissiers de cette ville est du 11 juin 1441 ; toutefois M. Pinchard ne paraît avoir trouvé trace de quelques noms et documents qu'à partir de 1499.

Nous devons croire qu'Audenarde s'est spécialisée dans la fabrication des *verdures ;* c'est pour un travail de ce genre que Philippe Van Horne est cité, en 1504, dans le livre de M. Houdoy. C'était aussi, sans doute, pour y créer les verdures que Jaspart émigrait d'Audenarde, à Lille, en 1634, comme en 1650, Jean Jans était appelé aux Gobelins

Ce que l'Exposition du costume nous a montré en produits de cette ville ne peut que justifier sa haute réputation ; il y avait deux pièces signées de I. Van der Goten et faisant partie d'une suite de l'histoire d'Eurydice ; les bordures sur fond brun offraient une riche composition de fleurs et ornements, coupée par des têtes de cerf et de chien d'une merveilleuse exécution ; dans le premier tableau, au milieu d'un paysage plantureux, apparaissait un groupe de Nymphes près d'une fontaine et, sur la droite, Eurydice piquée au talon par le serpent ; dans le second, un paysage non moins riant devait pourtant montrer le vestibule de l'enfer ; sur la droite, un immense palais précédé de vasques à jets d'eau figurait l'entrée peu effrayante des sombres lieux, et l'on voyait Orphée, chargé de sa lyre, se présenter devant Pluton et Proserpine, assis sous les frais ombrages, pour obtenir d'aller chercher Eurydice au bord du noir Cocyte.

Une grande largeur d'effet, des teintes adroitement ménagées rendaient ces tableaux fort dignes d'attention. M. le comte de Brimont, à qui ils appartenaient, avait exposé une troisième pièce, non signée, mais tout aussi remarquable ; la bordure était un encadrement d'or à riches détails ; dans le paysage, fourni de grands arbres d'un vert vif, on apercevait des constructions antiques de grand style ; puis, au premier plan, des personnages drapés à l'antique.... que dire de cet anachronisme ?... prenaient le chocolat.

TOURNAY

M. Houdoy trouve la première mention de cette fabrique en 1448, pour un payement fait à Robert Davy et Jehan de l'Ortye, *marchans houvriers de tapisserie ;* il s'agit de huit pièces de tapis de haute lisse mesurant cent vingt aunes, représentant l'histoire de Gédéon, et commandés par le duc Philippe le Bon ; l'exécution en était faite d'après les patrons de Bauduin le peintre, de Bailleul.

En 1461, c'est Pasquier Grenier qui reçoit le prix de plusieurs pièces de la tapisserie, *ouvrées de fil de laine et de soye.... fais et ouvrés de l'istoire du roy Assuere et de la royne Hester.*

En 1501, c'est Collart Bloyart qui livre de nouvelles histoires à personnages *fais de soye à manière de bancquets*. Puis, en 1504, Jean Grenier livre une tapisserie richement faite à la manière de *Portugal et de Indie* pour icelle envoyer en France.

Que de choses dans ces courtes indications et combien l'étude a encore de chemin à faire ! Ce qui ressort de ceci, c'est que Tournay avait d'importantes fabriques et occupait un rang distingué dans l'art de la haute lisse.

BRUGES

Cette ville est mentionnée dans l'édit de Charles-Quint et, dès lors, elle doit avoir eu des fabriques ; dans son catologue du musée de Cluny, M. du Sommerard attribue à Bruges une belle tapisserie du temps de Louis XII, signée *David fecit* et qui représente dame Arithmétique enseignant les règles du calcul à des seigneurs et des clercs placés autour d'elle. Nous n'avons pu étudier de près cette curieuse pièce dont la marque est un B retourné.

ANVERS

On trouve aussi ce nom dans le fameux édit de l'empereur ; mais il faut accueillir avec une excessive réserve les indications qui concernent cette ville ; elle était le centre du commerce de la Flandre et la plupart de ceux qui y trafiquaient en tapisseries étaient de simples marchands ; nous ne savons même si nous devrions citer, en 1504, Adam de Cupère, marchand tapissier, qui vend une suite de l'histoire du roi Nut, et une autre de l'*istoire de Hercules*, pour envoyer à deux généraux serviteurs du roi de France.

BÉTHUNE

Voici une fabrique dont la seule mention est un article des comptes relevés par M. Houdoy ; cet article est si important que nous le transcrivons : « 1505, à Mathieu Legrand, tapissier à Béthune ; pour II grans tappis et ung bancquier de drap sur chacune desquelles pièces sont les armes du roi des Romains et du roi notre sire et *plusieurs chiens qui rongent oz.* »

TOURCOING

Au dix-huitième siècle une femme, Jeanne-Marie Lefebvre, veuve d'un sieur Neerinck, fonda dans cette ville une fabrique de tapis façon d'Audenarde, dont la chambre de commerce de Lille et les hauts lissiers Wernier, Pennemacker et Deltombe demandèrent la suppression comme pouvant favoriser des fraudes, Tourcoing étant une ville ouverte près de la frontière. M. Houdoy ignore quelle fut le sort de cette requête ; mais il a été assez heureux pour rencontrer une assez belle pièce représentant une fête champêtre, et signée sur la lisière : *Lefebvre-Tourcoing* seulement ; par une singularité que notre savant ami ne cherche pas à expliquer, l'inscription était suivie de l'écusson de la ville de Lille, tel qu'il figure sur toutes les tapisseries soumises à la surveillance de la maîtrise de ce lieu.

LES GOBELINS

Revenons maintenant aux établissements de la ville de Paris sous le règne de Louis XIII. Après avoir voyagé de la Trinité aux Jésuites, des Jésuites au palais des Tournelles, puis à la place Royale et au Louvre, la fabrique des tapisseries de Flandre finit par s'établir en 1630 dans

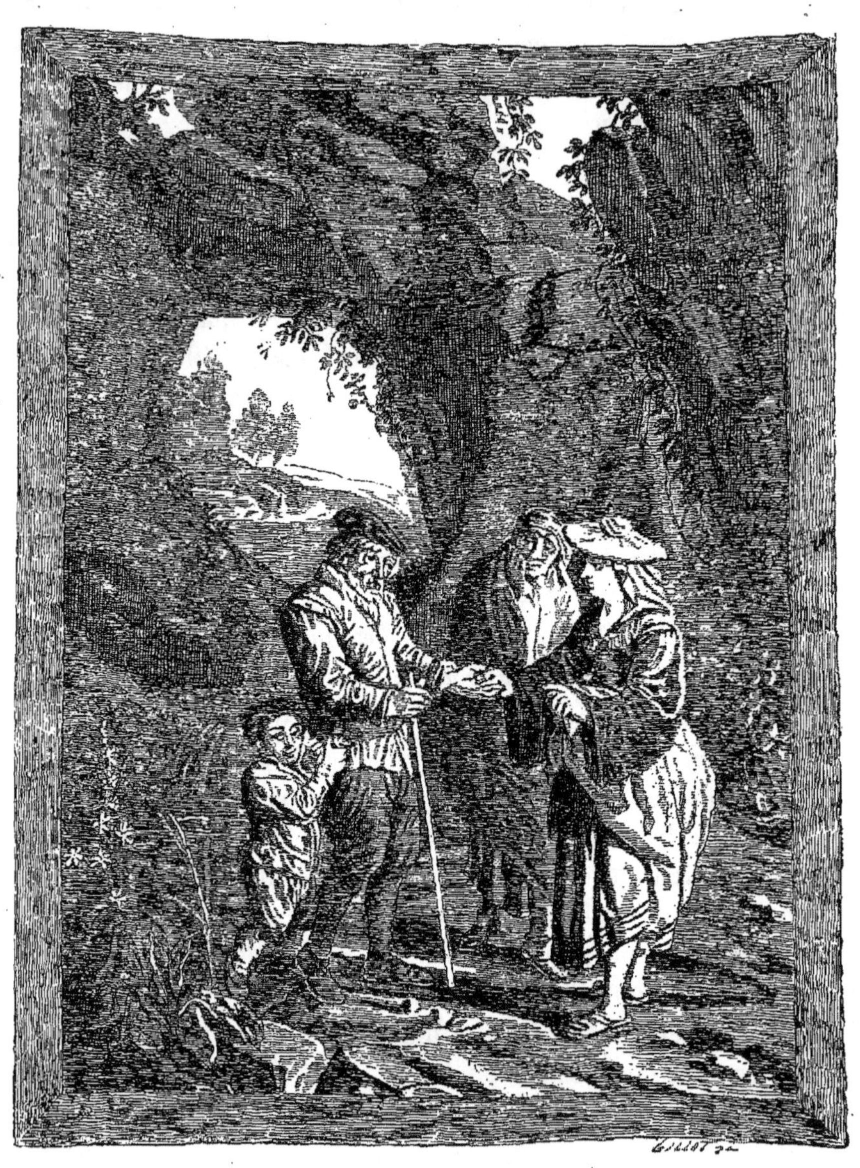

Fabrique des Gobelins : tapisserie d'après Téniers; la bonne aventure; feuille d'écran.
(Appartient à M. L. Gauchez.)

la maison des Gobelins: c'était une teinturerie dont l'origine remontait au quinzième siècle et dont la réputation était immense; ses travaux continuèrent latéralement à ceux des tapissiers royaux. Au moment où ceux-ci prirent possession de la maison des Gobelins les ateliers étaient dirigés par Charles de Comans et Raphaël de la Planche, fils des Flamands appelés en 1607, par Henri IV, pour fonder l'établissement des Tournelles. Mais, au bout de quelque temps, Raphaël de la Planche quitta son associé pour s'établir au faubourg Saint-Germain[1], et Charles de Comans fit venir d'Audenarde, en 1650, Jean Jans, qui, quatre ans plus tard, recevait le titre de tapissier du roi.

Pendant ce temps un atelier nouveau était créé dans le jardin des Tuileries en faveur de Pierre et Jean Lefebvre, père et fils, *tapissiers haute-lissiers, appelés d'Italie* en 1642, et logés d'abord au Louvre.

Ce fut en 1662 que Louis XIV et Colbert centralisèrent aux Gobelins tous les ouvriers travaillant pour le souverain, c'est-à-dire, non-seulement les tapissiers, mais les brodeurs, les orfévres, les fondeurs, graveurs et ciseleurs, les ébénistes, etc., en sorte que l'établissement prit le nom de *Manufacture royale des meubles de la couronne*. En 1663, Charles Lebrun fut nommé directeur, mais l'édit de fondation ne fut publié qu'en 1667. M. Cousin l'a transcrit *in extenso* dans les *Archives de l'Art français*, t. VI, où l'on pourra voir quels priviléges étaient accordés à nos artistes industriels.

La conduite de la fabrication des tapisseries fut d'abord confiée à Jean Jans, auquel on adjoignit successivement Girard Laurent, Pierre et Jean Lefebvre, tapissiers de haute lisse; Jean de la Croix et Mozin, tapissiers de basse lisse.

[1] Serait-ce de cet établissement que seraient sorties les tapisseries *faites à la Planche*, selon l'expression contemporaine? M. Francisque Michel le pense et il s'appuie, à cet égard, sur ce passage des *Mémoires inédits de Louis-Henri de Loménie, comte de Brienne:* « Qui ne sait que les plus belles tapisseries de Flandre et d'Espagne, d'Italie et de France étaient dans ses appartements (à Mazarin)? Il suffit de dire que le Scipion du maréchal de Saint-André et les Actes des Apôtres de feu Lopez, juif portugais, lui étaient venus je ne sais comment. Le roi d'Espagne lui fit présent des Travaux d'Hercule, exécutés sur les dessins du Titien, et, si je ne me trompe, tout rehaussés d'or, et don Louis de Haro lui donna une excellente tenture de tapisseries, fabrique de Bruges, représentant les douze mois de l'année, copiée avec beaucoup de soin sur les dessins d'un Flamand, élève de Raphaël.... Il avait, outre cela, trente autres tentures de tapisseries au moins, les unes peintes à Rome sur de la toile d'argent, les autres de brocart d'or, à fleurs de velours de diverses couleurs découpées à Milan, et appliquées sur des fonds de velours très-riches avec une grande dépense et un artifice merveilleux; des verdures de Flandre en quantité; des tapisseries antiques de toute sorte, des modernes faites au Louvre, *à la Planche*, aux Gobelins, etc. »

Il n'est peut-être pas inutile d'expliquer ici en quoi consistaient ces deux genres qui furent, à plusieurs reprises, réunis aux Gobelins, ou séparés dans des ateliers spéciaux. Nous allons emprunter ici l'excellente description des métiers donnée dans la notice historique de M. Lacordaire. « Dans la tapisserie tous les fils colorés nécessaires à la confection ne peuvent être promenés d'un côté à l'autre de la chaîne, comme dans les brochés ordinaires. Il y aurait une trop grande perte de fil et une trop grande épaisseur de tissu, puisque tous les fils de chaque *duite*, bien que dissimulés, auraient dû être emprisonnés par la trame. Il a donc fallu inventer un tissage partiel qui ménageât les *étoffes* (c'est ainsi qu'on appelle les fils de laine ou de soie destinés à faire la trame), qui évitât les complications du tissage ordinaire avec un grand nombre de fils, et diminuât l'épaisseur du tissu. Ce travail se fait sur des métiers dont la chaîne est tantôt verticale, tantôt horizontale. Les pièces de bois du bâti, qui sont parallèles à la chaîne, et qui portent à l'une des extrémités le cylindre où celle-ci s'enroule, et à l'autre extrémité celui où l'on enroule le tissu confectionné, ces pièces de bois ou *lisses* se dressent verticalement dans le premier cas ; elles sont parallèles au sol dans le second. De là est venu, pour les premiers métiers, le nom de métiers à *haute lisse*, et celui de métiers à *basse lisse* pour les seconds, et par suite le nom de tapisseries de haute ou de basse lisse, suivant que le tissage a été fait sur l'un ou sur l'autre. » Nous l'avons déjà dit, les tapis ras de l'un ou l'autre genre s'exécutent à l'envers ; on ne peut faire à l'endroit que les tapis veloutés, parce que chaque fil étant arrêté et coupé en dessus la manipulation est la même pour tous, que le même fil se répète souvent, comme dans les fonds, ou qu'il varie d'un point à un autre, comme dans les fleurs et ornements.

Sous la direction de Charles Lebrun, de 1663 jusqu'à sa mort en 1690, la Manufacture, qui employait environ 250 ouvriers, fabriqua dix-neuf tentures de haute lisse mesurant 4,110 aunes carrées, et trente-quatre tentures de basse lisse d'une surface de 4,294 aunes, représentant en valeur actuelle plus de dix millions de francs. Ce furent : les *Actes des Apôtres*, d'après Raphaël ; les *Éléments* et les *Saisons*, d'après Lebrun ; les *Mois* et l'*histoire du Roy*, d'après Lebrun et Van der Meulen ; les *Batailles d'Alexandre*, dont Lebrun avait peint les modèles aux Gobelins ; l'*histoire de Moïse*, d'après le Poussin et Lebrun ;

les peintures des *Chambres du Vatican*, par Raphaël ; les tableaux de la *Galerie de Saint-Cloud*, d'après P. Mignard.

Les autres directeurs furent :

1690-1695. P. Mignard, premier peintre du roi.
1699-1735. Robert de Cotte, architecte.
1735-1747. De Cotte, fils, architecte.
1747-1755. D'Isle, architecte.
1755-1780. Soufflot, architecte.
1781-1789. Pierre, premier peintre du roi.
1789-1792. Guillaumot, architecte.
1792-1793. Audran, fils, ancien chef d'atelier.
1793-1795. Augustin Belle, peintre.
1795. Audran, fils, réintégré.
1795-1810. Guillaumot, architecte, réintégré.
1810. Chanal, chef de division au ministère de l'intérieur, directeur par intérim.
1811-1816. Lemonnier, peintre.
1816-1833. Le baron des Rotours, ancien officier supérieur.
1833-1848. Lavocat.
1848-1850. Badin, peintre.
1850-1860. Lacordaire, architecte et ingénieur.
1860. Badin, peintre, réintégré.
Alfred Darcel.

Le travail était confié, jusqu'en 1792, à des entrepreneurs qui, la plupart du temps, ont signé les tapisseries exécutées sous leur conduite. En voici la liste.

1662-1691. Jans, père (haute-lisse).
1663-1670. Laurent (haute-lisse).
1663-1700. Lefebvre, père (haute-lisse).
1663-1714. Jean de la Croix (basse-lisse).
1663-1693. Mosin (basse-lisse).
1691-1731. Jans, fils (haute-lisse).
1693-1737. De la Croix, fils (basse-lisse).
1693-1724. Souette (basse-lisse).
1693-1729. De la Fraye (basse-lisse).
1697-1736. Lefebvre, fils (haute-lisse).

1701-1751. Le Blond (basse-lisse).
1703-1734. De la Tour (haute-lisse).
1730-1749. Monmerqué (basse-lisse, de 1730 à 1736 ; haute-lisse, de 1736 à 1749).
1733-1772. Audran (haute-lisse).
1736-1788. Cozette (basse-lisse, de 1736 à 1749 ; haute-lisse, de 1749 à 1788).
1749-1788. Neilson (basse-lisse).
1775-1779. Neilson, fils (basse-lisse).
1772-1792. Audran, fils (haute-lisse), puis directeur.
1788-1792. Cozette, fils (haute-lisse), puis chef d'atelier.

Parmi les plus anciennes tapisseries des Gobelins, on peut citer des pastorales de style antique, danses de Nymphes, Bergers et Nymphes faisant de la musique, etc.; les bordures sont à fond quadrillé avec arabesques, baldaquins, petits personnages, vases, globes, trophées ; dans le haut figurent les armes de France, et en bas, dans un écusson, le chiffre aux deux L. Les unes sont signées *IANS*, les autres *LEFEBVRE ;* ces dernières portent, en outre, un monogramme , qu'on trouve quelquefois seul sur les marges. Il ne serait pas impossible que ces tentures, étrangères au style de Lebrun, eussent été faites antérieurement à l'établissement des Gobelins, c'est-à-dire aux Tuileries ou au Louvre.

La suite par excellence, celle qui se fait admirer par la perfection du dessin, du travail et le haut prix de la matière, c'est l'*histoire du Roy*. La plus ancienne pièce que nous ayons vue était signée du chiffre de Lefebvre et portait cette inscription : « Siége de Dovay, en l'année MDCLVII, ov le Roy Lovis XIV, sortāt de la tranchée le canon de la uille tve le cheual d'un garde du corps proche de Sa Majesté. »

Viennent ensuite, l'Audience donnée par le Roy Louis XIV à Fontainebleau au cardinal Chigi, neveu et légat *a latere* du pape Alexandre VII, le XXIX juillet MDCLXIV, pour la satisfaction de l'injure faite dans Rome à son ambassadeur. Cette tapisserie a été faite de 1665 à 1672.

Puis, et celle-là la plus précieuse, sans contredit, celle qui attirait tous les regards à l'Exposition du costume: « Le Roy Louis XIV visitant les manufactures des Gobelins, où le sieur Colbert, superintendant de ses bastiments, le conduit dans tous les atteliers pour luy faire voir les divers ouvrages qui s'y font. » Exécutée de 1673 à 1679, cette magnifique pièce retraçait un fait très-antérieur et dont la *Gazette de France* rend compte en ces termes: « Le 15 octobre 1667, Louis XIV, après avoir visité les travaux du palais des Tuileries, qu'il était sur le point d'habiter, se rendit aux Gobelins pour voir les tapisseries qui s'y fabriquent, et particulièrement celles qui se sont faites pendant la campagne et que Sa Majesté avait ordonnées avant son départ. Le sieur Colbert lui fit remarquer de quelle sorte on avait suivi ses pensées, et les dessins qu'elle avait résolus, et le sieur Lebrun, qui en a la conduite particulière, avait fait ranger les ouvrages avec tant d'industrie qu'il ne se peut rien trouver ensemble et si riche et si bien ordonné. L'entrée de la cour où est le pavillon était ornée de tableaux, de statues, de trophées et d'inscriptions qui formaient une espèce d'arc de triomphe très-magnifique, et la grande cour était tendue des superbes tapisseries qui s'y fabriquent, avec un buffet de neuf toises de long et élevé de douze degrés, sur lequel étaient disposés, d'une manière aussi ingénieuse que magnifique, les riches ouvrages d'orfévrerie qui se font dans ce même lieu. Ce buffet était composé de vingt-quatre grands bassins, chacun avec son vase, d'autant de brancards pour les porter, de deux cuvettes, chacune de cinq à six pieds de diamètre, de quatre grands guéridons, de vingt-quatre vases à mettre des orangers, et de plusieurs autres pièces, le tout d'argent ciselé, mais d'un travail qui passait encore le prix de la matière, quoique du poids de plus de vingt-cinq mille marcs.... Après avoir considéré tant de belles choses, Sa Majesté alla dans tous les endroits où l'on fait les tableaux, les ouvrages de sculpture, de miniature et de bois de rapport, comme aussi les tapisseries de haute et basse lice, et les tapis façon de Perse. Elle vit pareillement plusieurs pièces d'orfévrerie d'un autre buffet, commencées d'un dessin différent, ce qui la surprit agréablement, ainsi que le prince de Condé et le duc d'Enghien qui l'accompagnaient avec grand nombre de seigneurs. »

Nous nous sommes étendu sur ces détails parce qu'il nous y faudra renvoyer plus d'une fois, la tapisserie de la visite aux Gobelins nous conservant l'image de beaucoup d'œuvres entièrement disparues. Un exemplaire de cette belle tapisserie fut brûlé le 30 novembre 1793, avec plusieurs autres portant les armes de France et les fleurs de lis, par les ineptes gredins du quartier qui se disaient républicains ; la Commune a fait mieux depuis, elle a brûlé le monument lui-même et les trésors qu'il contenait !

Revenons à l'*Histoire du Roi*. De 1667 à 1675 fut exécutée la tapisserie du mariage de Louis XIV avec Marie-Thérèse ; puis le baptême du Dauphin ; enfin l'on a vu à l'Exposition du costume « l'Audience donnée par le Roy Louis XIIII à l'ambassadeur d'Espagne, où il déclare au nom du Roy, son maître, qu'à l'advenir les ambassadeurs d'Espagne n'entreront plus en concurrence avec les ambassadeurs de France. » Ceci porte les dates de 1674 et 1679.

Ce genre historique persista, même après Louis XIV, et nous pouvons citer comme l'un des plus remarquables produits de la Manufacture la tenture tissée par Lefebvre, d'après le tableau de Charles Parrocel et intitulée : « Entrée de Mehemet effendy, grand Trésorier du Grand Seigneur, par le jardin des Thuilleries pour aller faire compliment au Roy Louis XV, sur son advenement à la couronne, le XXVI mars MDCCXXI. » D'une grande richesse d'effet, souple de ton et pleine de lumière, cette page est un type de la perfection en matière de tapisserie. La signature du peintre et celle du tisseur se trouvent sur le terrain ; la lisière bleue porte en outre : LEFEBVRE. G. ⚜

Une charmante suite commencée à l'époque de Louis XIV, est celle intitulée les Mois et qu'on pourrait plutôt qualifier les Châteaux de France. Elle est exécutée en basse lisse avec un éclat et une perfection inouïs. Voici le signe du *Capricorne* qui surmonte *le chasteau de Monceaux ;* celui-ci s'étend au fond d'un beau paysage ; au premier plan est une balustrade sur laquelle est jeté un éblouissant tapis ; derrière, se tiennent debout deux gentilshommes en riche costume du temps de Louis XIV. Une signature I. P. L. CROX nous paraît devoir être celle de Jean de la Croix, conducteur des travaux de basse lisse, chanté ainsi par l'abbé de Marolles :

Quant à la basse lice, où la règle est plus seure,
Deux artistes Flaments, de la Croix et Mozin,
Qui seuls pourroient fournir un royal magazin,
N'y mettroient pas un fil sans sa juste mesure.

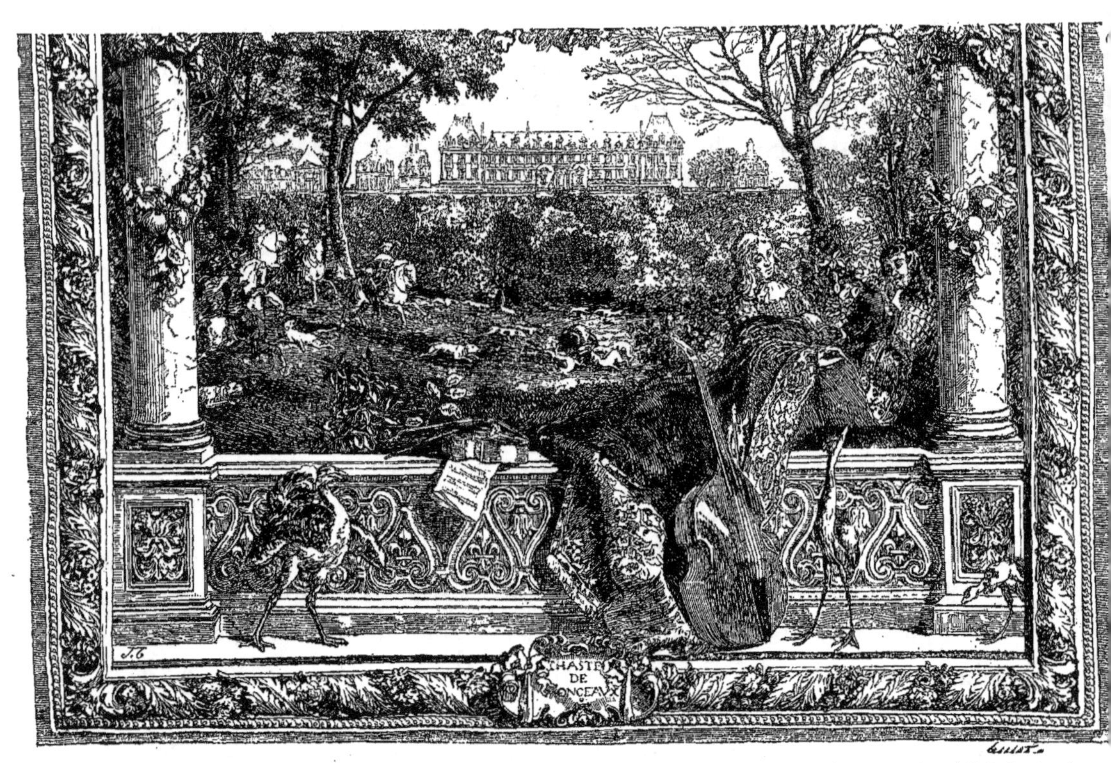

Tapisserie des Gobelins : le château de Monceaux, de la suite des mois, d'après Van der Meulen. Signé : I. D. L. Crox. (Appartient à M. L. Gauchez.)

En signant L. Crox, ce Flamand aura voulu se conformer à l'usage, alors fort répandu, de latiniser les noms, usage fécond en barbarismes. Cette belle pièce appartient à M. Gauchez.

La *Balance* que nous trouvons avec les armes du duc de Noailles représente le *chasteau de Chambord;* l'entourage est des plus riches et en bas sont de magnifiques oiseaux saisis sur le naturel, comme on disait alors. Sur la lisière est la marque : GOB. ⚜ Monmerqué. Cet artiste, comme on l'a vu, était entrepreneur de la basse lisse de 1730 à 1736.

Dans cet aperçu rapide nous ne saurions même essayer de donner une histoire des travaux des Gobelins ; il n'est pas de cérémonie, d'exposition publique où le garde-meuble ne sorte de ses magasins de merveilleuses tentures presque inconnues ; ce sont les arabesques de Raphaël arrangées par Noël Coypel, puis cette autre série d'arabesques, figures et grotesques dans le style de Bérain, se détachant sur fond tanné, et dont on trouve de si merveilleux exemplaires dans le salon de M. Léopold Double. Nous aurions aussi à parler d'une pièce appartenant à cet amateur, et qui a un double intérêt ; faite à l'occasion du mariage de Louis-Auguste, duc du Maine, fils légitimé de Louis XIV et de madame de Montespan, avec Anne-Louise-Benedicte de Condé, elle offre, avec les chiffres et les armoiries des deux époux, la reproduction d'une tapisserie du seizième siècle représentant le duc de Guise qui chasse au bord de l'étang du couvent de Sainte-Radegonde, dans la forêt de Montmorency. Nous citerions encore, à M. Gauchez, deux reproductions faites par Chastelin et Yvard, d'après les cartons de Lucas de Leyde, des saisons : *le Printemps* et *l'Été*, avec encadrement de ces riches bordures à fleurons d'or, à groupes de fleurs et fruits et à cornes d'abondance, qui caractérisent l'établissement royal.

Un renseignement pourtant qui peut avoir son intérêt pour le curieux : vers le temps de la direction de Mignard, on exécuta une *Tenture des Indes*, dont le modèle, peint aux Indes en huit tableaux, avait été donné au roi par un prince d'Orange. Plus tard, le modèle étant usé, Desportes refit entièrement, en 1737, une *nouvelle Tenture des Indes*, dont on rencontre de brillants spécimens exécutés par Le Blond.

Nous ne dirons rien des *Chasses de Louis XV*, faites par Oudry, en

1733, des grandes compositions de François de Troy, Restout, Charles Coypel, Charles Vanloo et Natoire, qu'on trouve signées d'Audran, de Neilson, etc., nous constaterons un fait qui devait modifier complétement les errements de la manufacture des Gobelins. Une véritable lutte s'établit entre les peintres et les tapissiers, dans laquelle Jean-Baptiste Oudry eut une part importante et peut-être fatale.

Nous nous expliquons : on a vu qu'au quinzième siècle les tapissiers juxtaposaient les couleurs par teintes franches liées uniquement au moyen de hachures, et obtenaient ainsi des effets décoratifs puissants. Au siècle suivant, le dessin fut plus cherché sans doute, le travail plus fin, le modelé plus attentif ; mais le système était resté le même et la preuve la plus convaincante est dans l'emploi des fils d'or en rehaut sur les vêtements et les accessoires. Sous Louis XIV, la tapisserie se maintint dans les mêmes errements ; les peintres avaient, il est vrai, remplacé les anciens cartons sommairement colorés, par de véritables tableaux ; mais les exécutants avaient conservé la liberté d'interprétation ; aux effets fondus, ils substituaient les larges parties d'ombre et de lumière en employant le travail de hachures pour passer de l'une à l'autre les teintes juxtaposées, en laissant à celles-ci tout leur accent et en se maintenant ainsi dans une gamme restreinte de couleurs franches et solides.

Oudry, directeur de la manufacture de Beauvais et en même temps inspecteur aux Gobelins (1737), prétendait, lui, qu'il fallait écarter les prétendues raisons de fabrique, secouer la tyrannie des ouvriers en les assujettissant à l'application des véritables règles de l'art, et à donner à leurs ouvrages tout l'esprit et toute l'intelligence des tableaux en quoi seul réside le secret de faire des tapisseries de première beauté. Il donnait d'ailleurs pour exemple la tenture d'Esther, d'après de Troy, qu'il avait fait exécuter dans cette manière et qui avait eu un plein succès.

La direction résistait de toutes ses forces, elle répondait : « On a travaillé à Beauvais, on y a exécuté des tentures sous la conduite du sieur Oudry ; que sont-elles aujourd'hui ? Quel air de vieillesse n'ont-elles pas au bout de six ans ? » La lutte continua donc avec des alternatives diverses jusqu'en 1755, époque de la mort d'Oudry ; son successeur dans l'inspection, François Boucher, fut reçu avec joie par les entrepreneurs. Mais les faits avaient marché ; la société était entrée dans cette période d'affaiblissement qui devait la conduire à sa perte; Boucher, avec sa peinture efféminée et conventionnelle, avait trouvé l'art faux et charmant particulièrement convenable à son époque. Il fallut renoncer à l'ancienne palette, demander à la teinture ces nuances nacrées, ces gris fins qui font toute la grâce du maître; Neilson père, aidé du chimiste Quemiset, obtint un registre contenant les échantillons et les procédés de plus de mille corps de nuances, chaque corps composé de douze couleurs dégradées du clair au brun, dans l'ordre le plus méthodique possible.

On le comprend, à ce moment les idées de J.-B. Oudry avaient gain de cause; on ne faisait plus de cartons spéciaux; on prenait le premier tableau venu en exigeant, non plus une interprétation, mais une copie fidèle de la part du tapissier. De là sortit cette fabrication merveilleuse, arrivée de nos jours à sa suprême perfection et qu'on admire tout en lui reprochant de manquer son but; c'est de la peinture en laine et soie et non de la tapisserie.

Les tentures, quoi qu'on en puisse dire, doivent être ornementales et elles ne pourront jamais rivaliser avec la peinture; dans les nuances délicates qu'il a fallu créer, beaucoup sont fugitives, et telle tapisserie d'après Boucher, parfaite au moment de sa création, n'offre plus aujourd'hui que des surfaces éteintes d'où certaines parties pointent avec leur éclat primitif; elle a perdu l'harmonie qui lui donnait tout son charme.

Tout en espérant que notre établissement national rentrera quelque jour dans la voie rationnelle indiquée par les artistes de la Renaissance, nous aimons à rendre justice aux hommes de talent qui, depuis le dix-huitième siècle, se sont appliqués à donner au travail de la haute et de la basse lisse une perfection sans rivale, en luttant contre les difficultés inhérentes à cette perfection même, et nous nous plaisons ici à rappeler les noms qui méritent d'échapper à l'oubli. Louis Ovis de la Tour, Beagle, dix-huitième siècle; Desmures, Michel, Claude père, Pinard, Laforest père, Pilon père, période du premier Empire; Pilon fils, Pierre Maloisel, Martin, Louis Limosin, dit Laforest, Claude, chef d'atelier, Folliau, Charles Duruy, chef d'atelier, Laurent Desroy (basse-lisse), Restauration; Fleury, Guillaume Julien, Alexandre Duruy, René-Marie-Aimable Flament, Paul Delahaye, Harland, Thiers, période de Louis-Philippe; Louis Rançon, Pierre Munier,

Hupé, Manigant, Buffet, chef d'atelier, Alexandre Greliche, Collin, Margarita, Besson père, Maloisel, Charles Sollier, Louis Prud'homme, Tourny, Maloisel fils, Hippolyte Lucas, Julien, Hemery, Étienne Marie, seconde période républicaine; Gilbert, chef d'atelier, Munier père, Bloquère, Émile Flament, Prévotet, Gilbert Marie, période du second Empire ; Collin, sous-chef d'atelier, François Greliche, François Munier, Lavaux, Ernest Flament, Émile Munier, Émile Flament, Édouard Flament, sous-chef d'atelier, Paupert, Gustave Desroy, Marie, de Brancas, Cochery, Camille Duruy, Alfred Duruy, Vernet, Ernest Hupé, Schaiblé, Florimond Munier, pour la période actuelle.

LA SAVONNERIE

Au moment où il fondait la fabrique de tapis à la façon de Flandre Henri IV cherchait à favoriser l'imitation « des tapis de Turquie, quérins (du Caire) et persiens et autres, de nouvelle invention, embellis de diverses figures d'animaux et personnages jusqu'ici inconnus. » Un privilége à cet effet fut accordé en 1604, à Jehan Fortier. La même année, Pierre du Pont est établi au Louvre avec la qualité de *Tapissier ordinaire en tapis de Turquie et façon du Levant ;* il s'agissait donc aussi d'une fabrication de tissus veloutés. Ce ne fut toutefois que sous Louis XIII, en 1627, que Pierre du Pont, associé à l'un de ses apprentis, obtint un arrêt approuvant l'établissement d'une manufacture de toutes sortes de tapis et autres ameublements et ouvrages du Levant, en or, argent, soie, laine, pour une période de dix-huit années. Ses apprentis étaient cent enfants pauvres déjà entretenus par les hôpitaux et logés dans la maison de la Savonnerie, créée en 1615, par Marie de Médicis. Ces enfants, après six ans de travail, obtenaient le droit de maîtrise.

Les produits de la Savonnerie étaient condamnés, par leur destination même, à disparaître avant les autres ; qu'est devenu l'immense tapis de quatre-vingt-douze pièces qui devait garnir la galerie du Louvre, et que décoraient des trophées, des armoiries et des figures allégoriques ? Celui-là devait évidemment sortir du genre quérin et persien.

Pourtant un livre de 1754, la *Géographie de Paris,* mentionne encore la manufacture royale de la Savonnerie établie pour imiter les tapis de Perse et de Turquie.

En 1825, l'établissement fut supprimé ; son personnel vint aux Gobelins, où les métiers à tapisserie veloutée prirent la place de ceux de basse lisse, transportés à Beauvais.

BEAUVAIS

Deux ans après la fondation des Gobelins, c'est-à-dire en 1664, Colbert créa une manufacture royale à Beauvais ; on y travaillait spécialement sur des métiers à basse lisse, et s'il en est sorti des tentures fort remarquables, on cherchait plutôt à en faire le centre de la fabrication des pentes, des cantonnières et des siéges, qu'une succursale ou une répétition de la grande usine royale.

L'un des plus anciens et des plus brillants spécimens, appartenant à sir Richard Wallace, offrait sur fond rouge les armes de France surmontées de la couronne royale et d'un soleil rayonnant ; au-dessous le sceptre et la main de justice.

Deux tapisseries d'une suite des chasses de Louis XIV, faite pour le marquis de Villacerf (Colbert) et mademoiselle de la Ferté-Sennecterre, sa femme, ont été exécutées de 1696 à 1736. Elles font partie du cabinet de M. le baron Jérôme Pichon.

Sous Louis XV et au moment de la direction d'Oudry, nous trouvons des portières avec trophées pastoraux sur fond blanc ayant au bas des animaux et des oiseaux de basse-cour. Une belle bordure rouge encadre ces brillantes tentures qui font aussi partie du splendide mobilier de sir Richard Wallace.

Une autre tapisserie, à M. Maillet-Duboullay, est signée par J.-B. Oudry ; on y voit Mars debout, la main appuyée sur les armoiries du duc de Boufflers, posées sur un piédestal ; Minerve, assise de l'autre côté, est entourée de trophées d'armes et de groupes de fleurs.

Assez souvent le nom de la manufacture de Beauvais se trouve inscrit sur ses produits ; plus fréquemment encore les œuvres sont anonymes ou chargées d'une marque et d'initiales. La marque est une fleur de lis, comme aux Gobelins ; quant aux initiales, elles paraissent difficilement explicables ; nous trouvons AC au bas d'une composition de Leprince représentant des Russes assis autour d'une table, près d'une tente, et écoutant une femme qui joue de la guitare ; d'autres femmes assises par terre complètent l'auditoire et tressent des fleurs (appartient à sir Richard Wallace). ACC marque des sujets empruntés

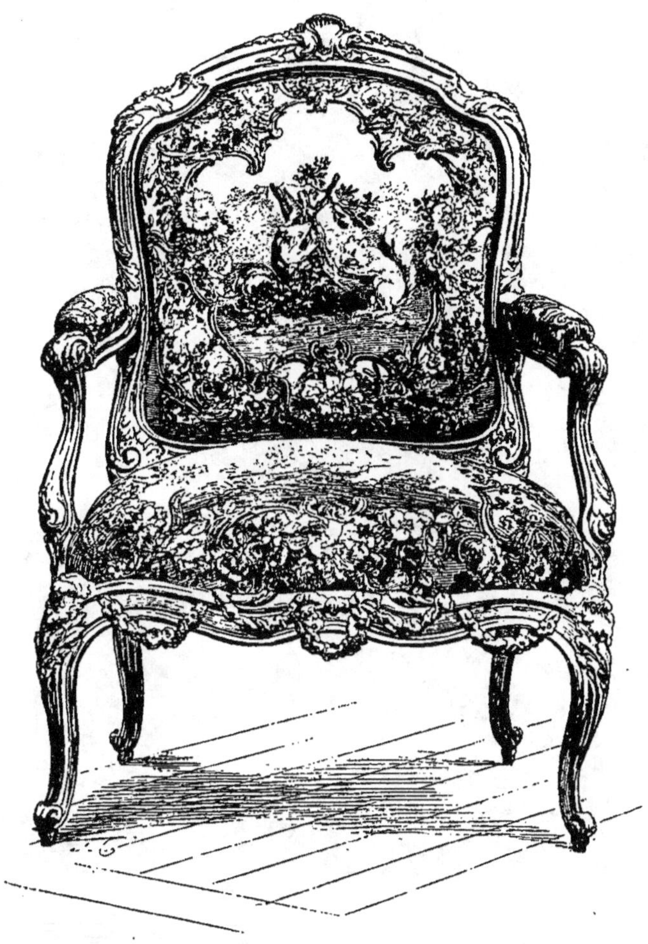

Fauteuil en bois sculpté et doré recouvert d'une tapisserie; sujet tiré des *Fables de La Fontaine*. Époque de Louis XV. (Collection de M. L. Double.)

aux fables de La Fontaine (à M. Delaherche, de Beauvais). AG se trouve sur des siéges. DM. Beauvais, sur des tapisseries à bergerades (à M. Léopold Double).

Citons maintenant, parmi les plus remarquables tentures, les quatre pièces du musée de Cluny reproduisant les Travaux et les Plaisirs des champs, de Téniers. Les tinnières renommées de la Flandre ne sont

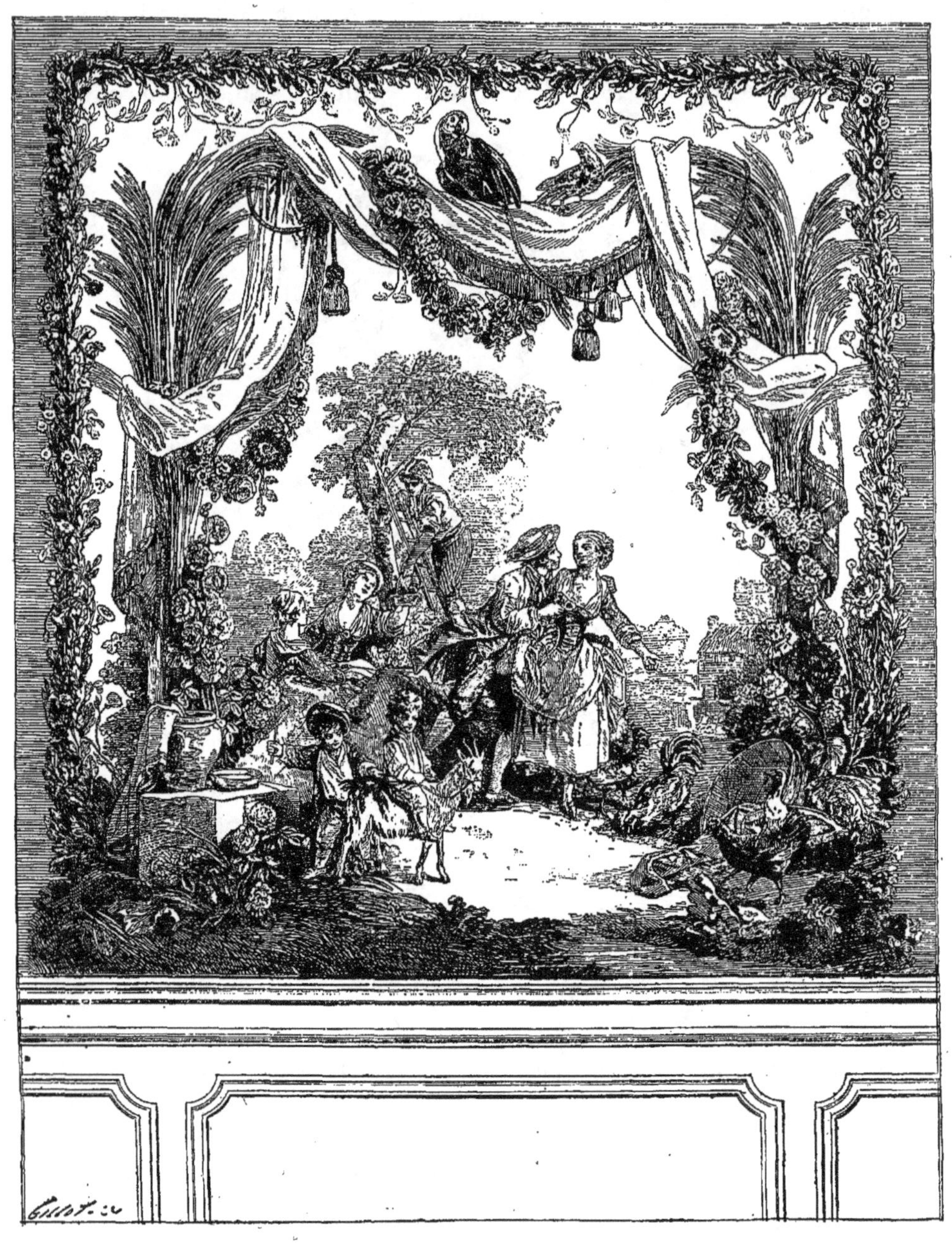

Tapisserie de Beauvais : Bergerade, d'après F. Boucher, marquée d'une fleur de lis et de l'inscription D. M. Beauvais. (Collection de M. L. Double.)

certes pas plus parfaites comme finesse d'expression et comme harmonie d'ensemble. Ces tentures étaient conservées au château de Rosny et elles n'en sont sorties que lors de la vente du mobilier de S. A. madame la duchesse de Berry.

Les bonnes traditions de l'art se sont conservées à Beauvais et il est impossible de pousser plus loin que ne le fait cette fabrique la perfection de l'effet, le charme de l'exécution, la grâce et le goût des compositions. Tout cela est dû au talent hors ligne de M. Chabal-Dussurgey, l'un de nos plus savants peintres de fleurs, secondé par un personnel d'élite dont nous sommes heureux de citer les noms; ce sont: MM. Lefèvre, Vérité, Fallou, Dufour, Cantrel, Émile Livier, Préjean, Régimbart, Alexandre Mahu, Séné, Fontaine, Lacroix, Beaucousin, Lalonde, Caron, Paul Mahu, Charles Lévêque, Derécusson, Soufflier, Jules Lévêque, Pinchon, Senau, Ducastel, Langlois, Henri Rohaut.

AUBUSSON

Voici une fabrique établie dans le département de la Creuse, dont l'origine est ancienne et confuse; mais à partir du dix-septième siècle les registres des archives nous ont offert pour son histoire plus de documents que pour aucune autre. Son règlement ressort de lettres patentes du 28 mai 1732, enregistrées le 2 juillet suivant; un arrêt du Conseil du 23 novembre 1767 nomme Pierre-Léonard Mergoux, assortisseur des laines et soies de la fabrique en remplacement de Jean Nouet primitivement préposé à cet office; enfin le 13 août 1773, un nouvel arrêt remplace Mergoux par le sieur François Picqueaux.

Le 17 août 1774, un nouvel arrêt du Conseil, rappelant les lettres patentes du 28 mai 1732 et un arrêt du 24 septembre 1748, nommant Jean-François Picon, pour, au lieu et place du sieur Montezer, instruire les teinturiers d'Aubusson dans l'art de faire le grand et bon teint, règle à nouveau l'organisation de la manufacture et désigne Pierre Picon, comme remplaçant de son père, mort en 1761, en lui allouant 50 livres par an. La fabrique avait d'ailleurs ses dessinateurs spéciaux, et par arrêt du 24 septembre 1770, le sieur Roby, peintre, avait été désigné pour réparer les dessins d'Aubusson. Il travaillait alors avec un autre peintre appelé La Corre.

L'établissement avait pour mission de faire des tapis de pied en point de Turquie; ces tapis nous les cherchons vainement; mais nous trouvons de charmantes tentures, l'une, au garde-meuble, représentant une Montagne surmontée d'un pavillon chinois et au pied de laquelle est une cigogne abritée sous un pommier; en bas est écrit : *MRDaubusson-Mingounat*. Ne serait-on pas tenté de lire : Manufacture royale d'Aubusson ? L'autre tenture, appartenant à madame Heine, offre encore un sujet chinois d'après Boucher, c'est-à-dire de ce chinois de convention entièrement inventé par les artistes du dix-huitième siècle; ici des personnages au costume singulier vaquent aux occupations champêtres près d'une habitation et dans un paysage du goût le plus fantasque.

A l'Exposition du costume, M. Bellenot avait exposé des suites qui nous ramenaient au moins, sinon au tapis de pied, au vrai style de l'ameublement; sur des fonds blancs, ou gris pâle damassé d'ornements d'un gris plus accentué, ressortaient des médaillons encadrés, suspendus par des guirlandes de fleurs; les uns renfermaient les quatre saisons, les autres des bergerades comme le colin-maillard, les quatre coins, l'escarpolette, etc.

FELLETIN OU FEUILLETIN

Dix ans après la fondation d'Aubusson, le conseil d'État réglait, par des arrêts des 13 février et 20 novembre 1742, l'établissement d'une fabrique à l'instar de la première et destinée comme elle à faire des tapis de pied en point de Turquie; il était ordonné à l'entrepreneur d'entourer ses ouvrages d'une bande brune inscrite du nom *Feuilletin*, pour les faire distinguer de ceux d'Aubusson.

La fabrique dut marcher et prospérer, car un nouvel arrêt du 24 septembre 1770 accordait de nouvelles faveurs au sieur Vergne pour le récompenser de sa fondation; il lui était permis, entre autres, de substituer une bande bleue à la bande brune d'encadrement pour éviter toute dépréciation dans le débit de sa marchandise. Ce même arrêt obligeait les sieurs Roby et La Corre, peintres résidant à Aubusson, à fournir annuellement deux dessins à la manufacture de Feuilletin; ces dessins, dit l'arrêt, « seront en verdure sur papier en grisaille, les plans, animaux, lointains, horizons et bâtiments colorés, chacun en six pièces formant seize aunes de cours sur la hauteur de deux aunes et demie. » Chacun des dessins devait être payé cent livres.

Voilà donc encore un problème; comment cette fabrique, comme celle qui lui servait de type, passait-elle du tapis de pied à la tenture? Où sont les produits qui, pendant près de trente ans, se sont exécutés avec ce signe marquant de la bordure brune? Où sont ceux bordés en brun ou en bleu inscrits du nom FEUILLETIN? C'est aux amateurs à chercher ces raretés qui existent très-certainement.

ITALIE

Comment l'Italie, cette patrie des arts qu'on place toujours la première lorsqu'il s'agit des œuvres de l'intelligence, est-elle ici au dernier rang? C'est que l'histoire vient de naître pour elle, en ce qui touche les tapisseries ; il y avait bien quelques vagues indications dans Vasari ; mais avec cette tendance à généraliser que nous avons signalée dans tout ce qui est curiosité, on s'était emparé de ce fait que les cartons de Raphaël et de Jules Romain étaient venus se traduire en tapisseries dans les Flandres ; donc les tentures de style italien étaient flamandes, donc l'Italie n'avait pas eu de fabriques.

Aujourd'hui pourtant tout le monde cherche, et l'obscurité disparaît promptement de toute question digne d'intérêt ; l'Exposition de l'histoire du costume avait montré des œuvres d'une saveur tellement italienne, et d'époques si diverses, qu'on commençait à soupçonner une grande lacune dans l'histoire, lorsque en 1874 même parut à Rome un livre publié par un *arraziere*, il signor cavaliere Pietro Gentili ; ce livre devait faire cesser tous les doutes et il suggéra immédiatement à M. Alfred Darcel, directeur des Gobelins, une notice substantielle qui peut servir de point de départ aux découvertes à venir.

FERRARE paraît être la manufacture la plus ancienne et la plus importante de l'Italie; d'après les registres communaux, c'est à la date du 4 décembre 1464 que Jean Mille et Raynal Grue, deux artistes français, *célèbres et accomplis dans l'art*, auraient offert d'enseigner le tissage de la tapisserie, figure, paysage et verdure, en trois années, moyennant une redevance de neuf ducats par élève. M. Darcel fait observer combien ce temps est court puisqu'il faut plus de trois ans d'école pour qu'un apprenti des Gobelins puisse être utilisé ; il suppose d'ailleurs que les deux Français fondateurs de l'usine venaient d'Arras, ce qui est assez probable puisque cette époque correspond aux conquêtes de Louis XI et à la ruine de la fabrique. Au seizième siècle, les établissements ferrarais se développèrent, avec l'aide d'ouvriers flamands et allemands associés à ceux du pays. En 1505, lors du mariage d'Alphonse d'Est avec Lucrèce Borgia, les tentures qui décorèrent la salle du château étaient ferraraises. On travailla d'après des cartons de Jules Romain et de Dosso Dossi. La cathédrale de Ferrare possède encore des tapisseries dessinées par ce dernier et qui portent : *FACTVM FERRARIÆ. M D. LIII;* la même mention avec la date de 1562 se trouvait sur une grande tenture de *la Pentecoste* qui a figuré à l'exposition de Milan en 1874 ; cette pièce était d'ailleurs marquée d'un H surmonté d'une croix et accolé d'un K.

Le cav. Pietro Gentili attribue à Ferrare la marque aux deux B dont il ne connaît pas l'origine réelle et en se fondant sur des analogies que l'on comprendra ; c'est aussi en invoquant Molière et les cartons de Dumée et Guyot que M. Paul Mantz avait donné cette marque à la France.

Corregio, dans le duché de Modène, eut ses ateliers en 1480, et Modène même les siens en 1488, fondés tous deux, paraît-il, par des ouvriers flamands.

Milan. Nous nous étonnons de ne trouver aucune mention de la fabrique qu'a dû posséder cette ville dès le quinzième siècle : Francisque Michel a trouvé dans un manuscrit de la Bibliothèque nationale, fonds des Blancs-Manteaux, n° 49, un inventaire des tapisseries possédées par Anne de Bretagne où se rencontrent ces indications intéressantes : 11 janvier 1499. « Ung autre inventoire où sont contenuz autres tappiceries de Millan.... que la dicte dame luy a commendé (à Jehan Le Fevre son tapissier) donner à plusieurs esglises en Bretaigne. » 6 septembre 1507. « Inventoire de la tappicerie rapportée de Milan, appartenant à la dicte duchesse de Bretaigne, estant en la tappicerie du chasteau de Bloys. » Ces inventaires cités avec détails par M. Le Roux de Lincy dans la Bibliothèque de l'école des Chartes, prouvent évidemment que l'établissement milanais était en pleine activité au commencement du seizième siècle. Comment Vasari n'en fait-il pas

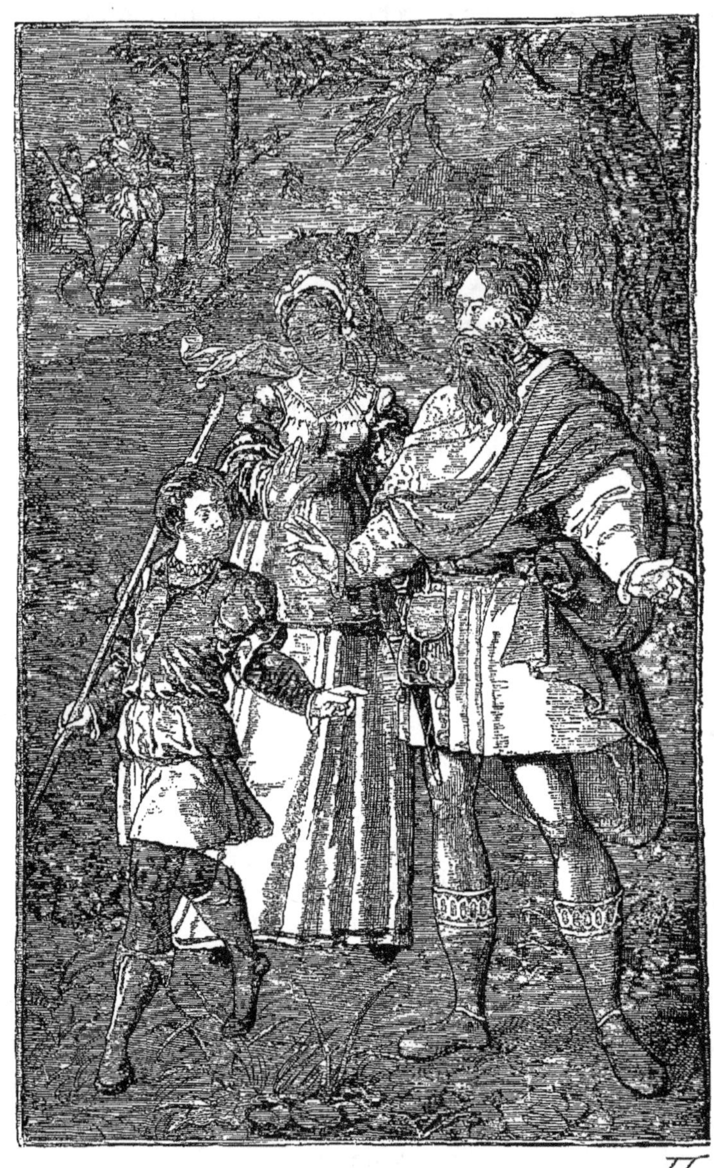

Abraham chasse Agar et Ismaël. Tapisserie italienne du seizième siècle. (Appartient à M. Bellenot.)

mention? Comment les ouvrages, courants alors, sont-ils oubliés aujourd'hui?

Florence, nous dit Vasari, eut une fabrique de tapisserie établie vers le milieu du seizième siècle par Cosme de Médicis. Salviati et le Bronzino fournissaient des cartons à l'ouvrier flamand que le catalogue de Milan appelle Jean Rotter, mais que le cav. Gentili désigne, en italianisant son nom, sous le vocable de Giovanni Rosto, qui se trouve exprimé par un rébus figurant un rôti à la broche avec la mention : Fatto in Fiorenza et Bronzino Fiorentin, sur les deux tapisseries exposées.

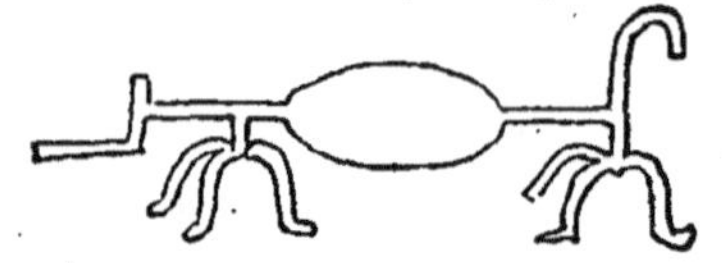

Venise eut sa fabrique, ainsi que Naples, et dans cette ville on conservait encore, il y a peu d'années, une tenture de la bataille de Pavie qu'on assure avoir été faite sur les cartons du Titien avec bordures de Jules Romain et du Tintoret, et avoir été donnée par Charles-Quint au marquis d'Avalos.

Quant à Turin, l'exposition de Milan en offrait plusieurs pièces qui ne dataient que des environs de 1830. Il en existe très-probablement d'antérieures.

Rome. D'après des documents recueillis par M. Muntz dans les archives du palais Barberini, le cardinal de ce nom aurait cherché, dès l'année 1632, à introduire à Rome l'industrie des Arazzi et fait prendre en Italie, en France et dans les Flandres tous les renseignements de nature à favoriser ses projets. Ce ne fut pourtant qu'en 1702 qu'une fabrique fut établie par le pape Clément XI dans l'hôpital Saint-Michel in Ripa. Le cav. P. Gentili cite surtout, parmi les produits de l'établissement, de petites pièces destinées à être offertes en don par le souverain pontife aux ambassadeurs accrédités auprès de lui; ces pièces représentaient la sainte Vierge ou les apôtres saint Pierre et saint Paul. Pourtant, en 1760, une grande pièce fut exécutée; c'était une copie de *la Cène* de Léonard de Vinci, d'après une tapisserie que François Ier avait donnée au pape Clément VII à l'occasion du mariage de son fils avec Catherine de Médicis. Quelques années plus tard on fabriqua sept grandes tentures pour la chapelle Pauline du Quirinal; les modèles étaient des tableaux du Dominiquin, de Carlo Maratta et de Salvator Rosa, mais l'exécution accusait une décadence absolue. Sous le pontificat de Pie VI, vers 1775, Felice Cettomai, directeur, releva quelque peu l'atelier, que les événements firent fermer en 1796.

Léon XII le rétablit en 1823, mais les bons ouvriers manquaient et ce ne fut qu'en 1830 qu'on put reprendre les tapisseries à sujets abandonnées jusque-là pour les ornements. Eraclito Gentili, père du cav. Pietro, tissa une Madone, d'après Murillo; il devint directeur sous Grégoire XVI.

La conquête de Rome par l'Italie amoindrit la fabrique; le directeur Eraclito Gentili fut congédié et remplacé par le professeur de dessin de l'hôpital, qui avec les enfants de l'établissement hospitalier tâche de former des ouvriers et de maintenir le travail.

Provisoirement un petit atelier a été formé au Vatican par le cav. Pietro Gentili; c'est là qu'on entretient et répare les œuvres du passé et c'est par les renseignements qu'il y a recueillis que M. Paliard a pu retrouver le Couronnement de la Vierge.

Ces indications, si précieuses qu'elles soient, sont insuffisantes pour faire reconnaître l'origine réelle des tapisseries italiennes que possèdent les curieux; chacun se rappelle encore trois pièces représentant Loth et ses filles, Abraham, Agar et Ismaël et enfin Agar et Ismaël chassés; du seizième siècle et faites avec un goût remarquable, ces pièces accusaient non-seulement le style italien pur, mais la seconde, Abraham, Agar et Ismaël, portait cette signature : C°. I°. G^A^ purement italienne, et qui rappelle dans sa forme les monogrammes des majolistes du duché d'Urbin. Il serait donc assez difficile de rattacher avec quelque probabilité ce charmant travail à l'une des fabriques jusqu'ici connues.

Une autre tenture appartenant au rénovateur de la céramique à reliefs, Devers, représentait un sujet de l'histoire ancienne; on y voyait un Empereur portant la couronne radiée et recevant des vieillards vêtus à l'antique. De style un peu affaibli, cette tapisserie avait pourtant de la grandeur, et sa bordure à cariatides, masques, trophées, pots à feu rappelait encore le grand goût italien; on y trouvait l'écusson de la famille Mocenigo : est-ce assez pour la faire supposer vénitienne?

Quant à la pièce de M. Juglar, faisant partie d'une suite de l'histoire de Samson, tout le monde en admirait le haut style, la sûreté de dessin; rien ne permettrait de l'attribuer plutôt à Ferrare qu'à Florence ou à tout autre lieu.

L'embarras augmente encore lorsqu'il s'agit de déterminer l'origine des tapisseries qui ont pû être faites en Italie par les artistes flamands. Celles exposées à l'histoire du costume par M. Chavannes en ont fourni la preuve : les bordures offraient une disposition analogue à ce que nous avons décrit dans l'histoire de Diane, avec certains écarts corroborés par diverses armoiries, toutes italiennes. Dans *les Plaisirs champêtres*, les groupes dénotaient aussi le goût italien ; enfin dans le *Combat des Romains et des Sabins*, outre ces indications plus frappantes pour l'esprit que pour les yeux, un guerrier montrait son bouclier inscrit d'un chiffre ou monogramme 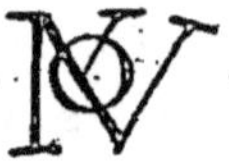 tout à fait voisin de ceux des majoliques et dans lequel, un jour, on reconnaîtra la signature d'un artiste. Du reste, le propriétaire protestait vivement contre l'attribution faite à Bruxelles, par quelques personnes, de ces curieuses pièces ; il affirmait qu'elles n'avaient jamais porté la marque habituelle aux deux B et il nous fournit le calque de ce signe 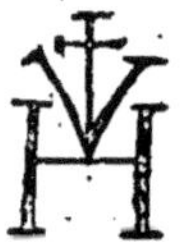 brodé sur les marges des tentures exposées et mieux conservées encore sur une troisième, non envoyée : *l'Enlèvement des Sabines*. Nous devons l'avouer, la présence de la croix dans le monogramme nous frappa vivement ; aujourd'hui elle nous paraît une preuve indiscutable comparée au chiffre de la tenture de la Pentecôte de Milan, et, si nous avions vu celle-ci, nous dirions peut-être que les tapisseries de M. Chavannes sont de Ferrare.

On le voit donc là encore, c'est par le concours des curieux ; c'est en comparant et rapprochant les tentures qu'ils possèdent, que l'on parviendra à éclairer l'histoire des tapisseries italiennes.

FABRIQUES INDÉTERMINÉES

A part les établissements que nous venons de passer en revue, il en est bien d'autres sans doute que l'avenir révélera ; d'un autre côté, comme nous venons de le dire à propos de l'Italie, il est bien des ouvrages dont la nationalité ne peut faire doute, mais qu'on n'oserait rattacher à des ateliers connus faute de preuves suffisantes. Telle une précieuse tapisserie qui nous semble française et que plusieurs curieux ont proposé d'attribuer à la fabrique de Fontainebleau. Dans un paysage où dominent les verts bleus, des personnages en costumes de couleurs vives, et de l'époque de Henri IV, assistent et prennent part à l'halali du chevreuil. Une riche bordure de fruits, fleurs et animaux sert d'encadrement; peu faite, mais très-spirituellement touchée, cette bordure reproduit de distance en distance ces petits chiens bichons qu'affectionnait Henri III. Sur la marge brune est brodée cette marque

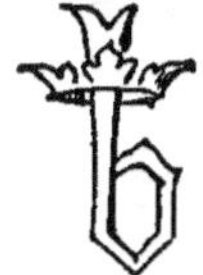 en blanc au-dessous de laquelle est cette navette 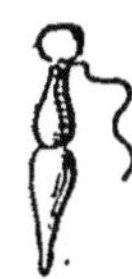

chargée de soies rose et blanche. Voir le chiffre de Babou dans la lettre couronnée serait une tentation pour bien des gens; dirigeait-il encore à l'époque de Henri IV ou plutôt l'établissement n'était-il pas tombé alors devant la concurrence de la Trinité ou plutôt encore ruiné par les événements politiques?

M. Vail avait exposé une tenture non moins remarquable, bien que sans marque; d'une série des Saisons sans doute, on voyait en haut Vénus et le signe de la Vierge, et en bas Cérès la déesse des moissons; au milieu, dans un paysage parisien borné au fond par Montmartre, des personnages, en costume à la mode du temps de Henri IV, se livraient aux plaisirs champêtres; à gauche, c'était un festin sous la tonnelle; à droite, des amoureux auxquels Cupidon lui-même versait l'ivresse avec le vin du cru. Pour cette pièce on donnait le nom de la maison des Jésuites au faubourg Saint-Antoine? La bordure à torsade coupée par des rosaces surmontant un autre encadrement plus large orné de feuilles d'acanthe épanouies en plumes, et de culots rangés dans une dentelure, convient certes à cette époque; mais de certitude point.

Le garde-meuble possède une autre tenture qui pourrait être de cette fabrique puisqu'elle est postérieure à 1600. On voit, en effet, dans la bordure, en haut et au milieu, les écussons couronnés de France et de Navarre; en bas, au-dessous, le chiffre de Henri IV avec l'épée en pal et les deux sceptres noués par la bandelette inscrite de la légende: *Duos protegit unus;* sur les angles le monogramme de Marie de Médicis couronné entouré de palmes, le tout accompagné de génies et de groupes de fruits et de fleurs ressortant sur fond brun ; ceci a donc été fait pour ou après le mariage du roi avec Marie. Le sujet, tiré de l'histoire romaine, ne paraît avoir d'autre intérêt dans la question que son exécution soignée et fine qui rappellerait plutôt le genre italien que celui des Flandres, et la grande abondance de l'or et de l'argent qui rehaussent le travail. Où les questions deviennent brûlantes c'est lorsqu'on trouve, sur la marge bleue, d'abord cette marque : P ⚜ P en or, sur la partie gauche, puis à droite, aussi en or, la signature N°I° qui paraît être celle d'un artiste, et le signe

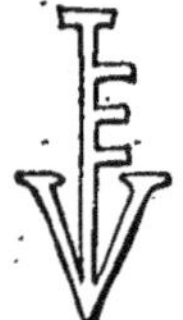

tracé sur la marge latérale droite.

La fleur de lis c'est le droit et le privilége de l'établissement royal, et nous la retrouverons aux Gobelins comme à Beauvais ; mais la signature serait-ce celle de l'un des ouvriers en or et en soie qu'on fit venir d'Italie pour les mettre sous les ordres de Laurent et Dubourg ? La forme de l'N et de l'I se prêterait assez à cette supposition séduisante. Quant au signe où l'on peut voir un I, un V et un E, il reste encore inexplicable.

La tapisserie que nous signalons a dû être le point de départ d'une série ; nous en trouvons une de date plus récente, à bordure bleue, où les armoiries et chiffres s'entourent de riches rinceaux. Le sujet, moins chargé d'or et d'argent, est purement mythologique : Apollon sur un char, précédé de deux canéphores, est entouré du cortége des Muses.

Parmi les nombreux problèmes qu'offrait l'Exposition du costume nous devons mentionner celui-ci : de grandes tapisseries semblant former suite, se caractérisaient par un encadrement formé de hautes cariatides supportant un entablement au milieu duquel deux Amours soutenaient une guirlande de fleurs. Tous les sujets, à personnages en costumes du seizième siècle, se rapportaient à la chasse : c'était le départ et l'indiquée ; la vue, et les préparatifs d'un repas champêtre pour le retour. On regardait ces pièces comme flamandes, et les cadres avaient une saveur de Rubens qui ne contredisait pas à cette supposition. Mais les marges portaient dans ces formes diverses un écu d'argent à la croix de gueules qui semble devoir être la marque d'une ville; serait-ce Gênes? Serait-ce Trèves? On ne cite pas ces villes comme centres de fabrication. L'un des écussons était accoté des initiales F. P. qui n'apportent aucune lumière dans la question, et précisément la tenture qui l'offrait était d'un style tout particulier; sur un fond presque blanc se détachait une offrande au dieu Pan, où des enfants dansant ou jouant avec un bouc formaient cortége à une bacchante et à des faunesques. La bordure était un simple tore de laurier en imitation d'or.

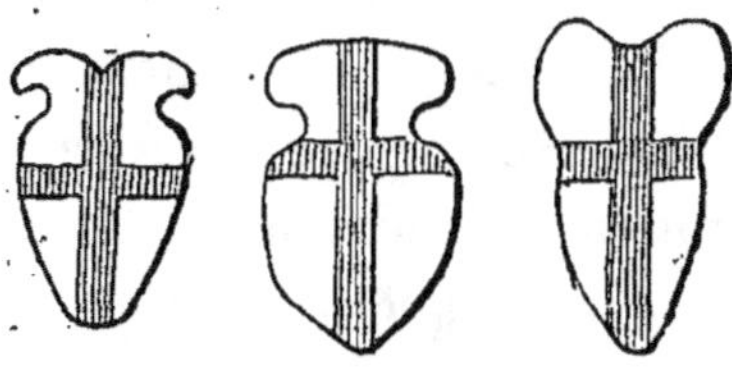

Combien donc de recherches à faire pour élucider cette branche de l'art, et ce n'est pas tout; il faut se méfier même des documents les plus authentiques: tout le monde sait qu'une belle suite dont chaque pièce est inscrite de la devise: Fructus belli, a été exécutée à Bruxelles; mais il en a été fait également une en France et nous en avons vu des pièces signées: I. SOVET et L. CROIX. P. Ainsi, de François Ier à Louis XIV, de Bruxelles aux Gobelins, les fameux cartons de Jules Romain ont occupé les ouvriers de haute lisse. Il en est de même de la tenture de Scipion et de quantité d'autres.

Il nous reste à parler d'un genre de tenture tout particulier qui tient le milieu entre la peinture et la tapisserie. On a vu, à l'une des expositions de l'Union centrale, de grandes toiles représentant les plus magnifiques compositions de Raphaël exécutées en *teintures* inaltérables; ce n'étaient pas des *cartons* ou *modèles* pour la tapisserie, mais des tentures véritables dont le procédé s'est continué depuis. En effet, à l'Exposition du costume tout le monde remarquait une belle pièce peinte aux Gobelins sous Louis XIV, et représentant le grand Condé commandant des manœuvres de guerre; faite sur reps de coton cette tapisserie est encore d'une fraîcheur remarquable. Plus tard le procédé s'était étendu et vulgarisé, car nous trouvons dans un petit livre publié vers 1779-1780 et intitulé *le Guide Marseillais*, cette curieuse indication:

Melchior Bardier, fabricant de tapisseries peintes, hors la place de Noailles;

A. Joseph Dupré, fabricant de tapisseries peintes, place Saint-Martin.

Ainsi, à ce moment la cité phocéenne était le principal centre de cette industrie qui renaît aujourd'hui, grâce à l'initiative de M. Guichard ; c'est lui qui a retrouvé, par de pénibles recherches, le secret de ce genre de peinture, si utile pour la décoration des intérieurs.

Ce n'est pas tout encore, et nous devons croire que la peinture sur étoffe, inspirée peut-être par les Indiens, remonte jusqu'à l'antiquité; un Père de l'Église, saint Jérôme, parle des tapis peints en usage de son temps. La Madone de Vercelli, que l'on dit être l'ouvrage de sainte Hélène, mère de Constantin, est une sorte de mosaïque de pièces de soie cousues ensemble, et dont la tête et les mains sont peintes. Ce qui est certain, c'est qu'au seizième siècle le procédé était courant; Félibien parle de tentures *peintes sur toile d'argent* avec des couleurs claires qui étaient l'œuvre du Primatice, et qui, après avoir appartenu à M. de Montmorency, décoraient l'hôtel de Condé. Il existait en Espagne et en Italie des travaux de même genre émanant du même peintre et qu'a cités Vasari dans la biographie consacrée à cet artiste : « Il a fait pour le cardinal d'Augusta sept pièces d'histoire peintes sur toile d'argent, qui ont été fort admirées en Espagne où elles avaient été envoyées par ce cardinal pour être offertes au roi Philippe, pour la décoration d'une salle. Une autre toile d'argent semblable et peinte de la même manière, se voit aujourd'hui dans l'église des Chiesini à Forli. »

ORIENT

Que furent les tapisseries orientales à leur origine ? Il est difficile de le dire ; ce n'est guère qu'après l'établissement de l'Islamisme qu'on voit se manifester l'art merveilleux des peuples asiatiques dans une industrie indispensable chez eux, puisque le tapis sert de tenture, d'oratoire, de siége et de lit. Si l'on devait croire le poëte Ferdousi, ce serait Tamouraz, ancien roi de la Perse, qui aurait enseigné l'art de tisser les tapis.

La Perse et la presqu'île d'Asie sont, en effet, la patrie des plus belles tapisseries connues ; c'est dans le Khorassan et le Kirman, particulièrement à Yezd, que se font les espèces estimées ; les manufactures royales produisaient surtout les merveilleux tissus de soie et de laine où il entrait de l'or et de l'argent. A Guerdesse, en Asie se fabriquent les tentures, et les tapis de pied sortent particulièrement de Ouchak.

Les ouvrages musulmans portent assez souvent des figures, malgré les défenses du Coran ; dans les dixième et onzième siècles, les califes fatimites d'Égypte avaient, pour leur usage, des tapis représentant, les uns, la suite des différentes dynasties musulmanes avec les portraits des rois et des personnages célèbres ; les autres, les divers pays de la terre, avec leurs montagnes, leurs fleuves et leurs villes. Ce qu'on rencontre le plus souvent ce sont de riches ornementations arabesques parmi lesquelles figurent des quadrupèdes, des oiseaux et des fleurs, et parfois des inscriptions qui ne sont habituellement que des phrases votives à la louange du propriétaire, ou des passages empruntés aux poëtes les plus célèbres, mais dont l'intérêt devient immense lorsqu'on y trouve une date et le nom d'un souverain.

Ce qui peut surprendre dans la composition de ces ouvrages c'est la persistance des symboles empruntés à l'ancienne religion des Perses, notamment la figuration de la lutte des deux principes du Bien et du Mal, représentée par le combat du lion contre le taureau, du lion attaquant la gazelle, ou même d'un oiseau de proie vainqueur du lièvre ou d'un oiseau palmipède. On sait, au reste, que la passion des Orientaux pour la chasse leur a souvent inspiré certaines scènes animales essentiellement défendues, comme la poursuite du gibier par les chiens, êtres impurs. Mais cette passion seule ne suffirait pas à expliquer, dans une forme constante et presque consacrée, les luttes dont il vient d'être question, accompagnées, le plus souvent, de cyprès également symboliques. Il faut donc voir là les derniers vestiges de l'art sassanide dont les profondes racines ne purent être extirpées ni par la force des conquérants, ni par les préceptes d'une religion nouvelle.

Un embarras singulier saisit l'observateur en présence des tapisserie orientales ; la plupart sont veloutées, c'est-à-dire que les laines et soies sont nouées et coupées au-dessus, les unes très-longues, les autres tellement courtes qu'on croirait le tissu ras. C'est cette disposition qui avait valu chez nous le nom de tapis de Turquie aux espèces veloutées que Henri IV voulut faire imiter à la Savonnerie. Mais il existe quelques espèces assez rares à travail ras, puis d'autres tout en soie et

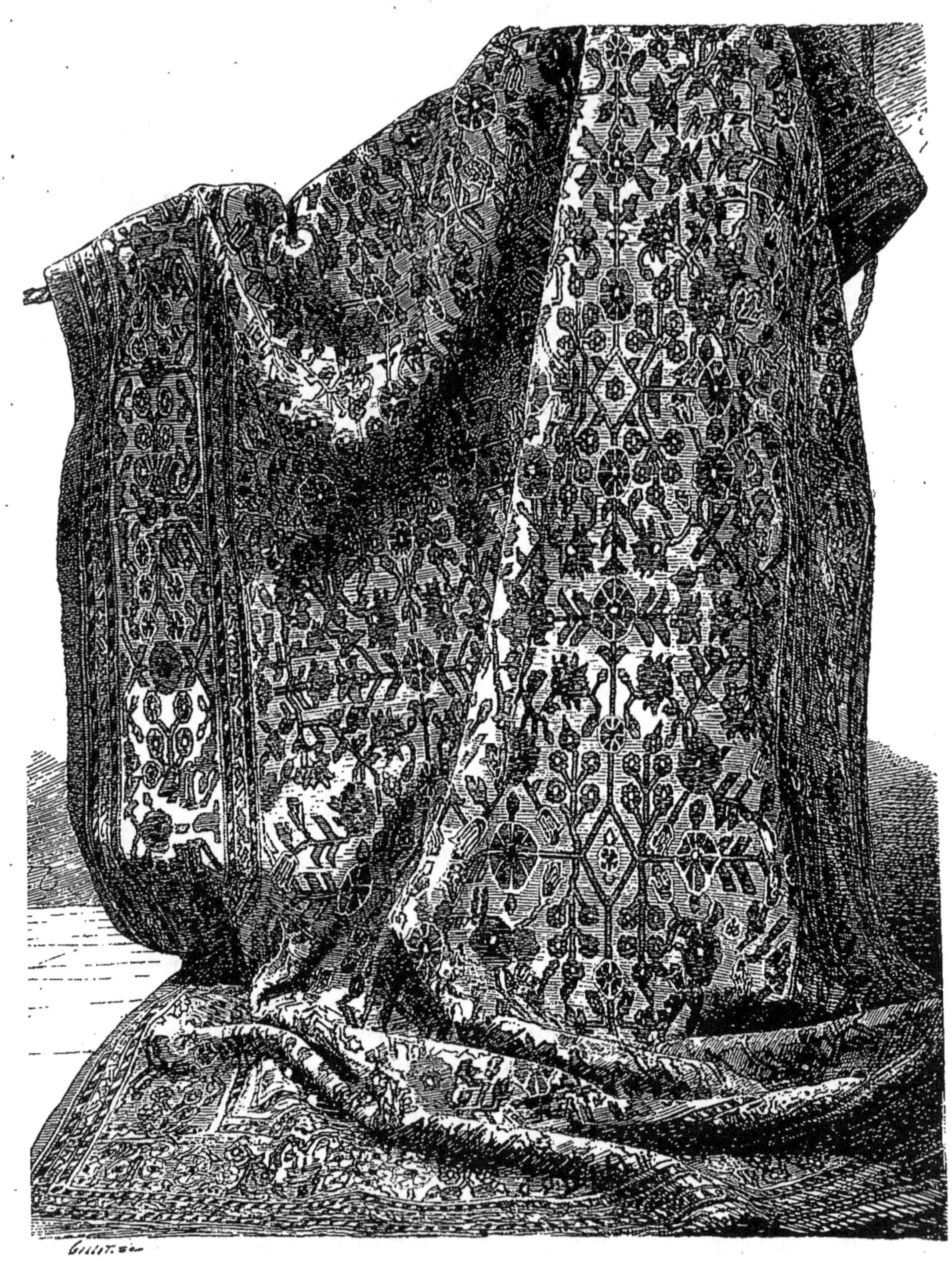

Grand tapis à fond d'or, travail persan de haute époque. (Collection de M. H. Barbet de Jouy.)

tellement *veloutées* qu'on ne sait s'il faut les considérer comme tapis ou comme velours proprement dit; l'un des plus beaux types était cette merveilleuse pièce de la collection Saint-Seine : rien de doux et d'harmonieux comme son fond rouge relevé d'arabesques à grosses fleurs, et son médaillon central d'un vert passant du pâle au vif suivant les incidences de lumière et détachant de délicates arabesques et des palmes d'un ton puissant.

Un tapis de la plus grande beauté et de l'effet le plus somptueux est celui que possède M. H. Barbet de Jouy; le fond en est d'or, et les tons des ornements y gagnent une souplesse et un éclat surprenants.

On se demande encore s'il faut placer parmi les tapis ou les étoffes certains tissus de soie à gros-grains serrés comme on en a vu dans la collection Saint-Seine : les tons fauves du fond prennent l'aspect de l'or; les rouges ont une intensité éblouissante, et les riches ornementations à fleurs arabesques, palmes, rosaces et rinceaux y acquièrent une vigueur rivale des plus beaux veloutés de laine. Détail qui pourra peut-être aider un jour à déterminer le centre d'où sont sortis ces travaux, on y voit, parmi les méandres ordinaires aux compositions persanes, des groupes de nuages symétriques et des ornements à lemnisques comme les Chinois en emploient dans leurs compositions symboliques.

Les tapis de prière se reconnaissent facilement à leur disposition irrégulière; vers l'un des bouts figure, sinon la Caaba elle-même, une sorte de fer à cheval qui la représente aux yeux du vrai Croyant; placée dans la direction de l'Orient, elle lui indique la situation dans laquelle il doit prier. Nous avons même vu l'orientation du tapis rendue sensible par la dégradation des teintes vers l'une de ses extrémités.

Il ne paraît pas douteux que les Indiens aient aussi leurs tapisseries; il suffirait, pour s'en convaincre, d'étudier avec quelque attention les miniatures où l'on en voit étendues devant le masnad du prince ou entre des convives qui prennent une collation. Toutefois la peinture est insuffisante pour en exprimer complétement le style, et il y aurait témérité à dire si ces tapis sont de même travail que ceux de la Perse ou si ce sont des broderies ou même des étoffes imprimées.

Au Céleste-Empire les tapisseries proprement dites sont fort rares et elles ne paraissent devoir s'appliquer qu'en tentures. Nous avons vu en haute lisse une pièce fort ancienne acquise par M. Dupont-Auberville et représentant des Enfants accomplissant les actes principaux de la vie, sujet symbolique qu'on retrouve en peinture, en broderie et jusque sur les vases. Une tapisserie plus récente, tout à fait analogue, et d'une merveilleuse beauté, appartient à M. Gauchez. L'or s'y mêle aux soies les plus éclatantes. Chez M. Henri Cernuschi se trouve la plus grande des tentures que nous ayons rencontrées ; on y voit, parmi des arbres de bon augure, des sages et des lettrés chargés de rouleaux antiques et cherchant à y puiser les préceptes de la haute philosophie. C'est encore là une scène fréquemment répétée par tous les moyens dont l'art dispose.

Ces hautes lisses, sur fond bleu foncé, sont remarquables par l'harmonie de leurs couleurs savamment rapprochées ; elles peuvent affronter le voisinage des plus élégantes broderies et servir de fond aux porcelaines éclatantes, aux bronzes relevés d'or et d'argent, aux jades ou aux émaux cloisonnés.

Nous ne mettons pas au rang des tapisseries chinoises les feutres écrus réunis par laises et qu'on brode, soit pour en faire des drapeaux, soit pour orner le palais impérial.

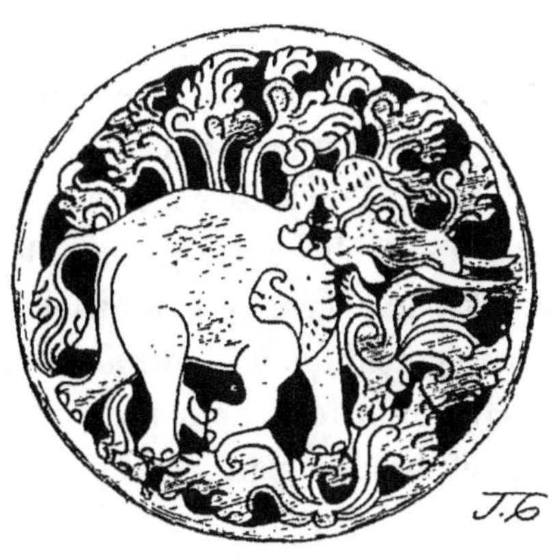

CHAPITRE II

BRODERIES — DENTELLES

Nous ne reviendrons pas ici sur ce que nous avons dit déjà de l'antiquité de l'art de la broderie, où les femmes phrygiennes étaient arrivées à une telle perfection que l'on donnait aux étoffes brodées le nom de *phrygioniæ*, et que l'adjectif *phrygianus* était employé dans le sens de brodé.

Abordant plus spécialement le but de cette étude nous arriverons à l'époque du moyen âge dont les épaves sont possibles à rencontrer pour le curieux, et dont quelques rares spécimens peuvent être étudiés dans nos musées.

M. le marquis de Laborde n'hésite pas à reconnaître, au moins pour les premiers siècles, la suprématie de l'art si ancien déjà de la broderie sur la peinture même, et la sérieuse concurrence qu'elle fit à celle-ci jusqu'à la fin du quinzième. « Je ne sais pas, ajoute-t-il, de plus grand service à rendre aux arts, que d'écrire une histoire de la broderie ; ce serait, non pas le complément, mais l'introduction et l'accompagnement obligé d'une véritable histoire de la peinture. »

Au moyen âge filer et broder était l'occupation favorite et obligée des femmes de toute qualité. Les jeunes filles nobles étaient placées auprès des grandes dames non-seulement pour y recevoir l'enseignement des hautes manières, mais pour s'y instruire dans les arts féminins que les reines elles-mêmes se faisaient honneur de professer.

Il s'établissait d'ailleurs entre les femmes du monde et celles qui s'étaient vouées à la claustration, une émulation véritable dans la création des vêtements sacerdotaux et des ornements religieux, et les dons se pressaient, rivalisant de richesse. Il faut croire pourtant que des ouvrages profanes se glissaient parmi les autres, car, dès le sixième siècle, saint Césaire, évêque d'Arles, défendait aux religieuses placées sous sa règle de broder les vêtements ornés de peintures, de fleurs et de pierres précieuses. Cette prohibition, prescrite par quelques autres prélats, n'eut pourtant pas un caractère général ; il y eut des couvents de femmes qui conservèrent leur manufacture d'ornements d'église, et des monastères d'hommes où cette manufacture était située à quelque distance et occupée par des femmes ; ainsi près d'Ely, une dame anglo-saxonne avait réuni des petites filles qui travaillaient avec elle, pour le compte du monastère, à des broderies et tissages dans lesquels elle excellait.

Au septième siècle, sainte Eustadiole, abbesse de Bourges, faisait des vêtements sacrés et décorait les autels de parements précieux confectionnés par elle et ses religieuses.

Un siècle plus tard, deux sœurs, successivement abbesses de Valentina, en Belgique, se faisaient remarquer par leur talent dans tous les ouvrages de femmes ; elles imposaient ce travail à leur communauté comme un moyen de lutter contre l'oisiveté, peste dangereuse entre toutes.

Au commencement du neuvième siècle, nous trouvons des femmes de qualité livrées à l'art de la broderie ; c'est sainte Viborade, vivant à Saint-Gal, qui décorait de belles chemises destinées aux livres sacrés du monastère ; l'usage voulait alors que l'Évangile figurât à l'office dans une enveloppe de soie, et qu'on le portât sur un linge. C'est encore Richlin, sœur de l'abbé Hartmot, qui faisait offrir par celui-ci un voile magnifique. La même abbaye recevait aussi d'Hadwiga, fille de Henri duc de Souabe, des chasubles et ornements brodés de la main de cette princesse et une aube où elle avait représenté en or les noces de Philologie.

Judith de Bavière, mère de Charles le Chauve, était aussi une excellente brodeuse. Lorsque Hériold, roi de Danemark, vint en 826 recevoir le baptême avec toute sa famille à Ingelheim, l'impératrice Judith qui tint la reine sur les fonts lui fit don d'une robe relevée par elle d'or et de pierres précieuses.

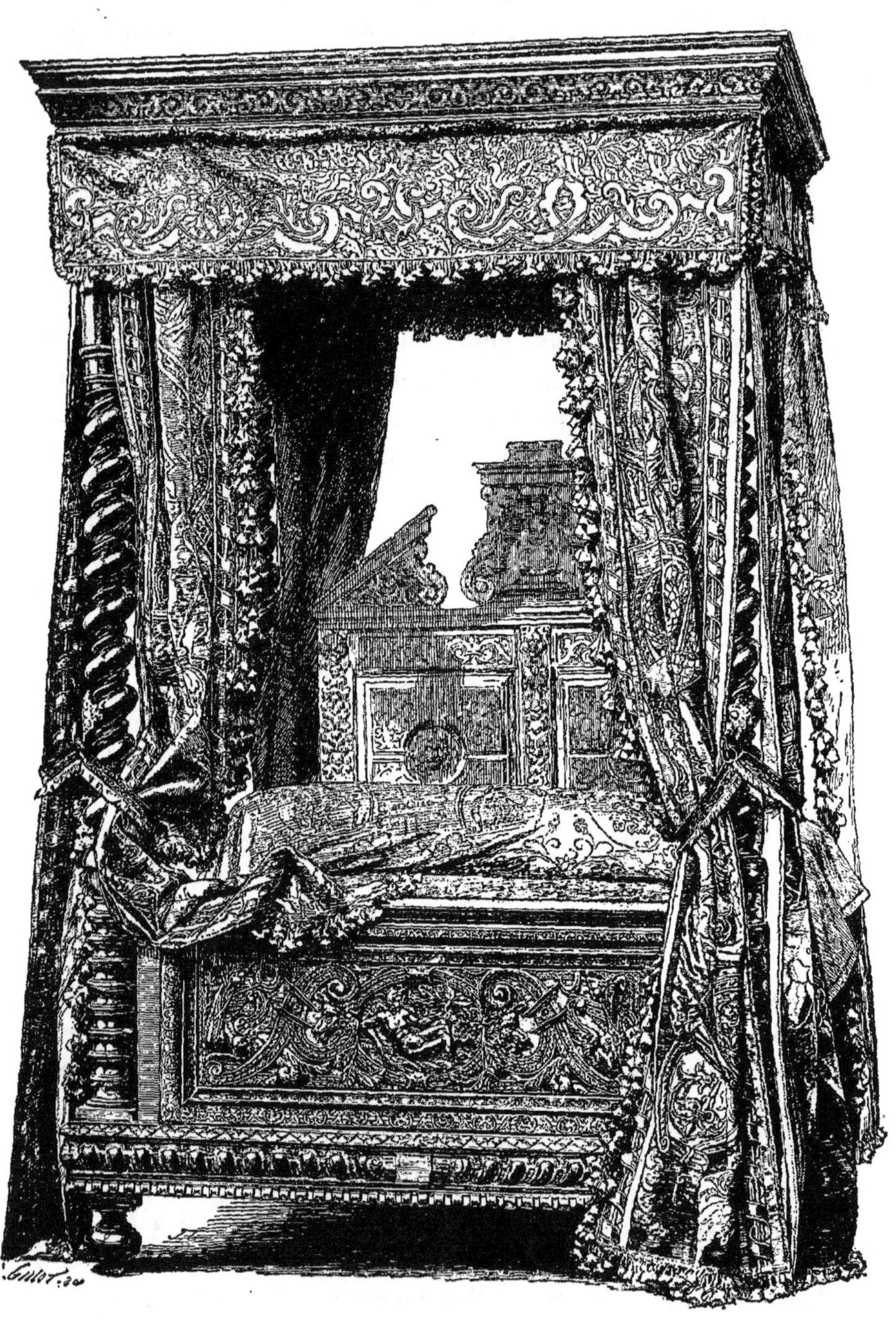

Grand lit en menuiserie de chêne, époque de Louis XIII. — Lambrequins et courtepointe en soie avec applications et soutaches. — Rideaux en tapisserie de Bruxelles. (Appartient à M A. Moreau.)

Au dixième siècle la reine Adhelaïs, femme de Hugues Capet, fit don, à l'église de Saint-Martin de Tours, d'une chasuble où elle avait figuré en or, entre les épaules, Dieu le père environné de Séraphins et de Chérubins inclinés devant lui, et sur la poitrine, l'Agneau de Dieu adoré par quatre animaux placés aux quatre coins. La même princesse offrit à l'abbaye de Saint-Denis une chasuble d'un merveilleux travail, ainsi qu'un ornement tissé par elle et connu sous la dénomination d'*Orbis terrarum*.

Rétrogradons de quelques siècles et traversons le détroit pour citer les femmes anglaises qui, nous dit M. Francisque Michel, bien avant la conquête, travaillaient considérablement au métier et à l'aiguille, et se montraient aussi habiles dans cette branche de l'art que les hommes dans toutes les autres. Au septième siècle, sainte Etheldreda, vierge et reine, première abbesse d'Ely, offrait à saint Cuthbert une étole et une manipule qu'elle-même avait merveilleusement brodées et décorées d'or et de pierreries.

Les quatre filles d'Edward l'ancien sont très-louées pour leur adresse à filer et à travailler au métier ainsi qu'à l'aiguille. Ædelfleda, veuve de Brithnod, duc de Northumberland, fit présent, dans le dixième siècle, à l'église d'Ely, d'un rideau sur lequel on avait retracé les actions valeureuses de son mari. Plus tard, la reine Algiva ou Emma, femme de Cnut, enrichissait le même lieu de précieuses étoffes dont une au moins avait été bordée partout d'orfroi et décorée par la reine elle-même, en certains endroits, d'or et de pierreries disposées comme en tableaux avec un tel art et une telle richesse qu'on eût vainement cherché sa pareille en Angleterre.

Après avoir mentionné ces merveilleux spécimens de l'*opus anglicum*, ainsi qu'on l'appelait alors, et les artistes dont les mains patriciennes en avaient rehaussé l'éclat, M. Francisque Michel voudrait pouvoir citer les modestes ouvrières qui travaillaient pour tous, et enseignaient même aux grandes dames dont les noms ont été conservés par l'histoire. Il ne trouve, pour le onzième siècle, que deux brodeuses à nommer : l'une est Alwid, qui possédait à Ashley, dans le comté de Buckingham, deux hides de terre, plus du domaine même du roi Edward le Confesseur, une demi-hide que le comte Godric lui avait octroyée pour tout le temps qu'il resterait comte, à la condition qu'Alwid apprendrait à sa fille à broder. L'autre est Leuide, mentionnée plus loin dans le

Domesday-Book comme ayant fait et faisant encore les broderies du roi et de la reine.

La perfection des *ouvraiges d'Angleterre* se maintint avec les années et l'on en trouve une preuve dans une anecdote racontée par Mathieu Paris. « Vers le même temps (1246), dit-il, le seigneur Pape s'étant aperçu que les ornements ecclésiastiques de quelques Anglais, par exemple les chapes de chœur et les mitres, étaient brodées en fil d'or d'une manière désirable, demanda où ces ouvrages avaient été faits. — En Angleterre, lui répondit-on. — Alors le Pape : L'Angleterre est vraiment pour nous un jardin de délices. C'est vraiment un puits intarissable ; et là où beaucoup de choses abondent, on peut extorquer beaucoup à beaucoup. » Aussi le même seigneur Pape, alléché par la concupiscence des yeux, envoya des lettres sacrées et scellées à presque tous les abbés de l'ordre de Cîteaux établis en Angleterre, aux prières desquels il s'était recommandé dans le chapitre de Cîteaux, pour qu'ils lui fissent passer sans délai ces broderies en or qu'il préférait à toutes et dont il voulait orner ses chasubles et ses chapes de chœur, comme si ces acquisitions ne devaient rien leur coûter. Cette demande du Pape ne déplut pas aux marchands de Londres qui faisaient commerce de ces broderies, et qui les vendirent le prix qu'ils voulurent.

Toutes les broderies du moyen âge ne participent pas du luxe excessif qui, d'après le récit précédent, pouvait exciter des convoitises dangereuses pour les riches abbayes. Au onzième siècle s'exécutait le précieux spécimen qui existe encore et qui est connu sous le nom de tapisserie de Bayeux : sur une toile de lin haute de 19 pouces et longue de 210 pieds 11 pouces, une femme que la légende prétend être la reine Mathilde, a tracé les épisodes de la conquête de l'Angleterre par Guillaume le Bâtard, duc de Normandie. Que ce soit à la reine ou à d'autres que ce monument soit dû, il n'en est pas moins précieux pour l'histoire en offrant une foule de détails, pour les armes et les costumes qu'on chercherait vainement ailleurs.

C'est aussi sur toile de lin qu'ont été brodées en soies de couleurs, par la comtesse Ghisla, femme de Guifred, comte de Cerdagne, les curieuses arabesques et les fausses inscriptions arabes qu'on voit au musée de Cluny. Un morceau analogue de travail et de style exposé au même musée, date aussi du onzième siècle et provient de l'abbaye de Saint-Martin du Canigou.

A Quedlembourg, en 1200, l'abbesse Agnès et ses nonnes exécutaient des tapis brodés pour orner leur église.

Comme exemple de ce que produisait la peinture en broderie au douzième siècle, on peut citer les ornements épiscopaux de Thomas Becket, archevêque de Cantorbéry, conservés à la cathédrale de Sens et figurés dans les *Arts au moyen âge;* mais on prendra une idée plus complète encore des ressources de l'art en étudiant, à Cluny, l'un des Évangélistes brodé sur soie en or de Chypre ; un autre tissu orné en soies de couleurs provenant de la riche abbaye de Cîteaux ; l'étoffe de soie brodée d'or, fragment d'un ancien ornement sacerdotal provenant du monastère de Vergy, et offrant, avec la sainte Vierge, saint Pierre et saint Vivent, les figures du comte Manassès et de la comtesse Hermengarde, accompagnées de ces légendes dédicatoires : *Fratres Petrus offerens super altare hoc vestimentum integrum sacerdotale;* et plus bas : *Comes Manasses et Hermengardis comitissa hujus monasterii fundatores quod Vergeium dicitur, illud deo offerentes sancto que Viventio et Beatæ Mariæ, atque sancto Petro.*

Mentionnons encore le corporal en soie brodée d'or où figurent le Christ en croix entre Marie et saint Jean, la Crèche, le Père éternel, les symboles des évangiles, avec bordures d'entrelacs, de fleurs et de lis, et surtout une broderie italienne, sorte de camaïeu blanc et jaune à deux tons, offrant, dans un portique d'architecture à plein cintre, saint Jean debout nimbé et tenant en ses mains le livre des évangiles.

Au reste, l'art de la peinture à l'aiguille s'était étendu partout et, en 1295, l'inventaire du trésor du saint-siége mentionne des broderies de Venise, de Lucques, d'Espagne, d'Angleterre et d'Allemagne. Les brodeurs de Paris formaient une corporation dont les règlements, avec quelques noms, figurent dans l'ouvrage de M. Depping : *Règlements sur les arts et métiers de Paris*. C'est donc avec raison que M. le marquis de Laborde a écrit : « Dans tout le moyen âge et jusqu'à la fin du seizième siècle, broder était un art, une branche sérieuse, estimable de la peinture. L'aiguille, véritable pinceau, se promenait sur la toile et laissait derrière elle le fil teint en guise de couleur, produisant une peinture d'un ton doux et d'une touche ingénieuse, tableau brillant sans reflet, éclatant sans dureté. »

Ceci était vrai dès le douzième siècle, ainsi que le démontre M. Francisque Michel par diverses citations de nos anciennes poésies. Dans le

Roman de Perceval, Gauvain se présente à la porte d'une tente et se nomme ; une jeune fille va chercher une œuvre sarrasinoise où il était représenté :

> Si proprement avoit pourtraite
> L'ymage à lui et semblant faite,
> Que nulz homs du mont n'i fausist
> A lui connoistre, qui véist
> La pourtraiture et lui ensemble :
> Si très-finement le resemble.

L'habitude de broder des portraits se maintint fort longtemps ; au n° 123 de l'inventaire de Marguerite d'Autriche on voit : « Ung aultre riche tableau de la portraiture de madame, fete en tappisserie après le vif, » et nous parlerons bientôt d'une broderie où figurent Henri II et Diane de Poitiers entourés des personnages de la cour.

S'il ne s'agissait que de donner une idée du nombre et de la richesse des broderies au quatorzième siècle, nous nous contenterions d'ouvrir l'inventaire de Charles V et de citer : « Une mitre brodée sur champ blanc et orfrasée d'or trait à images, ayant appartenu au pape Urbain V sans doute ; une chapelle de camocas d'outre-mer, brodée à images de plusieurs histoires, une touaille parée, brodée à ymages de la Passion sur or. » Nous y trouverions encore des tableaux portatifs brodés à l'aiguille, soit : « Ung ymage de saincte Agnès de brodeure. Item ung ymage de saint George en brodeure, en ung estuy couvert de satanin ynde.... Item ungs tableaux de brodeure, où sont Nostre-Dame, saincte Katherine et saint Jehan l'Euvangéliste, en ung estuy couvert de véluyau vermeil, etc. »

Nous aimons mieux renvoyer les curieux aux choses qu'ils peuvent voir, comme le livre d'heures d'Isabeau de Bavière, classé à la Bibliothèque nationale sous le n° 1190, et dont la couverture en canevas brodé représente Jésus sur la croix ayant à ses pieds les saintes femmes, et la Cène surmontée de deux compartiments ornés. On verra encore avec intérêt, à Cluny, un fragment d'orfroi provenant d'une chape faite à Cologne, et renfermant deux des apôtres dans des encadrements à nervures, et un tissu brodé à chevrons, provenant d'une ancienne étole fabriquée aussi à Cologne.

Il nous est difficile pourtant de résister au plaisir de citer, parmi les œuvres importantes de l'époque, la chasuble donnée en 1395, par l'abbé Étienne de Maligny, à l'abbaye de Saint-Thierry de Reims, ornement sur lequel on avait brodé la vie de la sainte Vierge.

Nous avons mentionné l'inscription dédicatoire brodée sur un ornement sacerdotal provenant de l'abbaye de Vergy; cette habitude se prolongea et nous pourrions en fournir de nombreux exemples jusqu'au seizième siècle où nous trouvons une chape en velours blanc où est écrit : *Carolus d'Illiers decanus Carnutensis hoc me veste contexit* 1522. *Pareat illi Deus!* Mais nous devons citer un genre d'inscriptions tout différent; c'est d'abord, dans l'inventaire de Charles VI, « une ceinture d'un tissu de soie où est escripte l'Évangile sainct Jehan » et surtout cette robe de Charles duc d'Orléans sur les manches de laquelle était, nous dit M. Francisque Michel, « escript de broderie tout au long le dit de la chanson *Madame je suis plus joyeulx*, et notté tout au long sur chacune desdites deux manches. On n'avoit pas employé moins de cinq cent soixante-huit perles pour servir à former les nottes de ladite chanson, où il y a 142 nottes, c'est assavoir pour chacune notte 4 perles en quarré. »

Le développement du luxe répandait déjà l'usage des broderies et les noms d'artistes apparaissent moins rares; nous en citerons quelques-uns :

1351. Jehan Brohart, — Thevenin le Bourguignon.
1352. Étienne le Bourguignon, — Étienne Castel, et Nu Waguier, armurier du roy et broudeur.
1367. Cambio, auteur d'une histoire de saint Jean.
1387. Salvestro, brodeur du parement de l'autel de saint Jean.
1391. Robert de Varennes.
1396. Jehan de Clarcy travaillant à œuvre de bature.
1397. Jehan de Troyes, auteur d'une selle de broderie, et enfin Jehan de Corbie, broudeur et estoffeur de boursetes à reliques.

Nous voici à une époque d'émulation pour tous les arts dérivant du dessin; le quinzième siècle, préparé par les progrès précédents, semble animé partout de cette force de renouveau qu'on a surtout attribuée à l'Italie et qualifiée de Renaissance; nous avons vu déjà et nous montrerons encore que cette renaissance n'est que l'accomplissement d'une évolution longuement préparée. Et ce qui le prouve c'est qu'entre les quatorzième et seizième siècles le passage se fait sans secousse et s'accomplit par étapes plus ou moins longues suivant que les artistes sont plus ou moins éloignés des centres du mouvement.

Ce mouvement, les rois et les princes en étaient les promoteurs ; le luxe allait croissant, malgré les édits somptuaires qu'on lui opposait de temps en temps. On peut citer comme de merveilleux ouvrages de cette période, la chape faite, en 1454, pour le roi Charles VII, chanoine de Saint-Hilaire de Poitiers, par Colin Jolye, et qui est décrite dans le *Bulletin archéologique* et dans la *Bibliothèque de l'École des chartes*, où l'on trouve l'inventaire des autres richesses du chapitre de Saint-Hilaire ; mentionnons encore les ornements à l'usage de la chapelle de Charles le Téméraire, conservés dans la cathédrale de Berne. Les tableaux à l'aiguille continuent à se produire ; à Cluny nous voyons sainte Catherine et saint André, brodés en lin, soie et or, puis deux autres tableaux en soies sur fond d'or, l'un représentant saint Christophe portant le Christ enfant, dans un édifice de style ogival ; l'autre, deux personnages civils en costume du temps de Louis XII. Les figurations de ce genre sont moins fréquentes que les sujets religieux. On remarquera encore une mitre d'évêque portant sur ses faces principales le Christ tenant le globe crucigère, la Vierge couronnée par un ange, et la salutation angélique, puis un fragment de broderie sur laine rouge, de la fabrique de Cologne, et des travaux allemands sur soie et toile, où se remarquent de beaux motifs ornementaux.

C'est probablement aussi au quinzième siècle qu'appartient une mitre de la cathédrale d'Auxerre, dont M. Francisque Michel n'ose préciser la date, mais qu'il sait être l'œuvre d'un brodeur fameux nommé Duran ou Moran ; l'inventaire de la cathédrale la décrit ainsi : « Item une mytre de soye blanche faicte à l'esguille, garnye d'orfroytz, garnie de chacun costé de quatre esmaux de Lymoges, garny d'argent à l'entour ; laquelle mytre sert pour l'evesque des tortiers et les enfans d'aulbe. »

Les autres noms de brodeurs signalés dans ce siècle sont :

1409. Andrieu de la Salle, de Paris.
1424. Guillaume Prevost, de Paris.
1454. Simonne de Gaules, à Bourges. — Gillon Quinaude et Jehan de Moucy, à Tours.

Garniture de lit en satin blanc brodé d'applications de velours cerise ; seizième siècle. (Collection de M. A. Queyroy.)

1466. Coppino de Melina (Malines) en Flandre. — Piero, fils de Piero de Venise. — Giovanni, fils de Pelajo, de Brignana.

1470. Nicolas, fils de Jacques, Français. — Pagolo, de Vérone.

1485. Panthaleon Conte, brodeur de Charles VIII.

1494. Girard Odin, brodeur suivant la cour.

1496. Isabeau Maire, veuve Mikelot, brodeuse du duc de Bourgogne, ayant ouvré une chambre à ornements et l'autre brochée de l'histoire du roi Priam.

Le seizième siècle n'est donc, comme nous venons de le dire, que l'épanouissement glorieux des efforts précédemment tentés, et si nous avons vu jusqu'ici apparaître quelques noms italiens parmi les brodeurs les plus renommés, il va se former désormais, dans la péninsule, de véritables écoles où viendront en quelque sorte se perdre les individualités. Milan est la ville la plus célèbre pour ses broderies, et Brantôme, dans ses *Dames gallantes*, affirme que la capitale de la Lombardie jouissait de cette célébrité de temps immémorial. Florence avait aussi ses brodeurs anciens, et en 1420, dans un inventaire des joyaux de Philippe le Bon, duc de Bourgogne, on trouve « une grande chappe de brodeure d'or, de l'ouvraige de Florence, faicte de histoire. » Nous n'avons pas besoin de citer Venise où Vasari signale Nicolà qu'il qualifie de rare et unique maître en broderie. Le même écrivain mentionne parmi les artistes de Vérone, Girolamo Cicogna et surtout Paolo dont il exalte le mérite; Antonio Pollaiuolo avait composé pour lui les cartons d'un ornement destiné à l'église de Saint-Jean de Florence et représentant la vie de ce saint : Paolo ne mit pas moins de vingt-six ans à exécuter ce travail qui, selon Vasari, fait au point serré, avait, outre l'avantage d'une grande solidité, celui de paraître une véritable peinture faite au pinceau. A Udine, ville du Frioul, une famille de brodeurs avait acquis une telle réputation que ses membres ne tardèrent pas à perdre leur nom de *Nanni* pour prendre celui de *Ricamatori* (brodeurs).

Ces travaux de l'aiguille ne pouvaient manquer de s'élever à une hauteur digne de l'admiration des contemporains, puisque les grands peintres s'y associaient en fournissant des modèles; ainsi Parri Spinelli avait fait pour sa sœur, excellente brodeuse, une suite de vingt dessins empruntés à la Vie de saint Donato; Perino del Vaga travaillait pour les tapissiers de haute lisse et les brodeurs, et il composa huit sujets de l'histoire de saint Pierre qui devaient être transportés sur une chape destinée au pape Paul III.

L'Italie n'était pas seule d'ailleurs à se passionner pour l'art de Pallas, comme on aurait dit il y a quelque cinquante ans; les dames françaises n'avaient perdu ni leur goût ni la délicatesse des anciens siècles. Ronsard, dans son ode *à la royne de Navarre*, dit, toujours en parlant de Pallas :

Elle addonoit son courage
A faire maint bel ouvrage
Dessur la toile, et encor
A joindre la soye et l'or.
Vous d'un pareil exercice
Mariez par artifice
Dessur la toile en maint trait
L'or et la soye en pourtrait.

Catherine de Médicis n'avait pu que contribuer à relever ce goût en France; habile dans l'art du dessin, ainsi que nous l'apprend Philibert de l'Orme dans ce passage : « Quand vous-même prenez la peine de protraire et esquicher les bâtiments qu'il vous plaist commander estre faicts, sans y omettre les mesures des longueurs et largeurs, avec le departiment des logis qui veritablement ne sont vulgaires et petits, ains fort excellents et plus que admirables, » elle s'était attaché Frédéric de Vinciolo, Vénitien, dessinateur des plus renommés pour les broderies; elle avait pour brodeurs en titre Guillaume Mathon et Anne Vespier, ce qui ne l'empêchait pas de travailler elle-même. « Elle passoit son temps les après-disnées, dit Brantôme, à besogner après ses ouvrages de soye, où elle estoit tant parfaicte qu'il estoit possible. » Aussi, son inventaire, si riche en étoffes précieuses, mentionne particulièrement les broderies en rouge sur toile blanche, en soies et or sur canevas au gros et au petit point, etc.

Déjà lorsque en 1521 François Ier avait voulu faire exécuter une chambre de broderie pour Louise de Savoie, sa mère, il en confia le travail à deux ouvriers en renom, Cyprian Fulchin et Étienne Brouard.

On aura une idée de ce qu'étaient ces chambres en étudiant, à Cluny, la tapisserie, la garniture de lit et les siéges brodés aux armes et devises de Pierre de Gondy, cardinal archevêque de Paris en 1587, et qui proviennent de son château de Villepreux.

Pourquoi faut-il que le même musée nous offre sans aucun nom d'artiste le merveilleux morceau brodé en soie, or et argent, d'après les dessins de Raphaël, et représentant l'Adoration du veau d'or. Cette pièce qui, assure-t-on, faisait partie d'un ensemble commandé sous le nom de meuble du sacre, ne pouvait émaner que d'un brodeur en renom.

Cette indifférence est d'ailleurs un fait général qui n'a fait que s'accentuer davantage dans les siècles suivants; on voulait obtenir une œuvre parfaite, on cherchait qui pouvait l'exécuter, sans rendre hommage à l'effort en le payant par la renommée. C'est donc toujours parmi les anonymes qu'on trouvera à Cluny des tableaux de la vie des saints martyrs, sortis de l'école de Florence.

L'école française s'était montrée sans rivale, à l'Exposition du costume dans les merveilleuses pièces appartenant à M. Spitzer, et dont l'une représentait Henri II entouré de sa cour assistant à un combat de chiens contre un ours, et Diane de Poitiers donnant le signal de la fin de la lutte; costumes, portraits, tout, dans ce travail, était fait de main de maître.

Quant aux ornements religieux chargés d'orfrois à figures, le nombre en est considérable, et sans rappeler ceux qui entouraient le tableau, dont il vient d'être question, on peut encore renvoyer au musée de Cluny où des chapes montreront la résurrection, les saints, les apôtres, la Vierge dans sa gloire, etc. On y remarquera une belle chasuble ornée du collier de Saint-Michel, et une chape en velours brodé d'or avec orfrois à figures, provenant de l'ancienne abbaye de Cluny. Non moins digne d'attention est une chasuble en damas vert brodé de sujets variés, tels que le baptême, l'intronisation d'un évêque, la salutation angélique et l'exorcisme, et une dalmatique en velours brodé de fleurs de lis, relevée également d'orfrois à figures. Enfin, comme procédés particuliers on étudiera une garniture d'autel d'origine italienne, brodée en soie sur fond de jayet blanc en couchure, et une autre pièce d'autel où, sur un fond de jayet d'or, ressortent des arabesques en jayet de couleurs variées également obtenus en couchure.

Si les noms des brodeurs du seizième siècle sont rares, nous avons pourtant à en citer quelques-uns, indépendamment de ceux qui précèdent ; ce sont :

1502. Jehan de Bruxelles. — Jehan Perrault, d'Amboise, qui, vers la moitié du siècle, exécutait le bel Ecce homo du musée de Lyon.
1568. Jaspart Dufossé, de Lille.
1596. Pierre Baltus de la même ville.

Nous empruntons ces derniers noms au livre de M. Houdoy avec d'autant plus de plaisir qu'ils répondent à une assertion de M. Francisque Michel ; dans ses belles *Recherches sur les étoffes de soie*, ce savant dit : « La France, dont nous sommes fils, n'a jamais été renommée pour ses broderies, tandis que celles de la Romanie étaient célèbres. » Lorsqu'il trouve le nom de *broderie de France* il y voit donc un ouvrage byzantin. Nous croyons pouvoir revendiquer pour la France et surtout pour la Bourgogne, une suprématie dans les arts qui a dû faire oublier bien vite les ouvrages froids et méthodiques des écoles romaines. Pour ce qui est du seizième siècle, l'auteur fournit lui-même un argument à notre opinion, puisqu'il mentionne Adam Ardel, *brodeur fort renommé entre ceux de son état*, qui périt à Lagny, victime des dissensions religieuses.

On peut donc à cette époque de la Renaissance distinguer des écoles principales ; la plus ancienne d'origine est celle dérivée des ouvrages orientaux ; puis vient l'école italienne caractérisée par le style et la nature de ses sujets, et surtout par la merveilleuse élégance de ses arabesques qu'un or en relief, travaillé d'un art recherché, fait distinguer entre tous les autres chefs-d'œuvre obtenus à l'aiguille ; l'école française vient enfin, avec ses tendances réalistes : c'est à elle qu'on doit, non-seulement les scènes de la vie privée avec portraits, dont il a été question plus haut, mais des tapisseries, des meubles, où les faits de l'histoire sacrée ou profane se travestissent en personnages revêtus des costumes à la mode du temps et souvent disposés en deux registres superposés. On y voit depuis les sujets de la Fable, les scènes de l'Ancien Testament, jusqu'aux fêtes contemporaines, aux chasses et aux bals tels que nous les fournissent les peintres anonymes du temps de Clouet.

Une difficulté réelle, c'est d'établir une démarcation saisissable entre

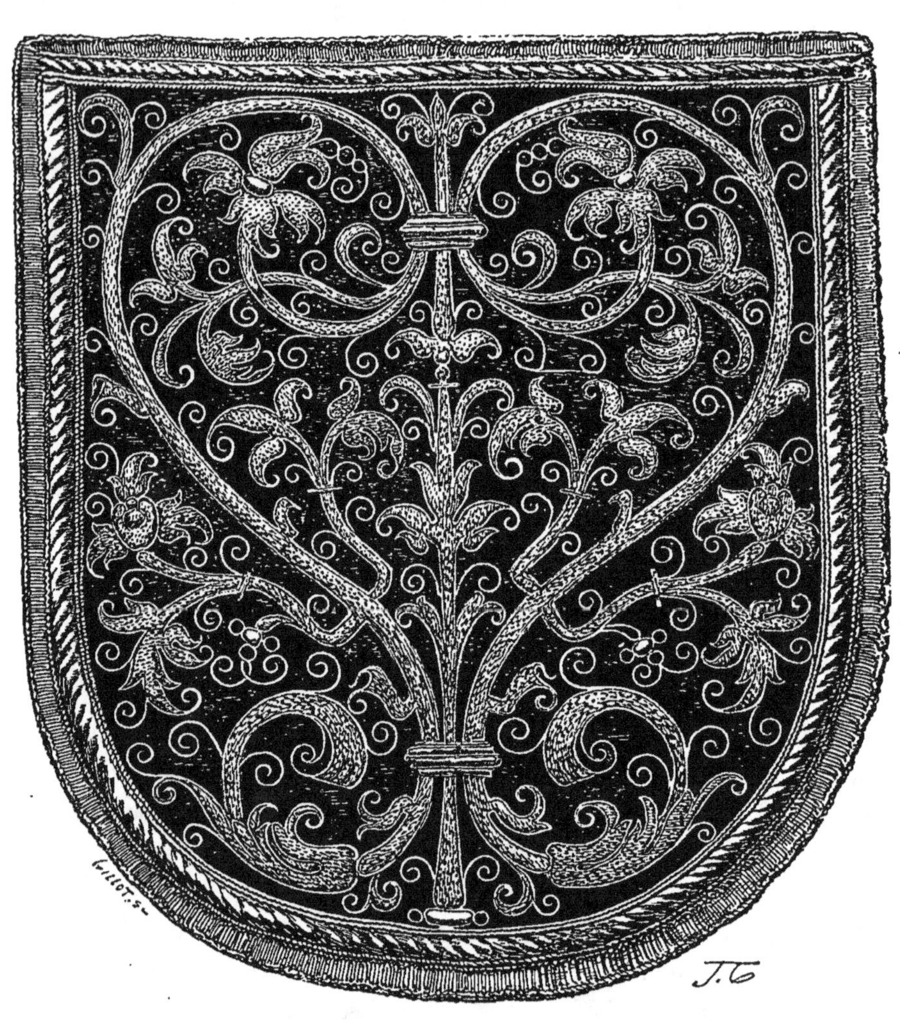

Chaperon de chasse en velours rouge, décoré d'un ornement brodé en or; seizième siècle.
(Collection de M. Ephrussi.)

les produits de la fin du seizième siècle et ceux du commencement du siècle suivant; à la première de ces époques l'Italie entrait dans la décadence, tandis que nous étions encore dans toute l'ardeur des idées renaissantes. Ce qu'il y a de certain, c'est que le règne de Louis XIII fut, pour la broderie française, une glorieuse époque ; non-seulement on continuait à pourtraire à l'aiguille comme dans le siècle précédent, mais l'ornementation à fleurs, les arabesques prenaient un développement nouveau. Il nous suffirait à cet égard de rappeler les splendeurs des ornements religieux envoyés à l'Exposition du costume par M. Gauchez, et par MM. Tassinari et Chatel, si l'histoire elle-même ne nous venait en aide. André Favyn, dans son *Théâtre de l'honneur*, ne décrit-il pas avec enthousiasme les ornements *de richesse admirable* commandés par Louis XIII pour le saint sépulcre, et qui avaient été exécutés par Alexandre Paynet, brodeur du roi, de la reine et de Monsieur, près Saint-Honoré ?

Le précieux corporalier brodé de soie et d'or, qui figure au musée de Lyon et qu'exécuta Pierre Vigier en 1621, n'est-il pas encore un véritable chef-d'œuvre comparable à ce qu'a fait de mieux le seizième siècle ?

Les fleurs, grandioses de style, interprétées plutôt que copiées d'après la nature, tournées en rinceaux, tressées en guirlandes, et mêlées à des ornements en relief d'or et d'argent où voltigent des oiseaux et des insectes, deviennent en quelque sorte la caractéristique de l'époque et l'une des causes de l'aspect sérieux de la décoration. Ces fleurs nous les avons rencontrées déjà dans les meubles, et nous les retrouverons dans l'orfévrerie, les émaux, etc. C'est qu'en effet on avait vu dans cette incursion de nos artistes sur le domaine de la nature un avenir nouveau pour notre industrie, et chacun s'était prêté au développement de l'idée. Gaston, duc d'Orléans, fonda des serres au Luxembourg, puis à Blois peu après, un véritable jardin botanique destiné à fournir à l'aiguille de nouvelles formes et de plus riches nuances. Bientôt les sujets rares arrivèrent en si grand nombre que, pour empêcher qu'ils ne disparussent sans bénéfice pour l'art, le prince chargea N. Robert, peintre de talent, de reproduire, par des dessins in-folio sur vélin, payés au prix énorme de cent livres la pièce, toutes les plantes nouvelles qui apparaîtraient dans ses jardins.

Après la mort de Gaston, Colbert n'hésita point à faire acheter la collection déjà remarquable des vélins, et à faire créer par Louis XIV, en faveur de Robert, la charge de peintre ordinaire de miniature du roi. La collection avait été commencée vers 1640 ; objet des soins et de la prédilection de Fagon, premier médecin du roi, elle s'augmenta rapidement au moyen des ouvrages de tous les peintres distingués ; à la mort de Louis XIV elle passa du cabinet privé dans la bibliothèque du Louvre, puis, en 1794, dans celle du Muséum d'histoire naturelle où elle devint un véritable monument ; la botanique seule y occupe plus de soixante-quatre volumes in-folio.

On ne s'étonnera plus, dès lors, en apprenant que, sous Louis XIV, les ouvriers brodeurs attachés à la manufacture royale des meubles de la couronne couvraient le gros de Tours et le gros de Naples, la moire et la toile d'argent d'une foule de caprices, et même de compositions fournies par les élèves de Charles Lebrun ; ces broderies étaient destinées à former les rideaux et les portières de ces appartements dont Lebrun avait dessiné les ornements, peint les plafonds et dessiné les tentures, et à couvrir les meubles que l'on menuisait aux Gobelins mêmes.

Aucun genre d'encouragement ne manquait à la broderie ; L'Hermineau, brodeur du roi, était logé au Louvre, et le livre d'Abraham de Pradel nous apprend que les autres brodeurs travaillant pour la cour étaient MM. de la Croix, rue Neuve-Saint-Martin, et Quenain, rue d'Enfer au faubourg Saint-Michel. L'auteur des *Adresses de la ville de Paris* qualifie même ce dernier de *fameux brodeur*.

Nous pouvons nommer encore en 1643, Anthoine de la Barre, et en 1647, Van der Baeven, tous deux de Lille.

Au dix-huitième siècle, on peut le dire, la broderie envahissait tout ; les tentures, les meubles, les costumes surtout et jusqu'aux équipages, rien n'échappait à l'avalanche de fleurs en soies brillantes, d'arabesques et rocailles ciselées en apparence dans l'or et l'argent ; les robes étaient des monuments, et si nous n'avions vu récemment tant de spécimens merveilleux conservés dans leur fraîcheur, en dépit du temps, nous pourrions encore comprendre cette forme du luxe par les images qu'en a transmises la peinture.

Eh bien, malgré l'abondance des talents qui ont dû concourir à la création de tant de merveilles, les noms connus deviennent de plus en plus rares ; c'est qu'en effet l'œuvre de plusieurs devient anonyme et

Bande de velours bleu foncé décoré d'ornements arabesques en applications, travail italien; seizième siècle. (Collection de M. Arondel.)

c'est à des ateliers nombreux qu'on allait demander ces délicats travaux dont l'accomplissement par quelques-uns eût exigé des années tandis qu'il les fallait produire en quelques semaines. Ainsi, lorsque en 1779 l'entrepreneur Rocher dut fournir le trône destiné à Louis XV, pour la réception des chevaliers du Saint-Esprit, il y employa trois cents ouvrières et se fit payer trois cent mille livres. Les *mémoires secrets* de Bachaumont, qui révèlent le fait, disent ailleurs que Trumeau exécuta *toutes* les broderies des merveilleux carrosses commandés par le duc de Choiseul pour la dauphine Marie-Antoinette ; mais il ne faut sans doute pas prendre l'expression dans son sens absolu, et Trumeau comme Rocher pouvait avoir un remarquable talent personnel tout en étant chef d'atelier.

Ce qui confirme cette supposition, c'est qu'à cette époque d'entreprises, certains artistes trouvaient encore des poëtes pour les chanter, témoin ce quatrain des baroques mais utiles élucubrations de l'abbé de Marolles :

Jean Perreux est brodeur tel que le fut la Fage,
Et pour la broderie, on discerne les traits,
Qui peuvent exprimer quelquefois des portraits ;
Mais pour y réussir il faut un long usage.

Ce qui veut dire sans doute que la Fage et Perreux s'étaient élevés dans l'art jusqu'à pouvoir faire des portraits.

Quelques mots, avant de finir, sur les différents modes d'exécution de la broderie ; il est à peine nécessaire de dire que les genres se sont multipliés et compliqués en se rapprochant de l'époque actuelle ; dans les plus anciens spécimens, presque toujours exécutés sur une toile médiocrement fine, les figures et les draperies sont en soie plate ; pour les carnations le brodeur emploie le point fendu afin de pouvoir faire sentir les saillies et les dépressions des traits du visage, qu'il dessine d'ailleurs à l'aide d'une soie de couleur foncée servant aussi à animer les yeux. Les draperies se font en soie étendue dans toute la longueur du vêtement et retenues par des points de soie posés en travers à distances variées aidant à faire comprendre le modelé des plis, qui sont séparés entre eux par des piqûres serrées. Lorsqu'il s'agit d'orfrois à sujets, ils sont le plus souvent brodés en *soie nuée*, c'est-à-dire que des soies de nuances dégradées ont été rapprochées et combinées pour exprimer les ombres et les lumières des plis, ou les parties diverses du costume ; on croise ensuite avec des soies fines de nuances assorties lamées à distance convenable et arrêtées à petits points. Beaucoup d'orfrois du quatorzième siècle ont été brodés ainsi et enlevés sur des fonds d'or brodés en couchure, c'est-à-dire en gros fils d'or posés à plat les uns à côté des autres et cousus avec de la soie dont les points très-visibles forment par leur rencontre, variée à dessein, les différentes figures qu'on a nommées couchure de deux points, en chevron, en losange, en serpenteau, etc. L'effet de ces fonds est fort remarquable et se prête au jeu de la lumière sur l'or. Au quinzième siècle ce genre de broderie avait atteint toute la perfection imaginable, et certaines pièces sont de véritables tableaux.

A cette époque commence à paraître un genre de broderie d'une exécution difficile et qui prendra son plus grand développement en Italie au commencement de la Renaissance : c'est la broderie en *ronde bosse* et en *bas-relief*. La première, son nom l'indique suffisamment, cherche à imiter les objets dans leur saillie réelle ; d'après un modèle sculpté on prépare des morceaux de drap blanc neuf appliqués les uns sur les autres, suivant les différentes saillies du modèle ; ce drap, imbibé d'eau pour le rendre souple, est travaillé à l'ébauchoir afin d'accuser nettement les dépressions superficielles ; on recouvre toutes les superficies du drap de cartes à jouer imbibées de colle claire, puis le tout est recouvert encore de taffetas bien collé et bien étendu, sur lequel seront posés les fils d'or, fixés par des points de soie à marche régulière et alterne, qui donnent à l'or une apparence tressée comme serait l'osier d'une corbeille : c'est ce qu'on nomme le *relief satiné*. Le *bas-relief* est un diminutif de la ronde bosse ; les saillies étant beaucoup moindres, on les obtient au moyen de gros fil écru et ciré conduit et cousu à plusieurs reprises jusqu'à ce qu'on ait obtenu l'épaisseur voulue ; c'est ce qu'on nomme *enlevure ;* ces premiers fils sont recouverts en sens contraire d'une surface de fils de Bretagne bien cirés et passés à l'aiguille ou couchés à points de soie. Le tout est recouvert toujours en sens contraire aux derniers fils, avec de l'or cousu d'une soie bien serrée à petits points alternés qui se trouvent perdus dans les fils et ne laissent voir que l'or disposé en osier.

Dans ces broderies il y a des parties saillantes qui appellent une ornementation particulière ; elle se fait en lames, frisures, paillettes,

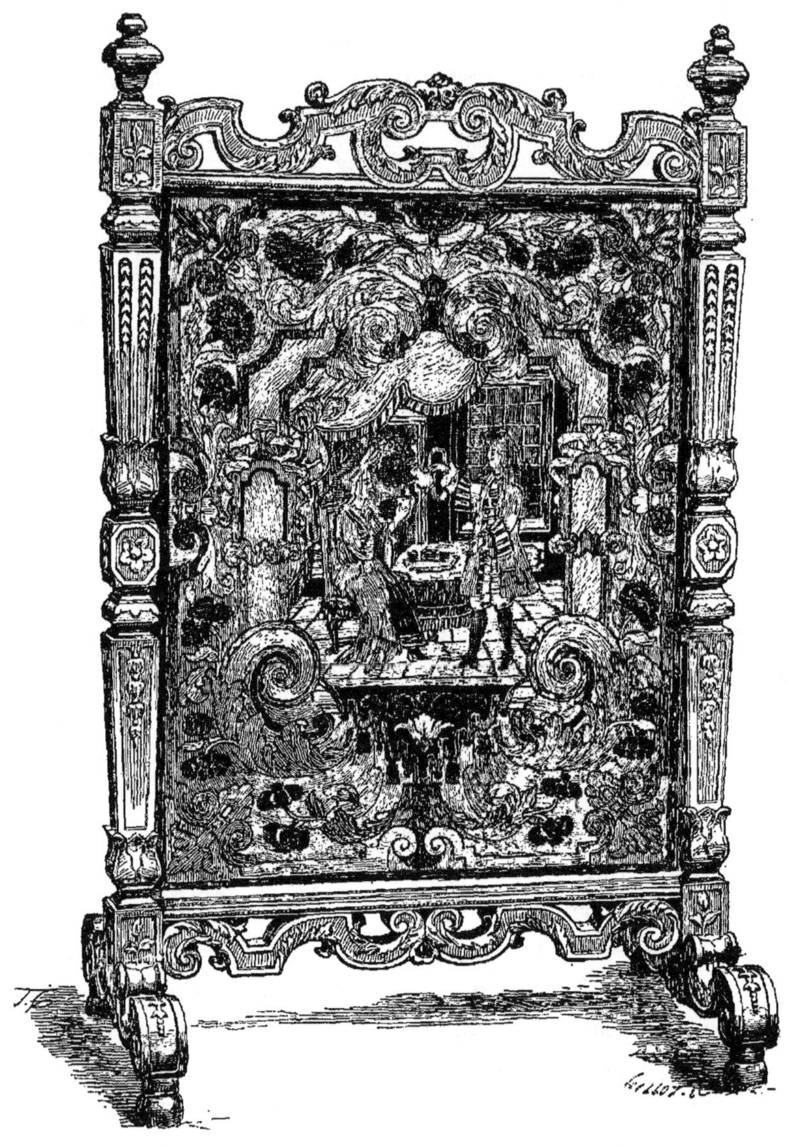

Écran en broderie de jayet de couleurs variées en couchure, monture en bois doré; époque de Louis XIV. (Collection de M. H Barbet de Jouy.)

cannetilles; on y ajoute quelquefois même des perles et pierres précieuses. En Italie on a fait ainsi sur velours des devants d'autels, des vêtements religieux de la plus grande richesse.

Nous ne considérerons la broderie *en rapport* que comme un accessoire de celles qui précèdent; ce sont en effet des parties détachées faites à part et qui se *rapportent* ensuite dans un ensemble ornemental; beaucoup de chapes et autres vêtements sacerdotaux du quinzième siècle sont ornés ainsi : sur le velours, le samit, ou autre étoffe de soie, on a cousu les orfrois en les bordant d'un cordon ou liséré dissimulant la réunion, et l'on a semé sur les fonds soit des ornements d'or à sortes de fleurs de chardons, soit des figures d'archanges portant des philactères inscrits. Dans lès pièces armoriées, les écussons ont été le plus souvent brodés en rapport.

Dans de riches vêtements religieux et ornements d'autel, on a souvent exécuté les sujets tout en or en leur donnant le relief apparent, ou modelé, par un travail de soie : l'or est étendu en brins assez forts couvrant toute la surface et arrêtés seulement aux deux extrémités; en prenant les brins d'or deux à deux sur son aiguille pour les recouvrir d'après les nuances d'un modèle peint, il retrouve le contour et le suit en travaillant les parties sombres, de façon que les points se touchent et cachent l'or, qu'il laisse voir dans les demi-teintes en ménageant l'épaisseur d'une soie entre chaque point, et en augmentant ainsi les distances jusqu'à ce qu'il arrive à la lumière, où l'or n'est plus arrêté que de loin en loin par des soies très-fines et très-claires. C'est ce que l'on appelle la broderie *en or nué*.

Nous ne dirons rien de la broderie *au passé*, parce que son procédé est tellement connu, et qu'il a été si abondamment employé dans les meubles et vêtements pendant les deux derniers siècles, qu'il n'est besoin de décrire ni sa facture, ni son effet. Expliquons toutefois que pour les broderies d'or, afin d'éviter la dépense, on emploie parfois le *passé épargné* qui n'est plus *passé;* en effet, l'or très-fin n'enveloppe plus l'étoffe en dessus et en dessous; il ne recouvre que la partie extérieure; on fiche l'aiguille, en dessous, tout à côté du point où elle vient de passer, et l'on revient en sens inverse ranger le fil à côté de celui qui l'a précédé. Dans beaucoup de broderies au passé en soies de couleur, on substitue la soie torse à la soie plate, ce qui produit un effet piquant et vigoureux.

La broderie se confond en quelque sorte avec la tapisserie dans les choses faites sur canevas et au point carré; mais il est à remarquer que dès le onzième siècle la comtesse Ghisla employait ce qu'on appelle aujourd'hui le point de marque concurremment à la chaînette et aux points de broderie, sur les pièces de style arabe exécutées pour l'abbaye Saint-Martin du Canigou. Le point de marque est donc très-ancien, et il était en quelque sorte indiqué par le tissu même sur lequel on brodait, toile à grain marqué voisine du canevas.

La tapisserie sur canevas au petit point se prêtait à toutes les finesses de l'art, et l'on trouve en effet de ces tapisseries qui peuvent rivaliser avec la peinture. Pour l'ornement, le gros point réussit à merveille et on le fait produire encore plus d'effet en variant la disposition des fonds qui le détachent.

Un mot en finissant sur le point de chaînette que nous trouvons, comme nous venons de le dire, dans les broderies de la comtesse Ghisla, puis en Italie au douzième siècle sur un sujet camaïeu où il indique les cheveux et contourne certains travaux. Employé seul et fait avec une soie torse et serrée il prend un aspect perlé des plus agréables à l'œil.

On se rappelle que nous avons mentionné, parmi les riches tentures, tapisseries, etc., possédées par le cardinal Mazarin, « les brocards d'or à fleurs de velours de diverses couleurs, découpées à Milan, et appliquées sur des fonds de velours très-riches, avec une grande dépense et un artifice merveilleux ». Ce que Louis de Loménie désigne ainsi dans ses mémoires, c'est une véritable mosaïque en étoffes diverses que nous voyons apparaître en Italie avec le seizième siècle, et qui est sans doute la broderie *en taillure* des anciens auteurs; l'*épargne*, c'est-à-dire les rinceaux, fleurons, ornements de tous genres, se font séparément, puis viennent se coller sur le fond, en suivant le dessin préalablement tracé; on fixe le contour au moyen d'un point qui mord sur la taillure et on le lisère avec du cordon ou de la milanèse; souvent, pour donner plus de relief et d'effet aux dessins, ou pour éviter que la broderie ne s'enterre, surtout dans le velours, on *emboutit*, c'est-à-dire qu'on coud sur le fond un morceau de feutre un peu plus étroit que la pièce découpée qui le recouvrira. Si l'on veut ajouter encore à l'illusion du relief, on exprime des ombres par de longs points de soie ou de laine, ce qui s'appelle *harpé* ou *hache-baché*.

Ces notions générales suffiront, nous l'espérons, pour aider les curieux à reconnaître les genres et les dates des broderies qui pourraient tomber sous leurs yeux; il ne pouvait convenir à notre cadre d'entrer dans de plus grands détails, de même que nous n'avons pu cueillir, dans les mémoires anciens, tous les faits singuliers de l'histoire de la broderie. Ceux qui voudront connaître jusqu'à quelle valeur pouvait s'élever l'habit brodé de perles du maréchal de Bassompierre, en trouveront la description dans les mémoires de celui-ci. Nous nous bornerons à emprunter ce passage au *Cérémonial français*, relativement à l'une des parures de Marie de Médicis : « Robbe de la reyne estoffée « de 32,000 perles et de 3,000 diamants qu'elle porta au baptême des « enfants de France en 1606. Cette robbe, estimée soixante-cinq mille « écus, étoit si pesante que la reyne, qui d'ailleurs estoit enceinte, ne « put la vestir une autre fois. »

Ceci fait pressentir Buckingham et ses vêtements ruisselants de diamants qui se détachaient d'eux-mêmes et roulaient parmi la foule des courtisans.

ORIENT

La broderie, en Orient, a certainement devancé la pratique des dessins brochés dans les étoffes. On n'en saurait douter, en reconnaissant que la plupart des procédés et des types adoptés en Occident sont d'origine orientale; on en est mieux assuré encore en trouvant, dans les antiques livres sacrés de la Chine, les obligations imposées aux *Hoa-hoeï* ou brodeurs, pour l'emploi des cinq couleurs consacrées. Aujourd'hui encore, malgré la marche des temps et les progrès du tissage des étoffes, c'est encore aux brodeurs qu'appartient en Chine le privilége d'orner les tentures et les vêtements luxueux destinés au souverain et aux grands.

Sur des étoffes d'une merveilleuse qualité et teintes de nuances inimitables, les Chinois brodent au passé avec la soie plate, des figures de grandeur naturelle, des scènes compliquées, des ornements, des oiseaux et des fleurs, d'une vérité, d'une élégance et d'une fraîcheur sans pareilles; au milieu de cette riche peinture à l'aiguille surgissent des dragons d'or soit en couchure ou en bas-relief, relevés souvent de paillettes et de paillons cousus de frisure. Il serait superflu de s'étendre en détails sur des objets que tout le monde connaît, et dont on a pu admirer les plus beaux types à l'Exposition du costume; on se rappelle les tentures en satin rouge représentant la consécration des enfants impériaux au dieu de la longévité Cheou-lao; la déesse Kouan-in accompagnée de l'Axis; et enfin cette pièce entourée de sujets sacrés, portant une inscription de la huitième année de Tao-Kouang, et la signature du brodeur Hou-tan. Rien ne peut donner une idée plus grandiose et plus complète du talent des Hoa-hoeï.

Il faut cependant l'avouer, dans cette branche de l'art, ainsi que dans les autres, les Chinois sont surpassés par les Japonais. Aucun artifice n'a manqué à ceux-ci pour aider à rendre leur pensée : ronde bosse, bas-relief, passé, couchure, or nué, taillure, ils ont tout fait avec un éclat et une vigueur qui rivalisent avec les meilleurs ouvrages de Chine, mais relevés par une science profonde du dessin, et un goût toujours séduisant.

On n'a pas oublié cette robe de satin bleu où de gracieux alcyons, rendus dans toutes les poses avec l'exactitude de la nature, venaient raser des flots d'or aux crêtes d'écume blanche; on voit aussi ces tortues sacrées, variées non-seulement par les soies de couleur et l'or, mais par les points ingénieux qui différenciaient leurs carapaces. Quant à la robe militaire, d'où semblait s'élancer un dragon ailé d'or à la tête grimaçante, aux yeux émaillés, c'était un véritable bas-relief appliqué sur le satin. Nous avons sous les yeux un morceau de satin vert brodé de deux grues sacrées, véritable chef-d'œuvre de goût; non-seulement le relief satiné dessine chaque plume, mais les points de soie destinés à fixer la couchure sont choisis par nuances répondant aux couleurs du plumage. Pour augmenter le modelé et rendre plus doux le passage du fond au relief brodé, l'artiste a employé l'artifice du hache-baché, jetant des soies brunes qui vont se perdre dans la couchure d'or. Et si nous choisissons cet exemple entre mille, c'est qu'il nous tombe sous la main : nous pourrions citer encore des fong-hoang, des bouquets de fleurs, tableaux séduisants bien dignes de rivaliser, dans les intérieurs, avec les aquarelles en renom de Ko-tio ou Ho-ku-saï.

Le peu que l'on connaît des broderies indiennes suffit à montrer ce que peut le génie d'un peuple essentiellement artiste. Les toiles peintes, modèle éternel transporté par toutes les contrées du monde, les mer-

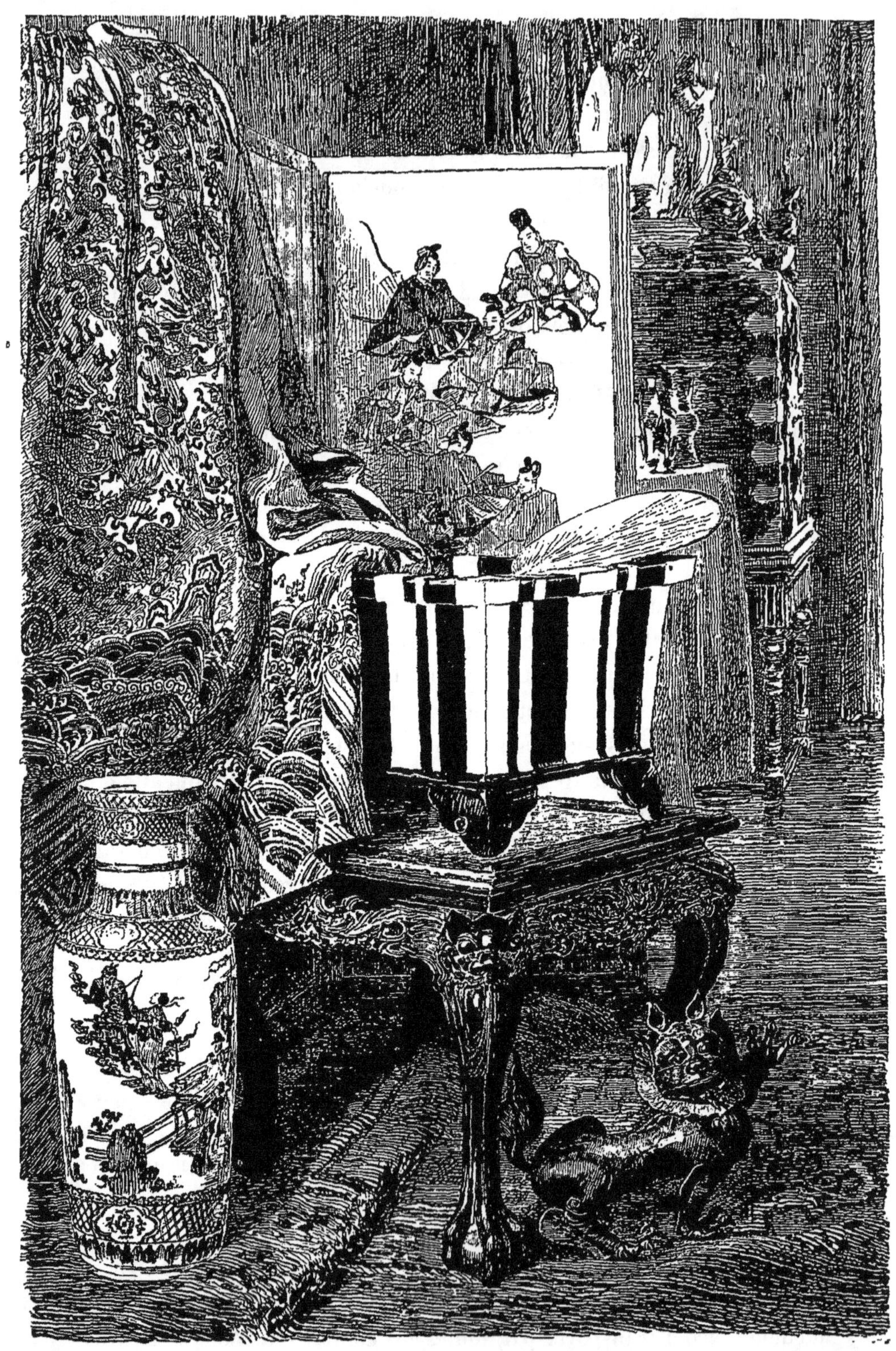

Robe impériale en satin jaune brodé au passé de dragons à cinq griffes, Anam. (Cabinet oriental de M. J. Jacquemart.)

veilleuses soies tissées d'or ne pouvaient épuiser les ressources de leur imagination; avec des soies torses ils ont exécuté, en point de chaînette, les plus brillantes compositions, soit sur une étoffe de soie ou de drap, soit même sur une simple toile de coton.

Il faut pourtant distinguer, car, dans le même genre, les Persans ont brodé d'importantes tentures, les unes consacrées à l'usage du pays, les autres destinées à l'exportation, ou même faites sur commande. Dans les broderies persanes, les grosses fleurs du style de celles des tapis, les oiseaux de proie et les passereaux dominent; dans les travaux indiens, le paon devient l'oiseau caractéristique ; les fleurs, en rosaces, sont plus pressées et entourées d'un réseau de tiges et de feuilles bien plus serré. Du reste, le type des broderies de chaque pays se trouve dans les encadrements et décors des manuscrits. Le plus souvent les travaux choisis affectent la forme d'un carré long et la disposition d'un tapis de prière ; autour, une ou plusieurs bordures arabesques ou à fleurs formant encadrement ; en haut, une arcade ogive à découpures, détachée sur un riche fond avec arabesques et fleurs, couronne une sorte de portique où s'épanouit un large bouquet sortant d'un vase ; parfois ce bouquet est richement brodé au passé en soies vives et fraîches; parfois au crochet. Dans les plus riches tapis le fond est d'or ; dans les autres la soie ou le drap restent à nu. L'ensemble a la richesse et le fini d'une peinture. Au dix-septième siècle la Perse, et l'Inde surtout, ont fait pour l'Europe de grandes pièces brodées destinées à servir de contre-pointes aux vastes lits d'apparat. Les unes sont peintes de riches couleurs et ornées dans le plus pur style oriental ; seulement, ainsi que cela a lieu pour les meubles, on y rencontre fréquemment un aigle à deux têtes, symbole qui, nous dit-on, serait celui d'un couvent portugais. On peut voir une belle pièce de ce genre au musée de Cluny. Les autres sont brodées, soit sur une soie légère ouatée, soit sur un tissu de coton également ouaté qui bouffe entre les méandres du dessin ; quelques pièces sont à bouquets jetés en couleurs vives, beaucoup d'autres sont exécutées en soie jaune ayant l'apparence de l'or. Nous avons vu ainsi un plan à vol d'oiseau représentant des villes, des ports avec leurs batteries armées et dans différents points des attaques par mer et par terre avec légendes explicatives en portugais. Il y avait là, évidemment, intention de conserver le souvenir d'un fait historique pour l'un des acteurs de l'attaque ou de la défense. Dans le plus grand nombre de cas, ce ne sont que de riches compositions ornementales où les courbes élégantes, les fleurs, les nœuds offrent une pureté de style et une conception savante, dignes de rivaliser avec les plus belles œuvres italiennes de la Renaissance. Nous ne pouvons mieux faire, pour en donner une idée complète, que de reproduire cette broderie sur bleu tendre exécutée en cordonnet blanc bordé de jaune et tout en point de chaînette.

Un genre qui paraît spécial à la Perse est celui où le point de chaînette fixe et rehausse une véritable mosaïque en draps de diverses couleurs ; ici c'est un drap chamois bordé d'arabesques et où de riches bouquets se contournent en rinceaux ou s'épanouissent en gerbe. Là ce sont des portiques et des vases comme sur les tapis de prière en broderie pure. Mais ce que nous avons vu de plus curieux à l'Exposition du costume, c'était ce tapis dont le milieu représentait une figure de femme vêtue d'une robe rouge, richement coiffée, ayant un poignard passé dans la ceinture et tenant une rose. Ici l'artiste n'avait pas trouvé dans les étoffes et la soie la ressource nécessaire aux élégances qu'il rêvait, et, pour la coiffure ainsi que pour le manche du poignard et autres accessoires, il avait emprunté l'éclat des paillons imitant l'or, les pierres précieuses et les diamants.

Nous avons trouvé le même artifice de richesse dans certaines broderies de Siam ; sur un simple drap rouge écarlate on avait fixé des ornements découpés en papier d'or et relevé par de grandes paillettes de mica ; à l'effet rien n'est plus éblouissant.

Revenons aux Persans dont les broderies en point de chaînette sont parfois jetées en bordure sur de la simple toile. On a vu ainsi des scènes de chasses singularisées par la présence d'oiseaux plus gros que les cavaliers avec leur monture, et dont l'un offrait la figure symbolique d'un oiseau à tête de femme.

Parmi les vêtements de femmes, certains sont brodés au passé de grosses fleurs rouges au feuillage ornemental, avec parties rehaussées d'or ; ce passé est exécuté fort lâche avec de magnifiques soies torses, en sorte qu'on croirait, au premier coup d'œil, voir une broderie au point de chaînette.

Nous dirons bien peu de chose de la broderie musulmane, bien qu'elle soit en grand usage à Constantinople et très-répandue dans le reste de la Turquie et qu'on y rencontre les genres que nous venons de décrire,

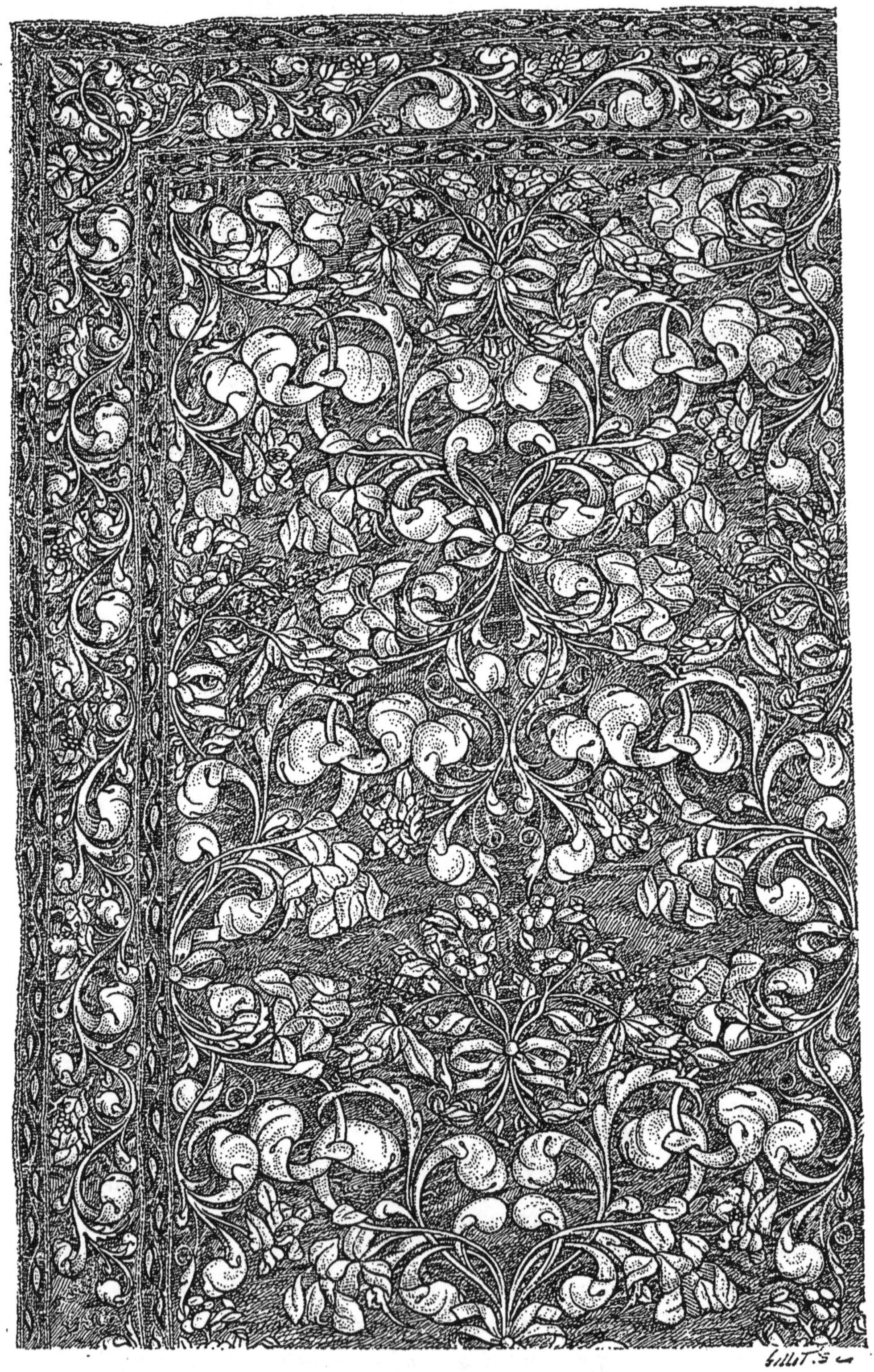

Broderie en point de chaînette sur fond bleu tendre; travail indien fait pour le Portugal; dix-septième siècle. (Collection de M. J. Jacquemart.)

c'est-à-dire le passé, le point de chaînette et la mosaïque en draps de couleurs. Mais ces genres y sont pratiqués, en général, par les Persans, qui y continuent les traditions de leur pays, ou par des Italiens dont le style n'a pas varié depuis le commencement du dix-huitième siècle, date de leur émigration première ; le goût du rococo s'est donc maintenu, malgré les variations des modes occidentales, et a contribué à cette sorte d'unification de mauvais goût qu'on a fini par prendre pour le caractère spécial de l'art turc. Nous avons rencontré, sur satin, de brillants portiques à colonnes torses, en or de relief éclairé de paillettes et clinquants, soutenant une lampe de suspension surmontant un grand vase rempli de fleurs ; pour le genre et la facture on eût pu croire que ces choses sortaient des ateliers des plus excentriques brodeurs du règne de Louis XV. Des pièces toutes récentes se caractérisaient par un art identique : ce sont de petits tapis circulaires en soie rose ou bleu de ciel dont l'usage est assez curieux; ils servent à couvrir les plateaux sur lesquels on apporte successivement, dans des vases clos, les mets qui composent le service d'un repas. C'est la dernière trace de cette crainte du poison, généralement répandue au moyen âge, et qui faisait une obligation d'apporter les plats chez les grands, dans des caisses fermées qu'on n'ouvrait qu'en leur présence, ce qui n'empêchait pas d'en faire l'essai par les talismans, les cornes de licornes, et autres dénonciateurs merveilleux préconisés par la superstition.

Quant aux Arabes, leurs broderies, faites sur toile, sur étoffes légères ou sur laine, se recommandent par un goût très-pur où il semble retrouver comme un souvenir lointain des derniers Sassanides. On verra plus loin, aux étoffes, la description des merveilleux tissus de soie que les Arabes fabriquèrent à Palerme ; cela suffira pour faire comprendre quel était le style de leurs broderies. Nous nous contenterons de donner ici le type d'une broderie charmante sur toile et en soies de couleurs douces ; le gris du pigeon, le bleu, le blanc suffisent pour exprimer, au moyen de points variés, des rinceaux élégants divisés par des culots d'ornement et donnant naissance à des fleurs diverses.

Les Arabes n'ont pas négligé non plus les mosaïques d'étoffes diverses : nous en avons eu pour preuve le magnifique burnous en soie brochée jaune, ayant appartenu au dey d'Alger ; ses doublures antérieures offraient de riches arabesques en soies rouge vif et bleu, bordées de torsades en argent, noir et or.

Ce sont eux encore qui nous paraissent avoir appliqué les premiers la soie rouge sur toile blanche pour tracer ces groupes d'oiseaux affrontés qu'enveloppent les méandres d'une ornementation feuillagée analogue aux dessins des anciennes étoffes tissées orientales : ce genre aurait passé depuis dans les îles de l'archipel pour revenir chez nous par l'Italie.

Nous donnons ici le type de coussins brodés à deux couleurs dans ce style et qui sont d'une ancienne fabrication du Maroc. On y verra la preuve de l'origine arabe, et les petits lions presque héraldiques semés dans les réserves montreront aussi la fixité des dessins primitifs et leur fidèle transmission à travers les siècles.

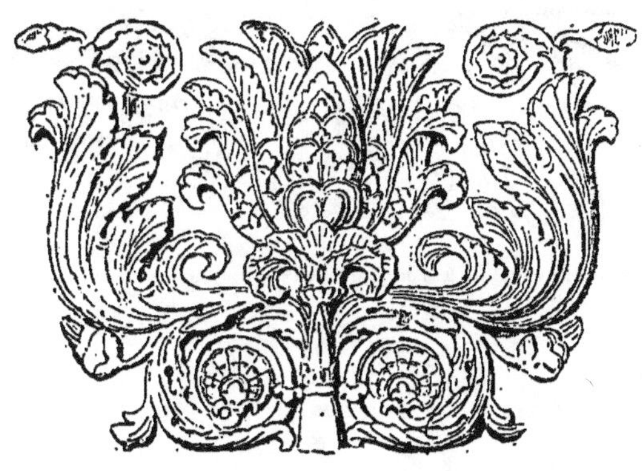

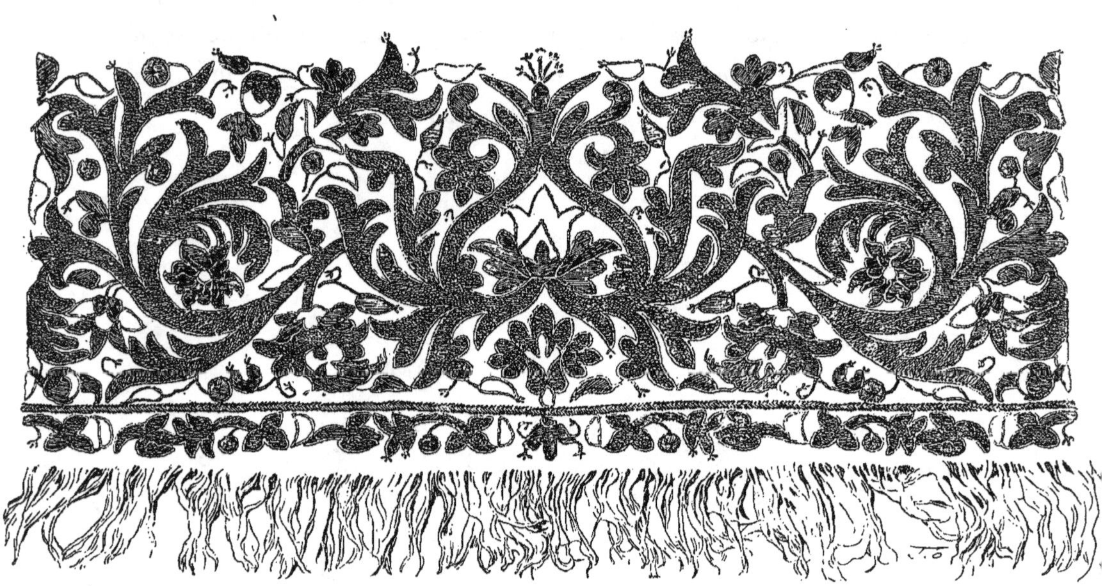

Broderie de soies variées sur fond de toile; travail arabe ancien. (Collection de M. J. Jacquemart.)

CHAPITRE III

TISSUS — ÉTOFFES

Le tissage des étoffes remonte aux premiers âges du monde, et l'on reste confondu devant la perfection des ouvrages sortis des mains des antiques ouvriers de l'Égypte; avec des métiers rudimentaires, des matières filées à la main, ils obtenaient de merveilleux tissus, depuis cette sorte de velours de fil qu'on peut voir au musée du Louvre, la fine étoffe à longs poils et à frange, dite *fimbria*, jusqu'à ce tissu transparent, qualifié par les Latins *nebula linea*, brouillard de lin, que nous retrouverons en Orient, à Mossoul, qui nous l'envoyait sous le nom de mousseline.

On le comprend, le cadre de ce travail ne comporte pas de recherches historiques étendues sur les étoffes dans les temps anciens; il nous faut donc renvoyer aux travaux d'érudition publiés sur la matière, et notamment aux deux précieux volumes de M. Francisque Michel : *Recherches sur le commerce, la fabrication, et l'usage des étoffes de soie d'or et d'argent*, et au livre plus récent de M. Dupont Auberville.

Si, en effet, nous avions voulu sortir du cadre général tracé en tête de ce volume, nous aurions commencé par les tissus en reléguant au second rang, et comme une dépendance, les tapisseries et la broderie. Mais, au point de vue du mobilier et de son histoire, l'ordre inverse nous étant imposé, les tissus deviennent un accessoire. C'est moins leur nature et leur travail qui nous intéresse que leur ornementation et l'influence qu'elle a pu avoir sur les arts en général.

Ainsi, ce qu'il nous faut constater d'abord, c'est l'antique importation des toiles peintes ou imprimées de l'Inde qui, répandues en Grèce et dans l'ancienne Rome, sous les noms d'*Othonia* et de *Sindones*, y produisaient une telle admiration qu'on commença par en revêtir les dieux. Il faut l'avouer pourtant : dans la vie ordinaire, les gens de mœurs légères osaient seuls s'en parer; mais l'effet était produit, et les animaux singuliers, les ornements capricieux qu'on y remarquait donnaient l'idée du décor que nous nommons arabesque, et qui prit, chez les anciens, une allure à la fois élégante et sérieuse.

L'étoffe curieuse par excellence, celle qui devait surexciter le luxe et se prêter aux plus brillants emplois, c'est la soie. Venue d'abord de Chine par le commerce de la Phénicie, de la Syrie et de la Perse, elle suscita l'enthousiasme d'autant plus qu'on ne soupçonnait pas sa véritable nature et qu'elle apparut avec l'auréole du merveilleux. Lorsque la conquête eut mis Rome en contact avec les grands entrepôts du commerce, la soie y eut le plus prodigieux succès, et elle se vendit au poids de l'or; on appelait *holoserica* ou *holovera* les tuniques de soie pure; le *subsericum* était une étoffe de soie à trame de coton. Vers le temps d'Héliogabale le goût de ces étoffes se développa considérablement.

Lorsque après l'envahissement de l'Italie l'empire se trouva réduit à Constantinople, les souverains amollis, plus rapprochés des mœurs orientales, en acceptèrent le luxe et accrurent ainsi la vogue des riches étoffes, ce qui fut pour la Perse la source d'un commerce des plus lucratifs.

Pourtant, au quatrième siècle, Justinien songea aux moyens d'affranchir son empire d'un tribut si onéreux; informé de ce fait que deux moines avaient voyagé en Chine et y avaient surpris le secret de l'éducation des vers à soie, il les chargea officiellement de retourner dans ce pays et d'en rapporter les graines nécessaires pour tenter une acclimatation. Les envoyés, à force de soins et de persévérance, réussirent dans leur entreprise : ils placèrent secrètement des œufs dans le creux de quelques cannes de bambou; lorsque ces œufs, tenus chaudement sur de petites couches de fumier, vinrent à éclore, ils nourrirent les jeunes vers avec la feuille du mûrier sauvage, et, tout en

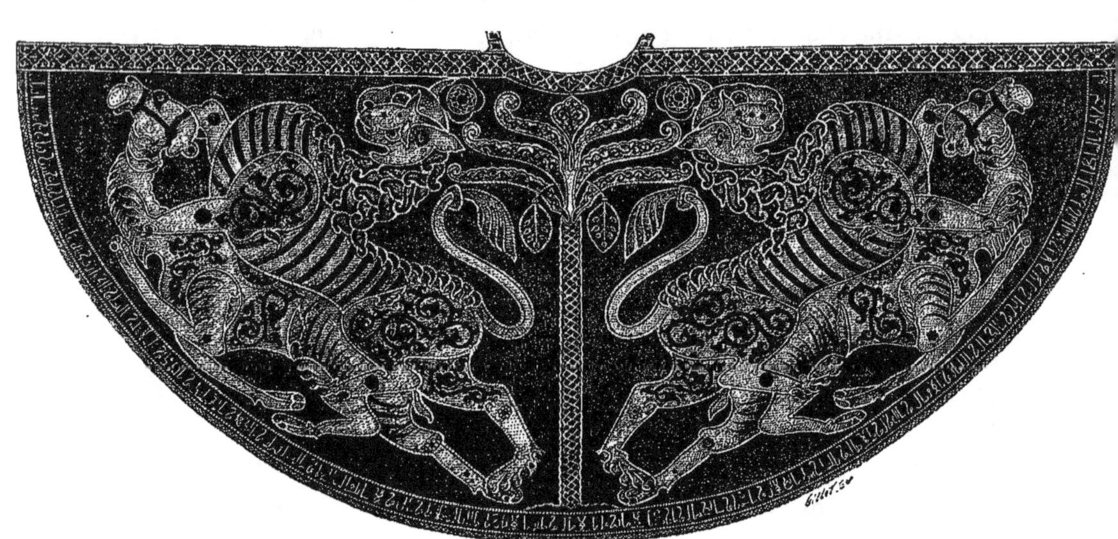

Manteau de couronnement des empereurs du saint empire romain, conservé au Trésor de Vienne.

cheminant à travers des difficultés sans nombre, ils arrivèrent à Constantinople et purent doter l'Europe des premiers éléments de l'une de ses plus belles industries.

L'élève des vers réussit fort bien autour de Constantinople, en Syrie, en Grèce et particulièrement dans le Péloponèse. Mais, lorsque à la suite de la guerre entreprise contre la Grèce par Robert Guiscard, Roger de Sicile se rendit maître de ce pays, il emmena captifs, dit-on, les ouvriers thébains et corinthiens employés au tissage des étoffes précieuses enrichies d'or; il les réunit à Palerme, métropole de la Sicile, et leur ordonna d'enseigner leur art à ses sujets; c'est de là, dit Othon de Friesingen, que cet art vint à cesser d'être un secret pour les Latins. Cette opinion, généralement admise, est combattue par plusieurs écrivains et notamment par M. Amari; si effectivement les ouvriers grecs ne furent amenés qu'en 1146, ils durent trouver l'industrie de la soie sérieusement installée à Palerme : la preuve en est écrite sur le magnifique manteau conservé aujourd'hui au musée de Vienne; l'étoffe de soie est divisée en deux par un palmier ornemental (le hom) chargé de ses régimes; au pied sont deux groupes composés d'un lion, la tête fièrement rejetée en arrière et terrassant un chameau. Autour circule cette inscription en arabe coufique : « (Ce manteau) fait partie de ce qui a été travaillé dans la manufacture royale où règnent le bonheur, l'honneur, le bien-être, l'achèvement, le mérite et la distinction; qui peut se réjouir d'un bon agrandissement et d'une glorieuse prospérité, de grande libéralité et de grande splendeur, de gloire et de superbe dotation ainsi que de l'accomplissement des souhaits et espérances; et où les jours et les nuits devraient s'écouler dans les plaisirs, sans fin ni changement avec le sentiment de l'honneur, de l'attachement et de la participation dans le bonheur, et la conservation de la prospérité du soutien et d'activité convenable (dans la capitale de la Sicile l'an 528 de l'hégire) ». Cette date, 1133 après J. C., nous met en plein règne de Roger II et il s'agit, comme le dit l'inscription, d'une fabrique *prospère et agrandie*, non par des mains grecques, mais par des Arabes; le style arabo-sassanide des ornements suffirait à le faire reconnaître si ce n'était écrit, et si l'on ne savait d'ailleurs qu'à l'exemple des califes Ommiades, les dynasties musulmanes d'Orient ou d'Occident entretenaient dans le palais royal un hôtel du *tiraz*, en manufacture de soie, destiné au tissage des vêtements des plus éminents personnages. Les rois normands de Sicile avaient suivi cet exemple en employant des ouvriers arabes ; et s'il fallait en croire Ebn Djobaïr, la manufacture de soie était un nom décent pour déguiser le sérail où ils avaient eu la fantaisie d'introduire aussi des filles franques ou françaises.

Ce qui tendrait à prouver que l'introduction des artisans grecs n'eut pas une grande influence sur l'atelier sicilien, c'est que l'aube du musée de Vienne, faite sous Guillaume II, est encore de style arabe, avec animaux et oiseaux fantastiques, et qu'elle porte, répétées en lettres onciales et en arabe, ces inscriptions : « Fait dans l'heureuse ville de Palerme, la quinzième année du règne de Guillaume II, par la grâce de Dieu, roi de Sicile, duc de Pouille et prince de Capoue, fils de Guillaume Ier. XIVe indiction. » « (Cette aube) fait partie des vêtements dont la confection a été ordonnée dans les ateliers royaux, toujours bien montés, par le très-honoré roi Guillaume II, lequel prie Dieu de lui accorder sa force; qui est assisté de toute sa puissance et qui demande la victoire à celle-ci par ses prières; seigneur d'Italie, de la Lombardie, de la Calabre et de la Sicile, (protecteur) puissant du pape romain et défenseur de la religion chrétienne; daté de la petite ère XIII, an 1181 de l'ère de Notre-Seigneur Jésus, le Messie. »

Il est bon d'ajouter que la fabrication sicilienne ne se bornait pas à ces œuvres hors ligne; elle livrait à la consommation de tous, des vêtements d'un luxe moyen, ainsi que le démontre ce passage d'Ebn Djobaïr décrivant la toilette des dames de Palerme à l'occasion de la fête de Noël en 1185 : « Elles sortaient habillées de robes en soie couleur d'or, enveloppées de manteaux élégants, couvertes de voiles de couleur, chaussées de brodequins dorés, et se pavanaient dans leurs églises ou tanières, surchargées de colliers, de fard et d'odeurs, tout à fait en toilette de dames musulmanes. »

M. Francisque Michel n'a pu découvrir le moment précis où, de la Sicile, la fabrication des soieries s'étendit dans l'Italie continentale. En 1242, les ouvriers en soie formaient à Lucques une nombreuse agglomération; mais la guerre que les Florentins firent aux Lucquois ruina l'industrie, et après la prise de la ville en 1314, les ouvriers se dispersèrent, portant leur expérience à Venise, Florence, Milan et Bologne où se fondèrent des ateliers.

Pourtant, la première de ces villes pourrait bien avoir eu des fabriques antérieurement à cette date, ce que peut faire présumer un décret du grand conseil de l'an 1248; il est mention encore des étoffes de Venise dans un inventaire du trésor du saint-siége daté de 1295.

Gênes à cette même époque avait aussi ses métiers à soieries, et Florence arriva bientôt à donner une telle importance à sa fabrication qu'elle se considérait comme bien supérieure à Venise.

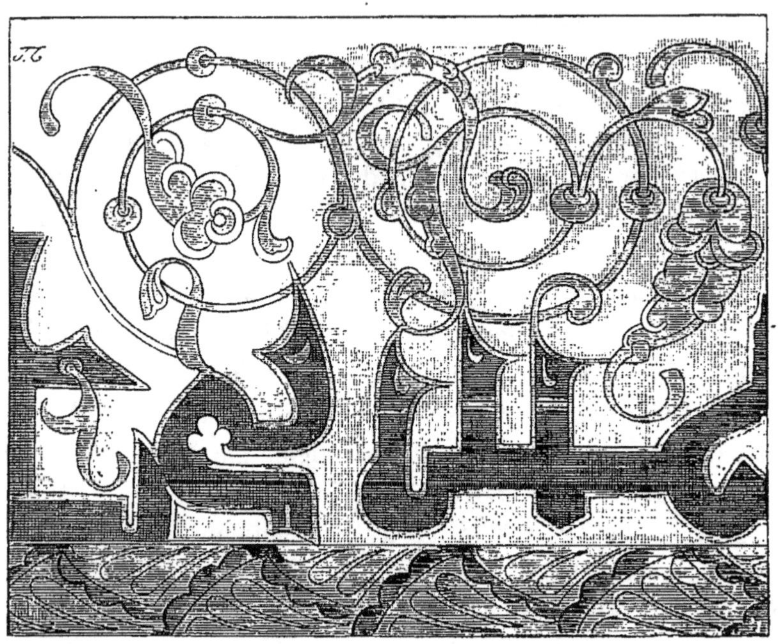

Fragment d'étoffe en soie, restes d'un vêtement sacerdotal trouvés dans la tombe d'un évêque du douzième siècle, à Bayonne. (Musée de Cluny.)

Quelques écrivains estiment que c'est de la Sicile, et par les îles Baléares que l'Espagne a connu le travail de la soie; c'est une erreur facile à démontrer; l'industrie dont il s'agit a été introduite en Espagne par les Arabes antérieurement au douzième siècle, ainsi qu'en témoignent Conde dans son *Histoire de la domination des Arabes en Espagne*, le géographe Edrisi, et Abon Zacaria Jahia Mohammed ben Ahmed ebn el Awam, de Séville, auteur du *Livre de l'Agriculture*. Pendant le moyen âge les soieries de Séville rivalisaient avec celles de la Chine, et lorsque Grenade succomba il y avait en activité plus de 5,000 tours à tordre les soies.

Quant à Almeria, sa réputation était universelle; ses étoffes étaient mentionnées parmi les plus belles. Un écrivain arabe cité par Conde, dit que le roi maure Aben Alahmar, qui régnait en 1248, protégea beaucoup la culture et la fabrication de la soie, et il ajoute que cette fabrication avait fait de tels progrès que la soie de Grenade était préférée à celle de Syrie.

Lorsque la puissance arabe fut détruite, les vainqueurs chrétiens profitèrent des secrets des vaincus, et bientôt Tolède, Murcie et Valence égalèrent les anciennes fabriques musulmanes.

Passons à notre pays, dont M. Francisque Michel fait remonter les titres bien haut, grâce à la parfaite connaissance qu'il a de nos anciennes poésies; pour lui il est hors de doute qu'on a fabriqué la soie en France dès le douzième siècle. Ainsi, en interrogeant *Li romans de Berte aus grans piés*, il prouve que la mère de Charlemagne, renommée parmi les fileuses, mettait en œuvre l'or et la soie :

Les deux filles Constance, ne vous en mentirai,
Sorent d'or et de soie ouvrer, car bien le sai.
Delés eles fu Berte, qui moult ot le cuer vrai
Quant ot veü lor œuvre, si dist : « Je vous ferai
Une œuvre, s'il vous plaist, que vous aprenderai.
Ma mere fu ouvriere, née fu vers Aussaï.... »
Lors prent Berte à ouvrer si com je vous dirai....
N'avoit meillor ouvriere de Tours jusqu'à Cambrai.

Aux treizième et quatorzième siècles l'industrie était arrivée à un très-haut point à Paris; on trouve dans le compte de Geoffroi de Fleuri dressé en 1316 : « Pour trois draps d'or de Paris, ouvrez.... pour faire une chappe à la royne, qu'elle ot à l'entrée de Rains, onze livres pour pièce. » Du même temps est l'*ordonnance du mestier des ouvriers de draps de soye de Paris et de veluyaus, et de boursserie en lac, qui affierent audit mestier*, aux termes de laquelle M. Fr. Michel trouve, dans les gros exploits du prévôt de Paris, au terme de la Toussaint, 1318 : « Ph. Levesque, ouvrier de dras de soye, pour ce qu'il a acheté le mestier.... XX sous. » C'était à ce prix de vingt sous qu'était fixé le droit d'exercice. A la même date une amende de quinze sous était prononcée par le même prévôt, contre « Jehan de Bray, Jehan du Mès et Jehan de Chartres, pour ce qu'ils ont ouvré contre les poins du mestier. »

Mais pour trouver la véritable histoire de l'industrie séricicole en France, il faut arriver au règne de Louis XI; des lettres patentes de ce roi, données à Orléans le 23 novembre 1466, sont le premier titre pour la fondation à LYON de métiers de drap d'or et de soie. Il est vrai que ces lettres patentes imposaient la ville en faveur de l'industrie nouvelle et que, sur la réclamation des habitants, un sursis fut accordé pour la réalisation de l'impôt; en février 1469 le roi prit de nouvelles mesures pour assurer l'exécution de ses volontés et les choses marchèrent sans doute à souhait, car le 17 juillet 1494, dans un but qu'il est facile de comprendre, Charles VIII rendait une ordonnance enjoignant de marquer les étoffes de soie du sceau de la ville où elles avaient été fabriquées, et défendant de porter des draps d'or, d'argent, de soie autres que ceux tissés en France.

Lorsque François Ier passa par Lyon, à son retour de la campagne de Savoie, il donna des lettres patentes dans le but d'augmenter le succès de la fabrication ; pour attirer les ouvriers génois et étrangers, il leur accordait le droit d'acquérir des biens meubles et immeubles, dont leurs ayants droit pourraient hériter sans prendre lettre de naturalité ou d'aubaine, et les exemptait de toutes tailles et impôts sous la seule condition de leur inscription par noms et surnoms sur les registres de la ville. Ces lettres furent enregistrées au mois d'août 1537. Les premiers qui se présentèrent pour en profiter étaient deux Génois, Étienne Turqueti et Barthélemi Nariz, que beaucoup d'écrivains ont signalé à tort comme étant les introducteurs de l'industrie des soies en France.

Les priviléges accordés aux étrangers furent renouvelés par Henri II en septembre 1548, par Charles IX, à Montpellier en 1564 et à Paris en 1567, par Henri III, à Lyon en 1574, par Henri IV en 1595, par Louis XIII, à Paris en 1610, etc. Dès lors, l'industrie des soies devint l'une des plus importantes de la France, et Lyon parvint à porter l'art à ses dernières limites.

Il serait trop long de rappeler ici les nombreuses ordonnances destinées à assurer la prospérité de l'industrie de cette ville, mais il n'est pas sans intérêt de montrer jusqu'où s'étendait la protection de l'autorité ; nous avons trouvé aux Archives un arrêt du conseil nommant le sieur Verret, comme successeur du sieur de Seroncourt, en qualité de dessinateur des étoffes de Lyon. Un autre arrêt du 21 mars 1777 accordait un privilége à Claude Rivey, fabricant de bas de soie dans la même ville, qui avait inventé un métier pour faire des étoffes tricotées à fleurs et à broderies de couleur.

Revenons à TOURS, la seconde fabrique française établie par Louis XI. En 1470, ce roi avait fait venir divers artisans d'Italie et de Grèce, *tous ouvriers et faiseurs de draps de soye ;* des lettres patentes d'octobre 1480 leur accordaient tous les priviléges qui pouvaient les fixer en France, priviléges confirmés par Charles VIII en mai 1497 : aussi l'industrie prospéra, bien que les intéressés aient cru devoir soumettre à Henri II, en 1544, et aux états généraux de Blois plus tard, des doléances sur le préjudice qu'apportait à leur industrie la concurrence de la fabrique lyonnaise. Pourtant, en 1546, l'ambassadeur vénitien Marino Cavalli trouvait dans la ville huit mille métiers en activité, et en 1577 un autre envoyé de la même puissance assurait qu'on faisait à Tours nombre d'étoffes de soie bonnes et belles et qu'elles se vendaient moins cher qu'en Italie, à Naples, à Lucques, à Venise.

En 1595, Henri IV faisait un nouvel édit pour garantir aux fabricants de Tours la stabilité de leurs manufactures ; nous allons trouver bientôt de nouvelles marques de l'intérêt que ce monarque portait à l'industrie nationale.

Mais pour suivre dans leur ordre chronologique les divers établissements dont nous trouvons la trace, citons celui de VITRÉ créé par François II, duc de Bretagne, et formé d'ouvriers en soie venus de Florence.

ORLÉANS. En 1582, Catherine de Médicis avait fait monter plusieurs ateliers de soieries dans cette ville dont les rois ses enfants lui avaient laissé la jouissance, et elle encourageait de ses propres deniers les ouvriers qui étaient payés par le receveur de son domaine. Mais les guerres civiles de 1585 et les malveillances suscitées par la jalousie en achevèrent bientôt la ruine.

PARIS. Un économiste français, Barthélemi de Laffemas, dont les écrits n'ont pas peu contribué à soutenir Henri IV dans ses dispositions favorables à l'industrie, signalait l'existence à Paris, en 1597, « d'un maistre nommé Godefroy, qui fait toutes sortes de draps de soye, toilles d'or et d'argent, et sans nul doute en fera des plus belles qu'il en vin jamais des pays estrangers. »

On établit en effet un atelier spécial au logis de la Maque qui faisait partie de l'ancien hôtel d'Anjou situé rue de la Tixeranderie. Voici ce que contient à cet égard la chronologie septenaire de Palma Cayet, années 1603 et 1604 : « Sa Majesté envoya quérir des ouvriers excellents, par le moyen desquels se peust conduire un tel artifice. Les sieurs du Bourg père et fils, excellents en cest art, prirent ce courage de quitter leurs pays, afin de venir estre habitans de Paris, et furent logez dans la Maque, par le commandement du roy (maison disposée et propre à cela). Ils font des pièces excellentes en rehaussement de fil d'or et d'argent, draps d'or et d'argent, toilles d'or et d'argent, d'or frizé de toutes les façons, avec une naïfveté tant des estoffes que des estoffures, tellement qu'aux damas figurez, satins et autres ouvrages, il sembleroit que les couleurs qui y esclattent sont toutes choses naturellement procréées, comme elles apparoissent, tant est l'industrie naïfve et subtile de leurs tissus. » Le roi accompagné de la cour fit une visite à l'établissement.

Bientôt une nouvelle manufacture s'éleva sur les terrains du parc royal des Tournelles, dans une grande place bâtie des quatre côtés et appelée place Royale ; en 1606 ces bâtiments étaient achevés, les métiers y fonctionnaient, et les entrepreneurs Sainctot, Camus, Parfaict et Le Magne avaient été anoblis.

Nous n'avons pas parlé d'une fabrique que Laffemas signalait à Montpellier comme ayant commencé depuis 1592 à faire des velours, satins, taffetas et autres marchandises de soie. Nous n'en trouvons nulle mention ailleurs, si ce n'est en remontant les siècles, et il faudrait alors en faire le plus ancien atelier de la France. M. Francisque Michel cite cette poésie du douzième siècle.

Vait en la vile, si fait faire un braier
Del millor paile que on puisse baillier....
Et les basnieres firent mout à proisier
Derice paile qui vint de Monpellier.

Ainsi qu'une note de la maison du roi d'Angleterre Henri III, conservée à Bordeaux, et qui commanda en 1232, à Montpellier, entre autres choses, vingt pièces d'étoffes de soie et quatre de drap écarlate. Nous pensons avec le savant auteur qu'il s'agit là de demandes faites à des marchands colporteurs ou dépositaires d'objets de provenances diverses.

Les encouragements à l'industrie des soies ne s'arrêtèrent pas au dix-septième siècle; une manufacture royale d'étoffes de soie au Puy en Velay reçut par lettres patentes du 6 mars 1767 un subside pour la reconstruction des bâtiments qu'elle occupait.

Fontainebleau eut un établissement autorisé par arrêt du conseil du 30 octobre 1775; et par un second arrêt du 22 mars 1777, l'entrepreneur Gilles-François Salmon reçut de nouveaux encouragements.

Toulouse possédait une fabrique dont nous ne connaissons pas la date d'établissement; mais nous avons vu les lettres patentes du 20 juillet 1775 qui l'autorisent à prendre le titre de manufacture royale d'étoffes de soie.

Enfin à Lille le sieur Cuvelier Brame obtient, par lettres patentes du 27 octobre 1776, une allocation de cinquante livres par métier pour sa fabrique d'étoffes de soie.

Après avoir montré les efforts tentés pour le développement d'une industrie de luxe, il serait curieux de faire apparaître les résistances, qu'elles vinssent du clergé invoquant la simplicité imposée au chrétien, ou des souverains eux-mêmes effrayés des dépenses folles et ruineuses auxquelles se laissaient entraîner leurs sujets de tous ordres. Mais l'esquisse seule d'un pareil tableau nous mènerait trop loin et ne prouverait pas grand'chose, car on sait que toutes les lois somptuaires sont restées lettres mortes et que l'autorité religieuse ou civile a toujours été vaincue par la mode, le plus puissant des maîtres. Nous ne pouvons pourtant résister au désir de citer, au moins par extraits, le fameux édit de Charles VIII en date du 17 décembre 1485; il offre une classification des étoffes précieuses qui peut être utile pour le sujet qui nous occupe.

« Charles, par la grâce de Dieu, etc.... Comme la chose publique de notre royaume est fort endommagée à l'occasion des grands frais et dépenses que plusieurs de notre royaume font en habillements trop pompeux et trop somptueux non convenables à leur état.... avons par édit perpétuel défendu et prohibé, défendons et prohibons généralement à tous nos sujets que dorénavant ils n'aient à porter aucuns draps d'or et d'argent et de soye en robes ou doublures, en peine de perdre lesdits habillements et de l'amende arbitrairement envers nous, sauf et réservé les nobles vivant noblement.... auxquels nous permettons qu'ils se puissent vêtir sous la modification ci-après déclarée :

c'est à savoir que les chevaliers tenant deux mille livres de revenu par an pourront porter tous draps de soye de quelque sorte qu'ils soient.

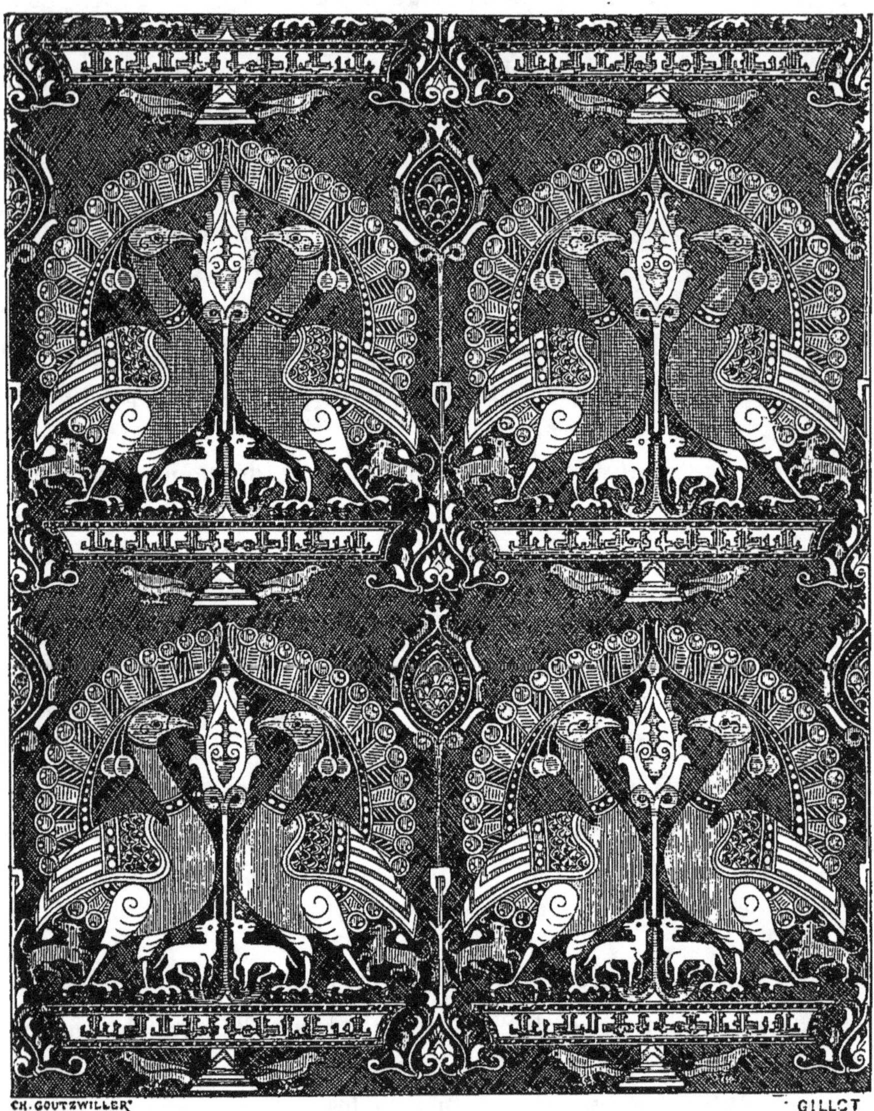

Etoffe de tenture arabe du quatorzième siècle.

Et les écuyers ayant également deux mille livres de rente chacun an, draps de damas, satin figuré : mais non point veloux tant cramoisy qu'autre figuré à la peine que dessus. »

Bien des édits avaient été rendus dans le même sens antérieurement ;

bien d'autres suivirent en 1549, 1563, 1607, 1610 et 1613, et pourtant les progrès du luxe furent incessants et irrésistibles.

Nous voici arrivé à la partie la plus difficile de notre tâche, c'est-à-dire qu'il s'agit maintenant de chercher quel est le caractère décoratif des étoffes dont nous venons d'esquisser l'histoire; la tâche, nous le répétons, est ardue, à moins qu'on ne la réduise à ses termes les plus simples, en disant : les étoffes anciennes de l'Europe sont l'imitation des types de fabrication orientale. En effet, jusqu'aux treizième et quatorzième siècles les magnifiques tissus venus de l'Orient, et surtout de la Perse, ceux fabriqués à Constantinople, ont été les modèles universellement suivis; l'influence orientale s'est accrue encore par les conquêtes de l'islamisme en Italie et en Espagne, et l'on a déjà pu voir, plus haut, que les fabriques de la Sicile, au douzième siècle, étaient purement arabes.

Il sera donc toujours essentiellement difficile de reconnaître si les étoffes du moyen âge sont importées de l'Orient, ou fabriquées autour de nous par des mains orientales ou par des mains européennes stylées dans les ateliers d'origine arabe; à cet égard, nous l'avons déjà vu, la présence des inscriptions arabes ne permettra pas même de trancher la question, et l'on ne pourra sûrement déclarer européennes que les étoffes où des inscriptions arabes incomprises et imitées ornementalement apporteront leur témoignage.

Il nous paraît qu'on peut classer ainsi les types arabo-européens qu'on rencontre parmi les enveloppes de reliques, les suaires et les anciens vêtements religieux : ce sont d'abord les tissus à sujets rappelant les symboles adoptés par les Sassanides, tels que la lutte du lion et du taureau, du lion et du chameau, de la gazelle, etc. Presque toujours ces sujets sont doubles, affrontés et séparés par un motif végétal, palmier ou *hom* sacré, si le type provient de l'Asie Mineure; bouquet composé d'iris, s'il vient spécialement de la Perse, etc. Un autre type également fréquent consiste dans la représentation d'animaux ou oiseaux disposés symétriquement dans des médaillons ou compartiments arabesques; ce sont souvent des lions ou léopards rampants adossés ou affrontés et parfois la tête contournée, des oiseaux de proie, des perroquets; dans ce genre, il est un passage difficile à saisir : c'est celui où l'animal cesse d'être oriental et devient héraldique. Ce n'est toutefois que pour les ouvrages postérieurs au treizième siècle que ce doute peut naître, car c'est alors seulement que le système des armoiries a été adopté.

Il sera, du reste, plus simple et plus utile de renvoyer les curieux, non aux descriptions nombreuses d'étoffes conservées dans les anciens trésors, mais aux échantillons typiques que nos musées livrent à l'étude. Le style byzantin du huitième au neuvième siècle est représenté à Cluny par une étoffe à fond rouge, où l'on voit un homme, Samson, selon toute probabilité, luttant contre un lion. Les chairs blanchâtres sont rehaussées du même ton orangé, qui est la teinte du lion; les traits du visage et un manteau qui voltige sont noirs; les couleurs jouent d'ailleurs très-habilement dans le tissage, et une bordure en guirlandes est non moins savamment disposée. Cette étoffe nous rappelle les merveilles citées par Anastase le bibliothécaire, et notamment le sujet de Daniel dans la fosse aux lions, et les autres scènes symboliques peintes dans les catacombes par les chrétiens des premiers siècles.

Nous passerons rapidement sur les monuments des onzième et douzième siècles, en citant le fragment de la dalmatique portée par Henri II empereur, dans les grandes fêtes de la cathédrale de Bamberg, et qui offre des médaillons, animaux chimériques et rinceaux; ainsi que le numéro suivant, 3258, à bordure courante, dont le travail parfait est tout à fait remarquable; et cet autre tissu, provenant de Constantinople, numéro 3264, qui a servi à envelopper des reliques rapportées des croisades à Cologne. On a vu déjà ce qui se faisait alors à Palerme.

Le treizième siècle nous arrêtera davantage, car là nous pourrons distinguer déjà des provenances diverses; de ces merveilleux ateliers arabo-chrétiens de la Sicile nous verrons, sous les numéros 3270 et 3271, des étoffes à médaillons avec des perroquets, des cygnes et des chiens savamment indiqués. Déjà la disposition quadrillée se montrera dans un fragment sarrasin d'Italie ou d'Espagne, où les animaux et les ornements affecteront cette alternance si fréquente plus tard. L'Espagne encore, numéro 3276, fera surgir du tissu les animaux et les perroquets d'origine orientale.

Mais voici le fameux drap de Lucques, si longtemps estimé pour sa richesse et sa beauté, et transporté par le commerce dans toutes les cours de l'Europe. Ici le dessin est simple, mais il a cet intérêt d'avoir été spécialement fait pour la France, puisque c'est un semé de fleurs de lis et de lions. Non loin un autre spécimen, peut-être du commencement du quatorzième siècle, est semé de cerfs et d'alérions rehaussés d'or sur un fond d'arabesques orné d'oiseaux et de chiens.

Passons au plein quatorzième siècle, et signalons d'abord une belle étoffe sicilienne relevée d'or, où apparaissent des figures de femmes, des lions et des palmiers. Les tissus à inscriptions pseudo-arabes deviennent fréquents et témoignent de l'accroissement des ouvriers chrétiens dans les ateliers; puis l'Italie, se livrant à ses tendances picturales, va semer ses soieries de constellations, parmi lesquelles surgiront des séraphins en adoration; un fragment de voile de fabrication florentine, et peut-être du commencement du quinzième siècle, montrera ces mêmes séraphins tissés en or sur fond bleu et figurant l'hymne *Ecce panis angelorum.*

Avec la fin du quinzième siècle, nous l'avons dit déjà, se montre cette manifestation vaillante du progrès des siècles, qualifiée de renaissance. Ici les fabriques européennes se sont affranchies de l'imitation orientale; les emblèmes des chevaliers et des princes, les signes nobiliaires vont devenir le type des plus belles étoffes : on verra le heaume du guerrier se cantonner dans les arabesques gothiques; les branches écotées s'entre-croiser parmi les fleurs; les querces et rouvres (chênes) adoptés par les grandes familles, se multiplier en caprices divers. Puis certaines fleurs d'origine orientale, les asters, les marguerites, semer leurs rosaces délicates parmi les méandres de l'ornementation. Voici, à Cluny, une bande à zigzags de soie et d'or, où figurent des écus d'armoiries à deux flèches en sautoir; puis numéros 3290 et 3291 des fragments tissés par la confrérie des tisserands de Cologne offrant un entre-croisement de tiges épineuses flanqué de feuilles légères et d'aster d'or, se détachant sur le fond rouge, ou des croix fleurdelisées. Là ce sont des soieries de la Flandre, d'autres de l'Italie avec feuillages et oiseaux; ailleurs les damas de Venise avec branches de chêne et brillantes arabesques s'enlevant sur des fonds d'or.

C'est que l'art est désormais acquis; voilà le seizième siècle avec son goût si pur, ses hardiesses si magnifiques; Florence, Venise, Lyon, Tours, vont entrer en lutte, rivaliser de chefs-d'œuvre; l'or, le velours et la soie vont étaler leurs mosaïques sur les luxueux tissus, et pour juger à quelles splendeurs, à quelle variété pourront atteindre les artistes, ce n'est plus à de simples échantillons épars dans les collections qu'il faut recourir; c'est aux tableaux des maîtres, depuis les primitifs qui rendront les draps d'or, les damas, avec cette minutie permettant presque d'en compter les fils, jusqu'aux grandes scènes de Paul Véronèse, qui nous montrera l'effet splendide, le ruissellement lumineux des brocards et des satins figurés, des velours à parterre et des brocatelles.

En écrivant ces mots, un scrupule nous prend : ne serait-il pas utile de définir les noms anciens qu'on rencontre dans les poésies primitives ou dans les inventaires? Qu'est-ce que le *samit*, le *cendal*, le *siglaton*, le *diapre*, la *pourpre* qu'il faut bien se garder de considérer comme exprimant une couleur? Hélas! il faut bien le reconnaître, les recherches de la science sont loin d'avoir éclairé la question; les documents se contredisent; le sens accepté ici n'est plus le même ailleurs; les temps et les lieux jettent la confusion là où l'on pensait entrevoir une solution rationnelle. Comment n'en serait-il pas ainsi, lorsque nous trouvons dans des documents de la seconde moitié du dix-septième siècle, des nomenclatures comme celle-ci, résumant ce que pouvaient vendre les marchands de Paris : Draps d'or et d'argent frisés, brochés — lamés d'or et d'argent — Gros de Naples — Poulx de soye — Satin — Damas — Vénitienne — Damassin — Luquoise — Valoise — Velours à fond d'or — Serge de soye — Tabis à fleurs — Taffetas façonné — Brocatelle — Toile de pourpoint — Écharpe de soye — Égyptienne — Satin de la Chine — Damas caffart — Camelotine — Modesne — Satin de Bruge — Legatine — Serge dauphine — Étaminé du Lude, et autres camelots — Trippe de velours — Ostade — Demi-Ostade — Bazins — Fustaines — Moncayart — Burails ou Ferrandines.

Certes, on pourrait définir ces espèces nombreuses, mais ce serait au moyen de descriptions techniques tout à fait étrangères à cette étude, et difficilement compréhensibles, à moins qu'on n'en voie la pratique sur le métier.

Quant à la prééminence des étoffes les unes sur les autres, c'est encore là une affaire d'époque et de mode. Au seizième siècle le satin était fort estimé, et nous pouvons nous former une idée du rang qu'il occupait dans les vêtements de luxe, rien qu'en rapportant la règle somptuaire des membres du Parlement : le président était habillé de velours, les conseillers et maîtres de satin, les greffiers de damas et les huissiers de taffetas.

Le luxe d'ailleurs n'était pas toujours mesuré au rang, et l'on a vu souvent plus de draps d'or et d'argent étalés aux noces d'un courtisan que dans les cérémonies officielles; de même les particuliers ont dépassé parfois les rois dans leurs manifestations somptueuses. En 1507, Jean-Jacques de Trivulse, maréchal de France, donna à Louis XII, en sa maison de Milan, une fête pour laquelle il avait fait faire une salle de cent vingt pas de long, couverte de velours bleu semé de fleurs de lis et d'étoiles d'or. Il s'y trouva plus de douze cents dames, toutes vêtues de drap d'or ou de soie en broderie; et celles qui avaient été conviées au banquet prirent place sur des carreaux de drap d'or et de velours cramoisi, préparés à leur intention au nombre de quatre ou cinq cents.

Antérieurement, quand Charles VIII fit son entrée dans Lucques, les seigneurs, bourgeois et autres habitants de la ville allèrent à sa rencontre, vêtus, pour la plupart, de fin drap d'or et de velours.

Toutes ces étoffes brillantes nous ont fait négliger une fabrication essentiellement nationale, celle des tissus de laine; dès le temps de saint Louis les fabriques d'Arras étaient renommées, et l'Auvergne avait développé la fabrication à un point extraordinaire. Parmi nos tissus de laine il en est dont le dessin est fort remarquable; on en trouve même de lamés d'or. Si, au point de vue qui nous occupe, les étoffes de laine n'ont qu'une importance secondaire, elles en ont une prépondérante au point de vue économique, et il serait injuste de ne pas citer en passant le nom de Cadeau, le fondateur des draperies de Sedan qui, au dix-septième siècle, recevait des immunités pour lui et sa descendance, en récompense des services rendus à l'industrie et au pays.

Disons un mot encore des toiles, dont nous trouvons quelques échantillons curieux au musée de Cluny. C'est d'abord un tissu de lin imprimé du treizième siècle, où figurent des oiseaux affrontés d'une grande tournure ornementale. Il est assez difficile, il est vrai, d'indiquer l'origine réelle de ce morceau qui a toute la perfection technique des toiles peintes orientales sans en avoir le style. L'autre échantillon est un tissu de fil à deux tons, gris et rouge, décoré d'animaux chimériques, de lions adossés et d'oiseaux accouplés face à face, tout à

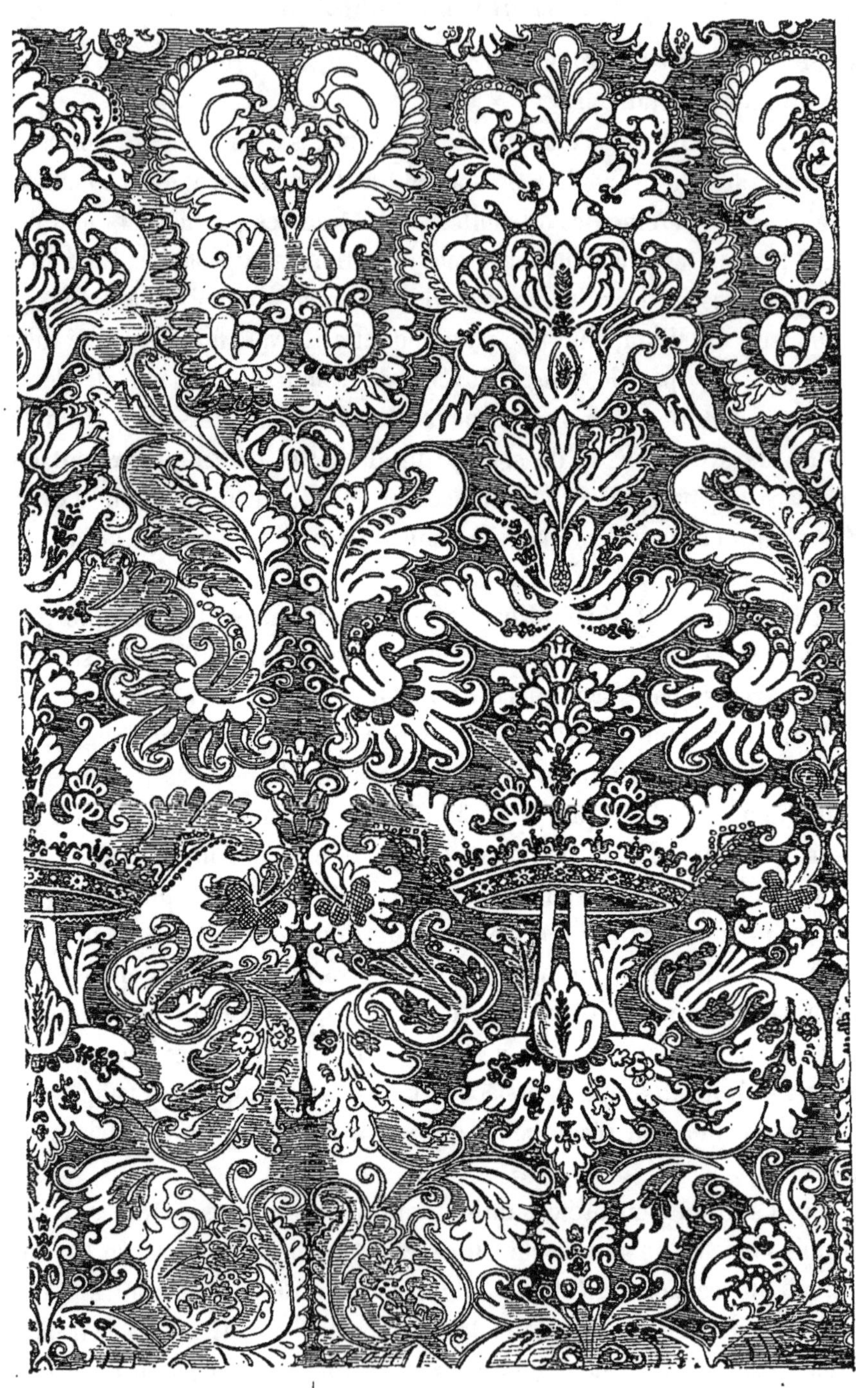

Étoffe de soie brochée jaune d'or et vert, dite *à la couronne;* règne de François Ier.
(Collection de M. H. Barbet de Jouy.)

fait comme dans les soies du quatorzième siècle. Rien encore ne permet de reconnaître où a pu être fait ce curieux tissu.

La soie n'a pas été décorée seulement par le tissage et la broderie; M. Anatole de Montaiglon a décrit, dans la *Bibliothèque de l'École des Chartes*, un parement d'autel orné de dessins à la plume et au pinceau, genre de travail qui paraît remonter au quinzième siècle au moins. Vasari attribue au contraire à un peintre florentin l'invention de la peinture sur étoffe; il fut des premiers, dit-il, qui imaginèrent de peindre les étendards et autres draperies en mosaïque, comme on dit (par teintes contiguës), parce que les couleurs ne se confondent pas et qu'on voit par endroits la couleur de l'étoffe. Il a fait ainsi le baldaquin d'or San Michele, rempli de figures de Notre-Dame toutes belles et variées.

La peinture sur soie n'a pas été une pratique passagère, car on peut voir à Cluny une belle pièce à décor de fleurs du siècle dernier.

ORIENT

Si l'ordre, qui est une des premières conditions de tout travail sérieux, ne nous avait imposé l'obligation de traiter des étoffes comme de tous les autres produits de l'industrie humaine, nous aurions certainement commencé par l'Orient, qui nous a d'abord fourni les modèles de tous nos vêtements et tentures de luxe.

Il faut remonter à l'antiquité pour voir les tissus de l'Inde et de la Chine entrer dans le commerce des Grecs et des Égyptiens, et exciter l'émulation chez ce dernier peuple; les toiles peintes et imprimées de l'Inde se vendaient en Égypte et dans quelques parties de l'Europe bien avant Alexandre; on les y désignait sous les noms de Sindones et d'Othonia. De tous les ports du Guzarate, des côtes du Malabar et de celles du Coromandel, les navigateurs transportaient à Bérénice, et de là au marché général d'Alexandrie, les toiles de coton blanches, peintes et imprimées.

Ptolémée Philadelphe envoya Denis recueillir, dans les diverses parties de l'Inde, les renseignements qui servirent à fonder, en Égypte, une industrie propre à rivaliser avec les produits hindous. Seulement on peut induire des descriptions d'Apulée et de Claudien, que les couleurs des toiles égyptiennes étaient moins durables que celles de l'Inde, et c'est sans doute ce qui fait dire à saint Clément d'Alexandrie, que l'on peut bien livrer à l'usage des femmes des étoffes souples et fines, mais qu'il ne faut pas fabriquer de ces toiles où l'on voit des fleurs coloriées semblables à des peintures, attendu que cette peinture s'efface en peu de temps.

Les Indiens, qui possèdent des substances propres à donner des couleurs ineffaçables, en traçaient, au pinceau, sur leurs toiles, des figures de fleurs et d'animaux, mais ils employaient plus fréquemment encore le mode d'impression au moyen de planches gravées sur bois; c'est de ce procédé que parle Strabon, lorsqu'il dit des Massagètes : « Ils forment sur leurs habits des ornements variés *en y imprégnant* des couleurs dont la fraîcheur est inaltérable. » Pline montre d'ailleurs le haut avancement des sciences chimiques dans l'Inde, lorsqu'il explique qu'après avoir tracé des dessins sur la toile avec différents mordants acides et alcalins, on la plongeait dans un bain de teinture bleue, d'où elle sortait chargée de trois couleurs.

Quant aux images, c'était, d'après Apulée, des dragons, des griffons hyperboréens, des animaux d'un autre monde imités avec un coloris très-varié. Claudien dit de son côté : « Rien ne doit paraître incroyable; on peut nous offrir des monstres de toute espèce, des tortues qui volent, des vautours armés de cornes.... tout ce que l'Inde enfante de bizarre et qui se retrouve sur les toiles peintes au bord du Nil. » Qui ne reconnaîtrait dans ces descriptions, non-seulement les figures adoptées par les Indiens, mais celles que les Chinois et les Persans produisaient alors et continuent à produire encore? Émeric David l'avait fait ressortir : « Les ouvrages des Hindous modernes, dit-il, sont entièrement semblables à ceux que leurs pères exécutaient autrefois pour les peuples du nord et de l'occident de l'Asie, pour la Syrie et pour l'Egypte. Nous retrouvons imprimées sur leurs toiles les fleurs et les figures d'animaux, dont parlent les anciens auteurs; et aussi quelquefois, ce qui n'est pas moins remarquable, les images du culte toujours subsistant de Vichnou et de Brahma. »

Raynal explique par suite de quelle erreur ces toiles peintes ont pris, chez nous, le nom de *Perses*. Les Arméniens faisaient anciennement ce qu'ils ont toujours fait depuis. Ils passaient aux Indes; ils y achetaient du coton; ils le distribuaient aux fileuses; ils faisaient fa-

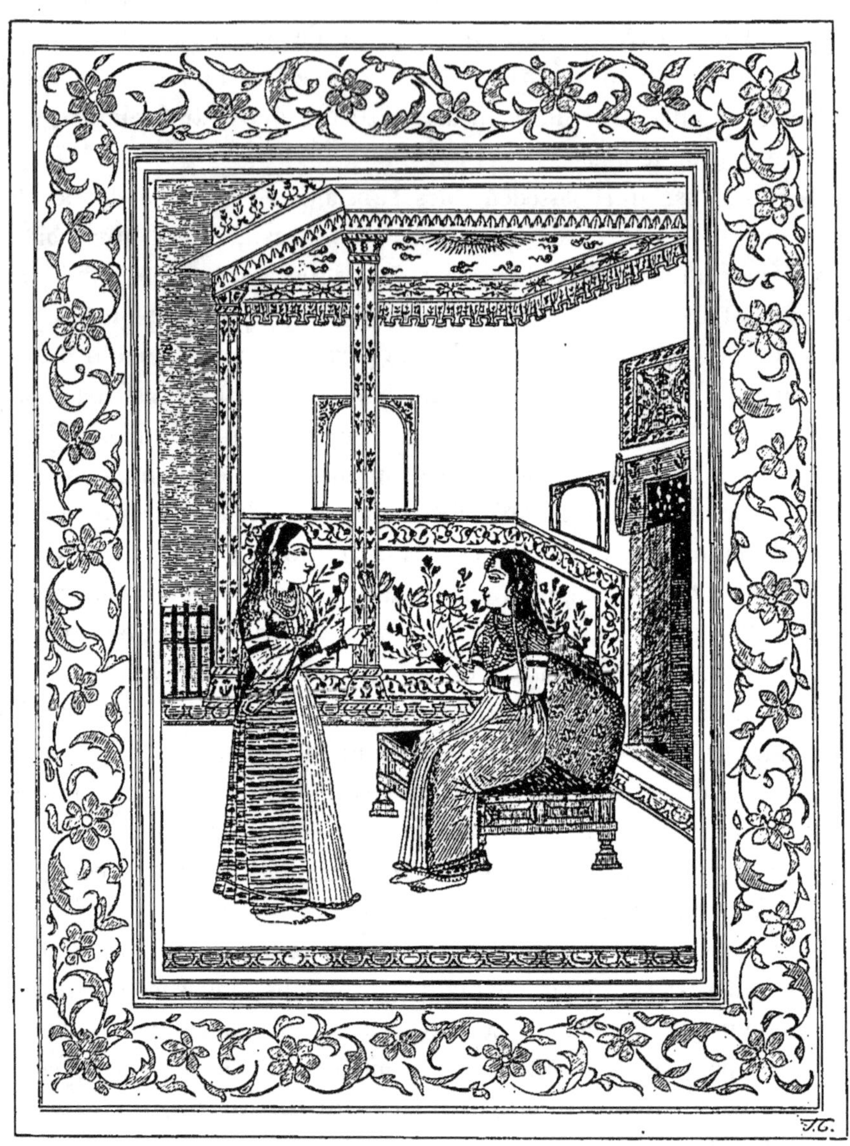

Miniature indienne présentant dans sa bordure et dans ses détails de costume et d'ameublement le style d'ornementation au seizième siècle.

briquer les toiles sous leurs yeux; ils les portaient à Bender Abassi d'où elles passaient à Ispahan. De là elles se distribuaient dans les différentes provinces de l'empire, dans les États du Grand Seigneur, et jusqu'en Europe, où l'on contracta l'habitude de les appeler *Perses*, quoiqu'il ne s'en soit jamais fabriqué qu'à la côte de Coromandel.

Les étoffes de soie de la grande Sérique sont moins connues des anciens, ou plutôt moins bien définies par eux; Arrien indique cependant la route qu'elles suivaient de Thinæ à Bactra, et de cette dernière ville à Barygaza, aujourd'hui Baroda, dans le golfe de Cambaye, où les Égyptiens les recevaient en échange de leurs propres marchandises. Le luxe des vêtements avait amené l'établissement de fabriques à Alexandrie, Tyr, Damas, Antioche; c'est de là que sortaient les robes que portaient les chrétiens du quatrième siècle : une tunique, un manteau renfermaient quelquefois jusqu'à six cents figures; on y voyait, représentée en différents tableaux, la vie entière de Jésus-Christ; ou bien encore des lions, des taureaux, des panthères, des ours, des arbres, des rochers, des chasseurs; tout ce que l'art des peintres qui s'efforcent d'imiter la nature peut inventer. Aussi saint Astérius s'élevait contre un pareil usage, disant que « les habits de ces chrétiens efféminés sont peints comme les murailles de leurs maisons ». Les manufactures d'où sortaient ces ouvrages existaient encore après les conquêtes des Sarrasins; les Arabes intelligents virent tout le parti que leur commerce pourrait tirer de ces restes de l'industrie des anciens, et ils continuèrent, en dépit des prescriptions du Coran, à représenter même les mystères de la religion chrétienne, en même temps que les animaux réels ou fantastiques qu'on y voyait aux temps anciens.

Pourtant ils ne négligeaient pas de suivre les inspirations naturelles de leur goût, et ce goût charmant, capricieux, délicat, s'imposa tellement qu'il étouffa complétement les traditions anciennes. Au onzième siècle, ce que les croisés admirèrent en Orient, ce qu'ils rapportèrent avec les reliques et parmi les merveilles qu'ils avaient le plus appréciées, ce furent les soieries arabes. Mais, avant d'arriver à la description des morceaux précieux conservés dans nos musées, essayons d'examiner s'il n'y aurait pas moyen de distinguer plusieurs styles dans les étoffes orientales. Nous ne nous arrêterons pas aux choses chinoises, trop bien connues aujourd'hui pour qu'il soit besoin d'en parler : nous dirons seulement que, grâce à la stabilité des coutumes, au Céleste-Empire, comme dans l'Inde, les choses modernes donnent la plus complète idée des plus anciennes créations. La Perse a pour nous un intérêt plus grand, parce que son contact avec les civilisations antiques a dû nécessairement imprimer aux productions de l'art un cachet particulier. Elle a eu ses fabriques spéciales de soieries; Marco Polo prend soin de citer dans son voyage la ville de Toris (Tauris ou Tabriz), où les hommes « vivent de mercandies et d'ars, car il i selaborent maintes dras à or et de soye et de grant vaillance ». Ce que les Persans ont dû représenter de préférence dans leurs ouvrages, ce sont les griffons de tradition antique, les lions attaquant des taureaux, tradition de la lutte des deux principes du bien et du mal, les chasses, images réduites de ces gigantesques poursuites d'animaux auxquelles les rois et les grands se livraient dans des parcs appelés *fardous*, mot que les Grecs ont traduit par paradis, qui est passé dans notre langue. En un mot, le type persan, reconnaissable surtout par la présence de l'iris, si parfaitement décrit dans la notice de M. Charles de Linas sur le fragment d'étoffe appartenant à la bibliothèque de Rouen, est facilement séparable du type arabe pur. Celui-ci a fourni des rameaux distincts, dont le plus important et le plus intéressant, au point de vue de l'art, est le rameau more qui a laissé en Espagne de si brillants spécimens; l'art moresque est à l'arabe ce que le gothique flamboyant est à l'art ogival. A l'aide de ces données sommaires nous pourrons attribuer avec quelque certitude les échantillons classés dans nos musées.

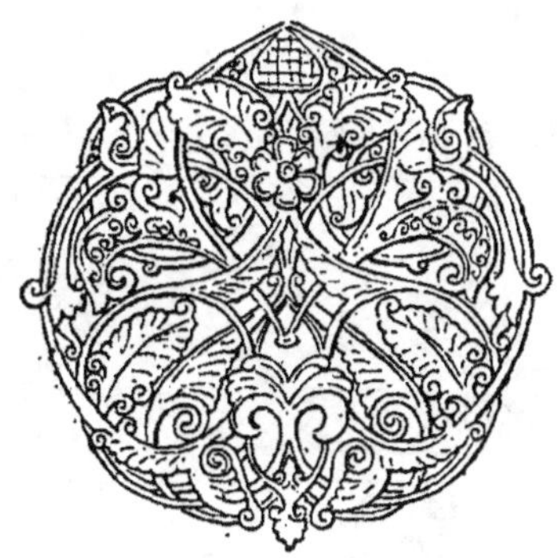

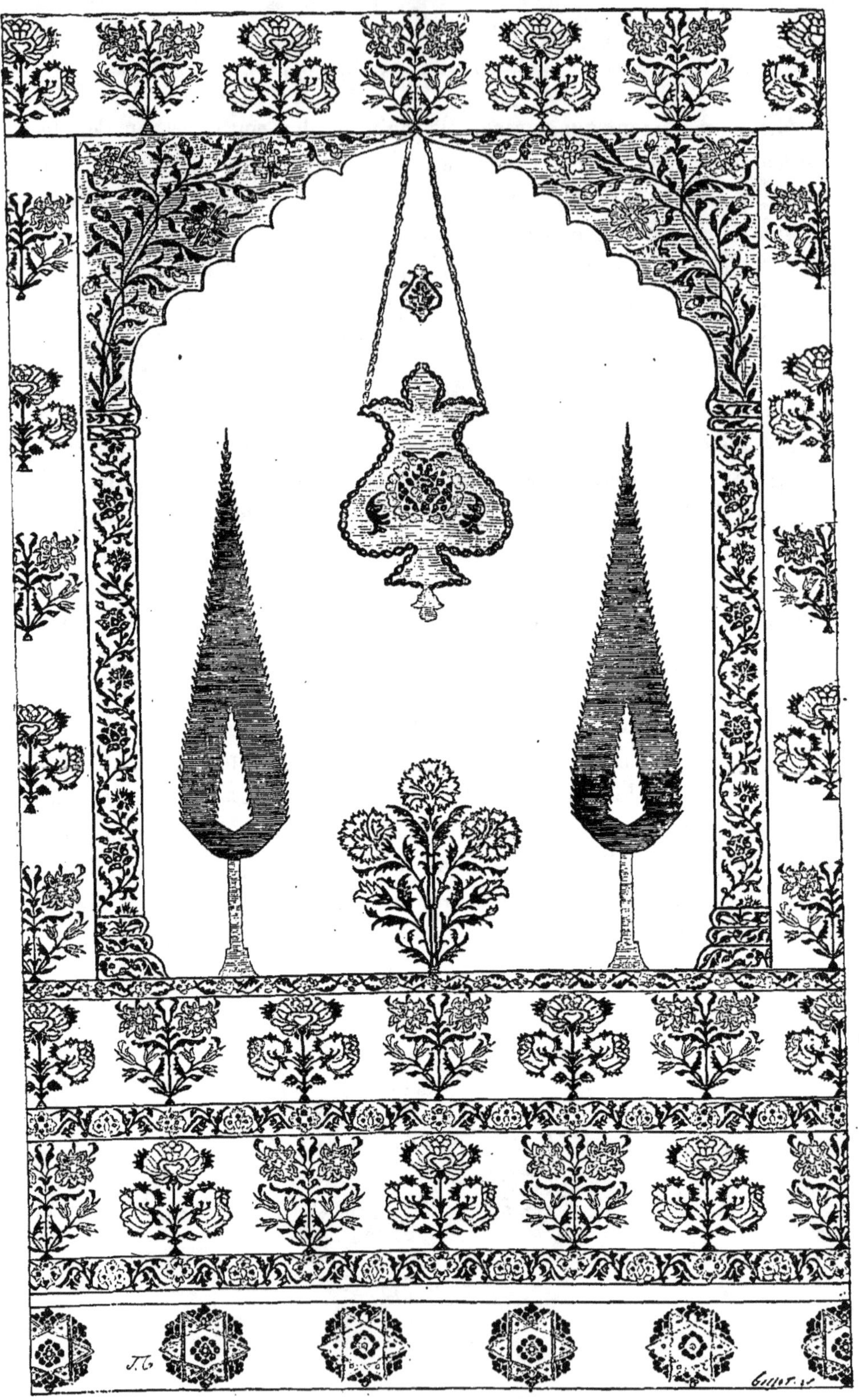

Rideau de porte en tissu d'or, d'argent et de soies variées; travail indien ancien.
(Collection de M. J. Jacquemart.)

CHAPITRE IV

CUIRS ET PAPIERS DE TENTURE

Nous avons vu précédemment le cuir de vache employé à recouvrir les coffres de voyage, et de cet usage est venu le nom de vache ou bâche, donné par la suite au cuir qui garantit le bagage sur les voitures. Plus tard on s'est avisé de décorer le cuir par gaufrage ou estampage, et de le faire entrer dans la décoration intérieure. C'était un raffinement de luxe; on s'en servait principalement pour remplacer les tapisseries pendant la saison chaude : « Cuirs à estandre ès chambres en temps d'esté, » disent les inventaires du duc de Bourgogne. En 1416, Isabeau de Bavière envoyait chercher *six tapis de cuir servans par terre;* c'est encore là une des délicates recherches de la coquette allemande, car, bien qu'en maintes occasions solennelles on ait couvert les planchers, non-seulement de tapisseries, mais même des étoffes les plus précieuses, l'usage, maintenu jusque sous les Valois, ainsi que le montrent de nombreux tableaux, était de *joncher* les salles avec des feuillages et des fleurs; ce ne fut qu'au moment où les *tapis velus* ou orientaux se multiplièrent, et surtout lorsqu'on parvint à les imiter, que la jonchée céda sa place au tissu velouté.

Revenons au quinzième siècle; à cette même date de 1416, le duc de Berry possédait un grand cuir rouge armorié à plusieurs écussons de gueules à trois bandes d'argent entourant l'écu de Castille; c'était un de ces cordouans d'Espagne, particulièrement estimés, et qui ont longtemps donné leur nom aux tentures de cuir dites *de Cordouan.*

Dans le principe, les cuirs de tenture étaient peints de motifs répétés, rehaussés de gravures au fer chaud ou à la molette. De grandes pièces, formées de peaux carrées cousues ou collées ensemble, formaient les parties principales de la tenture qui se complétait au moyen de bandes plus étroites cachant les points de réunion. Nous n'avons pas à nous occuper du style du décor, identique à celui des autres pièces d'ameublement et qui échapperait, par sa variété même, à toute description : pour ces sortes de choses la plume doit céder la parole au crayon. Quant aux colorations, on ne pourrait les rêver plus brillantes qu'elles n'étaient en réalité; les fonds étaient le plus souvent d'argent ou d'or : cette dernière apparence s'obtenait au moyen d'un vernis coloré passé sur l'argent. Les arabesques et ornements tranchaient en tons vifs sur ce dessous brillant.

L'inventaire de Catherine de Médicis, publié par M. Edmond Bonnaffé, donne une idée de la richesse de ces cuirs à la fin du seizième siècle; on y voit des tentures dorées et argentées sur champ orange, au chiffre de la reine, d'autres à montants orange dorés et argentés, avec le fond violet; puis vert de mer, à montants semblables aux précédents; rouge à montants dorés et colombins; bleu avec montants dorés, argentés et rouges; sans parler des nombreuses tentures de deuil où le fond noir n'est relevé que d'argent.

Les cuirs, dont il vient d'être question, constituaient tous des tentures mobiles; dès le quinzième siècle il avait été fait usage du cuir sous une autre forme pour les tentures fixes; ainsi, dans les comptes royaux de Charles VIII, M. le marquis de Laborde relève cet article: « 1496. A Jehan Garnier, sellier, demourant à Tours, la somme de quatre livres quinze sols tournoys, à luy ordonnée pour ung grant cuir de bueuf blanc, passé par alung de glaz, par lui baillée et livrée à ung paintre que le roy avoit faict venir d'Ytallie, auquel la dicte dame (la reine) a faict faire et paindre le parement de son lict — iiij liv. XV s. » Le savant auteur ajoute : « Ce genre de travail a été introduit ou réintroduit en France, à la fin du quinzième siècle, par des peintres italiens, et s'est continué pendant tout le seizième siècle et les premières années du dix-septième. La peinture se détache sur des fonds dorés et se conserve bien ». Le musée de Cluny possède une série de peintures de ce genre, provenant d'une ancienne maison de Rouen, et offrant, sur basane dorée et travaillée au petit fer, Rome assise per-

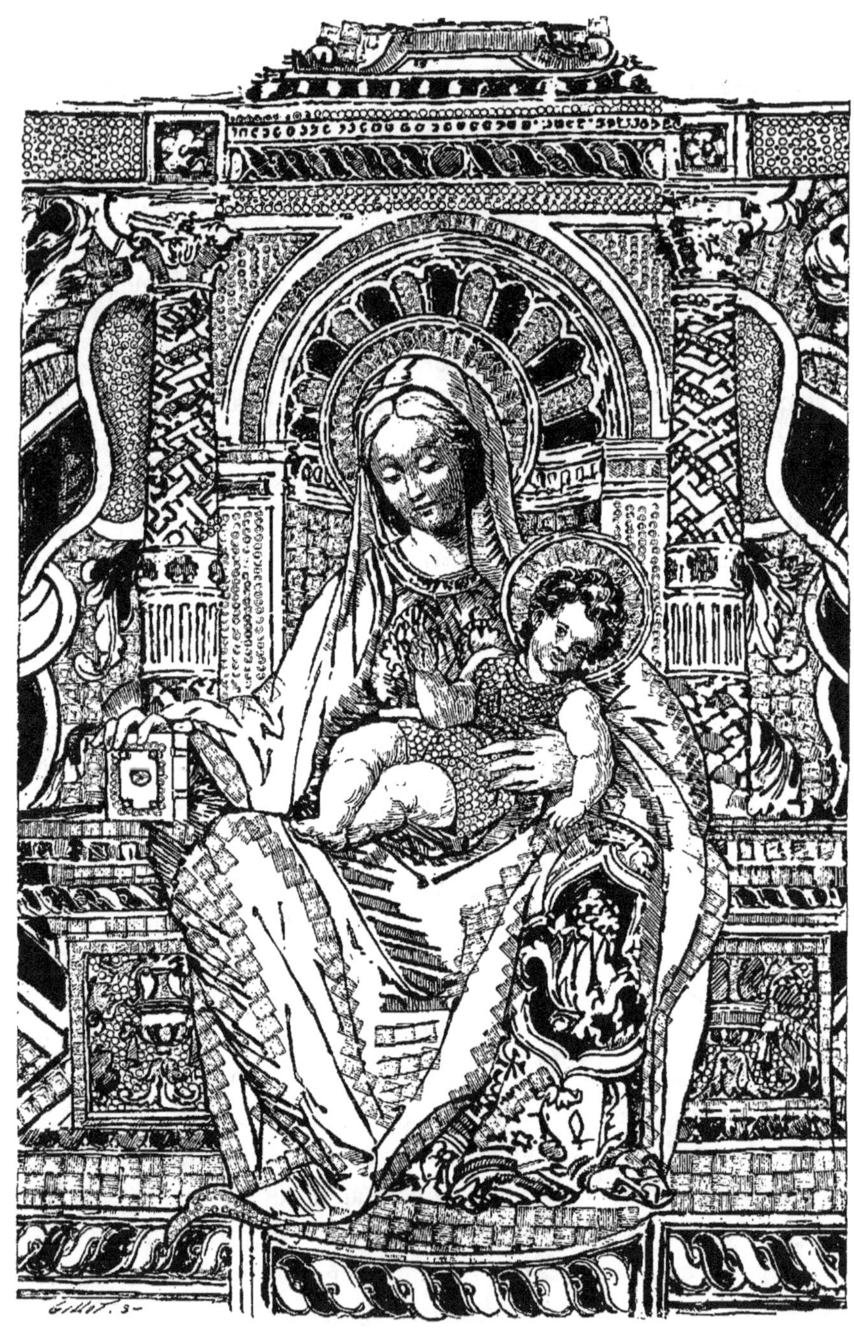

Pièce de cuir peint doré et rehaussé de gravures au fer chaud; travail vénitien du seizième siècle.
(Collection de M. Ed. Bonnaffé.)

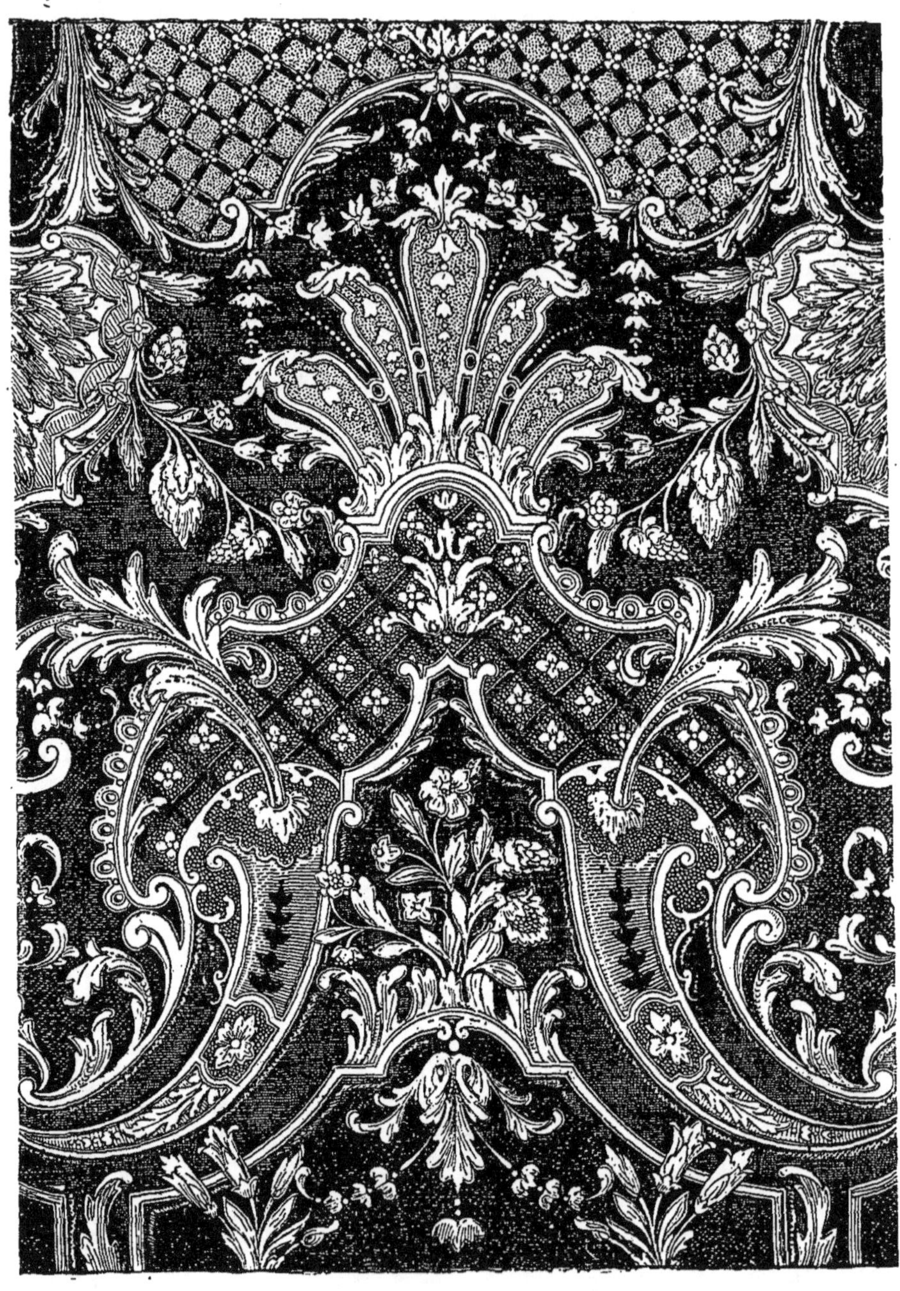

Tenture en cuir gaufré peint et doré; époque de Louis XIV. (Collection de l'*Union centrale des Beaux-Arts appliqués à l'industrie.*)

tant la Victoire, et six autres tableaux représentant *Scævola*, *Torquatus*, *Coclès*, *Curtius*, *Manlius* et *Calpurnius*. Ce genre de tenture était encadré par les boiseries des panneaux.

En 1540, Sébastien Serlio, architecte de François Ier, achète des peaux de cuir du Levant et autres, pour servir à Fontainebleau; et en 1557, deux Parisiens, Jehan Louvet et Jehan Fourcault, demeurant à l'hôtel de Nesle, reçoivent ce qui leur est dû pour des parties de cuir doré fournies par eux à la reine. Le dernier de ces artisans reçoit en outre quatre livres sur une tente de chambre faite sur cuir de mouton, argentée, frisée de figures rouges pour servir dans le cabinet du roi à Mouceaux, et dix livres pour son « payement de neuf peaulx de cuir, dorées, argentées et figurées qu'il a faictes pour servir d'essay à faire tentes de chambre, selon le portraict et devis de la dicte dame (la reine), pour servir à sa maison du château de Mouceaux, dont aucunes sont *faictes à personnaiges.* »

Ces peintures entourées d'or et d'argent, qui scintillaient par le jeu de la lumière sur les gaufrures, parurent-elles insuffisantes pour le luxe du dix-septième siècle? On pourrait le supposer, puisque c'est vers les commencements de ce siècle qu'on imagina de relever les cuirs par des reliefs estampés d'une saillie souvent considérable, et qui s'obtenaient au moyen de matrices en bois pressées fortement sur le cuir ramolli à la chaleur. Ces reliefs consistant en arabesques, ramages, fleurons, oiseaux, etc., ont suivi les variations du style de chaque époque et fourni, parfois, des tentures d'un assez grand caractère, la saillie des ornements ajoutant sa puissance à celle des couleurs et des métaux employés.

Les plus anciens cuirs, nous l'avons dit, furent ceux de Cordoue; Venise et la Flandre cherchèrent à les imiter; puis Paris, Lyon, Carpentras, Avignon se livrèrent à la fabrication de ce genre de tenture. Henri IV ne dédaignant pas plus cette industrie que les autres, chercha à l'encourager en établissant des manufactures dans les faubourgs Saint-Jacques et Saint-Honoré. Il serait sans doute bien difficile aujourd'hui de reconnaître les produits des usines rivales; il y en a eu certes à l'étranger à une époque de décadence; nous n'en voudrions pour preuve que l'abondance des échantillons qui nous arrivent de la Hollande et qui ne brillent ni par le goût, ni par la perfection technique.

Il est assez difficile de dire jusqu'à quelle époque dura l'usage des cuirs estampés, assez coûteux et d'un grand luxe. Des essais furent tentés de bonne heure pour le remplacer au moyen d'une tenture plus modeste et, conséquemment, plus abordable pour la bourgeoisie et les classes moyennes qui commençaient à prendre une certaine importance. Les princes seuls pouvaient faire tendre les murs de leurs salons de velours figurés et frappés, de damas de soie à la couronne ou aux arabesques puissantes qui, ainsi qu'on peut le voir sur maints tableaux de la Renaissance, usurpaient peu à peu la place des tapisseries ; les cuirs étaient encore un luxe trop coûteux pour le grand nombre ; c'est alors qu'on imagina d'imiter les tentures de soie par un procédé d'impression sur papier qui en donnât l'aspect et les effets. Ce fut l'Angleterre qui ouvrit pratiquement cette voie. Nous disons pratiquement, car, dès l'époque de François Ier la France avait fait des essais plus ou moins fructueux ; ce que l'on reprochait aux premiers papiers anglais, c'était le manque de solidité et de résistance à l'humidité. Vers la fin du dix-septième siècle la fabrication française progressa ; en 1688 Jean Papillon lui donna une impulsion qui ne devait point se ralentir ; Jacques Chauveau perfectionna les papiers à rentrées de plusieurs planches, et Jean-Gabriel Huquier imita les espèces anglaises. En 1756, Aubert, marchand et graveur rue Saint-Jacques, près la fontaine Saint-Séverin, à l'enseigne du Papillon, annonçait avoir trouvé la véritable façon de fabriquer les papiers veloutés ou papiers d'Angleterre, en façon de damas et velours d'Utrecht, en une ou plusieurs couleurs, propres pour tapisseries, écrans à pieds et devants d'autels. Ce que ce genre est devenu dans la fabrication actuelle, nous n'avons pas besoin de le dire.

Un autre genre, décrit par Papillon dans son *Traité de la gravure en bois*, se faisait à Francfort, à Worms et dans d'autres villes d'Allemagne, pour imiter et remplacer les cuirs à tenture ; c'était un papier doré ou argenté à fleurs et ornements ; on le gravait en tailles d'épargnes sur des planches de cuivre jaune qui s'imprimaient à la presse en taille-douce, après avoir été chauffées suffisamment pour faire adhérer les feuilles de métal au papier.

Tous ces papiers, nous le répétons, n'étaient guère employés que par la bourgeoisie, et vers la moitié du dix-huitième siècle. S'il est question de châssis et encadrements tendus en papier, pour les grands et le

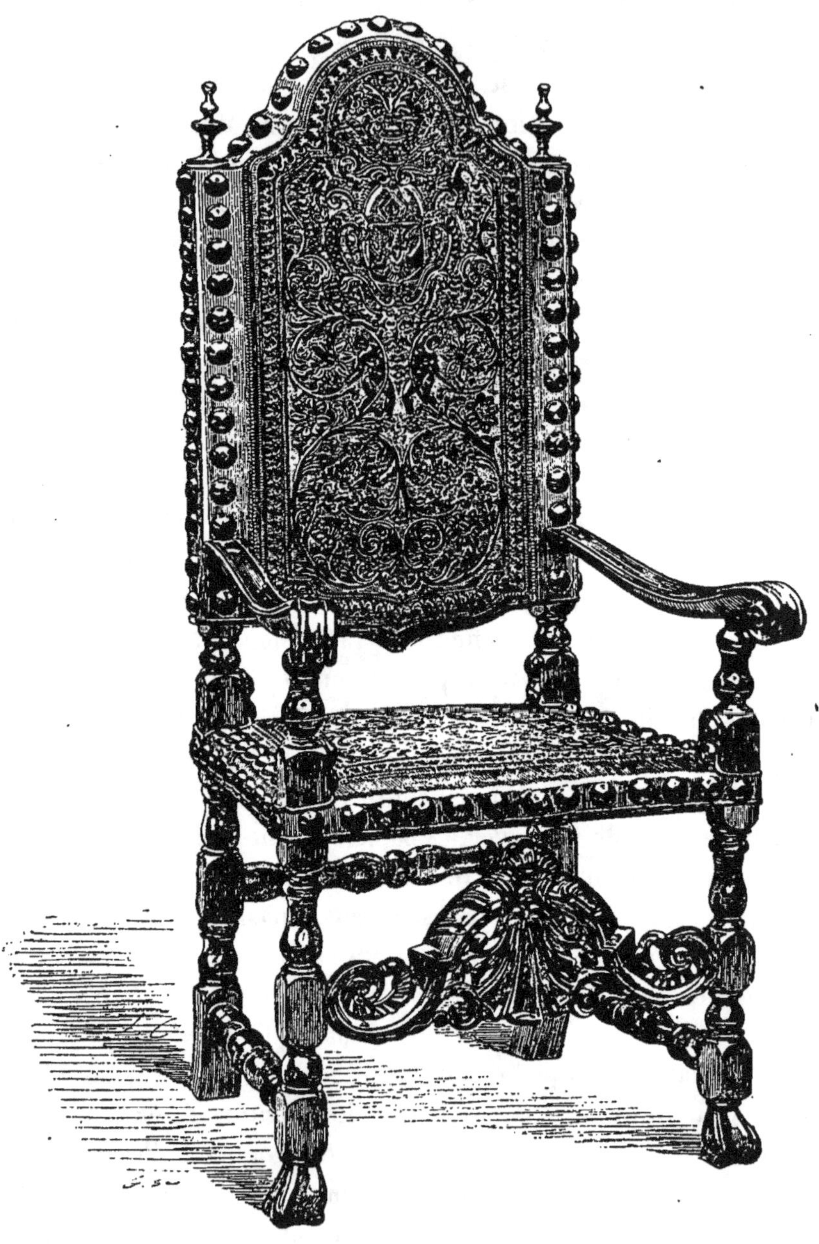

Chaise garnie de cuir gaufré; commencement du dix-septième siècle.
(Collection de M. le baron des Vallières.)

roi lui-même, il s'agit, ainsi que le montre le *Livre-journal de Duvaux*, publié par M. Courajod, de papier des Indes et de la Chine, et non des papiers peints encore imparfaits sortis des fabriques françaises.

Arrêtons donc cette rapide esquisse, introduite ici pour ne pas laisser une lacune dans l'histoire du mobilier, et revenons au cuir, appliqué particulièrement aux meubles.

L'usage de celui-ci doit remonter très-loin surtout pour les siéges pliants ; nous en avons vu d'origine italienne et des premières années du seizième siècle, où une bande de dossier, rattachée aux deux bras par des clous historiés, portait en relief gaufré des armoiries élégamment exprimées. En France et dans les États voisins, l'emploi du cuir gaufré devient fréquent au dix-septième siècle; au musée de Cluny on peut voir une jolie chaise de travail espagnol ornée aux petits fers ; puis des fauteuils et des chaises provenant de la collection Verhelst de Gand, où l'on voit de riches ornements et le monogramme du Christ ; une des chaises est datée de 1672. Dans ces spécimens, comme dans beaucoup d'autres des époques Louis XIII et Louis XIV que nous avons rencontrés dans les collections, la décoration se borne aux reliefs, sans rehauts d'or ou de couleur ; on en peut conclure que les cuirs de Cordoue étaient uniquement appliqués à la tenture.

Nous retrouverons plus loin, d'ailleurs, le cuir travaillé en objets d'art tels que coffrets, étuis, flasques, etc.

LIVRE TROISIÈME

OBJETS D'ART DÉRIVÉS DE LA STATUAIRE

CHAPITRE PREMIER

MARBRE — PIERRE — ALBATRE

Pour ébaucher une histoire des monuments taillés dans le marbre ou la pierre, il faudrait remonter jusqu'aux époques antiques, scruter les débris des temples et des palais, reconstituer les civilisations éteintes et rechercher les influences que les mœurs, les religions, les événements mêmes ont pu avoir sur le génie des artistes.

Cette histoire est à faire ; les matériaux commencent à se manifester, grâce à la curiosité moderne et à l'esprit d'analyse de la critique actuelle. Mais ce n'est pas ici qu'il s'agit d'aborder un pareil sujet. Il faut nous borner à jeter un coup d'œil rapide sur les ouvrages de dimension réduite qui peuvent avoir accès dans les intérieurs, soit pour meubler et orner les galeries, soit pour garnir les étagères des curieux. Dans cette catégorie, l'antiquité nous a légué peu de chose ; des bustes, de rares bas-reliefs, quelques figurines de génies, voilà ce qu'on peut rencontrer parfois.

Le moyen âge, plus riche et plus varié sans doute, peut offrir ses marbres et ses pierres où la richesse de la peinture s'unit souvent au prestige des formes ; au moment où les églises se couvraient de tableaux ou de tentures, on comprend qu'il y aurait eu contraste entre l'ensemble du monument ainsi meublé et les reliefs blancs et froids de la pierre sculptée ; aussi s'ingéniait-on à parer les œuvres du ciseau : voici, à Cluny, un bas-relief italien du onzième siècle, saint Pantaléon, où le marbre blanc a été relevé d'incrustations en pâtes de couleur ; plus loin, c'est un autre bas-relief du douzième siècle et de style byzantin représentant le Christ assis sur son trône, la main gauche sur le livre de vérité, la droite levée dans l'action de bénir ; là, la pierre noire a été rehaussée de dorures et de pâtes de verre.

Parlerons-nous des statues et bas-reliefs des treizième et quatorzième siècles, taillés dans le marbre ou la pierre et que la peinture recouvrait entièrement ? Non, car la liste en serait trop longue ; renvoyons seulement les curieux au retable, malheureusement mutilé, de la Sainte-Chapelle de Saint-Germer, construite par Pierre de Wuessencourt en 1259 ; on y verra à quelle grâce les artistes étaient arrivés dans l'ajustement des figures, toutes délicatement coloriées, et qui s'élevaient sur un fond en pâte gaufrée et dorée appliqué sur la pierre. Citons encore les célèbres figures de moines chartreux sculptées par Claux Sluter, imagier du duc de Bourgogne Philippe le Hardi, et qui ornaient le tombeau de ce prince dans la chartreuse de Dijon ; le monument fut détruit en 1793 en même temps que le mausolée de Jean sans Peur et de Marguerite de Bavière exécuté en 1444 par les soins de Philippe le Bon leur fils.

Avant de passer outre, disons un mot d'une substance particulièrement en vogue dès le treizième siècle et qui a été souvent employée depuis : l'albâtre. Cette pierre n'est qu'une variété dans l'espèce de chaux carbonatée qui fournit le marbre statuaire, les pierres plus ou moins compactes depuis le calcaire ordinaire ou pierre de taille jusqu'au calcaire compacte proprement dit qu'on nomme, en curiosité, pierre lithographique ou de Pappenheim, Speckstein et Kehlheimerstein. L'albâtre donc est la chaux carbonatée stratiforme (vulgairement stalagmite) qui se forme par couches ondulées sur le sol des cavernes et perpendiculairement au-dessous des stalactites. Les masses compactes suffisamment volumineuses sont employées dans les arts où leur grain fin, leur aspect translucide se prêtent aux travaux les plus délicats ; lorsque les couches sont diversement colorées, c'est-à-dire alternativement blanches et jaune de miel, on appelle la pierre albâtre oriental et on la réserve pour les vases d'ornementation ; les Égyptiens s'en servaient particulièrement dans la confection des canopes à tête de divinité.

Les groupes d'albâtre sont assez rares ; on en peut voir un à Cluny, représentant la Vierge portant l'Enfant Jésus ; le même musée ren-

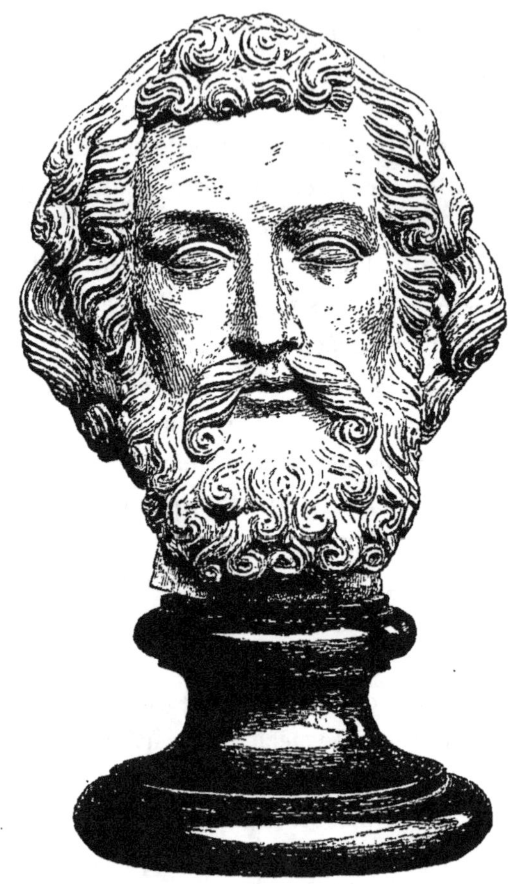

Tête de saint Marc, sculpture en pierre du treizième siècle. Fragment provenant de la Sainte-Chapelle de Paris. (Collection de M. Ed. Bonnaffé.)

ferme, aussi du quatorzième siècle, de nombreux bas-reliefs, l'un très-important comme complication, le Couronnement de la Vierge, puis la Sainte Trinité, un fragment venant de Saint-Denis, la Vierge dans sa gloire, ex-voto avec la figure du donateur, et quantité d'autres sujets saints ayant fait partie de retables d'autels. Beaucoup de ces sculptures sont relevées de filets et ornements d'or ; il en est même une représentant sainte Ursule, où la matière a disparu sous la couleur et l'or.

A ces hautes époques il est bien rare de trouver des signatures ou des monogrammes; pourtant il n'est pas sans intérêt de citer les noms qui sont parvenus jusqu'à nous; ce sont :

1300. Andrea Pisano, mort en 1345.
1364. Andrieu Biauneveu, ymaigier du duc de Bourgogne.
1379. Jehan Duffle, Hannequin Godefroy, Tassin Croiz, entailleurs d'ymages.
1382. Henry de Bruisselles, Michelin, maçons.
1397. Gille de Gult, sculpteur lillois.
1399. Jehan de Marville, Claux Sluter, Jacques de Baërze, dit de la Barse, Claux de Verne, dit de Vouzonne, neveu de Sluter, tous ymaigiers au service du duc de Bourgogne.

Le quinzième siècle, époque de transition, présente ce singulier spectacle d'une lutte ouverte entre le passé et les idées nouvelles; dans le nord, le style ogival, arrivé à toute son efflorescence, continue à nous offrir ses figures longues, élégantes dans leurs draperies tourmentées, mais dénuées de toute recherche dans la forme du nu; la statuaire colorée persiste encore, même dans le marbre, en sorte qu'entre certaines œuvres de même date on pourrait croire à un écart d'un siècle.

L'Italie, entraînée par le mouvement des esprits, avait ouvert la voie; la peinture et la statuaire avaient marché de pair sur la route du progrès; Donato ou Donatello sculptait en reliefs doux sur le marbre ces madones délicates et distinguées, dont l'expression divine se mêlait si bien à la beauté physique; Simone, son frère, cherchait le même style, où Mino da Fiesole et Desiderio da Settignano devaient s'illustrer. On peut voir de Mino une délicieuse Vierge au musée du Louvre, et, non loin, le buste charmant de Béatrix d'Este par Desiderio; là toutes les suavités de la jeunesse, toutes les distinctions de la vie élégante se trouvent réunies et nous montrent l'art entrant dans cette étude nouvelle de la forme animée par les sentiments de l'âme, et parlant bien plus haut à l'esprit qu'aux sens.

Telle est, en effet, la préoccupation des maîtres de la Renaissance: exalter la beauté, sans cesser d'exprimer l'étincelle divine, dont le moyen âge n'avait pu trouver la trace que dans la tristesse ascétique et les stigmates visibles de la plus austère pénitence.

On n'a peut-être pas suffisamment signalé ce caractère de la Renaissance qu'on ne considère généralement que dans son développement complet au seizième siècle, et qu'on accuse d'une sorte de retour au paganisme, c'est-à-dire du culte absolu de la forme. En étudiant, au contraire, les maîtres du quinzième siècle, artisans véritables du mouvement en Italie, de Donatello à Antonio Rossellino, on trouve que leur mérite principal a consisté dans la recherche du spiritualisme associé à la beauté physique. Aussi toute cette merveilleuse sculpture prépare aux peintures de Léonard de Vinci et de Raphaël, et révèle une face nouvelle de l'art.

La renaissance italienne ne doit pas nous faire négliger les autres ouvrages du quinzième siècle, et nous devons signaler tout d'abord le grand retable d'albâtre de la cathédrale de Tarragone, sculpté vers 1420 par Guillen de la Mota et Pedro Juan. Le musée de Cluny offrira d'ailleurs à l'étude divers types de l'époque, soit en pierre, en marbre ou en albâtre.

Il nous faut maintenant, comme nous l'avons fait pour le quatorzième siècle, résumer, dans un tableau chronologique, les noms des principaux sculpteurs du quinzième; ce sont, pour l'Italie :

Lorenzo Ghiberti, né à Florence en 1378 † 1455.
Donato ou Donatello, né à Florence en 1383 † 1466.
Antonio Filarete, vers 1400.
Jacopo della Quercia, vers 1400.
Luca della Robbia, né vers 1400 † 1482.
Antonio Rossellino, né en 1427 † 1490.
Simone, frère de Donatello, vers 1431.
André Verrocchio, né en 1432 † 1488.
Desiderio da Settignano, né en 1445 † 1485.
Mino da Fiesole, né en 1446 † 1486.
Quant aux contrées occidentales, nous ne trouvons que :
Gilles Paul, sculpteur lillois, sans date déterminée.
Jehan Braspot, tailleur d'images à Lille, 1448.
Claix et Guillaume Fors, tailleurs d'images, 1461.
Jacques Hacq, entailleur d'images, 1481.

Nous voici donc en pleine Renaissance et au seuil du seizième siècle; le géant de ce siècle a paru, et devant sa fougue énergique, sa puissance irrésistible, tout se tait : l'Italie lui appartient désormais. Quel homme, quel génie plus digne que Michel-Ange Buonarotti, de dominer une époque! Doué de toute science, mûri par la réflexion, sorte d'anachorète du travail, seul avec le marbre ou la terre, il leur imprime le sceau de sa volonté, il les force à se soumettre à sa pensée.

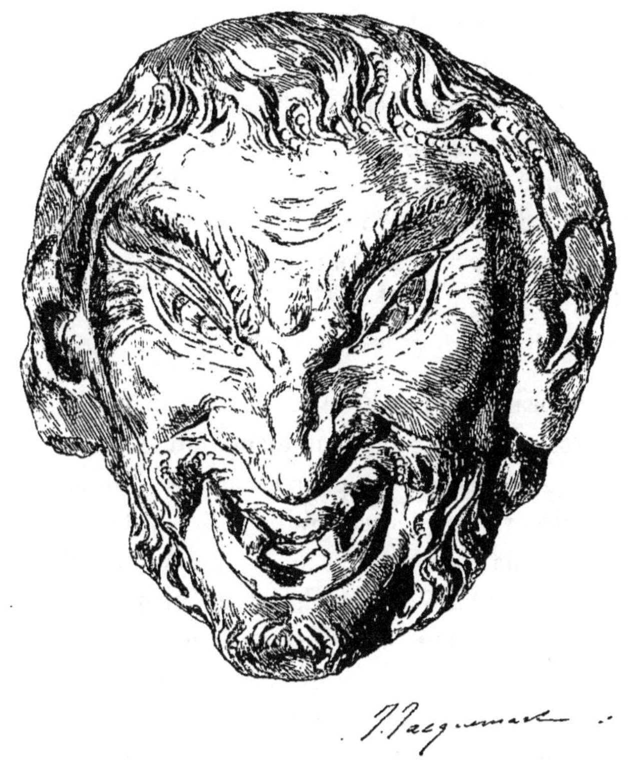

Masque de faune, marbre de Michel-Ange. Florence.

Il est inutile de renvoyer les curieux aux splendides figures de prisonniers que possède le Louvre, figures qui devaient entrer avec le Moïse dans la composition du tombeau de Jules II. Tout le monde connaît les œuvres émues de ce statuaire; ce que l'on peut faire remarquer, c'est qu'au moment où l'art atteint de telles hauteurs, il n'a plus qu'à descendre. Telle fut, en effet, l'histoire de la sculpture après Michel-Ange; on sait ce que fut celui qui ambitionna de l'imiter, Baccio Bandinelli; en lui commence la décadence par le maniérisme. Il y eut certes encore de grands artistes en Italie dans le cours du seizième siècle; le Sansovino, Alessandro Algardi montrent une grâce charmante; mais qu'il y a loin de là aux régions où plane le génie du maître!

Les statuaires du seizième siècle sont :

Paolo Romano dont le Robert Malatesta est comme une transition entre les deux écoles italiennes.
Jean-François Rustici, Florentin, né en 1470 † 1550.
Michelagnolo Buonarotti, né en 1471 † 1564.
Baccio Bandinelli, né en 1487 † 1559.
Lorenzo da Mugiano, travaillant en 1508.
Pierino da Vinci, neveu de Léonard, né en 1520 † 1554.
Daniele Ricciarelli, dit de Volterre, né en 1509 † 1566.
Properzia Rossi, morte à la fleur de l'âge, en 1530.
Ponzio Jacquio, né en 1535 † 1571.
Pietro-Paolo Olivieri, né en 1551 † 1599.

Devancée de beaucoup par l'Italie, la France n'en eut pas moins sa renaissance; est-ce, comme l'ont prétendu quelques écrivains, en cédant à la passion de François Ier pour les artistes italiens et pour leurs œuvres que cette évolution s'accomplit? Loin de là; non qu'il faille croire à une jalousie mesquine des nôtres, en présence de ces étrangers appelés de loin, comblés d'honneurs et de biens : la France a son génie propre qui la dirige sûrement; elle regardait faire les Italiens, se fiant à l'influence que devaient exercer sur eux nos mœurs et notre esprit, et il se trouva qu'un beau jour ces professeurs, venus pour nous transformer, s'étaient transformés eux-mêmes, et que leurs ouvrages étaient français.

C'est lentement, pas à pas, que nos sculpteurs entrèrent dans la voie, en sorte que c'est vers le milieu du seizième siècle, et précisément à l'époque de la décadence italienne, qu'apparaissait l'homme qui, chez nous, caractérise la Renaissance, Jean Goujon. Nous n'avons pas besoin de faire ressortir les mérites de ce statuaire, qui a, pour ainsi dire, écrit dans le marbre, en traits immortels, les caractères de la beauté française; il a certes étudié l'antique, mais sans lui rien emprunter; ses Dianes, ses Nymphes, ce sont les dames de la cour avec leur grâce patricienne, leur gracilité délicate. Qu'aurait-il été chercher ailleurs de plus élégant et de plus capable à la fois de charmer les contemporains?

C'est d'ailleurs un fait dont il faut bien se pénétrer; chaque peuple a ses qualités spéciales; la France excelle dans cette compréhension du caractère de race, qui a toujours fait de ses portraits des modèles; ce caractère elle l'a transporté dans la statuaire à un point si surprenant qu'on n'hésitera jamais à déterminer la date d'une figure mythologique, qu'elle soit du seizième ou du dix-huitième siècle; le caractère ethnique porte cette date avec lui.

La renaissance française a été illustrée par :

Michel Colombe, né en 1450 † 1511.
Gilekin Reuzère, de Lille, travaillant en 1508.
Jean Bernard et Jean Marchand, tailleurs d'images, en 1509.
Jean Cousin, né en 1500 † 1589.
Richier, sculpteur lorrain, né en 1525 † 1544.
Jean Goujon, travaillant de 1541 à 1562.
Fremyn Roussel, de 1540 à 1566.
Pierre Bontemps, vers 1552.
Germain Pilon, né en 1535 † 1590.
Abraham Hideux, tailleur d'images, vers 1596.
Barthélemy Prieur † 1611.

Nous n'avons rien dit encore d'une classe d'artistes particulièrement intéressante, issue de la renaissance en Allemagne; c'est celle qui a si merveilleusement entaillé le calcaire compacte, mentionné précédemment sous les noms d'albâtre et de pierre de Pappenheim. S'il fallait en croire les monogrammes inscrits sur quelques-uns de ces ouvrages, les plus illustres, parmi les Allemands, auraient inauguré le mouvement; c'est Albert Durer, dont le signe se voit sur la statuette assise d'Othon Henri le Magnanime, comte palatin du Rhin, l'une des perles de l'ancienne collection Sauvageot; c'est Aldegrever, élève d'Albert Durer, traduisant sur la pierre lithographique l'une des scènes gravées par lui, sous le titre de : *les Danseurs de noce;* ici la jolie fille d'Augsbourg et le prince de Bavière sont rendus avec toute la délicatesse imaginable; les physionomies ont une expression charmante, et rien dans les détails de l'élégant costume n'a été négligé par le ciseau. On a vu, dans la collection Debruge Duménil, un autre ou-

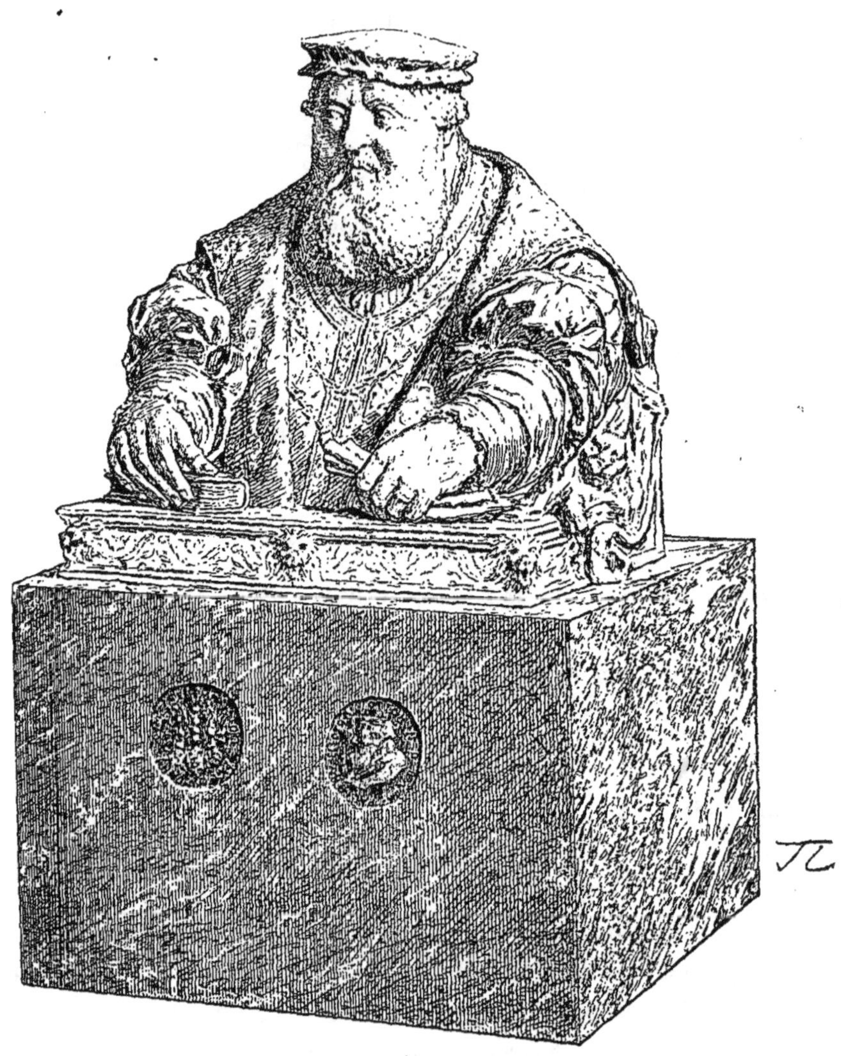

Othon Henri, statuette d'albâtre; travail allemand du seizième siècle. (Musée du Louvre.)

vrage charmant, signé par Georges Schwelgger. Nous n'insisterons pas sur les nombreux médaillons issus des deux écoles de sculpture en pierre de Pappenheim établies à Augsbourg et à Nuremberg; il suffira de dire que leur perfection et leur style les rendent dignes de figurer dans les vitrines, non loin des médaillons de bronze de la renaissance italienne. C'est encore à un artiste allemand, Émeric Schillinck, qu'était dû le monument en marbre noir incrusté de bas-reliefs d'albâtre, élevé de son vivant par le chantre de Lantsteyn; les fragments qui sont réunis au musée du Louvre, et datés de 1561, montrent le mérite de ce sculpteur.

Un mot encore pour terminer ce que nous avons à dire de l'albâtre; nos artistes, et notamment Germain Pilon, l'ont employé en bustes, dont les accessoires sont souvent d'autre matière; le même statuaire a taillé dans l'albâtre des bas-reliefs représentant Jésus sur la montagne des Oliviers, Melchisédech et saint Paul.

N'oublions pas un petit groupe qui eut une influence réelle sur notre dix-septième siècle : c'est celui à la tête duquel se place Jean de Bologne, né à Douai en 1529 et mort à Florence en 1608; ses élèves, Pierre Tacca et surtout Pierre de Franqueville, né à Cambrai en 1548, et revenu en France en 1601 pour se mettre au service d'Henri IV, imprimèrent aux travaux de la statuaire une impulsion dont on retrouve les effets chez la plupart des artistes du siècle, qui sont :

Guillaume Berthelot, sculpteur de Marie de Médicis † 1648.
Simon Guillain, né en 1581 † 1648.
Jacques Sarrazin, né en 1588 † 1660.
François Duquesnoy, dit Flamand, né en 1594 † 1644.
Philippe de Buyter, élève de Sarrazin, né en 1595 † 1688.
Louis ou Gilles Guérin, élève de Sarrazin, né en 1606 † 1678.
François Anguier, élève de Guillain, né en 1604 † 1669.
Michel Anguier, élève de Guillain, né en 1612 † 1686.
Louis Lerambert, élève de Sarrazin, né en 1614 † 1670.
Gaspard Marsy, né en 1624 † 1681.
Balthazar Marsy, né en 1628 † 1674.
Étienne Lehongre, né en 1628 † 1690.
Jacques Buiret, né en 1630 † 1699.

Décrire les œuvres encore si remarquables de ces divers artistes, ce serait développer outre mesure les proportions de ce travail; il est facile d'ailleurs de voir des types, dans nos musées, très-suffisants pour donner la caractéristique du talent de chacun. La souplesse, une certaine grâce facile, recommandent cette école dont les bustes ont cette grande allure, cette ampleur un peu théâtrale qui, par Louis XIV, est devenue la note du siècle.

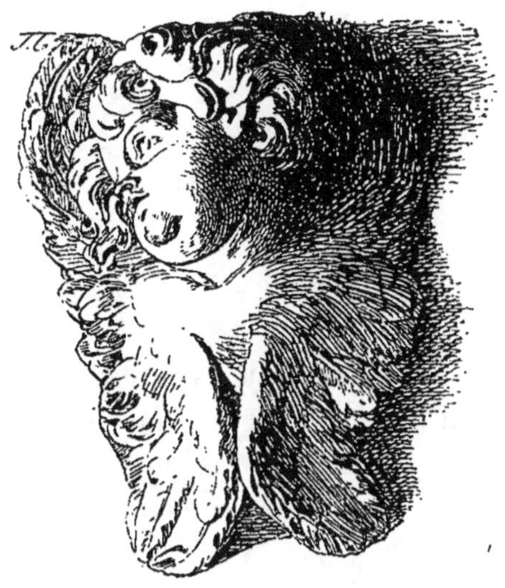

Ange ailé, sculpture de marbre, œuvre de Puget; dix-septième siècle. (Collection de M. H. Barbet de Jouy.)

Nous pourrions établir ici le contraste singulier que la fin du grand règne apporta dans les arts, et signaler la grâce coquette, les désinvoltures abandonnées de la sculpture du dix-huitième siècle; mais pour en juger plus complétement nous attendrons qu'il soit question de la terre cuite son triomphe.

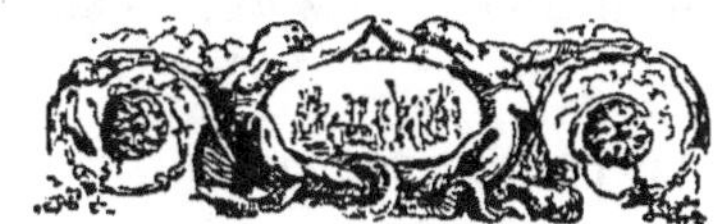

CHAPITRE II

BRONZES

Voici l'une des premières matières employées par l'industrie humaine : Hésiode, en décrivant l'âge d'airain (*Opera et dies*, v. 149), dit que les armes étaient de cuivre de même que les ferrures des maisons et les instruments de labourage, parce qu'alors on ne connaissait pas le fer. Proclus, scholiaste du poëte, ajoute que les hommes s'attachaient au métier de la guerre; ils y employaient le cuivre, mais comme ce métal est mou par sa nature, ils le rendaient dur au moyen de la trempe; le secret s'en perdit ensuite, ce qui fit substituer les armes de fer à celles de cuivre. Chez les Grecs, les armes d'airain cessèrent d'être employées dans les siècles qui suivirent la guerre de Troie; l'usage s'en conserva en partie, selon Strabon, chez les Lusitaniens et surtout chez les Massagètes.

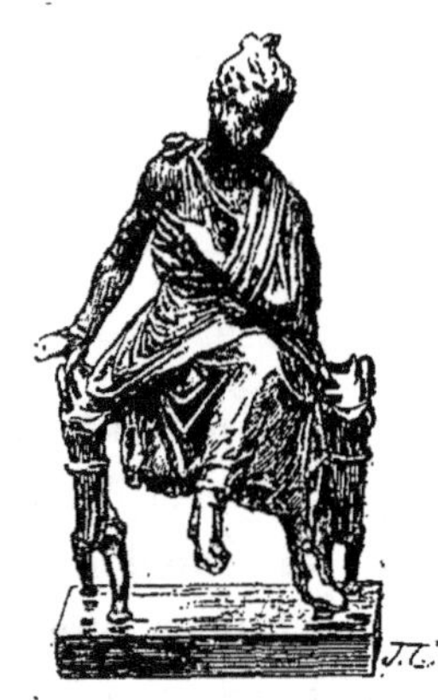

Statuette de bronze antique.
(Anc. coll. Pourtalès.)

L'abandon du bronze pour la confection des armes ne lui enleva pas son crédit : facile à travailler et surtout à fondre, apte à se prêter aux détails les plus délicats comme aux œuvres les plus gigantesques, il a été, de l'antiquité jusqu'à nos jours, l'auxiliaire le plus puissant de la statuaire et des branches qui s'y rattachent. Nous lui donnerons donc ici une place importante, celle qu'il doit occuper dans le mobilier des gens de goût. Quel rehaut ne donnent pas aux galeries, aux bibliothèques, aux vastes salons, les bustes, les groupes posés sur des piédestaux de granit ou de marbre ; combien de distinction n'ajoutent pas aux meubles de Boule, aux consoles dorées, les figurines élégantes jetées en cire perdue par les inimitables artistes florentins de la Renaissance. Il n'est pas jusqu'aux plaquettes en bas-relief, aux médaillons sévères de la même époque qui n'apportent utilement leur note sombre pour assagir ce qu'auraient d'apparence tapageuse les vitrines où brillent les verreries, les bijoux, les émaux et tous ces menus objets d'art si charmants et si précieux aujourd'hui, que leur histoire commence à se faire.

Il serait assez difficile maintenant de commencer à colliger les bronzes antiques; tout au plus pourrait-on rencontrer quelques statuettes dont la patine verte viendrait varier la monotonie des bronzes noirs du quinzième siècle. Les découvertes deviennent de plus en plus rares, même aux environs des temples renommés, ou des sources thermales où les anciens venaient chercher la santé.... ou le plaisir, car rien n'a changé dans ce monde : donc plus de ces trésors, de ces ex-voto qui ont jadis enrichi nos musées. Quant aux ouvrages fondus ou ciselés par Aulanius Evander d'Athènes, Boëtus de Chalcédoine, Euphorion, Pasitelès et Posidonius d'Éphèse, cités par Pline, ils appartiennent désormais à l'histoire et doivent être admirés platoniquement. Les sigillaires Euphemus et Largonius, ainsi qu'Aptus, Parathus, Thalamus et Zoïlus qui travaillaient cette matière inestimable appelée *métal de Corinthe*, ne peuvent non plus que figurer pour mémoire dans les annales de la curiosité antique.

Ce n'est qu'à la Renaissance qu'il nous sera permis de retrouver un souvenir de ces merveilles; non que le moyen âge soit absolument muet dans cette branche des arts ; on peut citer quelques intéressants objets, jalons précieux jetés sur la route des âges, comme pour relier entre elles toutes les manifestations de l'intelligence. On a pu voir une statuette équestre de Charlemagne, provenant de l'ancien trésor de la cathédrale de Metz, statuette qui, dans sa naïveté barbare, manifeste du moins, chez les contemporains du monarque, l'intention de consacrer la mémoire du grand guerrier législateur ; on a vu en même temps des chandeliers plus barbares encore formés par un homme chevauchant un lion, ou par des dragons à queue feuillagée supportant des personnages à peine ébauchés, œuvre du douzième siècle; enfin le quinzième siècle même consacrait à Jeanne d'Arc, la glorieuse héroïne, une statuette équestre très-rudimentaire encore, mais qu'on aime à retrouver comme une preuve de la reconnaissance conservée à *la Pucelle d'Orléans*, ainsi que la qualifie le bronze, par le peuple qu'elle avait délivré de l'étranger.

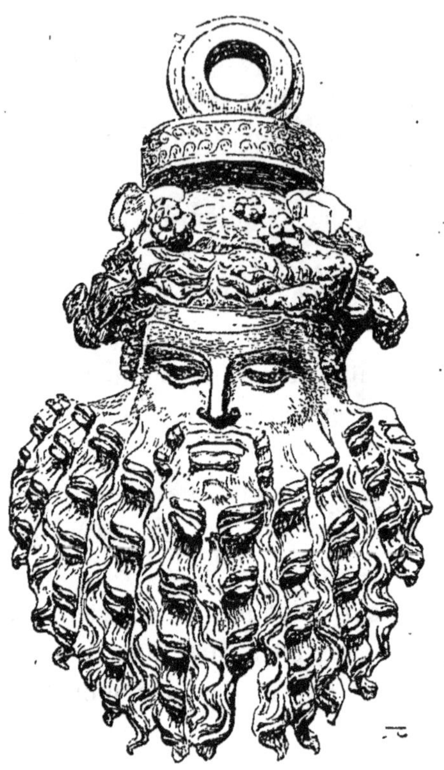

Tête de Bacchus; anse d'un vase; bronze antique; travail grec-italien. Ancienne collection Pourtalès.)

Déjà pourtant, dès le douzième siècle, un mouvement intellectuel s'était produit en Italie : Bonnano de Pise avait fondu les portes du dôme de cette ville et celles de Saint-Martin de Lucques; Uberto et Pietro, de Plaisance, avaient exécuté aussi les portes de la chapelle orientale de Saint-Jean de Latran, préparant ainsi les esprits aux merveilles que Lorenzo Ghiberti allait jeter sur celles du célèbre baptistère de Florence. Donatello, Andrea Briosco dit il Riccio, Andrea Verrocchio,

Sigismondo Alberghetti, de Venise, étonnent le quinzième siècle par la vigueur et l'expression qu'ils communiquent à leurs merveilleux bronzes. Puis au seizième siècle apparaissent Benvenuto Cellini, Orazio Forteza, Alessandro Leopardi, Moderni, V. Locrino, Tiziano Aspetti, Valerio Belli, Tatti dit Sansovino, Gérolamo Campagna, Giovanni Bernardi da Castel Bolognese, Giovanni Bologna dit Jean de Bologne, Alessandro Vittoria, Vénitien, et celui qui signait Opus IO. CRE, toute une pléiade de prodigieux talents enfin.

On sait quelles étaient, à ces époques éloignées, les conditions de la technique, chaque artiste devait se créer ses procédés et tout faire par lui-même ; à part quelques plaquettes de très-bas relief qui se trouvaient *de dépouille*, c'est-à-dire qui pouvaient sortir du moule sans en altérer les arêtes, tout devait se fondre à cire perdue, procédé difficile et dispendieux puisque, pour répéter une statuette il fallait que l'artiste en exécutât un nouveau modèle. Chaque bronze de la Renaissance est donc unique, car en répétant son œuvre le sculpteur en modifiait, même involontairement, soit la proportion, soit les détails, ou bien encore il y introduisait des variantes dictées par le goût, ajoutant ici un accessoire, donnant là plus d'ampleur à une draperie, plus de grâce à un support.

Dans les plus anciens spécimens les statuettes sont souvent pleines, toujours lourdes et épaisses ; la patine noirâtre rappelle celle de certains antiques ; plus tard, la légèreté devient l'une des qualités du travail ; on arrive à des fontes excessivement minces, qui se colorent par cet enduit luisant et chaud qu'on nomme patine florentine, et qui se trouve parfois associée à des accessoires dorés à l'or moulu.

Est-il besoin d'insister sur la place importante que doivent occuper ces bronzes chez les gens de goût ? Nos musées montrent à cet égard une lacune regrettable et que l'on s'étonne de ne voir point combler ; mais il faudrait n'avoir pénétré jamais dans les somptueux salons de la famille de Rothschild, de MM. Édouard André, Dreyfus, dans les cabinets de MM. His de La Salle, Davillier, Gatteaux, etc., pour ne pas comprendre ce qu'il y a de grandiose et de magistral dans ces figurines marquées au sceau du vrai génie : tantôt ce sont des tentatives de lutte contre les artistes de l'antiquité ; voici une tête de jeune faune, souriante, mouvementée, les cheveux rejetés en arrière, à laquelle il ne manque qu'une patine verte pour faire illusion ; là c'est une statuette de Vénus la tête ceinte d'un bandeau, vêtue de sa seule beauté et tenant de la main droite la pomme que vient sans doute de lui décerner Pâris ; puis c'est Hercule levant sa massue, Cadmus armé.... Mais pourquoi nous attarderions-nous à mentionner ces sortes de ré-

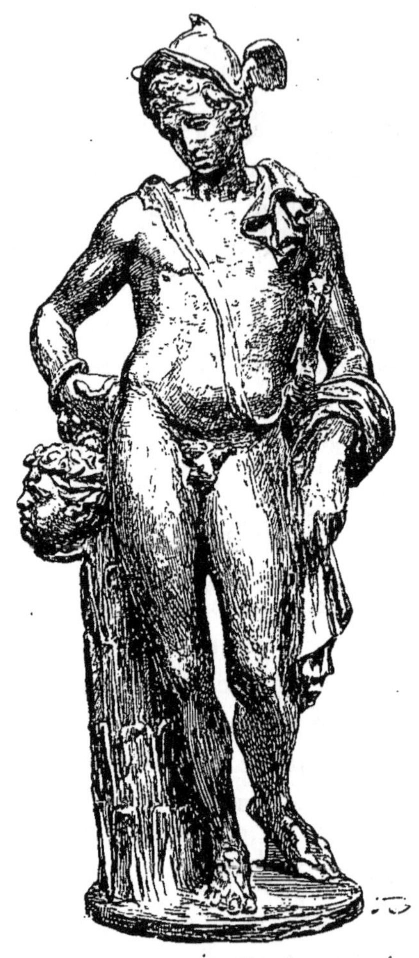

Persée, statuette en bronze doré attribuée à Benvenuto Cellini. (Collection de M. le baron Charles Davillier.)

miniscences ? Les Florentins ne sont-ils pas bien plus admirables lorsque, guidés par le seul amour du beau et leur merveilleuse compréhension du style, ils créent des chefs-d'œuvre sans nombre en prenant pour motif les scènes les plus simples ? Ces baigneuses debout qui se hâtent de tamponner l'eau qui ruisselle sur leur beau corps, ces autres assises qui tordent leurs cheveux, ou retirent une épine malencontreuse dressée dans le fond du courant, tout cela est bien simple et pourtant ce prétexte a suffi à l'enfantement du génie; et c'était si bien en se jouant que ces maîtres créaient ces choses que pas un n'a eu l'idée d'y inscrire son nom ; c'était moins l'ambition de la renommée qui dirigeait l'ébauchoir que le besoin d'épancher la surabondance de sève qui bouillonnait dans ces esprits lumineux qui ont illustré leur siècle.

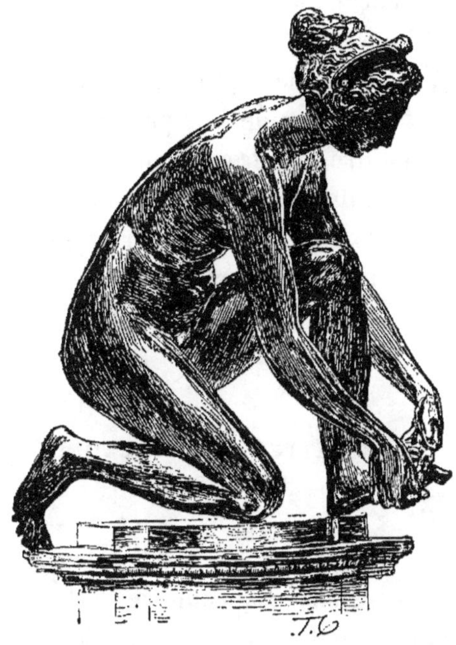

Statuette de bronze florentin de la Renaissance. (Ancienne collection Pourtalès.)

Il est un point sur lequel nous voulons insister ; la France, elle aussi, a eu sa Renaissance ; Louis XI employait Laurent Wrine à fondre les bronzes du mausolée qu'il se faisait ériger d'avance à Notre-Dame de Cléry ; Conrad Meyt, imagier du duc de Bourgogne, travaillait également le bronze; Francisque Rybon jetait en moule les *anticailles* rapportées de Rome pour le roi François Ier. On se rappelle avoir vu une charmante statuette de Mercure assis, ayant appartenu à la collection du baron de Monville, et qui portait, malheureusement effacé en partie, le nom de Salomon G....on, avec les deux premiers chiffres 15... Ces hommes, précurseurs ou émules de Jean Goujon, de Germain Pilon, Barthélemy Prieur, Guillaume Berthelot, annonçaient la pléiade illustre du dix-septième siècle qui, alors qu'on ne trouvait plus en Italie qu'Antonio Bonacino et Domenico Cucci émigrant aux Gobelins, prodiguait les œuvres élégantes, bien qu'un peu pompeuses, qui décoraient Marly, Versailles et les autres résidences princières: c'était Simon Guillain, les Anguier, les Marsy, dont les groupes réduits, habilement fondus par les Keller, ornent encore aujourd'hui les galeries les plus distinguées. On peut citer comme le plus important modèle de ces groupes le Parnasse français, dédié à Louis XIV, qui figure à la Bibliothèque nationale, l'Enlèvement d'Orythie par Borée, placé dans les galeries du Louvre, ainsi que le Jupiter d'Adam.

La technique avait fait alors de tels progrès que la fonte devenait un jeu ; on voit reproduire des groupes antiques comme le Laocoon (collection Charles Mannheim), les Renommées et les chevaux de Marly, les portraits et les statuettes des guerriers célèbres, toute cette iconographie aujourd'hui si recherchée pour l'embellissement des salons artistiques.

PLAQUETTES — MÉDAILLONS

Mais le bronze ne se formule pas toujours en statues ou en bas-reliefs de grande dimension; beaucoup des artistes que nous avons cités en commençant ne sont connus que par des œuvres minuscules : Moderni, V. Locrino, pour lesquels l'histoire est muette, ont affirmé leur mérite par des plaquettes de quelques centimètres inscrites de leur nom et marquées du sceau de leur talent. Dans les médaillons fondus des quinzième et seizième siècles, nous retrouvons non-seulement les effigies intéressantes de toutes les célébrités contemporaines, mais encore l'expression de l'énergie merveilleuse des écoles naissantes de l'Italie régénérée ; on se rappelle la vitrine brillante exposée par M. Dreyfus au Corps législatif (Exp. pour les Alsaciens-Lorrains), où se coudoyaient les médaillons et les plaquettes de Pisanello, Sperandio, Matteo de Pasti, Pollajuolo, Francia, Riccio, Pastorino, Benvenuto Cellini, Tuzzo; on en a revu quelques spécimens dans les galeries de l'histoire du costume à côté des bas-reliefs de Donatello, de la Mise au tombeau d'Andrea Riccio de Padoue, la Vierge de Donatello et le portrait de Leone Alberti, appartenant au même amateur et à M. Édouard André. Voir ces merveilles, c'est comprendre qu'elles peuvent trouver place chez tous les hommes de goût. Pour ceux qui n'ont pas de collections spéciales, quel surcroît d'intérêt prend une statuette de bronze florentin, lorsque son piédestal de jaspe, de marbre précieux ou même d'ébène sculpté se trouve incrusté de plaquettes d'époque contemporaine ou de ces rares reproductions en bronze faites par Valerio Belli, de Vicence, sur les entailles gravées par lui dans le cristal de roche! Combien les fières effigies des Isote de Rimini, Alphonse et Lionel d'Este, Lucrèce Borgia, Alphonse d'Aragon, roi de Naples, font bel effet dans une vitrine, alternant avec les cires coloriées, les miniatures à l'huile ou les fins émaux de Limoges!

Ici, comme pour les statuettes, il faut chercher la part de la France; ce ne sont certes pas les Italiens qui ont imaginé de perpétuer par la fonte immuable le souvenir des luttes hideuses de la Saint-Barthélemy, qui ont représenté l'entrée d'Henri IV à Paris, au milieu d'un peuple enivré, précipitant dans la Seine ceux qu'il soupçonne d'avoir soutenu la Ligue ou favorisé l'Espagnol, et nous pouvons y voir au moins l'influence, sinon la main de :

Michel Colombe, 1430 † 1512.
Richier, 1523 † 1544.
Jean Goujon, 1541 † 1562.
Jean Cousin, 1500 † 1589.
Fremyn, 1540 † 1550.
Roussel Germain Pillon, 1535 † 1590.
Barthélemy Prieur † 1611.
Martin Fremiet, 1567 † 1619.
Simon Guillain, 1581 † 1658.
Guillaume Berthelot † 1648.
Guillaume Dupré † 1642.
Jacques Sarrazin, 1588 † 1660.
François Anguier, 1604 † 1669.
Michel Anguier, 1612 † 1686.
Gaspard Marsy, 1624 † 1681.
Balthazar Marsy, 1628 † 1674.

Toute cette pléiade d'artistes, encouragée par la cour, a dû produire beaucoup en dehors des œuvres capitales de nos musées, et former des émules moins célèbres, dignes cependant de vivre pour la postérité. De même que Jean de Bologne avait trouvé dans les Susini d'habiles réducteurs de ses grands ouvrages, de même les artistes que nous venons de nommer et leurs élèves ont réduit en bronze les groupes de marbre des palais, et les salons célèbres s'enorgueillissent aujourd'hui de posséder ces réductions.

Des bas-reliefs et des médaillons aux médailles proprement dites la pente est insensible, et si la science a établi une démarcation entre les *monétaires* et les *fondeurs* de médaillons, il arrive une époque où les procédés de la fonte et de la frappe produisent des œuvres si voisines qu'il est presque arbitraire de les séparer.

Nous ne saurions prétendre esquisser ici un manuel de numismatique ; disons seulement que, grâce aux recherches de nos savants, la liste des artistes graveurs en médailles s'est singulièrement étendue. Pour l'antiquité seule, depuis les travaux de M. le duc de Luynes, on arrive aux noms suivants :

Apollonius.	Cleodorus.
Aristippe.	Cratesippe.
Aristobule.	Euclidas.
Aristoxène.	Euménès.
Boïscus.	Euphas.
Choécéon.	Euthymos.
Choirion.	Evaenete.
Cimon.	Exacestidas.
Heraclides.	Philistion.
Hippocrate.	Philon.
Isidote.	Phrygillus.
Micyllus.	Proclès.
Molossus.	Solitès.
Nenantus.	Sosis.
Nonclidès.	Sosos.
Olympis.	Théodote.
Parmenidès.	Zoïlus.

Pour la France, les monétaires anciens sont assez peu nombreux ;

depuis Doccion qui signait une médaille de Clovis, et saint Éloi, dont le nom figure sur un type de Dagobert, on trouve en :

1326 Jehan de Tournay, sigillaire;
1349 Jehan de Lathom, id. à Angoulême;
1420 Guiot de Hanin, monétaire; Jehan Lepère, orfévre, auteur de la médaille de Louis XII et Anne de Bretagne, est comme le précurseur de cet illustre Guillaume Dupré qui a fait Henri IV et Marie de Médicis et toute l'école du dix-septième siècle.

ORIENT

On a longtemps douté s'il y avait un art sculptural en Orient et si les contrées de l'Inde, de la Chine et du Japon pouvaient nous envoyer autre chose que des figures grossières et hideuses représentant de monstrueuses divinités. Ce doute ne peut plus subsister; les œuvres aujourd'hui recueillies par les curieux prouvent combien l'Orient est digne de voir ses conceptions prendre rang parmi les plus hautes manifestations de l'intelligence. Il y a même pour le philosophe un fait des plus curieux à constater : c'est l'analogie frappante des œuvres produites en quelque lieu du monde que ce soit, dans les phases analogues du développement intellectuel : nous pouvons citer telle statuette de bronze offrant la figure austère d'un sage indien dans la contemplation, qu'on pourrait rapprocher des conceptions primitives des artistes italiens du quinzième siècle; telle œuvre du Japon qui semble copiée sur les figures sveltes encadrées dans les portails de nos

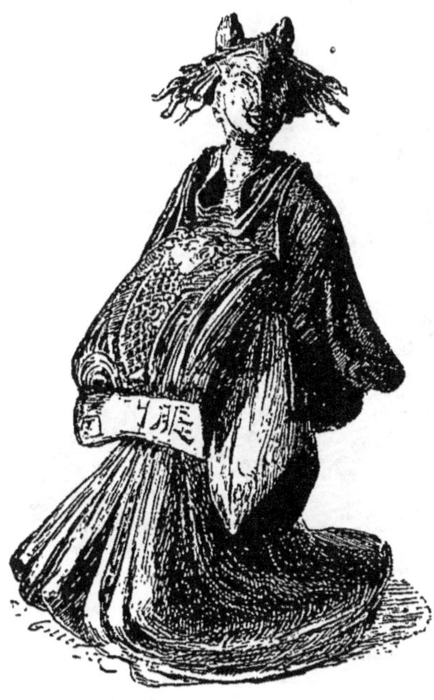
Figure de femme, bronze japonais.

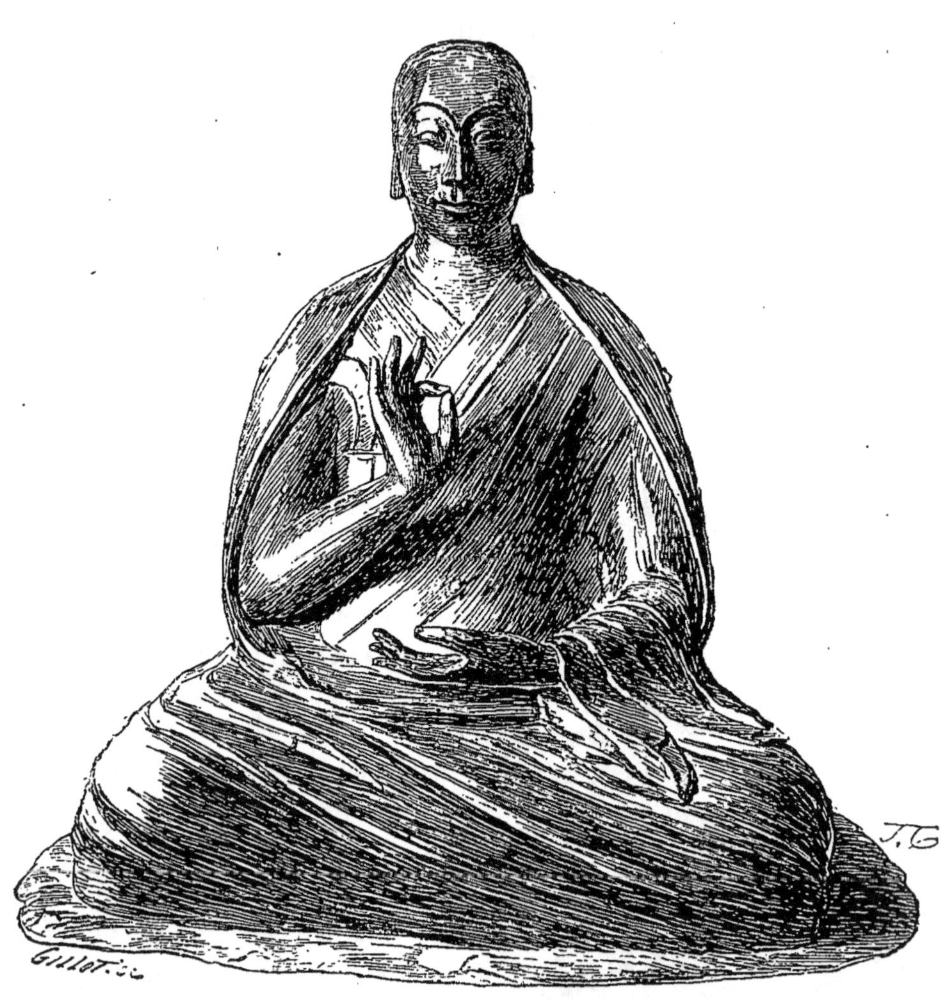

Sage en contemplation, ancien bronze de l'Inde. (Collection de M. J. Jacquemart.)

cathédrales gothiques ; tel démon menaçant de l'enfer chinois qu'on croirait descendu des gargouilles de ces mêmes cathédrales. Au point de vue technique rien n'est plus curieux que les ouvrages orientaux : tel colosse fondu en plusieurs pièces est monté par des procédés ingénieux qui en assurent la solidité ; telles cires perdues ont une perfection qui n'a été surpassée nulle part ; telles ciselures ont un fini digne de l'orfévrerie et n'ont pu être exécutées qu'au moyen d'instruments

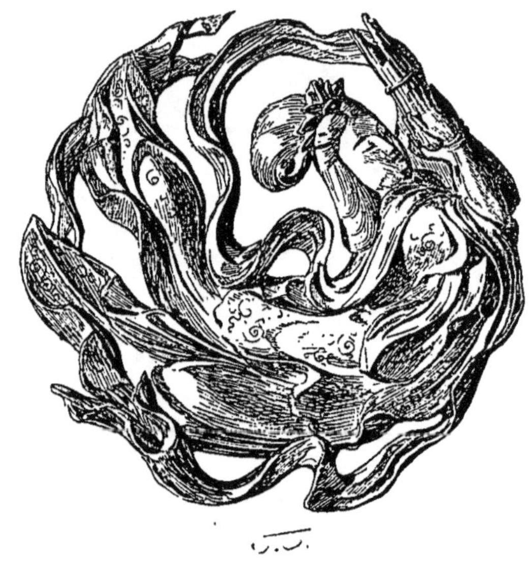

Figure de femme jouant d'un instrument; bronze japonais à patine d'or.

spéciaux allant fouiller le bronze pour le polir et le tailler dans ses replis les plus cachés.

Dans ce genre c'est l'Inde qui offre les merveilles les plus surprenantes ; pour la cire perdue le Japon a une évidente supériorité sur la Chine.

Certes, les intérieurs élégants, ceux surtout où figurent les grandes potiches de porcelaine, les jardinières à fleurs et fong-hoang, les écrans céramiques ou ornés de pierres dures sculptées, ne peuvent que gagner en dressant dans les angles les bouddhas austères à la belle patine, les philosophes à la pose méditative cherchant l'éternelle vérité.

Quant aux statuettes, leur place est partout : il ne s'agit que de les bien choisir ; leur tournure élégante, la beauté hardie des draperies leur permettent d'affronter tous les voisinages. Nous n'avons pas besoin d'ajouter qu'il y a place aussi dans un mobilier artistique pour ces gigantesques oiseaux symboliques, grues mouvementées souvent formulées en brûle-parfums ou en torchères, qui peuvent orner un seuil, animer une serre et lutter d'élégance et de recherche avec les plantes rares, éclairer un vestibule que garderont des chiens de Fo au rictus menaçant. C'est encore là qu'on placera les pagodes à plusieurs étages aux toits ornés de clochettes abritant les divinités des sphères superposées des cieux, auprès des brûle-parfums gigantesques à trois pieds formés de figurines ou de têtes d'éléphants, à couvercle à jours surmonté du dragon impérial ou des animaux de bon augure.

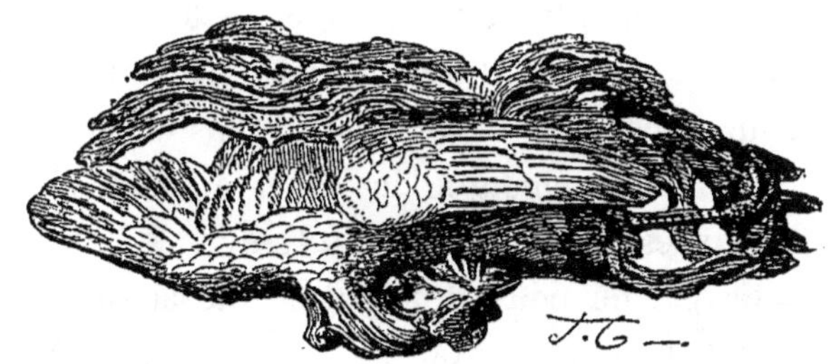

CHAPITRE III

IVOIRES

C'est encore là une matière des plus précieuses pour les arts; elle se taille et se polit facilement; son grain ajoute à la beauté des ouvrages, et la couleur que lui donne le temps est chaude et harmonieuse. Les anciens en avaient reconnu le mérite, et ils l'employaient, non-seulement pour leurs meubles précieux, mais encore pour la grande statuaire, ainsi qu'en témoigne la Minerve chryséléphantine, dont M. le duc de Luynes a tenté une restitution.

L'antique Égypte ne pouvait négliger une aussi belle matière, et l'on a vu le parti qu'elle en avait su tirer; l'Asie Mineure elle-même l'appliquait à ses objets de luxe, s'en servait pour la poignée de ses armes, et l'on a pu admirer dans les vitrines du Louvre le caractère qu'avaient su donner aux lions rugissants les sculpteurs de Ninive et de Khorsabad.

Chez les Romains, comme chez les Grecs, c'est dans l'ivoire qu'on taillait les pyxides élégantes où les dames renfermaient leurs objets de toilette, les manches des miroirs dont elles se servaient pour suivre l'effet de leur parure, ou du flabellum qui rafraîchissait l'air autour d'elles. Quelques-uns de ces anciens travaux parvenus dans les collections montrent l'avancement de l'art et expliquent comment l'histoire a conservé les noms de P. Clodius Bromius, Q. Considius Eumolpus, P. Matrinius Eutychès, et L. Plotinus Sabinus, eborarii renommés. C'est sans doute à une pyxide qu'appartenait le charmant bas-relief sculpté de deux Amours qui fait partie du cabinet de M. le baron Charles Davillier; les figurines d'applique conservées au cabinet des médailles ont eu, pour la plupart, une destination analogue ou servaient de manches à des ustensiles divers.

L'art antique proprement dit, celui qui portait encore la trace du goût si pur des Grecs, s'affaiblit déjà en passant dans l'empire romain; mais une transformation plus complète encore devait s'opérer après la formation de l'empire d'Orient; nous avons, pour ainsi dire, un témoin de l'état de la sculpture en ivoire à l'époque de la transition, dans la curieuse figure panthée du musée de Cluny, qui date du troisième ou quatrième siècle; il s'y manifeste encore une certaine grandeur, et l'on voit ainsi que toute trace de l'ancien style n'avait pas disparu. Les monuments byzantins, ceux où la richesse ornementale l'emporte sur la recherche du dessin, sont nombreux et l'on peut placer en première ligne, pour l'intérêt historique, les diptyques consulaires; ils ont l'immense avantage de porter des dates certaines et de démontrer ainsi l'état de l'art à un moment précis. Le cabinet des médailles à la Bibliothèque nationale possède les plus anciens monuments de l'espèce; ces feuilles d'ivoire sculpté étaient offertes par le consul nommé, à ses électeurs, c'est-à-dire aux membres du sénat ou pères conscrits qui lui avaient décerné son titre; le consul y était représenté le plus souvent assis sur un trône supporté par deux lions, tenant d'une main la mappa circensis, et de l'autre un sceptre surmonté des bustes des empereurs régnants; il y faisait figurer, en outre, les jeux célébrés à ses dépens et les largesses faites au peuple, comme par exemple des esclaves vidant des sacs remplis de monnaies dans des mesures.

Le plus ancien diptyque de la bibliothèque date de l'an 428 : il représente le consul Flavius Felix, debout dans la loge des jeux, dont les rideaux entr'ouverts sont relevés sur les côtés; c'est sur le bord de cette loge que sont gravés ses noms et une partie de ses titres qui se trouvaient complétés sur la seconde feuille aujourd'hui perdue, mais qu'ont connue Mabillon, Banduri et Gori. Cette légende disait : *De Flavius Felix, homme très-illustre, comte et maître des deux milices, patrice et consul ordinaire.* Ce monument d'un consul d'Occident avait été longtemps conservé dans l'abbaye de Saint-Junien de Limoges. La feuille qui reste est venue seule au cabinet des médailles en 1808.

Le second fragment venu d'Autun est sans image et se rapporte aussi à un consul d'Occident, Flavius Petrus Sabbatus Justinianus, élu en 516. Des exemplaires complets qu'on a pu voir ailleurs ont servi à restituer le distique commençant ainsi sur l'ivoire de la bibliothèque : MUNERA PARVA QUIDEM PRETIO SED HONORIB. ALMA ; *moi, consul, j'offre à mes pères ces présents, à la vérité de peu de valeur, mais hautement honorifiques.* Citons encore, pour l'année 525 et l'empire d'Orient, le diptyque de Flavius Theodorus Philoxenus Sotericus Philoxenus ; il y figure en buste seulement, dans un médaillon, au-dessus duquel s'en trouve un autre occupé par une femme élégamment vêtue qu'on croit être la personnification de Constantinople ; une inscription grecque dit : *Moi, Philoxène créé consul, j'offre ce présent au sage sénat.* Ce diptyque complet avait été donné par Charles le Chauve à l'abbaye de Saint-Corneille près Compiègne ; il est parvenu au cabinet des médailles renfermé encore dans le cadre de bois plaqué d'argent qui avait été fait par les moines bénédictins au moment de son entrée dans leur trésor ; il est donc intéressant à double titre.

Le dernier diptyque connu est celui conservé à Florence, et qui, daté de l'an 545, porte le nom du consul Anicius Basilius.

Au sixième siècle encore appartiennent les boîtes destinées à contenir les eulogies, et qui offrent des sujets empruntés aux sarcophages chrétiens, tels que la Guérison du paralytique et de l'aveugle-né, la Samaritaine, la Résurrection de Lazare, les Pèlerins d'Emmaüs et les quatre Évangélistes. Le siècle suivant est caractérisé, à Cluny, par la belle plaque montrant une femme debout près d'un autel et tenant en main deux torches enflammées abaissées vers la terre ; cette plaque, trouvée au fond d'un puits à Montier-en-Der, avait formé l'une des portes d'une grande châsse rapportée de Rome par saint Berchaire, pour orner l'église du monastère qu'il avait fondé en ce lieu, sous le règne de Childéric. Le style antique de la sculpture pourrait faire croire que la pièce, rapportée de Palestine, par le saint religieux, est d'une époque antérieure à son application au reliquaire.

L'art du dixième siècle est authentiquement caractérisé par un bas-relief byzantin et représentant le Christ couronnant l'empereur Othon II et Théophano sa femme ; aux pieds de l'empereur est un personnage accroupi dans la plus humble attitude et couvert d'un manteau semé d'étoiles ; c'est l'artiste Jean Ch...., auteur du travail, car il n'est pas présumable que ce soit un donateur. Cet ivoire paraît avoir été fait pour le mariage de l'empereur d'Occident Othon, avec la fille de Romain II, empereur d'Orient. Purement byzantine, cette pièce est curieuse à rapprocher d'une autre plaque, d'origine italienne, où figure le Christ en croix entre sainte Marie et saint Jean, avec accompagnement d'emblèmes byzantins et de figures de saints dans des arcades à plein cintre et dans des médaillons. Une couverture d'évangéliaire montre, avec les sculptures d'ivoire, l'encadrement en filigrane enrichi de pierreries, fréquent à cette époque.

Comme transition du dixième au onzième siècle, citons, toujours à Cluny, les deux plaques sculptées à deux faces, où d'un côté sont des sujets chrétiens tirés de la vie du Christ, et de l'autre des emblèmes mythologiques de date postérieure et d'une ornementation d'autant plus curieuse qu'elle semble indiquer une influence orientale. Quant au onzième siècle même, nous en voyons un produit à date certaine dans les vitrines du cabinet des médailles; c'est encore le Christ qui couronne l'empereur Romain IV et Eudoxie, montés sur le trône d'Orient en 1067. Cette tablette d'ivoire faisait sans doute partie d'un agiothyride ou triptyque servant de couverture à un évangéliaire conservé dans l'église métropolitaine de Saint-Jean de Besançon; elle est non loin d'une autre reliure complète, c'est-à-dire pourvue de ses deux volets. Ici le sujet principal est le Christ en croix entre la sainte Vierge et saint Jean, et à ses pieds, priant, Constantin le Grand et sainte Hélène sa mère. Sur les volets une ornementation élégante encadre des médaillons occupés par cinq saints.

Nous ne pouvons même essayer de décrire ici les nombreuses pièces existant dans nos musées et qui établissent, par nuances insensibles, le passage de l'art antique dégénéré à celui créé sous l'impulsion des idées occidentales; ainsi, évidemment, la question de localité domine les autres, et si l'école byzantine a longtemps maintenu ses doctrines en ce qui touche les figurations sacrées, dès qu'il s'est agi de dônner une forme plastique aux créations des poëtes et de représenter les scènes des fabliaux, les imagiers qui taillaient l'ivoire ont traduit ces scènes au moyen des idées et des modes de leur temps.

On regardera avec intérêt à Cluny la boîte en ivoire figurant une sorte de chapelle, et sur laquelle, parmi des sujets saints, se trouvent des figures paraissant se rapporter à la vie de saint Rémy et au bap-

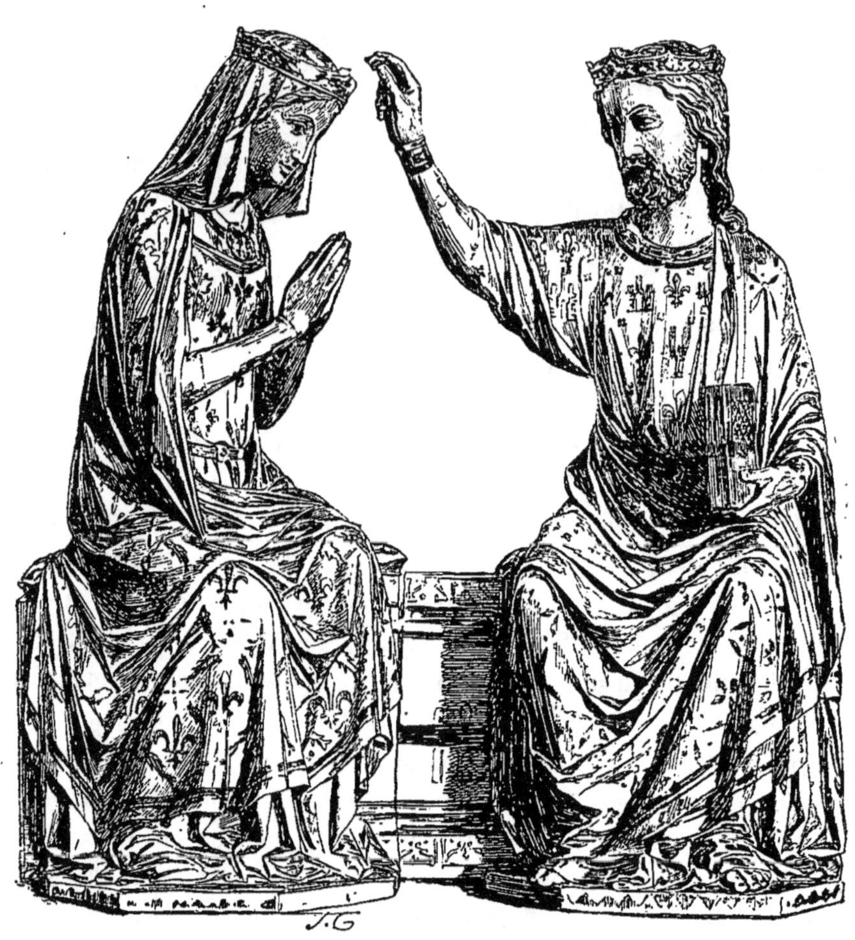

Le couronnement de la Vierge. Groupe en ivoire rehaussé de couleurs et d'or; treizième siècle.
(Musée du Louvre.)

tême de Clovis. Après avoir vu cette pièce du onzième siècle, provenant de Reims, on observera pour le siècle suivant la châsse de saint Yvet, gardée longtemps dans l'abbaye de Braisne en Soissonnais, et dont les nombreuses statuettes sont d'un style curieux.

Mais au treizième siècle les monuments civils deviennent fréquents; arrêtons-nous d'abord devant la boîte à miroir où figurent la reine Blanche et saint Louis; malgré de graves mutilations, ce débris de l'ancien trésor de Saint-Denis conserve tout son intérêt et montre d'étroites connexions avec le style des sceaux contemporains. Mieux encore, admirons au Louvre le groupe fameux acquis à la vente Soltykoff et qui, sous la forme religieuse du couronnement de la Vierge, offre, disent quelques-uns, les portraits de Philippe III dit le Hardi, fils de saint Louis, et de Marie, fille de Henri III le Débonnaire, duc de Lorraine et de Brabant. M. Alfred Darcel, qui a décrit ce beau groupe, hésite à lui reconnaître une valeur iconographique en apparence bien osée; c'est beaucoup pour lui déjà, de voir les emblèmes héraldiques du roi et de la reine courir sur les vêtements sacrés. Il est toujours difficile d'aborder des questions qui touchent à des mœurs d'un autre âge; mais l'observation de M. Darcel nous mène à une conclusion opposée à la sienne; ce serait en effet une profanation que de revêtir le Christ et sa sainte Mère d'une sorte de livrée humaine, fût-ce celle des grands de la terre; mais représenter le roi et la reine de France sous une forme consacrée par l'Église n'était-ce pas les placer directement sous la protection de ceux dont on leur donnait l'apparence? Les costumes du groupe dont nous nous occupons n'ont pas la forme usitée dans les représentations religieuses, ce sont ceux portés en France à l'époque du mariage de Philippe le Hardi; la tunique semée de France et de Castille doit donc être celle du roi, comme la cotte hardie brodée de lis et de bars est celle de Marie de Lorraine et de Bar. Type parfait et merveilleux de la sculpture française en 1274, ce groupe a dû être d'autant plus mûrement réfléchi qu'il avait une plus haute destination; nous ne croyons donc pas impossible qu'il ait consacré un mariage accompli sous les auspices du Christ et de sa Mère et assimilant le partage de la couronne céleste à celui du diadème terrestre.

Si nous voulons d'ailleurs avoir un objet de comparaison entre ce travail exceptionnel et les œuvres courantes du treizième siècle, il suffit de jeter les yeux sur le coffret octogone du musée de Cluny où figurent les épisodes d'un roman de chevalerie analogue à la conquête de la Toison d'or ; ici le sculpteur a employé un artifice fréquent pour éviter des frais considérables ; il a taillé ses personnages dans de petites plaques d'ivoire rapprochées, et a relevé l'ensemble par une petite bordure en mosaïque colorée empruntée sans nul doute à l'art oriental.

Ce mélange de la mosaïque piquée va devenir un fait général encouragé par les artistes de Venise et de la Sicile en contact fréquent avec les ouvrages et même les artisans arabes. Puis les boîtes à miroirs se multiplient, les coffrets vont montrer les sujets du roman de la Rose, la conquête du château d'amour, avec ces figures longuettes et gracieuses vêtues du costume de l'époque. Dans les encadrements défendus par les tarasques fantastiques, hérissés de crosses de feuillages, apparaissent les médaillons trilobés ou en rose; le quatorzième siècle épanouissant le genre va user de toutes les délicatesses de l'architecture ogivale ; les reliquaires deviennent des cathédrales, les cassettes des monuments ; l'or et les couleurs ajouteront souvent leur rehaut aux finesses des meneaux et des clochetons ajourés ; tel coffret ayant l'air d'emprunter un renfort à ses montures de fer ciselé, arrivera à la perfection et à l'élégance d'une pièce d'orfévrerie. Comme pièces caractéristiques des genres que nous venons de citer, renvoyons à la grande châsse de Cluny contenant cinquante et un bas-reliefs, et au célèbre retable de Poissy, l'une des plus curieuses pièces du Louvre ; cette pièce en os avec encadrements de marqueterie a été exécutée par les ordres de Jean de Berri, frère de Charles V, et de Jeanne de Boulogne, sa seconde femme, qui s'y sont fait représenter assistés de leurs saints patrons; l'écu de France à la bordure engrelée de gueules, armes du duc de Berri, affirme ici le nom du donateur. Nous mentionnerons également un monument historique du musée de Cluny qui a fait partie des trésors de la Chartreuse de Dijon, c'est l'oratoire des duchesses de Bourgogne, tableaux d'ivoire garnis de figures et de sujets en relief d'une remarquable exécution représentant l'histoire de la vie et de la Passion du Christ et celle de saint Jean-Baptiste. Les encadrements sont encore ici relevés d'une marqueterie colorée. Or, on trouve aux archives du département de la Côte-d'Or, où ont été déposés les registres de la Chartreuse, le titre suivant qui donne à ces sculptures un intérêt tout particulier :

« Comptes d'Amiot Arnaut de 1392 à 1393. Payé cinq cents livres à Berthelot Héliot, varlet de chambre du duc (Philippe le Hardi) pour deux grant tableaux d'ivoire à ymaiges, dont l'un d'iceulx est la Passion de Notre Seigneur et l'autre la vie de Monsieur saint Jean-Baptiste, qui les a vendus pour les chartreux. »

A cette époque rien n'était plus fréquent que l'usage de ces cha-

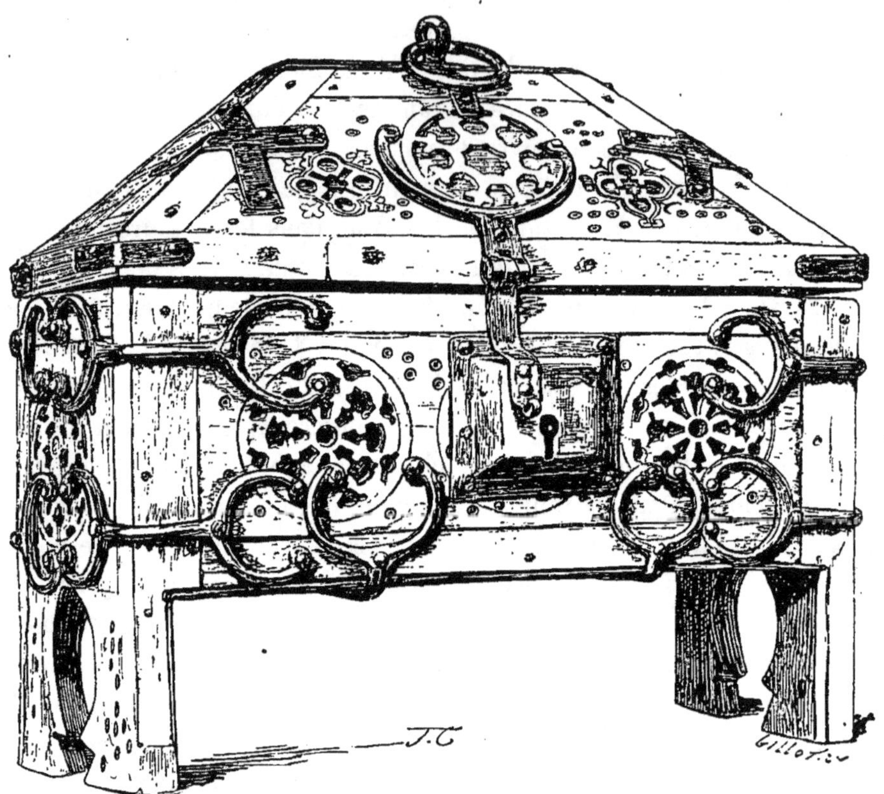

Coffre en ivoire orné de rosaces à jour, avec armature de cuivre; quatorzième siècle.
(Ancienne collection Le Carpentier.)

pelles portatives généralement composées de deux tables réunies et qu'on désigne habituellement sous le nom de diptyques, de même que les anciennes tablettes consulaires; la nature des sujets représentés, souvent même la forme découpée de ces monuments, ne permet pas de les confondre entre eux. Nous ne pouvons passer outre sans parler du mobilier religieux, c'est-à-dire des croix, crosses, taus et bâtons pastoraux; certes leur ornementation rentre dans les caractères généraux d'époque; mais on y trouve de précieuses indications pour les mœurs et les progrès du travail d'art, depuis la crosse à fût carré et à enroulement simple du douzième siècle jusqu'à celle à ciselures compliquées et à sujets à double face du quatorzième.

Pour les mœurs chevaleresques, une note curieuse est fournie par les oliphants ; seulement la détermination de provenance exige une sérieuse attention ; quelques-uns de ces instruments, d'origine normande, sont couverts d'inextricables végétations d'où surgissent des animaux fantastiques et monstrueux ; d'autres renferment, dans des entrelacs plus simples, des oiseaux et des quadrupèdes le plus souvent de l'espèce féline ; là il y a une distinction à établir sur le style, certains pouvant être orientaux et les autres imités des premiers au moyen âge.

Mais les temps ont marché, la Renaissance va se faire et apporter un élément nouveau dans le travail de l'ivoire ; deux courants également puissants vont se heurter en faveur du progrès ; c'est, d'une part, le style national perfectionné dans les ateliers de la Bourgogne et parvenu, par la protection des ducs, à une hauteur sans rivale ; nous n'en voudrions pour preuve que la figurine appartenant à M. le baron Gustave de Rothschild et représentant saint Georges vainqueur du dragon. Revêtu d'une cuirasse complète, un manteau d'argent flottant sur les épaules, le saint chevalier pose à peine de la pointe de ses solerets à poulaine sur le monstre qu'il a terrassé et qu'il va pourfendre de sa glorieuse épée ; son casque ouvert laisse voir une physionomie fine et sérieuse ayant tous les caractères d'une effigie personnelle ; ce doit être celle du duc de Bourgogne même auquel ce chef-d'œuvre était destiné. Certes à ce moment, après de pareilles œuvres, l'art n'avait plus à progresser ; il ne pouvait que modifier son style ; c'est ce changement qu'on appela Renaissance.

Avant d'en étudier les effets et d'en mesurer la portée, cherchons s'il est possible de mettre quelques noms à côté des ouvrages anciens, et de sauver de l'oubli des artistes évidemment dignes de renommée. Lebraellier est désigné dans l'inventaire de Charles V comme ayant sculpté « deux grans beaulx tableaulx d'yvoire des trois Maries. » En 1391 nous trouvons Henry des Grès, pignier ; en 1392, Héliot déjà cité ; en 1454, Henry de Senlis, tabletier, et en 1484, Philippe Daniel, pignier tabletier à Paris.

Les peignes avaient, du moyen âge à la Renaissance, un rôle capital à jouer dans les mœurs et dans les arts ; les dents dont ils sont armés encadraient des bas-reliefs significatifs, des légendes, des armoiries ; quelques sujets étaient purement religieux ; d'autres mêlaient le sacré au profane, comme le jugement de Pâris, David et Bethsabée ; ici c'était l'adoration des mages et la fuite en Égypte, là, le lai d'Aristote et autres scènes des fabliaux. C'est que le peigne faisait partie des cadeaux de fiançailles et devait se trouver dans la corbeille avec la boîte à miroir, le busc, la quenouille, le fuseau, la navette, et ces mille riens, objets de toilette ou de travail, que l'art élevait au rang de bijoux.

Passons et abordons l'époque de la Renaissance ; nous avons dit précédemment, à propos du bronze, quelle avait été la part de l'Italie dans ce mouvement ; il va sans dire qu'on a prétendu trouver dans l'ivoire le contingent des plus grands génies, à commencer par Michel-Ange, auquel on attribue tous les Christ remarquables. Il est certain que beaucoup d'hommes célèbres, en Italie, en Espagne, en France et en Allemagne, ont ciselé cette belle matière ; mais la masse des œuvres moyennes a eu pour auteurs des artistes spéciaux dont les noms ne sont pas tous venus jusqu'à nous, bien que beaucoup en fussent très-dignes. Le musée Correr, à Venise, possède un bas-relief représentant un satyre surprenant une nymphe endormie qu'on attribue à Agostino Carracci, qui fut peintre, orfévre et graveur, et a, en effet, incisé cette composition sur le cuivre. Cope Fiammingo, né en Flandre, mais fixé à Rome, y exécutait des aiguières avec leurs bassins, entièrement couvertes de gracieuses sculptures ; on a vu d'Alexandre Algardi un buste remarquable de Cosme II de Médicis ; Frate Clémente travaillait en 1638, et un peu plus tard Donatello Fiorentino taillait une gracieuse figure de femme nue.

La France eut certes une notable part dans les ivoires du seizième siècle, et ne renonça pas à un art où elle avait eu de si notables succès dans les siècles précédents ; mais, là comme pour tant d'autres spécialités, les noms manquent le plus souvent. Quel est le statuaire habile qui modelait comme une cire le merveilleux buste de Diane de Poitiers conservé au Louvre? Nul ne le sait, et pourtant c'est un chef-d'œuvre. François Duquesnoy lui-même, dit François Flamand, le maître de l'ivoirerie, ne signait ses ouvrages que par la hardiesse des poses, la morbidesse des chairs, et cette largeur de touche qui fait vivre et palpiter ses figures de femmes et d'enfants; Cluny, le Louvre possèdent de lui de charmants groupes et bas-reliefs. Francis Van Bossuit, de Bruxelles, dont le goût s'était épuré par un long séjour et de sérieuses études à Rome, laissait à la grâce et à la science de ses figures le soin de les faire reconnaître. A ce moment, Jean de Bologne et ses élèves illustraient aussi l'ivoire; puis cette matière obéissante se prêtant plus qu'aucune autre aux souplesses du réalisme, les ivoiriers se mirent à suivre le goût de l'école de Rubens, et ce goût est tellement marqué que les curieux désignent la plupart des ouvrages sous le nom d'ivoires flamands; certains faits donnent d'ailleurs à cette dénomination une valeur historique. Louis XIV avait appelé auprès de lui Van Obstal ou Opstal d'Anvers, et après lui avoir fait exécuter de belles sculptures d'ivoire, il l'avait fait recevoir de l'Académie de peinture et de sculpture à Paris. Dès 1620, Jacob Zeller, Hollandais, livrait ses ivoires; C. Lacroix, sculpteur bourguignon, qui avait travaillé à Gênes, conservait dans ses bustes la saveur du génie français; P. S. Jaillot, Lucas Faydherbe suivaient, eux, les errements de la mode. Quant à Chevalier, il était allé porter à Londres son art de portraitiste. Enfin, les derniers noms que nous trouvions sont ceux de Rosset, qui, au dix-huitième siècle, taillait dans l'ivoire les bustes de Voltaire et de Rousseau, et de J. B. Xaverre, auteur d'une bacchanale.

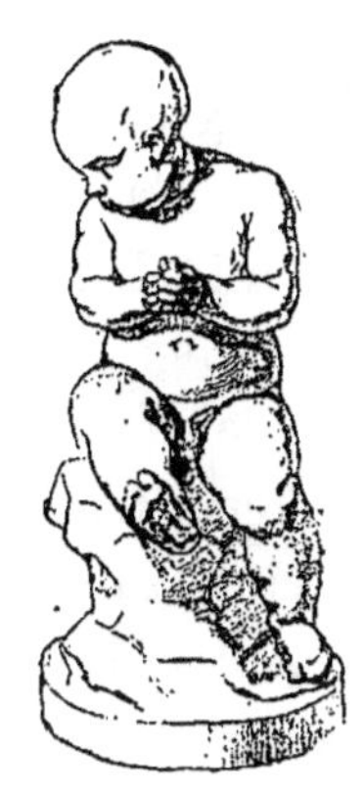

Figurine d'ivoire de François Flamand. (Musée de Cluny.)

Mais le pays où l'ivoire a été travaillé longtemps et avec entrain, c'est l'Allemagne; là, comme en Italie, les plus grands noms sont associés à ce travail : un petit bas-relief conservé à Cluny montre, avec la date de 1545, le monogramme de Hans Sebald Beham. Les médaillons à portraits rivalisent avec ce que la pierre lithographique et le bois nous ont offert de plus parfait; les artistes s'ingénient à multiplier l'emploi de la matière : chargée de rondes circulaires de femmes et d'enfants, de bacchanales bruyantes où Sylène et les satyres jouent un rôle actif, elle se formule en hanaps, en cruches à bière richement montés d'argent; là elle sert de poignée aux tranchoirs de table ou même aux cuillers et fourchettes ainsi qu'aux couteaux portatifs; les bas-reliefs d'ornementation sont sans nombre ; les pièces de jeux, les boîtes et tabatières variées à l'infini. Aussi, quelques noms d'artistes ont été conservés ; au dix-septième siècle, ce sont Angermann, Christoph Harrich, mort en 1630, qui, continuant une mode française de la fin de la Renaissance, se plaisait à accoler des squelettes à des groupes de jeunes filles ; à la même époque travaillait Léo Pronner de Nuremberg, artiste aussi patient qu'habile, qui sur des noyaux de cerises faisait saillir jusqu'à cent têtes, dont la loupe permettait d'apprécier les expressions variées. Puis ce sont Georges Weckhard, Leonhard Kern, de Nurenberg ; Lobenigke, Pfeifhofen, Rapp, Barthel, de Dresde ; Raimund Falz, partageant son talent entre la gravure en médailles et la sculpture en ivoire. Citons encore les frères Lorenz et Stephan Zich, de Nuremberg, particulièrement habiles dans les ouvrages tournés. Balthasar Permoser, né en Bavière en 1650, alla, lui, travailler 14 ans en Italie et revint exercer à Dresde jusqu'à sa mort, en 1732 ; dans la même ville, Lüch taillait l'ivoire en 1737, avant d'entrer comme modeleur dans la manufacture de porcelaine.

Il était réservé aux Allemands d'introduire dans la sculpture d'ivoire une polychromie réprouvée par le bon goût et qui eut pourtant un succès prodigieux ; Simon Troger, de Nuremberg, imagina de revêtir ses figures éburnées de draperies en bois brun, et un Bavarois, Krabensberger, enchérissant sur l'idée, forma ses groupes de Bohémiens et de lazaroni déguenillés, dont la nudité apparaissait à travers les étoffes déchirées. Plus tard, Krueger se spécialisa aux figures grotesques. Enfin, la mode des cannes, générale au dix-huitième siècle, fit surgir Michel Daebler, qui faisait des groupes de figurines pour servir de pommes à ces cannes monumentales. Nous trouvons pourtant un sculpteur nommé Jopter, qui à cette époque sculptait encore une belle descente de croix.

Nous venons de citer les artistes spécialisés au travail de l'ivoire en Allemagne ; il ne serait pas juste d'oublier les princes qui, séduits par la beauté de cette matière, lui consacrèrent leurs loisirs ; ce sont : Auguste le Pieux, électeur de Saxe en 1553 ; Maximilien, premier électeur de Bavière de la branche cadette en 1596, et Georges-Guillaume, électeur de Brandebourg en 1619.

Il nous reste à nous arrêter sur une contrée dont nous n'avons pas décrit les ouvrages, parce que là, comme ailleurs, il est très-difficile de discerner l'histoire de la légende : on comprend que nous voulons parler de l'Espagne. La peinture y a été particulièrement étudiée, et c'est presque en passant que, dans ses beaux travaux, M. Louis Viardot nomme les statuaires de la péninsule ibérique. Dès 1376, Jayme Castayls, de Barcelone, ouvre la voie; Anrique, en 1380, enrichit la cathédrale de Tolède du remarquable mausolée d'Henri II; Fernan Gonzalez élève en 1399 celui de don Pedro Tenorio. En 1420, Guillen de la Mota enrichit d'un retable d'albâtre la cathédrale de Tarragone; Alvar Gomez, Alvar Martinez et Pedro Juan s'appliquent, à la même époque, à l'ornementation de cette cathédrale; enfin Juan de la Huerta vient, vers 1450, exécuter à Dijon le tombeau de Jean sans Peur, duc de Bourgogne. Ce sont là des ancêtres qui suffiraient à expliquer la supériorité des ivoiriers espagnols Comment donc va-t-on chercher ailleurs? C'est que par l'expression merveilleuse des physionomies, le mouvement pittoresque des figures, la souplesse et la vérité des draperies, la sculpture espagnole rivalise avec ce que la peinture peut donner de plus parfait en animation religieuse, de plus exact en imitation réaliste. On a vu récemment une statue de saint François d'Assise, copiée sur un bois d'Alonzo Cano, et l'on a pu juger jusqu'à quel point le peintre avait su faire vibrer la fibre végétale sous l'inspiration extatique de son ciseau; or, si nous nous rappelons bien certaine figurine en ivoire de saint Sébastien, admirée par nous dans le cabinet de M. Thiers et présentée comme un ouvrage du même peintre, nous reconnaissons la même science, la même puissance géniale, et l'attribution n'a plus rien qui nous surprenne.

Ce qu'il y a de certain, c'est que, dans nos musées, la plupart des ivoires d'origne espagnole se spécialisent par l'expression, et nous oserions presque dire la couleur; faut-il en conclure qu'ils sont l'œuvre de peintres, ou bien que les sculpteurs espagnols partagent les qualités des peintres?

On aura remarqué, sans doute, que nous nous sommes particulièrement appliqué à décrire les ivoires où domine la figure, et les bas-reliefs et statuettes; c'est qu'à vrai dire il existe bien peu de pièces purement ornementales; lorsque l'ivoire se formule en coffrets, en buires, en calices, c'est presque toujours avec une décoration où la figure humaine occupe la place principale. Cela est si vrai qu'en descendant même aux plus petits objets, tels que grains de chapelets, pions de jeu de dames ou pièces d'échiquier, on est tout surpris de trouver encore, souvent en proportions microscopiques, les scènes de l'histoire sainte, les effigies contemporaines ou les figurations héroïques.

Quant à l'emploi universel, il est démontré par les collections publiques : le musée d'artillerie montrera l'ivoire en poignées d'épées, en arbriers d'arbalettes, en flasques et poires à poudre; celles-ci souvent en ivoire vrai, parfois aussi en corne de cerf travaillée à la manière des camées à deux couches. Manches de couteaux ou de fourchettes, instruments de travail des dames, objets de parure même,

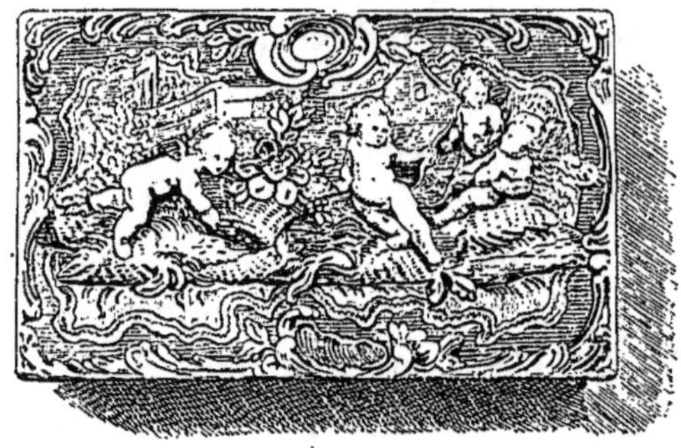

Boîte à mouches en ivoire; époque Louis XV. (Collection de M. le docteur Piogey.)

boîtes à mouches, tabatières, partout et à toutes les époques on trouve l'ivoire ouvré relevé par l'art. On voit donc qu'une large part doit lui être faite chez le curieux, soit comme objet meublant, soit comme trésor d'étagère et de vitrine.

ORIENT

On ne s'étonnera pas de voir les peuples de l'extrême Asie se servir de l'ivoire pour leurs objets de luxe; placés là où se trouve la matière première, artistes et patients, tout devait les inciter à en faire usage; aussi remarque-t-on sans surprise qu'ils ont suivi à peu près la même marche que nous dans l'emploi de la sculpture éburnée : coffrets, plaques, éventails, boîtes circulaires, mortiers, et jusqu'à des cabinets aux compartiments multiples, ils l'ont appliqué toujours avec une recherche et un goût irréprochables.

L'Inde antique et mystérieuse, avec sa mythologie si singulièrement pittoresque, s'offre à nous la première ; grâce à son immobilité elle a maintenu, à travers les révolutions et la succession des années, les traditions de sa civilisation antéhistorique, en sorte que ses travaux, alors même qu'ils ne remontent pas à plusieurs siècles, sont au moins l'image fidèle de ce qui se faisait alors, et ce n'est pas l'un des moindres charmes de ceux de ces objets que l'âge a colorés, que le passage en des mains nombreuses a polis depuis le travail primitif, de laisser l'esprit suspendu entre des dates possibles pouvant s'étendre bien au delà des commencements de l'histoire occidentale.

Ce n'est pas tout : l'Inde est immense par l'étendue comme par le temps ; si son histoire demeure problématique au milieu des fragments sans nombre qui la veulent expliquer et qui se contredisent entre eux, il demeure certain que plusieurs races et plusieurs civilisations s'y sont trouvées en contact et qu'elles ont imprimé la trace de leur croyance et de leur avancement dans leurs œuvres d'art. Ainsi l'Inde proprement dite, occupée par la race la plus ancienne et la plus civilisée, éclairée par le contact de ses conquérants grecs, et peut-être par des relations antérieures avec l'Assyrie, montre une tendance aux conceptions les plus élevées ; ses figurations religieuses ont une grandeur non dénuée de grâce, et l'ornementation, idéalisée dans un sens très-voisin des conceptions grecques, montre une délicatesse, un goût qui ont peut-être influé, plus tard, sur le conquérant musulman et formé, comme nous le montrerons bientôt, un rameau particulier dans l'art arabe. Les races qui se détachent de cette souche importante sont celles que nous trouvons à Java, dans le pays malais, à Siam et dans une partie même de l'Inde transgangétique. Là l'ornementation procède bien encore de la donnée indienne ; mais les figurations religieuses, influencées par des légendes locales, revêtent des formes barbares et monstrueuses. Par une singulière analogie entre les mythologies effrayantes de l'extrême nord et de l'extrême sud, nous allons presque retrouver les conceptions odirriques appliquées aux fables javanaises : parmi des intrications ornementales, végétations extra-naturelles, surgiront des monstres menaçants portés les uns sur les autres, ou luttant dans des contorsions extravagantes ; des dragons écailleux, des oiseaux impossibles circuleront dans ces méandres, souvenir vague de combats gigantesques livrés par les premiers conquérants de ces contrées aux végétations puissantes peuplées d'animaux dangereux.

Un regard jeté sur les poignées ajourées des poignards birmans ou javanais fera comprendre l'énergie de ces conceptions abondantes et sérieuses, dont la barbarie voulue s'allie à une incroyable perfection de travail.

Quant à l'Inde proprement dite, quelques-uns de ses bas-reliefs sembleraient conçus par des artistes du moyen âge; on y retrouve cette

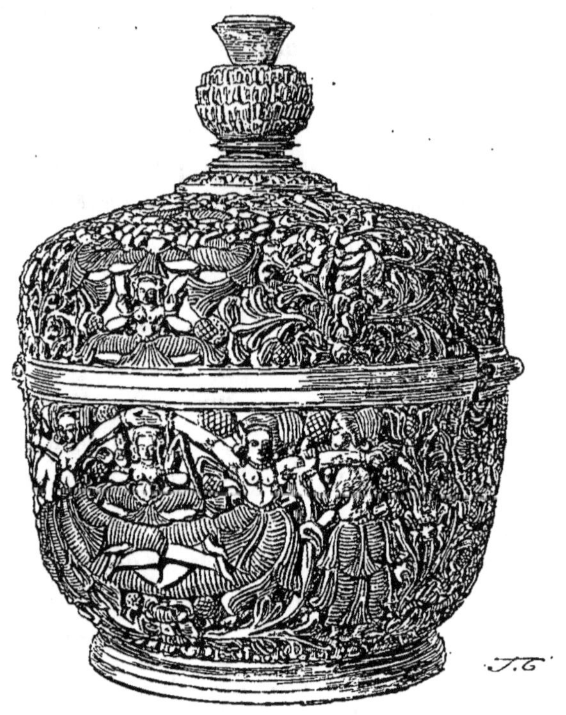

Boîte en ivoire à charnière et fermoir d'or; travail ancien de l'Inde. (Ancienne collection de M. le baron de Monville.)

simplicité de lignes, cette élégance naïve, fleurs des civilisations encore jeunes; il n'est pas jusqu'aux associations impossibles de dieux à têtes d'éléphants qui cessent d'être choquantes par l'art qui a présidé à leur conception. On sait avec quelle poésie les Indiens ont réalisé l'image des rêveries sensuelles de leur théogonie; qui ne se rappelle cet éléphant gracieux formé par les nymphes ou Gopis servant à transporter Krischna; voici quelque chose d'analogue; cette jolie boîte d'ivoire où l'on ne distingue d'abord qu'un enchevêtrement de bustes, de bras et de jambes, montre bientôt la composition la plus nette et la mieux comprise : des nymphes voltigeant les bras étendus et deux à deux, forment autant de palanquins animés dans lesquels, accroupi et tranquille, écrasé sous le poids de la méditation, repose le dieu couronné de la tiare sacrée; les bras étendus en dehors par les nymphes groupées en demi-cercle représentent l'axe du palanquin et vont s'appuyer sur les épaules de personnages porteurs, entre lesquels apparaissent quelques végétations ornemanisées. Et si nous donnons ce type, c'est pour choisir entre mille où la figure humaine se prête aux exigences de la théogonie locale, aussi bien qu'à celles d'une décoration riche et puissante.

Nous l'avons dit déjà, dans l'idéalisation de la nature végétale, les Indiens n'ont de rivaux que les Grecs; comme ceux-ci ils ont su découper et assouplir l'acanthe sous les aspects les plus gracieux; les fleurs ornemanisées sont semées dans leurs ouvrages avec un tact précieux. L'oiseau qu'ils affectionnent est le paon, tantôt vu de face et comme nimbé par le rayonnement de sa queue élégante, tantôt de profil et portant avec fierté l'aigrette d'or qui couronne sa tête délicate.

Aussi, quelque chargée qu'elle soit, l'ornementation indienne n'est jamais fatigante : l'œil se plaît à saisir les détails sans nombre de ces conceptions ingénieuses; il s'arrête sans souffrir sur ces femmes aux poses impossibles, parce que l'artiste a su faire dominer dans sa composition le sentiment du surnaturel, et que tout est facile aux êtres divinisés.

Dans l'Inde, comme chez nous, on peut juger du prix que le travail ajoutait à la matière; l'ivoire s'y rencontre taillé en bijoux, en amulettes; il fournit souvent la poignée ouvragée des poignards à lame de damas ciselé et damasquiné d'or.

Un fait éminemment curieux et qui prouve avec quelle fidélité les modèles ont été suivis dans les divers ateliers indiens, c'est qu'on rencontre des meubles et des objets d'ivoire exécutés sous l'influence européenne aux dix-septième et dix-huitième siècles, et dont l'ornementation pure et délicate ne diffère en rien des ouvrages antiques : ce sont les mêmes rinceaux pressés à feuillages sans nombre, parmi lesquels circulent parfois des familles d'éléphants; mais, dans des panneaux réservés, on voit tout à coup apparaître des bas-reliefs empruntés aux saintes Écritures, comme la Tentation d'Ève, le Sacrifice d'Abraham, des scènes de la vie du Christ; ce sont évidemment des

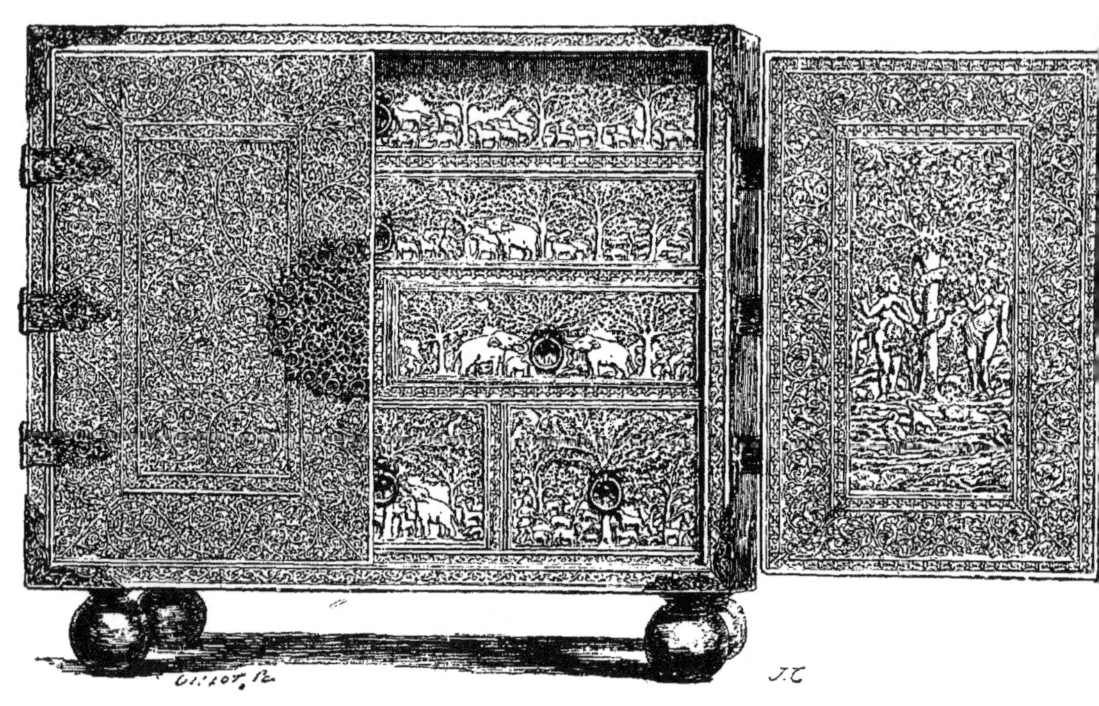

Cabinet d'ivoire orné de garnitures en or ciselé ; travail indien. (Ancienne collection Sauvageot, Musée du Louvre.)

choses de commande, ou peut-être des images destinées à appuyer la propagande religieuse des missionnaires portugais. On rencontre, et le Louvre en offre un exemple, des coffrets et des cabinets de ce genre de la plus délicate exécution ; seulement la faiblesse des modèles fournis au sculpteur, et qui, bien souvent, n'étaient que de vulgaires images, établit entre les sujets et l'ornementation une différence telle qu'on serait tenté d'abord d'attribuer le travail à des mains diverses. La même hésitation se remarque dans les statuettes; M. le baron Gustave de Rothschild possède un groupe de la Vierge portant l'Enfant Jésus, qu'on avait pris d'abord pour l'œuvre d'un artiste inexpérimenté du moyen âge et qui provient des ateliers indiens; par un reste des habitudes locales, le sculpteur avait même donné au groupe de nuages que le modèle offrait sans doute comme support la forme consacrée du nélombo bouddhique ou brahmanique. Le même travail hésitant et imparfait dans le détail des traits, se retrouve dans les cariatides éburnées qui servent de support à de grands cabinets en piqué exécutés pour le Portugal, et qu'on y rencontre encore fréquemment.

Les Persans ont peut-être moins travaillé l'ivoire que les Indiens; mais ils ont montré la même aptitude à l'ornementation et au style; dans les poignées de leurs armes ils ont souvent taillé le groupe symbolique du lion et du taureau, et là on est frappé du caractère grandiose des animaux et des analogies étroites qui les rattachent aux fragments précieux trouvés en Assyrie. Dans d'autres poignées des cavaliers chasseurs sont hardiment taillés sur une face, tandis que l'autre offre un groupe de danseuses aux vêtements légers exprimé avec toute la délicatesse d'un art raffiné. Nous ne parlerons pas des bagues de tireurs d'arc et des autres bijoux d'ivoire persan qu'on peut rencontrer; les curieux doivent se montrer d'autant plus empressés à recueillir ces divers ouvrages qu'ils sont plus rares.

Il n'en est pas de même des ivoires chinois; ils abondent, toujours remarquables par la perfection d'un patient travail, et souvent très-dignes d'intérêt par la composition et le style. Qu'on examine les pi-tong ou porte-pinceaux, d'où surgissent des dragons et des fong-hoang environnés de fleurs, ou bien ceux où l'on voit des philosophes s'acheminant péniblement à travers les sentiers abrupts des montagnes boisées pour aller méditer sur les hauts lieux et pénétrer, dans le recueillement, le sens des livres antiques, on remarquera la parfaite adresse, la netteté savante d'un travail prodigieux, dont aucun détail ne porte l'empreinte de la fatigue. S'il s'agit de figures sacrées, on admirera l'infinie bonté exprimée par Cheou-lao, le dieu de la longévité, la suavité gracieuse de cette Kouan-in, divinité problématique, mais charmante, qu'elle soit un emblème solaire ou l'une des incarnations sans nombre du panthéon bouddhique. On verra encore avec quelle puissance l'ivoire sait rendre l'expression austère du chef des philosophes, l'illustre Kong-tse ou Confucius. Et cette recherche, si souvent heureuse de l'expression, n'a pas empêché l'artiste de se complaire dans l'étude des draperies et d'y graver les plus minutieux ornements, relevés souvent par l'or et quelques traces de couleurs.

Parmi les travaux d'ornementation pure, il faut citer ces plaques de ceinture percées à jour et à deux faces chargées de motifs différents, ces sou-chou ou chapelets, ces colliers de mandarins qui défient, en délicatesse, les ouvrages des patenostriers du moyen âge; et les éventails, véritables dentelles qu'on ose à peine toucher et qu'on craindrait de briser d'un souffle! Tout cela, certes, est de l'art ferme, large dans sa minutie, et dominé par une pensée sérieuse.

Nous ne parlerons pas des ouvrages de simple curiosité, de ces boules ajourées roulant les unes dans les autres, de ces chaînes taillées dans un seul morceau d'ivoire, ni de ces jonques mâtées et pavoisées qu'il a fallu tailler pendant des années pour les amener à perfection; ceci demande surtout de la patience et l'on sait que celle des Chinois est sans limites.

Passons donc en réservant notre admiration et nos formules les plus laudatives pour les ouvrages japonais. Là, nous allons trouver des pi-tong d'ivoire, non moins précieusement fouillés qu'en Chine; nous allons voir la matière obéissante se tourner en boîtes à fins reliefs, se diviser en compartiments intimement unis, pour former ces pharmacies portatives qu'on croirait d'une seule pièce, et sur lesquelles ressortent des personnages daïriens avec leurs riches costumes, leurs emblèmes scrupuleusement reproduits et tenus souvent par des officiers accroupis derrière eux; tout ce travail microscopique est parfois rehaussé par des touches de laque et d'or, par des incrustations de nacre ou de pierres dures; eh bien, ce n'est pas cela, ni les cabinets en miniature avec leurs divisions infinies, que nous admirons le plus ; il y a là un art merveilleux, mais traditionnel comme celui des Chinois, en sorte qu'une pièce vous prépare au style des autres. Où l'imprévu, l'art personnel avec ses caractères multiples, ses surprises et ses éclairs de génie, se révèle à l'observateur stupé-

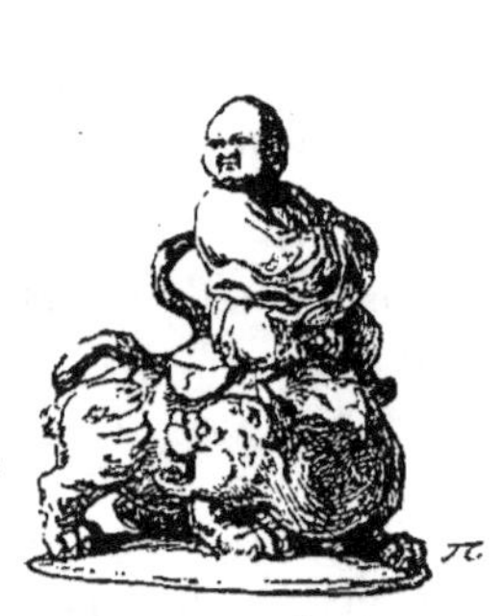
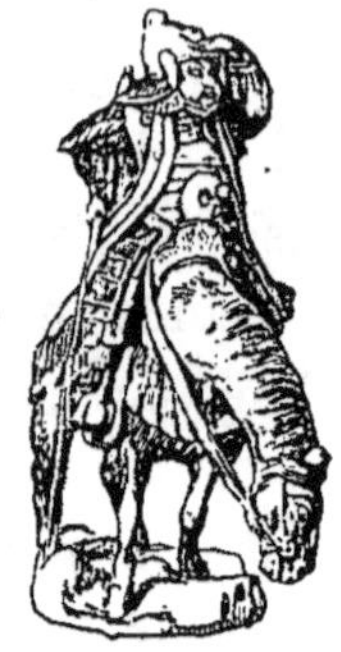
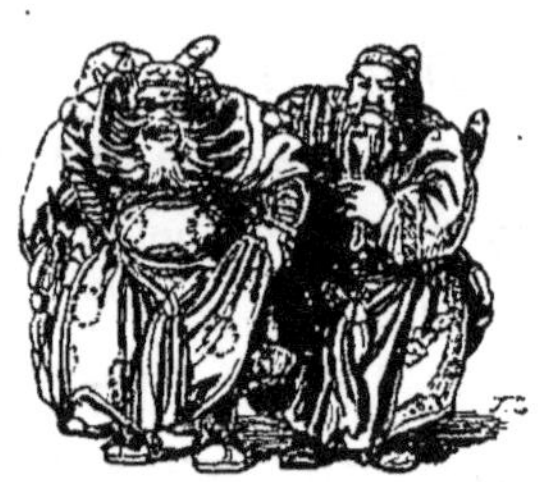

Netzké en ivoire ancien. (Collection de M. Paul Gasnault.)

fait, c'est dans ces minimes netzké, breloques connues sous le nom de boutons japonais, et qui sont les seuls objets de parure dont les classes distinguées relevaient leur costume austère.... lorsqu'il y avait un costume national. Chacun de ces petits groupes, aux physionomies étudiées, aux vêtements parfois richement ornementés, est une compo-

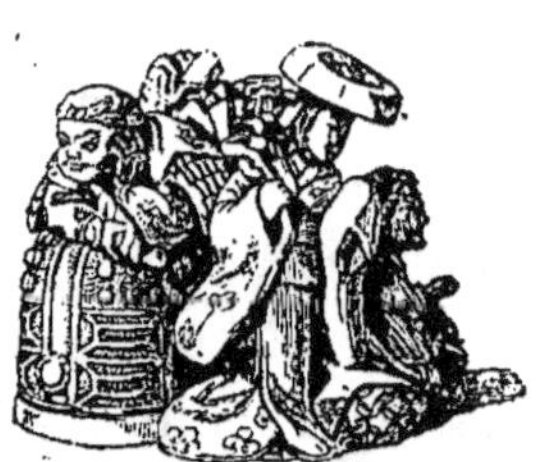
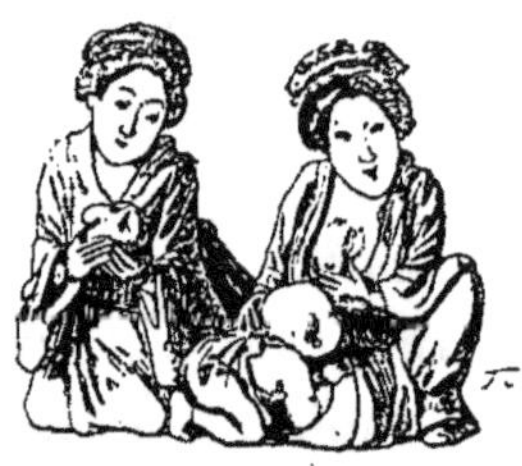

Netzké d'ivoire anciens. (Collection de M. Paul Gasnault.)

sition originale, une scène de mœurs ou d'histoire, une mordante caricature s'attaquant aux vices sociaux et souvent même à la religion. Là un sintoïste, sans doute, voulant se moquer des Tao-sse, a figuré Cheou-lao faisant la plus drolatique grimace sous son crâne proéminent qui va se tournant en concombre ; ici le même dieu est représenté par une pieuvre fixée sur un rocher ; puis, ce sont des groupes de religieux réunis dans les actions les plus grotesques et montrant les plus hideux visages. Veut-on du gracieux? voilà de jeunes femmes élégamment coiffées, vêtues avec luxe et dont l'une allaite un enfant: en examinant sa petite tête penchée vers le nourrisson, on s'étonne qu'on ait pu exprimer dans des proportions si réduites la tendre sollicitude d'une mère et cette abstraction complète de tout ce qui n'est pas l'enfant bien-aimé. Et ceci n'est ni une exception, ni une flatterie; à côté de la dame nous trouvons la ménagère qui fait sa toilette au-dessus d'un baquet : elle est charmante; celle-ci lave son linge en compagnie de commères d'âges et d'expressions diverses; en voilà qui cuisinent; d'autres qui travaillent. Mais où Callot même est dépassé, c'est dans la série des mendiants; rien n'est plus curieux ni plus pittoresque : infirmes vrais ou simulés; hommes conduits sur des ani-

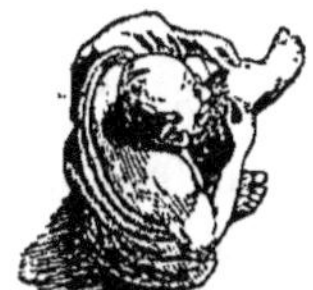
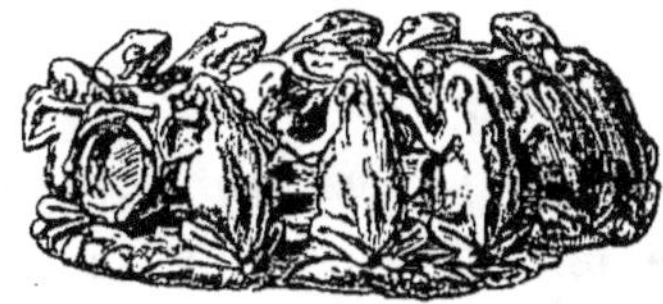
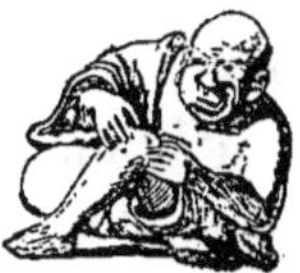

Netzké d'ivoire anciens. (Collection de M. P. Gasnault.)

maux ou portant eux-mêmes des singes; associations hideuses ou burlesques; querelles et gourmades, tout y est, et l'on peut se convaincre que la cour des miracles n'est point une invention occidentale. Nous ne mentionnerons pas les mille scènes de la vie privée, les voyages, les déménagements, et quantité d'autres où la pudeur n'est pas toujours convenablement sauvegardée; il nous faut dire un mot des représentations animales, non moins exactes et non moins amusantes que les autres dans leur variété infinie. On trouve là, en effet, les imaginations les plus fantasques et les plus drolatiques; des grenouilles dansent une sarabande effrénée sur une vieille sandale de paille; des rats pelotonnés en boule montrent de tous côtés leurs museaux éveillés; ici une souris a pris possession d'un fruit et s'y est logée comme le rat de la fable dans son fromage; voilà un marron entaillé par une mangeure de ver qui creuse dans l'ivoire un fin paysage, puis par un trou de la coque brune sort le ver qui rampe à la surface et semble se mouvoir tant il est exact de reproduction; ici c'est un œuf dont la coquille brisée laisse voir l'intérieur par une ouverture irrégulière; or, si loin que l'œil puisse pénétrer, il aperçoit les personnages microscopiques d'un panthéon bouddhique dont chaque dieu est reconnaissable par les traits comme par les attributs.

Après avoir vu ces ingénieux travaux, où la science et l'esprit se montrent à un égal degré, on demeure convaincu de la différence énorme qui sépare les Chinois et les Japonais au point de vue de l'art; les premiers, patients et habiles, reproduisent avec une invariable fidélité les patrons séculaires transmis par l'atelier; les seconds, élevés à l'étude de la nature, livrés aux inspirations de leur génie propre, mettent dans leurs ouvrages ce caprice inspiré, cette verve mordante qu'un esprit philosophique peut aimer à fixer en scènes grotesques pour fronder les mœurs de ses contemporains. Les breloques japonaises sont en quelque sorte l'analogue de notre Charivari et du Punch des Anglais.

Dans notre admiration pour l'esprit quasi français des sculpteurs japonais, n'oublions pas les ouvrages arabes, dont la perfection et le goût sont au-dessus de toute louange. Là nous n'avons plus à chercher les scènes gracieuses ou les figurations sacrées; tout ce qui vit est interdit à l'artiste et son talent ingénieux doit se mouvoir entre les diverses combinaisons de la ligne et la copie plus ou moins idéalisée de la nature végétale. Eh bien, on demeure confondu devant les merveilleuses conceptions qu'a pu inspirer cette donnée, si simple en apparence; les méandres sans nombre, les végétations élégantes se mêlent dans une confusion apparente, qui n'est que la fécondité d'un génie pour ainsi dire inépuisable; aussi n'y a-t-il pas même à tenter de décrire ces combinaisons, le dessin seul peut en donner l'idée. Nous mentionnerons ici deux de ces coffrets cylindriques à couvercle légèrement bombé surmonté d'un bouton, qui à la beauté de l'exécution joignent un intérêt historique: le premier, décrit dans le nouveau cabinet de l'amateur, offrait, dans ses ornements de style arabe pur, découpés à jour, une inscription dédicatoire à Hachem Mostanser Billah, commandeur des croyants. Ce Hachem II, calife ommiade de Cordoue, fils et successeur d'Abderame III, est célèbre dans les fastes littéraires comme fondateur de la Bibliothèque et de l'Académie de Cordoue; son règne s'étendit de 961 à 976. Le second, qu'on a vu figurer à l'exposition orientale de l'Union centrale des beaux-arts, portait aussi, autour du couvercle, une légende en caractères coufiques exaltant son mérite à l'égal de celui des pierres précieuses et le déclarant digne de renfermer le musc, le camphre et l'ambre. Inscrit en outre du nom de son auteur : Kalaf, ce monument aurait été fait vers l'an 1060 sous le règne d'Abderraman, souverain more d'Afrique. Le style ici est entièrement conforme à celui de l'Alhambra.

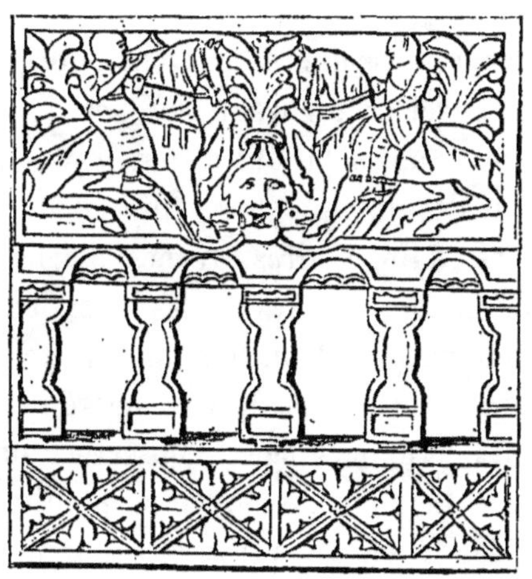

CHAPITRE IV

BOIS

Dans la tâche courageuse que nous avons entreprise, de signaler aux curieux les routes ouvertes à leurs recherches, et les points principaux où l'histoire les convie à des stations utiles, il n'est rien, certes, de plus ardu que l'aperçu des monuments taillés dans le bois. Irons-nous rappeler les statues rudimentaires, troncs d'arbres à peine dégrossis et barbouillés de rouge, qui furent les premiers dieux des Grecs? Laissant ces témoignages d'érudition qui, pour beaucoup, seraient du pédantisme, parlerons-nous de ces merveilleuses statues, œuvre des Égyptiens des premiers âges, conservées depuis quarante-neuf siècles comme un témoignage de la perpétuité du génie humain? Non, ce sont là de ces choses rares et renommées que les curieux connaissent, ou qu'ils peuvent aller voir au musée de Boulak ou dans les galeries du Louvre, mais qu'ils n'ont aucune chance d'acquérir.

Quant aux statues de bois dont parle Pline, elles étaient déjà de son temps passées à l'état de problème ; on les décrivait d'après la tradition, et la matière même dans laquelle elles avaient été taillées devenait un objet de controverse, les uns tenant pour le cyprès, les autres pour l'ébène ou la vigne. Laissons donc les antiques dont quelques fragments sont à peine parvenus jusqu'à nous et, traversant les siècles, arrivons au moyen âge qui, non-seulement a fait du bois un emploi suivi, mais encore l'a soumis à des formes neuves révélant une nouvelle face de l'art.

Effectivement, on ne trouve pas là, comme pour l'ivoire, la succession des âges indiquée par la modification progressive des civilisations : l'idée apparaît tout à coup comme pour répondre à un besoin spécial, et elle persiste avec les conditions qui l'ont fait naître. Les idées fastueuses de l'empire d'Orient se seraient peu accommodées de la simplicité du bois, même rehaussé par la peinture et l'or ; il leur fallait l'or repoussé ou tout au moins le bronze doré et émaillé. L'Occident naïf avec ses monuments mystérieux, sa foi craintive, ses aspirations mystiques, pouvait seul trouver cette iconographie charmante dont les sculptures des portiques ou des chapiteaux montrent, dans nos cathédrales, les premiers spécimens. Mais les *maçons*, constructeurs et statuaires étaient nomades et se transportaient au loin pour satisfaire aux besoins du culte ; les bois des retables, ceux d'ornementation intérieure, formant les accessoires et le mobilier religieux, restaient livrés au talent et au zèle des ateliers locaux et il devient, conséquemment, plus intéressant d'étudier l'œuvre de ces derniers que la sculpture en pierre.

On ne s'étonnera donc pas de la rareté des spécimens en bois de haute date. A Cluny, c'est un Christ de grandeur naturelle et longuement vêtu, selon les habitudes introduites au huitième siècle ; son style quelque peu byzantin s'explique par sa date ; il est du douzième siècle et provient de l'Auvergne où les monuments de l'époque romane sont en si grand nombre et si remarquables. Pour le siècle suivant, nous trouvons, encore à Cluny, la statue de saint Louis, en bois d'if, qui faisait partie du retable de la Sainte-Chapelle. Ici se trouve la démonstration de ce que nous avons dit plus haut ; nul lien ne rattache cette pièce aux sculptures des douze apôtres faites sous les ordres de Pierre de Montereau, et dont la belle tête de saint Marc exposée par M. Edmond Bonnaffé a permis d'étudier la perfection et le style. La statuette de Cluny est bien parisienne et conforme aux idées courantes du moment ; la tête un peu grosse, finement détaillée et peinte avec soin, indique des préoccupations de réalisme ; c'est bien un portrait, et son expression simple et bénigne peut bien répondre au caractère du saint roi ; les draperies sont peintes aussi, et le manteau, semé de grandes fleurs de lis, enserre le corps, un peu fléchi latéralement, étroit aux épaules, montrant en un mot la courbure et l'élongation familières aux artistes de cette époque qui taillaient le bois comme l'ivoire.

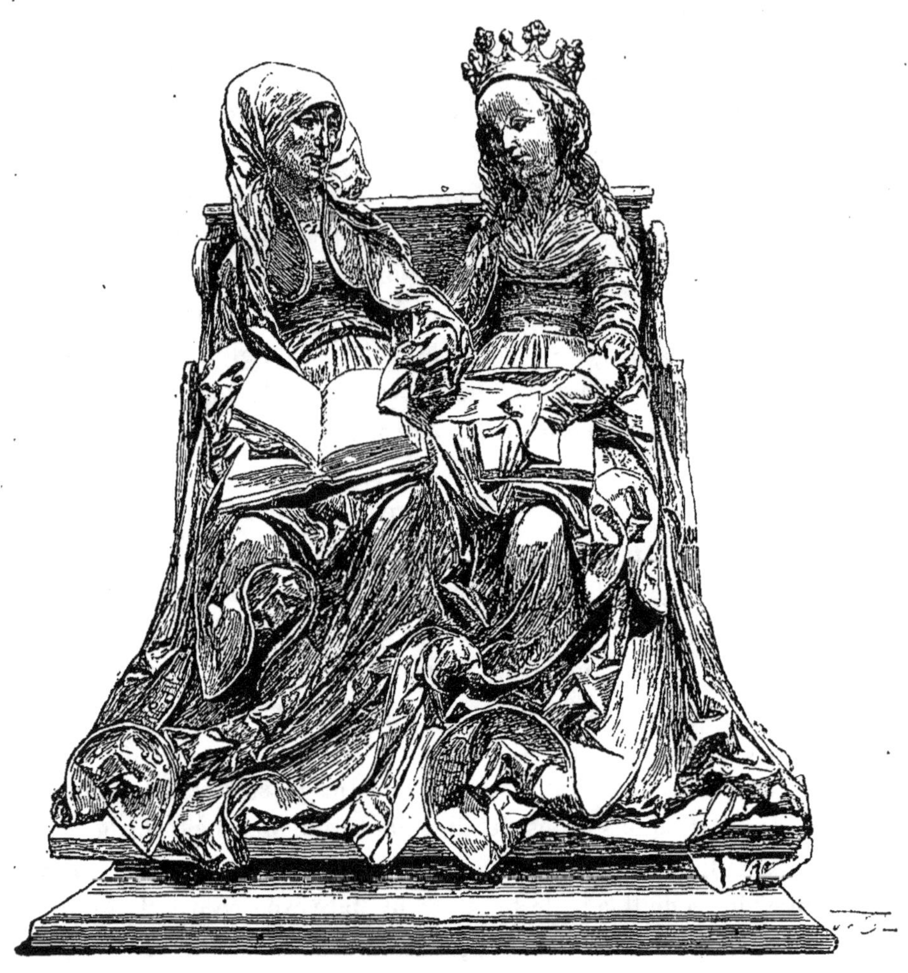

L'éducation de la Vierge. Groupe en bois sculpté peint et doré ; travail français du quinzième siècle.
(Collection de M. Foule.)

Au quatorzième siècle les monuments se pressent en affirmant cette forme dite gothique caractérisée par sa délicatesse naïve. C'est, à Cluny, le groupe de la Vierge provenant de la collection Soltikoff, le fragment

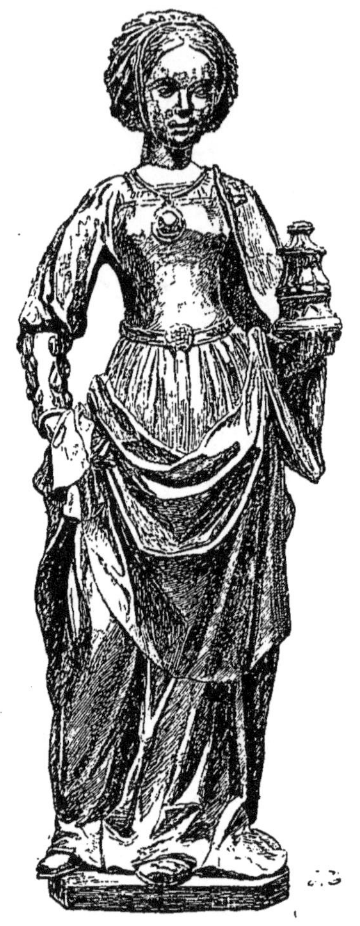

Figure de bois sculpté, Pandore ou sainte Magdeleine; costume de la fin du quinzième siècle; travail français. (Collection de M. de Maynard.)

de retable de l'abbaye de Cluny, toute cette sculpture compliquée, patiente, enrichie de couleurs, qui va devenir si abondante au siècle suivant. Or c'est là qu'il deviendrait précieux d'avoir des notions précises de provenance afin d'étudier les styles divers, nous dirions presque les mains plus ou moins savantes, qui caractérisent chaque région ; on aimerait à reconnaître quelle a été l'influence du roi René sur les œuvres méridionales ; celle plus puissante encore des ducs de Lorraine et de Bourgogne, sur le centre et l'est de la France. Déjà quelques points s'éclaircissent dans cette immensité ; mais qu'il y a loin encore à une théorie complète ; combien de faits exceptionnels viennent à la traverse des suppositions les plus raisonnables !

La sculpture en bois a laissé en France des annales écrites remontant assez haut. En 1379 l'inventaire du Trésor de Charles V mentionne Girard d'Orléans comme ayant fait pour le roi « ung tableaux de boys de quatre pièces. » En 1391 Jacques de Baerze sculpte deux retables ; puis en 1422 Claes de Bruyn exécute une statue de la Vierge ; enfin en 1443 travaillent deux Flamands, Henri et Guillaume.... Des Flamands ? dira-t-on. Alors les titres de la France peuvent singulièrement s'étendre. Sans aucun doute : et c'est là même une des plus graves difficultés de l'histoire des arts. Quand les ducs de Bourgogne ordonnaient des travaux, les uns pour Dijon, les autres pour Bruxelles, pourrait-on séparer ceux qui les exécutaient en deux bandes : les Flamands et les Français ? L'école n'était-elle pas une et dominée par un style uniforme soumis à la discipline d'une pensée unique ? Et voilà précisément pourquoi l'on parviendra un jour, à force de recherches locales et de comparaisons, à trouver les caractères régionaux dont nous parlions en commençant : caractères basés bien plutôt sur les influences inspiratrices du travail, que sur les qualités individuelles auxquelles il manquait, pour se révéler complétement, une liberté d'action que la règle ne pouvait permettre alors.

Tâchons de nous faire comprendre par des exemples. Voici une figurine du quinzième siècle où domine, selon nous, la grâce naïve de l'art français dans toute sa fraîcheur primitive ; c'est une jeune femme en costume élégant et simple, portant de la main gauche un vase couvert : pour les uns, c'est Pandore tenant la boîte fatale et telle que le moyen âge aimait à la mêler aux images religieuses ; pour d'autres, c'est l'une des saintes femmes se rendant au sépulcre pour embaumer le Christ déjà ressuscité. Quelque opinion qu'on adopte, voici ce qu'on peut observer : la pose est naturelle, modeste, les draperies bien ajustées sans recherche, la tête un peu lourde, les traits fins sans mignardise. Tous ces caractères sont ceux essentiellement nationaux qui se sont conservés longtemps presque purs dans le nord de la France. Dans cet autre magnifique groupe peint et doré de la collection Foulc et qui représente l'éducation de la Vierge, tout est différent, quoique le travail soit de la même époque; les longues robes en étoffes luxueuses sont celles qu'on devait porter dans une cour brillante, et la sainte Vierge est en effet couronnée comme une reine ; sainte Anne sa mère montre dans ses traits allongés, dans son nez mince et cambré, ce

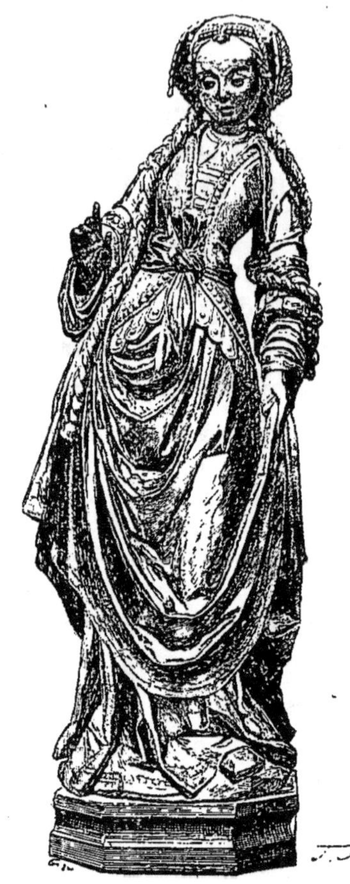

Statuette de bois sculpté; costume de la fin du quinzième siècle; travail allemand. (Collection de M. J. Fau.)

caractère déjà signalé dans un saint Georges d'ivoire, et qui paraît appartenir à la race des ducs de Bourgogne : l'artiste auteur de ce bois avait donc cherché ses types, ses costumes chez ses patrons eux-mêmes, en ajoutant d'ailleurs à ses inspirations personnelles le résultat d'une science acquise par la fréquentation des chefs-d'œuvre de tous genres qu'on devait trouver chez l'un des princes les plus éclairés de l'époque ; ainsi l'ajustement des draperies, à larges plis cassés et retournés vers le bord, doit faire croire à l'étude des tableaux de Jean Van Eyck, peintre et valet de chambre de Philippe le Bon, ou des gravures et compositions de Martin Schongauer. Ces caractères, devenus ceux de toute l'école bourguignonne, s'affirment également dans le magnifique retable où figure la purification de la Vierge.

Il faudrait pouvoir rapprocher ces œuvres de celles des Allemands, qui doivent avoir avec elles d'étroites analogies. Dès 1431, Lucas Moser exécutait à Tiefenbronn des sculptures demeurées célèbres ; au même lieu, Schülheim se distinguait par une descente de croix ; enfin la chapelle du Saint-Sépulcre de Bamberg conserve le magnifique retable colorié dû à Adam Kraft, mort au seuil du seizième siècle. Or, le caractère le plus frappant de ces compositions c'est un réalisme absolu, une maigreur relative, et moins de recherche que dans les sculptures burgundo-flamandes. On pourra voir à Cluny une sainte Catherine et une Marie-Madeleine d'une fort belle exécution, et surtout une foule de bas-reliefs coloriés, fragments de retables, où se montrent les caractères que nous venons de signaler.

Le passage du quinzième au seizième siècle est à peine saisissable dans la plupart des ouvrages français et allemands ; souvent les costumes annoncent déjà la Renaissance alors que les accessoires, les entourages, les fonds sont encore de style ogival. Rien ne montre ce contraste à un degré plus frappant que le retable de Champdeuil aujourd'hui conservé à Cluny ; il y a dans les vêtements des excentricités de modes qui sembleraient inspirées par le triomphe de Maximilien ; les physionomies ont une exagération caricaturale qu'on ne trouve habituellement que dans un art vieilli, et pourtant l'ensemble conserve l'aspect d'une création de la fin du quinzième siècle ! On se demande, d'ailleurs, par quel hasard cette œuvre évidemment allemande est arrivée dans une église de Seine-et-Marne où elle a été certainement achevée, puisque les peintures des volets de clôture sont de style français et portent cette signature plusieurs fois répétée : *A fait Lucas Lois peintre du donateur Demorant....* Cette ambiguité de style se retrouve dans une foule d'autres sculptures même franchement allemandes ; nous n'en pouvons donner un meilleur type que cette figurine en costume du quinzième siècle orné et fioritúré selon les habitudes de la Renaissance ; sa grâce un peu forcée, le soin excessif des détails montrent bien l'abus d'élégance qui va être le signe distinctif de l'école de

Nuremberg, comme cette figure allemande au costume richement théâtral, beaucoup de bois sculptés participent du gothique et de la Renaissance, et il faut atteindre le milieu du seizième siècle pour voir se stabiliser le grand style qui ne tardera guère à dégénérer par l'abus même de l'élégance.

Dans ce mouvement notre France avait conservé ses franches allures et son esprit goguenard; quelle verve mordante Le Gentil de Troyes

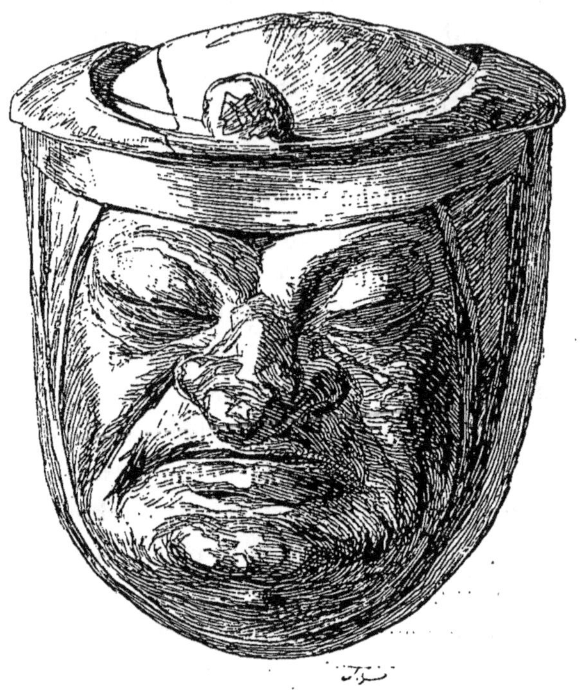

Le chanoine Guy Mergey, boîte à sel en bois sculptée par Le Gentil de Troyes.
(Collection de M. le marquis de Laborde.)

ne sut-il pas mettre dans la tête lippue et maussade du chanoine Guy Mergey? Son ciseau spirituel trouvait là sans doute quelque revanche à prendre, puisqu'il faisait un chef-d'œuvre de sculpture d'un bloc destiné à servir de boîte à sel. Cette curieuse pièce qu'à sa coiffure on pourrait croire de la fin du quinzième siècle a été sculptée vers 1545.

Puisque nous parlons de la France et des grandes œuvres taillées dans le bois, ne négligeons pas de mentionner Germain Pilon, le maître par excellence. Quand on admire les quatre Vertus cardinales qu'il destinait à supporter les reliques de sainte Geneviève, on reconnaît combien la matière est indifférente au génie : ici le bois parle aussi haut et devient aussi élégant que le marbre.

Nous reconnaissons toutefois que le bois doit bien plutôt se spécialiser aux statuettes qu'aux œuvres monumentales, et nous en trouvons la preuve dans les groupes et bas-reliefs de l'ancienne collection Sauvageot, surtout dans la Pallas, le groupe des trois docteurs et la baigneuse de Jean de Bologne. Le bois de poirier se prête là à toutes les finesses du modelé, et certaines sculptures peuvent affronter le voisinage des bronzes florentins.

Avant d'aller plus loin et d'aborder la période moderne, disons pourquoi nous nous sommes éloigné ici de notre plan habituel en ne citant pas par périodes les artistes dont les ouvrages sont à rechercher. C'est qu'ici la difficulté touche presque à l'impossible. En 1379, l'inventaire du trésor de Charles V mentionne Girard d'Orléans comme ayant fait pour le roi « ung tableaux de boys de quatre pièces. » Combien de chefs-d'œuvre ont dû naître entre cette date et celle de 1584, où les archives de Lille dénomment Gilles Capitaine comme sculpteur en bois !

Rappelons-nous que nos artistes cloîtrés travaillaient alors sans préoccupation de renommée personnelle et ne tenaient point à se faire connaître. Là, comme pour l'albâtre de Lugny, c'est donc dans la liste générale des tailleurs d'images qu'il faut chercher les noms assez rares des précurseurs de l'art français.

Il en est de même pour l'Italie et dans les rares spécimens qui ornent les musées ou les collections privées ; les noms font absolument défaut, et ce n'est que par analogie de style avec les ouvrages de bronze ou de marbre qu'on peut hasarder quelques déterminations d'écoles et de ciseau. La *Piazza universale* cite pourtant comme excellant particulièrement dans le travail du bois Gasparo Moranzone, Donatello, les Cannozzi, Paolo et Antonio Mantoani, Bernardino Ferrante, F. Sebastiano de Rovigo, F. Giovanni de Vérone, convers du mont Oliveto, Mariano Francesco, qui avait travaillé au chœur de Sainte-Justine de Padoue et décoré entièrement celui des chanoines réguliers de Latran à Sainte-Marie in Porto de Ravenne.

Quant à l'Allemagne, la sculpture du bois y a été en honneur, et nous pouvons citer un assez grand nombre de noms illustrés par des travaux exécutés dans les monuments publics. Il est donc à présumer que les mêmes artistes, après avoir ciselé les descentes de croix, la salutation angélique et les retables aux scènes multiples, ont employé leur ciseau aux décorations d'un ordre inférieur, et que c'est parmi la liste suivante qu'il faut chercher les auteurs des figurines ou des médaillons recueillis par les curieux.

XIVe siècle.		Bartolomeo di Paolo.
—	1391.	Jacques de Baerze.
XVe siècle.	1409.	Francesco di Domenico di Valdambrino.
—	1422.	Claes de Bruyn.
—	1431.	Lucas Moser.
—	1468.	Schülheim.
—	1498.	Du Hancy.
XVIe siècle.	† 1507.	Adam Kraft.
—	1514.	Jehan Pothyn.
—	† 1519.	Wolgemuth.
—	1521.	Hans Bruggeman.
—	1521.	Daniel Mouch.
—	† 1529.	Peter Vischer.
—	† 1535.	Ludwig Krug.
—	1541.	Nicolas Quesnel.
—	† 1542.	Veit Stoss.
—	† 1546.	Peter Flötner.
—	† 1546.	Johann Teschler.
—	† 1550.	Hans Schaufflein.
—	† 1564.	Jacob Hoffmann.
—	† 1586.	Wentzel Jamnitzer.
—		Antonio Mantoani.
—		Andrea Brustolon.
—		Les frères Cannozzi.
—		Donatello.
—		Bernardino Ferrante.
—		Fr. Giovanni di Verona.
—		Les frères Jacquot.
—		Jean (art allemand).
—		Mariano Francese.
—		Mariano Francesco.

XVIe siècle.		Francesco Moranzone.
—		Gasparo Moranzone.
—		Paolo Mantoani.
—		Fr. Sebastiano da Rovigo.
—		Richard Taurin, de Rouen.
—		Francesco del Tonghio et son fils Giacomo.
XVIIe siècle.	† 1630.	Leo Pronner.
—	1659.	César Bagard, de Nancy.
—	»	Bayard, de Mirecourt.
XVIIIe siècle.	1704.	Leo Baur.
—	1727.	Antonio Corradini..
—	1728.	Otone di Manzano.
—	1776.	Rousseau de la Rottière.
—	»	Marc.

Pour le dix-septième siècle la sculpture en bois devint plus rare ; si l'on en voit quelques spécimens de François Flamand et de quelques autres célébrités, ce sont en quelque sorte des exceptions à la règle qui leur faisait choisir l'ivoire pour leurs figurines et groupes ou bas-reliefs de prédilection.

Avant de clore cette étude forcément trop rapide, signalons encore les remarquables travaux du sculpteur Bagard, Christ, groupe de saintes femmes ou ange gardien qu'on a admirés lors de l'Exposition rétrospective à Nancy, sa ville natale.

ORIENT

Plus encore que les Occidentaux les Asiatiques ont employé le bois à la décoration de leurs temples et de leurs demeures. C'est même dans ces clôtures fouillées à jour des vieilles pagodes et dans les portes richement sculptées des palais qu'il faut trouver les plus beaux spécimens de l'art indien. On cite les clôtures en bois de sandal, de la pagode de Perour, les célèbres portes de Somnath et les sculptures en bois qui ornaient l'intérieur du vieux palais de Dummul, dans le Maharatta méridional.

La collection formée par les soins du ministère de la marine réunit un assez remarquable contingent de bois anciens de l'Inde avec les figurations des dieux singuliers de sa théogonie compliquée : ce sont là, sans doute, des objets un peu frustes et un peu barbares pour entrer dans l'habitation luxueuse du curieux. Pourtant, il est quelques statuettes moins anciennes en bois peint et doré qui sont aussi intéressantes pour l'art que pour l'histoire, et qui viennent ajouter de précieux jalons dans cette route parcourue par l'intelligence humaine.

Nous signalerons encore de charmants travaux, boîtes, écrans, éventails, où le sandal finement ciselé nous montre, malgré une trop grande exubérance de détails peut-être, le goût toujours merveilleux de ce pays. De cette époque date l'introduction dans la sculpture des grotesques et des animaux fabuleux : le *yali*, le *garuda*, mélanges fantasques du lion et du dragon, ou de la figure humaine et de l'oiseau, ou bien encore ce tapir de la péninsule malaise, et l'art perd la simplicité et la grandeur de la période bouddhique.

L'extrême Orient est plus abordable, car l'art s'y est civilisé et on peut trouver dans ses conceptions des choses bien dignes des méditations du curieux. Nous ne parlerons pas de ces mandragores fantastiques recueillies par la superstition qui, un peu de travail aidant, y a vu la figure du dragon, du tigre ou même de l'homme ; nous nous arrêterons seulement devant les figures franchement sculptées dans les bois durs ou dans les racines de bambou, et nous en ferons ressortir le grand caractère et parfois la perfection minutieuse. En général, les statues en bois dur sont accusées par grands plans, largement conçues et drapées avec un goût remarquable. Des guerriers, des philosophes et certaines figures gracieuses de Koua-nin sont de la vraie statuaire. La racine de

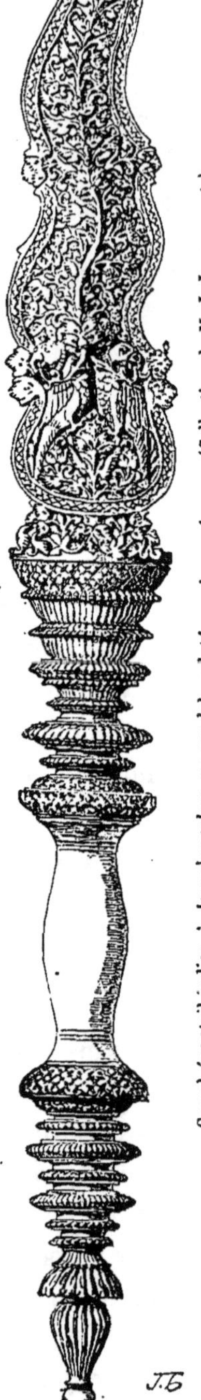

Grand éventail indien à deux branches, en sandal sculpté ; ancienne époque. (Collection de M. J. Jacquemart.)

bambou a servi souvent à formuler de petits panthéons où les figurines des immortels semblent circuler ou se reposer sur une sorte de mont sacré couvert d'arbres verts de la famille des pins. Parfois l'artiste, profitant des accidents d'un nœud ou des contours d'une coque de

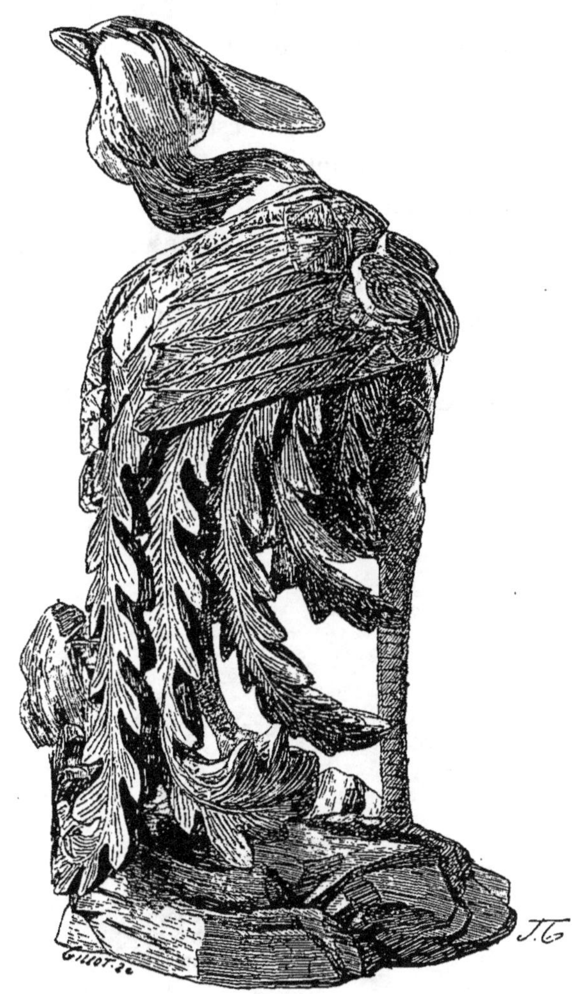

Fong-hoang sculpté en racine de bambou ; travail chinois ancien.

fruit, sculpte des groupes abrités dans les anfractuosités d'un rocher ou des hommes conduisant une barque.

Le Japon n'est pas moins remarquable dans ses sculptures en bois ; il fait sortir des parois d'un bambou des paysages montueux et chargés d'arbres parmi lesquels circulent les voyageurs ; ses figures, ses groupes, ses masques transformés en breloques de ceintures n'ont de rivaux que les ouvrages d'ivoire de même nature. Ici le fini du travail joint à une disposition pour la caricature distinguent les ouvrages du Japon de ceux de la Chine. Nous devons mentionner particulièrement dans les produits de Nippon certains animaux et oiseaux de grande dimension, souvent très-mouvementés, qui se placent là-bas au seuil des temples et des habitations et qui, chez nous, peuvent très-bien figurer sous un vestibule, à l'entrée d'une galerie avec les grandes effigies peintes du dieu de la guerre ou de Fo-Tei le dieu du contentement.

On ne s'étonnera pas si nous ne parlons pas des sculptures en bois des musulmans et notamment des Arabes. Iconoclastes en vertu de la loi religieuse, ils ont reporté tout leur génie vers la composition des choses ornementales, et la lacune qu'ils laissent dans cette partie de l'histoire des arts est largement compensée par l'importance de leurs meubles et de leurs ornements d'architecture dont nous parlons ailleurs.

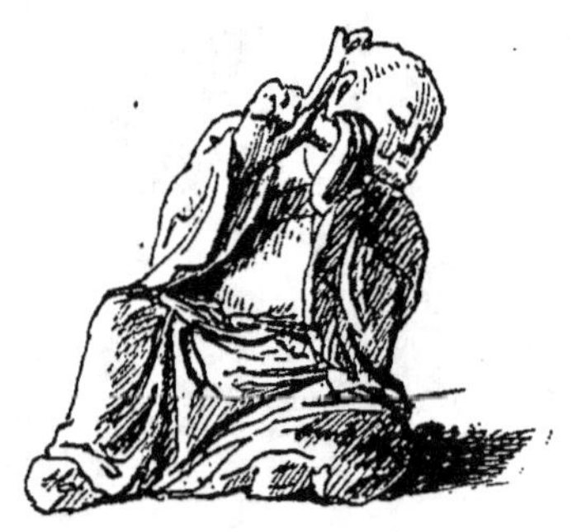

CHAPITRE V

TERRES CUITES

A toutes les époques la terre, essentiellement maniable, a été pour les artistes un objet de prédilection : aussi, dès l'antiquité, la voyons-nous appliquée à la décoration des édifices publics aussi bien qu'à l'embellissement des demeures privées. L'heureuse acquisition de la collection Campana a pu faire comprendre, non-seulement le rôle que jouaient les appliques de terre dans la construction en tant que masques, antéfixes, moulures ornées, mais encore ce qu'étaient les types recherchés par les gens de goût et pour le choix desquels Pline ne négligeait pas de prendre des conseils. Ces larges plaques à bas-reliefs ont montré, sous la forme la plus savante, les sujets de l'histoire homérique, d'autres relatifs à la mythologie et jusqu'à des sujets de genre comme la vendange, des femmes trayant leurs brebis, etc.

Quant aux statuettes, elles sont sans nombre et les trouvailles de Tarse en Silicie et de Tanagra ont appelé sur elles les plus fructueuses études. Comment serait-on resté indifférent devant la grâce et la délicatesse de ces divinités mignonnes, commensales ou protectrices du foyer antique, et que le secret du tombeau nous avait conservées pendant des siècles ? Telle de ces figures avec son modelé fin, sa douce coloration, est aussi grandiose qu'une statue colossale, aussi vivante que tout ce qu'anime le prestige de l'art ; quand, sous ces draperies roses ou bleu pâle on suit les contours du sein d'Aphrodite, il semble le voir palpiter ; la tête inclinée dans une pénombre mystérieuse paraît s'animer d'un sourire divin ; on s'attend à voir remuer les membres au galbe simple et suave que la coloration de la terre rend semblables à une chair pleine, dorée par les rayons d'un soleil méridional. Puissance de l'art qui saisit vivement le dilettante et doit le rendre jaloux de posséder quelqu'un de ces merveilleux chefs-d'œuvre ! Et il y a là plus que la satisfaction d'un goût épuré ; il y a la découverte de faits nouveaux à ajouter aux investigations nombreuses consacrées de longue date aux productions antiques. Rien qu'en examinant avec scrupule les statuettes recueillies dans les tombes de la Béotie et qui figurent en si grand nombre dans les vitrines du Louvre, M. O. Rayet a pu caractériser les produits de quatre centres distincts : le premier, réunissant les trois quarts des ouvrages connus, bien qu'ils aient cuit probablement dans des fours divers, est composé de statuettes en terre légère, épurée, d'un brun clair, très-peu cuite, et à cassure grenue et mate. Au point de vue de l'art, les figures sont de proportion très-juste, souples de pose, gracieuses sans exagération et peintes simplement : peu de blanc ; point de vert ni de violet.

Le deuxième centre était à Thisbé et il paraît avoir peu produit. Ici la terre est lourde et bien cuite ; son grain serré donne une cassure nette ; la surface est lisse et comme émaillée, aussi les couleurs sont-elles solides : c'est le blanc et un vert clair qui semble particulier à la fabrique. Médiocrement éxécutées les figures sont courtes avec la tête grosse ; les poses ont souvent une prétention exagérée ; les cheveux châtains sont fréquemment nattés et enroulés sur le sommet du crâne.

Le troisième paraît avoir existé à Aulis, sur l'Euripe, où Pausanias dit que les habitants étaient potiers. Par les caractères physiques, les terres de cette division ressemblent beaucoup aux précédentes, mais elles s'en distinguent par la facture; les figures, toutes féminines, ont la tête petite ; elles sont démesurément longues, effilées et sans grâce ; peu de couleurs, sauf le blanc *émaillé*.

C'est de Tanagra même que provient le quatrième groupe ; celui-là tire son principal caractère de sa perfection artistique. Irréprochables de proportion, les statuettes ont une extrême élégance de mouvement et d'ajustement ; l'exécution est très-poussée ; les têtes sont retouchées et les cheveux fouillés avec un soin particulier, en sorte que des figures sorties d'un même moule prennent, sous la main de l'artiste, une individualité évidente. Aucune n'est la redite de l'autre. On juge d'ailleurs de la confiance des modeleurs dans leur science par la tendance qu'ils ont à montrer les formes du corps sous les draperies, ou mieux encore, à découvrir les bras et parfois la poitrine. La coloration est douce ; sur les chairs pâles, se détache la tunique blanche ; et les autres draperies, lorsqu'elles existent, sont d'un rose pâle ou d'un violet clair.

Il est assez difficile de distinguer les œuvres béotiennes de celles des autres contrées de la Grèce ou de l'Asie Mineure ; tout ce qu'on peut dire de celles rapportées de Tarse par M. Langlois, c'est qu'elles sont non moins gracieuses, non moins parfaites que les plus belles d'entre les premières. Un caractère particulier dans les statuettes tanagréennes, c'est que les têtes semblent parfois avoir été travaillées à part ; elles offrent au col une trace de réunion qu'on ne trouve pas ailleurs.

Mais en dehors de cela combien de choses charmantes et peu connues ! Sans parler des figures d'appliques destinées aux vases, de celles à base plane qu'on plaçait debout sur les anses des grandes urnes de l'Apulie, qu'est-ce que ces génies des dieux aux ailes détachées ? Ces divinités volantes qui devaient sans doute se suspendre dans une décoration ? Ces ouvrages sortaient-ils des mêmes centres que les statuettes ?

On le voit, le curieux et l'historien ont bien des découvertes à faire parmi ces petites merveilles, si dignes des vitrines d'une collection, et que leur mérite fait saillir parmi les bronzes et les matières les plus précieuses.

Il y aura toujours un regret pour le possesseur des plus parfaits de ces ouvrages : c'est de n'y pouvoir attacher aucun nom. En effet, si l'antiquité nous a transmis de longues listes de plasticiens, c'étaient presque tous des ornemanistes spécialisés à la décoration des tuiles et des antéfixes. Il y a bien les sigillaires, qu'on croit avoir eu pour métier de livrer à tous les laraires destinés au foyer domestique ; leur petit nombre ne permet pas de les reconnaître pour les propagateurs de ces nombreux chefs-d'œuvre ; il nous paraît bien plutôt qu'il faudrait remonter aux grands noms de la statuaire, pour la création des types les plus purs qui, ainsi que vient de le démontrer M. Heuzé à propos du groupe de Demeter portant sa fille Coré, d'après Praxitèle, nous apporteraient, en proportion réduite, le souvenir des œuvres les plus célèbres de la sculpture monumentale. On sait ce qu'étaient les ateliers

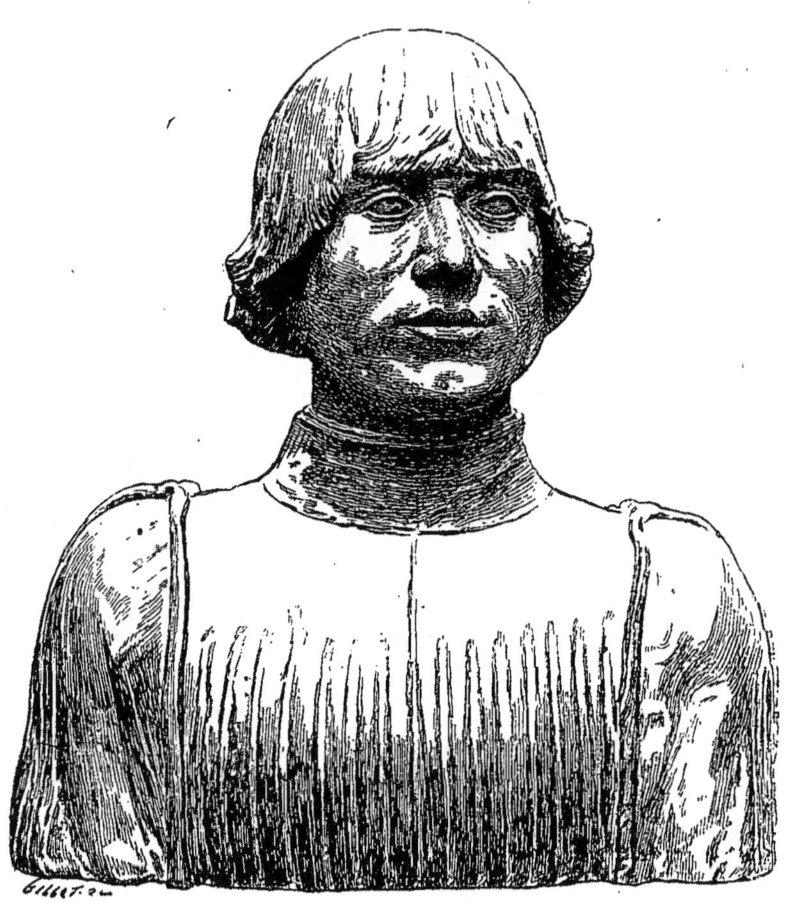

Buste d'homme; terre cuite italienne du quinzième siècle. (Collection de M. le baron Charles Davillier.)

antiques, pépinières d'hommes de talent, soumis à une discipline fondée sur la respectueuse admiration du maître; en cherchant de ce côté, on trouverait peut-être quelque chose.

Nous ne dirons rien des terres cuites étrusques et du fameux tombeau conservé au Louvre; nous n'oublions pas que nous n'avons point à faire de l'archéologie, et nous passons sans nous arrêter aux attrayantes découvertes de Chypre et de la Phénicie.

Lorsque le luxe eut remplacé l'art, l'ébauchoir et la terre durent être délaissés; qu'aurait fait la terre cuite parmi les marbres, les mosaïques à fond d'or, le bronze doré et émaillé? Le moyen âge, lui, taillait la pierre et le bois pour les transformer en images saintes et laissait l'argile se former en poteries communes. C'est donc au quinzième siècle, lorsque commença ce renouveau de génie, si spontané, si merveilleux, que les artistes mirent en honneur un procédé qui se prêtait si bien à la fiévreuse ardeur de leur conception. A côté des marbres inimitables qu'ils animaient d'une mansuétude divine, Donatello, Mino da Fiesole, Desiderio da Settignano et leur école, confiaient à la terre des conceptions plus rapides, et notamment ces admirables bustes où apparaissent, doués d'une vie si réelle, les personnages contemporains; on a vu les splendides bustes d'hommes exposés récemment par MM. Dreyfus et Charles Davillier : c'est la perfection dans le style et dans la vérité; on se rappelle encore la charmante statuette appartenant à M. Édouard André et qui montre une jeune Vénitienne chantant un morceau qu'elle tient des deux mains; la tête renversée, les yeux levés, tout, jusqu'à l'abandon du corps, exprime le ravissement d'une inspiration absolue, et cette expression est si réelle qu'on reste prêt à écouter.

Cette ardeur des artistes de la Renaissance pour la terre cuite ne devait pas s'arrêter là; on sait que, dans son impatience à satisfaire aux nombreuses commandes qui lui arrivaient de toutes parts, Luca della Robbia substitua la terre au marbre, et que pour mettre cette substance à l'abri des influences atmosphériques il imagina de la revêtir d'un enduit vitrifié, celui de la faïence. Idée singulière, antisculpturale, car l'émail blanc avec ses vives lumières, ses reflets, ses ombres dures, ôte au modelé ses passages harmonieux, à la forme ses souplesses. Luca fut des premiers à le sentir, et dans ses plus précieux ouvrages il ménagea les chairs, enveloppant les seules draperies de l'enduit céramique, en choisissant d'ailleurs des tons peu éclatants, ménageant même la polychromie dans les entourages et les accessoires de ses compositions. Son exemple ne fut pas suivi, et les membres de sa famille, c'est-à-dire Andréa, son neveu, et les fils de celui-ci, Giovanni, Girolamo et Luca, portèrent le genre à son exagération; les figures s'animèrent d'un regard fixe et dur, par le contraste de la blancheur morte des chairs; les entourages, chargés de fruits, de fleurs et de feuillages, prirent une importance nuisible à l'effet sculptural des sujets; en un mot, les statues ou les médaillons céramiques cessèrent d'être du grand art pour passer dans le domaine de la décoration.

Faudrait-il en induire que les gens de goût doivent rejeter les ouvrages de l'école des della Robbia? Nullement; un bon médaillon bien placé, entouré de meubles en bois sculpté, rehausse l'effet de ceux-ci. Les della Robbia ont composé, d'ailleurs, des vases à reliefs rehaussés d'or et d'autres surmontés de groupes de fruits et de fleurs polychromes, qui forment un admirable couronnement pour des étagères du commencement de la Renaissance.

Néanmoins, ceci est presque une digression, puisqu'il s'agit principalement ici de la terre obéissante, cédant à la spontanéité de l'inspiration et conservant les hardiesses du pouce et de l'ébauchoir. Pour la retrouver telle, il faut presque traverser le seizième siècle, l'âge du marbre et du bronze, en s'arrêtant seulement à quelques œuvres de Jean de Bologne et de Jacques Sarrazin, qui forment en quelque sorte le trait d'union entre la Renaissance et les temps modernes. Où la terre cuite retrouve son entrain chaleureux, disons mieux, sa raison d'être absolue, c'est au dix-huitième siècle; la peinture charmante des Watteau, des Lancret, des Boucher, des Fragonard, avait rompu avec toutes les traditions du passé; une fougue coloriste sans précédents, une facilité élégante puisée en dehors de la nature, créaient un art nouveau, artificiel, comme les mœurs du moment et qui ne pouvait guère s'accommoder de la rigidité du bronze et de la froideur du marbre; les sculpteurs, et en particulier les portraitistes, trouvèrent dans l'argile la matière facile, chaude de ton, qui pouvait s'harmonier avec l'universalité des œuvres d'art du moment. On n'a pas besoin de citer les admirables bustes de Marie-Josèphe de Saxe par Lemoine, de Louis XIV par Bouchardon, de madame du Barry, par Pajou, de Molière, de Washington, de Franklin, de Diderot, de Joseph Chénier, de Mirabeau, par Houdon ; ces merveilleux ouvrages, réunis dans une exposition publique, sont restés dans la mémoire de tous les amateurs.

Mais l'homme qui marque entre tous dans cette période de transi-

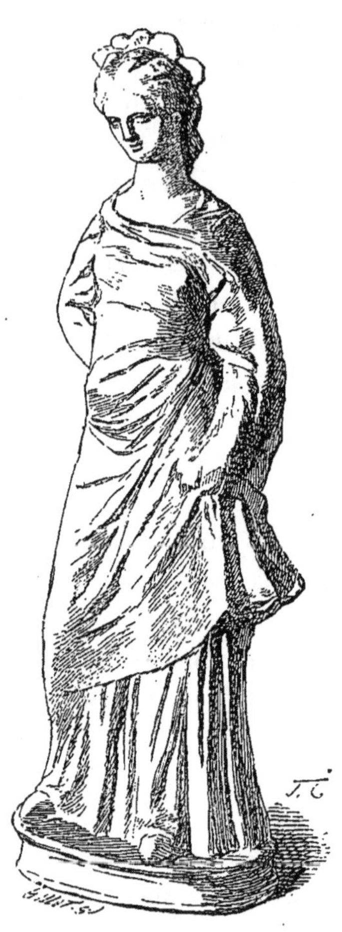

Figure de femme drapée; terre cuite antique.
(Musée du Louvre.)

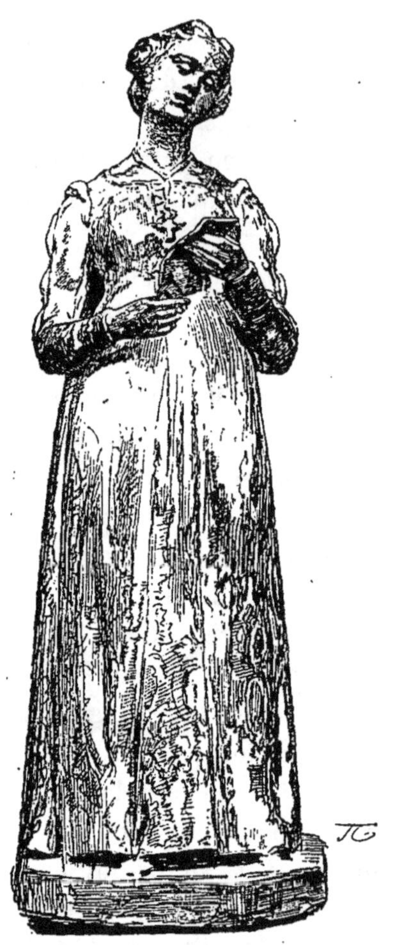

Chanteuse vénitienne; terre cuite dorée du seizième siècle
(Collection de M. Édouard André.)

tion, c'est Clodion, ou plutôt Claude Michel, pour lui donner son nom véritable. Né en 1738 à Nancy, patrie de tant d'artistes, Clodion y reçut une éducation sérieuse qu'il acheva par un séjour de neuf années à Rome. Comment un commerce aussi long avec les monuments antiques fut-il sans influence sur son goût? Comment revint-il en

France pour y reprendre la tradition des idées du moment et continuer l'évolution commencée? Ce sont de ces phénomènes que l'on constate sans les expliquer. Pourtant, il faut le reconnaître, à la capricieuse élégance de Boucher, aux grâces mignonnes de Watteau, Clodion savait allier un style nerveux non dénué de force. Dans ses groupes, parfois un peu lascifs, comme on les aimait alors, il trouvait moyen de donner une sveltesse vigoureuse à ses faunes et à ses bacchantes; quant aux nymphes, il est impossible de les rêver plus belles, dans la donnée du caractère ethnique de la race du siècle; si l'on y retrouve l'élongation fluette, apanage des classes privilégiées du moment, il y a dans la conception saine du torse, dans le modelé fin mais ferme des membres et des extrémités, une suprême perfection qui ferait supposer que l'artiste, aussi favorisé que Praxitèle, avait pu choisir ses modèles parmi les beautés les plus renommées du grand monde.

Comme tous les artistes exceptionnels, Clodion n'a pas joui de sa renommée; apprécié par ses pairs, il vit quelques-uns de ses ouvrages prendre rang dans le cabinet de François Boucher et dans celui du célèbre amateur Jullienne; il fut agréé à l'Académie en 1773; mais les prix de ses terres cuites, d'abord suffisamment rémunérateurs, finirent par baisser en proportion de la modification des idées; la révolution se faisait dans l'art comme dans l'ordre social; la nouvelle école fondée par David allait renverser les autres. Clodion essaya bien de se transformer; il cessa d'être lui-même. Ses ouvrages tombèrent dans un tel discrédit qu'après avoir été adjugés en vente publique à des prix dérisoires, ils finirent par ne plus trouver d'acquéreurs.

Il est vrai qu'à ce moment les trumeaux de Boucher s'exposaient à terre sur les quais, que les purs de la réaction trouvaient honteux qu'on laissât dans les galeries du Louvre le Départ pour l'île de Cythère, et qu'on pouvait acquérir pour quelques sous les crayons du seizième siècle et les gravures gothiques d'Albert Durer et d'Aldegrever.

La génération actuelle a bien vengé Clodion; ses groupes se payent mieux qu'au poids de l'or, et vont orner les plus splendides collections; rien n'est plus admirable que la suite variée que possède M. le baron Gustave de Rothschild, et rien ne relève mieux les meubles en acajou garnis de ces bronzes dorés mat qui sont la merveille de l'époque.

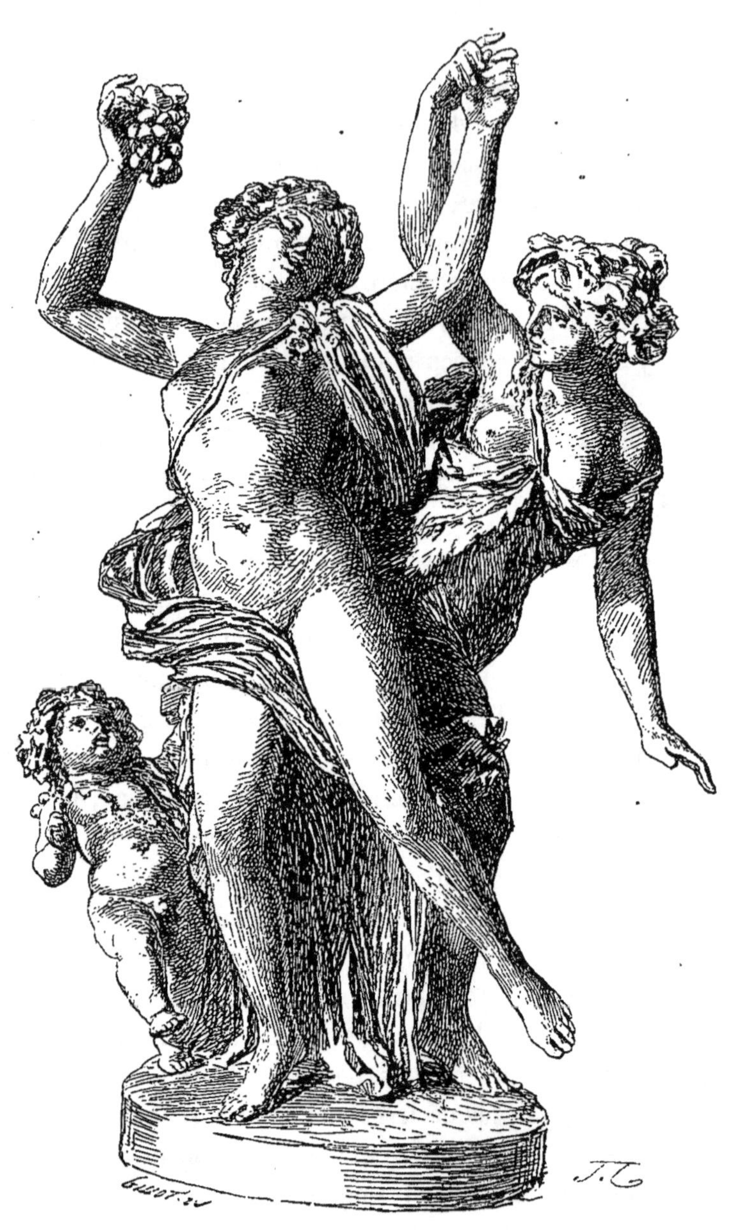

Bacchantes, groupe en terre cuite par Clodion. (Collection de M. le baron Gustave de Rothschild.)

Il serait injuste d'isoler Clodion de ses contemporains et de ne pas citer Falconnet, Boisot, La Rue, qui modelaient en terre ou en biscuit de porcelaine des groupes, des vases et de fins bas-reliefs. Marin occupe encore une place honorable parmi les modeleurs, ainsi que Guibal de Nancy, Lévêque et Sigisbert, dont on trouve de petits groupes naïfs et gracieux. N'oublions pas Renaud, dont la main patiente et sûre modelait de petits bas-reliefs compliqués destinés à orner le dessus des tabatières.

Pour ne rien omettre de ce qui touche à la curiosité, terminons par un mot sur certaines figurines napolitaines qu'on appelle Pastoures et qui servaient, à la fête de Noël, à former des crèches ou à représenter l'adoration des mages. Ces figures peintes et rehaussées d'or portent, les unes les costumes des paysans des environs de Naples, les autres de riches vêtements orientaux. Une grande vérité de rendu dans les physionomies, une naïveté qui n'est pas sans grâce, ont fait rechercher par certains amateurs les pièces qui portent le nom des modeleurs les plus réputés, tels que Balligliero, Vaccaro, San Martino, Salvatore di Fiaco. Vassalo, Gennaio Leale, Schetuni modelaient les animaux qui devaient accompagner les bergers ou figurer dans la crèche.

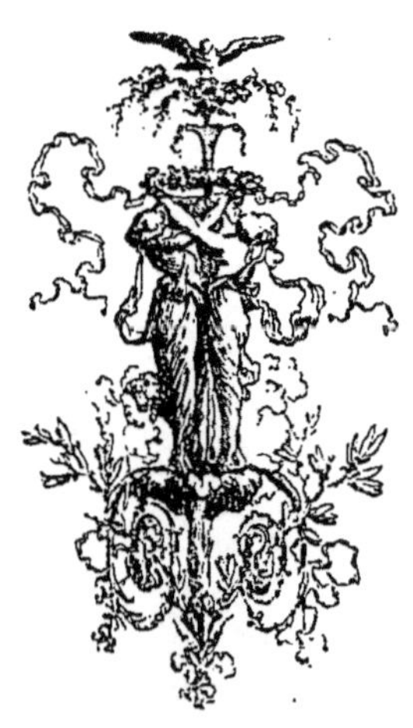

CHAPITRE VI

STUC ET CÉROPLASTIE

Parmi les matières accessoires de la sculpture, l'une des plus importantes par son antiquité est le stuc ; Pline rapporte qu'un artiste modela en stuc un Jupiter qui fut jugé si beau qu'on n'hésita pas à le consacrer dans le Capitole. Si les temples et les palais antiques empruntèrent une partie de leur décoration à cette matière, nous la retrouvons en honneur au seizième siècle ; sans doute sa composition avait peu varié, et Vannuccio nous en donne la recette dans sa *Pyrotechnie*. Les artistes qui s'illustrèrent dans ce genre furent, selon la *Piazza universale*, le Bombarda, Alessandro Vittoria, Camillo Mantoano, Alessandro da Udine, Federico Zuccato, Battista Franco, Antonio Lombardo, Paolo Milanese, Thomaso Lombardo ; et, plus tard, beaucoup d'autres, parmi lesquels il faut citer Pastorino de Sienne, Pulidoro, de Pérouse et Mario Capocaccia, auteur du portrait de Paul V. La France se fit alors tributaire de l'Italie, et on trouve, en 1533 et 1535, Barthélemy de Miniato et Francisque Primadicis, le dernier conducteur des travaux exécutés à Fontainebleau par ordre de François Ier. Est-ce par suite de l'engouement du roi pour tout ce qui venait d'au delà des Alpes, que nous voyons ces stucateurs compléter la pléiade italienne chargée des travaux officiels? On peut le penser, car la Gaule antique connaissait déjà la sculpture artificielle, et Pompeius Catussa, de la Séquanie, s'était fait un nom parmi les stucateurs dont l'histoire a conservé le souvenir. Pourtant, sous

Louis XIV, lorsque Le Poussin fut chargé de l'ornementation des galeries du Louvre, ce sont encore des Italiens, Ponti, Tritani, Bianchi, Arudini et Diego Borzoni, qui exécutèrent les figures et les ornements en stuc.

Ceci, toutefois, n'est pas le but de nos recherches; ce qui nous intéresse particulièrement, c'est l'emploi de la matière en petits bas-reliefs coloriés, et en médaillons délicats offrant les effigies des per-

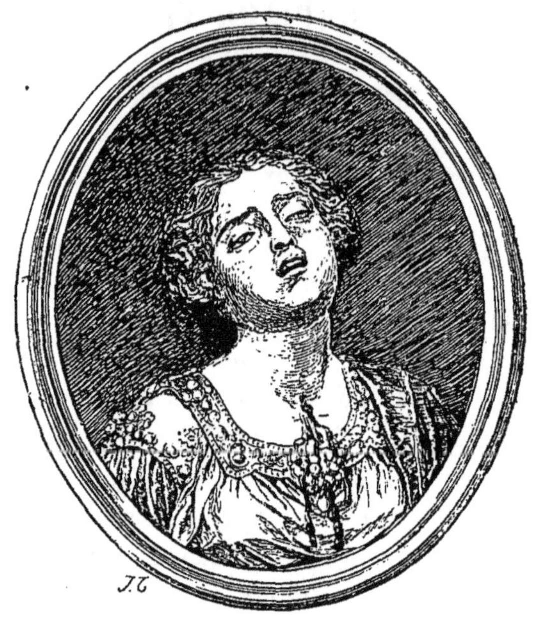

Médaillon de cire colorée du seizième siècle. (Collection de M. H. Barbet de Jouy.)

sonnages importants du seizième siècle. Ces pièces assez rares furent évidemment créées pour faire concurrence aux fins médaillons que l'Allemagne taillait dans le bois avec une supériorité marquée. Les Italiens semblent encore être les auteurs de ces ouvrages dont l'un des plus marquants est la Judith qui, de la collection de M. le comte de Nieuwerkerke, a passé dans celle de sir Richard Wallace; il y a dans cette figure une fierté de pose, une hardiesse de mouvement, et en même temps des délicatesses de détails qui nous feraient admettre volontiers qu'elle a été modelée par un des artistes venus en France et employés à Fontainebleau.

Comment le stuc fut-il abandonné pour les petits ouvrages et surtout pour le portrait ? C'est que le travail exigeait des soins, offrait des difficultés de nature à empêcher le genre de se répandre, et qu'il était une matière tout indiquée pour le remplacer : la cire.

La céroplastie était-elle une nouvelle invention ? Non certes ; l'antiquité l'avait connue, et, dès le premier siècle, Cicéron mentionne, parmi les artistes renommés dans ce genre, Hiéron de Cybire, frère de Tlépolême. Pline fait connaître que chez les anciens Romains on ne voyait dans la maison, ni bronzes, ni marbres, ni statues faites par des artistes étrangers. Des bustes de cire disposés en ordre, chacun dans une case particulière, offraient l'image des membres de la famille et n'en sortaient que pour les pompes funéraires. En effet, dans les cérémonies qui suivaient la mort, si l'homme décédé s'était signalé à la guerre, on voyait les présents et les couronnes qu'il avait mérités, les étendards et les dépouilles qu'il avait remportés sur les ennemis ; on y portait son buste en cire, ceux de ses ancêtres et de ses parents : c'était un privilége accordé à la noblesse et qu'on appelait *jus imaginum*.

Au moyen âge, les morts illustres restaient exposés à visage découvert et revêtus de leurs vêtements et insignes jusqu'au moment de leur ensevelissement dans le tombeau ; or, quand la maladie les avait défigurés, on recouvrait le visage d'un masque en cire modelé à leur ressemblance.

L'usage des portraits imitant la nature reparut en Italie avec la renaissance des arts, et dès le quinzième siècle on demandait à la cire de conserver, sous l'apparence réelle, les traits de ceux qui s'étaient illustrés. L'un des chefs-d'œuvre en ce genre est le buste du musée de Lille, qu'on avait jugé d'abord devoir être antique, bien que Wicar l'eût acquis en Italie comme étant un ouvrage de Raphaël. Aujourd'hui les doutes ont disparu ; une lumineuse étude de Jules Renouvier explique que ce buste, florentin, est l'un de ceux qu'il était d'usage de consacrer, comme vœu, dans les églises de la Toscane ; on complétait l'image au moyen de vêtements luxueux et d'ornements imités au naturel. Il y avait une famille d'artistes adonnée à la confection de ces images ; le chef, Jacopo Benintendi, son fils Zanolès et son neveu Orsino, en avaient pris le nom de Sallimagini ou del Ceraïuolo. La liaison de Benintendi avec Andrea del Verrocchio ne contribua pas peu à le pousser à perfectionner son art, et Vasari rappelle que c'est sous la direction de ce dernier maître que furent faites par les artistes cités, les images votives de Laurent de Médicis, dédiées par ses amis après qu'il eut échappé, en 1478, à la conjuration des Pazzi. M. Renouvier n'hésite donc pas à mettre le nom d'Orsino sur le beau buste de Lille et à signaler celui-ci comme l'un des meilleurs ouvrages laissés en ce genre par le quinzième siècle.

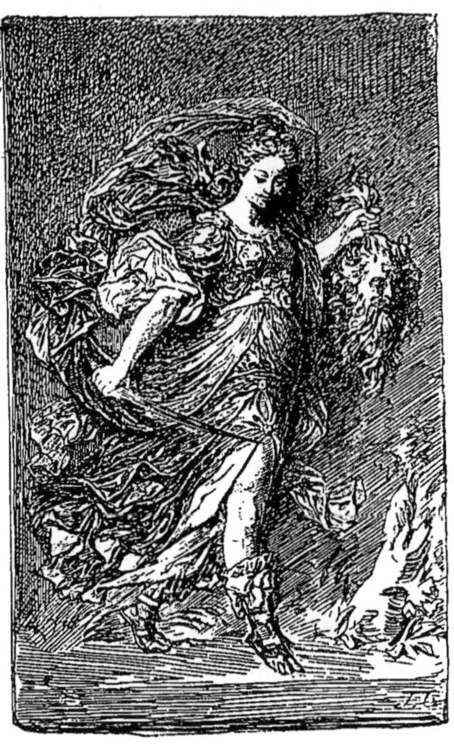

Judith, figure de haut-relief en stuc coloré ; seizième siècle. (Ancienne collection de M. le comte de Nieuwerkerke.)

Le siècle suivant développa encore l'art des ceraïuoli et la *Piazza universale* cite, parmi les plus remarquables modeleurs, Martino del Sfrizio, Giovanbattista, son gendre; Martinello dit Sarego et surtout Leone Leoni, auteur d'une Diane merveilleuse. C'est à celui-ci qu'on doit la belle cire représentant le buste de profil de Michel-Ange, récemment décrite par M. Drury Fortnum dans un opuscule inséré dans l'*Archeological Journal*. Cette pièce qui porte l'inscription suivante écrite sous son encadrement : « Portrait de Michel-Ange Buonarotti, fait d'après nature par Leone Aretino, son ami, » paraît au savant écrivain avoir été le modèle sur lequel Leone Leoni a composé la médaille célèbre de l'immortel sculpteur à l'âge de quatre-vingt-huit ans.

Que Michel-Ange lui-même ait manié la cire et laissé la descente de croix qui figure sous son nom à Munich, il n'y aurait rien d'étonnant puisque c'était une pratique habituelle à ceux qui devaient jeter leurs ouvrages en bronze ; aussi voit-on Leonardo, Luca della Robbia figurer parmi les céroplasticiens. Sansovino, lui, copie le groupe de Laocoon, qui fut, dit-on, loué par Raphaël ; le Tribolo, élève de Sansovino, se spécialise pour les statuettes ; on sait quelle habileté déployait Benvenuto Cellini, puisque le petit modèle de son Persée est plus célèbre que la statue elle-même. Dans les médaillons et portraits, Alfonso Lombardi, de Ferrare, Rosso de Giugni, de Florence, Giovanbattista Pozzini et Pastorino, de Sienne, acquirent une juste réputation ; au dix-septième siècle ce sont encore Gio-Bernardino, Azzolino, de Naples, etc.

La France n'était pas restée étrangère à ce mouvement ; au quinzième siècle la cire avait servi, comme en Italie, à la représentation de personnages consacrés en *ex-veto* dans les églises et les monastères signalés par un renom de sainteté. Ajouterons-nous qu'elle servait également pour ces opérations d'envoûtement, ces prétendues incantations magiques, que les charlatans d'alors entreprenaient pour exploiter les crédules ? Non ; ceci heureusement n'a plus rien de commun avec l'art.

Mais, en 1510, voici Anthoine de Just, ymagier, qui modèle une biche de cire pour orner le château de Blois ; d'autres devaient faire mieux, et il est impossible de ne pas reconnaître une main française dans la série de portraits exposée à Cluny, et qui commence par Louis XII et Anne de Bretagne pour s'arrêter à Henri III et Louise de Lorraine, sa femme, en se complétant par des personnages célèbres de l'époque, et notamment Clément Marot ; le style du travail répond bien au dernier tiers du seizième siècle ; les légendes sont en français, enfin les boîtes d'enveloppe, en cuir relevé d'ornements au petit fer, sont identiques aux reliures contemporaines. Certes, on aimerait à trouver une signature sur ces ouvrages : mais les Italiens eux-mêmes n'en mettaient pas, et la majeure partie des cires sont anonymes.

On sait combien Henri IV multiplia les efforts en faveur de l'art et des industries de la France ; comment donc en 1604 est-ce un Italien,

Jean Paolo ou Paulo, qui exécute en cire les portraits du petit Dauphin et de sa nourrice ? Plus tard, Louis XIV attachait assez de prix à la céroplastie pour créer, en faveur d'Antoine Benoist, le titre de peintre et sculpteur en cire du roi. C'est comme tel que l'artiste a exécuté, en 1706, le portrait officiel conservé dans les galeries de Versailles. C'est aussi au dix-septième siècle qu'appartient Abr. Drentuet, auteur d'un groupe de Léda et le cygne. Enfin, bien que la mode ne fût plus portée vers ce genre de sculpture, le dix-huitième siècle produisit encore des cires remarquables, comme en peuvent témoigner les vitrines de l'ancienne collection Sauvageot ; l'un des derniers adeptes de la céroplastie acquit, en dehors de l'art, un renom singulier : c'est Curtius, dont on connaît plus le salon de notabilités criminelles ou malsaines, que les œuvres sérieuses. Il serait injuste pourtant de ne pas rappeler que Curtius exposait, au Salon de 1791, le buste en cire coloriée du Dauphin. Quant à l'exploitation des figures historiques, l'idée ne lui appartient pas : Benoist, sculpteur en cire du roi Louis XIV, l'avait appliquée avant lui.

Revenons sur nos pas et voyons quelle fut l'attitude de l'Allemagne en présence d'un mouvement évidemment créé, comme nous l'avons dit, pour combattre le succès de ses médaillons en bois. Les habiles se mirent à l'œuvre, car il n'est pas plus difficile de modeler la cire que de tailler le bois ou la pierre de Pappenheim ; Laurent Strauch et Wenceslas Maller, de Nuremberg, Weilhenmayer rivalisèrent bientôt avec les plus renommés de l'Italie ; princes et seigneurs, hommes illustres de tous genres, vinrent poser devant les céroplasticiens ; au dix-septième siècle, C. Rapp Chevalier, ivoirier célèbre, Raymond Faltz et Braunin, maintinrent la réputation que s'étaient acquise les premiers maîtres.

Si nous insistons autant sur cette branche de l'art, c'est qu'elle offre un intérêt véritable au point de vue de l'iconographie, et une ressource charmante pour l'ornementation des vitrines élégantes. N'eût-on vu que la série pourtant bien incomplète de la collection Sauvageot, on comprendrait déjà la grâce de ces effigies mignonnes, miniatures de l'ébauchoir ; mais après avoir admiré les suites possédées par MM. Dreyfus et Wasset, on envie ces trésors et on en apprécie tout le mérite ; on tient là comme observés vivants par le gros bout d'une lorgnette ceux qui furent la gloire et l'honneur des temps passés : c'est François Ier, Charles-Quint, ces deux illustres rivaux ; ce sont les Montmorency, les Guise, les della Rovère ; puis les beautés sans rivales, Marguerite de Valois, la reine de Navarre ; c'est le panthéon de la grâce et du vieil esprit français.

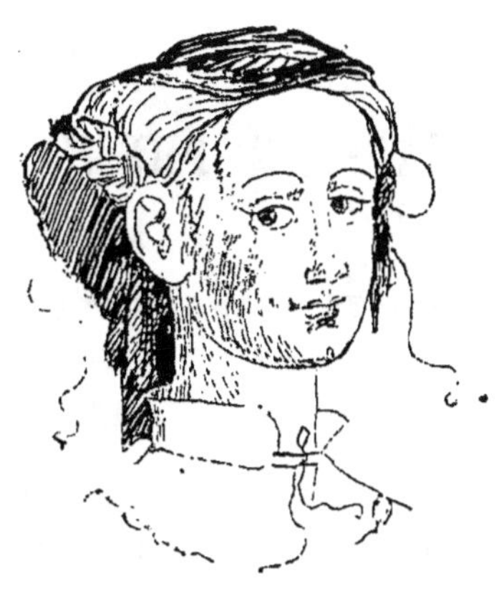

LIVRE QUATRIÈME

OBJETS D'ART ORNEMENTAL

CHAPITRE PREMIER

BRONZES ORNEMENTAUX

C'est uniquement pour la facilité de l'étude et du classement des matières multiples traitées dans ce livre, que nous avons séparé les statuettes et bas-reliefs des bronzes ornementaux ; certainement les mêmes mains ont concouru aux deux genres de travaux, et c'est par suite d'une aberration moderne contre laquelle nous tenons à protester, qu'on a voulu sectionner les œuvres de l'intelligence, et créer un *grand art* à côté de ce qu'on a appelé les *arts industriels*. Quoi ! Cellini n'était artiste qu'au moment où il modelait le Persée ou la Nymphe de Fontainebleau ? La merveilleuse coupe du Louvre, les orfévreries émaillées, les bijoux sans pareils qui ont immortalisé son nom, étaient œuvres industrielles ?

L'absurdité d'une pareille distinction ne se démontre pas ; elle frappe les esprits les moins clairvoyants. Pénétrons au Louvre dans la salle consacrée aux bronzes antiques ; certes les figures y sont en minorité ; les beaux masques, les palmettes, les acanthes, modèles élégants que les siècles se sont transmis en les reproduisant, ne sont autres que des fragments de trépieds, de chars, de siéges, des anses de vases et jusqu'à des appendices d'appareils culinaires. Refusera-t-on d'y voir la trace de l'art antique? Nous avons vu ce masque de Bacchus couronné de lierre, à la barbe épanouie, que l'anneau qui le surmonte doit faire ranger parmi les poignées de patères; eh bien! en mérite-t-il moins d'être admiré comme l'un des plus beaux spécimens de l'art grec? N'oublions pas qu'à part les statues consacrées dans les temples, la plupart des trésors de génie mis au jour par les fouilles modernes étaient le mobilier, soustrait par l'enfouissement à la rapacité d'un envahisseur barbare.

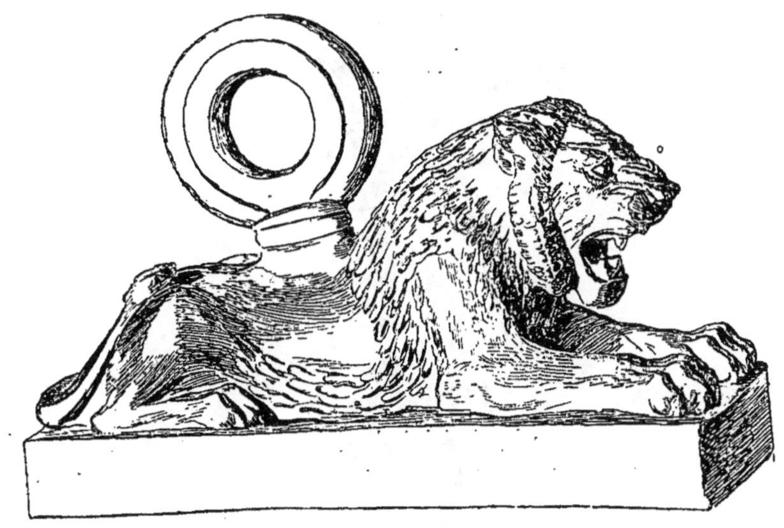

Bronze antique. Lion couché portant un anneau, au seuil d'une porte du palais de Khorsabad. (Musée du Louvre.)

On ne s'étonnera donc pas si dans les descriptions qui vont suivre on retrouve des noms cités ailleurs ; ce sont ceux des hommes qui ne craignaient pas de montrer la variété et la souplesse de leur talent en l'appliquant à des choses diverses. Ce qui prouve d'ailleurs que, dès l'antiquité, les artistes ne négligeaient pas d'inscrire leur nom, même sur des ouvrages d'ordre secondaire, c'est que Publ. Salvius Cincius avait gravé le sien sur la pomme de pin en bronze qui couronne le mausolée d'Adrien. Januarius, ciseleur de bronze, signait une coupe aux attributs de Minerve, Mercure, Mars et Vulcain; enfin Kircher nous a conservé le nom de G. Critonius Dassus, *scalptoris vasclari*, ciseleur de vases de bronze.

Nous ne chercherons pas à donner une idée des nombreux monu-

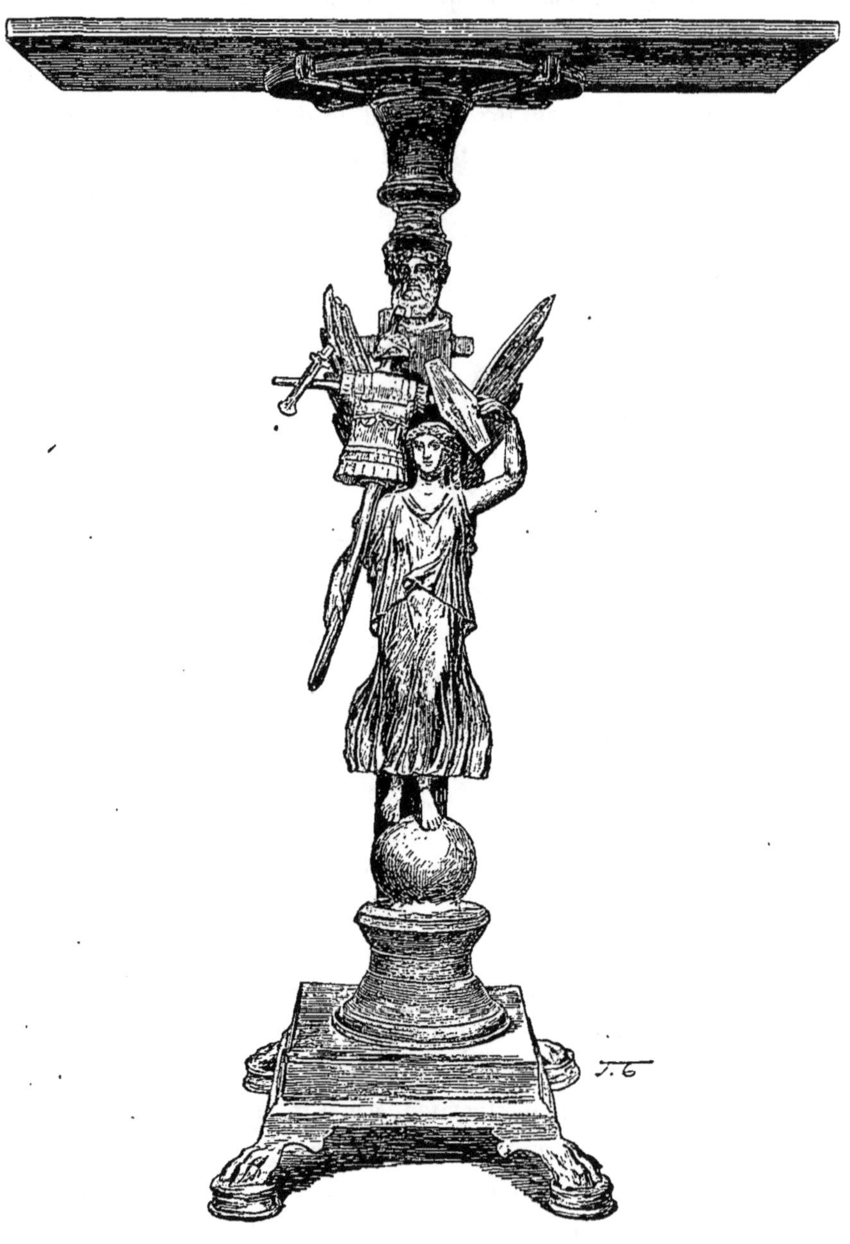

Table en bronze antique de Pompéi. (Musée de Naples.).

ments en bronze que renferment nos musées depuis les trépieds et instruments de sacrifices, les pyxides, les candélabres, lampadaires, lampes de suspension et autres, jusqu'aux patères et vases, les uns ornés de combats entre des génies et des animaux féroces, les autres imitant la forme de têtes d'hommes et de femmes diversement coiffées

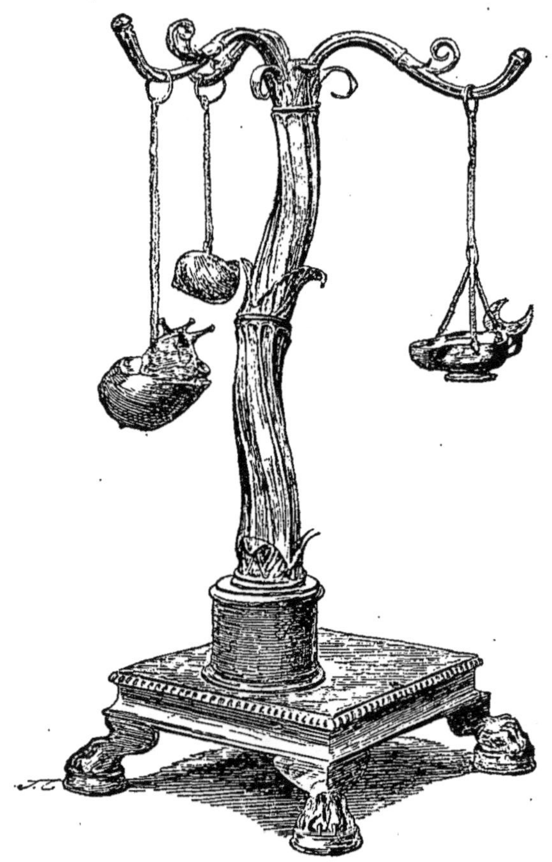

Candélabre en bronze antique de Pompéi. (Musée de Naples.)

nous renverrons les curieux à la salle spéciale du Louvre et au cabinet des antiques de la Bibliothèque ; dans ce dernier, ils pourront admirer en outre de merveilleux miroirs étrusques où se retrouvent encore les traces d'incrustations d'or et d'argent.

De l'antiquité au moyen âge, quelles évolutions subit la société européenne ! Quels contacts violents vinrent briser la chaîne des civilisations ! Autrefois on se contentait de constater une lacune de quelques siècles et de passer outre. L'archéologie n'a plus de ces libres allures ; là où elle sent son ignorance elle cherche et appelle la lumière, et, peu à peu, les lacunes se comblent, la vérité apparaît.

Sans doute Byzance conserva longtemps les traces de son ancienne prépondérance, et, même à son insu, influa sur les peuples restés en relation avec elle ; pourtant, avec un peu de clairvoyance, ne saisit-on pas, dans la masse des œuvres dites de style byzantin, bien des caractères étrangers aux idées romano-grecques et dont il faudrait chercher la source bien loin de Constantinople ? La France de Charlemagne, cet immense empire qui comprenait la plus grande partie de l'Europe, n'avait-elle pas dû se former un art propre, inspiré peut-être par ce que le grand conquérant avait pu recueillir dans son royaume de Lombardie et par ce qu'il avait vu des Normands pendant leur descente sur nos côtes en 808 ? Qu'on veuille bien examiner ces bronzes singuliers, chandeliers bas formés de l'intrication de tiges végétales d'où surgissent des animaux et des oiseaux chimériques, buires figurées par des lions, des licornes ou des monstres ailés, montés souvent par des cavaliers grotesques ; n'y a-t-il pas la plus étroite analogie avec les peintures des manuscrits carolingiens et celles-ci ne semblent-elles pas copiées sur les antiques sculptures des églises en bois de la Norvége ?

Ces contrées sauvages, livrées à l'odinisme, avaient de bien plus étroites affinités avec la Gaule et la Germanie couvertes de forêts, peuplées de bêtes fauves, que ne pouvait en avoir une civilisation énervée et mourante. Le christianisme ? dira-t-on. Sans doute, et ceci est un argument de plus ; qu'a de commun le christianisme byzantin avec ses images régulières, invariables, fixées par un canon inattaquable, et cette foi encore un peu barbare dominée par la crainte des monstres et des démons hideux ? Les Givres, les Tarasques, que les exorcismes des saints parvenaient seuls à vaincre, sont bien les apparitions naturelles aux forêts sombres, les conceptions de peuples jeunes dont la foi demandait à être éclairée afin d'en déraciner les superstitions enfantines.

Nous avons parlé ailleurs d'une statuette de Charlemagne, œuvre barbare bien plus empreinte des traditions romaines que de la déviation byzantine. Au douzième siècle nous retrouvons des chevaliers croisés, plus barbares encore dans leur ébauche presque informe, mais se reliant, au moins par le travail du cuivre, avec les curieux flambeaux formés de figurines équestres de la collection Spitzer. Or, ceux-ci, invention toute nationale, retrouveront des analogues dans le flambeau

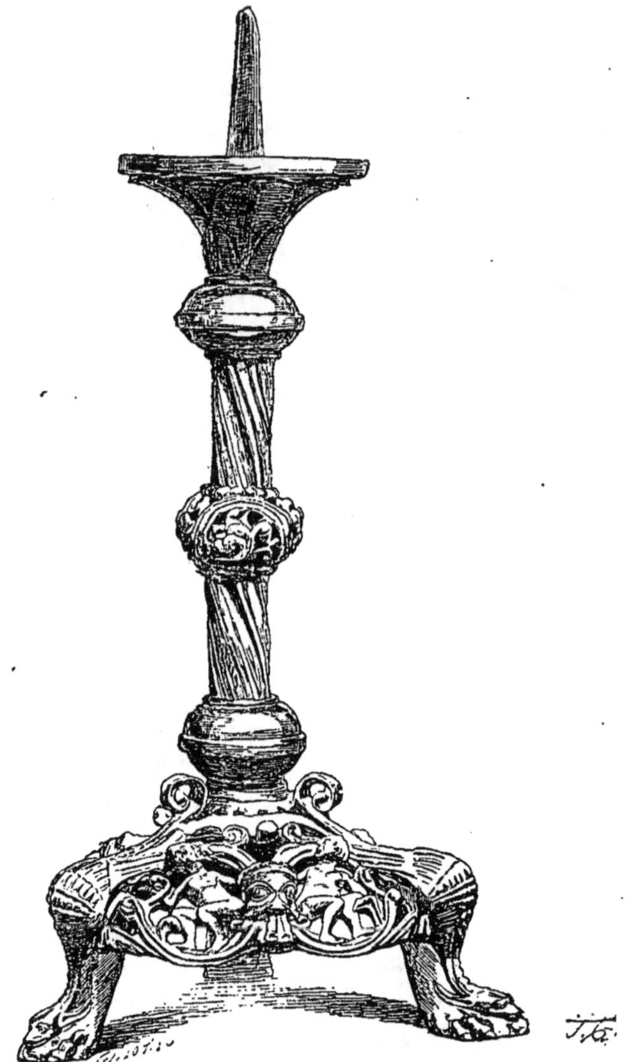

Chandelier en cuivre doré; treizième siècle. (Collection de M. le comte Basilewski.)

à double lumière, du quatorzième siècle, offrant un homme barbu en costume de l'époque de Charles V, chaussé de poulaines, et soutenant de ses deux mains des vases formant bobèche, et dans cet autre où l'homme en justaucorps lacé, la tête couverte d'un chaperon, étend les deux bras qui devaient aussi porter des lumières. Cette disposition dont les ouvrages byzantins ne montrent aucun analogue, nous la retrouverons dans l'Allemagne du quinzième siècle. Cette damoiselle à cheval tenant une branche d'arbuste dont la fleur forme bobèche, n'est-ce point l'application de la même idée que les cavaliers de la collection Spitzer? Certes, comme l'a dit avec raison M. Alfred Darcel, il faut reconnaître que la Germanie a eu son art particulier et original ; mais on peut en faire remonter l'origine assez haut pour le faire découler des mêmes sources que l'art français issu de la civilisation carolingienne.

Il est d'ailleurs hors de doute que les artistes savaient prendre partout les idées susceptibles d'être exploitées et qu'ils allaient les chercher même dans l'extrême Orient; nous n'en voudrions pour preuve que la précieuse aiguière du Louvre, ayant la forme d'un paon, et qu'on croirait d'origine indienne sans l'inscription qui en désigne l'auteur : OPUS SALOMONIS FRAT(*ris*). Cet oiseau, dont la station est assurée par un appendice en fer à cheval soudé aux pattes, est pourvu d'un siphon en arc, posé sur le dos, et surmonté d'un petit tube à couvercle par lequel on l'emplit; cette disposition est commune à toutes les contrées chaudes, et notamment à l'Amérique; elle rassure le buveur contre l'introduction possible des animaux nuisibles dans le récipient. Or, cette aiguière du treizième siècle n'est qu'une modification de celles en forme de lions, d'animaux chimériques ou même de groupes, tels que le lai d'Aristote, où le philosophe sert de monture à la courtisane qui l'a dompté.

Mais laissons ces spécimens curieux dans leur barbarie pour nous rapprocher des choses plus accessibles à nos goûts, plus applicables à nos mœurs, citant au passage les chandeliers pendants, et notamment celui à cul-de-lampe et branches nombreuses que les inventaires disent avoir été fait en 1468 par Jehan Scalkin, ce qui reporte assez loin l'invention des lustres.

C'est au moment où Andréa Riccio composa le célèbre candélabre de Saint-Étienne de Padoue, que l'Italie émerveillée entra dans la voie nouvelle qui devait montrer le bronze revêtu de toutes les élégances; cette architecture solide et majestueuse, cette ornementation riche et puissante où les plus gracieux enroulements, les épanouissements végétaux forment un encadrement naturel aux figures réelles ou idéalisées, devinrent un thème dont deux siècles ne parvinrent pas à épuiser les variations. Torchères, flambeaux, chenets, clochettes, coffrets, se multiplièrent sans redites ; et tandis que les groupes et les figures se dressaient sur les meubles sculptés, tous les accessoires du mobilier se faisaient les rivaux des chefs-d'œuvre de l'art. Et cela est si vrai que les plus vulgaires ustensiles, revêtus de leur imposante parure, cherchaient à se relever dans le langage en modifiant leurs noms : voyez,

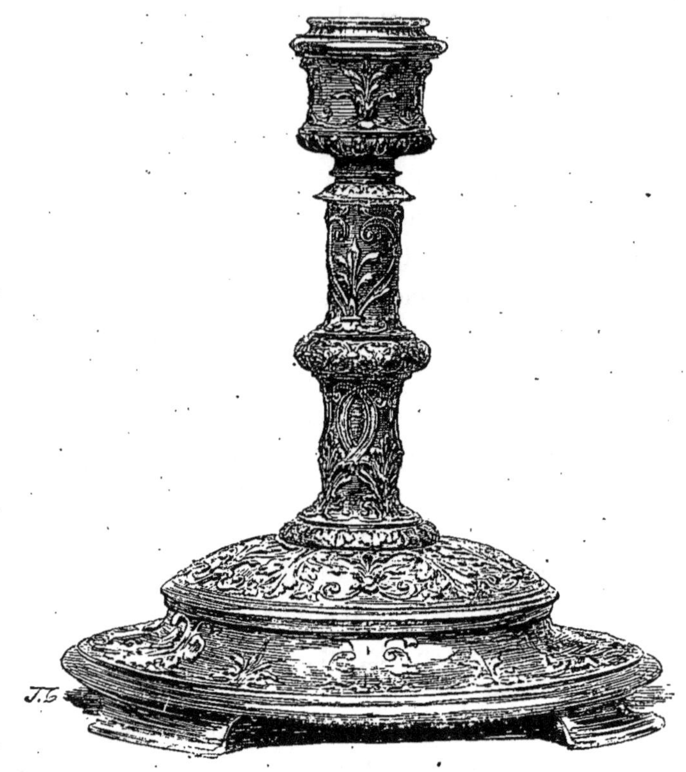

Chandelier en bronze; travail italien du seizième siècle. (Collection de M. de Nolivos.)

au Louvre, ce petit temple circulaire soutenu par six pilastres, et dont les panneaux sont ciselés et découpés à jour, ainsi que la coupole qui le surmonte; c'est un *mortier à cire*, en style simple et vulgaire une veilleuse. Son nom et son usage nous sont expliqués ainsi par Brantôme (*Histoire des dames galantes*) : Isabelle d'Autriche, femme de Charles IX, « très-dévote et nullement bigotte, passoit une partie des nuits en prière pensant que ses femmes ne s'en apercevoient ; mais elles la voioient par l'ombre de la lumière de son mortier plein de cire, qu'elle tenoit allumée en la ruelle de son lict pour lire et prier Dieu dans ses *Heures*, au lieu que les autres princesses et roynes le tiennent sur le buffet. » La plupart des mortiers à cire sont d'un travail exquis, et quelques-uns sont surmontés de figurines charmantes.

Les flambeaux s'offrent sous deux formes bien distinctes : les plus anciens en date, sans doute, sont imités, dans leur ensemble, des porte-cierges persans ; une base en section de cône supporte un plateau, habituellement godronné ou cannelé, sur le milieu duquel se dresse la hampe en balustre surmontée de la bobèche ; les autres ont la hampe simplement implantée sur un plateau à moulures que surélèvent parfois trois griffes de lions. Des masques, des guirlandes, des rinceaux ornent les membres divers de cet ensemble.

Parlerons-nous de ces boîtes diverses, les unes imitées de l'antique, les autres mouvementées dans leurs contours comme les coffres de mariage ; des cassolettes, des écritoires, de ces mille riens qui couraient sur les meubles, et après lesquels les amateurs courent aujourd'hui ? Non, car nous nous perdrions dans des descriptions sans fin et nous n'aurions pas encore tout dit. Un mot pourtant sur les chenets qui garnissaient les cheminées monumentales taillées dans le marbre et incrustées de mosaïques de Florence. Substitués aux gigantesques landiers de fer du moyen âge, les chenets de la Renaissance conservèrent les proportions qui devaient les mettre en harmonie avec l'ensemble qu'ils complétaient ; le plus souvent leur base à consoles et volutes, ornée d'un mascaron, servait de piédestal à une statue de dimension moyenne, de grand style et d'une facture large et habile. C'était presque toujours à la mythologie que ces figures étaient empruntées ; Vénus, Apollon, Mars, Pluton, parfois le soleil et la lune personnifiés, s'y rencontraient, et quelques-unes de ces figures séparées de leur base figurent aujourd'hui dans nos musées comme spécimens de la sculpture en bronze du seizième siècle.

Un système de chauffage plus fréquent encore en Italie que celui de la cheminée, c'est le brasero qui peut s'installer partout et se transporter d'une pièce à une autre avec celui qui s'en sert. Ce que l'on a fait de ces récipients est chose inénarrable ; ovales pourvus de masques de lions portant des anneaux mobiles, leurs moulures et leurs surfaces ont reçu tous les genres d'ornementation ; médaillons à figures et bas-reliefs compliqués ; écussons timbrés d'armoiries ; fonds

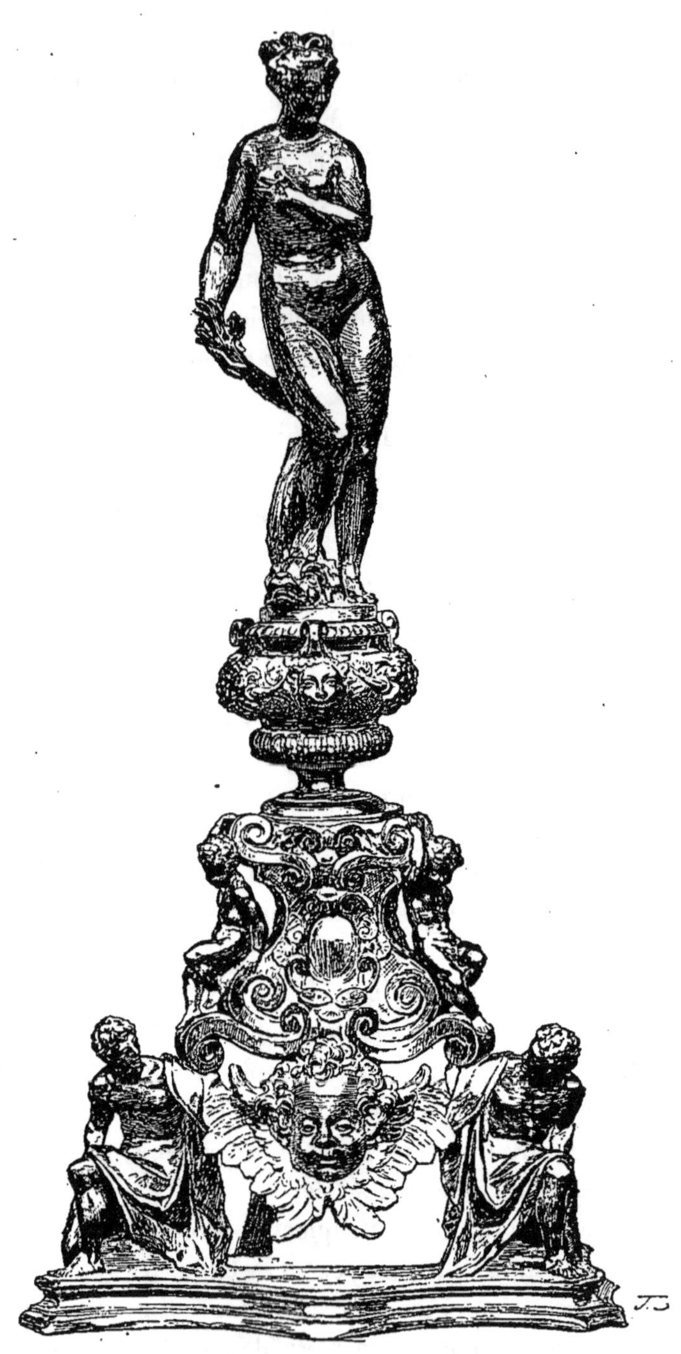

Chenet de bronze (Italie); seizième siècle (Collection de M. Spitzer.)

guillochés des fins rinceaux empruntés par les Vénitiens aux patientes ciselures et incrustations des Orientaux, tout s'y trouve et rend ces cuves susceptibles de devenir, chez nous, les plus élégantes jardinières qu'on puisse rêver.

Puisque nous venons de nommer les Vénitiens, citons en passant les beaux bassins et les aiguières qu'ils ont aussi ornementés dans le goût arabe ; nous y reviendrons en parlant des ouvrages damasquinés.

Il faut d'ailleurs examiner ces aiguières avec le plus grand soin, car il en existe un certain nombre d'origine française et du plus pur style de l'époque de Henri II ; les emblèmes, une inexpérience relative dans le travail du bronze, sont les indices de leur nationalité. Il était naturel de penser que l'exemple de l'Italie ne resterait pas infructueux pour nous et que nos artistes suivraient cet exemple dans une certaine mesure ; si le Louvre nous montre une charmante sonnette à main surmontée d'une figure de femme agenouillée, Cluny en conserve une à figures et ornements signée : « Petrus Cheineus me fecit 1573 ». Un fondeur français, Andrieu Munier, imprimait son nom, en 1582, sur une cloche des trépassés faite pour l'église de Poix en Picardie. Nous ne chercherons pas à multiplier ces exemples en descendant aux mortiers et autres objets d'usage ; il suffit d'avoir appelé l'attention des curieux sur nos bronzes de la Renaissance pour qu'ils les recherchent et les colligent.

Mais c'est au dix-septième siècle que le bronze appliqué à l'ornementation mobilière prend chez nous une importance capitale ; il s'agissait de le faire concourir aux décorations somptueuses des palais et de le mettre souvent en rivalité avec l'orfévrerie monumentale alors en usage. Est-ce aux mêmes mains que sont dus les spécimens des deux arts ? Il est permis de le supposer en les voyant sortir d'un centre unique en vertu d'une même impulsion : la réunion au Louvre, puis aux Gobelins de tous les artistes chargés de la confection du mobilier royal, la surintendance des travaux donnée à un même artiste, homme de haute réputation, devaient avoir pour effet d'amener une harmonie d'ensemble en rendant toutes les individualités solidaires d'une pensée unique. Aussi, s'il est possible encore de saisir quelque ressouvenir du passé dans les bronzes des époques de Henri IV et de Louis XIII, le règne de Louis XIV se présente de toutes pièces, avec ce style quelque peu gourmé, mais plein de grandeur, dominé par les formes de l'architecture contemporaine et par le génie de Lebrun. Quels étaient les interprètes de cette pensée unique? Voilà ce que les documents nous laissent ignorer; on sait seulement que l'Italien Domenico Cucci travaillait aux Gobelins en même temps que Boule, et que celui-ci, qualifié dans certains actes : *ciseleur et doreur du roi*, devait fournir, en partie au moins, les modèles des bronzes destinés à accompagner ses meubles. Ce que nous avons dit et figuré des meubles de Boule fait pressentir le style et la grandeur des bronzes d'accompagnement de l'époque de Louis XIV.

On a pu voir, lors de l'exposition de la collection Séchan, aujourd'hui dispersée, une magnifique glace à fronton couronné par une palme et par d'élégants rinceaux d'acanthe, la juste pondération des parties, les délicates intrications des angles, les développements d'une base ornementale pleine de grandeur, formaient un ensemble irréprochable et tout à fait digne de l'architecture majestueuse de l'époque : c'était plus qu'un cadre, c'était un monument dont la plupart des encadrements en bois doré contemporains semblaient être des imitations.

Les candélabres, les flambeaux, souvent armoriés, sont composés avec la même abondance réfléchie, et, dans leurs combinaisons ingénieuses, on peut encore retrouver l'esprit et la grandeur des conceptions architecturales de Le Vau, d'Orbay et Claude Perrault.

Quant à Louis XV et la Régence, ce fut, nous l'avons dit, une transformation absolue; avec le mobilier intime on vit commencer l'ère des chicorées et des rocailles, en même temps que la perfection de la ciselure; parmi les promoteurs du genre il faut citer Meissonnier qui, peut-être, poussa le caprice jusqu'à l'exagération; mais des artistes d'un mérite rare apparurent alors : tel Philippe Caffieri, dont les almanachs nous donnent l'adresse rue des Canettes; issu d'une famille de sculpteurs renommés, sculpteur lui-même, il imprima à ses ouvrages un cachet de bon goût et de remarquable élégance. On peut citer parmi ses meilleurs ouvrages les meubles chargés de bronzes que nous avons déjà mentionnés, l'un dans la collection de sir Richard Wallace, l'autre chez M. le baron Gustave de Rothschild. Pour éviter que ses travaux fussent confondus avec la masse des imitations qu'on cherchait à en faire, il les poinçonnait d'un C couronné qu'il appliqua jusque sur les objets formant sa collection : nous l'avons vu sur un magnifique bronze florentin et sur un groupe en bronze du Laocoon, aujourd'hui classé dans le cabinet de M. Charles Mannheim. Caffieri eut un rival : Cressent, dont les bronzes sont aussi fort remarquables; quant à Martincourt, ses travaux recommandables seraient plus connus si sa réputation n'eût été éclipsée par celle de son élève Gouthière, dont nous allons nous occuper bientôt. N'oublions

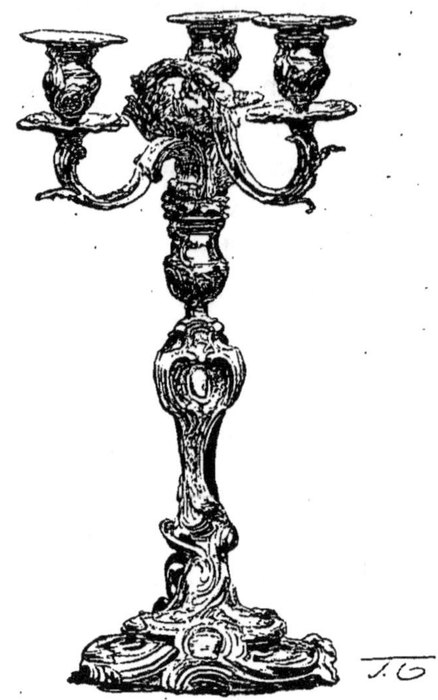

Flambeau aux armes de Bouillon. (Collection de M Léopold Double.)

pas Gallien dont les recherches de M. Louis Courajod révèlent le mérite. « C'est en effet un véritable artiste, dit-il, que ce Gallien à qui Duvaux demanda une grille; son titre modeste de « maître fondeur » ne l'a pas fait assez remarquer. Ses contemporains cependant appréciaient bien son mérite. Il modela et exécuta pour le roi différentes horloges de grand apparat et destinées à décorer certains appartements publics des palais de la couronne. C'est à lui que les intendants des menus commandèrent de dessiner, fondre et ciseler la superbe pendule de la cheminée du cabinet du conseil à Versailles, lors de la réfection de ce salon en 1756. Elle représentait la France gouvernée

24

par la Sagesse et couronnée par la Victoire, qui accorde sa protection aux Arts. Elle fut payée 6,500 livres à son auteur. L'admiration qu'excita cette œuvre est constatée par le duc de Luynes dans ses Mémoires. »

A la suite de ces maîtres, il faut encore citer les fondeurs-ciseleurs qui attachèrent leur nom aux travaux si parfaits exécutés dans les palais : en janvier 1751, les Varin père et fils touchent 4,761 livres 15 sous pour des ouvrages de bronze en bas-reliefs, vases, figures et autres qu'ils ont faits à Versailles pendant les années 1747 et 1748. Lucas et Martin sont occupés à Fontainebleau. Desprez fait pour le roi, en 1755, des ouvrages de ciselure; Gobert dore et cisèle à Versailles, à Choisy, aux Tuileries, au Luxembourg, à la Muette, etc. Leblanc travaille aux mêmes palais et à Compiègne.

Certes on peut reprocher aux bronzes de la Régence et de Louis XV un caprice exagéré. L'abus des chicorées chantournées, des médaillons à collerettes frisées, des coquilles enroulées, s'y fait sentir; mais il y a dans les flambeaux et candélabres, dans les bras porte-lumières, dans les chenets et garnitures de feux, un ensemble riche et des détails si heureusement traités et d'un caprice si spirituel, qu'on se sent subjugué. Il arrive un moment, d'ailleurs, où tout cela se discipline et s'assagit; déjà le rêve de l'*antique* tourmente madame de Pompadour, et, sous son impulsion, apparaissent les premiers germes de la réforme qu'on va poursuivre sous Louis XVI; le changement est assez notable pour qu'on cherche à le caractériser par un nom, et la favorite artiste a la prudence de choisir celui de *genre à la reine*. C'est là que se fait sentir l'influence de Martincourt et de son élève Gouthière, qui, demeurant en 1771 quai Pelletier, à la Boule-d'Or, prenait le titre de ciseleur et doreur du roy, sur une pendule de la collection de sir Richard Wallace. A part ce splendide spécimen, il est fort difficile de signaler les ouvrages certains de Gouthière; on a appliqué son nom à toutes les ciselures merveilleuses de style Louis XVI, et chacun sait si elles sont nombreuses. Dans cette foule il y a certainement des compositions de Martincourt, charmantes d'ailleurs, comme le montrent les flambeaux signés de la collection de M. Léopold Double; il y en a sans doute aussi de Robert le Lorrain et de Sautray, son élève, tous deux très-aptes à composer des groupes, des figurines et des bas-reliefs, bien qu'on les cite généralement, avec Vassou, comme simples monteurs de vases, parce qu'ils avaient orné avec un véritable talent ceux de la collection de M. Blondel de Gagny.

Les bronzes Louis XVI ne se décrivent pas; les moins éclairés les reconnaissent entre tous; ces groupes délicats enlacés pour soutenir des tiges multiples qui vont dérouler leurs rinceaux et fleurir en culots destinés à porter des lumières sans nombre. Ces génies se jouant parmi les guirlandes de fleurs, et les acanthes dont les plis nombreux ont la souplesse de la fibre végétale; toute cette fine ornementation rivale du bijou, rendue plus douce encore par l'or au mat qui lui enlève les reflets métalliques, c'était bien là ce qui convenait aux mœurs

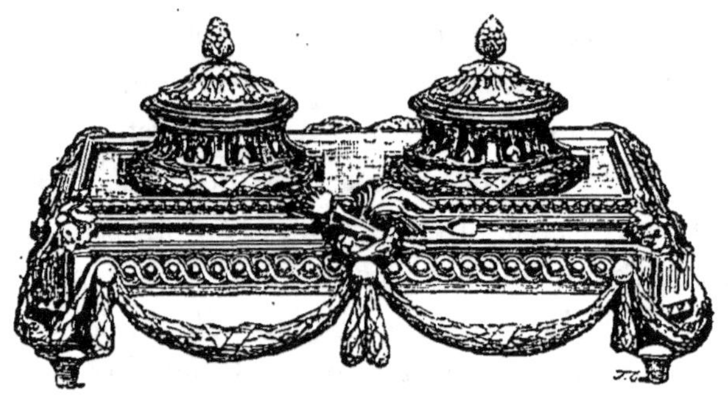

Encrier en cuivre ciselé ayant appartenu à la reine Marie-Antoinette. (Collection de M. L. Double.)

polies, épurées, qu'avait voulu inaugurer Marie-Antoinette. Posés sur les tables et les consoles mignonnes, sur les cheminées de marbre blanc, ces bronzes accompagnaient à merveille les délicates porcelaines de Sèvres, de la Saxe et de l'Inde. Certes, il y a loin de cette mièvrerie à la science robuste du seizième siècle, mais on y lit bien la politesse galante et le dernier sourire de cette société qu'une sanglante bourrasque va faire disparaître.

En 1775, le sacre du roi avait été une occasion d'éclat pour les artistes attachés à la cour; Jean-Louis Prieur s'était distingué en ornant de bronzes ciselés et dorés la voiture qui devait transporter le monarque. Il serait trop long d'énumérer tous les hommes qui marquèrent alors et qui devaient faciliter la transition entre le dix-huitième et le dix-neuvième siècle; nous nous contenterons de les comprendre dans la liste qui va suivre.

Il est nécessaire, toutefois, de mentionner une industrie toute spéciale, née de l'invention de la porcelaine tendre française, et qui prit une extension imprévue : c'est la monture des fleurs en porcelaine. Nous emprunterons encore à M. Courajod le tableau curieux de cette singulière mode. « Ce goût désordonné (de la porcelaine) fit épanouir toute une flore. Des parterres entiers, avec toutes leurs variétés de plantes, sortirent des fours de Vincennes et vinrent s'animer dans les mains d'habiles ouvriers qui forgèrent une végétation de bronze pour ces fleurs d'émail. Duvaux prit une part active à ce mouvement de la mode qui consistait à semer des bouquets de porcelaine sur les lustres, les bras, les girandoles, et à les introduire dans toutes les parties de l'ameublement. A voir les personnages qui lui faisaient monter des fleurs de Vincennes, et en examinant la description des pièces qu'il livrait, on peut affirmer que Duvaux était un des premiers parmi ceux qui fabriquaient ces branchages dorés d'or moulu ou *vernis au naturel*, ces plantes de cannetille, ces bouquets factices qui, pendant quelque temps, donnèrent aux appartements l'aspect de jardins ou de serres. Pour que l'illusion fût complète, rien ne manquait à ces bouquets, pas même le parfum qu'on savait leur communiquer artificiellement. »

On connaît les vases de bronze, souvent à corps teinté d'un beau bleu, qui servent de support à ces girandoles de fleurs peintes à feuillages d'or; nous avons vu mieux : c'est un immense bouquet de milieu de table formé des fleurs les plus variées et s'épanouissant dans sa corbeille en porcelaine; on ne peut rien rêver de plus élégant que cette rare pièce.

Voici d'ailleurs la liste des principaux artistes qui ont travaillé le bronze, abstraction faite des Italiens, dont les noms ont été donnés précédemment, parce que, chez eux, l'ornement et la figure sont sortis des mêmes mains :

Jehan Scalkin, 1468, chandeliers pendants.
Meister Riquin ou Rinik, en esclavon.
Meister Awram ou Iabram, en russe.
Meister Waismuth ou Baismouti, en russe, auteurs des portes de bronze de la cathédrale de Nowogorod.
Petrus Cheineus, 1573, clochette.
Andrieu Munier, fondeur de la cloche de Poix.

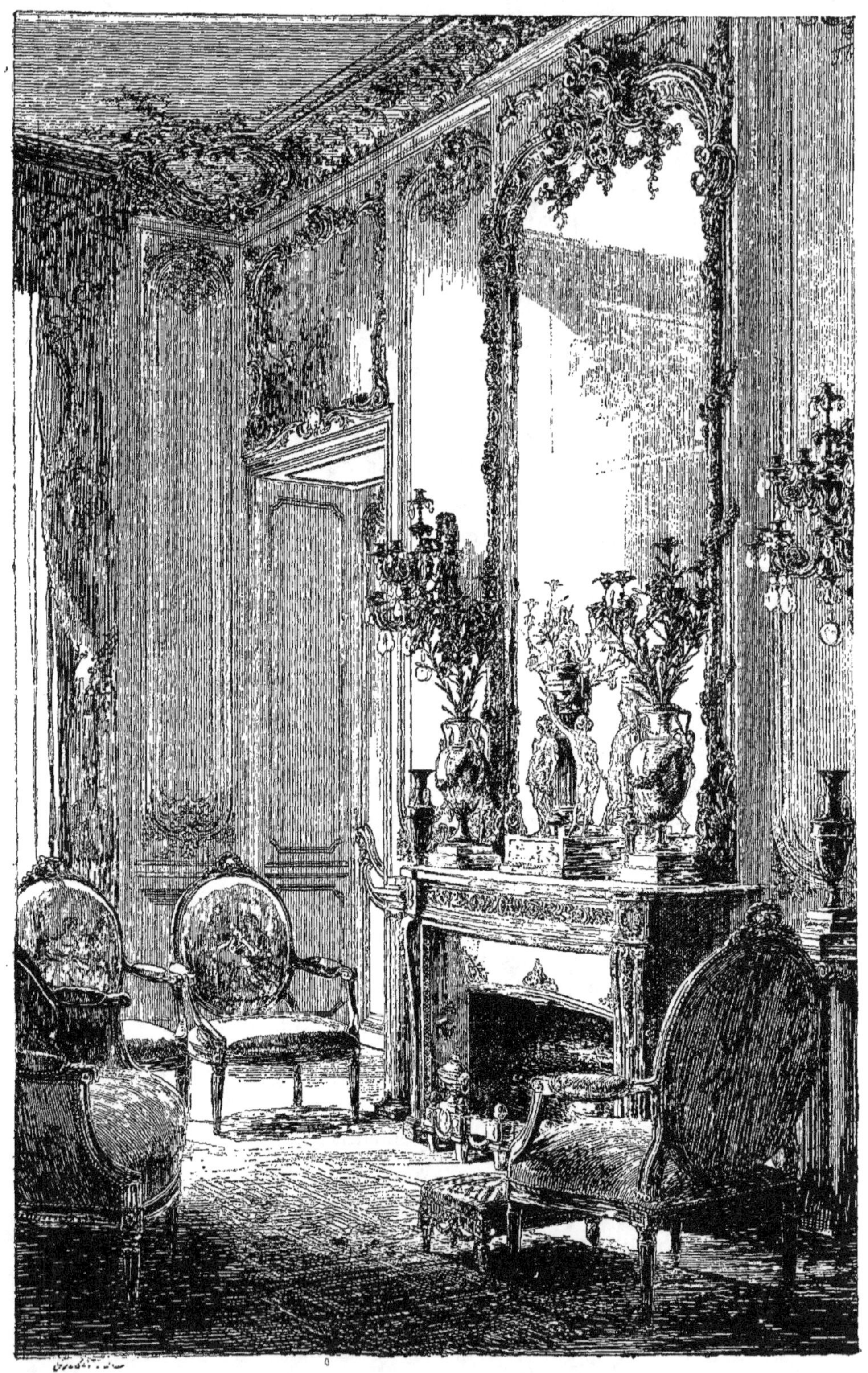

Salon du dix-huitième siècle chez M. L. Double.

Domenico Cucci, attaché aux Gobelins.
Ballard, 1676, canon offert à Louis XIV.
Mazarolli, 1688, couleuvrine à reliefs.
Philippe Caffieri.
Martincourt, maître de Gouthière.
Gouthière, ciseleur et doreur du roi.
Gallien, horloges d'apparat, candélabres.
Robert le Lorrain, maître de Sautray.
Sautray, statuettes, montures de vases.
Vassou, monteur de vases.
Jean-Louis Prieur, voiture du sacre de Louis XVI.
Delarche, sculpteur-ciseleur.
Hervieux, ornements de la chapelle de la Vierge à Saint-Sulpice.
Varin père et fils, vases, figures, etc.
Leblanc, — Gobert, — Lucas, — Martin, — Desprez.
Hauré, le couronnement de Voltaire.
L. Demenet, bas-reliefs.
P. Bautret, médaillon portrait.
Ravrio, rue de la Ferronnerie, au Lion-d'Or, sculpteur-ciseleur.
Vinsac, ciseleur.

ORIENT

La vogue des bronzes orientaux est de date assez récente; nous ne sommes pas encore bien loin du temps où un illustre professeur d'archéologie écrivait qu'il n'y avait rien à chercher dans les productions chinoises, sinon des choses grotesques et monstrueuses.

Ces opinions *a priori* devraient être depuis longtemps abandonnées, car elles prouvent généralement un fait très-regrettable: ou l'état arriéré de la science, ou une lacune dans l'éducation de celui qui les émet. Il est si facile de ne pas parler de ce qu'on ignore. Qu'on admire les Grecs, rien de mieux; ce n'est pas une raison pour nier le reste.

Heureusement la question est sortie des nuages théoriques, en ce qui touche l'art de l'extrême Orient ; le musée des bronzes formé par M. Henri Cernuschi permet de discuter sérieusement sur l'âge et l'esthétique des œuvres chinoises, et c'est en présence des pièces elles-mêmes que nous allons esquisser à grands traits les enseignements qui ressortent de ce merveilleux ensemble.

En Chine, l'art de fondre les métaux est arrivé à toute sa perfection sous la seconde dynastie, celle des Chang, c'est-à-dire vers l'an 1766 avant notre ère. Il y a certes des monuments antérieurs, et un vase *yeou* (pour contenir le vin des sacrifices), classé dans la collection, nous a paru offrir les caractères de l'art primitif de la dynastie Hia régnant de 2205 à 1783. Mais c'est sous les Chang que les vases destinés au culte se manifestent sous les formes les plus saisissantes et accompagnés souvent d'inscriptions dont la formule équivaut à une date. Ce serait étendre outre mesure les limites de ce travail que d'y faire entrer la description et l'analyse de ces légendes : nous nous bornerons à signaler le mémoire spécial de M. Thoms : *A dissertation on the ancient chinese vases of the Shang dynasty*, et les articles que nous avons publiés en 1873, dans la *Gazette des Beaux-Arts*, sur l'exposition de la collection Cernuschi.

Toutefois, pour aider aux curieux à reconnaître le *facies* des inscriptions dont il s'agit, lesquelles sont toujours écrites dans le caractère antique appelé *ta tchouan*, nous allons en reproduire deux ; celle-ci

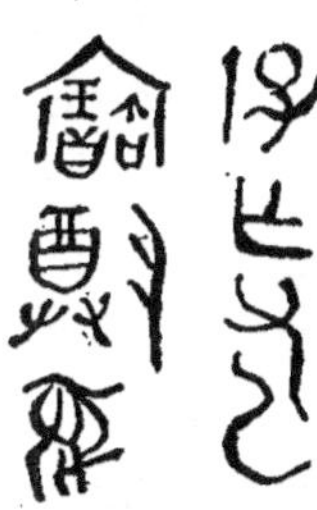

est dédiée à l'empereur I dont le règne doit être placé vers 1496 avant Jésus-Christ. Elle se lit ainsi : *le petit fils a fait faire pour son ancêtre* I *ce précieux vase honorifique i* (pour contenir le vin dans les grands sacrifices). La pièce est une ravissante coupe ovoïde couverte, à deux anses arrondies, et chargée de reliefs incrustés d'argent du plus remarquable travail. La seconde, enfermée en forme de cachet dans un cadre : dit ceci : *Précieux vase pour l'usage des fils et des petits-fils*. Cette

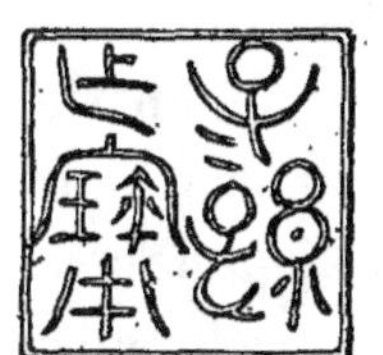

pièce, non moins ornée que la précédente, est composée de deux cylindres rapprochés portés par un dragon monstrueux, qui semble comme écrasé sous leur poids; cet animal est dominé par un oiseau fantastique dont les ailes étendues relient les deux cylindres, tandis que ses serres maîtrisent le dragon. Cette composition a certainement une valeur symbolique puisque, des Chang à l'époque actuelle, on l'a reproduite dans toutes les dimensions et en toutes sortes de matières, y compris le jade et le cristal de roche. Faudrait-il faire un rapprochement entre cette sorte de lutte de l'oiseau fils de l'air et du reptile enfanté par la terre, et les combats si fréquents représentés dans les autres contrées orientales? L'art arabe aurait-il exprimé la même idée en nous montrant un oiseau de proie qui terrasse la gazelle? Une étude plus profonde de la théogonie chinoise répondra sans doute à ces questions; mais, ce qu'on peut affirmer dès à présent, c'est que rien n'est indifférent dans les conceptions chinoises; que les formes et les décors, bien loin d'être le résultat du caprice, répondent à des convenances de mœurs et à des règles fixées par les antiques écrits qui sont devenus la loi religieuse et civile.

Faisons remarquer encore que les antiques souverains des cent familles semblent avoir connu, dompté peut-être, ces animaux monstrueux détruits par les dernières révolutions du globe et dont Cuvier nous avait révélé l'existence en les reconstituant à l'aide de leurs ossements fossiles. Les sauriens gigantesques, les ptérodactyles, les pachydermes étranges se trouveraient alors sur les vases chinois comme un souvenir de ces époques oubliées, et bien loin alors d'être des singularités étranges, produit d'une imagination déréglée, ils deviendraient les précieux témoins des âges préhistoriques qui se révèlent partout d'une façon si inattendue. La dynastie des Tcheou inaugurée par le roi Wen en 1134 avant notre ère, a produit des choses difficiles à reconnaître parce que, dit Confucius, elle s'appliquait surtout à copier les ouvrages des Chang. Or, le Li-Ki, l'un des livres sacrés, signale parmi les vases religieux des Tcheou ceux dont la forme *rappelait* la figure d'un bœuf dressé sur ses jambes; d'après la représentation d'un de ces animaux nous pensons que si le vase rappelle le bœuf il n'en a aucune des parties; la tête moins carrée, à oreilles toutes particulières, et munie souvent d'une corne dressée, annonce bien plutôt un pachyderme inconnu et antédiluvien voisin des rhinocéros qu'un ruminant de l'espèce bovine. Le corps ramassé, les jambes courtes et grosses achèvent de le démontrer. Quant à la valeur mythique de cette sorte de vase, elle se trouverait indiquée rien que par la richesse de son ornementation, où l'or, l'argent et les pierres précieuses sont souvent prodigués.

Mais ces vases figuratifs, ici lourds animaux, là oiseaux réduits à des formes conventionnelles, ce sont des exceptions; dès les premières manifestations de la civilisation orientale, la recherche des formes, leur ornementation, suivent en Chine une progression rationnelle; les coupes élégantes se montrent complétées par des appendices bien pondérés où la convenance s'unit à la richesse. Le symbolisme s'affirme par des têtes singulières dites aux yeux jaunes tenant le milieu entre la tête réelle de la tortue et ces conceptions chimériques ou antéhistoriques dont il vient d'être question; on voit aussi l'insecte, figure bizarre, ébauche animale inspirée par le têtard et servant à montrer la nature opérant l'enfantement des êtres. Puis, comme pour mieux démontrer cette loi qui veut que tous les peuples au même

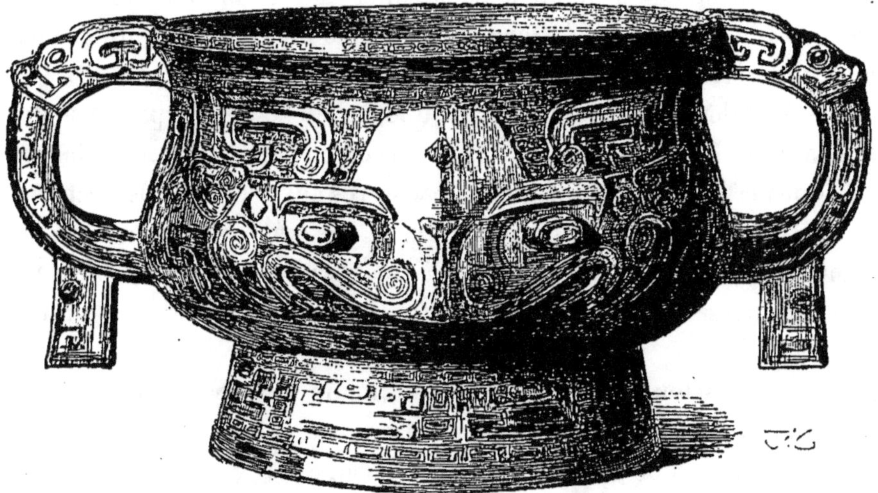

Coupe des Chang en bronze incrusté d'or, d'argent et de malachite. (Collection de M. J. Jacquemart.)

point de civilisation passent par les mêmes idées, le fond général de l'ornementation est composé de ces figures géométriques dites grecques ou méandres, et qu'on retrouve également sur les vases antiques de l'Amérique et dans les premiers essais des sauvages océaniens. D'autres vases couverts, en campanule prolongée qui deviendra ce qu'on est habitué à nommer potiches, se montrent avec des proportions charmantes dès les premières années des Chang; il en est où l'on a indiqué par des dépressions dorées la place où le sacrificateur doit placer ses mains pour élever le vase en consacrant le vin parfumé. D'autres, de forme voisine, surmontés d'une anse mobile, se suspendent dans un Kia-tse en bois délicatement sculpté; il en est à lobes avec anses latérales aplaties qui sembleraient avoir servi de modèle aux vases grecs de Nicosthènes ou mieux encore à certaines terres cuites noires étrusques. Quant aux lagènes ou bouteilles avec ou sans piédouche, munies d'anses grandes ou petites se formulant en têtes d'éléphants ou sortant de têtes chimériques, il faut en voir la série rapprochée pour comprendre leur variété et leur élégance.

Il faudrait un volume pour décrire toutes ces formes et les ingénieux subterfuges qu'ont employés les artistes pour en dissimuler la rigueur consacrée sous un déguisement acceptable. Le vase *yeou* doit se suspendre par une anse, sur l'autel, afin que le sacrificateur puisse épancher sa liqueur brûlante dans la coupe tsio servant aux libations : en voici un qui a revêtu la forme d'un cygne et qui pare doublement le temple. Les *tings*, destinés les uns à contenir du vin chaud, les autres à brûler des parfums, offrent une variété d'autant plus grande que la règle les divise en deux classes : ceux de la première, circulaires ou ovales et portés sur trois pieds, consacrés aux sacrifices de premier ordre, s'adressent aux plus hauts dignitaires de l'État ; ceux de la seconde, toujours rectangulaires et à quatre pieds, restent bornés au culte des choses inférieures et s'adressent aux fonctionnaires de rang moyen.

Ce n'est pas tout : en Chine comme ailleurs les choses ont eu leurs vicissitudes ; les guerres et les révolutions ont amené des éclipses et des renaissances de la civilisation. L'époque des Song, au dixième siècle de notre ère, est une de ces renaissances ; la seconde est sortie de l'effort fait par les Youen mongols au treizième siècle pour prouver que leur conquête n'était pas pour la Chine un abaissement intellectuel. Lorsqu'un siècle plus tard les Ming, de race chinoise, recouvrèrent la souveraine puissance, ils cherchèrent à rendre aux arts leur antique splendeur, en leur faisant retrouver les formes qui en avaient consacré la gloire. Enfin, lorsque en 1616 les Tartares mandchoux détrônèrent les Ming, ils firent de nouveaux efforts pour égaler ou même surpasser les travaux des races antérieures. On voit combien le curieux peut trouver à exercer sa sagacité dans la recherche des bronzes chinois ; pour les dernières périodes cette recherche est facilitée par le soin qu'ont pris les artistes d'inscrire sous les pièces le nien-hao ou nom de la période du règne sous laquelle l'objet a été fabriqué. Nous avons donné ailleurs la manière de lire ces nien-hao et la chronologie des dernières dynasties. Disons que, pour les Ming,

Siouen-te (1426 à 1435) est la plus brillante époque ; pour les Taithsing, c'est Kien-long (1736 à 1743).

Choix abondant de la forme, délicatesse de travail et de style, embellissement par les métaux précieux et même par la peinture, science de la fonte et de la ciselure, on peut donc tout chercher dans les bronzes chinois, et, en choisissant avec un discernement éclairé, on doit trouver, dans la masse, des œuvres aussi belles et aussi intéressantes qu'aucun peuple occidental ait pu jamais en livrer à l'admiration des curieux.

Le Japon se présente avec un contingent non moins remarquable ; mais ici le choix est plus difficile, car les éléments font défaut pour établir des époques et des écoles. Quelques objets consacrés dans les temples ou destinés au culte portent des *nengo*, analogues au nienhao chinois, ou des dates cycliques qui permettent d'en reconnaître l'âge ; mais par une singularité qui doit rendre l'observateur bien circonspect, les dates les plus récentes sont souvent sur les ouvrages d'aspect ancien. L'art du Japon étant essentiellement individuel, il n'y a guère que les nationaux qui sauraient reconnaître le faire des artistes célèbres et déchiffrer leurs signatures.

Comme conception, les bronzes du Japon sont plus variés encore que ceux de la Chine ; si l'on y rencontre la plupart des formes usitées au Céleste-Empire, c'est-à-dire les vases et les tings consacrés au culte, il y a une foule de petites merveilles qui pourraient faire penser que là, comme chez nous, règne la mode des étagères ; et tout cela est obtenu de métaux divers merveilleusement appropriés à l'usage qu'ils doivent remplir, et rehaussés souvent par de riches inscrustations d'or, d'argent et de pierres de couleur. Il est, entre autres, un bronze gris soyeux d'une incomparable finesse, sur la surface duquel les artistes se plaisent à faire ressortir des dessins incrustés en fils d'argent d'une incroyable délicatesse. On sait aussi tout le parti que les Japonais tirent de ce mélange particulier appelé *sowaas* par les anciens Hollandais et dont les reliefs, brillants comme l'or, se détachent sur un fond noir ; depuis les bijoux jusqu'aux vases, ils ont su produire avec cette matière les travaux les plus élégants.

Mais où il faut surtout admirer les Japonais, c'est quand ils appliquent le bronze aux vases de grande décoration ; ils semblent avoir tout connu, tout étudié, depuis les formes grecques et étrusques jus-

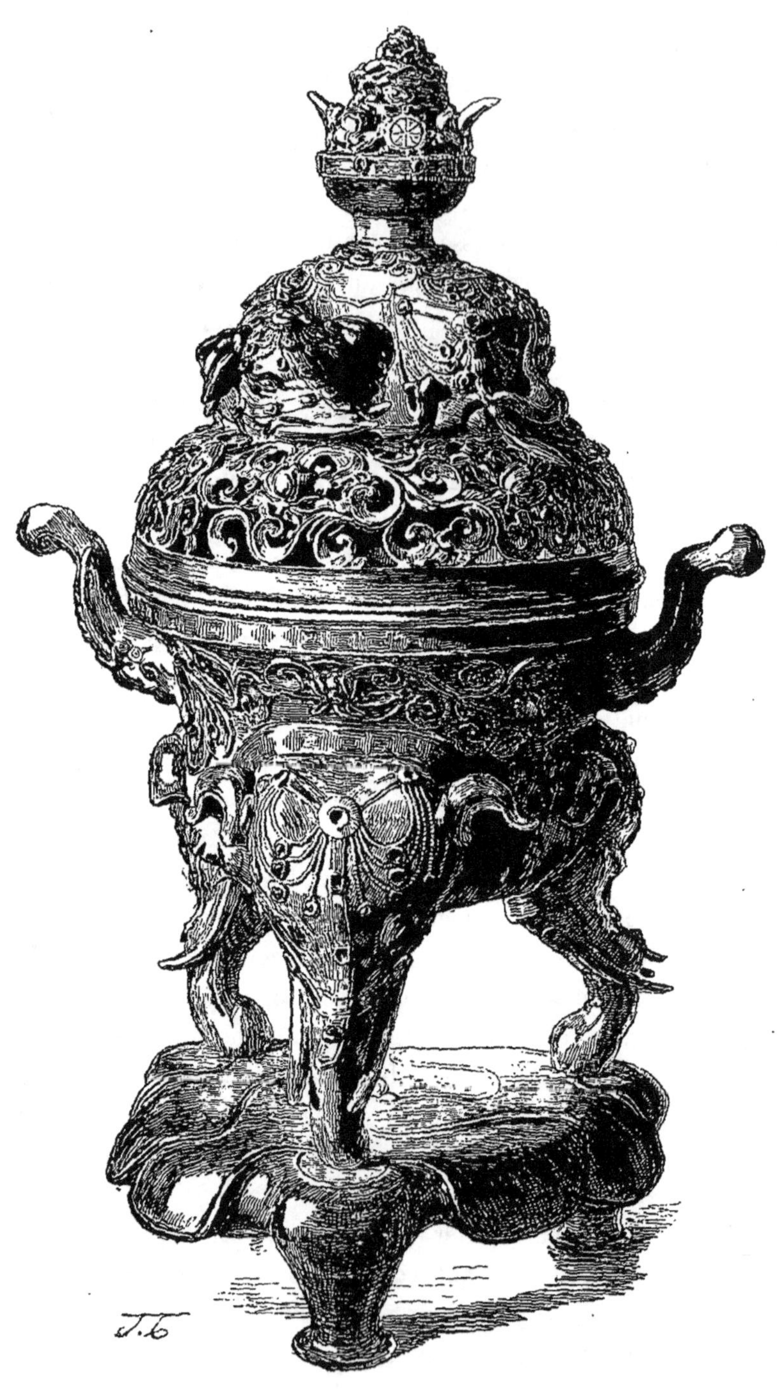

Brûle-parfums en bronze orné de pierres dures, sur son pied en bois de fer sculpté.
(Collection de M. J. Jacquemart.)

qu'aux capricieuses conceptions de la France sous Louis XV et Louis XVI. Galbes élancés ou solides, accessoires bien pondérés, formes puisées dans la nature et consacrées à la reproduction des fruits symboliques, vases à enveloppes mobiles imitant un réseau de cordes ou de vannerie qui permet de transporter sans inconvénient le récipient rempli de liqueur brûlante, lampes ou coupes destinées au culte et qui seraient suffisamment intéressantes déjà par leurs sujets alors qu'on en ignorerait le symbolisme, ils ont tout fait et avec une incroyable supériorité de procédé. Il est certaines grandes pièces sur lesquelles ressortent en

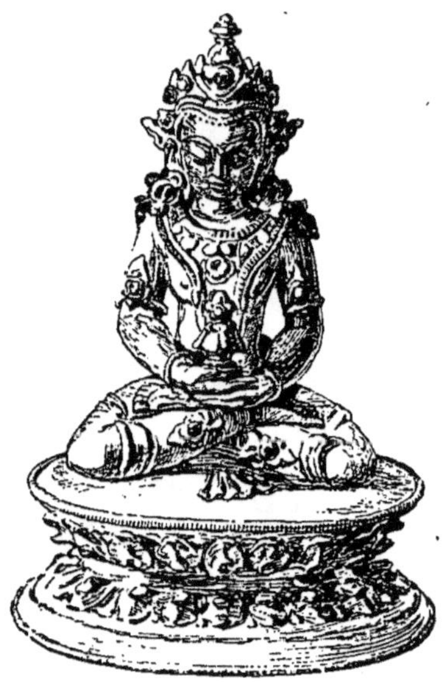

Statuette indienne en bronze doré orné de turquoises.

relief des dragons, des arbres chargés de leurs feuilles, dont la fonte à cire perdue semble d'une difficulté insurmontable ; eh bien ! c'est tellement un jeu dans la pratique des Japonais qu'ils y multiplient les détails jusqu'au point d'arriver à l'excès et de dépasser les limites du bon goût.

Il est donc inutile de répéter ici ce que nous avons dit à propos des Chinois ; la mode a parlé avant nous, et la mode a eu d'autant plus raison qu'à la grâce particulière des bronzes japonais se joindra bientôt le mérite de la rareté, les voyageurs ne parvenant aujourd'hui à recueillir quelques pièces anciennes qu'après des recherches infinies.

Parmi les bronzes intéressants signalés au choix des curieux n'omettons pas de mentionner ceux de l'Inde; non que nous voulions faire pénétrer chez tout le monde les divinités singulières qui peuplent l'Olympe brahmanique; ce peut et ce doit être le lot de quelques dilettanti, car pour un petit nombre de figures d'un travail exquis, comme le bronze doré que nous reproduisons, combien en est-il qui n'ont que leur valeur mythique et l'intérêt de leur place dans la série? Mais il est parmi les coupes à bétel, les boîtes, les instruments de culte ou de parure, des objets d'un art aussi fin qu'original. Quelques brûle-parfums prennent la forme d'un éléphant caparaçonné et laissent souvent dans le doute sur leur provenance. Il est à remarquer que les Indiens ont un art particulier pour représenter leur animal sacré; ils le connaissent, vivent avec lui et donnent à sa reproduction une réalité qui échappe aux artisans du Céleste-Empire; presque toujours, d'ailleurs, les bronzes indiens sont rehaussés d'une foule de petits rubis. Le paon, nous l'avons dit, est l'oiseau particulièrement aimé dans l'Inde; il sert de monture à certains dieux, orne les trônes des souverains; on en trouve, parmi les bronzes, qui sont compris d'une façon ornementale des plus remarquables.

De l'Inde à la Perse il n'y a qu'un pas; pourtant ici nous allons trouver un art tout différent. Entre le Japon, la Chine et l'Inde il y avait un lien commun produit par l'envahissement du bouddhisme. Pour la Perse et l'Asie Mineure, l'influence est bien différente : c'es celle du vainqueur arabe et des idées nouvelles implantées par l'islamisme. Comme tous les législateurs placés à la tête d'un peuple impressionnable et porté à l'idolâtrie, Mahomet dut prescrire à ses disciples de s'abstenir de la possession des images; c'était un sacrilége, à ses yeux, de chercher à rivaliser avec Dieu en créant des figures semblables à ce qui a reçu la vie et notamment à la ressemblance de l'homme. Cette prescription modifia le génie de la race arabe et reporta les efforts de son imagination vers les combinaisons géométriques, les compositions florales, et donna naissance à cette décoration charmante accueillie partout avec empressement et que l'on a si justement appelée arabesque. Les Persans l'accueillirent eux-mêmes et concoururent, grâce à leur esprit inventif et élégant, à lui donner un cachet particulier de haut goût; sous l'influence même de leur antique civilisation et par une propension particulière à leur nature distinguée ils ne purent renoncer entièrement à figurer l'homme et les animaux ; on trouve donc toute une série de bronzes et de pièces en laiton où des hommes à cheval, faucon au poing, poursuivent les lièvres ou les oiseaux ; où d'autres portant en croupe l'once dressée à l'attaque, vont chasser les antilopes et les gazelles rapides. C'est particulièrement sur de grands flambeaux à base en cône tronqué, sur

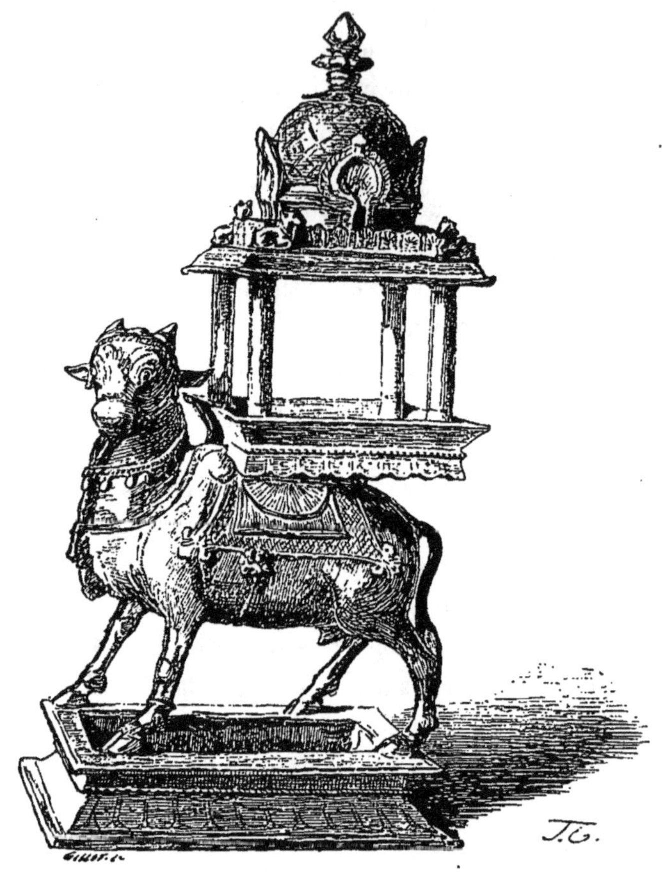

Bœuf sacré, bronze indien ancien. (Ancienne collection de M. le baron de Monville.)

des bassins creux à marly à peine accusé, et sur de grands plats qualifiés de *vases de Chine* que ces scènes se trouvent reproduites au milieu des combinaisons ornementales les plus curieuses : on y distingue, en effet, les sources diverses où les artistes ont puisé ; là ce sont des fonds mosaïques analogues à ceux de la Chine, ailleurs de grands rinceaux à fleurs ornemanisées rappelant les compositions nationales et notamment celles des tapis et des faïences, enfin ce sont des intrications délicates à fleurs mignonnes comme on les voit sur les peintures indiennes. Toutefois les Persans n'arrivent jamais, dans leurs imitations, à la finesse de celles-ci.

Nous venons de nommer les *vases de Chine;* il est essentiel d'expliquer ce qu'on appelle ainsi : ce sont de grands plats sur lesquels on réunit le service de tous les convives dans un repas et que les serviteurs apportent sur leur tête; ils vont distribuant à chacun l'assiette contenant la part qui lui est attribuée; or, cette coutume étant empruntée aux mœurs chinoises, l'usage a pris le nom du pays de provenance bien qu'il y ait une différence absolue pour la matière et le décor entre le plateau de laiton et le plat de porcelaine.

Des monuments persans particulièrement curieux parce qu'ils portent l'empreinte des singulières superstitions de l'islamisme, sont les coupes magiques, dont M. Reinaud a expliqué l'usage et les légendes dans sa description du cabinet de Blacas. La plus remarquable proclame elle-même tous ses mérites; son inscription dit : « Ce talisman béni, digne de figurer parmi les trésors des rois, sert contre toutes les espèces de poisons; il réunit une foule d'avantages constatés par l'expérience. On l'emploie utilement contre la piqûre des serpents et des scorpions, contre la morsure des chiens enragés, contre la fièvre, les douleurs de l'enfantement, le mauvais lait des nourrices, les douleurs d'entrailles, les coliques, la migraine, les blessures, les sortiléges et la dyssenterie. » A l'intérieur est la figure de la Caaba et douze médaillons dont six portent des passages du Coran et les six autres la figure personnifiée des maladies à guérir.

D'autres coupes sont consacrées aux planètes; elles portent la figure de celles dont elles doivent dominer la puissance; il peut donc être utile de dire ici sous quelle forme on les reconnaîtra.

La *Lune* est une femme tenant un croissant dans les mains; en Orient elle est l'emblème de la beauté; revêtue d'une robe légère, elle respire la volupté dans toute sa personne; aussi les poëtes ont-ils employé l'expression : *visage de lune* pour peindre la plus éclatante perfection.

Mars est représenté le casque en tête, tenant d'une main un glaive et de l'autre une tête coupée. C'est le dieu des combats et des carnages.

Mercure se tient assis, un roseau (calam) à la main et ayant à sa ceinture un encrier en forme d'équerre; sur ses genoux est une feuille de papier, car il est supposé chargé d'écrire les événements de la terre et du ciel ; il a donc le costume et l'attitude des gens de plume.

Jupiter, assis gravement, est coiffé du bonnet des hommes de loi ; il est censé remplir les fonctions de cadi et de juge, et de veiller au maintien des lois de l'univers.

Vénus est la déesse des plaisirs ; elle est représentée sous le costume des femmes qui, en Orient, figurent dans les parties de plaisir et tient à la main une espèce de luth. On évite de la montrer nue ; les Orientaux ont une telle horreur pour la nudité qu'ils ne se découvrent ni au lit ni même au bain. Cette apparente pudeur est un masque de morale ; les mœurs des musulmans n'en sont pas plus pures pour cela.

Saturne est un vieillard rusé tenant d'une main un bâton auquel pend une calebasse, et de l'autre une bourse ; il passe pour se complaire au vol et au brigandage.

Le *Soleil* est ordinairement figuré sous la forme d'un beau jeune homme à tête radiée. Les Orientaux ont respecté le rôle brillant qu'il joue dans le ciel ; Dieu, suivant l'expression d'un poëte persan, a accordé la souveraineté au Soleil et les étoiles composent son armée.

On voit quelle influence les idées antiques ont exercée sur l'esprit des Orientaux puisque, à quelques détails près exigés par leurs mœurs, ils ont presque adopté les symboles de la mythologie grecque. Voici d'ailleurs l'ordre que les planètes occupent, selon eux, dans le ciel. « L'obscur Saturne, comme une sentinelle dans le septième ciel, est attentif aux désirs du Créateur. Le glorieux Jupiter, placé sur un trône dans le sixième ciel, veille comme un juge habile sur l'accomplissement de ses volontés. Le sanglant Mars, avec son sabre teint de pourpre, est assis dans le cinquième ciel, exécuteur empressé des ordres terribles de son souverain Seigneur. Le Soleil, environné d'une couronne de feu, brille dans le quatrième ciel, resplendissant de la lumière qu'il a reçue du Tout-Puissant. La belle Vénus, comme une agréable musicienne, est assise au milieu de la plus grande pompe, dans le troisième ciel. Mercure, comme un sage secrétaire, est assis au second ciel, mettant soigneusement par écrit les ordres du Tout-Puissant. La blanche Lune est assise au premier ciel, comme un signe permanent de la puissance du Créateur.

Nous n'exposerons pas ici les considérations astrologiques qui rendent désirables les talismans portant ces images, qu'on trouve également sur les miroirs magiques. Revenons aux tasses à boire et aux vases divers à sujets. Ceux-ci représentent le plus souvent les amusements favoris des Orientaux : la chasse, les combats d'animaux, les luttes d'homme à homme et les tournois armés. On y rencontre encore les concerts de musiciens, bien que ce genre de récréation soit défendu par le Coran ; on y voit même une chose plus proscrite encore : la danse exécutée par ces *almés*, c'est-à-dire savantes, qui chantent ou récitent les vers des poëtes renommés, ou bien improvisent en exprimant, dans une pantomime animée, les diverses passions de la vie. D'abord enveloppées de longs voiles, elles semblent obéir aux prohibitions exagérées du Prophète ; mais peu à peu, emportées par la poésie, elles rejetent leurs vêtements, puis à peine couvertes par la dernière gaze de leur costume, elles se livrent aux inspirations d'une imagination en délire et provoquent des explosions d'enthousiasme indicibles ; les spectateurs alors jettent les monnaies, les bijoux, tout ce qu'ils ont de précieux sur leur personne, et justifient ainsi les prévoyances de la loi.

Les inscriptions de ces vases sont plus précieuses encore que leurs sujets puisqu'elles servent souvent à reconnaître la date de leur fabrication ; on possède bon nombre d'objets ciselés du douzième au quatorzième siècle pour des khalifes, des sultans, des émirs, et sortant des ateliers d'Alep, de Damas, de Mossoul ou d'Égypte ; le travail en est si élégant et si parfait qu'il faudrait certainement remonter au delà du onzième siècle pour trouver ses commencements. On rencontre les noms de Nour-ed-din Mahmoud, de Salah-ed-din, de Masoud, de Zenghi, ces sultans qui vivaient à la fin du douzième siècle ; au siècle suivant, ce sont tous les personnages historiques jusqu'à ce sultan Mamelouk Chaban, prince éphémère qui apparut en 1345. S'il est curieux de connaître les destinataires de ces objets, il serait plus précieux encore de réunir les noms des artistes qui les ont travaillés.

APPENDICE

HORLOGES — PENDULES

Les instruments destinés à mesurer le temps sont d'invention peu ancienne. Les Grecs et les Romains n'avaient qu'une sorte de cadran, le gnomon ou cadran solaire; et quant au besoin de se rendre compte de la marche des heures, ils y arrivaient au moyen de clepsydres laissant écouler lentement, d'un récipient dans un autre, soit de l'eau, soit du sable fin : de là cette habitude de représenter le Temps tenant sa faux d'une main et de l'autre un sablier.

C'est au moyen âge, de 944 à 959, que les horloges à roues dentées et à poids paraissent avoir été inventées; quelques auteurs avaient fait honneur de cette découverte à un moine français, Gerbert, devenu pape sous le nom de Sylvestre II en 999 et mort en 1003. Cette attribution est fondée sur l'étendue des connaissances de Gerbert que sa science fit même soupçonner de sorcellerie.

On appliqua d'abord les horloges aux monuments publics, et les plus célèbres furent celle de Wallingford, abbé de Saint-Alban, mort en 1325; celle de la Tour de Padoue, exécutée en 1344 par Jacques de Dondis; celle de Courtray, transportée à Dijon en 1363; celle de Henri de Vic, placée à la Tour du Palais en 1370, par Charles V, et qui fut la première que posséda Paris; Jean de Jouvence construisit celle de Montargis en 1380; 1391 en vit construire une autre à Metz.

Au quinzième siècle les horloges célèbres sont assez nombreuses; la cathédrale de Séville inaugure la sienne en 1401; Moscou, en 1404, a la sienne faite par un Serbe du nom de Lazare; Gian-Paolo Rinaldi, de Reggio, construit celle de Saint-Marc, à Venise. La célèbre horloge de Strasbourg n'est terminée qu'en 1573 par son auteur Conrad Dasyporus; et Nicolas Lyppius, de Bâle, fait celle de Lyon en 1598.

Revenons sur nos pas; c'est sous Charles VII, c'est-à-dire dans la première moitié du quinzième siècle, que fut inventé le ressort spécial permettant d'exécuter des horloges portatives; un Français, Carovage ou Carovagius, qui vivait encore en 1480, est considéré comme le créateur de ces horloges, pourvues d'une sonnerie et d'un réveil. Un grand pas était donc accompli; chacun pouvait avoir chez soi, sur sa table, l'instrument qui compte les heures; il pouvait même s'en faire accompagner en voyage. Rien n'est plus fréquent dans les collections que ces horloges; beaucoup sont remarquables par leur élégance et leur travail achevé, et souvent on trouve les boîtes en cuir frappé, munies d'une poignée, dans lesquelles on les renfermait pour les transporter sans danger.

A la Renaissance, la fabrication des horloges n'était pas seulement un art mécanique; à côté de l'ingénieur il y avait l'homme de talent et de goût qui cherchait à rendre aussi attrayante que possible la parure de son travail; aussi aucun luxe n'était interdit à son caprice : dans les statuts de la corporation, refondus sous le règne de François Ier, « les *horlogeurs*, comme les orfévres, étaient autorisés à mettre en œuvre l'or, l'argent et toutes autres étoffes. » Ils n'y manquèrent pas; et qu'on ait entre les mains le travail des célèbres horlogers d'Augsbourg ou celui des artistes français, on y trouve, à des degrés divers, le goût, l'élégance et ce charme particulier résidant surtout dans la convenance des détails savamment subordonnés à l'ensemble.

Généralement, la forme de ces instruments horaires est celle d'un monument rectangulaire soutenu par des colonnettes ou des cariatides reposant sur une base et surmonté d'un dôme, très-souvent découpé à jour. Dans les premiers temps les parois elles-mêmes sont ajourées, afin de laisser mieux voir la complication et le jeu des rouages. Cette forme a d'ailleurs persisté jusque sous Louis XIII, comme le montrent plusieurs spécimens du musée de Cluny, et la célèbre horloge de Gaston d'Orléans, de la collection Dutuit.

Pourtant, vers le milieu du seizième siècle, l'ornementation s'était compliquée; l'école d'Augsbourg, qui avait vu fleurir Werner, mort en 1544, et J. Schlottheim, quelque peu en retard sur la marche de l'Italie, montre, en 1579, la remarquable pièce appartenant à madame

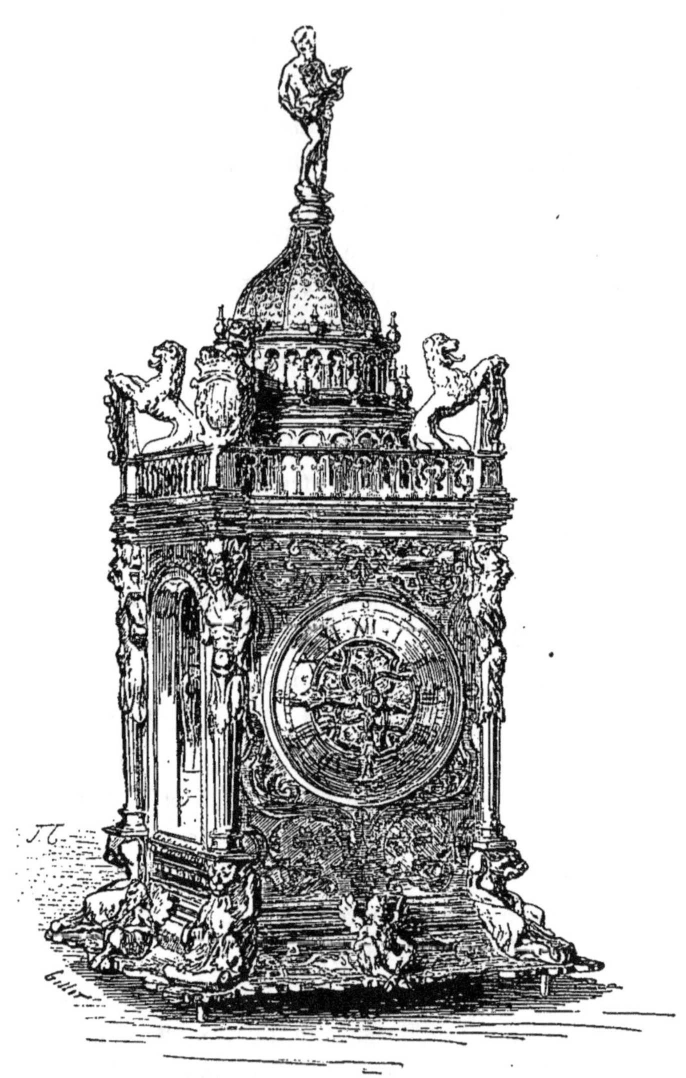

Petite horloge à dôme en cuivre ciselé et gravé, travail allemand de la fin du seizième siècle ; les écussons des Farnèse et les lions héraldiques qui les soutiennent ont été ajoutés postérieurement. (Collection Sauvageot, musée du Louvre.)

la baronne de Rothschild, où des bas-reliefs en argent repoussé et de précieuses gravures reproduisent les charmantes compositions d'Étienne de Laulne, et cette autre, non moins recommandable par le style, qui, dans ses cadrans multiples, offre non-seulement la marche des heures, mais celle des saisons et des astres, le quantième de chaque jour et les combinaisons d'un calendrier perpétuel. Ce chef-d'œuvre astronomique est signé par Jérémias Metzker, lequel illustra l'Allemagne au seizième siècle, avec Nicolas Planckh, Martin Zollner et Christophe Margraff.

On rencontre un autre genre d'horloges, astronomiques ou autres, dont le mouvement horizontal est environné par une boîte gravée, découpée ou couverte de peintures émaillées exécutées à Limoges : ce sont les horloges de table. Le repas, chez nos ancêtres, était l'une des principales distractions des grands; l'abondance des mets, les jeux auxquels donnait lieu l'art de boire, en étendaient la durée dans des limites telles qu'il fallait être averti de la course du temps pour savoir y mettre un terme. On ne s'étonnera donc pas du grand nombre et de la variété de ces instruments dont quelques-uns ont simplement un entourage en plaques de cristal.

Au dix-septième siècle, l'horlogerie allait subir une double transformation : d'abord celle exigée par la forme nouvelle du mobilier; ensuite celle résultant de la découverte physique qui modifia le nom même des grands monuments horaires. Galilée avait observé les lois de la pesanteur et les avait démontrées au moyen du *pendule;* en 1602 il avait employé cet instrument nouveau dans des expériences qui amenèrent Huygens à l'adopter pour les horloges. Nous l'avons dit pourtant, sous Louis XIII on se servait encore de l'ancien système, et l'Allemagne attachait à de remarquables ouvrages les noms de Conrad Kreiser, Michel Snœberger, Altenstetter, Hans Buschmann et Guillaume Peffenhauser.

Horloge ou pendule, du moment où l'instrument horaire devenait meuble, il lui fallait prendre un certain volume, soit qu'il dût figurer sur une cheminée, surmonter un bout de bureau, se suspendre au milieu d'un panneau, d'abord posé sur une console, puis isolé et ayant habituellement pour pendant un baromètre à cadran, forme qui se rencontre depuis le règne de Louis XIV jusqu'à la fin de celui de Louis XVI.

Une des premières formes que nous apercevions, c'est l'horloge à gaîne, dont la boîte étroite et élevée convient également bien pour dissimuler les cordes et poids de l'ancien système ou pour laisser jouer à l'aise le balancier ou pendule. La seconde forme qu'on a appelée, nous ne savons trop pourquoi, *religieuse*, n'est guère qu'une modification ou plutôt une amplification de l'édicule de la Renaissance; le couronnement se complique, le contour se profile, des bas-reliefs et des groupes remplacent les simples gravures. C'est surtout à l'époque de Louis XIV, et sous l'impulsion de Boule, que le genre prend son plus grand développement; le bâti se couvre d'écaille à incrustations de cuivre; le cadran s'entoure de motifs en bas-reliefs allégoriques, et les consoles, terminées par un pendentif à fleuron, ont souvent leurs angles garnis de magnifiques acanthes. Le succès de ce genre de pendule fut tel en France qu'il s'y perpétua en dépit des modifications de la mode; en voici une sur laquelle on reconnaît sans peine les bronzes de Caffieri, c'est-à-dire le plein règne de Louis XV. A cette même époque, on avait enchéri déjà sur les incrustations de Boule : l'écaille avait pris la couleur rouge, bleue, verte, et la peinture était mêlée au bronze pour en augmenter l'effet.

Dans ce genre nous ne pouvons donner un meilleur exemple que le ravissant cartel de la collection de M. H. Barbet de Jouy. Les bronzes spirituellement ciselés s'enlèvent franchement sur un fond d'écaille verte et le profil élégant de l'ensemble comme le goût des acanthes ont bien cette saveur qui précise l'époque de la Régence.

L'Italie, il faut le reconnaître, fut des premières à se laisser entraîner au mouvement français, et l'on a pu voir à l'exposition en faveur des Alsaciens-Lorrains une pendule religieuse appartenant à madame la baronne de Rothschild, pendule embellie par ce travail difficile de pierres dures qu'on appelle mosaïque de Florence; son beau style, la sagesse même de son ornementation, semblaient la dater de la fin du seizième siècle plutôt que du dix-septième : le fond, en lapis de Perse, relevé de sobres ornements en pierres diverses, échappait encore à cette surcharge qui est souvent un signe de décadence. Pourtant une autre pendule à M. le baron Gustave de Rothschild, et que nous avons décrite déjà en parlant des meubles incrustés de pierres, excite une véritable admiration malgré son excessive richesse. Parmi les raretés appartenant au même amateur, citons une pièce tout en bronze portée

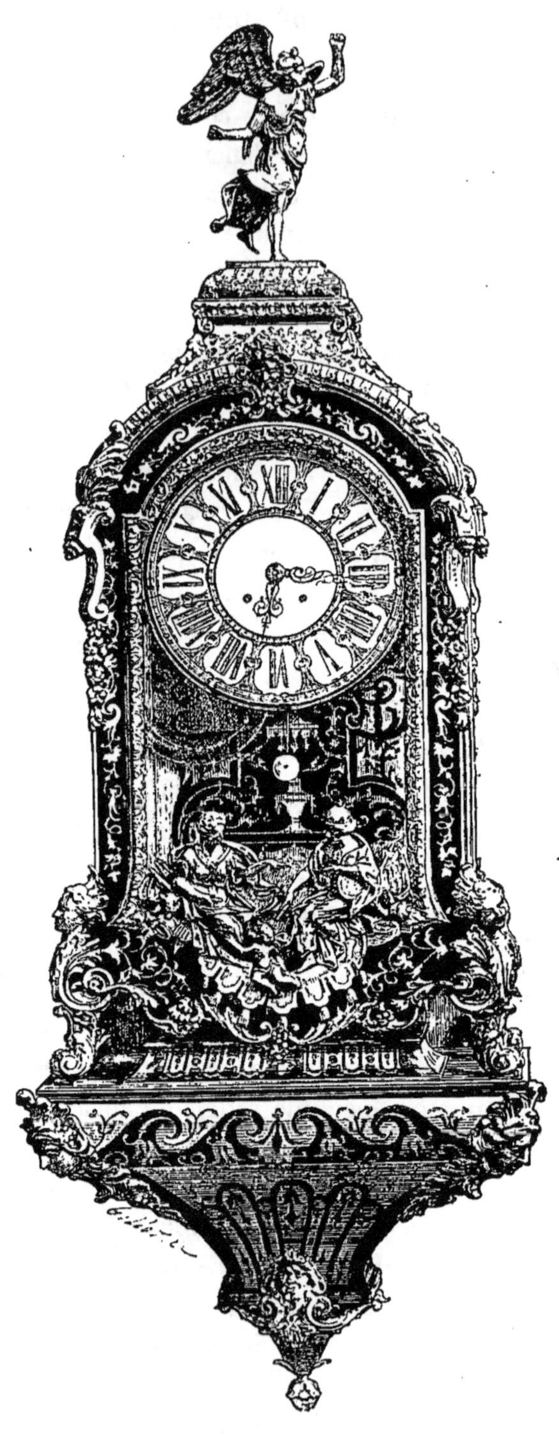

Pendule religieuse, incrustations de boule et bronzes ciselés, fin de l'époque de Louis XIV.
(Collection de M. Chocquel.)

sur sa console à jour formée par de beaux entrelacs rocaille, d'un style annonçant le commencement du règne de Louis XV. On pourrait la considérer comme le lien, le passage entre la forme religieuse et les cartels à suspension, si capricieux et parfois si élégants à la fin du même règne. On trouve de ces cartels accotés d'amours, surmontés d'un vase à guirlandes, qui se relient eux-mêmes aux pendules de cheminées dont il va être question.

A quelle époque peut-on faire remonter ces pendules à sujets? Il serait assez difficile de le dire. Nous voyons déjà chez M. le comte de Vogué une composition de Boule dont la base oblongue se surmonte d'un cadran contre lequel s'accotent les réductions en bronze des deux figures du tombeau des Médicis à Florence. C'est plus tard pourtant, et particulièrement sous Louis XV, que la pendule à sujet devient intéressante, car d'un côté elle prend un caractère historique, tandis qu'elle manifeste, de l'autre, certains traits de mœurs curieux à noter.

Anciennement la fabrication commerciale existait à peine; on travaillait peu pour le public, et chacun, en commandant un ouvrage, le faisait accommoder à ses goûts ou spécialiser pour sa destination. Souvent des armoiries, des chiffres timbrés d'une couronne nobiliaire, indiquaient pour qui l'œuvre avait été faite. Parfois la pendule perpétuait le souvenir d'un mariage; ainsi, dans un monument que dominent Vénus et les Amours, on voit des trophées guerriers mêlés aux attributs de la beauté ; puis sur un bas-relief représentant le mariage sous sa forme antique, surgissent les écussons réunis des deux époux et leurs chiffres dans des médaillons couronnés.

Les allusions historiques sont plus fréquentes encore : on sait quel retentissement eut la célèbre bataille de Fontenoy gagnée, en 1745, par le comte de Saxe en présence du roi et du dauphin ; on ne s'étonnera donc pas de trouver une pendule qui la rappelle : sur un socle d'ébène garni de trophées guerriers, s'élève un bâti monumental surmonté d'un vase de fleurs à guirlandes pendantes ; le cadran, qui occupe le centre de ce bâti, est encadré d'un entrelacs formé d'un ruban et d'une tige de laurier en brillants ; à droite, Minerve assise, tenant une branche d'olivier et une couronne, pose son bras sur l'entablement ; à gauche, deux génies, l'un debout, l'autre posé sur des nuages, soumettent un plan à la déesse ; entre ces génies est une pile de livres dont le dernier, ouvert, porte ces inscriptions : *Bataille de Fontenoy. — Traité de paix.* A terre sont répandus des instruments de mathématiques. Il est facile de saisir le sens de cette allégorie; c'est le même que celui de la pendule commandée par madame de Pompadour pour être offerte au roi, ainsi que celle de Gallien dont il a été question page 369. C'est la sagesse couronnée par la victoire gouvernant la France et encourageant les arts et les sciences.

Malgré cet exemple d'œuvres importantes commandées spécialement pour les grands, il ne faudrait pas croire que la bourgeoisie naissante fût embarrassée de se procurer des ouvrages, non-seulement convenables à un luxe modéré, mais même parés d'une réelle élégance; elle les trouvait d'abord dans les cartels à suspension dont nous avons déjà parlé, dans les pendules ornementales composées d'un cippe portant un vase à guirlandes, genre aujourd'hui fort recherché pour sa charmante exécution, et enfin dans cette pendule, répétée à grand nombre avec quelques variantes, dont la base ornée de draperies et guirlandes rattachées sur un masque supporte une figure allégorique de la vérité, sous forme d'une jeune femme tenant un serpent et un miroir et mollement appuyée sur un cippe renfermant le cadran. Le socle en ébène est lui-même orné d'une riche poste rajustée sur une coquille médiane en bronze, doré comme le reste à l'or moulu.

Quant à l'époque Louis XVI, décrire ce qu'elle a créé ce serait tenter l'impossible; là où domine la figure, c'est sous forme mythologique et avec cette prétendue recherche de l'antique qui a produit la génération délicate et charmante des Nymphes *grandes dames* à la taille svelte, aux extrémités soignées, aux poses d'une souplesse timide et voluptueuse à la fois. Falconnet, Boizot, Clodion sont les plus éloquents interprètes du genre; leurs modèles, souvent retouchés par eux-mêmes, toujours terminés avec soin, sont dorés *au mat* pour en faire mieux ressortir la perfection, et associés aux marbres précieux, à l'albâtre rehaussé quelquefois de fines peintures de fleurs, à la porcelaine tendre, à des bas-reliefs et accessoires enfin où se montre cette perfection inouïe de ciselure, caractère essentiel de l'époque.

D'ailleurs la pendule n'est plus une pièce isolée; elle est le morceau capital d'un ensemble ornemental où les vases d'accompagnement à girandoles, les flambeaux, les bras appliques forment le plus harmonieux concert. Si le bronze en fait tous les frais et que la pendule offre

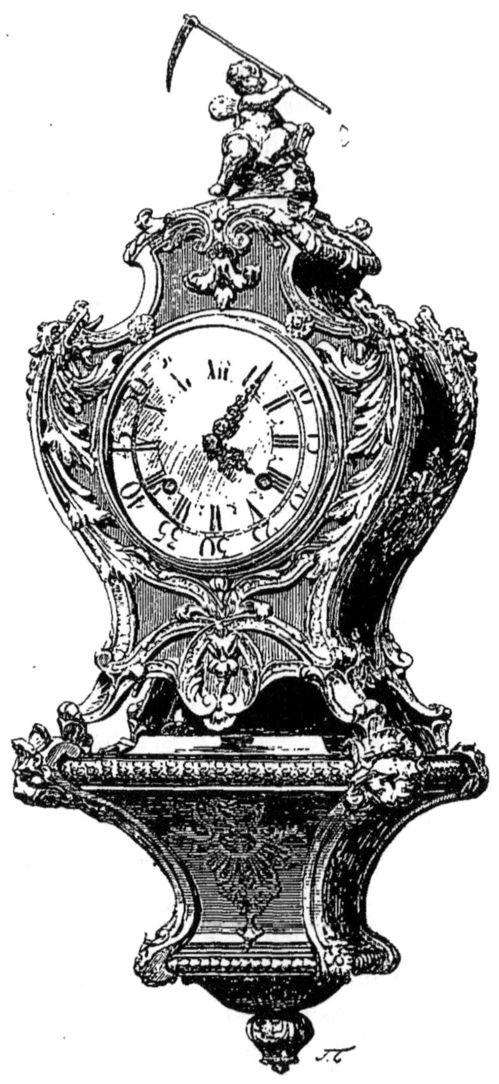

Cartel en bronze doré et ciselé sur fond d'écaille verte; époque de la Régence.
(Collection de M. H. Barbet de Jouy.)

un sujet compliqué, les candélabres formés de femmes enlacées soutenant les lumières remplaceront les vases; si la porcelaine doit y jouer un rôle, la pendule formée par un vase peint richement, orné et entouré de génies et de guirlandes, les vases d'accompagnement seront également en porcelaine, ou la pendule est formée d'un cippe bleu de roi portant le cadran et formant le milieu du sujet, et les vases sont du même bleu ornementé en bronze doré, à moins que de simples socles rectangulaires ou cylindriques en porcelaine ne servent de base aux candélabres à figures.

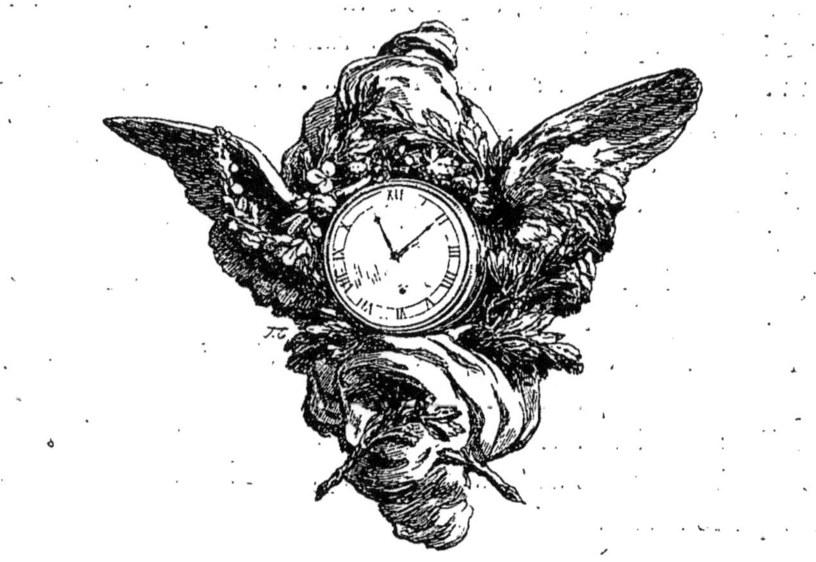

Cartel Louis XVI en bronze ciselé et doré au mat. (Collection de sir Richard Wallace.)

Si variées que soient ces conceptions, il y a encore à compter avec les formes exceptionnelles; citons entre autres la riche pendule de la collection de M. Léopold Double, si souvent figurée, ayant appartenu à la reine Marie-Antoinette; sur son piédestal accoté de quatre consoles ressortent des médaillons à trophées, exécutés en pavage de diamants; le vase élégant qui le surmonte est porté sur un piédouche godronné, couronné par une pomme de pin et garni de deux anses terminées par des masques barbus; il est enrichi lui-même de brillants et pourvu de deux zones mobiles, l'une indiquant les heures, l'autre les minutes; un serpent enroulé autour du piédouche se dresse en avant et, de son dard, marque l'instant précis que cherche l'observateur.

Il nous reste à dire un mot des pendules voisines de forme de celles dites à gaîne et que l'on qualifie de *régulateurs*, parce que leur élément capital réside dans un grand pendule compensateur dont le poids, la longueur invariable et les oscillations isochrones dirigent le mouvement avec une régularité stricte. Citons le suivant pour son exquise simplicité : Sur un cube en acajou à moulures et rosaces de bronze doré du plus fin travail, s'élève une cage en glace encadrée d'acajou sur laquelle repose un second cube renfermant le cadran et décoré d'écoinçons à feuilles d'acanthe ; le cadran est peint, en émail, des douze signes du zodiaque, et porte toutes les indications relatives à la marche du temps ; la cage de glace permet de suivre le mouvement du magnifique balancier qu'elle renferme. Un vase en granit vert à couvercle, avec anses, guirlandes et piédouche en bronze doré forme le couronnement. Cette magnifique pièce porte le nom de Lepaute, horloger du roi, et la date de 1777. Elle prouve ainsi que l'extrême rigidité des formes n'est pas une invention des dernières années du règne de Louis XVI, mais qu'elle a commencé plus tôt qu'on ne le pense généralement.

Tous les régulateurs n'ont pas été réduits ainsi à leur plus simple expression ; on a pu en voir un au palais du Corps législatif signé de Manière ; sa boîte en acajou, garnie de riches bronzes dorés, servait de base à un groupe de figures allégoriques en bronze vert soutenant une sphère bleue à étoiles d'or.

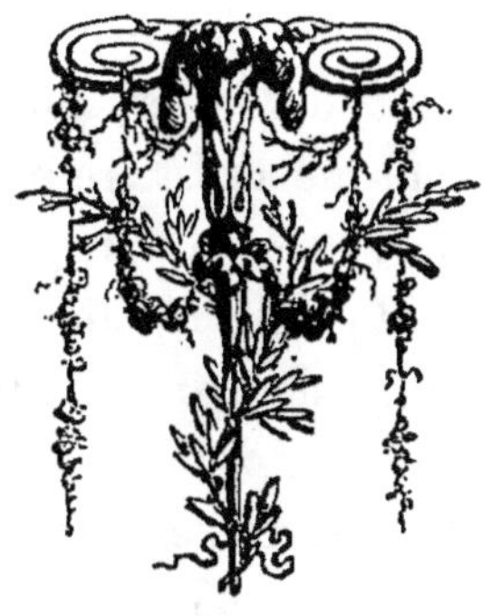

CHAPITRE II

FER FORGÉ, ARMES EUROPÉENNES, ORIENTALES, CUIVRE REPOUSSÉ MÉTAUX DAMASQUINÉS

L'art de travailler et de fondre le fer remonte à une très-haute antiquité ; Théodore de Samos, fils de Téléclès le jeune, qui vivait entre la quinzième et la vingt-deuxième olympiade (vers 850 avant Jésus-Christ), est considéré comme l'inventeur des ouvrages de sculpture en fer fondu. Il était en même temps architecte, statuaire, orfévre et graveur en pierres fines, et on trouve son nom sur l'anneau de Polycrate.

Quant à l'art de forger le métal, la chronique de Paros en place la découverte à l'an 215 avant la guerre de Troie ; ce n'est pourtant que postérieurement à cette guerre que les Grecs renoncèrent aux armes de cuivre trempé pour y substituer le fer, dont le travail suscita bientôt le génie des artistes, puisque l'histoire a conservé le nom d'Hippasis, célèbre ciseleur en fer. On alla plus loin, et Pline mentionne des statues de fer, notamment celle d'Aristonidas et l'hercule d'Alcon.

Chez nous, sauf les armes dont nous parlerons ailleurs, le fer apparaît assez tardivement ; au onzième siècle, on l'emploie à la clôture des habitations, en pentures destinées à l'attache et à la solidification des portes ; ces pentures étaient bien primitives ; M. Viollet le Duc nous les montre affectant la forme d'un C dont les courbures s'étendaient sur les ais en les renforçant. L'art de souder le fer au marteau devait bientôt modifier cette simplicité, et il fit des progrès si rapides qu'au douzième siècle il avait presque atteint son apogée; rien n'est plus élégant que les fausses pentures qui brodaient alors les portes des églises et dont l'un des plus charmants exemples existe à Neuvy-Saint-Sépulcre.

Pourtant il fallait que cette élégance s'unît à la solidité pour que le but fût complétement rempli; au commencement du treizième siècle, les forgerons arrivés au summum de la pratique imaginèrent de doubler les pentures et de les revêtir de nerfs de renfort maintenus par des embrasses qui en augmentaient la force sans en détruire l'harmonie. Les garnitures des portes de Notre-Dame, exécutées à la fin du siècle, offrent un des plus beaux exemples de ce travail. Nous avons vu déjà qu'on l'avait également employé pour barder les coffres de voyage.

Quant aux fremures ou serrures, les plus anciennes remontent au douzième siècle et elles se perfectionnent selon les progrès de l'art du forgeron; elles suivent au commencement du quatorzième siècle les formes fines et découpées des pentures. A la fin de ce siècle les Allemands imaginèrent de compléter les garnitures des portes et des meubles par des ornements de fer battu ou de tôle repoussée; le genre fut adopté chez nous au commencement du quinzième siècle, et des fers battus, découpés et posés sur du drap rouge, vinrent se superposer aux pallatres et aux serrures à clinches ou loquet. Dans le courant de ce siècle et dans le suivant, les artistes du fer semblent jouer avec cette matière rebelle et se plaire à la plier à leurs ingénieux caprices; chacun a admiré la curieuse serrure en forme de triptyque appartenant à M. Spitzer et qui représente dans ses tableaux divers encadrés de riches clochetons et de galeries ajourées, le jugement dernier, la glorification des justes et la punition des méchants. Combien d'autres œuvres voisines de cette perfection compliquée! Puis au seizième siècle, à la science du travail viennent s'ajouter la beauté des types et l'intérêt des témoignages historiques; ce sont les pièces armoriées aux salamandres de François Ier, aux écussons de ce prince et de sa mère Louise de Savoie; puis les fameux chiffres tant discutés de Henri II et de Catherine de Médicis, sa femme, prêtant à l'équivoque d'un scandale.

Mais ces serrures, ces verrous ne sont rien auprès des clefs de chef-d'œuvre, véritables bijoux de fer, et l'on comprend qu'aujourd'hui

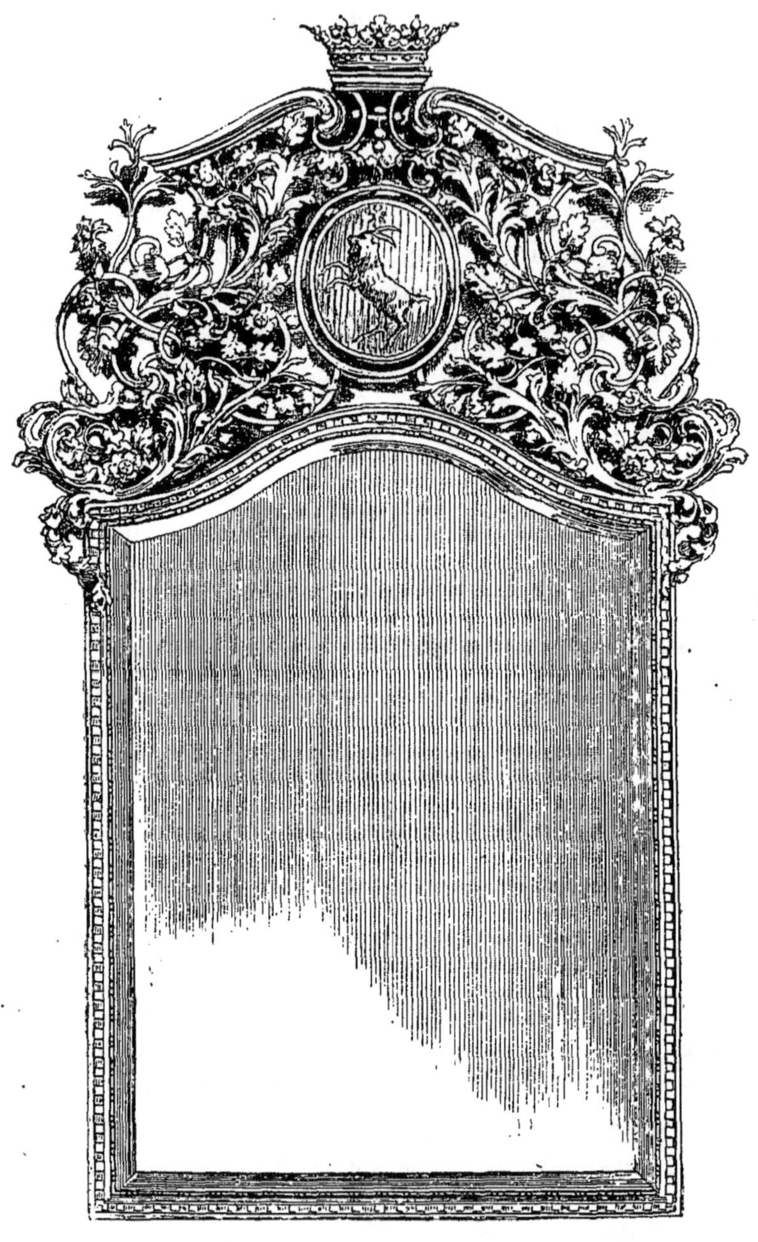

Cadre de miroir en fer forgé ciselé et poli; travail français du dix-septième siècle.
(Collection de M. L. Mahou.)

certains amateurs se soient presque spécialisés dans la collection de ces trésors d'art. Là les bustes, les chiffres, les couronnes viennent poser des énigmes historiques au milieu de ces dentelles de rinceaux, de ces acanthes mignonnes qui rendraient certaines têtes de clefs rivales des plus fins bijoux ; les guillochures des hampes, les complications des pennetons répondent à cette élégance et rendent certaines de ces clefs dignes du voisinage de celles en or massif émaillé de la collection de M. le baron Alphonse de Rothschild. On ne s'étonnera donc pas de voir la serrurerie concourir avec les autres branches de l'art à la décoration des intérieurs, et de voir le fer ciselé et poli servir d'encadrement aux glaces des fabriques de Venise. Un beau travail français du dix-septième siècle appartenant à M. Mahou nous montre la perfection de ce genre ; rien n'est élégant comme les rinceaux entremêlés de fleurs qui forment un fronton élevé et entourent les armoiries au timbre de marquis de celui qui avait commandé ce chef-d'œuvre.

L'enchaînement des faits nous a entraîné en dépit des temps, et il nous faut maintenant revenir sur nos pas pour mentionner certains travaux de fer fort dignes d'intérêt. Nous dirons un mot d'abord de ces landiers aux formes contournées, dignes précurseurs des chenets en bronze de la Renaissance italienne ; nous parlerons aussi de ces trépieds forgés, si recherchés aujourd'hui, pour servir de support à des jardinières, et qui cessent souvent de mériter leur nom en se compliquant de cinq ou six branches principales accotées sur des zones circulaires ornées, l'inférieure donnant naissance à un bouquet de fleurs et fruits en fer battu ou en tôle repoussée comme on en voit à la base des épis et girouettes, l'autre destinée à recevoir un récipient quelconque, brasero en Italie, cuve en cuivre repoussé chez nous. On peut voir à quelles complications ingénieuses parvinrent les travaux du fer en examinant quelques-unes des enseignes qu'on plaçait à la porte des hôtelleries renommées, ou mieux encore à la façade des maisons ou hôtels : à cette époque, où le numérotage n'était point appliqué, il fallait un autre moyen pour signaler les demeures de chacun, et d'élégantes potences ornementées, portant des emblèmes ou sujets connus, servaient à signaler la résidence de celui que l'on cherchait ; et surtout les magnifiques rampes d'escalier dont les châteaux des seizième et dix-septième siècles nous ont conservé les spécimens. Disons encore un mot des potences ornementées qui, dans ces mêmes escaliers ou dans les vestibules, servaient de support aux lanternes.

L'Allemagne avait suivi ce mouvement, et l'un de ses artistes, Thomas Rucker, fit un trône de fer orné d'un nombre infini de statuettes qui fut jugé digne d'être offert, en 1577, par la ville d'Augsbourg, à Rodolphe II, qui avait été élu empereur l'année précédente; ce trône avait subi quelques mutilations, car l'une des figurines qui entraient dans sa composition fait aujourd'hui partie du cabinet de M. Spitzer. Un autre Allemand, Gottfried Leygebe, de Nuremberg, mort à Berlin en 1683, a fait aussi des statues de fer qui figurent dans le musée de cette ville. Plus spécialement livré au travail des armes, il a fait de merveilleuses poignées d'épées qui ont conservé une réputation sans rivale.

Voici, du reste, la liste des noms d'artistes en fer parvenus jusqu'à nous.

1332. Thomas le Fieuvillier, coutellier.
1388. Jehan Tonquin, ferron.
1398. Philippe de Péronne, serrurier.
1400. Thomas d'Orgeret, coustellier.
1404. Jehan Geinnon, id.
1407. Thomas d'Orgeret, id.
1412. Jehan des Godeaux, serrurier de Lille.
1416. Jehan de Chaalons, id.
1464. Andrieu du Vergier, id.
1536. Guillaume du Moussay, coutellier de François Ier.
1570. Thomas Rucker, d'Augsbourg.
1580. Mathurin Jousse, auteur du théâtre de l'art.
1674. Hyacinthe d'Ascoli, religieux.
1675. Gottfried Leygebe, de Nuremberg.
XVIIIe s. Pfannistiel.
— Fagot.
— Gamain, maître de Louis XVI.
— Ambroise.

Cette liste recueillie à la hâte est fort incomplète, on le comprend, et elle est muette particulièrement pour nos artistes à compter du seizième siècle. Cette lacune peut être en partie comblée par la liste des gravures faites dès cette époque pour l'usage des serruriers, liste que nous empruntons au travail de M. Destailleur, l'heureux possesseur d'une collection unique en ce genre de dessins.

Jacques Androuet, dit Du Cerceau, est le premier qui donne des enseignes, des heurtoirs, des ratissoires servant à s'annoncer dans les intérieurs, des clefs de chef-d'œuvre, targettes, verrous et même poignées pour tiroirs.

Antoine Jacquart, de Poitiers, qui vivait au commencement du dix-septième siècle.

Pompeus, de 1612 à 1614, a aussi gravé des entrées de serrures, des clefs, etc.

Pierre Guillebaud a gravé, vers 1618, soit seul, soit avec Jehan Baré, des arabesques, écussons de clefs, des entrées de serrures.

Didier Torner a donné des modèles de 1622 à 1625.

Jehan Gilbert, de Rouergue, apparaît de 1627 à 1629.

Mathurin Jousse, maître serrurier de la Flèche, publie le premier un traité complet où il s'occupe non-seulement du présent, mais de l'histoire du passé ; ce précieux livre est de 1627.

Guillaume Planchart et Nicolas le Picard gravent de 1628 à 1643.

Jean Foudrin le Picard, en 1633.

Michel de Soissons, 1632.

Homer Mourel, 1636.

André le Provençal, 1646-48.

Michel le Rochellois, 1649.

Simon Gomier, 1649.

Étienne Doyar, 1649.

Jean le Flaman, 1649.

N. Jardin, 1649.

P. Lionnais.

Mathurin le Breton.

Quant au dix-huitième siècle, la liste en sera donnée encore par M. Destailleur; mais les monuments sont nombreux et les figures sont moins nécessaires que pour les époques antérieures.

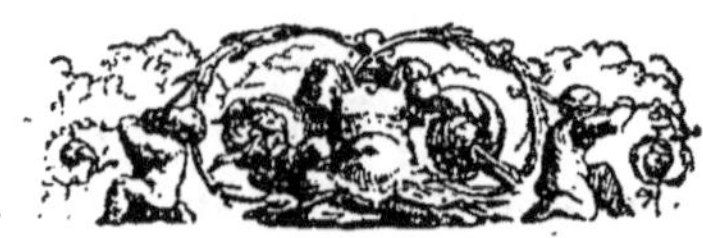

ORIENT

L'Orient peut d'ailleurs, sous le rapport de l'âge et du travail, rivaliser avec l'Europe dans l'art d'assouplir le fer aux caprices de l'imagination. Le fer était le métal consacré spécialement en Chine à récompenser les hommes de lettres et les poëtes, et l'on rencontre encore des brûle-parfums ou ting dont la date est antérieure au dixième siècle de notre ère. Ces vases sont évidemment fondus, ce qu'indique la porosité de leurs parois et la lourdeur et l'épaisseur générales. Le procédé s'est perpétué sans nul doute, car nous avons vu une figure du dieu de la guerre en fonte de fer pleine et coloriée par la peinture.

Les Japonais ne sont pas restés inférieurs à leurs voisins du continent asiatique ; on peut voir dans la collection Cernuschi une théière en fonte imitant la cristallisation dodécaédrique qui est l'une des formes naturelles du fer oligiste; non loin de ce travail primitif on verra une plaque de fonte sur laquelle se détache un nuage portant le dieu de la longévité Chéou-lao; ses vêtements sont damasquinés d'ornements en argent; la tête incrustée du même métal est finement ciselée ; la main droite tient la pêche de longévité en or ; une inscription en relief ressortant sur le fond montre tout le savoir du travail de la fonte et la délicatesse de son grain. Cette pièce est comme une préface et un acheminement vers ces fins travaux en fer incrusté dont les Japonais ont su faire de petits vases, des boîtes de pharmacie et surtout cette foule de bijoux si recherchés aussitôt leur apparition en Europe.

Pour bien faire comprendre, d'ailleurs, à quelle perfection s'est élevé l'art de travailler le fer en Orient, nous ne pouvons que renvoyer à ce que nous avons à dire des armes, véritables merveilles ornées avec une délicatesse qui n'est dépassée ni dans l'orfévrerie, ni dans les bijoux.

ARMES

En apparaissant sur la terre, l'homme a senti d'abord le besoin de s'armer pour résister à ses ennemis de tous genres ; les plus redoutables furent bientôt ses semblables, et il lui fallut chercher dans les armes offensives et défensives un ensemble de moyens propres à garantir sa sécurité. L'histoire de l'homme pourrait donc s'écrire avec les armes si celles-ci s'étaient conservées partout et dans leurs variétés diverses. Mais la recherche de cette histoire comporte des études spéciales, curieuses et complexes. Sans entreprendre un travail approfondi qui sortirait évidemment du cadre de ce livre, nous allons jeter un rapide coup d'œil sur les objets qui peuvent entrer dans le mobilier du curieux et sur les caractères qui recommandent chaque spécialité.

Les armes sont essentiellement décoratives et peuvent relever non-seulement un intérieur somptueux, mais le cabinet le plus sévère. Quoi de plus imposant, dans une galerie d'introduction, que des armures complètes dressées le long des parois et séparées par des groupes de pertuisanes, de hallebardes, d'épées croisées sous des boucliers ou des casques! Quoi de plus élégant dans un cabinet que les panoplies d'armes orientales avec leurs cottes de mailles aux anneaux dorés, leurs rondaches damasquinées et ces épées ou poignards à lames de damas étincelants d'or et de pierreries qui semblent une ironie faite à la mort!

Mais nous l'avons dit à différentes reprises, cet écrit fait pour les curieux ne peut viser à devenir un manuel d'archéologie; si nous appelons l'étude sur tout ce qui peut intéresser l'homme de goût, nous nous attachons plus particulièrement aux choses où la perfection se manifeste dans l'ensemble ou les détails, aux objets d'art en un mot. Il ne faut pas perdre de vue, en effet, qu'en remontant aussi loin que possible dans l'histoire, c'est toujours aux choses de luxe et d'élégance que le renom s'est attaché; le nom de Théophilus serait-il parvenu jusqu'à nous s'il n'eût ciselé dans le fer un casque magnifique pour Alexandre le Grand? C'est encore un précieux casque trouvé à Olympie qui nous a conservé la signature de Coios; et si Hermès, l'armurier, Pistras d'Athènes et Sosinus de Gortyne n'avaient fait que des casques et des boucliers de défense et non somptueux, nous ignorerions aujourd'hui leur existence.

La première armure défensive complète, celle de maille, date de la bataille de Bouvines (1214) et fut en usage pendant tout le règne de saint Louis. On nommait *grand haubert* ou *blanc haubert* l'armure complète de mailles que les chevaliers seuls avaient droit de porter.

Le haubergeon, qu'on nomma plus tard jaque, était plus petit que la cotte ; il était spécial aux écuyers, aux archers, aux sergents d'armes.

Souvent les chevaliers mettaient sous le haubert un vêtement en cuir ou en étoffe piquée : c'est le gamboison ou gambeson. Enveloppés de mailles, ils se couvraient, pour combattre, d'un heaume ou grand casque cylindrique. Cette mode dura jusqu'au treizième siècle et elle subit alors des modifications successives ; de 1270 au commencement du quatorzième siècle, la cotte de mailles se raccourcit ; depuis longtemps déjà, pour résister à l'augmentation du poids des armes offensives, on avait mis sur la poitrine, en dessous de la maille, une plaque de fer ; cette défense se développa et l'on vit apparaître les plaques de cuir bouilli ou d'acier aux jambes et à l'articulation du genou et à la partie antérieure des membres ; elles étaient fixées sur la maille au moyen de courroies.

Peu à peu ce système s'étendit et l'on s'achemina vers l'armure complète de plaques d'acier dite armure à plates. En 1415, la maille cesse d'être apparente, le plastron est bombé d'un seul morceau ; les rondelles des aisselles sont remplacées par deux pièces carrées ; une braconnière, sorte de jupon à lames articulées, défend le ventre et le haut des cuisses ; les brassards et les cuissards sont complets ; les gantelets sont à doigts séparés et articulés, les solerets à pointes également articulés. C'est le moment de la plus belle forme de l'armure.

De 1436 à la fin du quinzième siècle, les hommes d'armes descendaient de cheval et combattaient à pied, surtout en bataille rangée ; l'armure fut donc symétrique. Mais après la création des compagnies d'ordonnance, en 1445, l'homme d'armes remonta à cheval ; pour charger il couchait la lance sur l'arrêt ferme du plastron et portait le côté gauche en avant : il fallait défendre ce côté plus que l'autre ; le garde-bras ou cubitière prit une grande dimension ; l'épaulière droite diminuait pour permettre de coucher la lance, et l'autre se développait au point de devenir la grande passe garde ou garde-collet. Ces armures, dans leurs variétés diverses, ici avec la pansière et les tassettes, sont fort caractérisées. Mais combien ne sont pas plus gracieuses dans leur élégance sévère les enveloppes défensives du seizième siècle, à commencer par ces armures maximiliennes aux plastrons bombés, aux rondelles à pointes, que des cannelures multiples, les unes simples, les autres finement gravées, relèvent si agréablement.

Dès ce moment le luxe s'empare du vêtement guerrier : les triomphes, les tournois, toutes ces représentations d'apparat excitent l'émulation des grands dans une rivalité de luxe ; il faut que l'art ajoute au

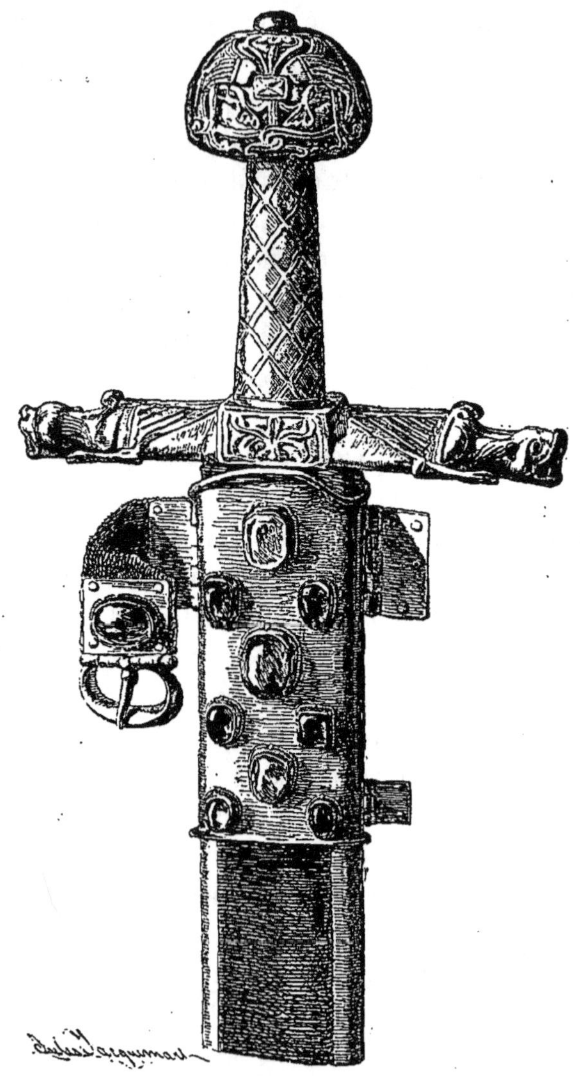

Épée de Charlemagne; la poignée, l'étui du fourreau et la boucle sont d'or et ornés de cabochons. (Musée du Louvre.)

prestige du harnais de l'homme valeureux, que la richesse manifeste la puissance. C'est alors que se forme cette phalange d'artistes merveilleux dont le nom a souvent survécu à leurs ouvrages puissants. Milan se signale en première ligne : c'est Antonio Biancardini, armurier des Farnèse; Bernardo Civo, Philippo Negrolo qui travaille pour François Ier et Charles-Quint; Antonio Romero, les Piccinini, Antonio, Federico son petit-fils et Luccio, les grands artistes de la Renaissance, Garbugnani de Brescia, qui travaillait encore en 1688, Antoine Jacquart, armurier poitevin qui vivait à Bordeaux à la fin du seizième siècle et au commencement du dix-septième. En Allemagne, c'est Kollmann d'Augsbourg, Leygeber, François Garbagnauer qui fit l'armure de Louis XIV, et Gottfried Leygebe, de Nuremberg, qui mourut à Berlin, en 1683.

Mais que parlons-nous de ces hommes qui se contentaient de repousser et ciseler le fer pour en faire sortir des chefs-d'œuvre, comme l'armure du Louvre, et tant d'autres qui enrichissent notre musée d'artillerie; ne faut-il pas mentionner aussi les travaux de damasquinerie qui, en incrustant l'argent et l'or dans le fer, portaient celui-ci à rivaliser avec les plus précieux produits de l'orfévrerie? Cet art n'est pas d'invention moderne; les Grecs l'avaient connu, Glaucus de Chios lui dut son renom. Revenu chez nous, sans doute, par l'Orient et par les Arabes, il conserva la trace de cette origine dans ses noms divers; l'Italie appela azziministes les premiers artistes qui s'en occupèrent, et travail all' algeminia ou azzimina le produit obtenu; le premier nom nous vient de *al agem*, à la persane, comme celui *alla damaschina* voulait dire à la façon de Damas.

Rien ne convient mieux à la parure des armes que ce travail tantôt large et puissant, qui détache sur le fer de grandes surfaces d'or ou d'argent que la gravure rehausse de ses patients détails; tantôt minutieux et délicat au point de rivaliser avec les plus fines dentelles. Ici, sur un corselet de fer noir divisé en compartiments par d'ingénieuses arabesques, le fond est comme envahi par un damassé de rinceaux ténus qui rendent la surface grise et détachent vigoureusement les figures de Minerve, de Mars, de la Renommée. Là des drapeaux d'argent aux larges plis surmontent une foule mêlée de combattants aux cuirasses ornées dont les chevaux mouvementés, tantôt blancs, incrustés d'argent, tantôt fauves des reflets de l'or, jettent dans la composition des points colorés qui la transforment en véritable peinture. On n'a point oublié ce bouclier de la vente de San Donato, chef-d'œuvre signé de son auteur Giorgio Ghisi de Mantoue et daté de 1554, ses magnifiques arabesques dont les méandres renferment de microscopiques sujets, et qui encadrent de magnifiques figures, ses masques puissants, ses guirlandes de fruits formant le plus harmonieux ensemble. Ghisi n'était pas des premiers promoteurs du genre : Venise avait vu Paolo immortaliser son nom par la damasquinure ; dès 1520 Brescia voyait paraître Serafino, et cette même ville devait fournir François Garbugnani qui travaillait pour Louis XIV. A Milan, c'est une pléiade : Luccio Piccinino, Bernardo Civo travaillent pour les Farnèse, Romero pour Alphonse d'Est ; puis ce sont Gio Pietro Figino, Francesco Pillizzone, Martin Ghinello, Bartolommeo Piatti, Ferrante Bellino et Pompeo Turcone. Cet art gagna la France et Cursinet y travaille pour Henri IV ; puis Jean Petit est logé au Louvre en 1608 et Henri Petit en 1637.

S'étonnera-t-on de cette recherche d'élégance lorsqu'on se reportera au luxe déployé dans ces cérémonies publiques, dans ces représentations d'apparat ? Les armures de joute voulaient comme celles de combat une solidité incompatible avec ces recherches délicates ; quand on voit les corselets et les casques des collections de Nieuwerkerke, Riggs, Spitzer, etc., on le comprend immédiatement. Quant aux boucliers, on sait aussi qu'ils avaient cessé de figurer parmi les armes défensives vers la fin du quinzième siècle, c'est-à-dire, au moment où l'armure elle-même devint défensive par sa fermeture complète. Les boucliers étaient laissés aux mains des écuyers dans les occasions solennelles où les seigneurs apparaissaient armés, et l'on comprend qu'ils devaient signaler par leur luxe le rang de celui devant lequel il était porté. C'est ainsi que la galerie d'Apollon nous montre la splendide armure d'or émaillé de Charles IX affectant des formes désormais abandonnées et se transformant en véritable chef-d'œuvre d'orfèvrerie, où la ciselure et les divers travaux vitrifiés, soit sur cloisonné, soit sur paillons, relèvent l'éclat du métal.

Les casques, envisagés au point de vue de l'art, ne remontent guère au delà du seizième siècle ; on peut bien trouver quelques armets de guerre élégants et curieux avec leur mézail en pointe, leur crête à torsade ; mais c'est plus particulièrement parmi les bourguignotes et les morions que se montrent les vrais objets d'art. La bourguignote, casque léger sans mézail, au timbre arrondi surmonté d'une crête, à petite visière, couvre-nuque et oreillettes, se prête aux plus belles conceptions ornementales ; couverte de rinceaux, relevée de figures, elle se surélève souvent au moyen de représentations fantastiques comme la chimère ailée sculptée sur le casque de François Ier. Quelquefois le timbre lui-même affecte la forme d'une tête de lion ou de dragon ; même celle d'un homme couronné de laurier ; dans quelques spécimens, l'ornementation régulière réserve de grands médaillons où surgissent en bas-reliefs des sujets religieux, mythologiques ou guer-

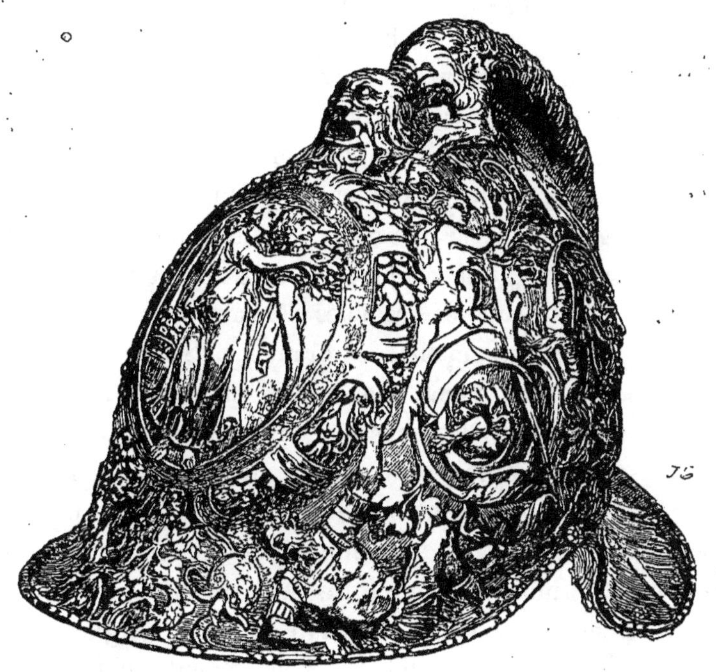

Casque italien en fer repoussé, ciselé et orné de damasquines d'or
Seizième siècle.

riers. Le relief ressort le plus souvent sur fond doré, et il se combine parfois avec les richesses de la damasquinure.

Le morion, moins antique de forme, avec son timbre élevé, sa crête saillante, son bord rabattu sur les côtés et relevé devant et derrière en forme de bateau, offrait une défense moins complète; il est souvent d'un galbe plein d'élégance. C'est sous cette forme qu'apparaît le casque d'or de Charles IX. Avec la bourguignote, il est l'ornement naturel des trophées.

Les épées sont l'accompagnement nécessaire de ceux-ci ; on sait quelle est la forme primitive des épées ; leur lame droite, diminuant vers la pointe, pouvait frapper de taille; la poignée en croix, traversée par ses quillons droits, avait pour pommeau une rondelle servant souvent de scel ou de cachet.

Cette forme se modifia avec l'armure défensive. Vers la fin du quinzième siècle, les épées destinées à frapper d'estoc étaient longues, rigides, acérées; la poignée se complique d'abord de gardes au nombre de deux ou trois réunies, puis des pas d'âne, puis des branches secondaires allant parfois rejoindre le pommeau; c'est vers le milieu du seizième siècle que se montre cette disposition du berceau qui, plus tard, progressera encore pour arriver jusqu'à ces poignées de rapière dont la corbeille, tantôt pleine, tantôt repercée à jour, enveloppe la main et la défend complétement. Rien n'est plus élégant que ces épées à la poignée légère, dont le pommeau, tronconique ou piriforme, se couvre des méandres d'une ornementation d'argent incrusté et ciselé qui va courir ensuite sur les branches délicates et orner les boutons des quillons ou les renflements des branches. Souvent ce pommeau, la fusée et le berceau même sont ciselés dans le fer et offrent des figurines merveilleuses, des enroulements d'acanthes et de rinceaux comme les savaient combiner les artistes de la Renaissance. Ici, tous les reliefs en fer poli ressortent sur un fond grainé d'or; là, des camées s'insèrent dans le métal et en rompent la couleur sévère; ailleurs encore, l'émail se mêle aux sculptures et l'arme devient bijou.

Or, du moment où le luxe s'attachait ainsi à la poignée de l'arme, il fallait que la lame en fût digne. L'Espagne eut longtemps le privilége de fournir l'Europe, que disons-nous, le monde, de ses lames incomparables; on les expédiait partout, et l'Orient lui-même négligeait ses merveilleux damas si beaux de teinte et de travail, mais malheureusement fragiles, pour adopter les aciers espagnols. Tolède, par-dessus toutes les autres villes, eut un renom mérité, et les plus illustres de ses armuriers signèrent souvent de leur nom, marquèrent toujours de leurs chiffres, les objets sortis de leurs mains.

Les curieux nous sauront sans doute gré de trouver ici la nomenclature des plus fameux ouvriers de l'Espagne, ainsi que les poinçons dont ils frappaient leurs produits.

POINÇONS DES PRINCIPAUX FOURBISSEURS D'ARMES.

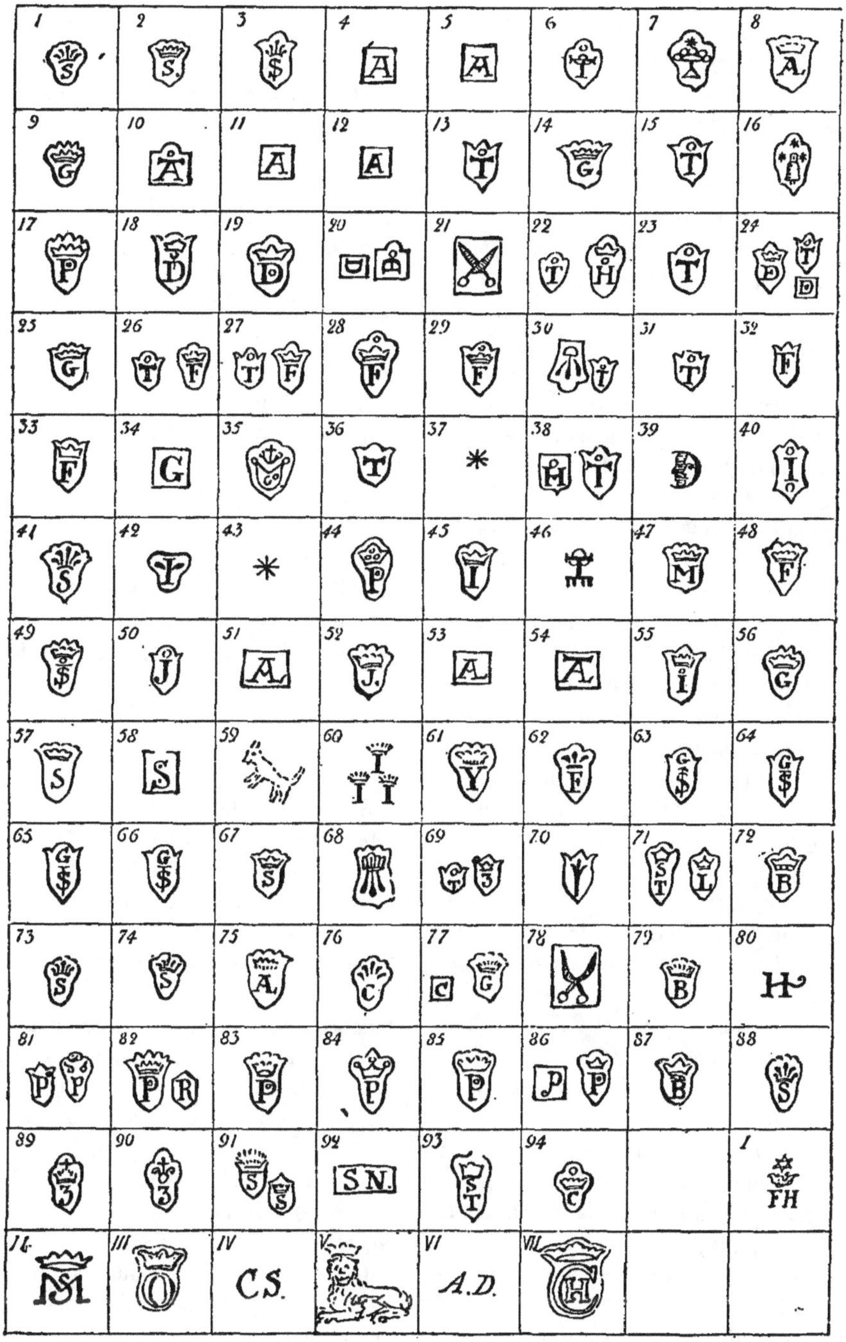

1	2	3	4	5	6	7	8
9	10	11	12	13	14	15	16
17	18	19	20	21	22	23	24
25	26	27	28	29	30	31	32
33	34	35	36	37	38	39	40
41	42	43	44	45	46	47	48
49	50	51	52	53	54	55	56
57	58	59	60	61	62	63	64
65	66	67	68	69	70	71	72
73	74	75	76	77	78	79	80
81	82	83	84	85	86	87	88
89	90	91	92	93	94		I
II	III	IV	V	VI	VII		

Adrien de Lafra. Tolède et Saint-Clément (marque 14).
Alonzo de Caba. Tolède (5).
Alonzo Perez (3).
Alonzo de los Rios, travaille à Tolède et Cardora (4).
Alonzo de Sahagun, le jeune (2).
Alonzo de Sahagon. Épée. Arm. espagnol, seizième siècle, dit le vieux, vivait en 1570 (1).
Andres Garcia. Tolède (9).
Andres Herraes. Tolède et Cuença (7).
Andres Martinez, fils de Zabula, de Tolède (6).
Andres Munesten, Tolède et Calatayud (8). Andreis Munsten.
Anna Damine, in Volenzia. Épée suisse à deux mains, quinzième siècle.
Antonio de Baena. Tolède (10).
Anton Guttierrez. Tolède (11 et 12).
Anton Ruy. Tolède et Madrid (13).
A. Thomas Gaya. Épée. Arm. espagnol, seizième siècle.
Avala (Tomaso), armurier de Tolède. — *TOMASO AVALA — EN TOLEDO*
Bartholome de Nieva. Tolède (15).
Basil Bastraniato, en Toledo, anno 1514. Épée de Henri IV.
Biscoli. Épée. Armurier italien, Louis XII.
C.... Alcado. Tolède, Cuella et Badajos (16).
Camo, épée. Arm. espagnol, dix-septième siècle.
Chataldo te fecit. Sur la lame de l'épée de François Ier, lame du quinzième siècle.
Clemens Horum me fecit Solingen. Épée à deux mains.
Clement Horn me fecit Solingen. Épée. Seizième siècle.
Da Pedro, Jopo Antoia, épée. Armurier espagnol, seizième siècle.
Domingo de Aquirre, fils de Hortuno Tolède (22).
Domingo Corrientez. Tolède et Madrid. (24).
Domingo de Lama. Tolède (23).
Domingo Maestre, le vieux. Tolède (18).
Domingo Maestre, le jeune. Tolède (19).
Domingo.... de Orosco. Tolède (17).
Domingo Rodriguez. Tolède (20).
Domingo Sanchez Clamade. Tolède (21).
Favian.... de Zafia. Tolède (25).
Federico Piccinino. Épée. Seizième siècle.
Francisco de Alcoces. Tolède et Madrid (30).
Francisco Cordoi. Tolède (32).
Francisco Gomez. Tolède (28).
Francisco Lurdi. Tolède (31).
Francisco Perrez. Tolède (33.
Francisco.... Ruiz, le vieux. Tolède (26).
Francisco Ruiz, le jeune, frère d'Antonio. Tolède (27).
Francisco de Zamora. Tolède et Séville. (29).
Gabriel Martinez, fils de Zabula. Tolède (36).
Gil de Alman. Tolède (37).
Giraldo.... Reliz. Tolède (34).
Gonzalo Simon. Tolède (35).
Hortuno.... de Aquirre, le vieux. Tolède (38).
Jen Hartcop, deux fois répété. Épée de la coll. Séchan.
Johannes me fecit. Épée. Arm. ital. Seizième siècle.
Johann Broch del rei David. Épée. Arm. espagnol, seizième siècle.
Johannes Hopp, glaive de justice. Seizième siècle.
Johannes de la Orta. Épée. Seizième siècle.
Johannes Wundd, et la marque à la levrette. Épée. Arm. flamand, dix-septième siècle.
Joseph Gomez, fils de Francisco Gomez. Tolède (62).
Josepe de la Hera, le vieux, Tolède (63).
Juanez de Tolledo (54).
Juanez Uriza. Tolède (58).
Julian Garcia. Tolède et Cuença (60).
Julian del Rey. Tolède et Saragosse (59).
Julian de Zamora. Tolède (61).

Luis de Ayala, fils de Thomas de Ayala. Tolède (71).
Luis de Nieva, Tolède et Calatayud (75).
Luis.... de Nivez. Tolède (70).
Luis de Sahagun, fils d'Alonzo le vieux. Tolède (73).
Luiz de Sahagun, autre fils d'Alonzo le vieux (74).
Luis de Velmonte, fils de Pedro.... de Velmonte. Tolède (72).
Lupus Aguado, fils de Juanes Mutelo. Tolède et Saint-Clément (76).
Malvanta, in Toleta. Épée de la coll. Séchan.
Marson, sur une épée marquée d'une figure d'animal.
Miguel.... Cantero. Tolède (77).
Miguel Sanchez, fils de Domingo. Tolède (78).
Miguel Suarez. Tolède et Lisbonne (79).
Nicolas Hortuno de Aquirre, petit-fils de Hortuno. Tolède (80).
Petro Caimo I seo Delio. Épée. Arm. espagnol, seizième siècle.
Petro de Arechiga. Tolède (82).
Petro de Lazama. Tolède et Séville (84).
Ivanogil, épée espagn. Arm. italien, seizième siècle.
Josepe de la Héra, le jeune. Tolède (64).
Josepe de la Hera, le petit-fils. Tolède (65).
Josepe de la Hera, fils du petit-fils. Tolède (66).
Josepe de la Hera, fils de Silvestre. Tolède (67).
Juan de Alman. Tolède (43).
Juan de Leizade. Tolède et Séville (40).
Juan.... Martin. Tolède (39).
Juan Martinez, le vieux. Tolède (41).
Juan Martinez, le jeune. Tolède et Séville (42).
Juan Martinez Menchaca. Tolède et Lisbonne (47).
Juan Martus de Garata Zabula, le vieux. Tolède (46).
Juan de Meladocia, Tolède (51).
Juan Moreno. Tolède (49).
Juan Ros. Tolède (48).
Juan Ruiz. Tolède (45).
Juan de Salcedo. Tolède et Valladolid (50).
Juan de Toro, fils de Pierre Toro. Tolède (44).
Juan de Vergos. Tolède (52).
Juanez, le vieux. Tolède (57).
Juanez de Alguiniva. Tolède (55).
Juanez.... de la Horta. Tolède, 1545 (53).
Juanez Muleto. Tolède (56).
Petro de Lazaretta. Tolède et Bilbao (85).
Petro Lopez. Tolède et Orgoz (83).
Petro de Orozco. Tolède (86).
Petro de Toro. Tolède (81).
Petro de Vilmonte. Tolède (87).
Petrus Ancinus regiensis 1661. Reggio.
Philippe de Salles. Épée, seizième siècle.
Rogne Hernandez. Tolède (88).
Sahagom. Épée. Arm. espagnol, dix-septième siècle.
Sebastian Hernandez, le vieux, vivait en 1637. Tolède (89).
Sébastian Hernandez, le jeune. Tolède et Séville (90).
Silvestre Nieto. Tolède (91).
Silvestre Nieto, fils. Tolède (92).
Thomas Ayala, vivait en 1625. Tolède (93).
Thomas Haïala. Épée. Arm. espagnol, dix-septième siècle.
Thomas Layala. Épée. Arm. espagnol, seizième siècle.
Vernier (Pierre), forgeur d'épées. Logé au Louvre en 1608.
Vial. Épée. Arm. espagnol, dix-septième siècle. Fin.
Ygnacio Fernandez, le vieux. Tolède (68).
Ygnacio Fernandez, le jeune. Tolède (69).
Zohannes Keindt me fecit Solingen. Épée. Seizième siècle.
Zamorano el Toledano (94).

EB. Bois d'une arquebuse à fines incrustations. Coll. Saint-Seine.

Frantz Heintz in Sternberg, dix-septième siècle. Carabine à rouet. Coll. Séchan (I).

Épée du règne de Louis XIV (II).

Épée ciselée du seizième siècle. Coll. Saint-Seine (III).

Fer magnifiquement ciselé d'une arquebuse à rouet, bois incrusté richement et signé EB. Coll. Saint-Seine (IV).

Rapière à feuillages et rinceaux. Coll. Saint-Seine (V).

Pistolets à rouet, datés de 1577. Coll. Séchan (VI).

Épée ciselée sur fond d'or. Seizième siècle. Coll. Saint-Seine (VII).

L'émulation, peut-être la honte de payer ainsi un tribut forcé au talent d'ouvriers étrangers, engagèrent les nations policées à créer chez elles une industrie rivale de celle des Espagnols. L'Italie fut, sans doute, des premières, si l'on doit lui attribuer la lame du quinzième siècle ajoutée à la poignée de l'épée de François Ier et qui est signée *Chataldo te fecit;* quant aux noms de Biscoli, Johannes, Federico Piccinino, et Petrus Ancinus de Reggio, ils doivent témoigner de l'avancement de l'art dans ce pays. L'Allemagne, fort avancée dans la fabrication des armes, nous offre un glaive de justice signé Johannes Hopp; Clément Horn et Clémens Horum qui est sans doute le même, et Johannes Keindt, de Solingen, nous montrent le travail de cette usine célèbre; enfin un Flamand, Johannes Wundd, signe et marque d'une levrette une épée sortie de ses mains. Quant à Philippe de Salles, dont le nom se trouve sur une lame de la moitié du seizième siècle, il paraît bien Français et, sans doute, il eut des émules chez nous, puisqu'en 1608 Pierre Vernier, forgeur d'épées, était logé au Louvre ainsi que Jean Petit, fourbisseur, doreur et damasquineur.

On ne s'étonnera pas de nous voir passer légèrement sur les dagues et poignards qui répètent les différentes transformations des épées et dont les poignées souvent très-riches sont dignes aux mêmes titres de venir prendre place dans la panoplie. Il nous reste à parler des armes d'hast pour arriver ensuite aux armes à feu. Les lances n'ont guère leur place que dans un cabinet spécial d'armes; il faut parvenir à l'époque des fauchards, épieux, des pertuisanes et hallebardes, pour trouver des formes pittoresques et une ornementation remarquable; on voit alors le fer se découper curieusement, se couvrir de riches gravures, où figurent souvent les blasons dorés du prince à qui appartenaient les compagnies. Les pertuisanes différaient des hallebardes en ce qu'elles n'avaient que des ailerons à la base de la lame;

les haches des hallebardes, à tranchant droit dans les plus anciennes, se creusent parfois en croissant ou s'arrondissent en dehors.

La guerre n'avait pas tardé à faire désirer les moyens de frapper

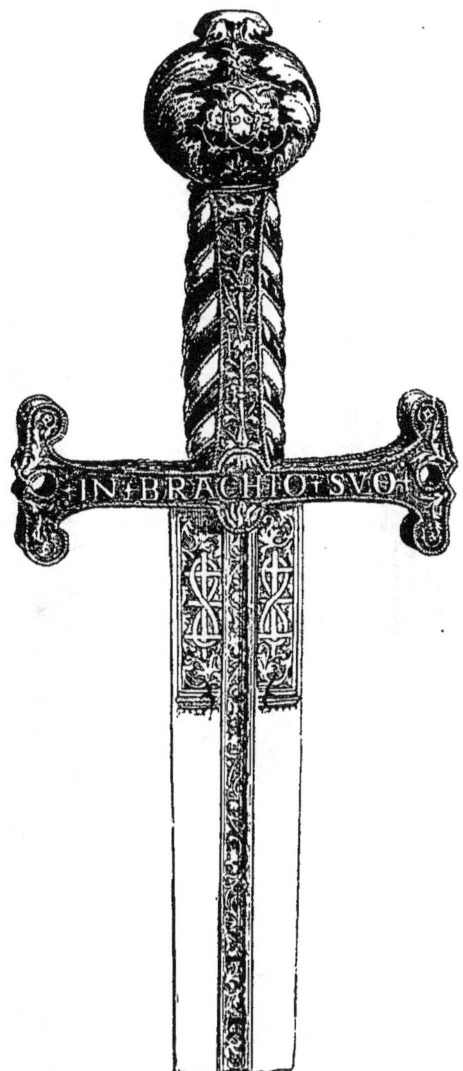

Épée de François Ier, à poignée d'or ciselé et émaillé. (Musée du Louvre.)

de loin et de préparer ainsi le moment du choc personnel. L'invention de l'arc dont la flèche bien dirigée pouvait frapper à distance répondait à ce besoin ; mais cette distance demeurait assez restreinte et la flèche n'arrivait pas toujours assez sûrement à son but ; on lui substitua

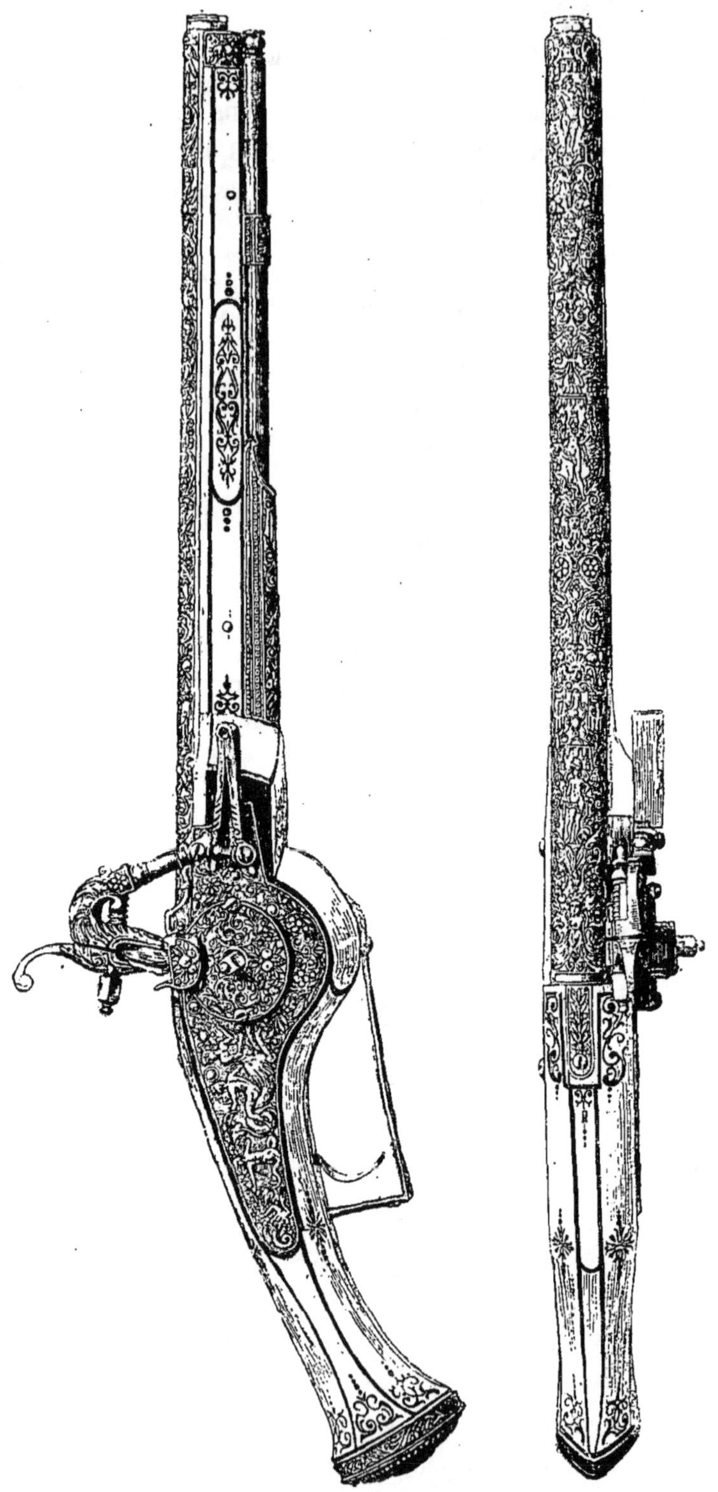

Pistolets de la Renaissance en ivoire gravé, le canon et la batterie en fer ciselé sur fond à grenetis d'or. (Collection de M. Spitzer.)

donc l'arbalète, c'est-à-dire un arc très-fort fixé sur un arbrier ou fût en bois creusé d'une rainure pour diriger le trait; de là les arbalètes à pied de biche, à cric, à tour, servant pour la guerre, et les arbalètes à jalet et à baguette plus spécialement destinées à la chasse. Ces différentes espèces que nous n'avons pas à décrire devinrent au seizième siècle l'objet de travaux curieux de la part des artistes; le bois de l'arbrier se couvrit d'incrustations d'ivoire ou de cuivre finement taillées et gravées; le fer de l'arc fut ciselé avec soin. On se rappelle l'arbalète à jalet de Catherine de Médicis; son bois d'ébène sculpté de dauphins et chargé des fleurs de lis de France portait des garnitures en acier bruni finement ciselé et damasquiné d'or aux chiffres de la célèbre Florentine. De l'arbalète à l'arquebuse il n'y a qu'un pas pour l'art, bien que ce soit une révolution complète, au point de vue de la guerre. Comme cette révolution correspond au commencement du seizième siècle environ, on comprendra que notre pensée n'a rien d'hyperbolique; les deux mêmes natures d'ouvriers devaient y prendre part, l'armurier pour fabriquer le canon et les garnitures de la batterie, le sculpteur-ébéniste pour tailler et orner le bois. Nous n'avons pas à décrire les différents genres d'arquebuses à rouet, les premières à système extérieur, les autres à appareil enfoui dans le corps de platine. C'est vers 1630 que le chien et la batterie furent substitués au rouet, autre changement capital et pourtant sans importance sur l'ornementation des armes et leur aspect décoratif.

Les premiers armuriers célèbres dans l'arquebuserie furent Simon Marenarte et Pedro Maese que Charles-Quint fit venir à Madrid pour y fonder une fabrique qui, en 1777, produisait encore une belle arme signée de Fran° Ant° Guarzia. Maistre Gaspard, Milanais, fut aussi très-estimé au seizième siècle, puisque Brantôme le déclare « le meilleur forgeur de canons et maistre qui jamais sera. » La France ne tarda pas à suivre, et nous trouvons sur une carabine à rouet du dix-septième siècle le nom d'Habert, à Nancy. Quant à l'Allemagne, elle nous fournit Frantz Heintz, de Sternberg, Johann Georg. Dax, de Munich.

Les pistolets, qui n'étaient *que de petites harquebuses*, eurent aussi leurs artistes; des canons sont signés par Giemutti, Antonio Francino, Gio-Battista Francino, F. Bigoni de Brescia; Giovane Borgognone, de la même ville, faisait la batterie ornée de pistolets dont les canons sortaient de l'atelier célèbre de Lazarino Cominazo. La Fontayne, à Mouergues, signait en 1645 de beaux pistolets français, et l'on sait d'ailleurs que, de 1590 à 1603, il y eut à Blamont (Meurthe) une fabrique de pistolets particulièrement estimée.

Les auteurs de la tauchie ou incrustation sur bois ont signé moins souvent. On trouve pourtant une carabine à rouet ornée par S. Fachenauer, et des pistolets dus à Gio Marno ; Barto Bonfadino a aussi laissé son nom sur un pistolet à rouet.

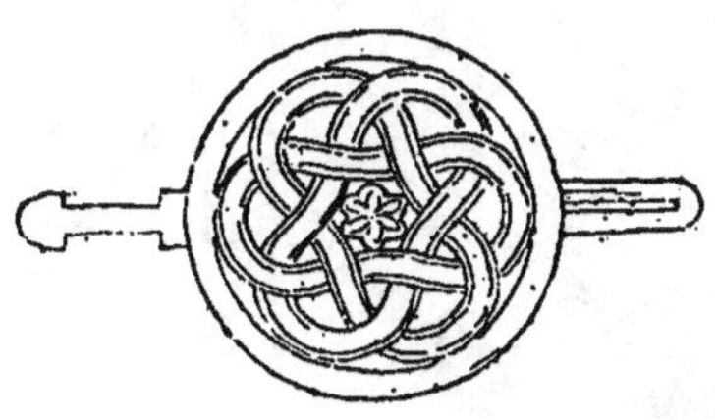

ORIENT

L'Orient, si bien en avance sur nous pour l'invention de la poudre à canon, puisque les Chinois la connaissaient 400 ans avant J. C., est pourtant le peuple le plus arriéré au point de vue de la fabrication des armes défensives. La Perse, l'Inde, la Circassie ont conservé, jusque dans les époques voisines de nous, ces vêtements de maille dont se couvraient les hommes d'armes du treizième siècle ; à peine si dans quelques armures on trouve les quatre plaques rectangulaires dites miroirs destinées à défendre particulièrement la poitrine, le dos et les côtés. Ces plaques sont assez souvent ornées d'incrustations en or ou en argent et d'inscriptions religieuses demandant une défense morale contre les coups de l'ennemi. L'armure était complétée par un bouclier ou rondache en peau de rhinocéros ou en fer, très-orné, qui couvrait le corps du côté gauche, et par des brassards à gantelets de maille dont la cubitière garantissait le bras droit lorsqu'il maniait les armes. Rien n'est plus élégant que ces brassards généralement en damas, souvent à reliefs imitant des lames mobiles et toujours rehaussés de bordures, médaillons et légendes en or incrusté dans le métal.

Les casques correspondent à cette forme de vêtement ; ils sont généralement à timbre sphérique surmonté d'une pointe quadrangulaire, à nasal mobile découpé en fleuron à ses deux extrémités et pourvu de

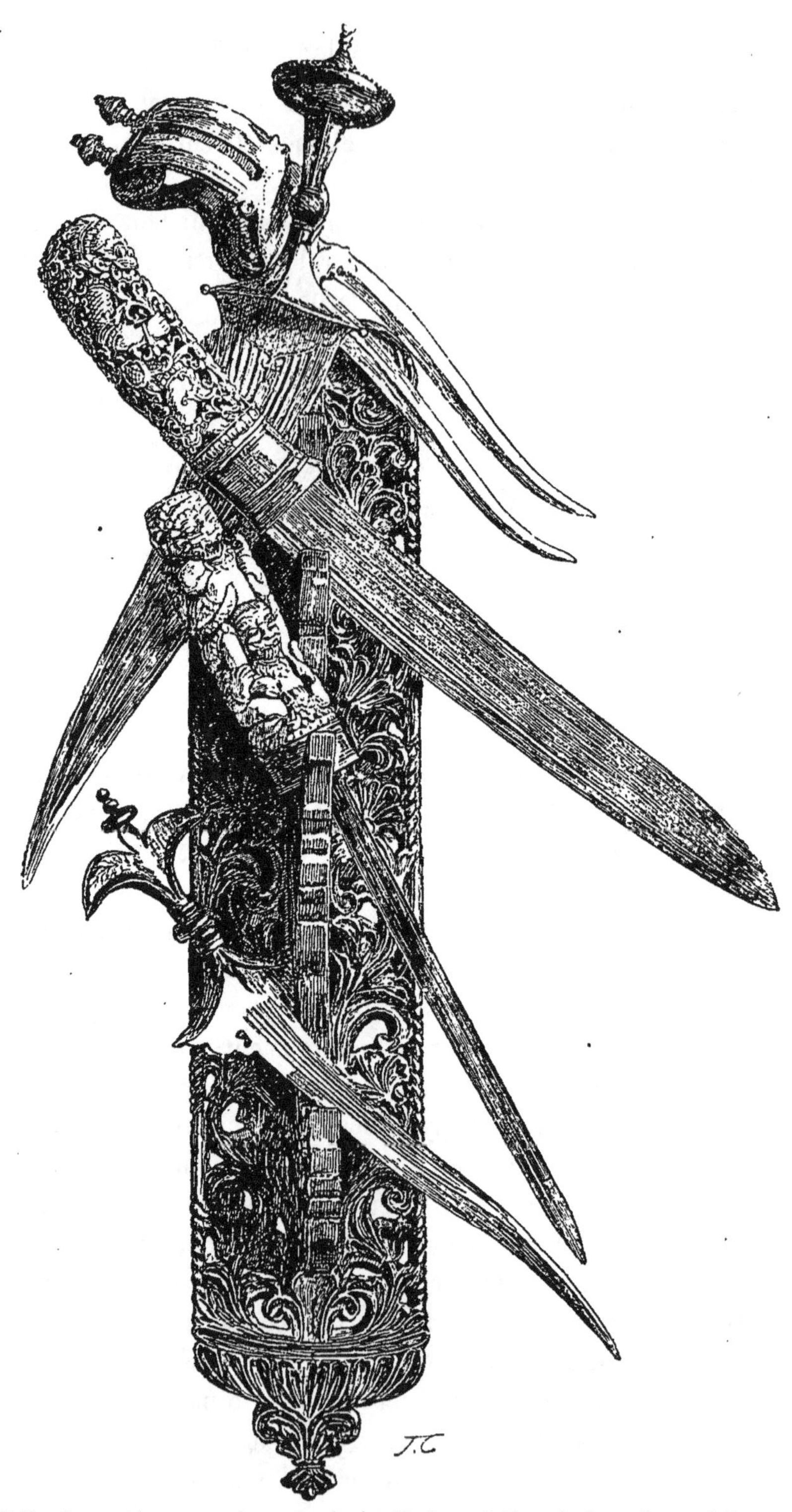

Râtelier d'armes birmanes anciennes à poignées d'ivoire sculpté ou de damas damasquiné.
(Collection de M. J. Jacquemart.)

un ou deux porte-aigrettes; un camail fixé au timbre et dont les mailles descendent en longues dentelures complète la défense du col. Souvent en maille très-fine, ce camail est ordinairement losangé ou rayé de mailles dorées.

Les casques circassiens et indiens, qui se ressemblent beaucoup d'ailleurs, sont presque toujours damasquinés d'or, et parfois gravés de médaillons à inscriptions en relief; quant au casque persan, il en diffère sensiblement : son timbre est conique et surmonté d'une sorte de bélière mobile qui remplace la pointe des autres. Ce casque, renforcé au pourtour et au sommet par des appliques découpées et relevées d'ornements dorés et de médaillons à légendes niellées, est d'une grande beauté d'ensemble et d'une élégance incomparable de détails.

C'est ici le moment, sinon de décrire au moins de mentionner les armures de l'extrême Orient qui vont aussi disparaître. L'armure chinoise n'existe pas sous les formes décrites jusqu'ici ; c'est une sorte de brigantine dont les plaques métalliques se dissimulent sous les élégances d'une garniture extérieure en étoffe. L'armure japonaise diffère peu de celle-ci ; dans sa forme ordinaire, c'est aussi une sorte de brigantine à lames à recouvrements maintenus par des ganses de soie. Le casque est en métal fréquemment laqué et orné d'un grand couvre-nuque à lames mobiles, et de sortes d'oreillons presque toujours armoriés, ainsi que d'un ornement antérieur en croissant ou en cornes de bœuf ; l'avance plus ou moins grande recouvre un masque grimaçant en cuivre noirci qui défend la partie inférieure de la tête. Dans quelques anciennes armures un véritable corselet en tôle de fer damasquinée remplace les lames pectorales et dorsales, et le casque à timbre arrondi avec son avance en visière semblerait copié sur les bacinets du quatorzième siècle. Les armes blanches orientales sont un des plus précieux ornements des panoplies ; leurs poignées élégantes parfois sculptées sur la dent de morse et l'ivoire, plus souvent taillées dans l'or, l'argent et dans les matières dures comme le jade, l'agate et le cristal de roche, sont relevées encore par des applications de pierres précieuses. Mais là n'est pas leur seul mérite ; la réputation des lames de Damas est européenne, et malgré la vogue dont ont joui même en Orient les lames de Tolède, certains damas sont devenus d'une insigne rareté et s'y vendent aujourd'hui à des prix fabuleux dont en France on est loin d'approcher. Un fabricant célèbre, Assad-Allah d'Ispahan, qui vivait sous Abbas le Grand, a donné son nom aux plus belles lames, et on dit en Orient un assad-allah comme nous disons un André ferrare ou une clamade. Il est nécessaire d'ajouter que cette réputation même est un danger pour le curieux; beaucoup d'armes ont reçu le nom d'assad-allah afin d'en augmenter le prix. Les lames vraies se reconnaissent à la finesse du grain et à la bonté de la trempe ; c'est ce qu'on nomme le vieil acier des Indes dont le secret est perdu.

Les plus renommés des fourbisseurs mettaient leur nom ou leur marque et nous avons vu cette légende : « Abbas Sarlahnaber a fabriqué le lion de Dieu ; il n'y a de prophète qu'Ali ; il n'y a de glaive que Joulfikar. » C'est en Perse surtout que la réputation se soutient pour les fameuses lames du Khorassan ; les damas noirs de Constantinople sont encore fort recherchés ; enfin, dans le damas même il est des variétés rares dues au genre de fabrication : tel le damas bilieux remarquable par sa couleur jaunâtre. Dans les damas gris ou noirs on distingue aussi le ronceux, celui à échelles, et ceux où le travail offre des particularités singulières telles que des découpures à jours, des évidements garnis soit de petits grains de rubis, soit de boules en damas roulant entre les rainures.

Les sabres persans ou turcs sont tous courbes et à poignées assez simples de forme, leur mérite est dans la lame seule ; l'Inde offre au contraire assez souvent des armes droites, sortes d'épées ou de sabres à spatule vers le bout, appelés *Kounda*. Presque toujours les poignées indiennes se distinguent par leur petite dimension et par une rondelle en forme de cuvette servant de pommeau ; parfois cette cuvette est surmontée d'une petite tige un peu recourbée. On trouve parfois des épées indiennes dont la poignée arrondie enveloppe la main et se continue par un brassard. Comme on en trouve dont la lame est flamboyante ou en dents de scie.

Inutile de dire que les poignards sont non moins riches que les sabres ; souvent damasquinés sur la lame, ils ont des poignées précieuses de la plus grande élégance. Le jade, le cristal rehaussés de pierres précieuses serties d'or, en sont les éléments les plus ordinaires, et chose vraiment remarquable, cette richesse et ce goût semblent s'étendre à toutes les nations d'origine indienne, à l'empire birman, la presqu'île de Malacca, le royaume de Siam et jusqu'à Java. Ce qui permet de distinguer toute cette dernière famille de produits, c'est la

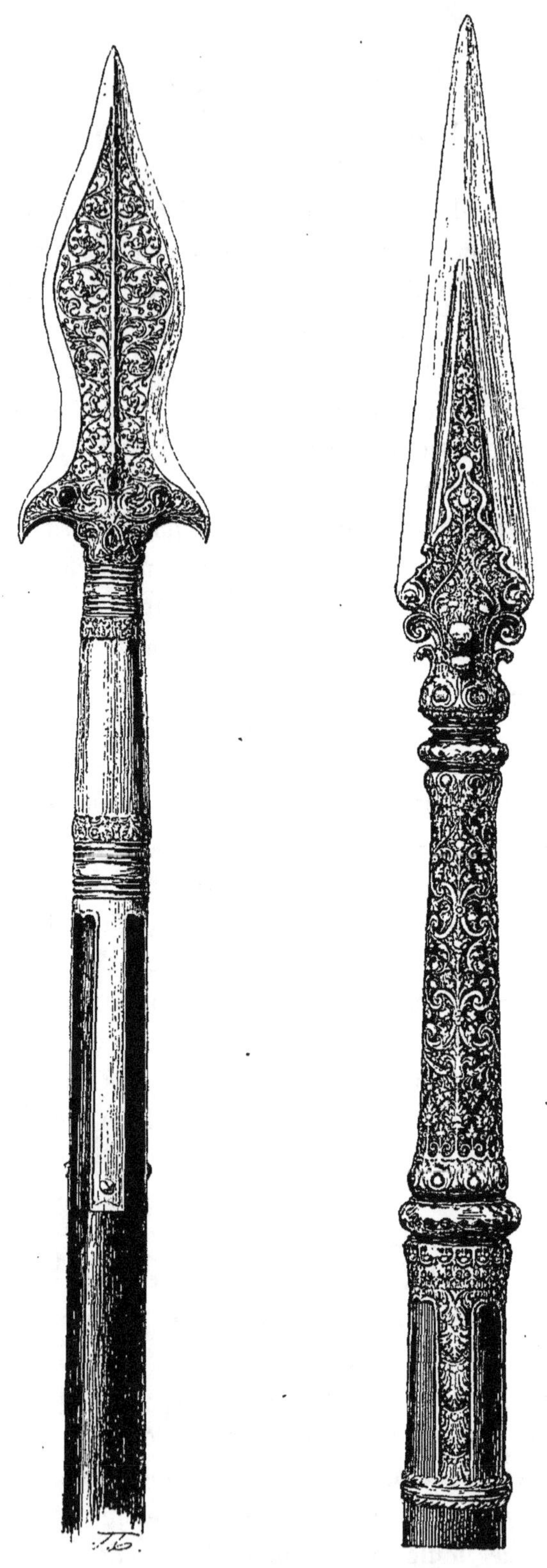

Lance de damas ciselé et orné de rubis. Lance de damas ciselé et revêtu d'argent; travail hindou de haute époque. (Collection de M. J. Jacquemart.)

présence de figures monstrueuses étrangères aux habitudes d'ornementation des Hindous proprement dits.

Il y a là, surtout parmi les poignards et à commencer par les khouttars, toute une collection précieuse et intéressante à former, les kris et les couteaux malais avec leurs ciselures merveilleuses creusées dans l'or et l'argent venant clore la série.

Nous voudrions parler des masses d'armes aux ailes découpées à jour, aux hampes damasquinées et rehaussées de turquoises ; des haches d'armes au tranchant bordé d'inscriptions, au fer damasquiné d'or, qui transforment parfois leur hampe en un pistolet primitif à mèche et de ces armes d'hast, lances au fût peint en laque des plus riches arabesques ou tout en fer ciselé à la lame ciselée de fines arabesques et relevée de rubis.

Mais il faut arriver aux armes de jet et nous arrêter un instant sur les arcs, instruments primitifs sans doute, mais dont l'usage s'est prolongé en Orient jusqu'aux temps modernes ; les grands arcs de l'Inde en bois peints de fins ornements polychromes, ceux de la Chine aux décors laqués, ne sont pas les seules choses curieuses à introduire dans les trophées : il y faut joindre les rares étuis d'arcs et les carquois en étoffes brodées d'or et d'argent ou en cuir garni de métaux ciselés et gravés.

Pour parler des armes à feu nous voudrions savoir au juste ce que les historiens désignent, chez les Chinois et bien avant notre ère, comme tubes à feu, *ho foung*, et globes contenant le feu du ciel, *Tien ho kieou*. Si ce ne sont pas le fusil et la bombe, ce devrait y ressembler singulièrement. Mais depuis 4000 ans l'Empire du Milieu a si peu progressé qu'on sait aujourd'hui quelle est l'infériorité de ses armes sur les nôtres.

Parmi les autres nations orientales, les Persans furent ceux qui se montrèrent le plus jaloux de rivaliser, pour leurs armes, avec les Occidentaux ; leur habileté dans la fabrication des damas leur permit d'obtenir de magnifiques canons souvent à rubans rayés intérieurement et pourvus de hausses mobiles et d'une visière destinée à assurer le tir ; pourtant, chose singulière, ils tiraient sans épauler et leurs fusils sans crosse devaient dépasser l'épaule. Du reste les batteries restèrent constamment rudimentaires et ne dépassèrent pas le système à la miquelet ; la gâchette n'était point défendue, en sorte que les accidents devaient être fréquents. Mais au point de vue de l'art rien n'était plus merveilleux. Les damasquines et les inscriptions couvraient le canon et les batteries; les garnitures d'argent niellé tranchaient sur le gris du damas ou sur le cuir noir ou vert dont le bois était garni; là où cette garniture s'arrêtait le bois lui-même était relevé des fines et patientes mosaïques du piqué de métal, de bois et d'ivoire. Les armes à feu orientales ne sont donc point indignes de rivaliser, en trophée, avec les arquebuses et les carabines de la Renaissance occidentale.

CUIVRES REPOUSSÉS.

Il convient de distinguer des bronzes proprement dits les travaux en cuivre repoussé qui se rapprochent bien plus de la grosse orfévrerie que de la fonte et des arts dérivés de la statuaire.

Pourtant les anciens n'avaient pas négligé ce mode de travail et ils l'avaient appliqué même à la confection de figures gigantesques dont le poids eût été trop considérable en fonte ordinaire: c'est ce qu'on nommait sphyrelaton, et, chose remarquable, il y avait alors un canon si sûr pour la proportion des statues, que l'on confiait différentes parties d'un même colosse à des artistes divers, et qu'au moment de la réunion des pièces il n'y avait à corriger aucune erreur. Cela peut être dans les conditions d'un art primitif et pour des choses dénuées des mouvements de la vie; mais les Grecs ont dû abandonner bien vite cette pratique primitive et mécanique. Le sphyrelaton continua pourtant d'être employé chez nous pour la statuaire, et Benvenuto ne reproche aux artistes en ce genre que le défaut de réunion des parties qui se faisait au rivet.

Au moyen âge, nous ne trouvons guère la méthode du repoussé que pour la confection des figures de plomb qui allaient couronner le faîte des églises et qui ne pouvaient avoir un poids excessif. Cependant, dès lors et sans interruption nous voyons le repoussé servir à formuler cet ustensile indispensable dans les grands intérieurs, le brasero, selon l'expression espagnole, braciere en italien. Les grandes cheminées pouvaient bien étendre le rayon de leur foyer sur ceux qui les entouraient, mais partout ailleurs il fallait se prémunir contre l'effet des clôtures mal jointes et le brasier remplissait cet office; on s'en approchait, d'ailleurs, pour se réchauffer les mains, et sur les braises et cendres chaudes qu'il contenait on posait souvent de petits récipients, contenant une eau odorante, servant à neutraliser les vapeurs du charbon, ou bien simplement destinée aux besoins usuels.

En Italie, on trouve de ces récipients où les moulures, les godrons, les rinceaux d'acanthe rivalisent de richesse avec les plus beaux bronzes ; la France suivant le même exemple, a ses brasiers non moins riches et souvent relevés des armoiries du possesseur; mais vers l'époque de Henri IV et de Louis XIII, on y voit introduire des personnages, des sujets mythologiques ou historiques qui, traités par des mains peu habituées à la figure, laissent souvent par trop à désirer. C'est cet art secondaire qu'on imite aujourd'hui à profusion et qui sous forme de jardinières, ou de grandes plaques à plusieurs lumières, introduit dans beaucoup d'intérieurs des copies pour des originaux, ou, ce qui est pis encore, des cuivres de mauvais goût ayant la prétention de jouer l'élégance. Heureusement que les vrais connaisseurs ne peuvent s'y laisser prendre. Ajoutons, d'ailleurs, que beaucoup de pièces anciennes faites en Hollande, vers la décadence, ne sont pas plus dignes que les cuivrailles modernes d'entrer dans un mobilier de grand luxe.

On doit pourtant savoir distinguer; la Flandre a produit, même aux basses époques, des ouvrages qui se ressentent encore des splendeurs des grandes époques de l'art. Nous citerons, entre autres, de grands lampadaires où la juste proportion des parties, l'abondance des godrons et des acanthes, la multiplicité des branches tordues en porte-lumières arrivent à former un ensemble riche et somptueux. En place, de pareils spécimens produisent l'effet désiré, et s'ils manquent de perfection dans les détails de recherche dans l'arrangement des parties, on ne peut leur refuser une sorte d'opulence monumentale qui les rend dignes de pénétrer chez les gens de goût.

Les repoussés orientaux sont généralement fort remarquables ; la Chine a produit des vases qui se confondent au premier coup d'œil avec les plus beaux bronzes ciselés ; c'est sous les Ming qu'on peut trouver les plus beaux; les Tai-Thsing ont continué le genre, et nous avons vu des garnitures minces relevées de reliefs délicats et richement colorés en outre par des applications de laques et de dorure; l'effet de ce travail est des plus décoratifs.

La Perse, l'Asie Mineure et même la Turquie sont les contrées privilégiées pour le travail du métal repoussé; c'est de là, on le sait, qu'est

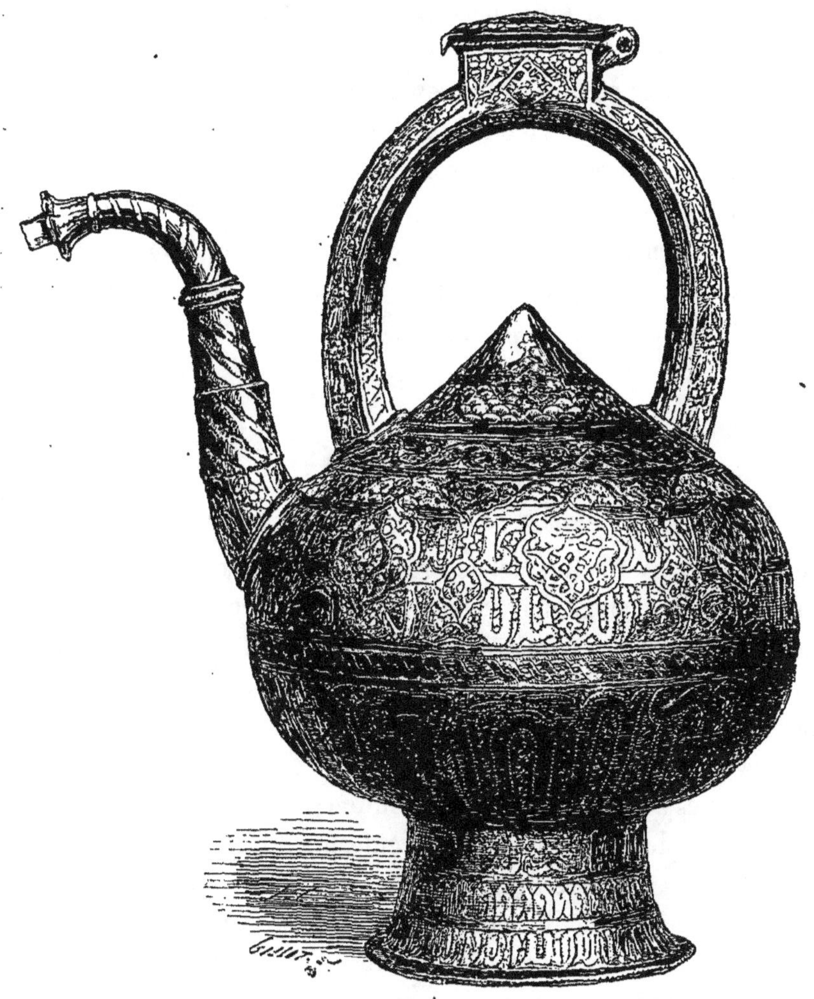

Théière en cuivre repoussé et gravé; travail persan. (Collection de M. de Beaucorps.)

venu chez nous l'emploi de la bouilloire et de ces cafetières appelées d'abord *du Levant*. Nous avons vu des buires persanes élégantes avec leur plateau, où les godrons, les palmes saillantes avaient reçu le rehaut de touches d'émail bleu pâle imitant un semé de turquoises; d'autres, où le rôle de l'émaillerie, plus important encore, complétait la décoration délicate faite au marteau par l'artiste. De grands bassins, analogues aux braseros de l'Europe, servent à contenir le feu sur lequel le café est entretenu constamment chaud pour le service des visiteurs.

C'est dans les buires à bassin couvert d'un obturateur et qui servent pour les ablutions avant et après le repas, qu'on rencontre les merveilles du genre; il en est qui, encadrées de godrons dans leurs parties principales, ornées de bandes spirales, offrent dans chacune de ces divisions des sujets de la plus fine exécution, alternant avec des ornements mêlés d'animaux et d'oiseaux d'un travail microscopique; souvent alors les scènes représentées sont empruntées aux légendes sacrées et offrent les combats des héros contre les monstres; alors encore les anses se contournent en dragons effrayants, le goulot effilé se termine lui-même en tête menaçante aux yeux de rubis, aux crêtes relevées de perles d'émail.

MÉTAUX DAMASQUINÉS.

Voilà un art particulier de décorer les métaux dont l'origine n'a pas besoin d'être longuement cherchée; au moyen âge et jusqu'à la Renaissance, toute œuvre orientale était qualifiée d'ouvrage de Damas. Il est incontestable, en effet, que c'est en Orient, et surtout dans le travail des armes, que la damasquine a été d'abord appliquée.

Mais la damasquinure n'est pas seulement un art moderne en Occident, les Grecs et les Romains l'ont connue; on en attribuait l'invention à Glaucus de Chios. Nos musées renferment de nombreux échantillons de bronze rehaussé de filets ou d'incrustation d'argent et d'or, et même des casques doublés de feuilles d'or. La fameuse table Isiaque trouvée chez un serrurier après le sac de Rome, en 1527, était richement damasquinée, ce qui prouve que les Égyptiens excellaient dans ce travail. C'est là un procédé que nous retrouverons chez les modernes. Pour obtenir ce résultat, on raye le métal subjectile avec la lime en forme de molette d'éperon, et on y fait adhérer la feuille de métal précieux en la frappant doucement au marteau pour la faire gripper ou adhérer à toutes les rugosités, on la polit et la travaille ensuite, soit en gravure ou autrement pour achever son ornementation.

Pour les incrustations, on grave dans la masse le dessin à exécuter, creusant la taille plus largement au fond qu'à la surface, et en laissant de petites pointes relevées, barbelures imperceptibles qui pénétreront dans l'or ou l'argent qu'on appliquera au marteau ; les filets ainsi fixés on les travaille pour leur donner la forme voulue : ici tiges minces et déliées, là feuilles élargies produites par la réunion d'un certain nombre de filaments contigus et aplatis, les uns en relief, les autres arasés au fond. La réunion de ces deux genres de travail est très-fréquente et produit les plus merveilleux effets, augmentés encore par le procédé de la gravure sur les surfaces d'une certaine étendue.

L'introduction en Italie du travail damasquiné s'explique naturellement par le contact constant des artistes du pays avec les Orientaux. Dans un remarquable mémoire inséré dans la *Gazette des beaux-arts*, M. Henri Lavoix fait observer que d'une part les républiques italiennes eurent des établissements permanents dans les pays musulmans d'outre-mer, et que, d'un autre côté, les artistes arabes séjournaient dans une grande partie des villes de la péninsule telles que Pise, Florence, Gênes, Venise, etc., et y introduisaient leur goût et leur manière de travail.

Au seizième siècle, la damasquinure, qui s'était d'abord appliquée à l'embellissement des armes et des armures, avait fait de tels progrès que Benvenuto Cellini en s'essayant à ce genre dit ceci : « J'y réussis si bien que j'exécutai quelques ouvrages infiniment plus beaux et plus solides que ceux des Turcs. Il y avait à cela plusieurs raisons : l'une était que je fouillais mes aciers plus profondément, l'autre que les feuillages turcs ne sont composés que de feuilles de colocasie et de petites fleurs de *corona solis* qui, tout en n'étant pas dépourvues d'élégance, ne plaisent cependant pas autant que les nôtres.

« En Italie, nous imitons différentes sortes de feuillages.

« Les Lombards en font de très-beaux en représentant des feuilles de lierre et de couleuvrée avec leurs élégants enroulements qui sont d'un effet si heureux. Les Toscans et les Romains ont été encore mieux inspirés dans leur choix en reproduisant la feuille d'acanthe, ou branche ursine, avec ses festons et ses fleurs contournées de mille façons et gracieusement entremêlées d'oiseaux et d'animaux. C'est là où l'on voit qui a bon goût. Ils ont aussi recours aux plantes sauvages, telles que celle qu'on appelle mufle de lion. Nos vaillants artistes accompa-

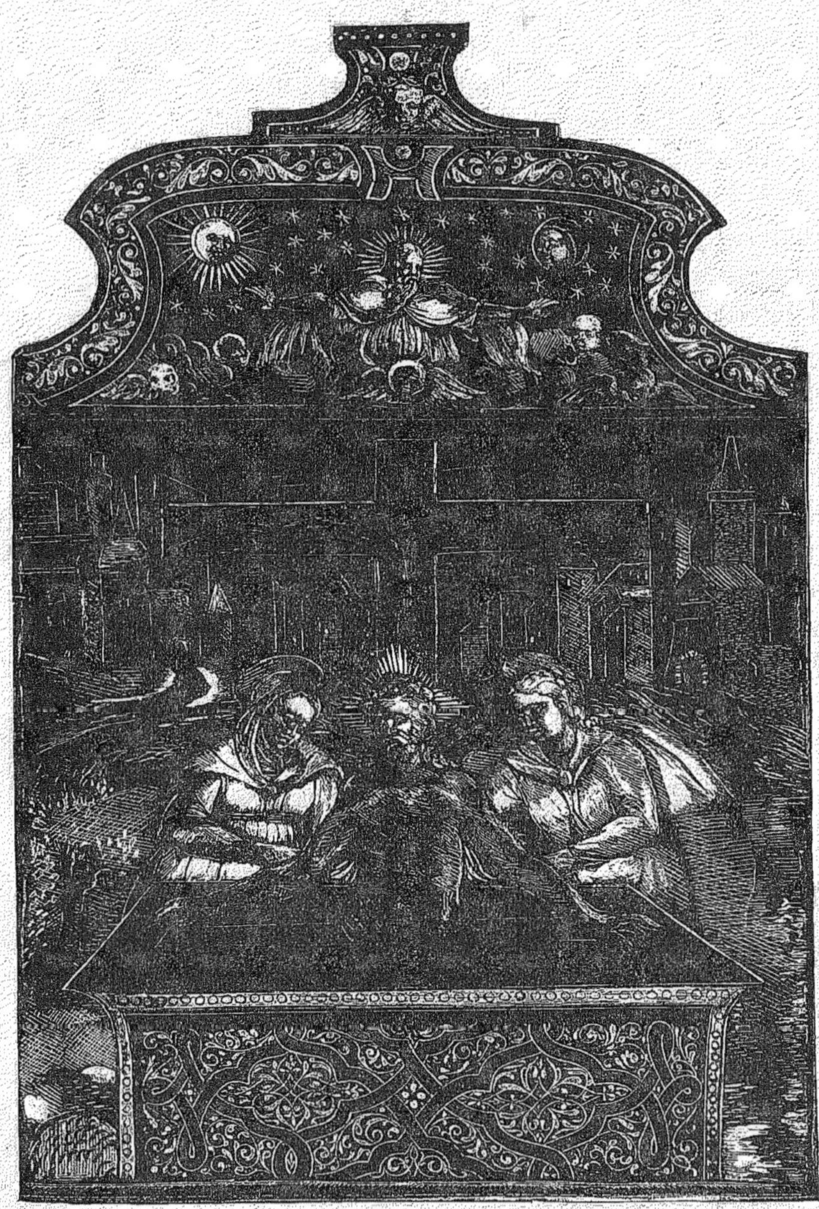

Paix en fer repoussé et damasquiné d'or et d'argent, travail italien du commencement du seizième siècle. (Collection de M. Éd. Bonnaffé.)

gnent ces fleurs d'une foule de ces beaux et capricieux ornements que les ignorants appellent grotesques. »

Ces renseignements sont infiniment précieux pour distinguer le genre des diverses écoles italiennes. Si Benvenuto Cellini ne mentionne pas celle de Venise, c'est que son style était entièrement identique à celui des arabes; on y retrouvait la même intrication d'arabesques, les entrelacs et les enroulements infinis qui se multiplient sans confusion et produisent des variétés sans nombre sans sortir d'une donnée unique. C'est ainsi qu'on pourrait attribuer à l'Orient un magnifique plat en laiton gravé et damasquiné d'argent de la collection Dutuit, si l'on ne lisait en dessous sur une banderole : *Nicolo Rugina greco de Corfù fece* 1550.

Est-ce à ce Nicolo Rugina qu'il faut aussi attribuer un plat où, parmi des ornements arabes, figurent des médaillons à sujets, les uns antiques, les autres orientaux et enfin les derniers à costumes de la fin du seizième siècle? Sur le bord est la vue d'une ville avec cette devise : La cita de Corfù, et au milieu un écusson italien.

On rencontre beaucoup de ces plats avec aiguières, des braseros à anses latérales mobiles soutenues par des têtes de lions, d'autres à une seule anse également mobile comme celle des chaudrons; tout cela de forme élégante à moulures ornées de lauriers, fonds arabesques, acanthes et médaillons à figures, timbrés d'armoiries italiennes de Zon de Venise, Priuli Minio, Bembo, etc. C'est là une preuve du contact des artistes arabes et italiens, soit dans l'Italie même, soit dans les comptoirs où les Vénitiens avaient établi leur commerce ou bien leurs habitations de plaisance : « Nos villas, dit une chronique vénitienne, nos jardins en fleurs, vous les verrez en Romanie, en Grèce, à Trébizonde, en Syrie, en Arménie, en Égypte; c'est là que nous trouvons à la fois nos profits et nos plaisirs; c'est là que demeurent, pendant des séries d'années, nos enfants et nos neveux. » En effet, les Ca-Mosto avaient habité la Syrie, Sebastien Ziani, l'Arménie, les Bondumieri s'étaient fixés à Saint-Jean-d'Acre, les Zuliani, les Buoni, les Soranzi s'étaient enrichis à Tanger, à Tunis et sur la côte barbaresque. Tel est le tableau tracé par M. Lavoix, et qui suffit à expliquer le singulier mélange de style et d'art qu'on rencontre dans les bronzes et les laitons damasquinés de l'Italie.

Revenons maintenant à l'azzimina proprement dite, c'est-à-dire, aux incrustations d'or et d'argent sur acier. Bien que ce soit particulièrement dans les armes que cette branche de l'art se soit exercée, nous nous arrêterons surtout aux objets curieux tels que la cassinette ou coffret décrit par M. Lavoix, puisqu'il semble marquer en Italie le point de départ de l'azzimina pour la curiosité. Cette pièce, inscrite du seul nom de son auteur, est datée par les cartes géographiques qui ornent son couvercle et appartient au premier tiers du seizième siècle. Le style du décor est ce qu'on appelle arabesque, bien qu'il présente une appropriation de l'ornementation orientale au goût italien. On y remarque une délicatesse, un fini qui exclut toute idée d'un art à son début. Paolo devait avoir travaillé longtemps avant d'avoir conçu ce coffre, et il pratiquait une industrie arrivée à toute sa perfection.

Avant lui peut-être, c'est-à-dire vers 1520, le chevalier Serafino de Brescia avait acquis une réputation comme damasquineur. Il est inutile, aujourd'hui, de parler du talent de Giorgio Ghisi, de Mantoue, dont tout le monde a pu admirer un magnifique ouvrage à l'exposition de San Donato; cette pièce, datée de 1554, étend un peu la durée des travaux de l'artiste, fixée par M. Lavoix, d'après G. B. Bertano ou Britanno, entre 1534 et 1549.

Quant à Milan, les azziministes y sont nombreux; c'est Giovanni Pietro Figino; Bartholommeo Piatti; Francesco Pillizzone, dit le Basso; Martino Ghinello; Carlo Sovico, orfévre; Ferrante Bellino et Pompeo Turcone, artisans en fer; Giovanni Ambrogio, tourneur; Filippo Negroli; Antonio Biancardi; Bernardo Civo; Luccio Piccinino, qui fit la célèbre armure d'Alexandre Farnèse; Romero, qui travailla pour Alfonse II d'Este. Il faut encore citer Paolo Rizzo, de Venise, auquel on avait attribué d'abord la cassette du premier Paolo.

Nous avons eu occasion de parler sur le style des travaux de ces divers artistes en traitant des armures et nous chercherons s'il n'y aurait pas à réclamer dans ce genre la part de la France bien avant l'apparition de Cursinet, armurier de Henri IV.

Évidemment, dès le commencement du seizième siècle, la damasquine était employée en France, comme en Italie, pour relever les objets usuels et portatifs, tels que montures d'escarcelles, couteaux et fourchettes, trousses de veneurs, etc. Nous pourrions même citer des parties d'armures du plus beau style, dont le travail est évidemment français : tel un magnifique bouclier aux armes d'Albon, qu'on a pu voir à l'exposition au profit des Alsaciens-Lorrains.

S'il demeure hors de doute que la damasquinure a été en usage chez nous, au seizième siècle, elle n'a cessé, depuis, de s'appliquer à des objets de luxe. Nous avons vu des objets mobiliers et jusqu'à des mouchettes offrir sur leurs branches et les parties planes, les culots, les coquilles et même le soleil, ornements habituels de l'époque de Louis XIV. Les trousses de veneurs, les nécessaires portatifs de la même époque et du règne de Louis XV montrent aussi d'élégants couteaux, des fourchettes articulées où l'or incrusté déploie ses méandres avec une grâce infinie.

ORIENT

Nous l'avons dit, l'art de la damasquinerie nous est venu évidemment des Orientaux ; on sait quel est le luxe des peuples de ces diverses contrées, l'Inde, la Perse, la Chine et le Japon, et combien le soin d'orner les objets destinés au culte excite leur ardeur et leur zèle.

En Chine, dès 1496 avant notre ère, on voit l'or et l'argent relever les formes du bronze et s'appliquer en filets déliés ou en plaques, c'est-à-dire par les deux procédés usités plus tard chez les musulmans et les peuples italiens. Nous avons dit un mot déjà des bronzes ornés consacrés au culte en Chine sous la dynastie des Chang (1766 avant notre ère) ; nous insisterons ici sur la perfection du travail d'incrustation qui les orne : les métaux précieux y circulent en linéaments d'une délicatesse extrême, s'y étalent en placages bien profilés et alternent parfois avec des dessins tracés au pinceau avec des oxydes qui ont fait corps avec le métal et résistent autant que les incrustations ; dans quelques pièces des applications de malachite varient encore les effets qu'accentuent d'ailleurs des patines savantes, les unes noires comme le fer poli, les autres olives foncées, les dernières d'un rouge vif et puissant comme l'oxydule de cuivre.

Ce travail se trouve sur des vases aux formes variées presque toujours consacrés par des légendes historiques ou honorifiques, sur des figurations d'animaux antiques formulés en récipients d'autel et même sur d'élégantes figures aux vêtements relevés de bordures et d'emblèmes.

Au Japon la damasquinure s'applique au fer fondu et forgé, au bronze et concourt souvent à des travaux tellement fins qu'on les classerait bien plutôt parmi la bijouterie que dans les bronzes. Dans l'Inde il en est de même : la damasquinure et les nielles se réunissent pour l'embellissement des coupes élégantes, des boîtes à bétel et d'une foule d'autres produits rivaux des armes merveilleuses du même pays ; et cet art de la damasquinure s'est maintenu avec une telle persistance que les dernières expositions universelles nous ont montré des coffrets variés de forme, en fer, entièrement couverts au dedans et en dehors de végétations multiples en or d'une incroyable richesse. Ce travail s'exécute à Kosli au Bengale et se vend à un prix incroyable de bon marché.

Il est d'ailleurs un genre de damasquinure spécial à l'Inde et dont l'effet est des plus artistiques : nous voulons parler des incrustations d'argent sur un métal noir, mat, très-cassant, qui paraît être composé en grande partie de nickel ; sur ce fond absorbant les artistes jettent les réseaux arabesques, les fleurs ornemanisées, les frises du style le plus élevé ; souvent l'argent arase la surface et se détache par la seule puissance de son blanc éclatant ; d'autres fois il forme relief et se trouve ciselé avec une perfection inouïe ; il arrive même que sur ce travail distingué, l'artiste détache encore des alvéoles où viennent s'insérer des rubis en cabochons qui rehaussent le blanc de l'argent et rendent la damasquinure rivale de la plus belle orfévrerie. On trouve ainsi des bouteilles, des aiguières, des coupes dont quelques-unes paraissent remonter à une époque ancienne.

La damasquinure persane n'est pas moins riche que celle de l'Inde ; comme elle, indépendamment des armes, on la trouve appliquée sur des objets en fer d'une extrême élégance ; mais où elle se montre sous ses formes les plus variées, c'est dans les grands plats dits vases de Chine dont il a été question déjà, et dans les flambeaux, porte-torches et autres ustensiles du culte comme les lampes votives, ou encore dans les coupes à boire, miroirs et autres objets symboliques ou cabalistiques. Nous ne reviendrons pas sur ce que nous avons dit déjà du caractère de ces objets et des légendes curieuses qui courent à leur surface ; l'or et l'argent recouvrent habituellement celle-ci. Mais il faut se garder de repousser de la série damasquinée beaucoup de pièces du genre où l'on ne voit plus trace de métaux précieux : à une certaine époque la spéculation barbare arrachait ces métaux pour les jeter au creuset ; on retrouvera la trace de leur application par la série des petites denticules soulevées dans le cuivre ou le laiton au pourtour des surfaces qui devaient être recouvertes. Dans les flambeaux où certaines inscriptions ont jusqu'à quinze centimètres de hauteur, cette trace est très-visible.

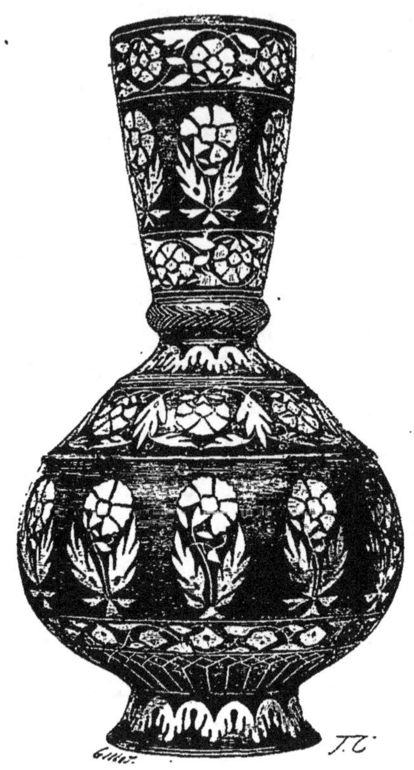

Vase de l'Inde en métal noir incrusté d'argent. (Ancienne collection de M. Sechan.)

Nous avons cité précédemment certains artistes du bronze et de la damasquinure, notamment maître Mohammed fils d'Eiz Zéin, auteur de la cuve conservée au Louvre, et Schogia fils de Hanfar, natif de Mossoul. On en pourrait trouver beaucoup d'autres encore, notamment Zin-Eddin ; mais disons toutefois que la signature la plus fréquente est celle de maître Mohammed el Kourdi, Mahomet le Curde, qui a imposé son nom entier ou abrégé à beaucoup de produits voisins de l'époque de la Renaissance et dont quelques-uns sont chargés d'armoiries italiennes.

CHAPITRE III

ORFÉVRERIE

Voilà certes l'art dont l'origine remonte le plus loin dans l'histoire de l'intelligence humaine. Le jour où l'homme a jugé qu'une matière était plus précieuse que les autres, il l'a travaillée avec amour, la consacrant à l'ornementation des temples élevés à la divinité, ou à sa propre parure. Tous les écrits s'accordent à le prouver depuis l'histoire sainte, les récits homériques jusqu'aux antiques récits de l'extrême Orient. Les musées sont d'ailleurs venus confirmer le fait en montrant des témoins authentiques de ce sentiment inné du luxe chez tous les peuples de la terre. Qui n'a admiré les bijoux trouvés en Égypte dans le tombeau de la reine Aah-hotep et qui remontent au temps de la puissance de Joseph?

Qui n'est resté stupéfait devant la perfection des bijoux grecs exposés dans notre galerie du Louvre ou devant ces premiers essais des peuples inconnus du continent américain, aussi barbares et presque similaires à ceux de l'Asie Mineure?

Malheureusement, par leur prix même les vases et objets d'or et d'argent sont destinés à disparaître; en recueillant les choses précieuses trouvées chez leurs ennemis, les hébreux s'empressaient de les transformer en objets consacrés au culte du Seigneur; puis les vainqueurs des hébreux détruisaient à leur tour les vases sacrés pour les transformer en idoles que le christianisme devait anéantir plus tard. (David fit faire une couronne consécratoire avec celle prise sur l'idole de Moloch.)

Les dépouilles opimes consacrées dans les temples ne stationnaient là qu'en attendant de nouvelles vicissitudes, dont la plus déplorable et la plus fréquente était la transformation en monnaie destinée aux besoins croissants des peuples et de leurs chefs.

Ne sait-on pas que chez nous la forme artistique donnée aux matières précieuses n'était qu'une parure provisoire propre à donner une apparence présentable à la richesse mobiliaire? Les capitaux ainsi accumulés étaient facilement transportables et malheureusement encore plus facilement aliénables; une guerre, une émigration, des besoins accidentels, conduisaient à l'atelier monétaire l'or ou l'argent qui jusque-là s'étaient fièrement exposés en vases, en meubles, en parures.

Et ce n'est pas l'antiquité seulement qui a dû subir les vicissitudes dont nous parlions plus haut; toutes les époques de l'histoire ont eu leurs hécatombes d'œuvres d'art au moment où se faisaient sentir des besoins publics: en Italie, les princes faisaient fondre leur argenterie et leurs bijoux pour guerroyer entre eux; Louis XIV renouvelait un pareil sacrifice; enfin la période révolutionnaire conduisait encore à la monnaie le peu qui restait des âges précédents, et il fallait des décrets spéciaux pour empêcher que tout vestige de l'art ancien ne disparût des trésors des églises ou des châteaux de la noblesse.

C'est donc presque un hasard qui nous a procuré quelques-uns des types de ces fabrications antiques, et il faut s'estimer heureux, en rapprochant ces rares témoins de l'art ancien des textes qui nous en apportent l'éloge, de pouvoir ressusciter en quelque sorte une histoire dont l'intérêt n'échappe à personne.

N'est-ce point avec une profonde émotion qu'on regarde la magnifique coupe d'or massif donnée par Touthmès III à un fonctionnaire nommé Tothi et qui, sur son disque poli à ombilic saillant, formant le centre d'une rosace, montre cinq poissons encadrés par une guirlande de lotus; cette pièce de la dix-huitième dynastie est un type, puisque nous trouvons auprès les fragments d'une coupe semblable en argent. Ainsi voilà un monument qui nous reporte entre le quinzième et le dix-huitième siècle avant notre ère et qui nous montre un art parfait. Des masques de momies creusés dans des lames d'or, des plaques incrustées dans la serpentine, des pectoraux en or émaillé, tout cela montre l'avancement d'une civilisation qui s'était perfectionnée au contact de tous les peuples, car sous la dix-huitième dynastie l'Égypte avait porté partout, et jusqu'au cœur de l'extrême Orient, ses armes victorieuses.

Empressons-nous donc de recueillir les noms qui nous ont été conservés parmi ceux des artistes de l'antiquité qui ont travaillé les métaux précieux.

Acragas, les bacchantes et les centaures.
Agathopus, M. Julius Agatopus aurifex.
Alexandre, fils de Persée, roi de Macédoine.
Amandus (L. Cornelius) aurifex.
Amiantus, argentarius de la maison de Germanicus.
Antigone, id. id.
Antiochus (Jun.).
Aphrodisius.
Aphrodisius (Claud.), vases d'argent.
Apolaustus (L. Jun.), id.
Apollonius (T. Claud.).
Ariston de Mitylène.
Aristote de Clitore, grand vase dans le temple de Minerve.
Calamis.
Calliades.
Callicrate de Lacédémone, ouvrages microscopiques
Capiton de Pannonie.
Cephalio (L. Sempr.).
Chaereas, surnommé Chrysotechtôn.
Crescens (P. Junius), argentarius.
Critonius Hilus (P.), aurifex.
Deliades.
Demétrius d'Éphèse.
Democrite, vases rhodiens.
Diodore.
Dionysiodore ou Dionysodore, élève de Critias.
Eros (L. Gavidius).
Esotérichus (L.).
Eunichus de Mitylène.

Eutychus (C. Refidius C. L.).
Gourgos d'Athènes.
Hecatée.
Hedys, orf. grec de la maison des premiers empereurs.
Helias.
Hermeros (Curtilius).
Jucundus (Caedicius).
Lœcanus (C.).
Laërcès, cité par Homère.
Leostratidès.
Malchio Phileros (Cn. Septimius).
Mascianus ou Maccianus (M.), cratère d'argent.
Menandre (M. Livius).
Myrmécides de Milet ou d'Athènes, travaille avec Callicrate.
Mys.
Nymphius (L. Vectius ou Vettius).
Olympus (Ti. Claudius L.).
Parthenius ou Parthenis (C. Octavius).
Philargurus (Cn. Sempronius).
Phileros (Cn. Sempronius).
Philodamus Bassus.
Poculenius (L. Julius).
Priamus (Licinius L. L.).
Protogene, affranchi de la maison d'Auguste.
Pytheas, enlèvement du Palladium.
Romulus (Potitius) de Lyon.
Rupilius (C.).
Salvius (Junius).
Saturninus (P. Lucret.).
Secundus (M. Julius).
Seleucus Lysinianus (Jul. Aug.).
Severianus (Verus).
Sosiphus de Mélite.
Stephanus, aurifex de Tibère.
Stratonicus.
Symphorus (M. Ulpius).
Teucer, crustarius.

Timolaus (Jun.).
Travius (T.), argentillus.
Travius Acutus, affranchi du précédent.
Tryphon (Jun.).
Zeuxis, affranchi de Livie.
Zopyrus.
Zozime (M. Canuleius).

En orfévrerie, comme en toutes choses, l'antiquité se montre supérieure, et l'art y était en telle estime que l'éloge de ses productions a survécu de beaucoup aux œuvres mêmes; là, comme plus tard dans l'Italie renaissante, l'orfévrerie était une école où se formaient les maîtres; Lysippe avait martelé le métal avant de devenir statuaire; Alexandre, troisième fils de Persée, roi de Macédoine, ne dédaignait pas de ciseler l'argent et l'or. Le grand vase consacré dans le temple de Minerve a éternisé la réputation d'Aristote de Cliton. Calamis, tout en faisant des statues, enrichissait de bas-reliefs des vases d'argent qui, au temps de Néron, étaient à Rome et dans les Gaules un objet de luxe pour les grands et un sujet d'émulation pour les artistes; et pour que rien ne manquât, Callicrate de Lacédémone et Myrmecides de Milet faisaient des ouvrages d'une perfection microscopique inouïe, chars attelés qui pouvaient se cacher sous les ailes d'une mouche, ce qui ne les empêchait pas de formuler de beaux vases. Où sont ces ouvrages merveilleux? A peine si les plus riches suites possèdent quelques pièces signées, telles que le cratère d'argent de M. Mascianus. Pourtant de magnifiques ouvrages, couronnes, vases, bijoux, font l'honneur de nos musées et suffisent à nous montrer que les chants d'Homère, les descriptions de Pline n'avaient rien d'exagéré.

On est heureux d'avoir, dans nos trésors, à faire une large part à notre goût national et de pouvoir mettre dans les rangs les plus honorables, des choses dues très-certainement, sinon aux orfévres gaulois, du moins aux artistes grecs venus en Gaule pour satisfaire aux besoins de la civilisation de cette contrée. La découverte de Bernay mentionne parmi les donateurs du temple de Mercure à Canetum, Camulognata, Doctrix et Combaromarus. Cette trouvaille de Bernay nous montre d'ailleurs à quel point l'art était estimé chez nous, puisque plusieurs des vases qui la composent sont sans rivaux, même dans le musée de

Naples. Au point de vue spécial du travail des métaux, elle a une importance capitale; on y voit, en effet, que les anciens mettaient l'œuvre du marteau au premier rang, ce qui explique pourquoi les nomenclatures antiques qualifient de *Cœlatores* (ciseleurs) la majorité des artistes. Presque tous les vases sont composés d'une mince couche de métal repoussée et ciselée, qu'on garnissait intérieurement d'une cuvette mobile unie, destinée à supporter la fatigue du service et à empêcher l'œuvre d'art de souffrir des chocs et de l'usage fréquent. Quant aux coupes, leur décoration intérieure consistait en *emblema*, c'est-à-dire en bas-reliefs repoussés exécutés à part et simplement appliqués sur le métal, ce qui fait qu'ils en ont été souvent détachés par le temps lorsqu'on découvre les objets enfouis; c'est ce qui avait eu lieu à Bernay où tous les emblema ont dû être rétablis postérieurement à l'invention du trésor du temple de Mercure auguste de Canetum.

Telle était en effet la destination de cette précieuse orfévrerie; toutes les pièces portent des dédicaces au dieu protecteur des Gaules, et c'est sans doute pendant une des nombreuses invasions qui dévastèrent le pays, et pour soustraire les objets sacrés à la rapacité du vainqueur, qu'on les avait confiés à la terre qui les a conservés seize à dix-sept cents ans.

On peut lire, au sujet de cette découverte, la curieuse notice de M. Chabouillet, conservateur du cabinet des médailles. Ce que nous avons à faire ressortir ici, c'est un fait des plus précieux pour l'histoire: les annales antiques, en nous transmettant le nom des artistes illustres, nous ont laissé la mention de leurs œuvres capitales; ainsi l'on sait que Pytheas avait ciselé l'enlèvement du Palladium, et qu'Acragas avait représenté les Bacchantes et les Centaures. Ces sujets nous les voyons sur les vases de Bernay: est-ce à dire qu'il faille y appliquer les deux noms que nous venons de citer? Non; mais cela montre le respect que les anciens portaient aux chefs-d'œuvre; ils les reproduisaient le plus fidèlement possible, et grâce à cette habitude, nous pouvons juger du mérite réel de ces ouvrages célèbres, par des copies faites certainement par des artistes qui, par eux-mêmes, eussent pu aspirer à la renommée.

La trouvaille de Bernay est intéressante à tous les titres; elle nous instruit sur le mode de fabrication de l'orfévrerie, sur le style des différentes époques qui y sont représentées et sur un trait assez curieux que fait ressortir M. Chabouillet : alors, comme aujourd'hui, les vases se faisaient pendant et la nécessité d'apparier les représentations comme les formes conduisait à sacrifier quelquefois la vérité historique pour rester dans l'équilibre des compositions. Ainsi, sur deux œnochoe iliaques, dans la scène de l'enlèvement du Palladium, figurent Diomède et Ulysse ; dans le pendant, représentant l'épisode de Dolon, celui-ci est seul avec Ulysse, et Diomède qui devait tuer l'espion ne paraît pas dans le groupe. Les beaux vases iliaques de cette collection annoncent une époque antérieure à l'empire romain, époque de cette remarquable fabrication qui s'appliquait de préférence à travailler l'argent ; c'est-à-dire au deuxième siècle avant J. C. Au deuxième siècle de notre ère appartient le plateau autour duquel figurent des animaux d'après le style oriental, ainsi que le disque fondu et ciselé de Bernay ; dans celui-ci, le centre est occupé par un cavalier, fuyant devant un animal féroce ; dans l'autre l'homme victorieux dompte le sanglier qu'il attaque ; ici, il est vrai, l'emblema estampé pourrait avoir été ajouté à une époque postérieure à la fabrication du plat ; dans le premier disque, il a été fondu et ciselé dans la masse. Plus tard le luxe faisait préférer l'or, et c'est précisément au troisième siècle, c'est-à-dire à une époque déjà de décadence, qu'a été faite la précieuse patère de Rennes, dont l'emblema mobile représente un défi entre Bacchus et Hercule, ou plutôt le triomphe du vin sur la force ; au pourtour, sont encastrés seize aureides empereurs de la famille des Antonins, et comme si nos musées devaient offrir la série des types historiques, voici encore au cabinet des médailles le trésor de Gourdon qui va nous montrer l'art du sixième siècle, c'est-à-dire l'époque de transition qui n'est pas encore le moyen âge et qui n'est plus dans les données de l'art antique.

Au quatrième siècle de notre ère, appartient le fameux plateau d'argent massif, connu pendant longtemps sous le nom de bouclier de Scipion, bien que ce ne soit pas un bouclier et que le sujet ne représente point la continence de Scipion, mais bien un sujet iliaque, Briséis rendue à Achille, c'est-à-dire la réconciliation du héros avec Agamemnon. Trouvé dans le midi de la France, ce monument de l'art est des plus remarquables.

Le vase de Gourdon, calice d'or massif à deux anses, conforme au type qu'on trouve sur les tiers de sols d'or, est décoré de verre coloré imitant le grenat et de turquoises formant des feuilles de vigne, le tout enchâssé dans des alvéoles d'or rabattu ; les anses se terminent en têtes d'aigle, avec des grenats dans les yeux. Le plateau de la même trouvaille est chargé d'une croix et décoré d'après le même système, avec les mêmes filigranes pour rehausser l'ornementation ; de chaque côté de la croix, qui fait relief en dessus et en dessous, sont des cavités qui paraissent destinées à contenir deux burettes, l'une desquelles pourrait bien être le vase désigné ci-dessus. Cette particularité de l'incrustation de verre rouge rapproche le vase de Gourdon des armes de Childéric découvertes à Tournay.

Ici nous entrons dans une série particulière, aujourd'hui recherchée entre toutes : c'est celle des monuments du moyen âge, où le souvenir de l'antiquité s'est évanoui devant les idées nouvelles et où l'art devient essentiellement chrétien. On sait qu'il y a deux opinions parmi les savants sur les caractères de cette transformation : les uns voudraient qu'elle eût été presque entièrement produite par l'influence de l'empire d'Orient et les écoles byzantines ; les autres, et nous sommes de ceux-là, donnent une large part dans l'art nouveau, au génie local des peuples et aux influences venues d'une part, du Nord même, c'est-à-dire des envahisseurs normands, et de l'autre de l'extrême Orient.

Il faut se le rappeler, en effet, c'est par l'extrême Orient que l'art de l'émaillerie s'est introduit à Constantinople ; mais tandis qu'il s'y installait, la Gaule presque sauvage, les îles Britanniques incrustaient leurs bijoux rudimentaires d'émaux et de pâtes colorées ; plus tard, l'or, substitué au bronze, recevait dans ses alvéoles les plaques de verre coloré, employées dans un système qui n'a rien de byzantin, mais dont on retrouverait l'analogue dans les travaux sassanides et surtout dans la coupe de Chosroes décrite plus loin. Quant aux ornements de ces premiers spécimens de notre civilisation, on y doit certes faire une large part aux inspirations venues de l'empire d'Orient ; mais il faut restituer aux idées normandes et anglo-saxonnes, tous ces monstres aux allures contournées, ces entrelacs où commencent à paraître les épanouissements du marronnier, les feuilles découpées du platane et du lierre, en un mot cette flore nationale, si éloignée des acanthes transmises par l'art romain. Ces idées que l'étude des monuments affirmera de plus en plus, ont été en partie adoptées déjà par M. François Lenormand, et par M. Alfred Darcel, dans sa notice sur l'orfévrerie du musée du Louvre. L'orfévrerie mérovingienne est donc purement nationale, et les écoles de Reims, malgré les souvenirs antiques, furent un des centres de la Renaissance septentrionale. Chilpéric avait donc le droit de s'enorgueillir devant Grégoire de Tours, qui nous le rapporte, « de ce qu'il avait fait pour la gloire et l'honneur de la nation franque, » et cela même en recevant des objets byzantins que lui envoyait l'empereur Tibère.

Si, poursuivant l'œuvre du temps, nous cherchons les caractères de l'orfévrerie par les monuments qui sont à la portée des curieux, nous citerons comme un des plus beaux exemples de l'art, sous les rois goths, les fameuses couronnes de Guarrazar, conservées à Cluny; la plus importante, portant à son pourtour des lettres suspendues formant l'inscription *Reccesvinthus rex offeret,* nous donne une date certaine; on sait que ce roi goth a régné de 649 à 672. Au point de vue de l'art, les pièces du trésor de Guarrazar montrent l'union des pierres précieuses et des perles, à l'emploi des pierres rouges incrustées; elles tiennent donc et de l'orfévrerie mérovingienne et de celle de Byzance. Ce qui distingue particulièrement cette dernière, c'est la perfection des filigranes et la régularité de l'arrangement des pierres. Il faut ajouter encore que l'agiographie fournit un puissant moyen de distinguer les monuments grecs, des latins, lorsqu'ils sont ornés de figures, et qu'elle vient en aide, dans bien des cas, pour la détermination des dates. La manière de bénir est différente chez les Grecs et les Latins; les conciles ont fixé le mode de représentation du Christ et de la sainte Vierge. Le concile quinisexte ordonna de substituer aux symboles de l'Agneau et du Bon Pasteur, la figuration du Christ sous ses traits humains. La croix commença au milieu du quatrième siècle à recevoir la figure du Christ, peinte seulement en buste; un peu plus tard, l'effigie fut entière et vêtue; mais après le concile de 692, on commença à faire saillir en relief la figure du Sauveur. Toutefois ce n'est qu'à la fin du huitième siècle, sous le pontificat de Léon III, qu'on vit apparaître le crucifix complet avec le corps du Christ sculpté en ronde bosse. Ce n'est qu'après le concile d'Éphèse qu'on a représenté la Vierge avec l'enfant Jésus sur ses genoux.

Du huitième au neuvième siècle, nous voyons au Louvre des monuments intéressants entre tous; nous voulons parler des armes et ornements du sacre des rois, conservés longtemps à l'abbaye de Saint-Denis : voici Joyeuse, la célèbre épée de Charlemagne; la poignée, dont la fusée seule a été refaite, nous montre sur le pommeau deux oiseaux enlacés, et sur les quillons des monstres ailés, conceptions essentiellement septentrionales qu'on retrouve dans toutes les lettres ornées des manuscrits de l'époque. Il y a, dans cette partie du travail, une fermeté remarquable et un style parfaitement défini. C'est bien l'art français carlovingien, un peu barbare encore et conservant, sous les pratiques du christianisme, une partie de ces superstitions issues des vieilles croyances du Nord et qui ont peuplé nos monuments et notre littérature primitive de monstres, de tarasques et d'esprits surnaturels nés dans les profondeurs des vieilles forêts gauloises. Les éperons, en cône inséré sur une boule portée par une tige droite, donnent aussi une caractéristique de l'époque. Du dixième siècle, voici la plaque en argent repoussé provenant du trésor de Saint-Denis et offrant la visite des saintes femmes au sépulcre après la résurrection. Ce monument grec est des plus précieux

C'est encore à Cluny que nous allons trouver l'un des plus anciens monuments de l'orfévrerie à figures : c'est le célèbre autel d'or donné à la cathédrale de Bâle, au commencement du onzième siècle, par l'empereur Henri II. Dans ses divisions monumentales figure le Christ bénissant, le pouce, l'index et le médium de la main droite levés, c'est-à-dire à la latine, et tenant de la main gauche le globe; il a les pieds posés sur un monticule où sont agenouillés saint Henri et sa femme, l'impératrice Cunégonde; du côté droit sont l'archange Michel, saint Benoît, fondateur de l'abbaye du mont Cassin; puis, à gauche, les archanges Gabriel et Raphaël. Toutes les têtes sont nimbées et les nimbes ornés de pierres précieuses montées en relief. Au-dessus, sur le fronton, sont figurées les quatre vertus : la Prudence, la Justice, la Tempérance et la Force. De belles inscriptions complètent le monument. L'origine n'en est pas certaine : quelques auteurs le considèrent comme byzantin à cause surtout des mots grecs semés dans la légende ; le plus grand nombre affirment, au contraire, une provenance lombarde en le comparant plutôt au maître-autel de la basilique de Saint-Ambroise de Milan ; les derniers y voient, à raison du style architectural, une conception rhénane. Les témoins de ces époques anciennes sont trop rares pour qu'on assoie un jugement sûr. Néanmoins, ce beau travail marque une étape importante et va naturellement nous amener à des travaux essentiellement français, ceux exécutés par les ordres de Suger et qui ont été si longtemps conservés dans le trésor de Saint-Denis. Là, il est un fait curieux à constater : c'est combien les méthodes nationales se sont conservées intactes pendant un grand nombre d'années. Suger avait à faire orner des pièces venues en grande partie d'Orient : voici une patène en serpentine gravée de poissons dorés ; son pourtour est non-seulement orné de pierres en cabochons montées dans des alvéoles, mais encore de ces tables de verre pourpre qu'on trouvait déjà sous Childéric, et de cylindres du même verre formant bordure au pourtour. Le vase d'Aliénor avec ses délicats filigranes est peut-être inspiré par les travaux byzantins, mais le vase de sardonyx antique, transformé en élégante aiguière, est certainement le fruit d'une inspiration orientale et même, pour préciser davantage, un dérivé de l'art persan. Quant à cette buire de porphyre égyptien que sa monture a transformée en aigle, elle donne une excellente caractéristique de l'art français du douzième siècle ; car celle-là n'imite rien, et la hardiesse de sa composition comme la vigueur du travail donnent la plus haute idée du talent des orfévres d'alors.

A partir du douzième siècle, l'orfévrerie est étroitement liée à l'architecture, et elle en suit de plus ou moins près les évolutions ; tous les procédés lui sont bons : la fonte, la ciselure, le repoussé et les pratiques voisines, frappe et estampage, le repercé, même l'intaille, les applications de filigrane, de pierres précieuses, le nielle et les émaux. C'est qu'en effet, c'est dans l'officine de l'orfévre que s'accomplissent les inventions les plus favorables à l'art, que s'élaborent les véritables progrès. Le monastère où tout se travaille, où les manuscrits apportent la description ou l'image de ce qu'il y a de plus frappant dans le monde civilisé, le monastère conserve les traditions et prépare les découvertes de l'avenir, sorte de centres d'intelligence destinés à être remplacés plus tard par les maîtrises et corporations, et par les ateliers royaux qui devaient soutenir l'industrie jusqu'au jour où, sûre d'elle-même, elle pouvait laisser agir l'individualisme. Pour suivre avec quelque certitude la marche de l'orfévrerie, il faut ranger parmi ses œuvres certaines pièces où le cuivre fondu et ciselé et les

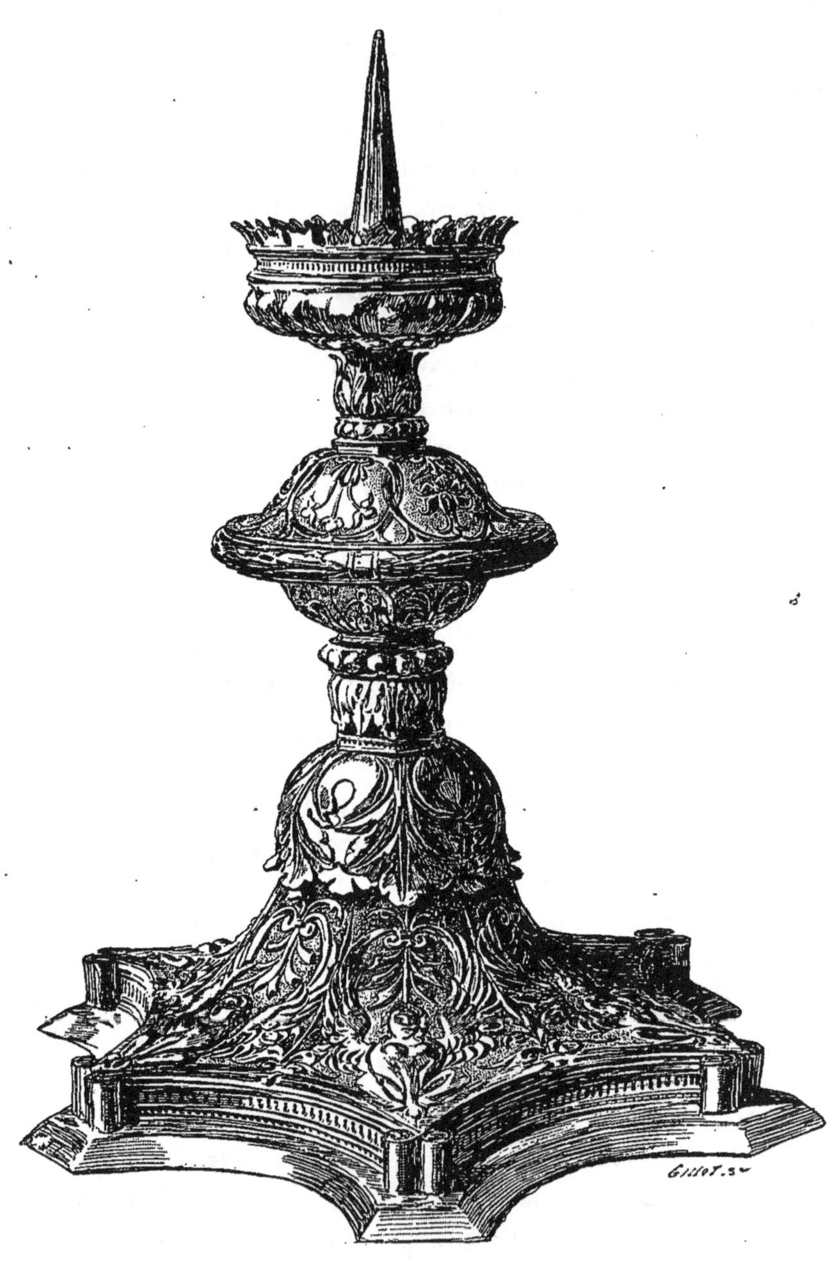

Chandelier en cuivre repoussé, ciselé et doré; travail italien d'orfévrerie du quinzième siècle.
(Collection de M. E. Bonnaffé.)

émaux s'associent aux matières précieuses ; dans cette série nous allons retrouver au Louvre bon nombre de pièces des plus curieuses. Du onzième siècle nous avons d'abord la belle boîte d'évangéliaire provenant du trésor de Saint-Denis, et qui montre la riche association du repoussé, des filigranes, des émaux et des pierres précieuses ; puis le reliquaire du bras de Charlemagne, ouvrage allemand fait sans doute à la suite de l'ouverture du tombeau du saint, et probablement entre les années 1155 et 1190, puisque Frédéric Barberousse s'y est fait représenter comme empereur avec sa femme, l'impératrice Eudoxie, et ses ancêtres. Du douzième siècle encore est la châsse de saint Potentien, qui nous offre une caractéristique excellente des constructions architecturales usitées dans l'orfèvrerie religieuse de cette époque ; cette châsse avait été faite pour l'église de Steinfeld. De la fin du même siècle est la croix reliquaire, à double traverse, ainsi que cela se pratiquait pour conserver des fragments de la vraie croix. Cette pièce de travail français est ornée de filigranes et de feuillages estampés, de pierres cabochons et de perles. Sur le croisillon inférieur est fixée une figure du Christ portant une couronne et les reins couverts d'une ample draperie. Le pied compliqué est orné de figurines en argent massif. En dessous est cette inscription : Crus Hugonis abbatis. C'est probablement celle qu'une histoire manuscrite de l'abbaye de Saint-Vincent de Laon indique comme ayant appartenu à cette abbaye ; elle aurait alors été faite pour l'abbé Hugues qui administrait de 1174 à 1205. M. Darcel fait observer, d'ailleurs, qu'en 1131 ce monastère possédait un atelier d'orfèvrerie.

Au treizième siècle, l'atelier de Limoges est dans toute sa splendeur, comme nous le montrera pour les émaux la coupe signée de maître Alpais. Nous avons donc ici un christ bénissant en cuivre repoussé, ciselé et doré, orné de perles d'émail et de verre travaillé avec un soin qui le rend rival de l'or même ; puis des crosses où la végétation occidentale fait la base de l'ornementation relevée encore de ces cabochons de verroterie remplaçant les pierres dures. Nous n'insistons pas sur ces ouvrages qui, pour l'amateur, et au point de vue surtout du mobilier, se confondent avec l'émaillerie champlevée.

Comme orfèvrerie véritable, citons le fermail du manteau de saint Louis : son fond d'argent, gravé en taille d'épargne et émaillé en bleu, est semé de fleurs de lis sans nombre ; il supporte une grande fleur de lis superposée, formée par des pierres serties ou montées sur griffes ; on y compte aujourd'hui six améthystes, six émeraudes, onze grenats ; le cadre est relevé lui-même de vingt-six grenats et deux saphirs ajoutés. Ce bijou d'une forme puissante est remarquable par le caractère somptueux et sévère qu'il doit à l'emploi des grenats cabochons posés symétriquement, et M. Barbet de Jouy fait remarquer qu'une agrafe analogue existait sur une statue de Philippe-Auguste et que Charles V possédait, en 1379, vingt-six fermaux à fleurs de lis d'or. Le Louvre nous offre un autre précieux monument, la cassette de saint Louis. Cette cassette est particulièrement intéressante par les plaques à reliefs qui alternent avec les émaux. M. Barbet de Jouy fait remarquer que les sujets de ces plaques ont pour but de représenter les passions contre lesquelles l'homme doit combattre et rester victorieux. Il en est sans doute ainsi, mais ce que nous voulons faire ressortir, c'est la forme tout orientale de ces figurations ; voilà bien l'homme attaquant une sorte d'hydre ; mais plus loin voici deux oiseaux adossés dont les cols se croisent comme dans les monuments arabes ; là c'est un oiseau de proie attaquant un animal sauvage, et tous ces motifs qu'on retrouve si fréquemment répétés dans les étoffes orientales.

Pour le quatorzième siècle, nous trouvons encore au Louvre un type précieux : c'est le groupe reliquaire de la Vierge Marie, portant l'enfant Jésus, en argent doré. Le piédestal ciselé est orné d'émaux ; dans des niches et des contre-forts qui l'encadrent, sont vingt-deux figurines représentant les prophètes de la loi nouvelle. Dans les médaillons réservés entre les reliefs, et dont le fond resplendit d'un bel émail bleu translucide à l'éclat augmenté encore par les hachures taillées en sens divers dans l'argent, ressortent des sujets gravés et travaillés comme les nielles et représentant l'Annonciation, la Visitation, la Nativité, l'Annonciation aux bergers, l'Adoration des mages, la Présentation au Temple, la Fuite en Égypte, le Massacre des Innocents, la Résurrection de Lazare, le Baiser de Judas, le Portement de Croix, le Calvaire, la Résurrection et Jésus retirant les justes des limbes. Des plaques émaillées rapportées sur les angles réunissent les armoiries de France et d'Évreux : ce sont celles de Charles le Bel et de Jeanne d'Évreux, sa femme. Une belle inscription gothique, gravée et émaillée en bleu, le confirme en ces termes : *Ceste ymage donna céans ma dame la Royne Jehe devreux royne de France et de Navarre compaigne du roi Challes, le XXVIIIe jour d'avril, lan MCCCXXXIX.*

Le quinzième siècle, époque du développement de l'architecture ogivale, devait entraîner l'orfévrerie dans la donnée monumentale ; on la voit, en effet, dans les reliquaires et autres pièces religieuses tordre l'or et le vermeil en volutes crénelées, les percer à jour de meneaux flamboyants, superposer les clochetons aux niches, orner le tout de pierres et d'émaux et le peupler de figures dont les carnations sont souvent peintes ou émaillées. Nous ne pouvons trouver un meilleur type de ce style que le reliquaire conservé au Louvre et qui avait été donné par Henri III à l'autel de l'ordre du Saint-Esprit.

Le musée de Cluny est également riche en orfévrerie de cuivre doré du quinzième siècle ; mais son plus remarquable monument est la châsse de sainte Anne formée d'un groupe en argent émaillé et orné de pierreries, ouvrage du célèbre orfévre de Nuremberg, Hans Greiff. La sainte, assise dans un fauteuil à dais, porte sur ses genoux la sainte Vierge et un autre enfant que les légendes allemandes prétendent être le frère de celle-ci. Tous deux soutiennent une châsse qui contenait les reliques. Il faut pourtant s'arrêter encore devant les deux grandes châsses d'argent en partie doré qui proviennent du trésor de Bâle ; elles donnent une excellente caractéristique de l'ornementation architecturale allemande à la fin du quinzième siècle.

Comment parler de cette époque sans s'arrêter aux artistes italiens et sans dire un mot de la Renaissance qui allait s'accomplir? Ce serait d'autant plus le lieu de le faire qu'en Italie on pourrait dire que cette transformation de l'art est l'œuvre des orfévres ; sculpteurs, peintres même, tous avaient manié les métaux précieux. Mais après avoir lutté quelque temps entre deux influences, celle du gothique venant de France et celle de l'antique même, celle-ci l'emporta et entraîna nécessairement les nouveaux adeptes vers les ouvrages de statuaire et d'architecture et la grande décoration, en sorte que les premiers monuments de l'orfévrerie italienne n'existent pour ainsi dire pas. Il faut arriver au seizième siècle pour trouver dans Benvenuto Cellini l'histoire de ce que fut l'art dans son pays lors de ses premières manifestations, et pour juger par ses œuvres de ce qu'il devint dans ses mains. Quant à la France, on a eu le tort, suivant nous, de lui faire toujours une part trop restreinte. Avant de suivre les écoles étrangères, avant que Matteo del Nassaro vînt monter les gemmes, que Benvenuto créât des vases et des bijoux, nos artistes, malgré le goût de Georges d'Amboise pour les pièces italiennes, ne manquèrent certes pas de travaux et d'encouragements; l'édit de Louis XII qui limite le poids des métaux employés dans chaque pièce et celui qui astreint au poinçonnage, le prouvent assez. Les monuments, d'ailleurs, qui ont survécu, nous montrent qu'en subissant, la présence d'étrangers qui cherchaient à nous imposer leur goût, l'école française a su sauvegarder sa vieille indépendance. Elle ne prit de la Renaissance que ce qui lui convint et sut même donner aux inspirations puisées dans le renouveau antique, une allure tellement personnelle qu'on ne trouve rien à y opposer.

Il peut donc être fait deux parts distinctes dans l'art français de la Renaissance: celle des Italiens amenés en France par les grands et bientôt absorbés par le goût du pays; l'art national puisant dans le goût antique et les productions étrangères ce qui convenait à son tempérament. Malheureusement, il est bien difficile de démontrer ces faits pratiquement à raison du petit nombre des monuments encore existants.

Examinons pourtant ceux que nous offrent nos musées. Nous avons donné, aux armes, l'épée de François Ier avec sa poignée d'or timbrée de la salamandre et émaillée: c'est là évidemment une de ces pièces faites par les artistes italiens, et on y retrouve leur goût et leurs procédés; mais, ailleurs, nous trouvons une Renommée, le buste nu, montée sur un cheval dont le harnachement est niellé et émaillé; la femme elle-même porte une robe lampassée et est parée de collier et bracelets également niellés: ceci rappelle le style de Germain Pilon. Une croix processionnelle à fleurs de lis caractérise l'orfèvrerie religieuse, et deux coupes, l'une surmontée d'un Neptune, l'autre portée par un Bacchus, ainsi qu'un plat aux armes des Gondy, nous montrent l'orfèvrerie de service.

Il faudrait une étude spéciale et des pages sans nombre pour analyser sérieusement les phases de cette grande époque de la Renaissance italienne et de la Renaissance allemande. Où sont les ouvrages que repoussait le Caradosso et dont le mérite était tel que Cellini mettait son orgueil à en trouver le secret; où sont les grands vases de Luca-

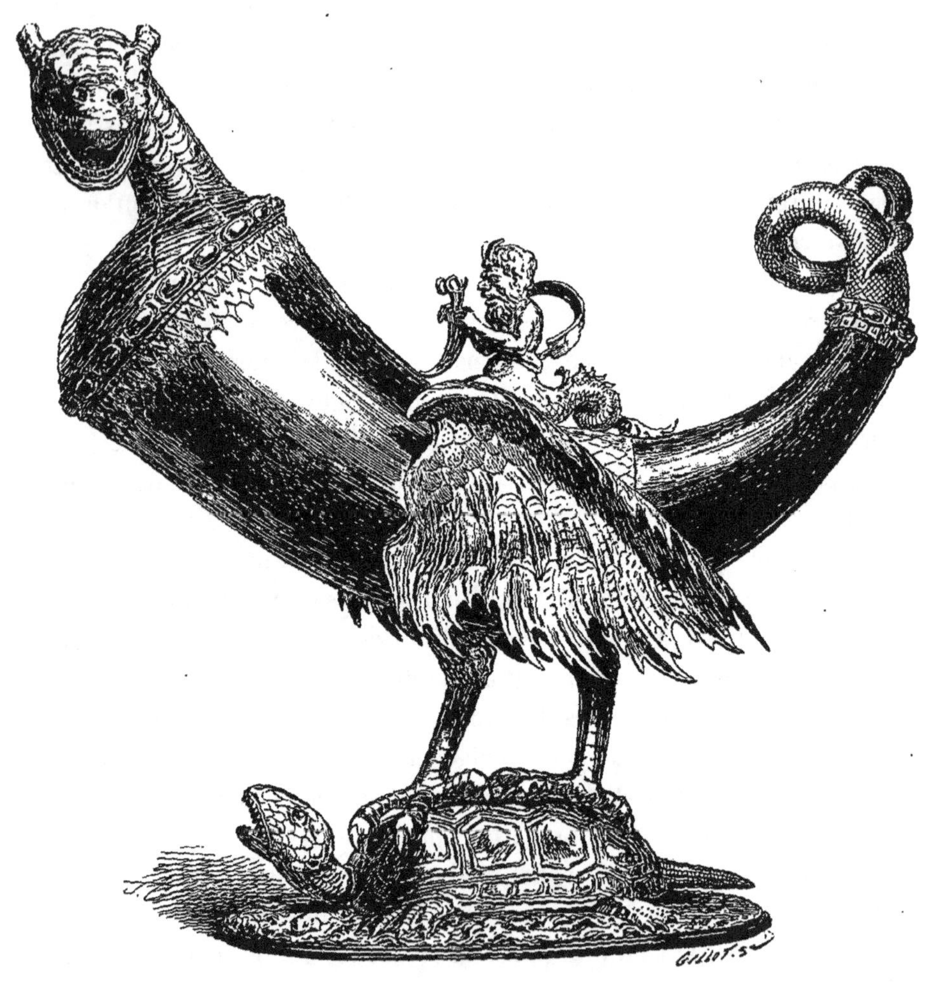

Hanap en forme de chimère. Le corps est pris dans une corne, la monture en argent doré, le triton porte les armoiries de Montfort; travail allemand du seizième siècle. (Trésor de Vienne.)

gnolo de Jesi? Les collections nous montrent trop peu d'œuvres de ces intéressantes époques pour qu'on ait l'idée de leur abondance et de la fécondité des maîtres. Il y a des rameaux de la souche italienne dont on ne peut même soupçonner la vigueur que lorsque le hasard en a mis les produits sous nos yeux : tel est le rameau portugais très-reconnaissable à ses repoussés, presque de haut-relief, rappelant les dispositions de l'orfévrerie antique. Quelques belles pièces réunies à l'Exposition du costume nous en ont fait apprécier les élégances, et combien d'autres dont on aimerait à connaître la filiation lorsqu'on parcourt les galeries privées !

Quant à l'orfévrerie allemande, nous en possédons un échantillon des plus curieux daté de 1536 : c'est l'aiguière avec son plateau représentant la victoire de Charles-Quint sur les Africains et la prise du fort de la Goulette, sujet représenté sur diverses matières et toujours avec apparat. On peut reprocher, en général, au style allemand, une certaine lourdeur ; mais les orfévres ont su imprimer à leurs pièces, et surtout à certains vidercomes, un caractère de pompe véritablement monumental. Dans cette foule de pièces qui survivent aux naufrages des temps, il y a, certes, un choix à faire ; mais on peut trouver encore aujourd'hui des types bien dignes d'entrer dans le mobilier d'un curieux. Citons même parmi les orfévreries allemandes du seizième siècle, certaines merveilles de mécanique telles que la nef en orfévrerie dorée et émaillée que possède l'hôtel de Cluny et sur laquelle figure Charles-Quint sur son trône, entouré de toute sa cour. Une horloge, placée sur le pont, indique les heures, et d'ingénieux rouages mécaniques mettent en mouvement tous les personnages et la nef elle-même, allument les canons qui tonnent, orientent les voiles et font sonner des fanfares aux musiciens pendant que les dignitaires défilent devant l'empereur, qui les salue, et rentrent dans la chambre de la dunette dont ils étaient d'abord sortis.

De pareilles pièces, que l'on considérerait presque de nos jours comme des jeux d'enfants, étaient alors d'un prix élevé et constituaient les cadeaux que se faisaient les souverains entre eux.

Est-ce par un ressouvenir des anciens temps et de ces buires singulières en bronze du treizième siècle, formées par des monstres ou des chevaux montés par des héros ou des guerriers, que les Allemands ont composé des vases à liqueur en vermeil figurant des cerfs, fuyant sur un terrain couvert de fleurs, ou d'autres animaux lancés à la course ? On rencontre assez fréquemment de ces pièces qui sont d'un volume assez considérable, et parfois repoussées et ciselées avec art.

Nous ne devons pas perdre de vue qu'il ne s'agit point ici de faire une histoire de l'orfévrerie, mais de rappeler seulement, par quelques indications, les principales époques et les plus intéressants spécimens sur lesquels le choix doit se fixer. Renaissance et seizième siècle sont aujourd'hui des mots de sens élastique. Il y a une différence énorme entre une pièce de la Renaissance italienne et allemande, entre un spécimen du commencement ou de la fin du seizième siècle.

Pour le style purement français, rien de plus curieux que les ouvrages de l'époque de Henri II, lorsque notre pays, malgré l'ingérence des étrangers, l'influence exercée par la Florentine Catherine de Médicis, non-seulement redevint lui-même, mais sut imposer son goût et son art à cette femme éclairée et passionnée. Son orfévre n'était-il pas Guillaume Arondelle? N'était-ce pas à deux autres Français, Gilles Suramond et Jehan Doublet, que son royal époux demandait les pièces de son service? Que la Renaissance italienne ait influencé la nôtre, rien de mieux; cependant, tout en recevant d'au delà des monts le signal du retour vers l'antique, nos artistes surent conserver leur originalité nationale, créer, en l'empruntant à la sculpture, un galbe de figures d'une élégance particulière.

Avec le dix-septième siècle, l'art devait subir de nouvelles transformations; l'architecture s'était alourdie; la brique avait remplacé en partie la pierre aux broderies sculptées; le costume prenait une ampleur éloignée des élégances efféminées du seizième siècle. L'orfévrerie devait suivre. Il est assez difficile, en l'absence des témoins de ces modifications, de les faire comprendre par des phrases; l'influence du seizième siècle devait durer longtemps, et c'est peu à peu, par transitions presque insensibles de Charles IX à Henri IV et Louis XIII, que l'orfévrerie parvint à cette pompe caractéristique du règne de Louis XIV. Si nous cherchons un exemple de cet art de transition, nous le trouverons dans le coffret désigné par la tradition comme un don du cardinal Mazarin à la reine Anne d'Autriche, femme de Louis XIII. Les délicats enroulements ornés de fleurs naturelles que l'artiste inconnu a ciselés dans un or magnifique sont un type parfait du goût qu'on retrouve dans les émaux peints, les meubles et les autres productions de cette même époque.

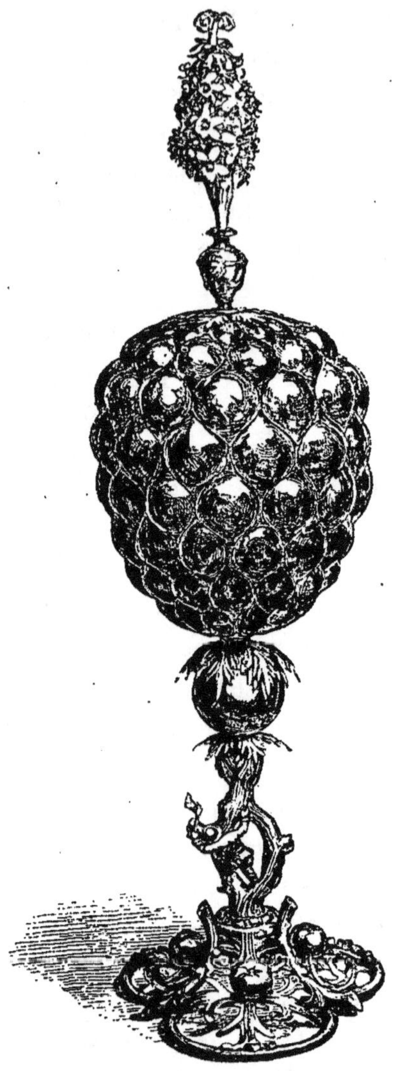

Vase à boire en vermeil repoussé avec parties en argent; travail allemand du commencement du seizième siècle. (Musée du Louvre.)

Pour indiquer ce que fut l'orfévrerie de Louis XIV, nous devons d'abord écarter le bijou, transformé lui aussi, puisque les délicatesses de l'art y étaient remplacées par le luxe et le haut prix des pierres précieuses et des perles. L'orfévrerie, elle, jusqu'aux désastres de la fin du règne, manifesta sa puissance par l'abondance du métal et l'ampleur de ses formes. On admirait chez le cardinal Mazarin, les chenets et les brasiers d'argent, les lustres de cristal et d'orfévrerie, les miroirs garnis de plaques d'or et d'argent. Les villes offraient à leurs gouverneurs de grands bassins, des flambeaux, des aiguières ciselés par les artistes renommés du temps. Ainsi les Lescot furent les initiateurs du genre ; mais l'homme qui réalise l'idéal de splendeur rêvé par Louis XIV, c'est Claude Ballin, dont M. Paul Mantz dit si excellemment qu'il faisait harmonieusement partie du groupe d'artistes qui travaillaient pour le roi. « Il donne la main à Lebrun ; il parle la langue des frères Marsy, de Mansard, de Le Nôtre. » Perrault, dans ses *Hommes illustres*, nous dit qu'il y avait de lui « des tables d'une sculpture et d'une ciselure si admirables, que la matière toute d'argent et toute pesante qu'elle était, faisait à peine la dixième partie de leur valeur : c'étaient des torchères et de grands guéridons de huit à neuf pieds de hauteur pour porter des flambeaux ou des girandoles ; de grands vases pour mettre des orangers et de grands brancards pour les porter où on aurait voulu ; des cuvettes, des chandeliers, des miroirs, tous ouvrages dont la magnificence, l'élégance et le bon goût étaient peut-être une des choses du royaume qui donnaient une plus juste idée de la grandeur du prince qui les avait fait faire. » Toutes ces merveilles ont disparu dans le creuset du fondeur et ont passé sous le balancier monétaire ; trop heureux sommes-nous d'en puiser une idée dans une splendide tapisserie qui montre Louis XIV visitant les ateliers des Gobelins et voyant défiler devant lui tous ces trésors destinés à son palais de Versailles.

Les Gobelins, telle était en effet la grande école où, enrégimentés par Lebrun, les artistes apprenaient à rompre leur personnalité sous le génie centralisateur du peintre du roi. Pourtant n'exagérons rien : il est incontestable qu'à aucune autre époque les arts, dans leur ensemble, ne furent soumis à une plus grande discipline ; mais, à défaut des ouvrages sortis des mains de beaucoup des orfévres du règne de Louis XIV, nous pouvons retrouver du moins leur pensée individuelle dans des recueils publiés par eux, à l'usage de leurs confrères. On verra donc se révéler bien des ingénieuses conceptions dans les modèles d'Étienne Carteron en 1615, Esaias Van Hulsen en 1616, Jean Toutin de Châteaudun en 1618, Gédéon et Laurent Lesgaré en

1623, Balthazar Lemercier en 1625, George Mosbach en 1626, Pierre Marchant en 1628, Jacques Caillard en 1629, Pierre de la Barre et Antoine Hedouyns en 1623, Pierre Boucquet en 1634, François Lefebvre en 1635, Louis Rouper de Metz en 1668, et enfin Daniel Marot, qui nous représente la situation de l'art au moment où Louis XIV commençait à vieillir.

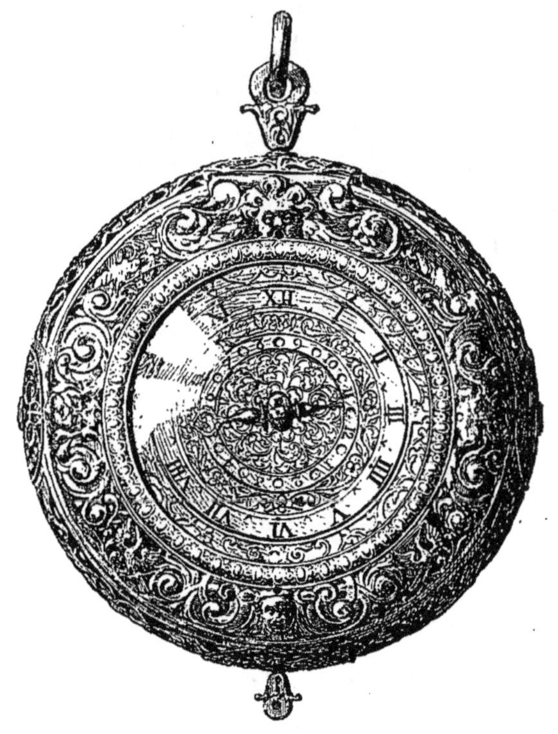

Montre en argent ciselé et doré; époque de Henri IV. (Collection de M. Dutuit.)

Mais tout en donnant par son exemple un encouragement au luxe, le roi s'avisa tout à coup que le patrimoine des familles était absorbé par les profusions, et le 31 janvier 1669, il rendit un arrêt qui interdisait absolument l'usage de la vaisselle d'or et limitait le poids de celle d'argent, obligeant ceux qui possédaient des objets de la nature de ceux défendus, de les porter à la Monnaie.

A ce premier coup porté à l'art de l'orfévrerie en succéda un second ; les nécessités de la guerre obligèrent le roi à frapper la matière d'un droit de seigneuriage, qui en élevait singulièrement le prix, droit qui bientôt doublé excita les réclamations des intéressés. Il fut donc sursis à la perception du double droit; mais les temps de prospérité étaient passés, les finances devenaient de plus en plus embarrassées, et il fallait prendre un parti. Ce parti chacun le connaît : ce fut l'arrêt du 3 décembre 1689 qui fit porter à la Monnaie toute l'argenterie qui servait dans les chambres, comme miroirs, chenets, girandoles et toutes sortes de vases. Le roi donna l'exemple de cet affreux sacrifice, qui engloutissait tant de chefs-d'œuvre et qui produisit l'insignifiante ressource de trois millions.

Bien que l'Église ait été épargnée, les monuments d'orfévrerie religieuse de l'époque Louis XIV sont assez peu fréquents. Nous n'avons pas besoin d'insister sur la rareté des pièces d'usage civil, puisque les seules qui restent n'ont pu être conservées qu'en fraude; cependant l'Exposition universelle nous a montré les belles pièces appartenant à M. le baron Pichon, notamment des vases de Loir, une chocolatière d'Étienne Balaguy et des flambeaux d'Outrebon. Citons encore le ravissant cadre de glace de Mme la baronne de Rothschild; c'est un chef-d'œuvre d'élégance et de goût. Quant au Louvre, il nous offre une de ces aiguières en forme de groupe, d'invention allemande; c'est un centaure enlevant une femme; nous y voyons encore une coupe à piédouche, en argent fondu, repoussé, ciselé et doré, ornée de ces sujets allégoriques chers à la Renaissance, puis quelques pièces d'orfévrerie religieuse.

Peu après la mort de Louis XIV, un changement notable survint dans le style; les coquilles et palmettes, les masques à guirlandes, les acanthes et culots, parurent trop froids à cette société lassée des manifestations religieuses des derniers temps, et avide de retrouver le mouvement des fêtes qui avaient marqué la jeunesse du roi. Le régent, homme de plaisir, ne pouvait manquer de seconder ce mouvement, et, bien que peu porté lui-même vers les choses d'art, il encouragea les artistes disposés à créer du nouveau. Claude Ballin, le neveu, entra dans cette voie; ses surtouts de table compliqués d'ornementation, lui valurent une vogue extraordinaire. Après lui parut Thomas Germain, doué d'un talent véritable, qui fut entraîné dans la pente du goût nouveau. Mais celui qui porta le genre rocaille à sa dernière exagération, c'est Just-Aurèle Meissonnier : abusant du talent des ciseleurs nombreux à cette époque, il leur fit mettre tout leur esprit dans des ouvrages de profils compliqués, couverts de rocailles, hérissés de détails;

la ligne a disparu sous une profusion de chicorées inutiles, où l'œil se perd sans plaisir dans une confusion miroitante.

A cette dégénérescence de l'art, devait s'en joindre une autre ; l'or était devenu rare et l'argent s'achetait à haut prix ; on se mit donc à chercher des matières qui puissent en imiter l'effet, sans en avoir la valeur. A Lille, un nommé Renty obtint en 1729 un brevet pour la découverte d'un *métal* imitant l'or ; en 1731, Leblanc, fondeur du roi, trouvait à son tour une composition appelée similor et qui devait fournir à bon marché des boucles, des pommes de canne et des gardes d'épées. Cette invention convenait parfaitement aux idées mesquines du temps, et l'on vit le similor figurer jusque dans les cadeaux diplomatiques. Le roi lui donna même accès chez lui, et plus tard Louis XVI admit pour son service l'argenterie fourrée ou plaquée, et conféra le titre de manufacture royale à l'établissement fondé par Tugot et Daumy, pour l'exploitation de cette fausse orfévrerie.

N'anticipons pas, et, après avoir montré ces tendances, revenons à l'art et aux artistes en renom sous Louis XV. L'un des plus célèbres fut Jacques Roettiers ; son style est encore celui des rocailles, des chicorées contournées. La vaisselle qu'il exécuta pour la Dauphine, le grand surtout de table qu'il fournit en 1749 à l'électeur de Cologne, établirent son renom ; pourtant sa gloire s'éclipsa dans les dernières années de sa vie. Les idées tournaient vers un idéal plus pur, et de nombreuses protestations s'étaient fait jour contre les exagérations de Meissonnier et de son école. C'est là un de ces phénomènes dont nous avons souvent signalé les effets : ce n'est jamais au moment où il se produit qu'il faut chercher la cause d'un changement dans le goût et les habitudes d'un peuple ; il faut remonter bien plus haut. Les protestations imprimées dans le *Mercure* en 1754 ne devaient produire leur effet que plus tard, et le style Louis XVI fut le fruit des efforts tentés contre les délirantes conceptions du goût Louis XV. Philippe Caffieri eut quelque influence sur ce mouvement, en secondant les intentions de Mme de Pompadour, qui en était le promoteur principal. On ne parlait alors que d'antique ; tout, d'après la phraséologie d'alors, semblait emprunté à l'art grec, et l'on sait que cette aberration conduisit, à travers le règne éphémère de Louis XVI et la Révolution, jusqu'à l'Empire, qui, se croyant plus grec que jamais, donna ce style guindé sans saveur et sans force qu'on a peine à comprendre aujourd'hui, que les véritables antiques grecs sont connus et appréciés par tous les gens de goût.

Ce que la fin de Louis XV et le règne de Louis XVI nous ont laissé de monuments d'orfévrerie est peu considérable, mais parfaitement suffisant pour marquer le progrès accompli ; lorsqu'on voit comment l'argent se combinait en lignes simples et se couvrait de délicats ornements de la plus fine ciselure, et qu'on se figure une table chargée de cette argenterie, accompagnée des vases ou des biscuits sortis des manufactures de Sèvres, on rêve les plus coquettes élégances et l'on voit revivre ces figures illuminées de leur beauté et de l'auréole que leur a mise le malheur des temps.

Après ce rapide aperçu, ce qu'il importe aux curieux c'est de trouver une liste des noms principaux qui se sont signalés dans l'art; il faut qu'on puisse au besoin mettre une date à côté d'un nom gravé dans l'or ou l'argent, jusqu'au jour où le travail recueilli et préparé par M. le baron Pichon permettra de déterminer la provenance de chaque ouvrage au moyen de ses contrôles. Ce que nous devons dire ici c'est que les noms entiers sont rares et que presque toujours les initiales des orfévres sont celles de leurs prénoms, reste des habitudes communes aux artistes du moyen âge et de la Renaissance.

IXe s. V. Volvinius, 835, paliotto de Saint-Ambroise de Milan.
1158. † Leo de Molino, orfévre vénitien.
1286. Jean de Pise.
— Cione, élève de Jean de Pise.
— Spinelli Forzore, fils de Spinello d'Arezzo, élève de Cione.
— Becto, fils de Francesco, autel du Baptistère de Florence.
1300. Bertucci, orfévre de Venise.
1316. Andrea d'Ognabene, paliotto de Pistoja.
1334. Mondino, de Crémone, orfévre à Venise.
1334. Cristofano di Paolo, autel du Baptistère de Florence.
1338. Ugolino, de Sienne, reliquaire d'Orvieto.
1345. Gianmaria Boninsegna, refait la palla d'oro de Saint-Marc.
1347. Giglio, de Pise, paliotto de Pistoja.
1357. Pietro, de Florence, id.
1357. Ludovico Buoni, de Faenza, id.
1357. Cipriano, autel de Pistoja.

1366. Berto di Geri, parement de l'autel de Florence.
1369. Giovanni Bartholi, de Sienne, reliquaire de saint Pierre et saint Paul.
1369. Giovanni Marci, id.
1371. Leonardi di Giovanni, paliotto de Pistoja.
1382. Giacomo di Marco Benato, orfévre vénitien.
1390. Pietro, fils d'Arrigo, Allemand, autel de Pistoja.
1396. Nofri, fils de Buto, autel de Pistoja.
1398. Atto Braccini, de Pistoja.
1398. Lorenzo del Nero, de Florence, autel de Pistoja.
— Andrea Arditi, de Florence.
— Nicolo Bonaventure, reliquaire de Forli, chef de saint Sigismond.
1400. Leonardo, fils de Matteo, autel de Pistoja.
1400. Nicolo, fils de Guglielmo, id.
1400. Pietro, fils de Giovanni, id.
1412. Giacomo-Lorenzo et Marco Sesto, fils de Bernardo, de Venise.
1415. Ghoro, fils de Neroccio, de Sienne.
— Bartoluccio Ghiberti, beau-père de Lorenzo.
1439. Lorenzo Ghiberti, châsse de saint Zanobi.
1446. Thommaso Ghiberti, fils, chandeliers du Baptistère de Florence.
1498. † Antonio del Pollaiuolo, élève de Bartol. Ghiberti.
— Giovanni Turini, de Sienne, élève de Pollaiuolo.
— Michele Monte, Baptistère de Florence.
— Bartolommeo Cenni, id.
— Antonio Salvi, id.
— Parri Spinelli, id.
— Paolo Uccello, id.
— Masolino da Panicale, id.
— Nicolo Lamberti, id.
1452. Michelozzo Michelozzi, Baptistère de Florence.
1456. Pietro, fils d'Antonio, de Pise, autel de Pistoja.
— Meo Ricciardi, autel de Pistoja.
— Filippo, id.
— Francesco, fils de Giovanni, Baptistère de Florence.

1456. Berto Geri, Baptistère de Florence.
1466. Leone Sicuro, orfévre vénitien.
1476. Livio d'Astore, de Venise.
1477. Andrea del Verrochio, Baptistère de Florence, † 1488.
1477. Bernardino di Cenni, id.
1483. Giacomo di Filippo, da Padova, orfévre vénitien.
1484. Vittore Gambello, dit Camelio, de Venise.
1484. Antonello di Pietro, de Venise.
1484. Alessandro Leopardi, de Venise.
1487. Bertolotus de Puteo, croix de Monza.
— Francesco Raibolini, dit le Francia, né 1450, † 1517.
— Luca Sesto, de Venise.
1495. † Dominico Corradi, fils de Tommaso.
— Tommaso Corradi del Ghirlandajo.
— Alberto di Pietro, de Venise.
— Briamonte di Gambelli, peut-être frère de Camelio.
— Silvestro Grifo, de Venise.
1500. Foppa Ambrosio, dit Caradosso.
1500. Paolo Rizzo, orfévre damasquineur de Venise.
1535. Marino, orfévre florentin, quelques auteurs disent Mariano.
— Michelagnolo di Viviano, maître de Cellini.
— Antelletto Bracciaforte, de Plaisance.
— Piero, dit Mino, travaux en filigrane.
— Piloto.
— Antonio di Sandro, maître de Cellini.
— Giovanni da Firenzuola.
— Carlo Sovico, orfévre damasquineur, de Milan.
— Girolamo dal Prato, gendre de Caradosso.
— Piero Giovanni et Romolo del Tovaloccio.
— Luca Agnolo, ouvrier de Cellini.
— Zoppo, de Vérone, élève de Matteo del Nassaro.

XIe s. Bernward, évèque de Hildesheim, † 1022.
1181. Nicolas, de Verdun, antependium de Klosterneuburg.
— Conrad, de Huse, calice de Weingartein.
1472. Hans Greiff, statuette et reliquaire en or et argent émaillés.

1482. Heinrich Hufnagel d'Augsbourg.
1528. Wenzel Jamnitzer, de Nuremberg, † 1585.
1541. Hotman.
1548. Théodore de Bry, † à Francfort 1598.
1583. Christophe Jamnitzer, de Nuremberg, † 1618.
XVIe s. Kellerthaler, de Nuremberg.
— A. Schweinberg, d'Augsbourg.
1589. Jonas Silber, de Nuremberg.
1595. Daniel Mignot, d'Augsbourg.
— Hans Pezolt, de Nuremberg, † 1633.
XVIIe s. Mathaus Walbaum, d'Augsbourg.
1685. Samuel Colivaux (édit de Nantes).
— Jean-Melchior Diglinger, † 1731.
— Johann. Andreas Thelot, d'Augsbourg, † 1734.

IXe s. Vulfuin, de Chichester.
XIIe s. Anktill, orfévre et monétaire.
— Salomon de Ely, élève d'Anktill.
XIIIe s. Walter de Colchester.
1237. Odo, orfévre de Henri III, Westminster.
1244. Edward, fils d'Odo.
XIVe s. B. de Wood Street.
— Chichester.
— Godfrey de Wood Street.
— Hessey (Thomas).
— John Walsh.
1417. Guillaume Katan.
XVe s. Shore.
1690? Simon Gribelin, fixé à Londres.
1432. Jehan Pentin, de Bruges.
1430. Jehan de Zeelande, de Gand.
1439. Lambspring ou Lambespring (Bartholomew).
— Daniel Marot, réfugié en Hollande.
1693. Jean-François Cousinet, orfévre du roi de Suède.

474. Mabuinus, orfévre gaulois.
588. Abbon, orfévre et monétaire de Limoges.

588. Eligius ou saint Éloi, son élève.
— Thillo ou saint Theau, élève de saint Éloi.
780. Altheus.
Xe s. Bernuin, chanoine de Sens.
— Bernelin, id.
1242. Bonnard, de Paris, auteur de la châsse de sainte Geneviève.
1250. Raoul, orfévre de saint Louis, élevé à la noblesse.
— Guillaume Boucher, de Paris, fixé près du Kan de Tartarie.
1292. Gilbert l'Anglais, orfévre à Paris.
1292. Jehan, de Londres, id.
1292. Robert l'Anglais, id.
1292. Sendrin l'Anglais, id.
1322. Nicolas des Nielles ou de Nigella, orfévre à Paris.
1345. Thomas de Lengres.
1348. Thomas Auguetin.
1348. Guillaume de Vaudestat.
1349. Josseran de Mascou.
1349. Jehan Malin.
1352. Pierre des Barres.
1352. Jehan le Brailler, orfévre de Jean II le Bon.
1353. Pierre Boudet.
1353. Pierre des Livres.
1354. Jehan de Lille.
1359. Franchequin.
1363. Martin Harselle.
1363. Rogier de la Postrie.
1364. Jean de Mautreux, orfévre du roi Jean.
1370. Jean de Maucroix, de Paris.
1382. Jehan Here.
1382. Jehan de Premierfait, de Troyes.
1388. Simmonet le Bec.
1389. Perrin Bonhomme.
1389. Jehan le Charpentier, de Paris.
1389. Jehan Hune, de Paris.
1391. Guillaume Arode.
1392. Perin, de Choisy.

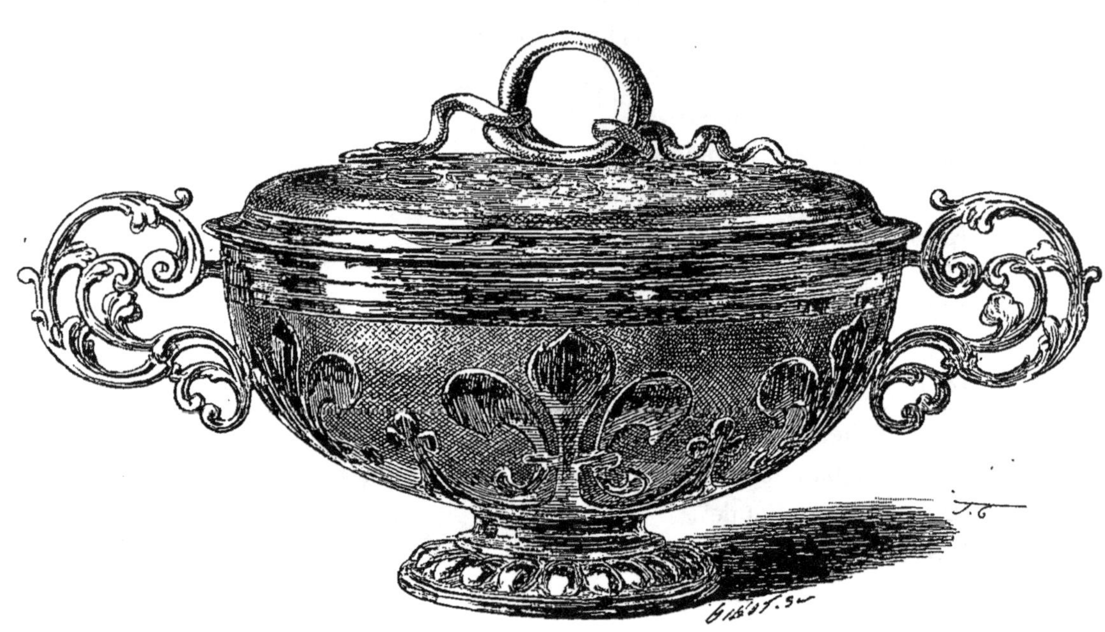

Coupe couverte en vermeil ornée d'une couronne fleurdelisée ; travail français du dix-septième siècle.

1392. Jehan Quarre.
1392. Herman Ruissel, de Paris.
1393. Hans Karat.
1407. Jehan Fauconnier, de Tours.
1394. Pierre Blondel.
1394. Perrin Hune.
1395. Gillet Saiget.
1396. Hance Croist, orfévre du duc d'Orléans
1396. Hanroy de Mustre.
1397. Josset Desture.
1397. Jehan Hasart.
1399. Jean Brun.
1399. Jehan de Brye.
1399. Ghiselin Carpentier, de Tournay.
1399. Luc.
XIVe s. Retour (Robert), orfévre en la conciergerie de Saint-Paul.
— Hannequin, orfévre de Charles V.
— Henry, orfévre du duc d'Anjou.
— Jean de Piguigny, orfévre du duc de Normandie.
1400. Jehan Compère, de Paris.
1400. Jehan le Conte.
1404. Evrard le Cordien.
1404. George de Rondeville.
1405. Jehan Mainfroy, orfévre du duc de Bourgogne.
1407. Jehan Galant.
1408. Guillaume Boey, châsse de Saint-Germain des Prés.
1408. Jean de Clichy, id.
1408. Gautier Dufour, id.
1408. Jehan Mainfroy, orfévre de Philippe le Hardi.
1414. Jehan Nofiex, de Saint-Quentin.
1416. Le Grand Albert, de Paris.
1416. Albert du Molin, id.
1416. Hermant Kanise.
1416. Julien Simon, de Paris.
1417. Michel Blondel, de Blois.
1423. Guillin Le Noir.
1423. Jehan Pentin, de Bourges.

1425. Jehan Martin, de Boulogne.
1428. Jehan Desprez, de Lille.
1432. Huart Duvivier, marchand de joyaux.
1432. Jehan Pulz.
1433. Pierre de la Haye.
1435. Pierre Le Charron, de Paris, orfévre émailleur.
1453. Gilbert Jehan, de Tours.
1455. Jehan Lessaieur ou Lessayeur.
1455. Gilbert Lorin, orfévre de Charles VII.
1461. Jehan Lefèvre, de Rouen.
1461. Colin Touroul, id.
1461. Jehan Somnean.
1463. André Mangot, de Tours, châsse de sainte Marthe.
1470. Jehan Chenuau, de Tours.
1470. Guillemin Poissonnier, de Tours.
1470. Lambert de Sey, d'Amboise.
1482. Jehan George.
1482. Thomas de Saint-Pol, de Tours.
1486. Mathieu Le Vacher, de Paris.
1493. Conrat ou Conrarde Coulongne, de Tours.
1495. Jehan Gallant, orfévre de Charles VIII.
1498. Charles Falcone ou Faulcon, id.
1498. Pierre Falcone, id.
1498. Pierre Quincauld, d'Arras.
1499. Henri, orfévre de Louis XII.
1499. Arnould de Viviers, orfévre d'Anne de Bretagne.
1500. Jean Papillon, médaille de Louis XII.
1502. Henri de Messiers, garde de la corporation.
1502. Mathieu Le Vacher, de Paris.
1503. Jean de Russange, orfévre sur le pont Notre-Dame.
1514. Louis Deuzan, orfévre de Louis XII et de François Ier.
1514. Pierre Mangot, id.
1516. Robin Rousseau, de Tours.
1521. Jacques Le Vasseur, de Chartres, châsse de saint Piat.
1521. Jehan Siguerre, de Rouen, id.
1523. Gatien Boucault, de Tours.
1526. Matteo del Nassaro, appelé en France par François Ier.

1528. Renault Damet, de Paris.
1529. Pyramus Triboullet, monteur de vases.
1530. Jehan Davet, de Dijon, damasquineur.
1530. Charles Millet, de Béthune.
1532. Jacques Polin ou Poullain, orfévre du pont au Change.
1538. Benedict Ramel, médaillon de François Ier.
1538. Jehan Cousin, de Paris.
1540. Benvenuto.
1541. Simon Dotières ou Potières, joyaulier.
1541. Jean Cousin l'aîné.
1541. Simon Cressé.
1541. Guillaume Castillon.
1541. Jacob Garnier.
1541. Jean Hérondelle.
1541. Jean Lenfant.
1541. Nicolas Lepeuple.
1541. Philippe Leroy.
1541. Mathieu Marçel.
1541. Richard Toutin.
1544. Claude Marcel.
1547. Jacques Pijard.
1548. Ferry Hochecornes.
1549. Charles Roullet.
1550. Mathurin Lussault, orfévre suivant la cour.
1551. Robert Mangot.
1555. Gilles Suramond ou Suraulmone, orfévre de Henri II.
1556. Jehan Doublet, orfévre de Henri II et du Dauphin.
1556. Pierre Woeriot.
1557. Pierre Hautement ou Hottman, Lorraine.
1559. Domenico del Barbiere, vase pour le cœur de Henri II.
1560. Pierre Cauchoys.
1560. L'Echoquette, compagnon.
— François Briot.
1563. Marie Poullain, veuve Cauchoys.
1566. Jehan Aucel.
1567. Louis Gaucher.
1570. François Desjardins, orfévre et lapidaire de Charles IX.

1570. Bourselle, tué à la Saint-Barthélemy.
1571. François Dujardin (le même que Desjardins).
1571. Pasquier de la Noue, ceintures d'or émaillées.
1573. Richard Toutain, orfévre sur le pont au Change.
1574. François Guyard, orfévre de Henri III.
1582. Chapron.
1584. Guillaume Arondelle, orfévre de Catherine de Médicis.
1587. Jean de la Haye, travaille pour Gabrielle d'Estrées.
1589. Messier, orfévre sur le pont au Change.
1589. Gilbert Richaudeau.
1591. David Vimont ou de Vimont, orfévre de Henri IV.
1599. Pierre Hémant.
1605. Mosbereaux (les frères), de Limoges, logés au Louvre.
1608. Pierre Courtois, logé au Louvre.
1608. Nicolas Roussel, id.
1611. Marc Bimbi, id.
1612. Mathieu Lescot.
1615. Étienne Carteron.
1618. Jean Toutin, de Châteaudun, émailleur, graveur.
1621. Gédéon Lesgaré, de Chaumont.
1623. Laurent Lesgaré.
1623. René de Lahaye.
1624. Vincent Petit, enrichisseur d'armes, logé au Louvre.
1624. A. Virot, dessinateur.
1625. Balthazar Lemercier, dessinateur.
1625. De Vaux, poursuivi par la corporation.
1627. Labarre l'aîné, logé au Louvre.
1628. Pierre Marchant, dessinateur.
1629. Jacques Caillart.
1630. Pijard, garde des reliques de la Sainte-Chapelle.
1631. Raymond Lescot.
1633. Antoine Hédouyns.
1633. François Lescot, orfévre de Mazarin.
1635. François Lefebvre.
1638. Jacques de Launay.
1640. Alexis Loir, orfévre des Gobelins..
1642. Jean Banquerol, logé au Louvre.

1642. Jacques Roussel, orfévre et graveur de Louis XIII.
1642. Roberdet, orfévre de Mazarin.
1643. Jean Gravet, logé au Louvre.
1645. Claude Ballin, orfévre de Louis XIV, † 1678.
1647. Nicolas Delaunay, id.
— Vincent Petit, logé au Louvre.
1647. Thomas Merlin, orfévre lorrain, logé au Louvre, † 1697.
1655. Girard Debonnaire, orfévre du prince de Condé.
1655. François Roberday.
1661. Laurent Texier de Montarsis, logé au Louvre.
1663. Gilles Légaré, orfévre de Louis XIV.
1664. René Cousinet, travaille pour Versailles.
1665. Claude de Villers, venu de Londres par ordre de Louis XIV.
1665. Dutel.
1667. Pierre Germain, travaille pour Versailles, † 1684.
1668. Louis Roupert, de Metz.
1671. Pierre Bain, orfévre de Louis XIV, logé au Louvre, émailleur.
1671. Hilaire Vilain.
1677. Defontaine, logé au Louvre.
1677. Pierre Bain.
1680. François de Villers, travaille avec Loir.
1681. Claude Ballin, le neveu, couronne du sacre de Louis XV, † 1754.
1689. Jean-Baptiste Loir.
XVIIe s. Jean Gravet.
— Courtois (les).
— Domenico Cucci, artiste des Gobelins.
— E. Amory.
1700. Antoine Bertin.
1702. J. Bourg, dessinateur.
1702. J. Bourguet.
1703. Pierre Bourdon, de Coulommiers, dessinateur.
1704. Étienne Balaguy.
1704. Thomas Germain, né à Paris en 1673, † 1748.
1709. Briceau, de Paris.
1712. C.-F. Crose

1712. Pierre Viardot.
1714. Philippe Caffieri.
1715. Nicolas Besnier, logé au Louvre en 1752.
1721. Rondet le père, joaillier de la Couronne.
1722. Duflos, monteur de diamants.
1723. Just-Aurèle Meissonnier, dessinateur de la chambre du Roi, † 1750.
— Simon Curé, né en 1681, † 1734.
— Claude de Villers, fils ou neveu, orfévre des Gobelins, † 1755.
1733. Nicolas Crochet, reçu en 1720.
1729. Renty ou de Renty, de Lille, imitation d'or.
1731. Leblanc, fondeur du Roi, id.
1736. Mondon, le fils.
1741. Claude Charvet, privilégié du duc d'Orléans.
1744. Antoine Plot.
1745. Jacques Roettiers, né en 1707, orfévre du Roi et de la Dauphine, † 1784.
1745. Henri Allain.
1745. Renard.
1748. Antoine Bailly, orfévre de la Trinité, maître en 1756.
1749. François Joubert.
1750. Antoine-Jean de Villeclair.
1752. François-Thomas Germain, logé au Louvre en 1748.
1754. Ballin, fils.
1755. Duplessis, fondeur du Roi, similor en 1742.
1758. Strass, fausses pierres.
1759. Claude-Dominique Rondet, fils.
1760. Chéron.
1760. Jean-Denis Lempereur.
1761. Robert-Joseph Auguste, couronne du sacre de Louis XVI.
1762. Jean-Baptiste Cheret.
1762. Pauquet.
1762. Pouget le fils, élève de Lempereur.
1765. Chancelier, travaillait avec Germain.
1765. Dapché.
1765. Jean-François Forty, dessinateur.

1765. Jacqmin, logé au Louvre, joaillier du Roi et de la Couronne, † 1773.
1766. Gouthière.
1766. Edme-Pierre Balzac, tour à guillocher.
1766. Claude-Nicolas Delanoy.
1767. Antoine Dutry, orfévre des Gobelins.
1768. Micalef, orfévre au pont Saint-Michel.
1770. Denis Franckson, à la Trinité, reçu maître en 1773.
1770. Jacques-Nicolas Roettiers, fils.
1771. P. Moreau, dessinateur.
1772. J.-B. Cheret, de l'Académie de Marseille.
1773. Aubert, logé au Louvre, monte les diamants de la couronne.
1774. Jacques Favre.
1774. Jean-Claude Odiot, émailleur sur or.
1775. Antoine Bouillier, orfévre du duc d'Orléans, † 1835.
1775. Auguste Cheret, travaille à la couronne de Louis XVI.
1776. Charles Spriman.
1779. R.-L. Dany.
1781. Louis-Joseph Rondot.
1782. Vinsac aîné, de Toulouse.
1784. Meniere, cadeaux pour le Grand Seigneur.
1785. Marie-Joseph Tugot et Jacques Daumy, son gendre, manufacture royale d'orfévrerie plaquée.
1785. Lorthier.
— Delafosse, dessinateur.
1790. Charité.
1790. Delafontaine.
1791. Ravrio.
— Thomire.

ÉTAIN

L'étain était-il l'orfévrerie des classes moyennes ? On pourrait le croire, n'étaient les témoignages historiques, et nous ne voulons pas parler seulement des temps anciens où ces classes existaient à peine, mais encore des époques très-voisines de nous : on sait que dans le repas ridicule tympanisé par Boileau les assiettes que les convives se jettent à la tête et qui reviennent en roulant après avoir frappé le mur ne sont autres que de la vaisselle d'étain.

Marie d'Anjou, nous dit M. Paul Mantz, ne dédaignait pas de se fournir à Tours chez Jehan Goupil. Les ducs de Bourbonnais avaient pour leur service de l'étain, comme le prouve leur inventaire ; enfin François Ier en possédait lui-même ; ainsi ses comptes nous montrent un payement fait pour le transport de la vaisselle d'étain, etc. Les potiers d'étain sont assez fréquemment mentionnés dans les anciens inventaires et l'on trouve entre autres :

1346 Pieres de Bruges,
1350 Hue de Bezançon,
1384 Jehan de Troyes,
1399 Jehan d'Abbeville,
1410 Henri,
1423 Jehan Goupil de Tours,
1469 Jehan Boulangier, estainmier.

Par une singularité particulière, c'est au seizième siècle que les noms deviennent plus rares ; est-ce qu'alors les orfévres cumulaient les divers genres de métaux et fondaient indistinctement l'argent et l'étain ? On pourrait le croire en examinant les précieuses pièces signées par François Briot ; certes, au seizième siècle l'orfévrerie était abondante, et en voyant les pièces signées par le maître, et où se réunissent toutes les ressources de l'ornementation du moment, on se persuade difficilement qu'un artiste d'un pareil mérite se soit borné à travailler une matière sans valeur et ait mis tant de soin à une vaisselle destinée à s'enfouir chez des gens d'une médiocre fortune. Les

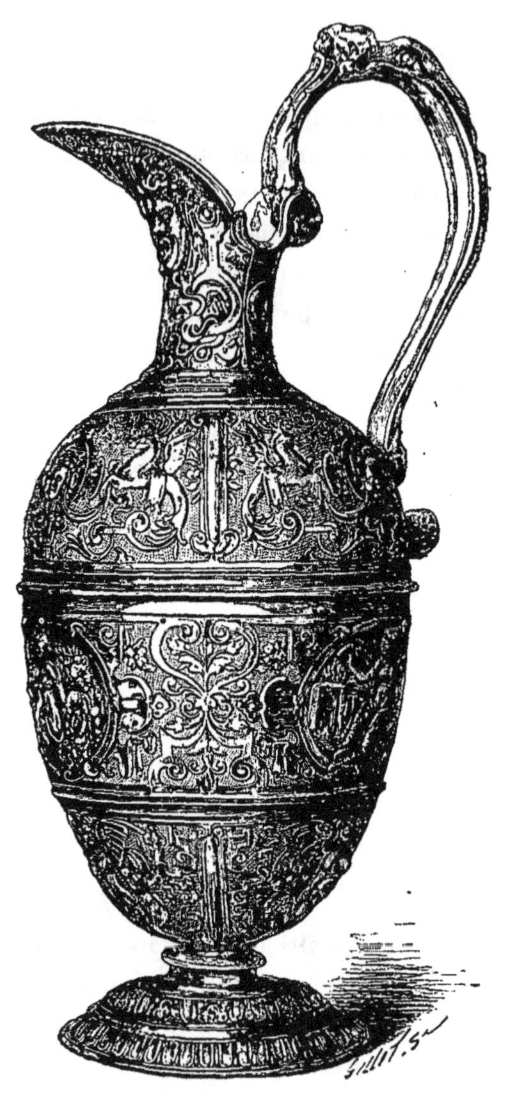

Aiguière en étain de François Briot. (Musée du Louvre, collection Sauvageot.)

œuvres de Briot ne seraient-elles donc que l'essai, la maquette de pièces exécutées en argent et qui auraient disparu? De toutes façons il faut bien penser qu'un juste renom entourait les ouvrages de Briot, puisque Palissy s'est plu à reproduire en terre émaillée le plat de son aiguière et qu'il a composé lui-même des buires inspirées par ces gracieuses conceptions. Il faut se rappeler d'ailleurs qu'un exemplaire en argent de l'aiguière de Briot a été fondu à la Monnaie de Rouen, ainsi que nous l'apprend M. Paul Mantz, d'après une communication de M. A. Pottier.

On peut d'autant mieux hasarder cette supposition que le seizième siècle, qu'on pourrait appeler le siècle de l'orfévrerie, a produit en Allemagne comme en France des étains somptueux et destinés certainement à meubler soit ainsi, soit reproduits en matière de prix, la demeure des grands et des souverains. On connaît des pièces portant l'image de l'empereur entouré des princes électeurs ; d'autres offrent ces derniers seuls, comme on trouve les empereurs Charles-Quint ou Mathias.

On pourrait supposer encore que ces choses curieuses étaient des reproductions destinées aux gens qui ne pouvaient atteindre au prix des originaux, et ce qui pourrait le faire penser, c'est qu'à côté des images officielles timbrées d'armoiries on en trouve une foule d'autres à sujets historiques ou religieux : Preisser signait une série de plaques représentant les Vertus théologales. Nous avons vu le sujet de Noé sortant de l'arche et offrant un sacrifice au Seigneur, celui du sacrifice d'Abraham, etc.

ORIENT

Rien n'est plus intéressant que de rechercher, parmi les débris arrachés au naufrage des temps, les témoins de l'art des peuples orientaux ; ces grandes civilisations dont les monuments jonchent encore le sol de véritables montagnes de débris, avaient autre chose à nous montrer que les bas-reliefs étranges qui peuplent le rez-de-chaussée du Louvre, que les minotaures royaux ou divinités qui soutenaient les portiques gigantesques. Ne devons-nous pas chercher ardemment l'origine de ces symboles qui, malgré les conquêtes successives et à travers les révolutions religieuses, ont survécu aux races qui leur avaient donné naissance et sont parvenus jusqu'à nous.

Les monuments orientaux sont rares, et cela se conçoit surtout pour les métaux précieux ; légers et fragiles, doués d'une valeur qui appelait leur transformation, ils n'ont pu être conservés qu'exceptionnellement, et pourtant nos musées en réunissent encore un nombre suffisant pour expliquer bien des choses, pour affirmer la valeur de figurations perpétuées même dans les ouvrages modernes.

Entrons donc au cabinet des médailles et examinons d'abord le petit vase d'argent massif à bas-reliefs coulés et ciselés qui paraît remonter au premier siècle de notre ère ; ce vase, n° 2879, montre une curieuse association des symboles religieux de Rome et de ceux de l'Asie. Ainsi un pyrée ou autel en forme de sablier est placé entre les deux cyprès qui depuis Zoroastre ont représenté l'âme aspirant au ciel ; plus loin sont des groupes d'animaux, une lionne dévorant un sanglier et un lion dévorant un taureau, signes de la lutte éternelle entre les deux principes du bien et du mal ; de l'autre côté, entre deux groupes analogues, on trouve l'urne cinéraire, une colombe et un bucrane, symboles funéraires du paganisme. Un laurier verdoyant et un pin chargé de feuilles et de fruits séparent les deux faces, et c'est ainsi que sont divisés les vases à sujets bachiques en rapport avec le rite funèbre.

Le second vase n° 2880, d'une époque moins ancienne, montre l'art de la Perse sous les Sassanides, vers le quatrième siècle ; c'est une sorte d'œnochoe dont la panse est chargée de sujets obtenus au repoussé ; sur chaque face est un groupe de deux lions qui se croisent et s'élancent en sens contraire : ils sont séparés par le *hom* ou palmier sacré, figuré en entier d'un côté et représenté, de l'autre, par deux tiges desséchées.

Une coupe dont la forme reproduit celle de Chosroès Ier, dont il sera question plus loin, a un intérêt historique supérieur encore ; on y voit un roi de Perse à cheval et lancé au galop, poursuivant des sangliers, un axis, une antilope et un buffle, et leur décochant des flèches ; le costume du personnage et le harnachement du cheval sont d'une grande richesse ; d'après les détails de la couronne et leur comparaison avec celles gravées sur les monnaies, M. Adrien de Longperrier

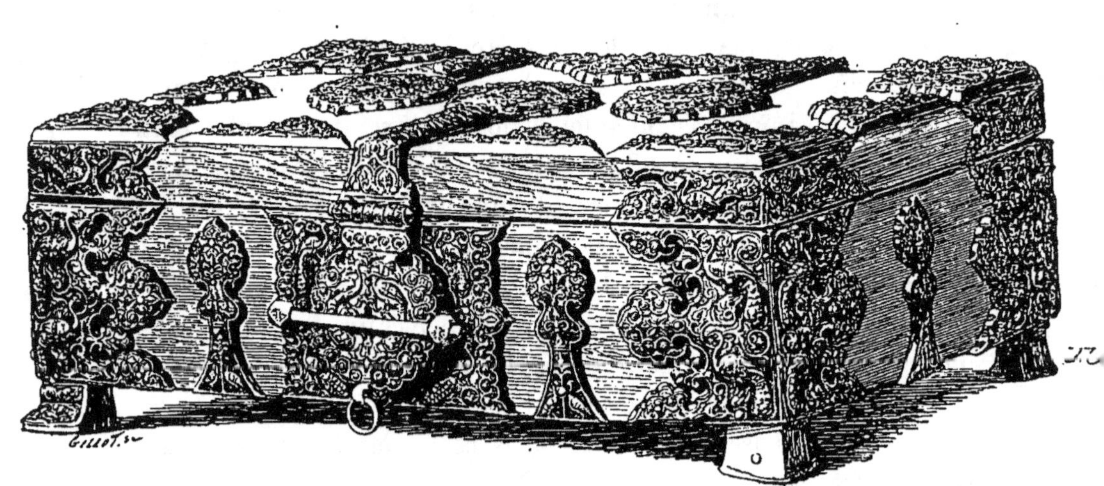

Coffret en ivoire richement garni de plaques d'argent doré et ciselé; travail arabe du treizième siècle.
(Trésor de la Cathédrale de Bayeux.)

a pu déterminer le nom du roi, qui serait Piruz ou Firouz, le Perose des Grecs, qui régna en Perse de 458 à 488.

M. Chabouillet, se fondant sur la perfection du travail et sur la ressemblance même du portrait, ferait remonter cette pièce encore plus haut en l'attribuant à Sapor II. Du reste, cette représentation d'un roi en chasse est l'une de celles qui se perpétuèrent malgré les défenses du Coran relatives à la figuration des êtres animés.

Une autre coupe d'argent dont le travail semble annoncer le sixième siècle va nous montrer une pratique nouvelle; le bas-relief placé au fond et représentant un tigre qui marche parmi les lotus qui croissent au bord d'un fleuve est doré et niellé. Enfin une dernière coupe, à peu près de la même époque, offrira dans ses bas-reliefs ciselés des sujets empruntés à la religion des Sassanides : c'est, au fond, la déesse Anaïtis, puis, au pourtour, huit figures d'adorantes et deux bustes d'Ormuzd sur le croissant, coiffé de la tiare.

Des figures d'une époque plus récente ont été tracées à la pointe sur les deux faces de cette coupe et rappellent les grafitti qu'on trouve sur les murailles de Pompéi.

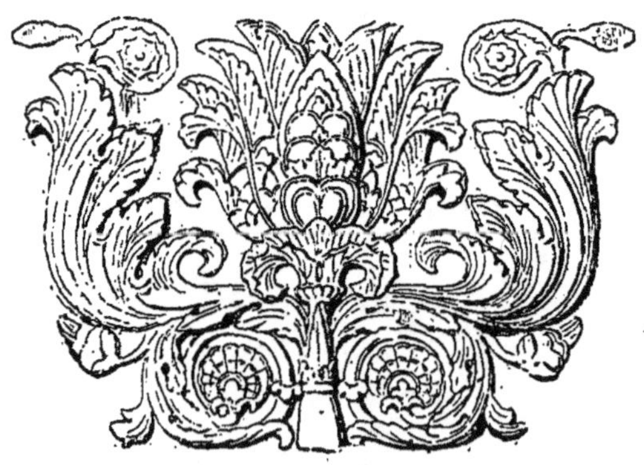

CHAPITRE IV

BIJOUTERIE

Il est à peine croyable que parmi ces monuments délicats de la parure, l'antiquité nous ait fourni autant de spécimens variés de son art et de son goût ; les Égyptiens, les Grecs, par une coutume pieuse, entouraient leurs morts de tous les objets qu'ils avaient aimés, et il était

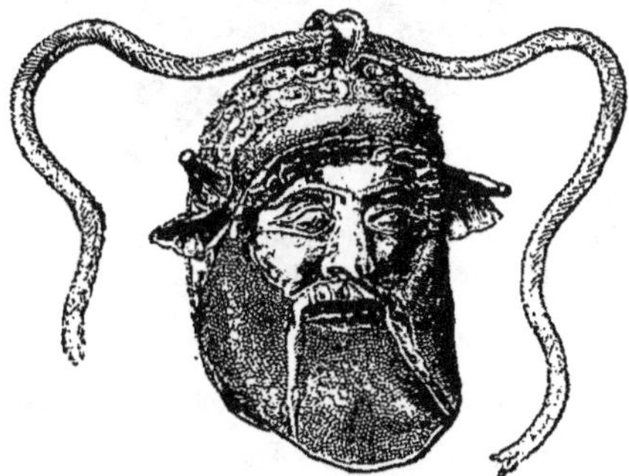

Tête de Bacchus Hébon ornant un collier, bijou étrusque de la collection Campana. (Musée du Louvre.)

assez naturel de croire qu'en ouvrant les sépultures on y retrouverait ces précieux témoins de l'avancement technique des anciens ; mais, il faut bien le dire, la cúpidité avait devancé les investigations de la science ; des mains impies, souvent contemporaines, avaient violé les tombeaux en Grèce pour y spolier les choses précieuses, brisant souvent le reste, comme les vases peints, alors sans valeur intrinsèque. La piété s'en émut, et bientôt il devint d'usage de remplacer les bijoux qui entouraient les morts par de simples imitations faites souvent en feuilles estampées d'une excessive minceur. Nos musées contiennent en grand nombre ces simulacres fragiles.

Quant aux vrais bijoux, des sépultures dissimulées ou perdues dans des contrées presque barbares nous les ont conservés en assez grand nombre pour que nous puissions juger du talent des orfévres d'alors. La Crimée a été surtout le centre de ces découvertes précieuses, et les musées italiens, comme les nôtres, renferment les plus curieuses séries

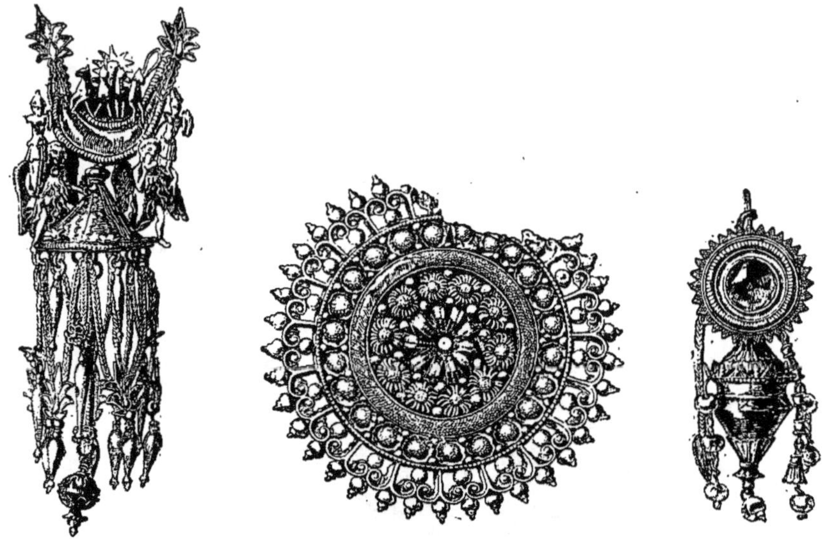

Broche d'or et pendants d'oreilles en or ou garnis de grenat; bijoux antiques de la collection Campana. (Musée du Louvre.)

conservées intactes au milieu des Scythes barbares. Les Égyptiens, fort avancés, ciselaient l'or avec une délicatesse infinie et savaient l'associer aux pierres et aux émaux pour en former de gracieuses parures. Les merveilles envoyées par le vice-roi d'Égypte à notre Exposition universelle ont montré ce que pouvaient déjà faire les artistes pharaoniques 1750 ans avant notre ère. Le Louvre peut montrer lui-même d'importantes richesses : des colliers tressés en or avec nœuds et glands tombants, des associations de chaînettes et de pierres précieuses, des bulles, des bagues, des plaques incrustées d'émaux et mille choses qui témoignent de l'avancement de leur art. Les Grecs arrivèrent plus tard à une perfection absolue, et l'on s'émerveille devant les œuvres qu'ils nous ont laissées. Quoi de plus étonnant, à notre musée, que ces pendants d'oreilles où se trouvent réunis le Soleil sur son char et deux Victoires chargées de trophées s'accotant à un pavillon d'où pendent des chaînettes à palmes et à ornements en fuseaux ; ou bien encore ces délicats boutons à rosaces granulées ou à pétales multiples qui supportent ici un cygne émaillé de blanc, là un coq ou un paon entourés de pendeloques mignonnes ; puis ces agrafes à rangées de marguerites détachées, à filigranes entourant des perles ; ces colliers au cordon tressé d'or, souples comme une ganse de soie portant une tête d'Acheloüs en or repoussé et granulé ; ces fibules ornées de filigranes et d'inscriptions étrusques ; ces bracelets, ces couronnes délicates?

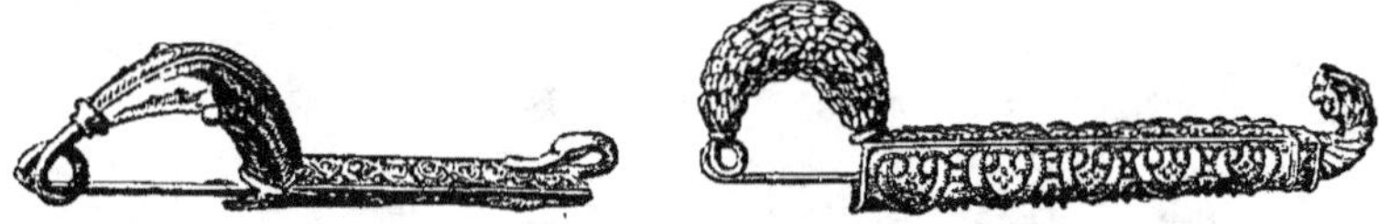

Fibules en or décorées de dessins en granulé. (Collection Campana.)

Mais nous venons de parler des Étrusques ; arrêtons-nous un moment sur leur art et disons un mot de l'influence qu'il a pu avoir sur l'art romain. Les Étrusques, on le sait, sont d'origine orientale, et les grandes familles qui fondèrent la colonie étrusque conservèrent les traditions de luxe et de goût de la Lydie, leur ancienne patrie. Les ouvriers venus avec elles, nourris aux mêmes sources, doués d'une délicatesse particulière d'exécution, imprimèrent toujours à leurs ouvrages ce cachet de distinction un peu sèche qu'on prendrait souvent pour une recherche d'archaïsme. Les bijoux étrusques peuvent donc rivaliser de perfection pour la ciselure avec les meilleurs travaux grecs ; on en trouvera la preuve dans les écrins provenant de l'ancienne collection Campana et parmi les objets conservés au cabinet des médailles ; on verra là des colliers à cinq pendants, nombre presque consacré, où des bulles d'or alternent avec de petits vases sans anses d'un curieux travail.

Les Romains, inspirés par ces œuvres hors ligne des Grecs et des Étrusques, et maintenus dans la voie du goût au contact des nombreux artistes grecs appelés à Rome, ne pouvaient manquer de se montrer supérieurs en bijouterie. Une précieuse trouvaille faite à Naix (Meuse), l'antique *Nasium*, capitale des *Leuci*, est venue le démontrer ; on y

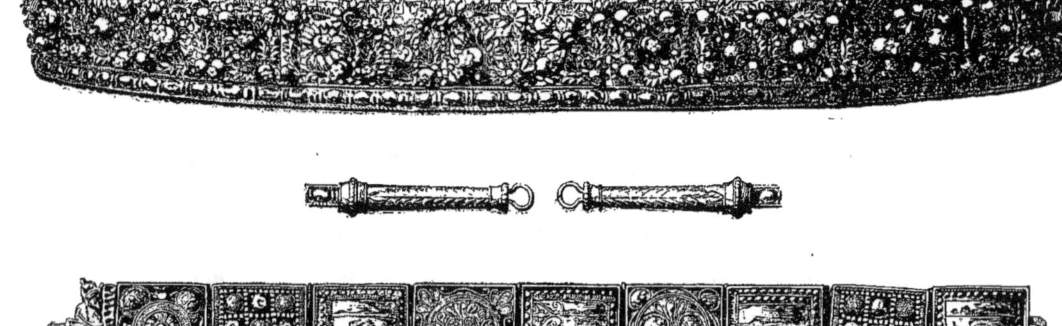

Diadème composé de lames d'or travaillé, enrichies de pâtes de verre, et bracelet formé de plaques d'or mobiles à ornements granulés et cordelés.
Collection Campana. (Musée du Louvre.)

voyait un collier composé de cinq colonnettes alternant avec des camées et des monnaies d'or montés à bélières ; le travail annonce le troisième siècle de notre ère et montre ainsi de quelle manière les anciens montaient les pierres taillées ; un autre collier de la même trouvaille offre huit nœuds d'or massif alternant avec des cylindres d'émeraude d'Égypte, travail où l'on retrouve l'origine de nos nœuds d'amour. Si, dans les bijoux romains, nous insistons particulièrement sur ceux qui ont eu une destination d'usage habituel, parce qu'ils représentent seuls l'état exact de l'art, ce n'est pas à dire qu'il y ait à négliger les nombreuses imitations faites au repoussé ou par estampage, où l'on voit souvent de curieuses représentations ; il est d'ailleurs une série spéciale dans ce genre qui donne la note peu connue d'une époque intéressante et d'un usage tout de caprice ; ce sont ces plaques d'origine asiatique dont on chargeait des étoffes de vêtement que les Romains appelaient *vestes auratas* ou *sigillatas*, ce qui faisait dire de ceux qui les portaient qu'ils étaient cousus d'or. Ces plaques à figures panthées, à masques de Bacchus, d'Apollon et à la tête de Méduse, ou bien encore montrant Hercule combattant le lion de Némée, etc., étaient percées de quatre trous qui servaient à les coudre à la place qu'elles devaient occuper sur le tissu.

Nous ne nous appesantirons pas sur les quelques bagues en or massif qui ont pu servir de sceaux antérieurement au seizième siècle, et qui n'ont rien de particulièrement intéressant pour l'histoire de l'art occidental, et nous arriverons aux bijoux du seizième siècle lui-même. Il suffit d'avoir lu les mémoires de Benvenuto Cellini pour comprendre l'importance qu'on attachait alors à ces gracieuses productions de l'art ; l'or finement contourné formait des intrications à plusieurs plans et s'enrichissait de la coloration des émaux translucides ou opaques ; des figures, des groupes même en partie émaillés, formaient le centre et l'objet principal de la plupart de ces compositions ; là, c'était une femme drapée entourée d'enfants et caractérisant la charité ; ici, les vertus théologales réunies en groupe ; ailleurs, des sujets saints et des figures mythologiques ou allégoriques. Parmi celles-ci, notons en passant un groupe de l'architecture qui, placé dans un portique enrichi de pierres précieuses, donne la plus exacte mani-

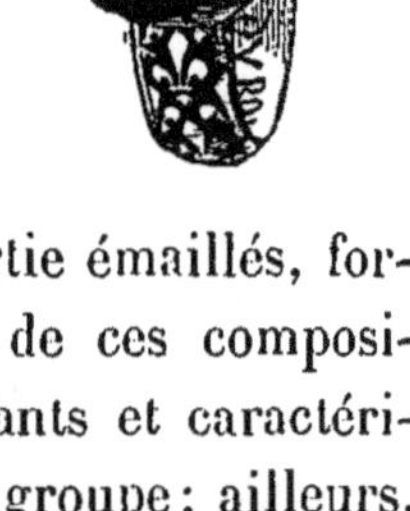

festation de l'art et des idées du seizième siècle. Si l'on en croit la tradition, ce bijou, qui fait partie de la précieuse collection de Mme la baronne James de Rothschild, serait un ouvrage de Benvenuto Cellini. Certes, nous ne nous élevons pas contre cette attribution, car nulle pièce n'est plus digne de la réputation de cet artiste. La collection de M. le baron Gustave de Rothschild offre également de précieux spécimens de l'art à cette époque ; l'un des plus sévères et des plus beaux est formé d'un médaillon d'or ciselé presque de ronde bosse et représentant David tenant la tête de Goliath ; quelques accessoires émaillés relèvent l'éclat de l'or qui ressort vivement sur un encadrement arabesque enroulé en jaspe sanguin égayé par quatre rubis ; deux chaînes suspendent ce médaillon à un fleuron éclairé par un diamant, tandis qu'une perle pend au-dessous. Une autre enseigne de la même collection à deux plans d'arabesques à jour émaillées et rehaussées de pierres précieuses, a sur son médaillon en or repoussé et émaillé la fille de Jephté se présentant devant son père entouré de guerriers.

Nous citons au hasard, car dans cette suite intéressante il n'y a, pour ainsi dire, point à choisir.

On sait d'ailleurs à quelle habitude de l'époque nous devons les échantillons assez nombreux des bijoux de ce genre connus sous le nom de pendants ou d'enseignes ; ils décoraient non-seulement le corsage des femmes élégantes, mais se suspendaient encore aux colliers que les hommes jetaient sur leur vêtement, ou bien à la chaîne qui s'attachait à leur coiffure ; seulement au seizième siècle la mode introduisit, concurremment aux enseignes du chapeau des hommes, un bijou en forme de médaille : le cabinet des médailles nous offre un de ces joyaux, dont le fond émaillé vert détache une bataille de guerriers antiques finement ciselée dans l'or ; le cadre, muni de quatre anneaux, montre assez comment la pièce était fixée à la coiffure. Ce serait à tort que l'on supposerait que la bijouterie du seizième siècle se contentait de créer des menus objets de parure ; voici un miroir rectangulaire à biseau dont l'encadrement rivalise avec les plus riches joyaux : sur un bâti arabesque à jour émaillé blanc saillissent des animaux et insectes dans le genre de ceux qu'affectionnait Palissy dans ses terres émaillées ; aux angles, ce sont des tortues dont la carapace est formée de rubis et diamants en table ; dans les milieux, des lé-

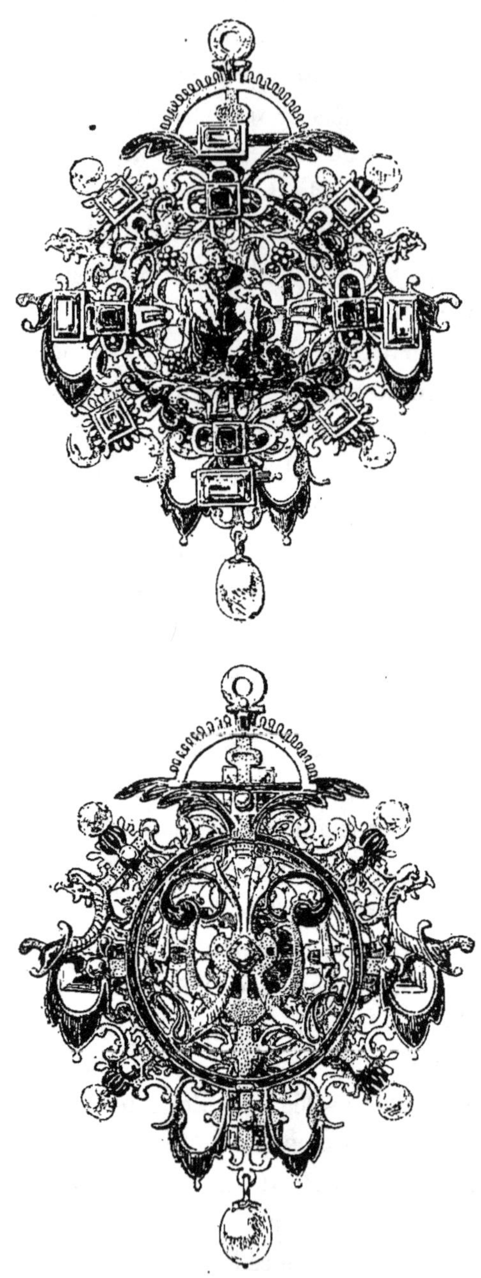

Bijou à plusieurs plans en or ciselé et émaillé ; travail italien du seizième siècle.
(Ancienne collection de M. E. Galichon.)

zards onduleux brillent de l'éclat des mêmes pierres, et entre ces animaux circulent des insectes aux ailes émaillées sur paillons et constellées aussi de rubis et diamants. Cette composition luxueuse est charmante, la rosace et la bélière qui la surmontent ajoutent à son élégance et en font un bijou de reine.

Si l'on admire cette pièce chez Mme la baronne Gustave de Rothschild, on s'arrêtera non moins émerveillé devant un autre miroir métallique ovale encadré d'ébène, où la bijouterie se montre sous un autre aspect, c'est-à-dire en motifs découpés et appliqués sur le bois. La bordure ovale est émaillée d'une guirlande de marguerites et de pensées ; les écoinçons et les appliques garnissant le cadre rectangulaire sont des arabesques émaillées en rouge et bleu, et des branches de laurier du plus beau vert qu'accompagnent des pensées détachées. Au revers, dans une couronne formée d'un laurier et d'une branche de jasmin à fleurs blanches, se dressent deux génies ailés, l'un tenant un arc, l'autre un flambeau renversé et un vase couvert. Le pourtour de cette composition est semé de rosaces et de pensées détachées appliquées sur le bois.

Devant la perfection et l'ingéniosité de ce travail, le désir est naturel de l'attribuer à un maître et on a cru pouvoir y reconnaître la main de Benvenuto Cellini. Une seule chose nous étonnerait : c'est qu'il n'en ait pas fait mention dans ses mémoires.

Il ne saurait être question de suivre ici les transformations subies par le bijou, selon les diverses époques de l'histoire ; ce serait répéter en quelque sorte ce que nous avons dit à propos de l'orfévrerie. Nous insisterons seulement sur un point : c'est que le goût des pierres précieuses et des perles a détrôné, peu à peu, celui des bijoux ciselés et que l'on a vu, pour ainsi dire, le joaillier se substituer au bijoutier. Cette transformation est-elle une cause ou un effet? Les grands artistes manquaient-ils pour créer de ces œuvres qui s'imposent, ou le changement de la mode força-t-il les ciseleurs et les émailleurs à déserter l'atelier de bijouterie? Ce qui est sûr, c'est qu'au dix-septième siècle les bouquets en diamants, les ornements en perles brillaient seuls, là où s'étalaient, peu de temps avant, les colliers en lacs d'amour, en chiffres émaillés, en emblèmes héraldiques ou amoureux, qu'accompagnaient les pendants et enseignes dont il vient d'être question. Certes des témoins de ces transformations existent dans les riches collections des amateurs ; mais pour se faire une idée plus exacte des nuances diverses imposées à la mode, c'est surtout en parcourant les recueils de modèles dont il a été fait mention qu'on arrivera à se renseigner pour le classement chronologique des bijoux de la période moderne.

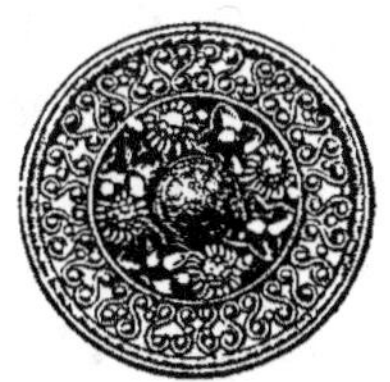

ORIENT

Rien n'est plus difficile que de trouver des dates probables pour les bijoux orientaux ; ceux d'origine arabe sont rares, et suivant les centres d'où ils émanent, d'une incroyable barbarie ou d'une perfection merveilleuse ; le goût d'ailleurs est celui qu'on trouve dans tous les autres produits musulmans ; c'est-à-dire une entente parfaite des combinaisons géométriques et des modèles puisés dans la nature végétale.

L'Inde et la Perse sont dans le même cas ; les traditions du passé transmises de génération en génération font la règle de l'art moderne, et l'on est étonné en voyant reproduire, par des moyens rudimentaires, des œuvres d'une délicatesse surprenante.

Chez les Chinois, deux sortes de travaux s'offrent aux curieux : ici c'est l'or massif fouillé et ciselé, pour produire les ornementations les plus compliquées ; là, c'est au contraire le métal réduit en feuilles légères, finement découpées, pour recevoir non-seulement des rehauts d'émail, mais les applications délicates des plumes bleu d'azur du martin-pêcheur ; ils obtiennent ainsi des pièces d'une élégance et d'une distinction remarquables. Coiffures, boucles de ceinture, ornements du vêtement ou des armes, pendants d'oreilles, ils abordent tout, sachant introduire dans ces fragiles travaux les figurations sacrées et ces emblèmes qui disent, du premier coup d'œil, quel est le rang ou la fonction du personnage ainsi paré.

ÉCAILLE PIQUÉE ET POSÉE D'OR

Nous n'avons pas à considérer ici l'écaille comme matière, puisque nous l'avons vue employée déjà dans les meubles en placage. C'est la seule forme sous laquelle les anciens s'en soient servis, et Pline nous dit que Carvilius Pollion est le premier qui la découpa en lames pour l'appliquer sur des plateaux et sur les lits de tables.

Le moyen âge, suivant en cela l'une des pratiques des Orientaux, employa l'écaille en baguettes et fragments taillés pour rehausser le travail des coffrets d'ivoire.

Il était réservé aux temps modernes de trouver le moyen d'amollir l'écaille, pour en former, par la soudure à chaud, des tables de grande dimension, ou pour la formuler en vases, en flambeaux, en coffrets, en boîtes de diverses formes, plus ou moins contournées, en ustensiles variés, et de la rendre ainsi digne de servir de subjectile aux plus précieux travaux, et de rivaliser avec l'orfévrerie et la bijouterie.

C'est au dix-septième siècle, vers l'époque de Louis XIV, que ce genre de travail a pris son plus grand développement, et Laurenti, de Naples, nous paraît être celui qui y a le plus contribué, en assouplissant l'écaille à tous les caprices de son imagination.

Laissons un moment la matière pour nous occuper de son ornementation : la plus importante, appelée *posé d'or*, consiste à incruster dans l'écaille une masse d'or, offrant la silhouette de personnages, de monuments, de baldaquins et arabesques, dont les détails sont ciselés ensuite avec le plus grand soin.

Le *piqué d'or*, complément du premier décor, consiste à ficher dans la matière de très-petits clous d'or serrés les uns contre les autres, pour dessiner des rinceaux, des fleurons, des coquilles, qui, jetés autour des motifs ciselés, ou servant à les compléter, donnent à l'ensemble une délicatesse extrême. Quand on augmente le diamètre des clous d'or, afin d'obtenir des rinceaux plus puissants, ou de donner une certaine importance à des fonds partiels losangés, le travail change de nom et s'appelle *clouté d'or*.

L'écaille piquée et posée d'or est certainement l'une des pratiques des artistes français, et cette pratique a dû se prolonger assez longtemps, puisqu'on la voit passer du style de Louis XIV à Louis XV par des petites pièces d'un travail très-fin, notamment par des boîtiers de montres. Pourtant, comme la collection de M. le baron Gustave de Rothschild nous a offert l'ensemble le plus complet et le plus considérable que nous ayons jamais rencontré en ouvrages napolitains, nous allons lui emprunter quelques descriptions. Voici d'abord une grande aiguière en casque, lobée et découpée au pourtour et à anse élégante,

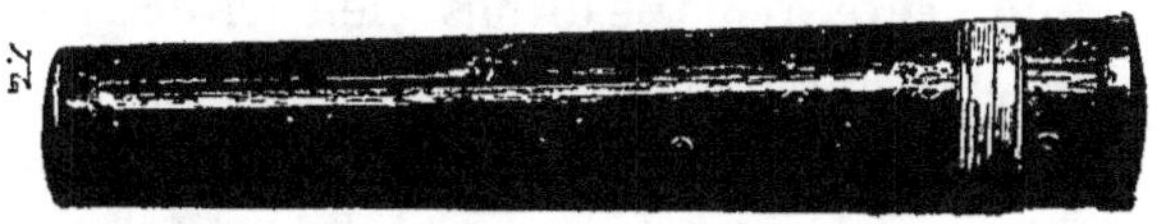

Étui en écaille piquée d'or. (Collection de M. le docteur Piogey.)

qu'on croirait prise dans la masse ; elle repose sur une cuvette oblongue, également lobée, au fond de laquelle est le sujet, finement ciselé, de Diane et Endymion, encadré dans un grand médaillon à masques, cariatides, grotesques, aussi en or ciselé, qu'allégissent des ornements en piqué d'une merveilleuse finesse. Sur le bord de la cuvette on lit : *Laurentis F. Neapoli*, et dans l'aiguière, sur une banderole d'or : *D. Laurenziis F. Nea.*

Une coupe de vingt-quatre centimètres de diamètre porte le sujet de Renaud et Armide ; d'autres, plus grandes encore, ont pour motifs des paysages avec ruines, qu'entourent de riches bordures à médaillons, des guirlandes et des fleurs.

Une boîte à pourtour compliqué montre Ariadne abandonnée ; une autre, un vase rempli de fleurs, posé sur un cul-de-lampe. Le gobelet couvert, les flambeaux, la brosse, les mouchettes et jusqu'à la lorgnette qui complètent l'ensemble de cette garniture, sont non moins riches de travail et de décor.

La collection Séchan possédait une assiette lobée et découpée, d'une composition et d'une exécution très-voisines de la garniture dont il vient d'être question ; l'écrin, en maroquin rouge, qui la renfermait portait les armes et les fleurs de lis de Louis XIV, ce qui prouve assez l'estime dont jouissait cette pièce.

En dehors de la garniture de Laurenti, M. le baron Gustave de Rothschild a encore de remarquables pièces, où le piqué et le posé d'or se compliquent d'une incrustation de nacre gravée. Là, parmi les coquilles et les fonds losangés, apparaissent dans un entourage de chicorées Minerve assise au pied d'un palmier, le Jugement de Pâris, des vues maritimes, etc. Ces caractères de décoration et certaines imperfections dans le dessin des figures nous feraient penser que ce travail est d'une date postérieure au premier.

Ces spécimens exceptionnels nous ont entraîné bien loin des objets piqués ou posés d'or, que le curieux peut rencontrer facilement et qui forment le fond du genre. Nous ne dirons rien ici des boîtes et tabatières dont il va être question plus loin ; mais nous signalerons les coffrets à bijoux, les étuis, les agendas, les baguiers et toute cette bijouterie de fantaisie qui a fait, de tout temps, la gloire de l'industrie parisienne, et, au dix-huitième siècle, la renommée et la fortune de Granchez, l'heureux propriétaire du Petit-Dunkerque.

BOITES ET TABATIÈRES

Est-il besoin d'expliquer pourquoi nous avons détaché les boîtes de l'orfévrerie et de la bijouterie? Ces petits monuments, d'une période spéciale et bien déterminée, ont un caractère propre ; on pourrait presque dire que les artistes créateurs ont trouvé le seul style qui leur convient, et il y a justice à ajouter que c'est à la France que sont dus les chefs-d'œuvre du genre.

La mode a multiplié, dans ces derniers temps, le nombre des amateurs de tabatières, et les dernières expositions, celle en faveur des Alsaciens-Lorrains, celle de l'histoire du costume, ont montré la richesse de certaines suites et les merveilles d'art qu'elles révèlent. Il est des boîtes que la beauté de la matière, la perfection de la ciselure, le mérite des émaux peints ou des miniatures, élèvent aux plus hauts prix, sans qu'on puisse accuser ces prix d'exagération et les attribuer à un caprice susceptible de s'évanouir devant une mode nouvelle.

Au surplus, par l'effet d'un legs heureux, fait au Musée du Louvre par M. et Mme Philippe Lenoir, et par la savante notice rédigée par M. Henri Barbet de Jouy, l'éminent conservateur, le public va pouvoir comprendre l'importance de cette spécialité. Voici les noms d'artistes qu'on rencontre dans la nouvelle collection :

1734. Jean Ducrollay.
1737. Jean-Charles Ducrollay.
1739. Pierre-Joseph Antoine.
1745. Jean Moynat.
1752. Charles-Barnabé Sageret.
1752. Jean George.
1754. Pierre-Jean Bellangé.
1755. Mathieu Coiny.
1761. Louis-François-Auguste Taunay.
1768. Joseph-Étienne Blerzy.
1768. Jean-François Mathis de Beaulieu.
1772. Pierre-Jean Lenfant.
1774. Barthélemy Pillieu.
1779. Adrien-Jean-Maximilien Vachette.
1784. Barbe.
XVIIIe s. Daniel Chodowiecki, de Dantzig.
— Neuber, de Dresde.

On remarquera sans doute que ces noms appartiennent tous au dix-huitième siècle, qui est effectivement la véritable époque des tabatières ; les boîtes antérieures, notamment celles du règne de Louis XIV, très-reconnaissables à leur style ample et à leur dimension, indiquant le plus souvent des bonbonnières, étaient encore l'œuvre des orfévres de l'époque. Ce n'était pas alors une fabrication pouvant alimenter, à elle seule, une branche spéciale de l'art. Mais bientôt la boîte devint un bijou indispensable ; elle s'ingénia à revêtir des formes diverses, à mettre en relief toutes les matières, à satisfaire tous les caprices. Pour l'étudier avec fruit, il faut donc, ainsi que l'a compris M. Barbet de Jouy, établir un classement par groupes, réunissant les choses qui ont entre elles une certaine affinité. C'est ce que nous allons faire.

Pierres dures, mosaïques, incrustations. Nous trouvons ici presque toutes les matières dont il sera question aux gemmes ; quelques pièces sont taillées en plein dans la masse comme le cristal de roche, certaines agates et calcédoines ; mais, dans beaucoup de cas, les morceaux divers polis en table et choisis parmi les plus purs et les plus curieux que puisse offrir la pierre, sont rapprochés au moyen d'une monture à cage finement ciselée. Ce que l'on remarque ce sont les agates orientales ou arborisées, le labrador, la lumachelle aux taches irisées, le lapis de Perse, etc.

A côté de ces morceaux viennent les mosaïques, les unes en pierres dures taillées en relief et représentant des vases de fleurs, des oiseaux, des arabesques, les autres en pierres dures à surface plane dans le genre des mosaïques de Florence ; puis les mosaïques de Rome, dont quelques-unes, de l'école du Vatican, reproduisent des sujets et des monuments avec une finesse et un rendu merveilleux.

Les incrustations ont cet intérêt particulier, qu'on y rencontre les plus anciens spécimens, c'est-à-dire ces belles boîtes en écaille blonde où l'or ciselé dessine des groupes, des monuments et des arabesques accompagnés de ce fin piqué d'or mentionné dans les pages précédentes. Quelquefois l'or est mêlé à des découpures de nacre gravée, ce qui indique la fin du règne de Louis XIV ou l'époque Louis XV. Les autres boîtes incrustées sont généralement en nacre avec des ornements et trophées de burgau, d'ivoire teint, de fer et d'or ciselés ; ces compositions, souvent exécutées avec un soin minutieux, font rivaliser les matières les moins rares avec les gemmes précieuses.

Orfévrerie pure. Nous réunissons ici les véritables travaux d'orfévrerie, c'est-à-dire ceux où l'or ciselé de plusieurs tons occupe la place principale. Rien de plus gracieux que ces bordures à rubans et guirlandes de fleurs en or blanc, rouge, vert et jaune encadrant des médaillons à bergeries ou des amours d'une délicatesse infinie de ciselure ; parfois la recherche du travail est rehaussée encore par le prix d'une ceinture de brillants entourant la boîte ou d'un groupe de diamants posé en arabesque sur le bec. Déjà apparaissent les émaux translucides étendus sur des fonds partiels guillochés, suivant une méthode introduite sous Louis XV et qui deviendra universelle pendant le règne suivant; ces fonds entourent des médaillons chargés de trophées amoureux ou champêtres. Souvent, dans un but de variété sans doute, les artistes ont fait saillir au pourtour des boîtes, des pilastres et des cariatides qui, détachés sur les fonds guillochés émaillés en bleu, grenat, vert, gris de fer, etc., donnent à l'ensemble l'aspect d'une monture d'orfévrerie à cage.

Nous devons signaler dans cette section, des boîtes qui vont servir de passage à la section suivante : ce sont celles où des bouquets ciselés en relief sont coloriés en émaux opaques dans la manière de Joaguet, et cherchent à imiter la nature. Ce genre contemporain des porcelaines de la Saxe a peut-être été influencé par elles ; car nous avons vu des bouquets jetés en émail sur une orfévrerie guillochée et ciselée, de même que la Saxe a semé de bouquets peints des corbeilles de porcelaine à fond quadrillé imitant le jonc tressé.

Orfévrerie émaillée. Les boîtes émaillées sont de deux sortes ; il en est où le fond d'or est semé d'appliques d'or découpées selon la silhouette d'un dessin donné et ornées de peintures en émaux opaques ; d'autres sont émaillées directement sur le travail d'orfévrerie dont les

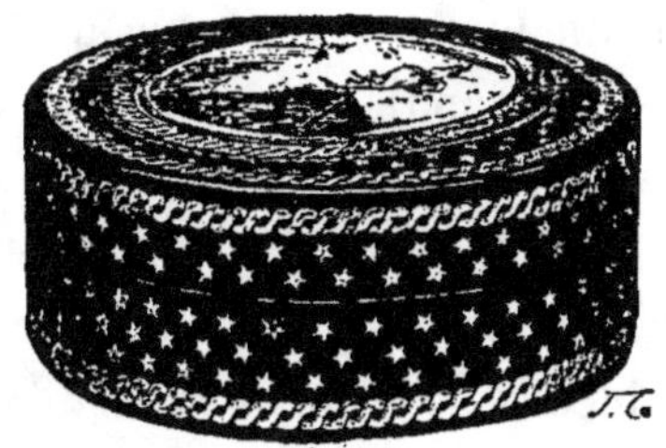

Boîte en écaille blonde posée d'or, ornée d'une miniature ; époque de Louis XVI.
(Collection de M. le docteur Piogey.)

encadrements en relief ciselé montrent seuls le métal. Nous ne considérons pas comme appliques les médaillons peints par Petitot, ou dans son genre et qui, souvent engagés dans un cadre de diamant ou placés parfois sous un cristal de roche, ressortent au milieu du couvercle ; ce n'est pas là une partie intrinsèque de la boîte : c'est une curiosité ajoutée à une autre. Le plus souvent les médaillons émaillés sont détachés par des fonds guillochés d'or ; certains de ces médaillons, peints par Degault, imitent des bas-reliefs d'ivoire ; d'autres, simples grisailles, sont de Larue ; parmi les copies de tableaux, il y a des Téniers et d'autres paysanneries de l'école flamande, des bergerades dans le genre de Watteau et Lancret, et jusqu'à des fleurs.

Quant aux médaillons posés sur le couvercle des boîtes, ils peuvent fournir les éléments d'une curieuse étude touchant les artistes qui se sont consacrés à l'émaillerie des peintres à la suite de Petitot. Nous donnerons ci-après la liste de ces hommes qui ont fourni un contingent remarquable à la peinture de portrait, à l'histoire et au genre.

Orfévrerie à miniatures. Ici l'importance et le nombre des peintures rapportées nous engagent à subordonner le principal à l'accessoire. Souvent, en effet, la plus magnifique miniature ressort sur une simple boîte d'écaille cerclée et doublée d'or, et la pièce d'orfévrerie d'un travail exquis porte une copie médiocre d'après un maître secondaire. Aujourd'hui, la curiosité a fait sortir de leurs cachettes les portraits intéressants, les scènes microscopiques et spirituelles peintes par Van Blarenberghe, les miniatures de Hall, d'Augustin, de Saint, et ces merveilles sont désormais assurées contre la destruction dont beaucoup étaient menacées. La collection Lenoir renferme l'un des plus curieux Blarenberghe qui se puissent rêver; il montre le duc de Choiseul, ministre des affaires étrangères de Louis XV, travaillant dans son cabinet. Assis devant un bureau, l'homme d'État reçoit des papiers des mains d'un secrétaire, tandis qu'un valet de chambre prépare sur un lit de repos le costume et les insignes dont le ministre va se parer pour aller à la cour. Dans la pièce figurent les Greuze, les Wouwermans, les Van Ostade, les Gérard Dow, les Pater formant la collection du duc amateur de tableaux. Cette peinture est datée de 1757. D'autres pièces du maître peuvent être citées même après celle-là : ce sont des parades foraines, des marines, des vues de villes, car on sait qu'il excellait dans tous les genres; grâce au legs Lenoir et aux merveilleux morceaux recueillis dans les cabinets de la famille de Rothschild, de MM. Édouard André, Gust. Delahante, F. Le Conte, M. le duc de Richelieu, les plus belles peintures et les boîtes les plus curieuses sont désormais classées en France. L'iconographie y a trouvé des documents inappréciables, et l'on y remarque tant de perfections que l'on devient indulgent pour l'excentricité d'une mode qui a fourni tant de belles choses.

Vernis Martin. Nous ne reviendrons pas sur ce que nous avons dit, page 105, de cette famille d'habiles vernisseurs; elle ne pouvait manquer de s'emparer d'une branche d'industrie aussi lucrative que celle de la fabrication des boîtes, et elle y marqua dans deux genres bien différents. Le plus important, sinon le plus nombreux, est la série des boîtes à sujets; sur un fond ambré rappelant la nuance de l'or ressortent des compositions dans le goût du temps : groupes d'amours et de colombes, entourés d'ornements ou de fleurs, scènes mythologiques, coquettement encadrées; ou bien, avec une vigueur égale, ce sont des sujets copiés des maîtres comme ceux exécutés en émaux dont il a été question déjà. Beaucoup de ces peintures sont fort remarquables et l'on regrette souvent de ne pouvoir y appliquer un nom, car, certes, les Martin n'ont pas fait eux-mêmes ces choses si diverses de goût, de style et de touche. Il y a eu, parmi leurs auxiliaires, des artistes de grand talent. Le second genre est celui qui paraît leur être plus personnel ; ce sont les quadrillés écossais, les rayures imitant les étoffes de soie de Lyon, toute cette fantaisie charmante que les orfévres imitaient à leur tour avec les émaux opaques ou translucides. Dans bien des cas, ces boîtes sont enrichies, soit d'émaux, soit de miniatures rapportées.

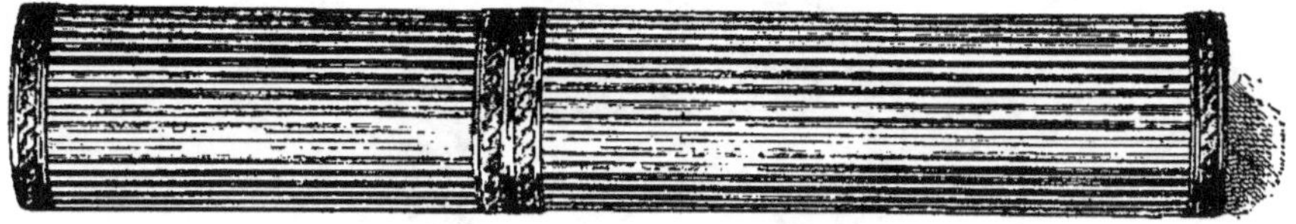

Étui en vernis Martin, monture en or ciselé ; époque Louis XVI. (Collection de M. le docteur Piogey.)

Boîtes diverses. Ici viennent se ranger les pièces en toutes sortes de matières : porcelaines tendres et dures, émail de Saxe, laques du Japon, ivoire sculpté, écaille fondue, etc. Si l'on voulait former autant de divisions spéciales qu'il y a de genres, on multiplierait à l'infini les descriptions. Qu'il suffise de dire que dans cette masse hétérogène les amateurs peuvent trouver des spécimens curieux pour l'histoire de l'art : l'Europe à la recherche d'une poterie fine et blanche analogue à celle des Chinois, s'essayait dans de petites pièces dont les encyclopédies parlent avec mépris. Or, ces pommes de cannes, becs à corbin et tabatières auxquels on refusait le nom de porcelaine, offrent précisément la preuve des efforts et du génie de nos ancêtres ; Rouen, Saint-Cloud, Chantilly, Mennecy se révèlent par les plus charmantes compositions ; la Saxe et Capo di Monte offrent des échantillons d'une perfection et d'un goût qu'on chercherait vainement dans les grands vases. La monture plus ou moins riche de ces spécimens les a heureusement soustraits à l'indifférence et à la destruction. Nous devons encore au prix de ces montures la conservation de précieuses pièces orientales, boîtes à bétel de l'Inde transformées en tabatières, qui eussent péri avec la mode des boîtes.

Un mot sur cette mode poussée jusqu'à la folie. Nous n'avons point à remonter à l'origine du tabac, dont le nom vient de Tabago, l'une des Antilles, ni à son introduction en Europe, par Nicot ; encore moins nous occuperons-nous des discussions violentes que son emploi suscita chez les savants, discussions sans effet, qui ne nous ont laissé à retenir qu'une tirade amusante de Molière. En dépit de Fagon et de la science, la poudre de tabac fut accueillie par les grands, et naturellement, il fallut que les récipients destinés à la contenir devinssent des objets

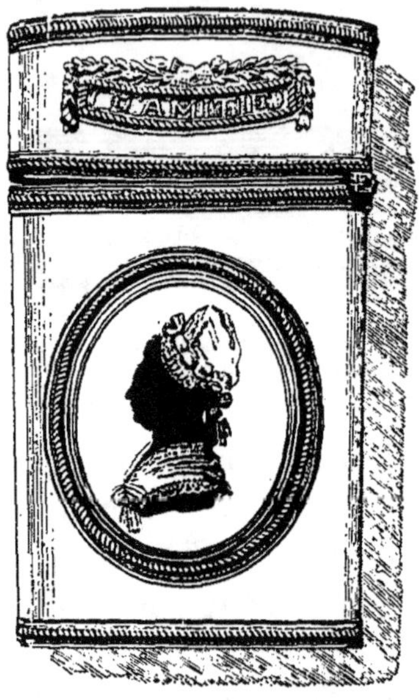

Carnet d'ivoire orné d'un portrait en silhouette (au physionotrace); époque de Louis XVI.
(Collection de M. le docteur Piogey.)

de luxe. Le fait admis, la mode voulut que les gens comme il faut, qu'ils fissent usage ou non de la poudre de nicotiane, eussent des boîtes pour chaque saison ; on alla plus loin, le bon ton voulut qu'on en changeât tous les jours ; les raffinés en portaient même sur eux plusieurs à la fois. Dans ses intéressants mémoires sur l'orfévrerie, M. Paul Mantz raconte que le prince de Conti laissa en mourant près de huit cents tabatières à sa succession. On comprend qu'il y avait là de quoi exciter la verve critique des philosophes. Les plus charmantes femmes de la cour, y compris Mme de Pompadour, achetaient ou faisaient raccommoder à Duvaux leurs tabatières en orfévrerie, pierres dures ou porcelaine de Vincennes. Beaucoup, parmi ces victimes de la mode, trouvaient sans doute peu agréable la saveur âcre et piquante du tabac, et le faisaient parfumer. Ce fut un prétexte à la création des boîtes dites *à deux tabacs*, dont les compartiments étaient établis dans le sens de la longueur, avec couvercle s'ouvrant à chaque extrémité, sur une charnière médiane, ou bien à deux cases superposées, la boîte, à double face, ayant un couvercle orné en dessous comme en dessus.

Ne négligeons pas un dernier avertissement à donner aux amateurs prudents : au dix-huitième siècle, la facilité des mœurs avait suggéré aux peintres l'idée de reproduire une foule de scènes érotiques, puisées dans la mythologie, ou empruntées à la littérature secrète du moment. Les curieux de ces sortes d'ouvrages avaient pourtant encore assez de pudeur pour ne pas divulguer leur goût, et ils faisaient enfermer, dans un double fond de leur tabatière, l'émail ou la miniature réservés pour les regards peu susceptibles de s'effaroucher. A l'extérieur, la boîte a l'aspect le plus innocent ; ses peintures sont chastes, son décor du meilleur style ; mais vient-on à toucher certain ressort, dissimulé dans les reliefs de la monture, la peinture du couvercle ou le fond de celui-ci, ou bien encore le dessous de la boîte se soulève et laisse voir des choses que l'on admettrait à peine au musée secret de Naples, à côté des bronzes de l'île de Caprée. Dirons-nous que parmi les tabatières à double fond il y en avait d'innocentes ? Non, le mot ne serait pas absolument exact : il y en avait qui ne blessaient point le regard ; on y voyait l'image charmante d'une femme aimée, dont on ne voulait pas compromettre la réputation, ou dont le culte secret devait rester un mystère.

Nous n'essayerons pas de donner une idée de la forme des boîtes ; leur destination y entrait pour quelque chose ; mais le caprice infini faisait le reste ; les bonbonnières étaient plus particulièrement circulaires, à surface bombée ; les boîtes à mouches, plus petites, circulaires aussi, avaient un couvercle plat. Quant aux tabatières, celles à contour tourmenté et à bec très-accusé sont presque toutes de l'époque Louis XV. Sous Louis XVI, la forme ovale ou rectangulaire à angles coupés devient dominante ; mais, que d'exceptions, que de variétés ! On comprend bientôt que la forme n'est que l'un des éléments d'une détermination sûre d'époque et de style.

CHAPITRE V

GEMMES

Dans le langage de la curiosité, cette expression s'applique à un bien plus grand nombre de matières que dans le langage scientifique : c'est presque l'équivalent du mot *pierres* des vieux livres d'histoire naturelle, qui distinguaient simplement les *pierres fines*, les *pierres dures* et les *pierres tendres*. Les premières, auxquelles, dès le treizième siècle, le nom de gemmes était réservé, sont celles soumises à l'action de la taille, et particulièrerent employées dans la bijouterie, la broderie, etc. Les pierres dures, généralement en masses plus ou moins considérables, et dont le travail est encore du ressort du lapidaire, sont moins pures que les pierres fines, mais beaucoup plus recherchées que les pierres tendres, dont la taille et le polissage sont très-faciles.

Il nous paraît utile de donner ici les caractères essentiels des gemmes les plus répandues dans la curiosité, et de prémunir ainsi les amateurs contre les erreurs de certaines dénominations courantes, en opposition avec les définitions scientifiques. C'est plus particulièrement à l'orfévrerie et à la bijouterie que s'appliqueront les renseignements relatifs à la nature et à la taille des pierres fines, pourtant elles ont une raison de figurer ici, au point de vue de la gravure d'art, et en les considérant comme camées ou intailles, ce qui est leur forme la plus rare.

Un mot, avant de commencer, sur ces expressions : Aujourd'hui on applique plus particulièrement le nom de *camée* à la pierre, dont les figures en relief sont d'une couleur différente de celle du fond : en glyptique, le nom de camée exprime simplement ce relief, que la pierre qui le porte soit incolore comme le cristal de roche, uniforme de ton comme le béril ou l'améthyste, ou à couches plus ou moins nombreuses et de couleurs diverses, comme on le voit dans les agates, depuis le Nicolo bleuâtre à dessous brun foncé, jusqu'aux sardonyx, où l'artiste peut se servir de six couches superposées, ainsi que le montre la célèbre agate de l'apothéose d'Auguste.

Intaille signifie, au contraire, une gravure exécutée en creux : là, lorsqu'il s'agit de gemmes hyalines, le travail n'est pas toujours présenté par la face où il a été exécuté ; par son envers qui est lisse, un cristal gravé en intaille prend l'aspect d'un camée. Il a été employé ainsi en Orient, dès le sixième siècle, et chez nous, à la Renaissance.

Dans l'antiquité, où la passion des gemmes a été poussée à ses limites extrêmes, certaines pierres étaient réputées trop rares pour être livrées au graveur : telle était l'émeraude ; d'autres, le diamant par exemple, ne l'ont jamais été, parce que les anciens qui savaient s'en servir pour entamer les autres pierres fines, n'ont jamais eu l'idée de le travailler par lui-même.

Les Égyptiens sont, de tous les peuples, celui qui a montré le plus d'habileté dans l'emploi des pierres dures, telles que porphyres, basaltes, granits, etc.

On a agité la question de savoir si les procédés de la taille des gemmes avaient été perdus dans nos contrées, à l'époque du moyen âge ; après de sérieuses études, M. Jules Labarte a cru pouvoir répondre par l'affirmative, et il s'est appuyé sur des arguments qui paraissent sans réplique. Il est certain qu'à cette époque, toutes les pierres fines employées sont à l'état de cabochon, et que celles où l'on rencontre un travail quelconque sont d'origine antique. Une pièce de cristal de roche soulève pourtant en nous quelque scrupule : c'est l'élégante lagène montée en orfévrerie, connue sous le nom de vase d'Aliénor. Le cristal qui en fait la base serait, selon les inventaires, de travail antique ; il nous paraît difficile de reconnaître dans ce réseau alvéolaire, irrégulier et rudimentaire, ni le travail des artistes latins, ni celui des Orientaux, habiles les uns et les autres dans la taille des pierres ; pour nous, cette pièce mal évidée intérieurement et d'une épaisseur énorme est l'essai d'un art qui cherche à se retrouver.

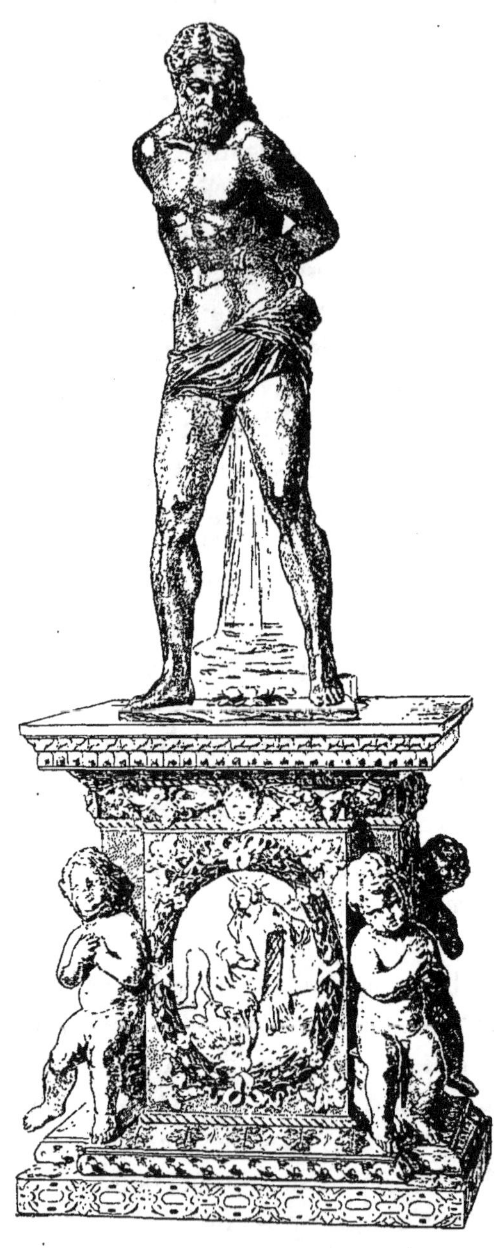

Christ à la colonne; la figure est de jaspe sanguin dont les filons pourpres ont été réservés en gouttelettes; la colonne en cristal de roche; la base en or ciselé et émaillé; commencement du dix-septième siècle. (Musée du Louvre.)

Passons maintenant aux caractères des gemmes.

Diamant. Il raye tous les corps et coupe le verre; réfraction simple; éclat excessivement vif; il brûle sans laisser de résidu: c'est le carbone pur.

Le diamant primitif est presque toujours orné de quelques facettes, rappelant sa forme octaédrique à faces courbes. Le poids de cette pierre est le même que celui de la topaze; les corindons et l'hyacinthe ont un poids supérieur; mais sa dureté dépasse celle de toutes les autres gemmes.

La plupart des diamants sont incolores; il s'en trouve cependant de jaunes, de roses, d'orangés, de bleuâtres, de verdâtres et même de noirs ou de bruns: ces derniers portent, dans le commerce, le nom de diamants savoyards. Dans les temps anciens, le diamant était employé à l'état brut et paré des seules facettes de ses *pointes naïves;* on l'avait même appelé *adamas*, indomptable, à raison de l'impossibilité prétendue de sa taille artificielle. Au temps de Pline, on savait déjà que le diamant avait la faculté d'entamer les pierres les plus dures et de s'entamer lui-même par sa propre poussière; seulement cette découverte resta longtemps inexploitée, parce qu'on ignorait par quelles combinaisons mathématiques on peut lui donner tout son éclat; on le tailla d'abord en table, et ses tranches à pans irréguliers lui donnaient moins d'effet, après beaucoup d'efforts, que n'en produisait un simple cristal de roche. La taille actuelle du diamant a deux formes: le *brillant* conserve sur sa partie supérieure une tablette plane, entourée d'une multitude de facettes qui composent la *dentelle;* la partie inférieure doit être de moitié plus épaisse; elle se termine également par une face plane que des facettes appelées *pavillons* joignent à la dentelle. Les *roses* sont des pierres d'un petit volume, qui présentent à la place de la dentelle une pyramide à plusieurs faces.

La plupart des livres où il est question du diamant attribuent la découverte de la taille à Louis de Berquen, natif de Bruges, qui en aurait mis le secret en pratique dès 1476. Il y a là une erreur évidente que M. le marquis de Laborde a démontrée; en 1407, il existait à Paris un tailleur de diamant très-renommé, appelé Herman; en 1465, dans une contestation survenue au sujet d'une améthyste vendue comme balais, figurent comme experts à Bruges, Jean Belamy, Chrétien Van de Scilde, Gilbert Van Hissbughe et Léonard de Brouckère, tailleurs de diamants.

Gilbert de Metz, dans sa description de Paris, en 1407, désigne « la Courarie où demeurent les ouvriers de dyamants et autres pierres. » En 1416, les inventaires distinguent les diamants *pointus naïfs* et non faits, de ceux taillés en tables, écussons, mirouers.

La même incertitude règne dans l'histoire, quant à la date de la gravure du diamant ; d'après le plus grand nombre d'écrivains, Jacopo da Trezzo, Milanais, qui vivait au milieu du seizième siècle, aurait le premier travaillé la pierre rebelle ; selon Mariette, ce serait Clemente Birago, artiste des mêmes temps, qui aurait essayé, en 1564, de confier au diamant l'image de don Carlos, infant d'Espagne, image destinée à la fiancée du prince, l'archiduchesse Anne, fille de Maximilien II ; enfin d'autres prétendent qu'Ambroise Caradosso avait gravé, en 1505, la figure d'un Père de l'Église sur un diamant appartenant au pape Jules II. Il serait difficile de se prononcer aujourd'hui dans cette question ; ce qu'il y a de certain, c'est que Jacopo da Trezzo a gravé des pierres fines et notamment un grenat portant les bustes affrontés de Philippe II et de son fils don Carlos. Natter et Costanzi ont gravé plus tard sur le diamant.

Saphir. Essentiellement composée d'alumine, cette pierre raye toutes les autres, excepté le diamant. Le saphir, ou corindon hyalin le plus répandu, est bleu ; pourtant il en existe d'incolore que l'on cherche parfois à substituer au diamant. Les autres couleurs exceptionnelles sont le rouge cramoisi désigné sous le nom de rubis oriental, le jaune ou topaze orientale, le vert, dit émeraude orientale, qui n'approche pas de la nuance de l'émeraude du Pérou, et enfin le violet, appelé améthyste orientale, dont la teinte est généralement claire.

Rubis. Alumine magnésiée ou spinelle, rayant fortement le quartz, rayée par le corindon. Le rubis est ordinairement rouge plus ou moins vif ; les lapidaires distinguent deux variétés : le *rubis spinelle*, le plus foncé, qui suit, comme valeur, le saphir rouge ou rubis oriental, pour lequel on cherche souvent à le faire passer ; le *rubis balais*, plus rosé, se rapprochant de la nuance de la topaze brûlée.

Le spinelle, rapproché de l'œil, paraît au grand jour d'une nuance toujours rosée ; le saphir rouge ou rubis oriental donne, dans les mêmes conditions, une teinte de violet pourpré très-sensible ; c'est celui-ci que désigne, dans les anciens inventaires, le nom de rubis.

Topaze. Alumine fluatée siliceuse ; elle raye le quartz et est rayée par le rubis. Il y en a d'incolore, mais la topaze du Brésil est d'un jaune roussâtre plus ou moins vif; soumise à la chaleur d'un bain de sable ou à la combustion dans une enveloppe d'amadou, elle change de couleur et devient d'un beau rose; on la nomme alors rubis du Brésil et elle prend une plus grande valeur qu'avant d'être brûlée. La topaze jaune paille de Saxe devient, elle, incolore au feu.

ZIRCON, autrefois *hyacinthe*. Silice combinée avec la zircone; cette pierre raye difficilement le quartz. Peu recherché à cause de son faible éclat, le zircon offre deux variétés : l'une jaune pâle dite jargon de Ceylan, l'autre orangée brunâtre, l'hyacinthe; celle-ci a été assez souvent employée dans les temps anciens.

ÉMERAUDE. Silice combinée avec l'alumine et la glucine. Elle raye difficilement le quartz. Cette espèce minérale comprend l'*émeraude* proprement dite et l'*aigue-marine*. Lorsqu'elle est d'un vert pur, sans mélange de jaune ou de bleu, c'est l'émeraude par excellence provenant du Pérou, de l'Égypte ou du Tyrol. Elle était tellement estimée dans l'antiquité qu'il était défendu de la graver; on la conservait pour soulager la vue. Néron considérait les combats du cirque à travers une émeraude. Le saphir vert, ou émeraude orientale, est loin de la pureté de ton de l'émeraude du Pérou.

L'une des plus grosses émeraudes vraies connues couronne la tiare du pape.

L'*aigue-marine* vient des monts Ourals dans les plus belles conditions; c'est de là aussi qu'on tire les plus beaux *bérils;* ceux-ci ont une teinte bleue ou bleu verdâtre; les autres sont d'un jaune verdâtre ou d'un vert jaunâtre. La valeur de l'aigue-marine et des bérils n'approche pas de celle des émeraudes; mais quand ils sont purs et volumineux, ils ont encore un assez grand prix. La reine d'Angleterre en possède une des plus remarquables; une autre, non moins célèbre, est conservée au cabinet des médailles de la Bibliothèque nationale; elle a été gravée à l'époque antique, d'un buste de Julia, fille de Titus, par l'illustre Evhodus. Elle n'a pas moins de cinq centimètres de hauteur.

GRENAT. Silice combinée avec l'alumine, rayant le quartz et ordinairement rouge; réfraction simple.

Le commerce distingue plusieurs variétés de grenats : le *pyrope* des lapidaires, grenat oriental rouge de feu; le *Syrien*, rouge violet; le grenat *de Bohême* ou *de Ceylan*, rouge vineux ; *hyacinthe la belle*, des Italiens, brun rougeâtre ; *vermeille* des lapidaires, orangé brunâtre. Les couleurs sombres du grenat obligent souvent à le chever (creuser en dessous) pour lui donner plus d'effet. On a trouvé des grenats assez gros pour en tailler de petites coupes qui acquièrent un haut prix.

Quartz ou cristal de roche. Le nom de quartz s'applique à tous les minéraux siliceux, tels que le cristal de roche, l'agate, le silex et le jaspe, qui sont infusibles au chalumeau, insolubles dans les acides et qui rayent le verre. Mais ce que l'on désigne généralement sous le nom de quartz, c'est l'espèce *hyaline* ou cristal de roche. Sa limpidité l'a fait rechercher, dans tous les temps, pour en faire des vases, des coupes et autres objets précieux. Les anciens ont taillé et gravé le cristal de roche ; mais c'est depuis la Renaissance qu'il a été surtout appliqué au mobilier et employé en buires, coupes, drageoirs, etc., souvent ornés d'orfévrerie et de pierres fines.

Le cristal, dont le principal mérite est la limpidité, se rencontre parfois avec des teintes plus ou moins foncées ; sans parler de l'améthyste, espèce toute spéciale, il y a du quartz orangé brunâtre du Brésil qui est d'un bel effet ; le quartz enfumé, appelé cristal brun ou diamant d'Alençon, arrive parfois de Chine travaillé en masses assez volumineuses.

Le quartz girasol, variété fort rare, a un fond laiteux qui laisse échapper des reflets bleuâtres et aurore du plus charmant effet ; il vient de Sibérie.

Améthyste. C'est le quartz violet ; les plus beaux échantillons sont d'une teinte pure également répandue dans toute la masse. Les améthystes estimées viennent du Brésil ; il s'en trouve aussi en Allemagne, dans les montagnes de Murcie en Espagne, et en Auvergne.

La plus merveilleuse améthyste antique, conservée en France, est le portrait de Mécène en buste, gravé par Dioscoride. On doit pourtant citer comme non moins merveilleux l'Achille citharède dû au talent de Pamphile.

Opale. C'est un quartz résinite qui doit sa beauté à ses imperfections ; son fond laiteux, légèrement bleuâtre et demi-transparent, est coloré par les reflets de l'iris, provenant des fissures qui interrompent la continuité de la matière.

L'opale est très-estimée dans le commerce ; on la taille en cabochon ou goutte de suif, et même on la grave ; la roche pénétrée d'opale se taille en plaques, en coupes ou en tabatières : c'est ce qu'on nomme matrice d'opale.

Cornaline. Variété du quartz agate, de couleur rouge-cerise, dans la belle espèce, avec la demi-transparence de ce fruit ; cette teinte passe au jaune orangé plus ou moins intense, parfois répandu dans la masse ou en couches irrégulières. Les plus belles cornalines viennent du Japon ; celles d'Europe sont impures ou peu volumineuses.

Pourtant la cornaline est une des pierres adoptées spécialement pour la gravure dans l'antiquité. Le cabinet des médailles en possède une représentant Bellérophon monté sur Pégase qui paraît être l'œuvre d'Epitynchanus.

A l'époque de la Renaissance, on a trouvé le secret de décolorer la cornaline par une chauffe artificielle et de lui donner deux couches, une blanche superficielle, l'autre rouge pour l'employer en camée. On s'est servi du même procédé, nous l'avons dit, pour obtenir le modelé dans certaines parties des mosaïques de Florence.

Calcédoine. Quartz agate d'une transparence nébuleuse et d'une couleur un peu laiteuse avec nuances de jaune et de bleuâtre ; polie, cette pierre offre souvent des taches ou des veines rousses, et de petits nuages arrondis dus à sa constitution mamelonnée ; on la qualifie alors d'agate orientale.

Sardonyx. Le quartz agate sardoine ou sardonyx est d'une couleur orangée plus ou moins foncée, passant au brun marron dans les morceaux d'une certaine épaisseur. On trouve cette pierre en Chine et en Sibérie sous forme de galets assez souvent mamelonnés à leur surface.

C'est de cette matière que sont faits la plupart des beaux camées antiques, notamment celui dit de la Sainte-Chapelle représentant l'apothéose d'Auguste ; il est à cinq couches et n'a pas moins de trente centimètres de haut ; c'est encore en sardonyx qu'est la coupe des Ptolémées, autre monument précieux conservé comme le premier au cabinet des médailles ; avec les anses, la coupe des Ptolémées mesure cinquante centimètres de diamètre.

Prase. Quartz agate qu'on appelle aussi chrysoprase ; il est d'un vert-pomme passant rarement au vert foncé et plus ou moins translucide ; sa cassure est terne et unie.

Plasma. Quartz agate vert foncé avec des nuances irrégulièrement répandues de blanchâtre, de jaunâtre, etc.

Cette variété, connue et travaillée par les anciens, n'a jamais été trouvée que dans les déblais de l'ancienne Rome. On en cite cependant du mont Olympe.

Lapis-lazuli. Soluble en gelée dans les acides après avoir été calciné; fusible en émail blanc par un feu prolongé; rayant le verre; cassure mate à grain serré.

Le seul dont on connaisse le gisement est de Sibérie; il est de qualité médiocre. Les beaux lapis viennent de Perse, de la Natolie et de la Chine. Dans ce dernier pays, on l'imite d'ailleurs avec une perfection dangereuse pour le curieux.

Jaspe. L'opacité complète, même sur les bords, est ce qui distingue les jaspes des quartz agates. On considère les jaspes comme des quartz agates surchargés d'argile ferrugineuse, ce qui leur donne leur couleur, leur opacité et leur aspect terne. Il y a du jaspe rouge foncé; du vert, qui, lorsqu'il est semé de taches d'un rouge vif, prend le nom de jaspe sanguin; du violet; du bleu de lavande; du jaune d'ocre et du noir.

On nomme *jaspe onyx* une variété d'un brun-chocolat veinée ou rubanée de bandes d'un vert sombre. Le *zonaire* ou jaspe égyptien a le fond chamois varié de veines ou zones d'un brun bistré avec des dendrites noires entremêlées. Le *panaché* ou *jaspe fleuri* est un assemblage de ces diverses variétés accompagnées souvent par de la calcédoine.

Porphyre. La roche qui porte principalement ce nom, le doit à sa couleur pourpre; elle est composée d'une pâte de pétrosilex rouge ou rougeâtre enveloppant des cristaux de feldspath.

Les anciens ont beaucoup travaillé cette pierre; l'Égypte en a fait des statues et plus tard on l'a spécialisée pour des siéges, des sarcophages et surtout des vases de décoration. On y revint à la Renaissance, et Francesco Ferrucci, dit il Talda, se fit remarquer dans ce laborieux travail grâce, dit-on, aux conseils de Cosme de Médicis qui lui enseigna une trempe supérieure pour la confection des outils. Au dix-septième siècle, le porphyre fut très-employé pour la décoration intérieure.

On appelle porphyre vert antique, ou serpentin, l'ophite à pâte de

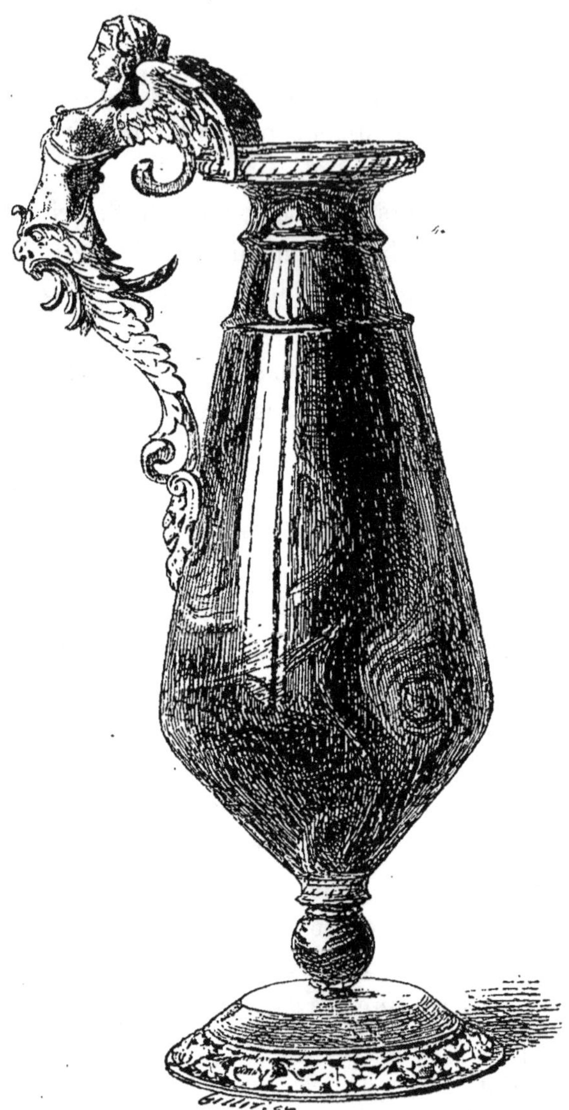

Vase antique de sardoine onyx monté en orfévrerie émaillée à l'époque de Henri II.
(Musée du Louvre)

pétrosilex amphiboleux. Le porphyre globuleux de Corse est la pyroméride. Le porphyre noir est des plus rares.

Basalte. Roche compacte d'un aspect homogène, dont les principes constituants essentiels sont le feldspath et le pyroxène ; quand celui-ci y est en cristaux, le basalte est dit porphyroïde. C'est une roche ignée d'origine volcanique.

Les anciens ont employé le balsate dans un grand nombre de monuments ; les Égyptiens, qui en ont fait des statues, le tiraient de l'Éthiopie et l'appelaient lapis œthiopica.

Le cabinet des médailles possède un buste de Scipion l'Africain en basalte vert.

Serpentine. C'est un talc stéatite opaque intimement mêlé de fer ; sa couleur est d'un vert tirant sur le noir et souvent tachetée. Il faut se garder de confondre la serpentine avec certaines variétés de jade ou d'euphotide.

Jade. Cette belle substance, dont les caractères physiques n'ont pas encore été déterminés, a été très-anciennement connue et employée dans l'extrême Orient. Élle raye le verre, étincelle sous le choc de l'acier, et est très-difficile à briser ; sa transparence est celle de la cire blanche, et son poli a quelque chose de gras et huileux.

La couleur du jade passe du blanc au vert olivâtre ; une espèce très-rare et particulièrement estimée est d'un vert plus vif, presque émeraude dans certaines parties et presque transparente ; c'est celle qu'on nomme jade impérial. Au moyen âge, le jade n'était connu chez nous que comme pierre talismanique pouvant guérir ou garantir du mal de reins : de là son nom de jade néphrite ou néphrétique.

Hématite. C'est un fer oligiste concrétionné qui, dans son état naturel, est terne et d'un rouge sombre ; poli, ce minéral prend une teinte d'un gris métallique très-foncé.

Les anciens ont gravé sur l'hématite : c'est particulièrement la matière des cônes et des cylindres babyloniens. C'est donc, en général, en Orient que cette matière a été employée le plus fréquemment, sans doute parce qu'on lui attribuait des vertus particulières en cabalistique.

Dans les pierres tendres, les plus employées sont l'albâtre et l'agalmatolithe, dont nous avons parlé déjà, ainsi que la chaux fluatée ou spath fluor, dont les belles variétés violettes, lilas, jaspées et dichroïtes ont été taillées en vases élégants associés aux bronzes dorés Louis XVI.

L'histoire des gemmes antiques est une des moins difficiles à reconstituer; la dimension réduite des monuments les a, le plus souvent, soustraits à la destruction : ils se sont enfouis d'eux-mêmes dans la terre bouleversée par les révolutions sociales, et c'est là qu'aujourd'hui de patients chercheurs savent les trouver. Quant à celles qui, n'avaient pas été enfouies, leur salut est dû à une autre cause; dans son livre *Delle cose gentilesche*, Marangoni nous apprend que les souverains pontifes et les évêques n'ont pas proscrit l'usage des camées et intailles à figures profanes pour l'embellissement des images saintes et des trésors des églises. Lorsqu'au quatorzième siècle Urbain V fit transporter les chefs des apôtres saint Pierre et saint Paul à la basilique de Saint-Jean de Latran, il leur fit faire de magnifiques châsses en réclamant le concours de tous les princes de la chrétienté ; beaucoup envoyèrent, outre les dons en numéraire, des perles et des gemmes gravées quels qu'en soient les sujets; c'est ainsi qu'on vit une tête de Néron prendre place sur la poitrine de l'un des deux bustes reliquaires.

Mabillon, dans son *Voyage d'Italie*, dit avoir vu également une croix d'argent portant les images d'Isis, de Sérapis et d'un prêtre d'Isis tenant un sistre en main, puis encore une tête d'empereur romain. Marangoni ajoute à ces exemples, celui d'une croix d'or conservée au monastère de Ristich, où l'on voit une pierre avec les figures de Vénus, de Jupiter et de Cupidon; contrairement à l'opinion de quelques auteurs, qui avaient attribué ces faits à l'ignorance des religieux, associant ainsi inconsciemment les figurations païennes au signe du salut, l'archéologue italien prétend que ce sont là des témoignages éclatants de l'abaissement de l'idolâtrie, subjuguée par le signe triomphant de la religion chrétienne.

L'excuse est spirituelle; mais ce qu'il y a de certain, c'est que d'heureuses erreurs ont sauvé de la destruction des monuments du plus haut intérêt : Jupiter et son aigle pris pour l'évangéliste saint Jean, l'apothéose d'Auguste considérée comme la représentation du triomphe de Joseph, en Égypte, assurèrent la conservation à la Sainte-Chapelle et à la cathédrale de Chartres des deux spécimens les plus remarquables de la glyptique ancienne que possède aujourd'hui la

France. La coupe d'agate, dite des Ptolémées, malgré les emblèmes bachiques qu'elle porte, avait été transformée en calice pour le service religieux de la basilique de Saint-Denis, lorsqu'elle fut offerte à cette église à l'époque carlovingienne.

Il ne peut entrer dans notre pensée de décrire ces précieux restes de l'art antique ; les curieux qui voudront en étudier les caractères devront scruter patiemment les vitrines de nos musées, car un livre spécial pourrait à peine faire comprendre les différences de style et de travail qui séparent les écoles et peuvent faire reconnaître les mains les plus illustres. Il ne faut pas oublier que, malgré la richesse des collections publiques et privées, beaucoup de pierres célèbres mentionnées dans l'histoire ont disparu depuis longtemps; on n'a pu souvent en apprécier le mérite que par des copies, ou mieux encore par les pâtes de verre, sortes de moulages contemporains destinés à augmenter le renom des monuments, sinon précisément en faveur de leurs auteurs, au moins pour satisfaire à la vanité des possesseurs. D'un autre côté, tant d'œuvres de la glyptique sont restées anonymes, même parmi les plus importantes, qu'on n'a même jamais essayé d'y appliquer un nom. Quelles sont les analogies de travail qui permettraient de hasarder une attribution pour la coupe des Ptolémées, l'agate de la Sainte-Chapelle et autres merveilles du même genre, sans précédents et sans suite? Parler de la fermeté, de la suprême élégance, du caractère grandiose des gravures grecques ; dire que l'époque romaine est une décadence relative, ce n'est pas éclairer le lecteur, car l'art grec a eu diverses époques et des artistes de divers degrés aussi bien que Rome elle-même. Le jugement des antiques, pierres ou médailles, demande un tact particulier, un goût inné, développés par l'étude et la comparaison raisonnée des monuments typiques.

Nous ne pouvons donc qu'aider à cette étude en rappelant ici les noms qui ont été relevés sur les pierres authentiques et admis, après sérieuse discussion, par les glyptographes en renom.

Admon.
Aelius *.
Aepolien.
Aetion *.
Agathangelus.
Agathémère *.
Agathon.
Agathopus.
Alexa.
Allion.
Almelus?
Alpheus et Arethon *.
Amaranthus.
Ammonius *.

Anteros *.
Antiochus *.
Apollodote *.
Apollonius *.
Archion.
Ariston **.
Aspasius *.
Aspus.
Athenion *.
Aulus *.
Axeochus *.
Bisitalus.
Boëthus.
Caïus.
Carpus *.
Chaeremon.
Charitus.
Chrysès.
Classicus.
Cleon.
Cneius *.
Coemus.
Cronius.
Démétrius *.
Deuton.
Dioclès.
Dioscouride **.
Epitonus.
Epitynchanus **.
Eutychès *.
Evhémère.
Evhodus **.
Felix *.
Gamus.
Glycon **.
Heïus *.
Hellen *.
Hyllus **, souvent faux.
Iréné.
Lucius.
Midias.
Mithranc ou Mithridate.
Mycon.
Myron.
Myrton.
Neisus ou Nisus *.
Népos.
Nestor.
Nicandre.
Nicomaque.
Onesas *.
Pamphile **.
Panaeus.
Pergamus *.
Pharnaces *.
Philemon *.
Phocas.
Phrygillus *.
Platon.
Polyclète *.
Polycrate *.
Polytimus.
Pothos.
Protarque *.
Pyrgotèle ?
Rufus.
Scopas *.
Scylax *.
Scymnus *.
Seleucus *.
Severus.
Slecas.
Socrate.
Solon *.
Sostrate *.
Teucer *.
Thamyrus *.
Tryphon *.

Dans cette liste nous avons marqué d'un astérisque les noms des graveurs les plus célèbres, et de deux, ceux dont les ouvrages existent au cabinet des médailles, notamment Hyllus, dont notre pierre au taureau dyonisiaque est la plus authentique. Les noms en italique sont ceux des graveurs de l'Italie ou de Rome. Un point de doute suit le nom de Pyrgotèle, parce qu'il n'est pas certain que les pierres qui le portent ne soient pas l'œuvre de faussaires, bien que celle de la collection de Blacas puisse paraître digne du maître.

Le Bas-Empire est, comme on devait s'y attendre d'après ce que montre la numismatique, une époque de décadence rapide pour la glyptique ; les pièces inconographiques sont si faibles, qu'il devient très difficile de discuter les ressemblances et d'affirmer le nom des personnages ; quelques pierres à emblèmes religieux sont moins des monuments de l'art que de superstitieux amulettes, ainsi qu'on peut s'en assurer en lisant sur la monture d'un jaspe sanguin, représentant le Christ bénissant et portant les évangiles : J'ôte les forces aux sortiléges et j'arrête le flux de sang. *Sortilegis vires et fluxum tollo cruoris.*

Ceci nous amènerait naturellement à parler des talismans ou abraxas. Ces pierres, dites *gnostiques*, œuvres d'une secte philosophique née des doctrines de l'Assyrie, de la Perse, de l'Inde et de l'Égypte, furent aussi répandues pendant les six premiers siècles de notre ère, que les idées dont elles étaient l'expression, et contre lesquelles eurent à lutter si vigoureusement les Pères de l'Église. Aujourd'hui les figurations singulières de ces talismans sont aussi obscures que leurs légendes cabalistiques ; au point de vue de l'art, il n'y a rien à y voir : nous renverrons donc ceux qui voudraient se mettre au courant des connaissances actuelles sur les abraxas, à la notice abondante que M. Chabouillet leur a consacrée dans le catalogue général des pierres gravées de la Bibliothèque.

Le moyen âge proprement dit n'a pas exercé la glyptique, et ce n'est qu'à la Renaissance que nous voyons cet art merveilleux reprendre son importance véritable. Toutes les matières sont abordées ; l'Italie, où ce mouvement s'était manifesté en présence des monuments antiques nouvellement exhumés, semble n'avoir d'abord qu'un désir, celui d'imiter, avec le même goût et la même science, l'œuvre des graveurs grecs ; et cette imitation est souvent si parfaite, que, dans bien des cas, elle embarrasse les plus fins connaisseurs.

Pourtant, des hommes de la trempe de ceux de la Renaissance ne pouvaient pas longtemps se contenter de marcher sur la trace d'autrui ; leur génie propre voulait se faire jour, et l'iconographie des contemporains, la figuration des scènes de la religion chrétienne, s'imposent à leur imagination impatiente. Les premiers et les plus anciens camées sont l'Adoration des mages et le Serpent d'airain ; viennent ensuite les bustes de Louis II, marquis de Saluces et de Charles d'Amboise, seigneur de Chaumont, et l'on a cru pouvoir attribuer ces deux derniers ouvrages à l'Italien Domenico de' Cammei, ainsi nommé à cause de son talent exceptionnel dans l'art qu'il avait adopté.

Comment choisir avec certitude un nom dans cette pléiade d'artistes pleins d'ardeur et de génie ? Comment établir la suprématie en faveur de Milan, Venise ou Florence ? Pour comparer, il faudrait des bases sérieuses, et nous n'avons ici, la plupart du temps, que des œuvres anonymes. Commençons toutefois par développer à peu près chronologiquement la liste des artistes italiens que l'histoire signale comme s'étant spécialisés, dans les temps modernes, à l'étude difficile de la taille des pierres dures.

1300.	Peruzzi, graveur florentin.
1379.	Benedetto Peruzzi, de Florence, va se fixer à Padoue.
XIVe s.	Filippo Santa Croce, dit Pippo.
1464.	Paolo Giordano, buste de Paul II.
1470.	Giovanni Boldù, vénitien.
1494.	Giovanni delle Corniole, portrait de Savonarole.
1495.	Francesco Francia, de Bologne.
1495.	Marco-Azio Moretti, de Bologne.
1496.	Marco Tassini.
XVe s.	Domenico de Cammei, de Milan.
—	Foppa, surnommé Caradosso, de Milan.
—	Marmita, de Parme.
1508.	Niccolò Avanzi, maître de Matteo del Nassaro.
1508.	Galeazzo Mondella, id.
1513.	Michelino.
1513.	Piermaria da Pescia, auteur du sceau de Michel-Ange ?
1520.	Lodovico ou Luigi Marmita.
1523.	Giovanni Bernardi, de Castel Bolognese.
1523.	Matteo de' Benedetti, de Bologne.
1523.	Lione Aretino.
1523.	Matteo del Nassaro, élève d'Avanzi et de Mondella.
—	Gio-Maria di Mantova, élève de Matteo.

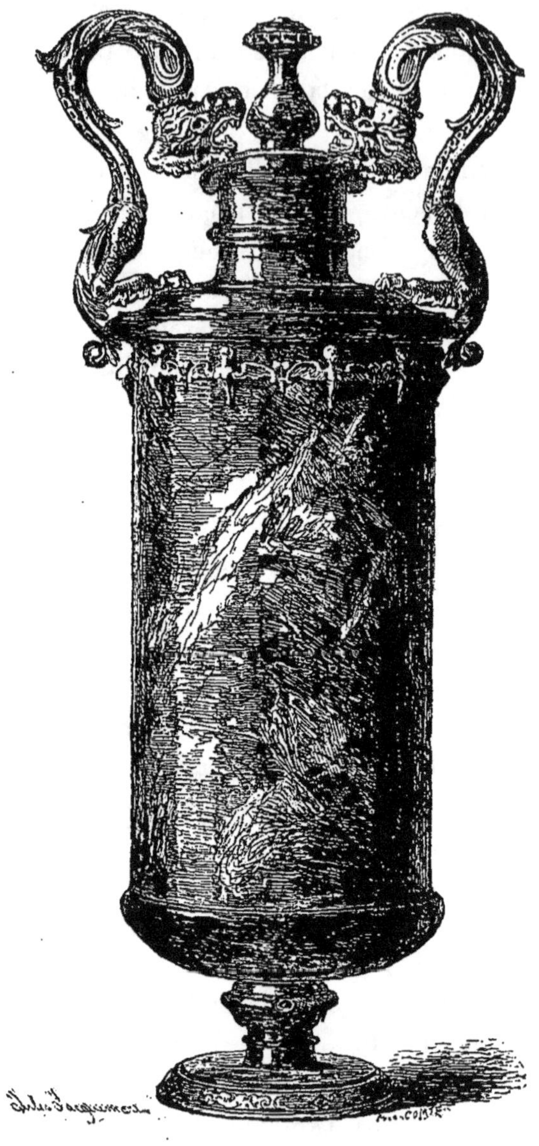

Vase de jaspe oriental, monture en or émaillé attribuée à Benvenuto Cellini; époque de François Ier. (Musée du Louvre.)

— Brugia Sforzi, élève de Matteo.
1531. Domenico di Polo, Florentin, élève de Giovanni delle Corniole.
1534. Alessandro Cesari, surnommé le Grec, signait ΑΛΕΞΑΝΔΡΟΣ.
1537. Giovanantonio de' Rossi, de Milan.
1537. Girolamo Fagiuoli, de Bologne.
1537. Domenico Poggini.
1537. Salvestro.
1539. Giovan-Jacopo del Caraglio, de Vérone.
1546 † Valerio Belli, de Vicence.
1550. Nicolò Avanzo.
1550. Giovanni Bernardi.
1550. Luigi Anichini ou Nichini, de Ferrare, venu à Venise.
1556. Cosimo da Terzio, graveur de Philippe d'Espagne.
1556. Clemente Birago, Milanais, grave sur diamant.
1556. Jacopo da Trezzo, Milanais, vases de cristal.
1560. Giuliano, id. id.
1560. Francesco Tortorino, id.
1574. Maestro Ambrogio, Milanais.
1574. Maestro Giorgio, id.
1574. Domenico Compagni.
1574. Stefano, Milanais.
1584 † Antonio Dordoni, de Buseto, près Parme.
1587 † Annibale Fontana, Milanais.
1596 † Flaminio Natale, de Rome.
XVIe s. F. Agostino del Riccio, Florentin.
XVIe s. Domenico di Polo, Florentin, élève de Giovanni delle Corniole.
XVIe s. D. Calabrese, de Rome.
XVIe s. Francesco Furnio.
XVIe s. Camillo Leonardo, da Pesaro.
XVIe s. Severo, de Ravenne.
XVIe s. Jacopo Tagliacarne, de Gênes.
XVIe s. Nanni di Prospero delle Corniole, Florentin.
1600. Adoni, graveur romain.
1600. F. Tortori.
1621. Giovanni-Stefano Carrioni, Milanais.
1621. Michele di Taddeo Castrucci.

1621. Giacomo Chiavenna, de Modène.
1621. Giacomo Gasparini.
1621. Christofano Giafurri.
1621. Jacopo di Giovanni, dit il Monicca.
1621. Giovanni Pericciuoli, de Sienne.
1621. Tommaso Vaghi, de Modène.
1670. Andrea Borgognone, de Florence.
1670. Stefano Mochi, travaille avec Borgognone.
1672. Giuseppe-Antonio di Bartolommeo Torricelli.
— Gaetano Torricelli, fils et élève.
— Giuseppe Torricelli, id.
1680. Giovanni Fabj, élève de Valder.
1700. Rey, graveur à Rome.
1709. Francesco-Maria-Gaetano Ghinghi, né en 1689.
1716. Domenico Landi.
1729. Giovanni Costanzi, de Rome.
1735. Laurent Natter, Allemand, établi à Rome, puis à Florence.
1737 † Flavio Sirleto, graveur romain.
— Francesco Sirleto, fils et élève.
— Raimondo Sirleto, id.
1740. Carlo Costanzi, fils de Giovanni, diamantier.
1740. Antoine-Marie Barnabé, né à Florence en 1720, élève de Ghinghi.
— Francesco Borghighiani ou Borghigiani, né à Florence le 28 mai 1727.
1747 † Tommaso Costanzi, frère de Carlo.
1750. Andrea Cavini.
1750. Masini, de Venise.
1750. Andrea Santini.
1750. Louis Siries, Français, établi à Florence.
1750. Stefano Passaglia, Lucquois ou Génois.
1750. Andrea Ricci, de Padoue, surnommé Briosco Crispo.
1750. Godefred Graaftt, surnommé il Tedesco, établi à Rome.
1750. Girolamo di Gasparo Rosi, de Livourne, id.
1752. Laurent-Marie Weber.

Nous pourrions ajouter : Amastini, Beltrami, Berini, Catenacci,

Dorelli, Garelli, Girometti, dont nous avons trouvé les noms sans indications de dates ni de patrie.

La science archéologique est toute nouvelle, et c'est depuis peu qu'on est arrivé à reconnaître avec certitude, non-seulement les contrefaçons d'antiques des antiques mêmes, mais encore les pierres retouchées, et celles où des signatures ont été ajoutées par des mains modernes ; on comprend, dès lors, de quelle importance il est pour la critique de posséder des œuvres signées ou tout au moins assez authentiques pour servir de types à la détermination des pierres des plus grands maîtres.

Parmi celles de ce genre, citons le magnifique camée de notre cabinet des médailles où figure le buste cuirassé de Francois Ier. M. Chabouillet n'hésite pas à y reconnaître la main de Matteo del Nassaro, de Vérone, l'un des illustres graveurs de la Renaissance. Venu en France où l'appelait la protection du monarque, il conquit à tel point sa faveur, qu'il fut bientôt nommé graveur général des monnaies ; or, si Matteo doit être déclaré l'auteur du portrait dont il vient d'être question, puisqu'il n'y avait alors en France que lui qui pût l'exécuter, il est d'autant plus intéressant d'étudier ce travail, pour juger ultérieurement de l'influence qu'a pu exercer l'artiste italien sur notre école de glyptique.

Ne passons pas outre sans nous arrêter à un ouvrage de Piermaria da Pescia, lequel, sans manquer de mérite, a fait beaucoup plus de bruit qu'il ne méritait : nous voulons parler de la cornaline intaille, représentant une bacchanale, et qui est connue sous le nom de cachet de Michel-Ange. Cette pierre a longtemps passé pour antique, et la tradition qui en a attribué la possession à l'illustre auteur de la chapelle Sixtine est des plus singulières : deux des figures de vendangeuses gravées sur la pierre sont la reproduction du groupe de Judith remettant la tête d'Holopherne à sa suivante, que Michel-Ange a peint à fresque au Vatican. Or, ce détail qui eût dû faire reconnaître la date de l'intaille, a fourni une supposition inverse : la pierre antique avait dû appartenir au peintre florentin, et celui-ci s'était inspiré sans scrupule du groupe des vendangeuses, pour le transformer en scène historique. Voilà comment s'exerçait la critique pendant les deux derniers siècles. Le prétendu antique n'a donc jamais appartenu à Michel-Ange, et le nom de son auteur est aujourd'hui parfaitement lisible dans un rébus gravé à l'exergue et qui figure un *pêcheur*.

On aura remarqué, dans la liste qui précède, le nom de Valerio Belli, de Vicence, qui gravait particulièrement le cristal de roche, et fit le célèbre coffret envoyé en présent à François Ier par le pape Clément VII, à l'occasion du mariage de sa nièce Catherine de Médicis avec Henri, fils du roi de France. Cette mode dominante du cristal de roche entraîna beaucoup d'artistes en dehors de la voie ouverte par les anciens : ainsi Jacopo da Trezzo, qui tailla, assure-t-on, jusqu'au diamant, et fit sur pierres précieuses d'inestimables portraits, Giuliano et Torterino de Milan, s'attardèrent à former les coupes élégantes, les vases d'apparat, orgueil des palais contemporains, et qui font aujourd'hui le luxe des musées. Jacopo da Trezzo acquit un tel renom dans ce genre, qu'il fut appelé en Espagne pour exécuter, en cristal et en pierres dures, le tabernacle de l'autel majeur de l'Escurial ; il ne mit pas moins de sept ans à parfaire cet ouvrage, où son nom est transmis à la postérité par une inscription latine attribuée à Arias Montano.

On connaît assez la merveilleuse collection de gemmes de la galerie d'Apollon, par le magnifique ouvrage de M. H. Barbet de Jouy, son éminent conservateur, pour que nous n'ayons pas besoin de rappeler les monuments qu'elle recèle ; coupes, drageoirs, hanaps, nefs, tous ces objets précieux qui complétaient le service de table aux époques de luxe et d'apparat, se trouvent là en spécimens hors ligne. Mais ce qu'il est essentiel d'indiquer, ce sont les caractères auxquels on peut reconnaître l'âge de ces monuments : les plus anciens ont pour parure leur forme même relevée par quelques rinceaux destinés bien plutôt à dissimuler les défauts de la pierre qu'à lui servir d'ornements ; plus tard le style s'est assis ; la forme, la délicatesse des parois, la pureté d'une ornementation puisée aux meilleures sources se combinent dans un ensemble harmonieux. C'est le moment de l'épanouissement de la Renaissance et rien ne peut en donner une idée plus complète que la délicieuse coupe à pied en balustre classée dans le cabinet de M. le baron Gustave de Rothschild ; ici la matière est irréprochable ; l'ornementation sobre et d'un fini parfait. Si nous connaissions donc un maître plus célèbre que les illustres cités par Vasari nous réclamerions son nom pour l'appliquer sur cet ouvrage. Nous sommes donc au début du seizième siècle ; mais dans le courant vertigineux de cette prodigieuse époque comment marquer des étapes? Où trouver les inventions particulières au génie de chacun? Les formes monstrueusement élégantes coudoient les simples imitations de la nature; les dragons, les poissons sans pareils se mêlent aux coquilles portées sur des piédouches en balustres et des pieds à godrons et cannelures; ces diverses parties, réunies entre elles par des montures d'orfévrerie émaillée, montrent un fait curieux: c'est que les pièces d'un même service, reconnaissables à leur monture même et à la main qui les a travaillées, composaient un ensemble, riche non-seulement par le prix des rares matières employées, mais encore par l'heureuse combinaison harmonique de la couleur des gemmes. Malgré sa pureté hyaline, un surtout en cristal de roche eût eu quelque monotonie; on y mêlait donc les vigoureuses sardonyx, les jaspes aux macules vives et tranchées, le lapis-lazuli qui, par sa nuance, tient encore aux gemmes, et par ses légers filons métalliques se rapproche naturellement de l'orfévrerie.

On le comprendra, dans cette abondante variété de chefs-d'œuvre, parmi ces matières soumises à un travail difficile et patient, saisir des caractères d'âge, des procédés individuels, c'est chose délicate, et pourtant lorsqu'on voit ces monuments rapprochés, un instinct secret, un coup d'œil plus sûr que le raisonnement, permet d'apprécier les nuances qui, de proche en proche, conduisent l'art de son summum à une décadence relative. Le développement des reliefs accessoires, la complication des ornements gravés, la nature et la combinaison des sujets qui, sobres d'abord, finissent par envahir tout ce que la sculpture a laissé libre sur les parois du vase; puis une comparaison des gravures avec la glyptique contemporaine, et des montures avec l'orfévrerie courante, en un mot le rapport avec cette harmonie générale qui forme le style particulier aux grandes époques de l'histoire : tout cela finit par permettre de déduire assez sûrement l'âge des vases en pierres dures taillées.

Une chose plus difficile c'est de dégager la part des nationalités dans l'œuvre de chaque siècle : que revient-il à la France dans ce concours où l'Italie vient de se montrer Légion? Un sentiment d'orgueil national ne nous portera jamais à exagérer le mérite de nos concitoyens; la glyptique française est fille de l'Italie, et, comme nous l'avons dit, Matteo del Nassaro est, sans aucun doute, celui qui a, chez nous, allumé le flambeau sacré. S'il ne s'agissait que de la *taille* des pierres fines, nous pourrions, certes, remonter plus haut, puisqu'en 1497 nous avons trouvé Jehan Cayon, diamantier à Lyon, et qu'en 1529 le même métier était encore exercé dans cette ville par Pierre Dalières.

Mais, au point de vue de la gravure, nous ne commençons qu'aux dernières années du seizième siècle, c'est-à-dire alors que l'art décroissait au delà des Alpes. L'homme qui se montre d'abord avec ces qualités exceptionnelles de portraitiste, apanage particulier de la France, c'est Julien de Fontenay, surnommé Coldoré. Encouragé par Henri IV, ce roi si ambitieux de mettre en relief toutes les illustrations nationales, il obtient un logement au Louvre et le titre de valet de chambre du roi. On ne s'étonnera donc pas de voir Coldoré reproduire plusieurs fois l'image de son protecteur, soit dans de magnifiques camées, soit en intaille sur pierres fines. Voici, d'ailleurs, les noms des graveurs français, dont nous avons pu trouver mention dans l'histoire :

1595. Julien de Fontenay, dit Coldoré.
1610. Maurice, originaire des Pays-Bas et fixé à Roanne.
— Commode Muller, de Strasbourg, † 1733.
— François-Jullien Barier, né en 1680, † 1746.
1672. Maurice, le fils, † 1732.
1700. Conrad Muller, fils de Commode, fixé à Paris.
1730. Jean-Baptiste Certain, élève de Maurice le fils.
— Louis Chapat, portrait de Louis XV.
— Jacques Guay, né à Marseille vers 1715, † 1787.
1752. Madame de Pompadour, élève de Guay.
1770. Romain-Vincent Jeuffroy, né à Rouen, en 1749, † 1826.
— Jean-Henri Simon, né en 1752, † 1834.
— Jean-Marie-Amable-Henri Simon, fils, né en 1788.

Ajoutons Lelièvre, Marchant, Cerbara, Morelli et A. Mastini, sur lesquels nous manquons de renseignements.

Jacques Guay, qui figure dans cette liste, est l'un des plus éminents graveurs sur pierre du dix-huitième siècle, et, après avoir vu le magnifique camée où il a représenté Louis XV, la tête laurée et le buste drapé à l'antique, on se prend à regretter que, sans doute entraîné par les modes du moment et certaines influences, il ait prodigué son

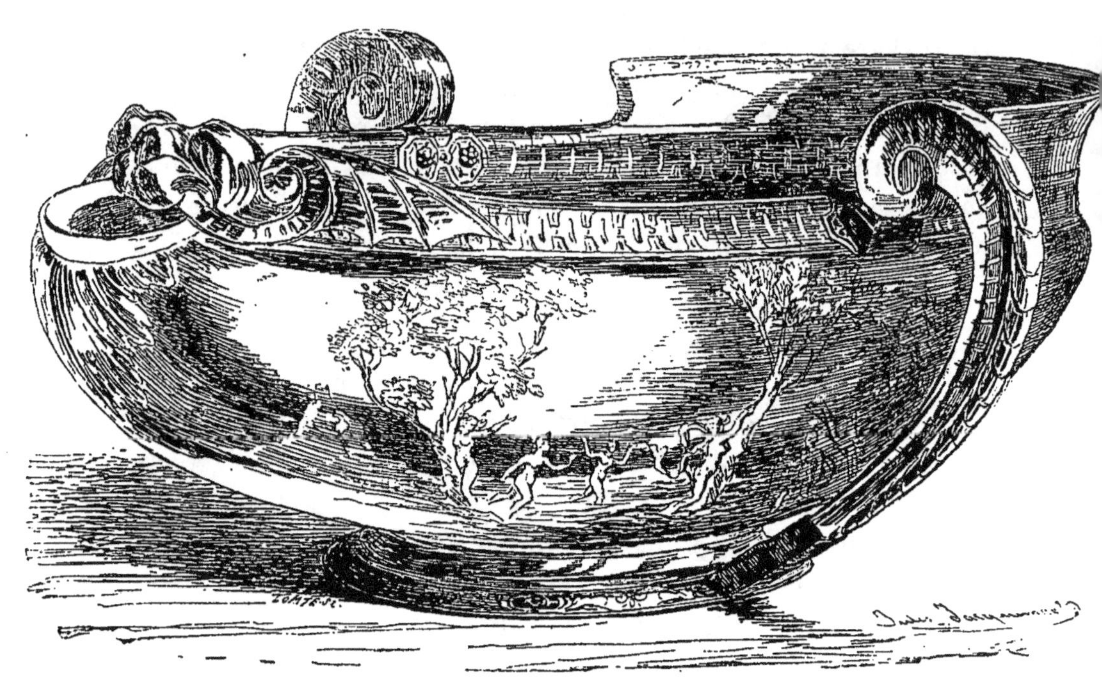

Nef de cristal de roche taillé et gravé; travail italien; époque de François Ier. (Musée du Louvre.)

talent à la reproduction de ces mièvres allégories dont on chargeait alors toutes choses. Devons-nous, d'ailleurs, le blâmer de n'avoir pu se soustraire à l'arbitraire de sa toute-puissante élève, la marquise de Pompadour, dont il paraît avoir presque constamment reçu l'impulsion ? Nous sommes trop loin de l'époque où les faits se sont accomplis, trop de passions menteuses se sont interposées entre la favorite artiste et notre temps pour que nous puissions prononcer en toute impartialité. Pourtant, d'après les notes intimes laissées par Guay lui-même, on serait bien près de reconnaître là, comme pour la porcelaine française, combien la protection de madame de Pompadour a été favorable à l'art. Le cabinet des médailles possède, sous le n° 2505, une calcédoine intaille représentant la marquise en Minerve debout et posant une corne d'abondance sur un tour à graver les pierres dures ; un génie ailé soulève le voile qui cachait le bouclier de la déesse et découvre ainsi les trois tours d'argent, blason de la marquise. A l'exergue on lit : Guay 1752.

Dans le recueil des planches gravées par madame de Pompadour, d'après les pierres de son maître, cette intaille est ainsi expliquée : *Minerve bienfaitrice et protectrice de la gravure en pierres précieuses.* Flatterie ! dira-t-on. Voici la réponse recueillie dans des notes intimes du graveur, notes que leur forme seule affirme n'avoir pas été préparées pour la postérité : « Guay a gravé cette pierre en creux pour transmetre à la postérité, la proctrction que madame de Pompadour a daigné lui a corder, sa reconnesance et des plus respectueuse et des plus seinsere. Si la gravure en pierre est conservée on le doit à la Minerve du siècle, elle a protege ce ar, en i travaillan, et fesant vivre le graveur. L'époque et (est) des plus véritable, à Paris, ce 14 avril 1758. J. Guay. »

Jeuffroy, qui suit de très-près, par l'époque et le talent, vient en quelque sorte établir le passage entre le dix-huitième siècle et l'école actuelle que de louables efforts tendent à maintenir dans son rang honorable.

A côté de nous, il est une nation que ses aptitudes naturelles devaient porter vers la glyptique : c'est l'Allemagne ; ses artistes sérieux et patients, élevés au grand style par l'école d'Albert Durer, convenaient à ce genre de travail et nous les voyons à l'œuvre dès le commencement du seizième siècle ; ce sont :

1520. Henri Engelhart, ou Daniel.
1570. Gaspero Misuroni, Milanais.
1570. Girolamo Misuroni, id.
1576. Gaspard Lehman, graveur de Rodolphe II.
1576. Gérome de Miseron, antiquaire du même souverain.
1600. Christophe Schwaiger, d'Augsbourg.
1612. Denis de Miseron, fils de Jérôme.
1658. Ferdinand-Eusèbe de Miseron, antiquaire de Léopold.
1670. Spanenberger, de Nuremberg.
1670. Christophe Vinder, graveur en cristal de roche.
1670. Gérard Valder, de Strasbourg, établi à Vienne.
1690. Seidlitz, de Vienne.
— Philippe-Christophe de Becker, élève, né vers 1675, † 1743.
— Christophe Dorsch, de Nuremberg, né en 1676, † 1732.
— Suzanne-Marie Dorsch ; épouse le peintre Preisler.
1700. Michel Vais, de Dessau.
1700. Joseph Zigler, de Bohême, maître de Pichler.
— Jean-Antoine Pichler, de Tyrol, né en 1700, élève de Zigler.
1732. Oxe, graveur suisse.
1732. Laurent Natter, fixé en Italie.
1735. Marc Tuscher, de Nuremberg, passé en Danemarck.
1735. Joseph Pichler, † 1790.
1739. Aaron Wolf, fils de Jacob, graveur brandebourgeois.
1740. Meinir.
1750. Preisler.

Une famille d'artistes qui figure ici au premier rang est celle des Misuroni ou de Miseron que se disputent deux pays : les Italiens prétendent que Gaspero et Girolamo, nés à Milan, y avaient exercé leur art avant de se rendre en Allemagne ; les Allemands voient dans le fait de l'élévation à la noblesse de Jérôme de Miseron, en 1576, la récompense, non-seulement du talent de cet artiste, mais encore des services rendus par ses ancêtres. Rodolphe II s'attacha Jérôme de Miseron en qualité d'antiquaire ; Denis, fils de celui-ci, obtint le même titre de l'empereur ; enfin, en 1658, Léopold accorda la continuation

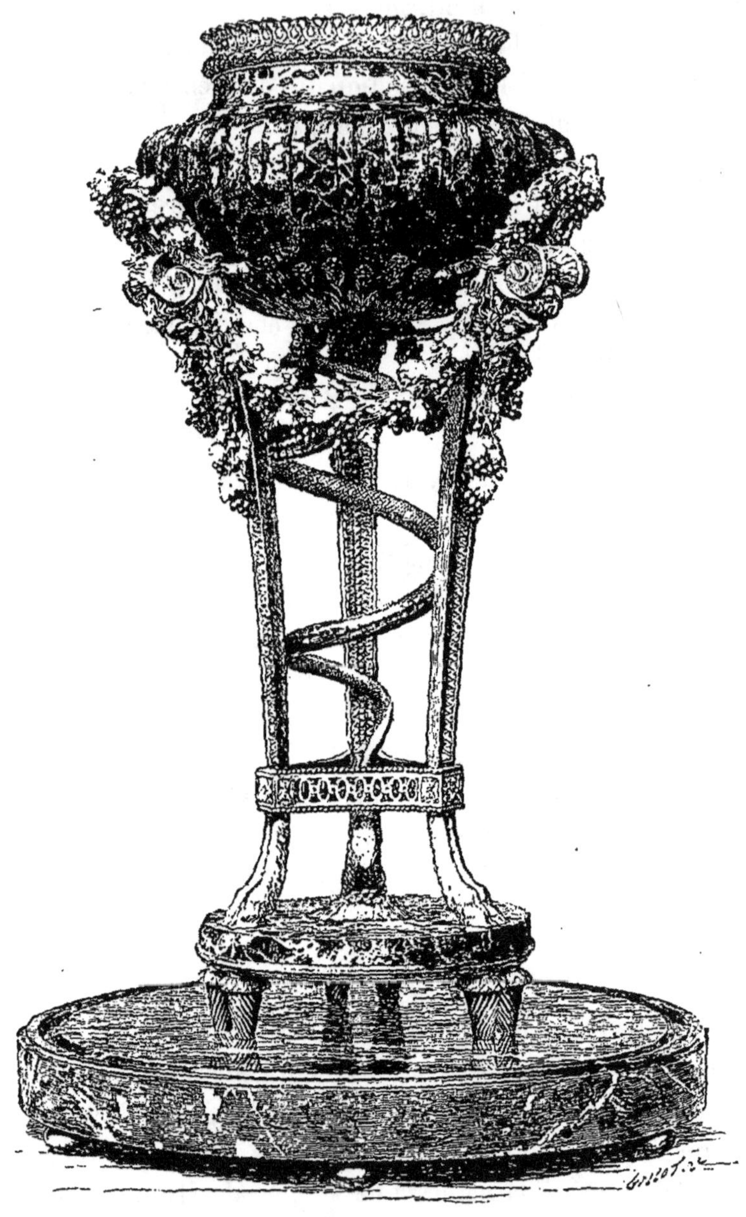

Trépied de jaspe rouge de Sicile monté en bronze doré au mat et ciselé par Gouthière.
(Collection de sir Richard Wallace.)

de cette charge honorifique à Ferdinand-Eusèbe de Miseron, dernier graveur de la famille.

Au dix-septième siècle, lorsque le goût se porta vers les vases en pierres dures, l'Allemagne se plaça au premier rang dans ce genre de travail, et Christophe Vinder s'y fit une réputation, on peut le dire, européenne. Nous n'avons placé que pour mémoire le nom de Natter dans cette liste; fixé en Italie, passionné pour les ouvrages antiques au point de chercher à les imiter complétement et de les signer de faux noms, comme ΑΥΛΟΥ, ou bien de déguiser son nom en grec : ΝΑΤΤΕΡ ΕΠΟΙΕΙ, il doit rester classé parmi les artistes italiens.

L'homme véritablement illustre parmi les graveurs allemands, et on pourrait même dire parmi les glypticiens du dix-huitième siècle, est Jean-Antoine Pichler; beaucoup de ses ouvrages ont pu être confondus avec ceux de l'antiquité et de la Renaissance, et il a rendu, dans une époque de décadence, à la glyptique la splendeur dont cet art avait joui si longtemps. Si Guay et quelques autres n'ont pu faire autant en France, ce n'est pas à leur talent qu'il faut s'en prendre; la tendance générale des esprits était ailleurs; l'art sérieux n'était plus dans les aspirations générales.

Nous ne terminerons pas sans rendre hommage à nos voisins d'outre-Manche; si la reine Élisabeth appela Coldoré pour faire son portrait, l'Angleterre eut ses graveurs : c'est en 1649, Thomas Simon; Charles-Christian Reisen, né en 1685, † 1725; Smart, élève de celui-ci, venu à Paris en 1722; puis en 1730, Seatone, Écossais, et Claus, élèves de Reisen, le dernier mort fou en 1737.

ORIENT

Personne n'ignore à quelle antiquité reculée remonte le travail des pierres chez les peuples orientaux; à côté des ouvrages remarquables des Égyptiens viennent se ranger les cylindres et les cônes, témoignages mystérieux de civilisations éteintes, et où l'on trouve, ici les scarabéoïdes inspirés par les mœurs de l'Égypte, là le pyrée, signe de la religion de Zoroastre, et la lutte du lion et du taureau, autre emblème de cette croyance au combat perpétuel des principes du bien et du mal. Nous ne nous lancerons pas dans des hypothèses discutables au sujet de ces monuments, amulettes créés le plus souvent par la superstition, et dont les figurations échappent encore aux recherches de la science; les religions des Chaldéens et des Assyriens étant incomplétement connues, on a cherché dans celles des Achéménides et des Grecs les noms que certaines analogies de formes ou d'attributs permettaient d'attribuer aux personnages sacrés ou à leur représentation mythique. Laissons donc Bélus, Parsondas, Mylitta, Oannès, Ormuzd, etc., et passons aux choses véritablement historiques.

En première ligne plaçons les précieuses pierres possédées par le cabinet des médailles et qui offrent aux curieux l'iconographie des rois perses de la dynastie sassanide, d'Artaxerxe Ier à Chosroès Ier; le buste de Mousa, femme de Phraate IV, roi des Parthes; Achoucha, Ptiachkh des Ibères-Karkedes, voisins de l'Arménie, et enfin l'image, bien barbare il est vrai, mais essentiellement curieuse, de la célèbre Zénobie, reine de Palmyre.

Non moins précieuses sont quelques pierres orientales à sujets chrétiens, que M. Chabouillet considère comme antérieures à la persécution de Schapour II, en l'an 340 de notre ère; on y trouve le sacrifice d'Abraham, la Visitation et la Vierge assise tenant l'Enfant Jésus, ces deux pièces avec inscriptions en caractères pehlvis, et enfin le buste du Christ et le poisson symbolique avec monogrammes et légendes grecs.

Mais le monument le plus important de ces époques reculées est la fameuse coupe de Chosroès Ier, que l'on pourrait prendre indistinctement comme type de l'orfévrerie ou de la glyptique sassanides au quatrième siècle de notre ère. En effet, sa monture en or travaillé au marteau, et sertissant des médaillons de verre ou de cristal de roche, montre de curieuses analogies avec notre orfévrerie mérovingienne; si nous en parlons aux gemmes, c'est que la pièce principale, disque circulaire de cristal de roche taillé en camée, offre en même temps une effigie importante et une preuve de l'avancement du travail des pierres en Perse. On y voit le roi assis sur un trône à dossier dont les pieds sont des chevaux ailés; il est de face, les cheveux partagés en deux grosses touffes frisées tombant sur les épaules; il a la barbe épaisse et courte; son front porte une couronne formée d'une mitre ronde, sur laquelle est appliqué un croissant, et de pointes en forme de créneaux; un second croissant surmonte la mitre et porte le globe du soleil d'où s'échappent deux bandelettes flottantes. Le monarque est vêtu du *candys*, sorte de robe brodée, et il s'appuie des deux mains sur le pommeau de son épée renfermée dans le fourreau. Des épaules et de la ceinture partent deux bandelettes plus grandes, mais analogues à celles de la mitre; ce sont les bouts du *Kosti*, ceinture mystique que portent encore les *Parsis* et qui aurait été inventée par Djemschid.

L'encadrement de ce médaillon et le bord extrême de la coupe sont formés de dés en verre rouge imitant le grenat; ceux du pourtour

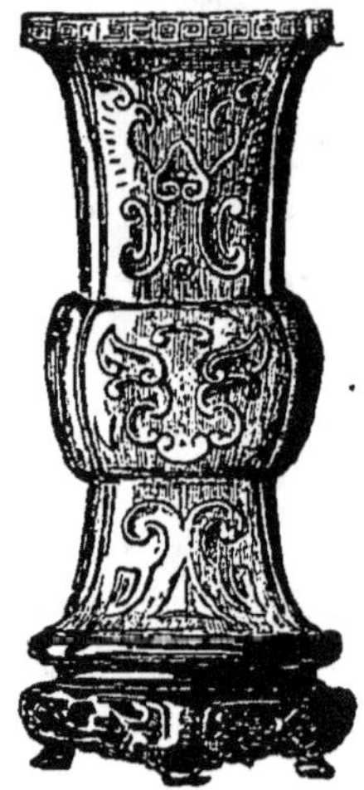

Vase en apis-lazuli avec ornements en relief; travail chinois ancien.

sont en hauteur, les autres en largeur; l'espace qu'ils délimitent est divisé en trois rangées circulaires de médaillons alternativement incolores et violets : les premiers sont en cristal de roche et portent, gravé au revers, un fleuron ornemental; le même fleuron est imprimé par coulage sur le verre violet; les interstices entre ces médaillons sont remplis par des losanges de verre uni de couleur verte.

La coupe de Chosroès est encore une de ces pièces conservées à l'histoire par suite d'une fausse appréciation de leur intérêt véritable. Elle avait été donnée par Charles le Chauve à l'abbaye de Saint-Denis et voici ce qu'en disait, en 1625, F. J. Doublet, dans son histoire de l'abbaye : « Une très-riche tasse garnie de son pied d'or, qui est la tasse du sage Roy Salomon, enrichie sur le bord de hyacinthes, au dedans de très-beaux grenats et de très-belles esmeraudes, aussi au fond d'un très-excellent et grand saphir blanc entaillé, à enleveure par dehors, de la figure au naturel du dit Roy séant en son throsne, avec un escalier orné de lyons de part et d'autre, à la façon qu'on le voit représenté dedans la saincte Bible. »

L'effigie est aujourd'hui incontestable et conforme à celle des médailles du roi Chosroès, qui occupa le trône de Perse de 531 à 579; quant aux pierres précieuses, elles se trouvent réduites à leur rôle véritable de verre teint et de cristal incolore.

Mais voici venir l'année 622, date mémorable de l'hégire : l'islamisme va paraître et envahir comme un flot toutes les contrées orientales, substituant violemment sa croyance à celles jusqu'alors établies; bien des choses d'art sombrèrent dans ce cataclysme; qu'allaient donc mettre les musulmans à la place de ce qu'ils détruisaient? Bien peu de chose, car, tout en respectant quelques édifices, en prenant d'abord pour types de leurs monnaies ceux des nations dont le commerce était solidement établi, ils arrivèrent assez promptement à faire dominer leurs doctrines iconoclastiques en substituant, dans les sceaux et les pierres gravées, ainsi que dans les autres objets à leur usage, les légendes et les combinaisons géométriques, aux figures et aux emblèmes. Ceci n'est pourtant pas sans exception, car notre cabinet des médailles possède un talisman en cornaline sur lequel on voit le roi Salomon assis sur son trône, ayant au-dessus de lui les démons et les génies, et à ses pieds l'homme et les animaux qui lui sont soumis; on lit à droite et à gauche : *Salomon, fils de David;* autour est le verset du Trône de la Sourate II du Coran. Les pierres gravées arabes sont généralement travaillées avec une sûreté qui indique la possession complète des procédés; les légendes sont nettes et élégantes, enjolivées de délicates arabesques. L'art suprême pour les fervents musulmans c'est la calligraphie, qui permet de perpétuer et de répandre les saintes paroles; on ne s'étonnera pas que le graveur de Tamerlan, Altoun, ait acquis une célébrité telle que son nom soit venu jusqu'à nous.

Nous venons de dire que les Arabes avaient respecté jusqu'à un certain point les monuments des civilisations qu'ils avaient conquises; il leur arriva même d'en subir l'influence : ainsi, dans bien des cas, l'ornementation byzantine, modifiée légèrement par leur goût, se montre sur leurs ouvrages : citons comme exemple la belle buire en cristal de roche conservée au Louvre et qu'on peut dater du dixième siècle; sur sa panse élégamment ovoïde à base tronquée, se développent des arabesques et rinceaux supportant deux éperviers opposés face à face; au-dessus, entourant le col qui se développe en déversoir, est une légende en caractères coufiques disant : *Bénédiction et bonheur à son possesseur*. Ce curieux objet avait été donné par Thibaud, comte de Blois, à Suger, qui l'offrit à son tour au trésor de l'abbaye de Saint-Denis, où il nous a été conservé. Or, ce vase n'est pas isolé; il semble consacrer un type; nous en avons vu un analogue où les arabesques, plus capricieuses, annonçaient une influence plus directement orien-

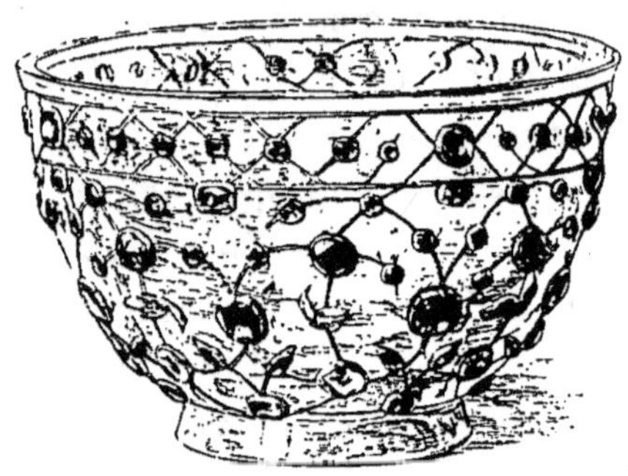

Tasse en cristal de roche incrusté d'or et de pierres précieuses; travail persan du seizième siècle. (Musée du Louvre.)

tale, et, en effet, les faces latérales offraient un groupe composé d'un aigle vainqueur d'une antilope, c'est-à-dire l'un des sujets de prédilection des artistes de l'Asie Mineure et de la Perse. Cette buire avait fait partie, assure-t-on, du trésor d'Aix-la-Chapelle. Une troisième, appartenant au musée d'histoire naturelle de Florence, et inscrite de vœux, comme la première, se caractérise par deux canards affrontés, séparés par une ornementation arabesque de style moresque, qui doit avoir été exécutée dans les merveilleux ateliers de Palerme.

En cherchant bien, on trouverait certainement en Perse des buires de même genre ou tout au moins des bouteilles à contenir le vin; mais les œuvres orientales sont encore si rares, que nous ne pouvons inscrire au compte de l'Iran que des coupes, des miroirs et des poignées d'armes. Les coupes, il est vrai, sont merveilleuses; taillées dans le cristal de roche ou le jade, elles sont minces, élégamment lobées, et souvent rehaussées d'incrustations d'or et de pierres précieuses disposées en bouquets délicats, où les fleurs sont en rubis avec feuillages d'émeraude. Nous retrouvons cette disposition dans une jolie bouteille-aspersoir formulée en gourde un peu courbée à son extrémité et qui porte des iris et des fleurettes entourés d'un semé de feuilles à pétioles d'or. On sait que, malgré leur habileté à travailler le verre, les Persans n'ont jamais employé, pour les miroirs, que des feuilles communes et de petite dimension ; ils ont racheté ce défaut en dépensant, dans la doublure de ces instruments de toilette, tout ce que la richesse et le goût peuvent rêver de plus séduisant. Voici la description d'un miroir qui a passé par plusieurs collections célèbres : c'est une plaque rectangulaire munie de deux pivots latéraux permettant de l'incliner plus ou moins sans doute sur un support à colonnes ; le fond est en jade blanc divisé par un réseau arabesque de jade noir incrusté de rubis. Chaque médaillon du réseau a reçu un bouquet serti d'or et formé d'un iris en hyacinthe de Ceylan avec feuilles de jade vert translucide ; avec un peu d'imagination on pourrait supposer qu'un pareil miroir est copié sur celui qui figurait parmi les présents d'Aladin à sa royale fiancée. Beaucoup de pièces persanes en jade vert noirâtre reçoivent un rehaut extraordinaire de ces incrustations d'or et de pierreries.

Nous pourrions augmenter démesurément ces descriptions en parlant des armes aux poignées de jade ou de cristal de roche ; nous y rencontrerions des pommeaux taillés dans la masse en têtes de lion ou de cheval, et nous verrions courir sur la fusée des bouquets de roses rendus au naturel avec les pierres de couleur, ou bien les arabesques rehaussées d'émeraudes, de rubis et de diamants.

Mais il nous faut arriver aux Indiens, qui ont peut-être encore dépassé les Persans en audace et en patience ; personne n'a jamais osé, comme eux, amincir une gemme dans les dernières limites du possible, et risquer le fruit d'un long travail pour ajouter à une merveille de taille la merveille non moins surprenante d'une incrustation d'or à rehaut de pierres, où les végétations les plus fournies entourent les tiges de jacinthe aux fleurs de topaze et les iris de rubis aux feuilles d'émeraude. Notons, et ceci sera le plus sûr moyen de distinguer les œuvres de la Perse et de l'Inde, que les révolutions politiques et religieuses n'ont altéré en rien le goût des artistes hindous ; en examinant leurs ciselures on y remarque une pureté de conception dans la forme générale, des délicatesses de détails, tout à fait dignes de l'antiquité ; c'est qu'en effet toutes les traditions se sont conservées chez ce peuple immuable, et l'on y pourrait retrouver le point de départ de bien des perfections attribuées au génie des Grecs. Voyez dans les vases de jade ces acanthes magistralement traitées; voyez dans les enroulements des anses, dans les boutons des coupes et dans les reliefs divers de la paroi des vases, comme les saillies diverses se subordonnent aux nécessités de l'ensemble ; c'est riche et simple à la fois, ce qui résulte d'une sûreté de composition appartenant seulement aux artistes consommés.

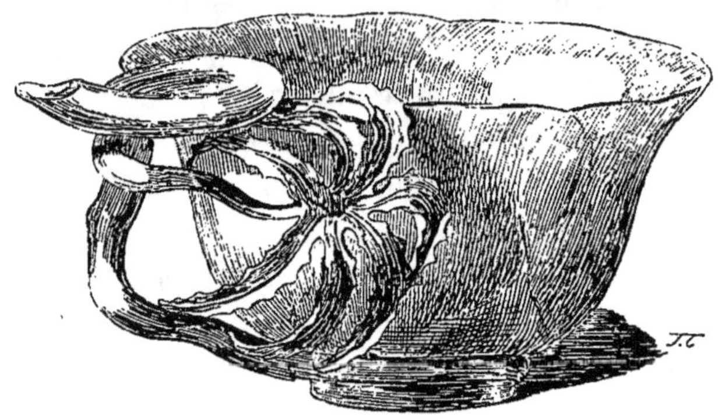

Coupe en jade laiteux, taillée en forme de fleur; travail chinois ancien.
(Collection du Muséum de géologie de Paris.)

Traversons les monts Hymalaïa et pénétrons dans l'extrême Orient pour y chercher avec Marco Polo ce pays des merveilles et des incalculables richesses. Nous avons dit déjà et chacun le sait, du reste, que l'Orient est la patrie des plus belles pierres ; la Chine abonde en quartz agates ; le cristal de roche se trouve en masses considérables, et le jade dans toutes ses variétés semble former les monts et paver le fond des rivières ; comment l'emploi de ces matériaux variés ne serait-il pas devenu l'une des plus importantes industries locales ? Aussi on pourrait presque dire que, dans les temples et les palais des grands, les gemmes taillées forment la majeure partie du mobilier ; sur les autels, les tings, les vases de sacrifice, les flambeaux sont en jade merveilleusement travaillé ; dans les salles de réception, les écrans, les vases à fleurs, les coupes curieuses, les groupes rares garnissent les étagères, sollicitant l'admiration des visiteurs; parfois des masses de jade de taille exceptionnelle ont été respectées dans leur ensemble; on s'est contenté d'y inscrire une longue légende et de creuser à la partie inférieure une grotte dans laquelle un anachorète explique à des philosophes les préceptes des anciens livres. Quant aux vases, leurs formes élégantes et compliquées surprennent, car, combien a-t-il fallu d'années pour les tailler dans leurs infinis détails, percer à jour les méandres de leur couvercle, détacher en anneaux mobiles les accessoires de leurs anses et de leur pourtour, ou pour isoler par place les rameaux qui courent à leur surface en donnant naissance à des feuilles souples et délicates, à des fleurs et fruits qu'on croirait pouvoir cueillir.

Le quartz hyalin est fréquemment travaillé dans sa pureté irréprochable; mais quand le lapidaire a pu rencontrer un bloc en contact avec d'autres matières ou coloré accidentellement par des infiltrations contemporaines de sa formation, que de peines ne se donne-t-il pas pour en faire ressortir le mérite et l'originalité? S'agit-il d'un cristal enfumé dans une partie de son étendue, il en fera saillir une statuette dont la tête, animée d'une teinte brunâtre et chaude, tranchera sur la pureté hyaline du vêtement. Il usera des mêmes artifices pour les améthystes, et les cornalines passant du rouge au blanc. Là, c'est encore un cristal de roche dont certains nodules ont été colorés en vert tendre par le chrome; l'artiste combinera sa composition de telle sorte que les parties vertes se détachent en feuillages sur le fond, ou animent les ailes d'une cigale posée sur une fleur de yu-lan. Mais où triomphe l'adresse du lapidaire chinois, c'est dans la taille des masses calcédonieuses unies à toutes les autres variétés de quartz; par d'ingénieux tâtonnements il arrivera à dégager une coupe de calcédoine blonde, ayant la forme d'une grenade aux tiges brunes, sur laquelle se détachera un oiseau d'un blanc mat obtenu d'une veine de cornaline, tandis que plus loin ramperont des hélices, trouvées dans des nodules de cristal, ou de ces cigales aux ailes vertes dont il vient d'être question: ici c'est plus que de l'art, c'est de l'audace et ce travail laisse bien loin la difficulté de celui des camées à plusieurs couches; ne faut-il pas, avec une courageuse patience, soumettre, jour par jour, heure par heure, son imagination aux caprices de la matière? Rien ne peut être arrêté d'avance; comment savoir si le rognon principal est régulier dans sa forme, si les veines qui l'accompagnent sont constantes ou accidentelles? Prêt à tout accepter, à tirer parti même des accidents, l'artiste use ainsi à tâtons, pendant des mois et des années, un caillou dont il ne connaîtra le prix réel qu'une fois le dernier coup de bouterolle donné. Aussi de pareilles pièces n'ont-elles et ne peuvent-elles avoir une valeur vénale appréciable; chacune est un trésor dont on est assuré de ne jamais rencontrer le pareil, dont on peut douter de voir l'analogue.

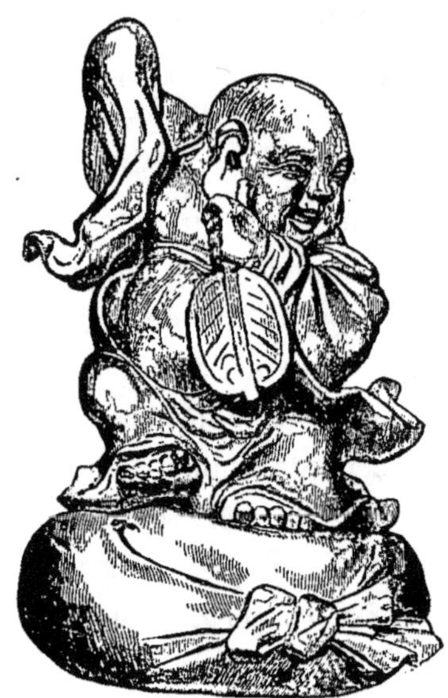

Figure de Pou-taï, dieu du contentement.

Abandonnons ces merveilles pour revenir à des choses plus courantes; combien de délicieuses petites figures de divinités destinées à l'autel domestique, enfermées dans des chapelles portatives en laque, dont l'étude, comme gemmes et comme travail, pourrait nous arrêter et fournir des pages de descriptions intéressantes? Puis les objets de toilette, colliers de mandarins à pendeloques significatives, faisant ressortir la qualité du dignitaire qui le porte; plaques de ceinture de même genre, où d'un côté se détachent sur un fond ajouré les emblèmes du rang nobiliaire, tandis que le revers, également à jour, porte une ornementation toute différente. Cela est surprenant sans doute et cela est surpassé pourtant par la délicatesse des bijoux de femmes et notamment par les aiguilles et autres ajustements de tête.

On voit quel vaste champ ouvre au curieux, quelle récolte promet au collectionneur la glyptique des peuples orientaux ; lorsqu'on a tenu dans les mains ces pièces intéressantes où l'œil a pu lire parfois des légendes honorifiques ou votives, on regrette de n'y avoir jamais rencontré un nom d'artiste. On aimerait à sortir de cette admiration vague qui s'attache à l'ensemble des travaux chinois, et à récompenser les lapidaires auteurs des principales merveilles en perpétuant leur renommée et en apprenant à la postérité à répéter leurs noms.

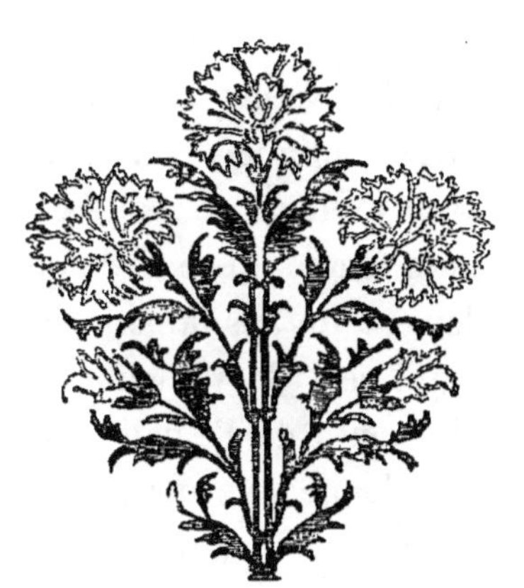

CHAPITRE VI

ÉMAUX

On appelle émail une substance colorée vitrifiable qui, par une cuisson convenable, peut s'appliquer, pour le décorer, sur un excipient de métal, de terre, ou de toute autre matière susceptible de supporter sans se fondre une haute température. L'émail est généralement opaque ; translucide il devient un véritable verre composé d'une partie incolore ou fondant, qui sert de véhicule à l'oxyde métallique qui produit la couleur ; l'opacité de l'émail résulte de la présence de l'oxyde d'étain, qui seul donne une matière blanche opaque. Dans la peinture en émail sur faïence, l'émail blanc est d'abord étendu sur la terre et se combine par la fusion avec les verres colorés dont on le charge pour en former des émaux variés.

Dans l'émaillage sur métal plusieurs procédés ont été employés ; le premier et le plus ancien est le cloisonnage ; il consiste à tracer sur le cuivre, préparé en plaques ou en vases, un décor que l'on suit avec des lamelles d'or très-minces posées de champ et courbées pour suivre les contours du dessin ; on les attache au subjectile au moyen de la gomme, et après avoir rempli les cavités avec les poudres colorées qui doivent former le décor, on passe la pièce au feu dans un four ouvert pour permettre d'en surveiller la cuisson et de retirer la pièce au moment où la fusion est parfaite ; quelque soin qu'on ait pris d'accumuler l'émail dans les alvéoles métalliques, la fusion le fait descendre au-dessous de leur niveau dans le milieu de chaque cavité; il faut donc polir la pièce et la poncer pour obtenir une surface complétement unie et pour rendre à l'émail son éclat un peu terni par suite du refroidissement.

Un procédé très-voisin est celui qu'on nomme champlevé; là les cloisons sont réservées dans le métal épais dont on creuse toutes les parties destinées à recevoir la couleur et à lui servir d'alvéoles. On désigne aussi ce travail sous le nom d'émail à tailles d'épargne. Il a un aspect très-voisin de l'émail cloisonné lorsqu'il est achevé.

Les émaux de basse taille ou translucides sur relief demandent une préparation plus compliquée; le métal est ciselé en creux comme un bas-relief et les couleurs qu'on y applique se trouvant à différents degrés d'épaisseur, suivant la profondeur des cavités qu'elles recouvrent, donnent un modelé puissant à ces parties et deviennent ombrantes; on y emploie des verres colorés et non des émaux.

Quant à l'émail peint, il n'a pas besoin d'être décrit, chacun sait qu'il s'exécute sur une couche noire, bleue ou rouge appliquée sur le cuivre et qu'on recouvre de couches blanches superposées pour exprimer les lumières, en enlevant d'ailleurs des hachures sur le gris pour retrouver les ombres noires.

Cela dit pour aider à reconnaître les diverses espèces d'émail, nous ne nous arrêterons pas à discuter l'origine du nom, puisque les plus savants n'ont pu se mettre d'accord sur ce point. Nous ne chercherons pas non plus à établir si les Égyptiens ont connu le cloisonnage, les monuments dans ce genre sont aujourd'hui assez nombreux et nous le montrent appliqué avec un assez rare talent pour que la discussion soit close. De l'Égypte, l'art de l'émaillerie passa sans doute en Grèce et en Italie. Ce qui est certain, c'est que l'emploi de l'émail dans les bijoux est fréquent, ainsi que le démontrent les charmants spécimens conservés dans nos galeries. Deux sources pouvaient d'ailleurs avoir amené cet art en Italie : l'Égypte, comme nous l'avons dit, et l'extrême Orient qui par la Lydie avait pu l'apprendre aux artistes étrusques.

ÉMAUX CLOISONNÉS ET CHAMPLEVÉS

Les émaux cloisonnés, hormis ceux de l'extrême Orient, que nous trouvons dans les collections publiques ou privées, sont tous d'origine byzantine, et les Grecs paraissent en avoir commencé la fabrication dès le sixième siècle. L'autel d'or, donné par Justinien à l'église de Sainte-Sophie et partagé entre les croisés, en 1204, lors de la prise de Constantinople, est le plus ancien monument mentionné dans l'histoire ; viennent ensuite la couronne de fer donnée à la cathédrale de Monza, par la reine Théodelinde, morte en 625 ; l'autel d'or de Saint-Ambroise de Milan, fait par Volvinius en 825 ; la couronne votive de Saint-Marc, à Venise, fabriquée entre 886 et 911 ; le reliquaire de Limbourg, exécuté pour Basile II, avant son avénement au trône, en 976, et enfin la célèbre palla d'oro de Venise, commencée en 976, et complétée en 1105 par le doge Ordelafo Faliero. Les émaux cloisonnés byzantins décorent en général des reliures d'évangéliaires ou des croix, en partie exécutées par champlevé, d'après un procédé inauguré, selon M. A. Darcel, en Allemagne. Nous renvoyons le lecteur à ce travail, car ici nous n'avons pas à discuter ni à faire l'histoire de l'émaillerie ; nos indications n'ont qu'un but : donner aux curieux les moyens de reconnaître les divers procédés et de leur assigner une date approximative.

Quant aux émaux champlevés, ce sont eux qui ornent de nombreuses châsses dont quelques-unes remontent au douzième siècle. Ce serait encore à l'Allemagne qu'il faudrait attribuer cette pratique qui commencerait en concurrence avec le cloisonnage sur les croix d'Essen et sur celle de Théophanie (1041 à 1054). Ce qui est certain, c'est que lorsque Suger, de 1137 à 1144, enrichit d'ornements nouveaux l'église de Saint-Denis, il fit venir de Lorraine les ouvriers qui devaient exécuter les émaux.

On ne voit mentionner les œuvres de Limoges que vers le second tiers du douzième siècle. Le musée de Cluny va nous offrir deux spécimens particulièrement intéressants, provenant de l'abbaye de Grandmont. L'un porte le sujet de l'Adoration des Mages; l'autre, plus caractéristique encore, c'est saint Étienne de Muret en conversation mystique avec saint Nicolas : l'inscription indicative est en patois limousin.

La pièce importante après celle-ci est le ciboire en orfévrerie de cuivre dorée et émaillée qu'on voit au Louvre et qui est signée : *Magiter alpais me fecit lemovicarum.* Cette belle pièce, où les bronzes ciselés et ajourés le disputent à l'émail incrusté, paraît être de travail du treizième siècle. Les bronzes du pied sont de style oriental, et dans leurs méandres enchevêtrés recèlent des figures d'hommes et de monstres ; ainsi, la couronne dorée qui circonscrit l'ouverture est gravée d'un motif dont M. de Longperrier a fait ressortir l'intérêt ; il reproduit ornementalement et par une répétition inconsciente la forme générale de la devise des rois de Grenade. De la même époque sont de nombreuses châsses conservées à Cluny, des crosses, plaques d'évangéliaires, gémellions et custodes. On appelait gémellions, dans les anciens inventaires, les bassins à laver ; ils étaient toujours par paires, l'un muni d'une gargouille, pour verser l'eau, l'autre pour la recevoir sous les mains de la personne à qui l'on donnait à laver.

Du quatorzième siècle, on peut étudier au Louvre un ciboire à coupe sphérique, dont le corps est orné de quatre monogrammes du Christ, et le couvercle de quatre écussons d'armoiries, et surtout le curieux coffret où les écus de France et d'Angleterre meublent le pourtour, tandis que le dessus est orné de deux groupes formés d'un jeune homme et d'une jeune femme. Sur le bord du couvercle on lit en lettres on ciales sur fond bleu :

Dosse dame ie vos aym lealmant,
Por die vos pri qve ne mobblie mia,
Uet si mon cors a uos comandemant
Sans mauueste et sans nulle folia.

CLOISONNÉS DE L'ORIENT

Nous l'avons dit, c'est à l'extrême Orient qu'appartient très-certainement l'invention de l'émaillage sur métaux, et le genre qui a été imaginé dans l'origine est celui qu'on appelle cloisonné.

Chose inouïe, qui prouve l'extrême habileté des Orientaux dans la pratique de cet art, c'est qu'il existe des émaux presque translucides qui ont pu être solidifiés dans leurs seules cloisons et sans subjectile, qu'on pourrait appeler sans envers, en sorte qu'en les regardant en transparence, on peut distinguer la richesse des tons et voir le dessin s'exprimer nettement par son opacité. C'est particulièrement aux Indiens que paraît appartenir le genre. Chez les Chinois on trouve une autre particularité; dans des plaques rectangulaires destinées à servir d'écrans et qui paraissent remonter à une date excessivement reculée, on voit des oiseaux, des fleurs et surtout des paysages figurant les saisons, où les émaux de couleurs diverses sont souvent contigus, et où les cloisons apparaissent dans les fonds, plutôt comme rehaut que pour maintenir et délimiter la substance vitrifiable. Ce mode de travail se rencontre donc dans des ouvrages excessivement anciens, où les tons sont peu nombreux et le dessin fort simple.

On comprend qu'il nous soit impossible de multiplier les exemples de ces produits, dont le nombre est fort restreint chez nous; il faut arriver à des époques plus récentes et notamment au quinzième siècle pour trouver les vases consacrés au culte, et qui portent souvent des dates ou des dédicaces. Cette époque, celle des Ming, a été le moment de la plus grande efflorescence de l'art.

Sous King-taï (1450 à 1457), il est à son apogée, et rien, en effet, ne peut donner une idée complète de sa richesse. Les émaux variés ont un éclat extraordinaire dans les teintes pâles, et sont veloutés dans les autres, une composition large et bien comprise fait valoir ces magnifiques couleurs, de grands rinceaux bien combinés portent des fleurs ornementales d'un grand caractère, et qui sèment sur des fonds vibrants, bleu-turquoise ou vert-olive, des points rouges, jaune vif, bleu foncé, violets, blancs qu'entourent de beaux feuillages d'un vert d'émeraude, ces rinceaux sont enfermés entre des bordures riches comme une broderie de cachemire. Le violet-pensée et le jaune d'or de cette période sont caractéristiques et ne se retrouvent pas plus tard, sinon vers la Renaissance, tentée par les Taï-thsing, où leur pâleur relative les fait immédiatement reconnaître et date les objets qui les portent.

Il est présumable que l'émail cloisonné chinois a été réservé, dans le principe, à la décoration des vases sacrés et qu'il a succédé aux vases rehaussés d'or et de pierres dures ; la forme des plus anciens spécimens tendrait à le prouver : ce sont, comme nous venons de le dire, de ces écrans, ornements des autels, et qui caractérisent sans doute les sacrifices des quatre saisons de l'année ; ce sont encore des tings circulaires ou quadrangulaires ornés d'animaux sacrés, avec les cornets d'accompagnement destinés à contenir des fleurs. La garniture d'autel se complète par des flambeaux qui ont une grande analogie de forme avec ceux en usage en Italie au seizième siècle. Comme dans les tings, on trouve dans leur ornementation les signes sacrés et les figures d'animaux de bon augure. Nous avons vu mieux encore : c'est une chapelle portative, tout émaillée, renfermant sa divinité de bronze doré, dressée dans une sorte de tabernacle.

De grandes cuves circulaires où l'on met des ciprins dorés ; d'autres rectangulaires destinées à contenir le feu et à remplacer le brasero des contrées méridionales, des boîtes lenticulaires à médaillons et compartiments de diverses couleurs, paraissent être au contraire les accessoires d'un mobilier de luxe. Si l'on peut citer encore des écrans ou tableaux n'offrant que la figuration de plantes gracieuses et d'oiseaux réels, comme les faisans, les hirondelles et les gros-becs, il ne faut omettre ni les lanternes à corps quadrangulaire et piédouche élégant dont les vitres portent en peinture les mots *bonheur* et *longévité*, ce qui indiquerait qu'elles font partie des objets qu'on peut offrir à titre de Joü-y ; ni les tables, les unes en bois de fer sculpté à quatre pieds avec le dessus cloisonné, comme celle appartenant à Mme la baronne Gustave de Rothschild ; ni celle en forme de guéridon quadrangulaire, avec pendentifs et accessoires du pied émaillés, qui se trouve chez Mme la baronne Salomon de Rothschild et que nous avons décrite dans les *collections célèbres* de M. Éd. Lièvre.

Les émaux cloisonnés japonais, très-rares dans l'ancienne curiosité, arrivent aujourd'hui en grand nombre : ceux d'époque reculée sont à peine connus, mais on peut deviner leur style et le genre de leur travail par les arrivages actuels ; si en Chine le bleu-turquoise est la couleur fondamentale, sur laquelle ressortent les autres décors, au Japon cette couleur est un vert sombre ; le cloisonnage est très-fin, très-serré et dessine le plus souvent des dispositions géométriques, dans lesquelles ressortent des losanges à fond blanc. Bien qu'un beau rouge existe dans la palette dont dispose l'artiste, cette couleur est

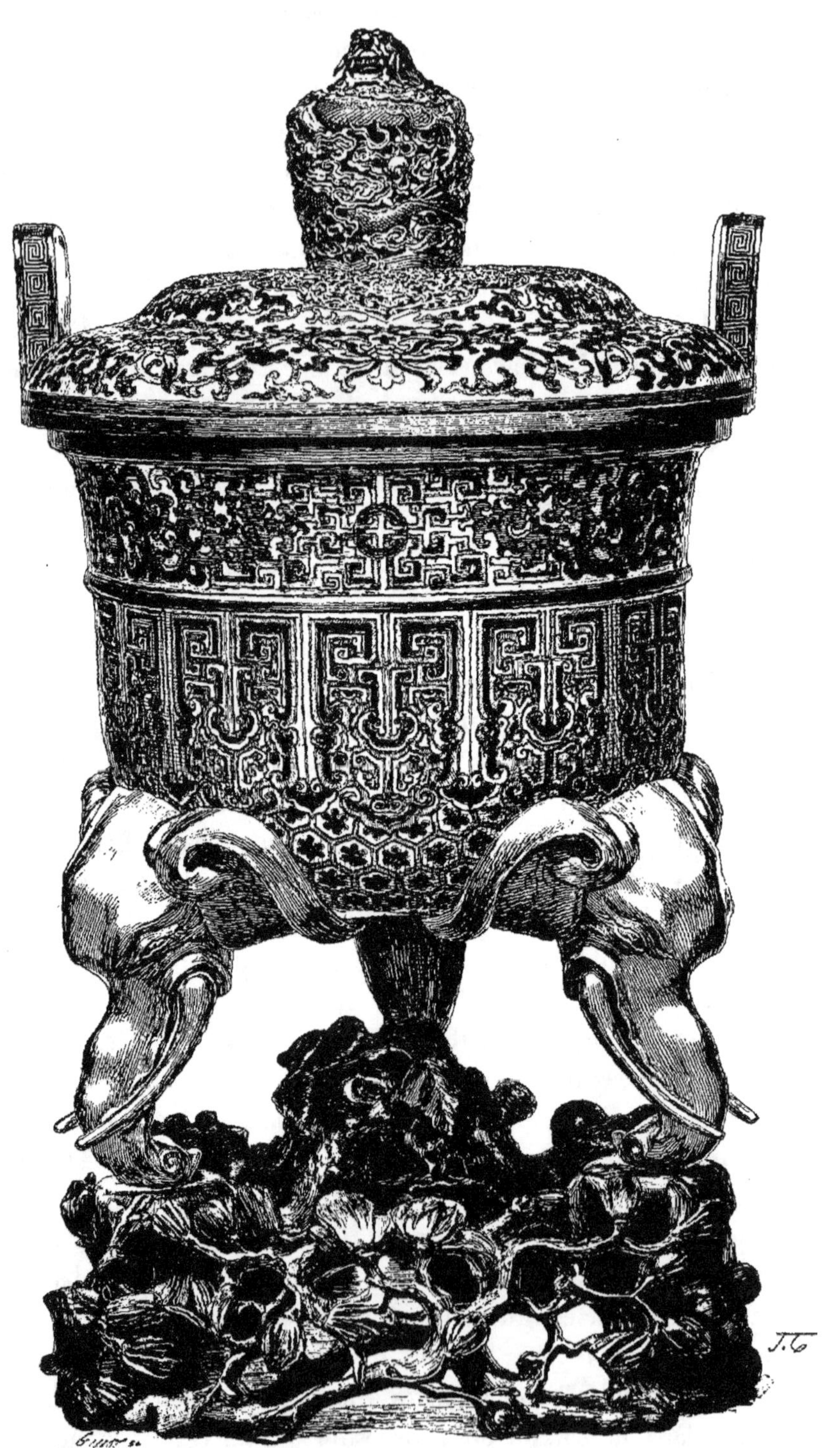

Brûle-parfums en émail cloisonné de la Chine. (Collection de M. l'amiral Coupvent-des-Bois.)

mise avec une singulière parcimonie. En un mot l'émail japonais est triste d'aspect et bien loin pour l'effet décoratif des belles compositions chinoises.

Un fait utile à signaler pour sa singularité, c'est que les Japonais, si habiles dans la composition des vases de bronze et de terres diverses, semblent négliger complétement la forme dans leurs émaux cloisonnés; la plupart sont lourds, disgracieux et chargés d'appendices qui en augmentent la lourdeur. Il n'y a certes rien de commun entre les centres qui ont fabriqué les bronzes et ceux où se font les émaux; il semblerait même que les hommes attachés à la confection de ceux-ci n'aient aucun souci de ce qui peut se faire dans les autres genres.

Il y a pourtant un choix à faire dans cette spécialité, et l'exposition de Liverpool, en montrant les spécimens appartenant à M. James L. Bowes, a prouvé que les émailleurs japonais savaient, au besoin, tordre dans ses terribles contorsions le dragon symbolique, ou développer le plumage luxueux du *Fo* ou Fong-hoang national. Ajoutons que ces pièces portaient les armoiries personnelles ou officielles de l'empereur, ce qui démontre une haute destination et désigne des travaux de premier ordre.

Cette même collection contenait un assez grand nombre de pièces décrites comme provenant de la Perse et qui nous paraissent bien plutôt indiennes. Le caractère particulier du travail de ces pièces est un fond uni d'un gris rosâtre coupé par un cloisonnage à très-fin réseau alvéolaire ou imbriqué, ou simplement semé de figures détachées en métal formant comme un fond de nuages; les couleurs vives sont réservées pour les bordures, où elles courent en rinceaux, se détachent en galons brodés. Ces travaux divers sont inspirés de ceux de l'extrême Orient, et l'on y trouve parfois la fleur de chrysanthème armoriale adoptée par l'empereur du Japon, ou bien des inscriptions en caractères chinois. Sous un bol nous avons lu le mot *Tribut*, écrit en bel émail rouge.

Terminons par la description des merveilleuses pièces dont il a été question déjà, ces assiettes cloisonnées en *résille*, c'est-à-dire sans excipient et qui sont demi-translucides; leur marly a tous les caractères des spécimens que nous venons de décrire, mais le centre est occupé par des branches fleuries, délicatement dessinées et sur lesquelles perche un oiseau voisin des faisans, et qu'on rencontre souvent dans les miniatures indiennes. Rien n'est plus gracieusement remarquable que ces spécimens qui faisaient l'ornement de la collection Debruge-Duménil avant de passer dans le cabinet de M. Salomon de Rothschild. Ces pièces sont d'autant plus précieuses que par le caractère de leur décor elles montrent qu'il y a lieu de chercher parmi les faïences émaillées attribuées à la Perse la part qui peut revenir aux artistes de l'Inde.

Nous ne dirons rien ici des émaux champlevés que les Orientaux ont certainement connus très-anciennement, mais qu'ils ont rarement appliqués. Peut-être même, en approfondissant la question, trouverait-on qu'ils n'ont repris ce procédé qu'à des époques de décadence et pour ne pas être en dehors du mouvement européen, dont ils avaient pu voir les produits en ce genre.

Évidemment, chez un peuple patient et industrieux, où le temps a peu de prix, le cloisonnage est préférable au travail champlevé qui n'a ni la même finesse, ni la même fermeté.

Une chose qui surprend au premier coup d'œil, c'est de voir les Orientaux exécuter en émail des vases de proportions énormes, des plats gigantesques dont la présentation et la cuisson à four ouvert semblent impossibles. C'est qu'en effet, pour l'émaillerie comme pour les autres arts, ces hommes industrieux cherchent surtout la simplification des procédés ; ainsi, grâce à une habileté merveilleuse à manier les instruments dont ils disposent, ils ont pu supprimer la cuisson au four et la remplacer par la fusion partielle à la lampe d'émailleur. Avec une sûreté et une patience rares, ils parviennent ainsi à faire par parties et sans danger de coulure, la décoration des pièces les plus grandes et les plus compliquées de forme ; ils opèrent avec une telle certitude qu'on n'aperçoit aucune reprise du travail, aucun accident de brûlure ou de gerçure ; en dirigeant habilement leur chalumeau ils parfondent au point désirable les émaux les moins fusibles et font tout adhérer avec une égalité parfaite.

Il suffit de connaître les émaux orientaux pour saisir l'importance du rôle qu'ils peuvent jouer dans les intérieurs. Aussi, combien de magnifiques vases transformés en lampes, de braseros étonnés de se voir changés en jardinières. L'appropriation aux besoins et aux usages, tel est en effet le soin de ceux qui ne sont pas ce qu'on appelle amateurs, et qui ne voient dans l'œuvre d'un peuple étranger qu'un moyen d'augmenter la richesse de la vie intérieure et de varier la monotonie des choses usuelles de fabrication nationale. Nous n'oserions, certes, combattre des tendances aussi naturelles et qui sont une preuve de goût; qu'on accommode ainsi les ouvrages recommandables et de haut prix que peut procurer le commerce; mais pour Dieu, qu'on respecte les rares monuments qui sont les témoins de l'histoire de l'art.

ÉMAUX PEINTS

L'émaillerie peinte n'a pas été inventée d'un seul coup et ne s'est pas substituée aux procédés antérieurs avec cette autorité des découvertes de premier ordre. Comme l'a très-bien dit M. le marquis de Laborde : « En ouvrant la lutte avec un ancien procédé, un procédé nouveau cherche moins à tracer sa propre voie qu'à entrer dans la voie de son devancier pour le surpasser et l'évincer.... C'est qu'une nouveauté dans les choses de goût liées aux conditions industrielles n'est jamais acceptée qu'à la condition d'être mieux, sans être autre chose. Nos yeux, quelque avides de nouveauté que soient nos inclinations, ne veulent rien d'abrupt dans l'innovation ; ils exigent comme une continuation perfectionnée de ce qu'ils ont l'habitude de voir. » Les premiers émaux peints cherchent donc d'abord à reproduire les effets des émaux de basse-taille ; sur le cuivre brillant l'artiste dessine avec un émail brun, non-seulement les contours des figures et des accessoires, mais encore les traits ombrants destinés à reproduire l'effet des dépressions creusées par le burin dans les émaux de basse-taille, et naturellement foncés par l'accumulation de la matière colorante ; sur cette préparation on étend une couche vitreuse, sorte d'enluminure à plat laissant transparaître les ombres, et on y ajoute des rehauts d'or en hachures donnant aux lumières le dernier éclat. Cette transformation ne paraît pas avoir été l'œuvre des orfévres, auteurs des dernières productions en tailles d'épargne ; elle paraît due bien plutôt aux peintres-verriers, dont l'industrie avait pris un remarquable essor au quinzième siècle. Du reste, l'aspect général est gothique dans le dessin ; les chairs sont violacées et l'ensemble procède du même ton ; des émaux en gouttelettes saillantes posées sur paillons brillent comme des pierres précieuses et rehaussent les vêtements, les coiffures, se répandant même jusque sur les fonds. Quant aux compositions, elles sont conçues dans le style adopté en France durant la seconde moitié du quinzième siècle et participant de l'influence des maîtres flamands et du goût de la Renaissance française antérieure à l'autorité de l'école de Fontainebleau.

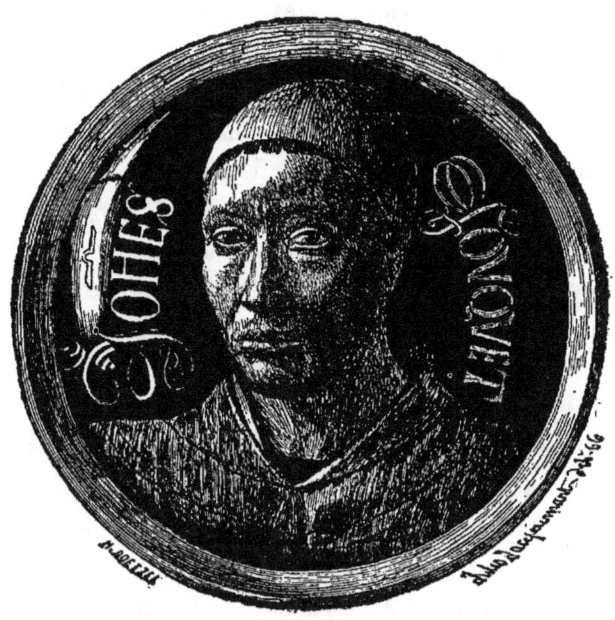

Portrait de Jehan Fouquet, peintre du roi Louis XI ; émail limousin de la fin du quinzième siècle. (Musée du Louvre.)

Les figures sont maigres, d'une expression souffreteuse conforme à l'idée chrétienne archaïque, vêtues de draperies aux grands plis cassés ou de costumes contemporains. La plupart des ouvrages sont des diptyques ou triptyques, chapelles portatives qui suivaient le possesseur et s'accrochaient au chevet de son lit.

Tout le monde connaît les plus caractéristiques de ces œuvres et notamment la précieuse pièce du musée de Cluny signée par Nardon Pénicaud, en 1511 ; elle peut être considérée comme un type dont les autres se sont plus ou moins éloignés suivant leur talent relatif ; seulement les curieux devront se tenir en garde contre les nombreuses contrefaçons qu'on essaye de faire passer pour des œuvres du maître.

Ce premier genre amenait naturellement l'emploi des émaux opaques véritablement peints, et rien n'est plus curieux que de suivre cette innovation apportée dans l'art par des hommes qui pourtant ne voulaient pas rompre avec les procédés anciens; il en résulte cette singularité qu'il y a dans l'œuvre d'un même émailleur des pièces qui n'ont entre elles aucune analogie non-seulement de procédé, mais de style. C'est vers 1520 environ que les grisailles furent substituées aux émaux translucides.

Avant d'aller plus loin, disons quel est le procédé le plus fréquent parmi les émailleurs de Limoges : la grisaille. Sur le fond noir recouvert d'une mince pellicule grise, l'artiste trace son esquisse avec une pointe en massant les principales ombres par des traits également enlevés, puis il nettoie toutes les parties de fond qui doivent rester noires; la préparation est alors fixée par une première cuisson. Pour arriver à l'effet définitif, l'artiste poursuit son travail en accumulant le blanc dans les parties éclairées pour leur donner le relief, et, enfin, il y ajoute quelques rehauts d'or soit sur les vêtements, soit sur les fonds, afin d'en enrichir l'aspect un peu triste. L'un des premiers dans ce genre est Jean Ier Pénicaud. Afin, sans doute, de raviver l'ensemble, certains maîtres ont réservé les fonds, les couvrant enfin d'une teinte rouge ardente.

Afin d'ailleurs de donner plus de charme aux portraits, les émailleurs imaginèrent de rehausser leur travail par des glacis rosâtres sur les chairs et par des applications de glacis de verre coloré sur les vêtements; c'est donc un procédé mixte entre les émaux opaques et les translucides; appliqué d'abord par les Pénicaud, ce genre fut porté à toute sa perfection par Léonard Limosin.

C'est une histoire à peu près faite que celle des émailleurs de Limoges; après les travaux de M. Maurice Ardant, de M. le marquis de Laborde, de M. Labarte et de M. Alfred Darcel, il reste peu de chose à ajouter. Pourtant, ce qu'il faut ici ce n'est point une discussion sur les différences à peine saisissables qui séparent les artistes sortis d'un même atelier, ce sont les caractères presque empiriques qui dénotent ces ateliers et permettent de reconnaître les œuvres des principaux maîtres.

Nous ne dirons rien de Monvaerni dont les travaux sont d'une excessive rareté, sinon que ses émaux sur un apprêt blanc ont l'apparence purement gothique ; les chairs sont d'un blanc gris perle modelé par empâtement, et les draperies blanches aux plis cassés sont d'un relief extraordinaire entre les traits noirs qui délimitent les plis ; des fleurettes d'or agrémentent ces draperies.

Nardon Pénicaud est le premier d'une nombreuse famille d'artistes limousins ; il travaillait dès le quinzième siècle, et l'ouvrage qui porte sa signature à l'hôtel de Cluny le montre dans toute la force de son talent ; il est daté de 1503. Il exécuta aussi sur un fond d'apprêt blanc, appliquant largement au pinceau avec un ton bistre les masses principales du dessin : les chairs sont modelées en blanc sur un dessous violâtre qui transparaît et fait le principal caractère de ses œuvres ; tous les accessoires sont en émaux translucides rehaussés habilement de travaux en or ; souvent des paillons imitant les pierres précieuses agrémentent les costumes et les architectures. Le contre-émail de ces plaques est toujours opaque et très-épais, ce qui ne permet pas de constater si Nardon s'est servi le premier du poinçon que nous verrons employé par les autres Pénicaud. Jean Ier Pénicaud suit d'abord les mêmes traditions ; seulement, sauf les carnations, le dessin est préparé en bistre sur le métal ; plus tard, il s'essaye à la grisaille en traçant le dessin par enlevage sur le noir et en cherchant à adoucir l'effet par un frottis d'émail blanc sur les ombres. Le revers incolore laisse voir le poinçon dont nous venons de parler et qui a cette forme : 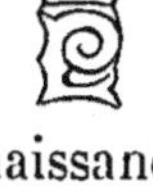 Jean II ou Penicaudius junior appartient franchement à la Renaissance ; un caractère particulier de sa pratique, outre la finesse de dessin de ses figures qui est à signaler, c'est le soin qu'il prend de modeler par enlevage, non pas sur le noir pur, mais sur une teinte grise, ce qui donne une douceur parfaite à son travail et lui permet d'ailleurs, dans les scènes compliquées, d'obtenir des plans en ne donnant sa demi-teinte qu'aux avant-plans laissant les autres passer dans les fonds. Dans ses portraits, il colore les chairs en bistre rosâtre et en rehausse les ombres au bistre donnant d'ailleurs l'animation aux costumes par des glacis translucides.

Jean III Pénicaud est l'un des maîtres les plus séduisants de la famille : dessinateur habile, il masse directement sur le fond noir ses sveltes compositions et les relève par l'application d'un blanc laiteux qui leur donne une incroyable puissance ; elles ont l'air d'émerger du fond et s'y unissent par une fluidité merveilleuse.

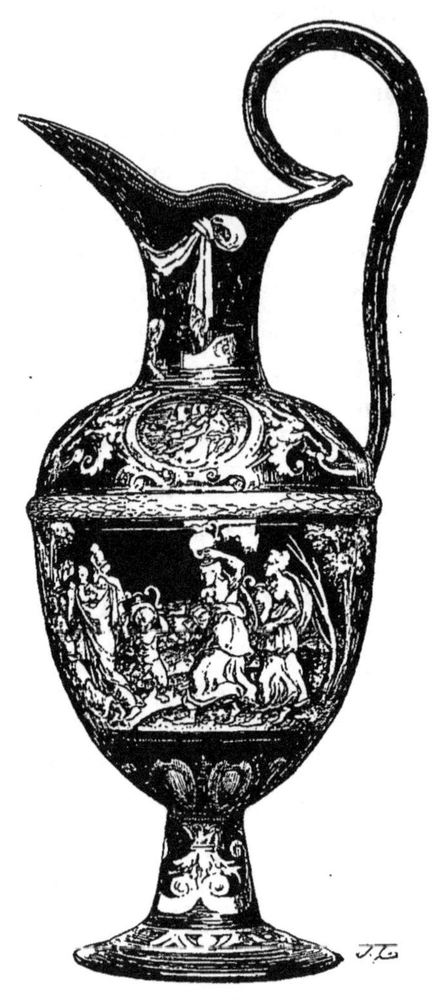

Aiguière en émail de P. Reymond, seizième siècle. (Collection de M. Basilewski.)

Léonard Limosin est la plus grande figure parmi les émailleurs; peintre, homme de goût, il se plut à reproduire les compositions de Raphaël, et grâce à son talent de portraitiste, il a laissé une curieuse iconographie des personnages de son temps. Tous les procédés lui étaient connus, et il les a souvent associés avec un rare bonheur. Malgré cette variété, son œuvre est parfaitement reconnaissable à la vigueur et à l'harmonie de l'ensemble ; seules quelques pièces de sa vieillesse montrent la lassitude et l'affaiblissement.

Parmi les praticiens qui ont associé la grisaille aux couleurs, citons aussi Colin Nouailher, dont le dessin incertain est relevé par une exécution des plus habiles; les grisailles très-chargées de fondant approchent de la translucidité. Cet émailleur a souvent abusé des inscriptions et elles brillent par leur incorrection ; lorsqu'il représente des personnages mythologiques, il les désigne ainsi : *Erculés suis apelé, Elene suis apelée.*

Pierre Reymond caractérise un genre des plus remarquables et essentiellement français. Androuet du Cerceau, Étienne de Laulne, Virgilius Solis sont les maîtres qu'il adopte dans ses compositions ; les revers de ses plats et coupes sont ornés d'arabesques de grand goût, qui en augmentent l'intérêt; dans ses grisailles, il teinte les chairs, comme l'avaient déjà fait quelques-uns de ses prédécesseurs, et les derniers de ses ouvrages montrent même l'exagération de cette pratique : le ton devient d'une teinte saumonée. Une particularité de ses aiguières c'est que les anses, certaines moulures et les bordures du pied sont à fond blanc avec ornement entrelacs et poste en rouge ocreux.

Mentionnons encore parmi les grands noms de l'émaillerie Pierre Courteys ou Courtoys, qui partage la manière du précédent.

Nous laisserons de côté les émailleurs de la décadence qui ont abusé du paillon comme Jehan de Court et Suzanne de Court, la détermination de leurs travaux étant d'ailleurs chose assez facile, et les Laudin, nombreuse famille, qui ont produit des ouvrages encore plus nombreux.

ÉMAUX VÉNITIENS

Il est une série spéciale dans l'émaillerie peinte qui appelle une étude particulière : c'est celle des émaux fabriqués à Venise et ornés, non plus de sujets et de figures, mais d'arabesques et de reliefs concourant à en faire des objets mobiliers d'une grande richesse décorative, consacrés, pour la plupart, au service religieux. C'est

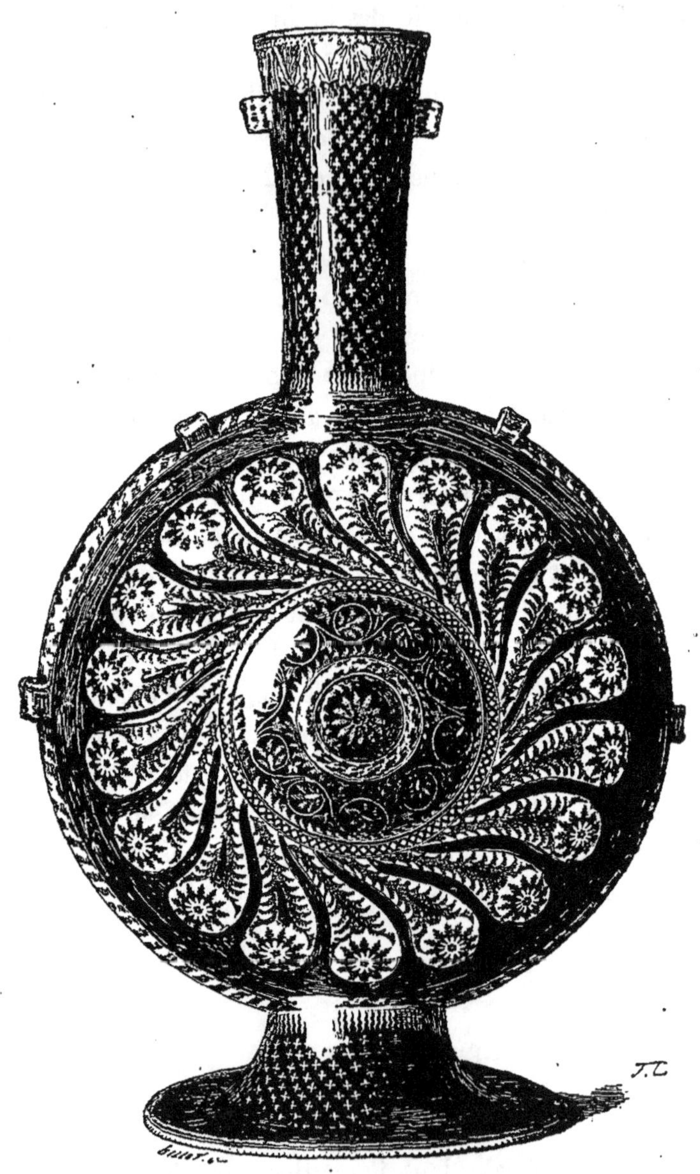

Bouteille à panse aplatie en émail vénitien; seizième siècle. (Musée du Louvre.)

même à une pièce de ce genre que nous devons de connaître la date d'une fabrication homogène qu'on croirait sortie, sinon d'une même main, d'un même atelier, et qui n'a rien emprunté ni aux émaux occidentaux, ni même à ceux que nous avons pu voir de l'extrême Orient. Sur un ciboire cylindrique à couvercle en dôme et porté par un piédouche élégant, on lit une dédicace faite en l'année 1502.

Les couleurs des émaux vénitiens sont bornées : c'est le bleu foncé ou le vert en fonds, puis le bleu-turquoise, le blanc, et plus rarement le rouge. La disposition des parties est en godrons sur la plupart des pièces circulaires, et leur ornementation rappelle plus ou moins directement les plumes du paon ; ainsi, dans les plats ou sur le pied ou le pourtour des coupes, des godrons ou canaux repoussés au marteau sont alternativement émaillés de bleu et de blanc ou de vert et de rouge, puis une fine ornementation en rinceaux d'or semble indiquer la côte médiane de la plume avec ses plumules latérales assouplies pour se résoudre, dans l'extrême épanouissement, par un motif plus grand figurant l'œil et relevé parfois de touches d'un émail vif différent du fond.

Quant aux grandes masses, elles sont semées en or, soit de petites fleurs de lis, soit de croisettes ou fleurons disposés régulièrement en quinconce.

Les objets de culte sont des calices, ciboires, monstrances, lanternes d'autel, custodes et reliquaires ; ceux applicables au mobilier civil sont des coupes, de nombreux plats, des flambeaux, gourdes de chasse, coupes couvertes et coffrets.

ÉMAUX PEINTS DE L'ORIENT

Il est rare qu'un changement dans la pratique des arts ne soit pas motivé par une découverte importante, ou par l'imitation d'un procédé inventé au loin. En cherchant, pour la Chine, le motif de la substitution de la peinture sur cuivre à la mosaïque faite par cloisonnage, nous ne saurions décider à laquelle des causes qui viennent d'être indiquées, il est juste de l'attribuer. C'est vers les premiers temps de la dynastie des Thsing qu'apparaît la peinture sur excipient de cuivre; et ce qui démontre clairement qu'il ne s'agissait pas là d'introduire un procédé supérieur à ceux jusqu'alors usités, c'est que le cloisonnage persistait toujours et cherchait même à retrouver les délicatesses des anciens temps. Une curieuse pièce de la collection de M. le docteur Piogey pourrait pourtant faire présumer qu'il y avait au fond une velléité d'imitation des procédés de l'Europe. Cette pièce, vase de sacrifice de l'espèce Tsio, porte le nien hao-de l'empereur Kien-Long; la plus grande partie de sa surface est décorée en émaux finement cloisonnés; mais des médaillons latéraux sont peints, non-seulement à l'aide des procédés de l'Europe, mais de sujets empruntés aux mœurs de cette même contrée. Est-ce suffisant pour reconnaître, dans le procédé, ce que les Chinois ont appelé émaux de Falence (de France)?

L'émail peint des Chinois s'applique à des pièces de toutes dimensions et de toutes formes; nous avons vu des brûle-parfums tripedes d'un mètre de diamètre; des plateaux gigantesques, des vases, potiches et cornets, rivaux des garnitures en porcelaine pour la taille et pour le décor. Lorsque le décor comporte des médaillons à figures, le fond en est toujours blanc et la peinture est identique à celle des vases de porcelaine; on y voit le plus souvent des sujets historiques ou sacrés, mais à peu de personnages; les peintures décoratives, au contraire, sont surchargées de rinceaux, de fleurs, et très-souvent elles se détachent sur le fond jaune, livrée de la dynastie des Thsing.

Une des singularités de l'époque, c'est de voir l'émail chercher à rendre les effets de la poterie translucide, et la porcelaine s'appliquer à imiter l'aspect de l'émail peint. Nous avons vu des flambeaux d'autel des deux espèces tellement identiques que le poids et le tact pouvaient seuls éclairer sur leur nature réelle.

Nous ne connaissons aucun émail peint japonais, ce qui n'implique pas qu'il n'en ait jamais existé; mais dans tous les cas ils seraient d'une excessive rareté.

L'Inde, au contraire, a dû avoir les siens, et l'on peut citer, parmi les plus curieux et les mieux réussis, ceux du royaume de Siam, qui ont été, eux aussi, copiés en porcelaine; les tons sont d'une vigueur peu commune et les ornements de bon goût; nous connaissons des thé'ières, des vases capsulaires de la plus grande distinction et qui annoncent un art avancé.

La Perse a aussi sa peinture métallique qui ne nous paraît pas remonter à une époque bien ancienne ; le procédé d'exécution et le style nous feraient même croire que ces objets auraient été exécutés à Constantinople par les artistes qui travaillent pour les musulmans tout en se permettant, de temps à autre, quelque excursion dans le domaine de leur art national.

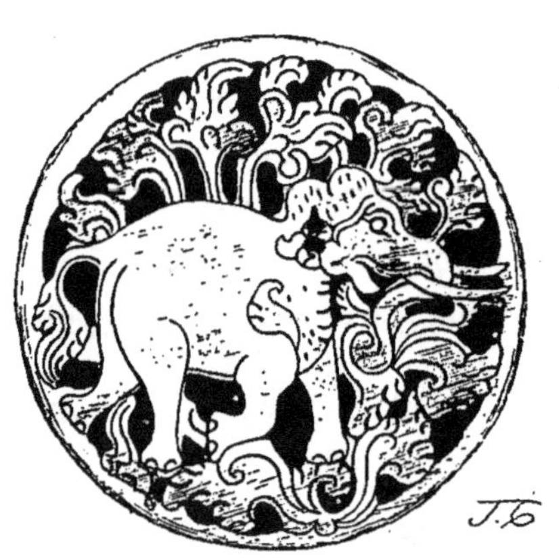

CHAPITRE VII

VERRERIE, CÉRAMIQUE

Les anciens ont connu le verre et l'ont travaillé avec un art qui n'a été surpassé ni par les merveilleux artistes de Murano, ni par l'industrie moderne, aujourd'hui si avancée dans cette spécialité où la chimie lui a apporté tant d'éléments de succès. Que les curieux recueillent donc depuis la simple amphore ou le guttus en verre ordinaire, sans autre ornement que sa forme délicieuse de proportion et d'élégance, et son enduit chatoyant, œuvre du temps qui exfolie la surface en lamelles colorées, fugaces comme les écailles d'une aile de papillon ; ou bien qu'ils cherchent les coupes à mille fiori, les vases à deux couches, comme celui de Portland, ou les verres à reliefs émaillés comme le splendide spécimen de M. le baron Gustave de Rothschild, ils trouveront dans la verrerie antique un précieux auxiliaire pour varier et rehausser les vitrines destinées aux objets de choix

L'histoire nous a conservé les noms de quelques artistes du verre depuis C. Pomponius Apollonius, fabricant de disques à vitres, et Venustus, speclarius ou vitrier de la maison de l'empereur Claude, jusqu'à Julius Alexander de Carthage, artiste dans l'art du verre, Ennion, fabricant de vases, et Artas de Sidon qui a inscrit son nom sur des vases conservés au Louvre et à la bibliothèque. Quant à Euphrenus, il a tracé le sien sur un gobelet orné de deux branches de myrte de l'ancienne collection Durand, aujourd'hui au Louvre.

La verrerie antique procure encore des petits monuments d'un haut

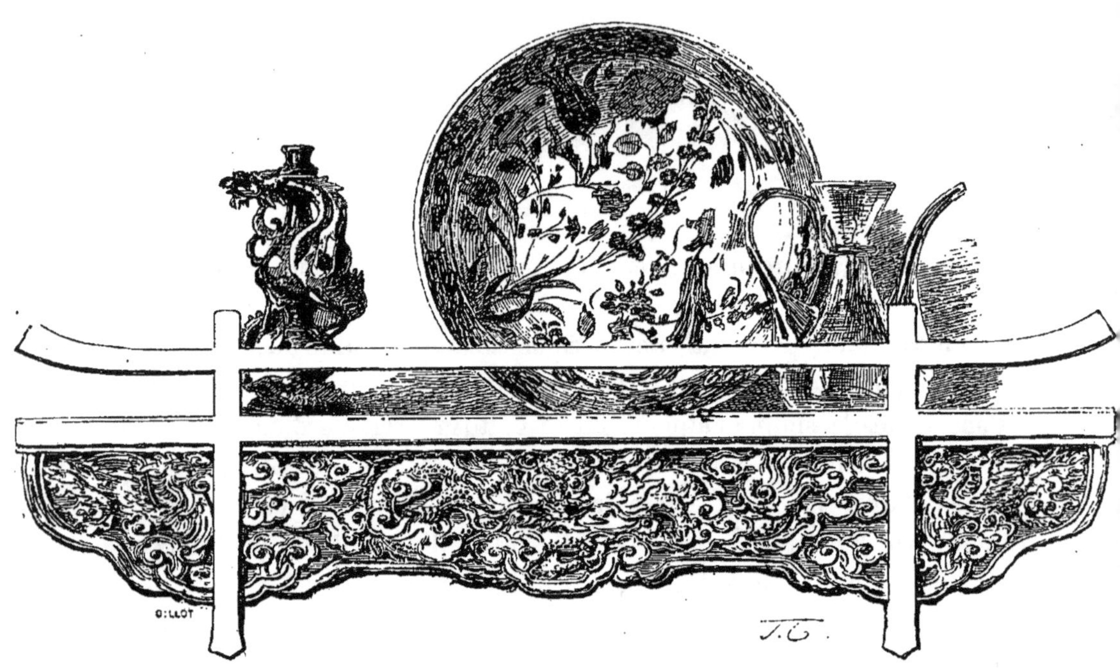

Étagère en bois sculpté, laqué et doré de la Chine supportant des objets orientaux, bronze, céramique et verrerie.

intérêt : ce sont les pâtes de verre presque toutes moulées sur les in tailles ou les pierres gravées les plus célèbres de l'antiquité, dont on cherchait alors à se procurer au moins l'image. Quelques-unes sont aujourd'hui les seuls souvenirs des originaux disparus.

Nous parlons ici des camées et intailles, parce que tout le monde possède de ces charmants objets que la terre nous a conservés, en les parant d'une irisation brillante ; mais en visitant le Louvre on peut voir jusqu'à quel luxe les verriers élevaient leurs produits. C'est une œuvre bien remarquable que le grand tableau imitant une agate, qui orne la vitrine milieu de la dernière salle. Non-seulement le bas-relief principal, avec ses personnages multiples, est un chef-d'œuvre de composition et de travail ; mais les pièces réunies dans l'encadrement sont d'une technique non moins avancée ; il y a là des bustes colorés au naturel avec couronnes de pampres et draperies brillantes, qui offrent plus d'animation encore que les plus beaux camées antiques.

Rappellerons-nous ici le célèbre vase Barberini, avec ses figures blanches sur fond bleu ? La pièce dont nous venons de parler n'a rien à lui envier comme perfection, et nous possédons, dans le même genre, des fragments du plus haut style. Mais ce qu'on n'a vu nulle part ailleurs, ce sont des applications de pâtes colorées sur verre, ainsi que dans la coupe trouvée à Nîmes et offerte au Louvre par M. Aug. Pelot, et surtout, dans la coupe merveilleuse appartenant à M. le baron Gustave de Rothschild, où des oiseaux, posés sur de délicates branches, entourent le verre comme une guirlande.

N'oublions pas de mentionner en passant les verres du Bas-Empire, la plupart retrouvés dans les catacombes de Rome, et qui sur une feuille d'or gravée et soudée entre deux disques de verre retracent, ou les portraits des empereurs de Byzance, ou les emblèmes aimés des chrétiens. Ces verres décrits et figurés par Buona Orelli, fort rares dans les collections, ont servi de modèle pour certaines fabrications italiennes que nous retrouverons bientôt.

Il faut, en effet, traverser des siècles et arriver à Venise pour y voir l'art de la verrerie dans tout son éclat. Un fait des plus remarquables c'est que précisément les plus anciennes œuvres des maîtres sont les plus parfaites et les plus merveilleuses.

Où s'étaient formés ces maîtres ? Comment admettre qu'ils aient pu, de toutes pièces, créer un art aussi parfait et sous ses manifestations multiples ?

Plusieurs veulent que l'inspiration soit venue de Byzance ; mais Byzance, il ne faut pas l'oublier, était le cadavre un moment galvanisé de l'ancienne civilisation romaine ; il pouvait se ressouvenir, mais non créer.

Il semble bien plus naturel de chercher la source de l'art vénitien dans l'Orient, où l'Italie commerçante sut aller puiser tant de choses. Tout le monde sait quels furent l'audace et le bonheur des navigateurs vénitiens et à quel point leurs découvertes et leurs acquisitions concoururent au progrès de la civilisation occidentale. Prenons donc Venise au moment où Paolo Godi, de Pergola, formait à ses leçons Angelo Beroviero. Adonné à la chimie, Godi avait trouvé pour la coloration des verres et des émaux, des secrets que son élève perfectionna, et c'est à lui qu'on attribue les pièces merveilleuses en verre blanc ou coloré sur lequel il jetait des ornements et des sujets émaillés dans le style nerveux et naïf à la fois, qui caractérise les premières écoles d'Italie. Certains sujets allégoriques sembleraient inventés par Mantegna. De cet artiste, de son fils Marino et du Ballarino son gendre, sortit cette génération de maîtres qui devaient immortaliser les usines de Murano, déjà connues par l'immense commerce de verroterie qu'elles entretenaient depuis le treizième siècle avec toutes les contrées du globe, et par les peintres verriers et les mosaïstes qui avaient décoré les cathédrales.

Il serait superflu d'insister sur le rôle réservé aux verreries vénitiennes dans un intérieur somptueux ; les coupes en verre blanc ou coloré, semées de rinceaux d'or, relevées de perles d'émail, conviennent pour garnir, par alternance avec les bronzes, le dessus des meubles et des étagères. Il en est de même des buires et des aiguières élancées à l'ouverture tréflée, à l'anse gracieusement courbée en S : que ces verreries soient teintes du beau bleu céleste ou du rouge pourpre si puissant et relevées de rinceaux émaillés, qu'elles soient en verre incolore divisé par les élégantes colonnes du latticinio à *ritorti* ou *reticelli*, elles ont une distinction qui les classe au premier rang des objets de goût. Maintenant, parmi les objets tout à fait hors ligne, citons les merveilleuses coupes à bulles d'air, et ces verreries étranges et extravagantes de forme, représentant des animaux fantastiques que Nicolas de l'Aigle fabriquait, dit-on, pour les opérations de l'alchimie, ou mieux peut-être pour agir par leur bizarrerie sur l'esprit frappé des crédules qui venaient consulter les adeptes.

Recommandons encore ces curieux verres imités des anciens, où des bas-reliefs légers comme des bulles de savon faisaient courir sur la panse des vases les amours, les nymphes ou les plus riches rinceaux.

Nous avons dit un mot déjà des verres antiques décorés entre deux couches de matière vitrifiée, de gravures tracées sur une feuille d'or. Les Italiens ont été plus loin encore, ils ont exécuté sur un verre mince

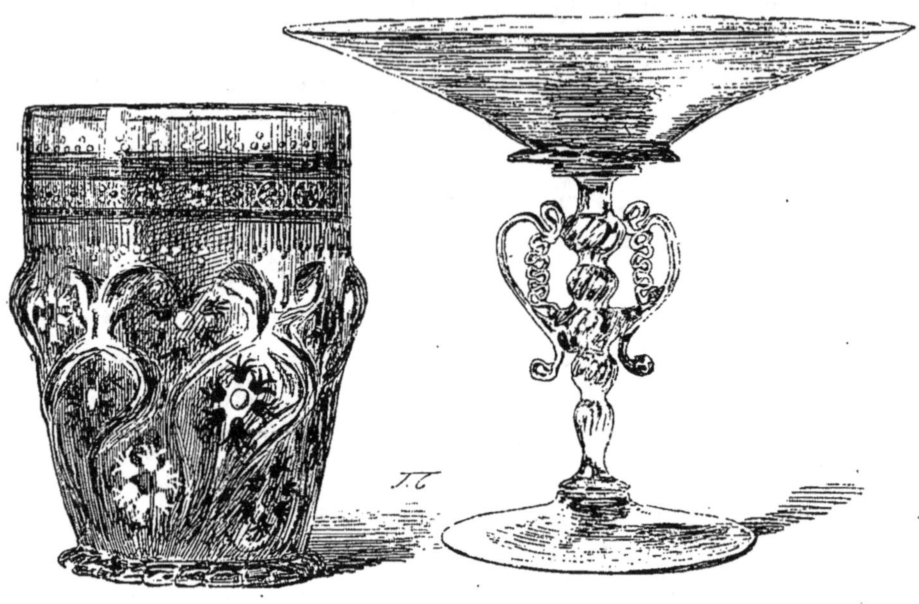

Verres de Venise du seizième siècle. (Collection de M. P. Gasnault.)

une peinture relevée de graffiti ou traits gravés et rehaussés d'or; ils l'ont recouverte ensuite d'une autre couche mince de verre formant doublure à la première et, soudant ces deux pièces au feu, ils ont de cette façon assuré la conservation du travail ; on trouve en ce genre au fond des coupes, de grands sujets empruntés parfois aux compositions de Raphaël. Ce travail, appelé dans le commerce *verre églomisé*, nom sans signification réelle, a été pratiqué aussi en Allemagne, vers la seconde moitié du seizième siècle. Dans les temps modernes on en a fait un équivalent par la peinture appliquée sur verre dite *fixé*.

On peut trouver encore quelques coupes muranésiennes d'une minceur extraordinaire décorées de fines arabesques gravées avec une pointe de diamant. Ce genre rarissime a servi sans nul doute de point de départ à la gravure à la roue, pratiquée plus tard en Allemagne avec une grande hardiesse et une rare perfection.

Il est à peine croyable que les renseignements sur la fabrication muranésienne fassent défaut même à Venise. On sait que dès le douzième siècle les mosaïstes ornaient déjà les églises. Dès 1268, les verriers étaient réunis en corporation. Miotto Domenico avait déjà inventé les perles colorées et donné ainsi une grande impulsion au commerce des patenostriers. Dans ce même treizième siècle, le livre d'or de Murano mentionnne, outre les Berovieri et le Ballarino, Bigaglia, Cristoforo Briani, Gazzabin, Motta, Muro, Seguso et Vistosi. Déjà en 1459, Angeli Borromeo essayait d'implanter à Florence l'art vénitien, suivi au seizième siècle dans cette tentative par Giacomo et Alvise Luna; en 1528, Andrea Vidaore perfectionnait l'art de souffler les perles; Vicenzo Roder avait imaginé les premiers miroirs; Liberale Motta les perfectionna en 1680 et parvint ainsi à perpétuer leur vogue. Vicenzo Miotti, inventeur de l'aventurine, eut un prodigieux succès que Girolamo Magagnati partagea en 1605 par ses imitations de pierres précieuses. En 1686 les Morelli donnaient aux perles fausses leur dernière parure, et en 1730 Giuseppe Briati enlevait aux fabriques de Bohême leurs procédés secrets pour en enrichir son pays.

Ainsi, pendant six siècles, les fourneaux muranésiens avaient contribué largement à la prospérité de Venise et porté la gloire de son nom dans toutes les parties du monde. Est-ce à dire que les autres pays n'aient point essayé de rivaliser avec l'Italie pour ce genre d'industrie? Nullement, et parmi les plus ardents à la recherche, nous pouvons citer la France; une table chronologique des noms relevés dans les documents divers et les auteurs qui se sont occupés de notre industrie en fournira la preuve.

1088. Robert, verrier à Maillezais.
1207. Willelmus Giraud, la Roche.
1207. Simon le Joui, id.
1249. Guillaume Gaudin, les Moustiers.
1331. André Basge, dit Calot, Aulnay.
1338. Guionet, Dauphiné.
1382. Guillaume.

1382. Jehan, forêt Dotte.
1399. Philippon Bertrand, parc de Mouchamp.
1416. Jehan Fouquaut.
1442. Colin Bonjeu, Bichat.
1442. Catherine Chauvigne, Bichat.
1442. Pierre Musset, id.
1445. Colin Ferré, la Bouleur.
1456. Jehan Bertran, la Roche-sur-Yon.
1456. Pierre Maigret, id.
1456. Lucas Rillet, id.
1468. Philippon et Jehan Boyssière, la Puye.
1477. Guillaume Barbe, Rouen.
1486. Jacques et Jean Bertrand, le Rorteau.
1491. Estienne de Salles.
1507. Geoffroy Poussart, la Motte.
1536. Pierre Wiswalle, Lorraine.
1543. Maurice Gazeau, Jacob Morisson et François Gaudin, verrerie neuve.
1550. Teseo Mutio, Saint-Germain-en-Laye.
1562. François Galliot, la Puye.
1572. Fabriano Salviati, venu de Venise.
1600. Thomas Bartholus et Vincent Busson, Rouen.
1605. François de Garsonnet, Rouen.
1635. Ambroise Duquesne, Paul d'Annezel, Fourmies (vitres).
1665. Nicolas du Noyer, Saint-Gobain.
Lucas de Nehou, coulage des glaces.
de Sarode (Poitou).

De cette longue nomenclature il n'est pas facile de faire sortir l'exacte vérité ; parmi les verriers beaucoup sans doute eurent pour mission de fabriquer les vitres qui se substituaient partout au papier huilé ; d'autres soufflaient en verre grossier les bouteilles destinées à contenir le vin. Pourtant on connaît le vieux proverbe qui disait : voirre de Vendôme. Nous recueillons encore ce curieux témoignage dans la notice du musée Correr, par Vicenzo Lazari : « Il semble que dans les premières années du quatorzième siècle, l'énorme trafic qui se faisait à Venise et y amenait d'immenses richesses ait déterminé le gouvernement de la France à encourager, par tous les moyens, les fabriques nationales; mais le succès ne répondit pas à l'effort, et le commerce des verres muranésiens se maintint activement avec la France dans ce siècle et dans les suivants. » Philippe de Valois avait établi, en effet, une usine près de Bezu, en Normandie, et Philippe Cacqueray y conquit la noblesse en inventant des plats de verre. Le roi Jean créa d'autres verreries à Routieux et à Heliet, près de Dieppe. Goult en Provence avait sa verrerie où le roi René acheta des verres « moult bien variolés et bien peints » pour les offrir à Louis XI. Les curieux ont donc à chercher pour les quatorzième et quinzième siècles le produit de ces efforts intéressants.

Quant au seizième siècle, depuis longtemps les monuments ont été recueillis et classés. On a pu voir, à Cluny et dans les expositions rétrospectives, diverses de ces charmantes pièces rivales des verres de Venise que leurs légendes et leur style caractérisaient comme françaises. En effet, Henri II avait appelé à Saint-Germain-en-Laye ce Teseo Mutio qui devait naturaliser chez nous le genre italien; mais les guerres de l'époque avaient fait négliger les fourneaux qui bientôt s'éteignirent. Charles IX essaya sans doute de raviver cette industrie, puisque nous voyons, en 1572, Fabriano Salviati émigrer de Venise chez nous. Enfin Henri IV entreprit sérieusement la Renaissance du verre en établissant à Rouen, à Paris et à Nevers des usines privilégiées. Et qu'on n'aille pas supposer qu'il s'agissait là d'imitations lointaines du produit muranésien; nous avons pour garant de la suprême élégance de nos verreries ce fait qu'elles avaient été jugées dignes de figurer chez la reine Catherine de Médicis; son inventaire mentionne, sous le n° 262, treize pièces de verre façon de Saint-Germain-en-Laye, et sous le n° 323, deux petits vases de verre peints de Montpellier.

Les verres du dix-septième siècle sont sans doute plus nombreux encore chez nous que ceux des époques antérieures. On cite entre autres ces grands verres ronds qui ne se font qu'en France dans la province de Normandie; mais avec ce goût propre au caractère français, on les a peu remarqués jusqu'ici. Pourtant les efforts ne s'arrêtaient pas, et au dix-huitième siècle encore l'État encourageait, par de nombreuses lettres patentes, la création des usines à verre; on est étonné de trouver parmi les privilégiés les noms de la noblesse : c'est François de Bigot de Claire-Bois, à Rouanne, la comtesse de Béthune, en Nivernais, le duc de Montmorency, à Aigremont, Le Roy de Chaumont, intendant des invalides, à Chaumont-sur-Loire, François de la Douëpe, à l'Herbergemont. Dans certaines des lettres patentes on trouve la trace des efforts du pouvoir pour lutter contre la concurrence étrangère et développer notre puissance industrielle. A Nantes, la verrerie de Vauzoûl, établie en 1728, est déclarée royale en 1736 ; en 1766, Léonard-François-Marie, comte de Morioles, et dame Marie-Gabrielle Renard de Fuschemberg, sa femme, obtiennent d'établir à Villefranche, en Champagne, « une manufacture de verrerie façon de Bohême, qui serait d'autant plus favorable qu'il y a très-peu de ces sortes de manufactures dans le royaume, quoiqu'on fasse un usage presque universel de cette espèce de verre et qu'on soit obligé d'en tirer la plus grande partie de l'étranger. » Le privilége leur est accordé pour quinze ans.

Est-ce tout, et le curieux n'a-t-il à s'inquiéter que de reconnaître et distinguer le verre français de la verrerie vénitienne? Non, la Flandre surtout, ce pays favorisé des arts, appelle de sérieuses investigations. L'inventaire de Charles V, fait en 1379, nous apprend qu'il possédait *ung gobelet et une aiguière de voirre blanc de Flandres garni d'argent.* Dès 1421, la ville de Namur possédait une verrerie dirigée par Annieul. En 1553, Bruxelles avait Josué Hennesel ; en 1623, Anthoine Miotti, venu de Venise, sans doute ; en 1658, Henri et Léonard Bonhomme qui dirigeaient des fourneaux. Quant à Anvers, le travail de M. Houdoy nous y montre l'imitation du verre vénitien en plein exercice dans la seconde moitié du seizième siècle par les soins d'Ambrosio de Mongarda. En 1599, la veuve de celui-ci épouse Philippe de Gridolphi qui obtient la continuation du privilége, bien qu'un autre verrier, Jean Quarré, fût établi dès 1567. Ferrante Morron succéda à Gridolphi et eut lui-même pour successeur Van Lemens. En 1642, c'est Jean Savonetti, Vénitien de Murano, qui réclame le privilége, et en 1653, Francesco Savonetti qui le remplace.

Tous ces artistes ont dû produire et déjà nous avons pu rencontrer des verreries flamandes parfaitement caractérisées et se reliant par le style aux faïences de même origine.

L'Allemagne de son côté a eu des verreries remarquables au seizième siècle; chacun connaît les vidercomes émaillés des armoiries des princes du Saint-Empire. M. Spitzer a montré le verre églomisé et doré rival par le travail, sinon par le style, des grandes coupes italiennes. Johann Schaper, de Nuremberg, Johann Keyll, H. Benchert couvraient encore, au dix-septième siècle, de lèurs émaux puissants les verres et les coupes. En 1609, Gaspar Lehmann, de Prague, couvrait la verrerie de fines gravures à la roue et communiquait son talent à Georges Schwanhard, son élève. Mais l'homme le plus surprenant en ce genre est ce Johann Schaper, déjà nommé, qui savait jeter sur le verre des sujets et des arabesques d'une telle finesse qu'au premier aspect le travail apparaît comme une simple nébulosité du verre, et pour rendre encore la chose plus merveilleuse, la tradition prétend que l'artiste ne travaillait ainsi qu'après avoir surexcité la verve par d'abondantes libations qui, chez tout autre, eussent troublé la vue et fait trembler la main.

L'Angleterre elle-même a eu, sous Élisabeth, Cornelius de Launoy qui y a fondé les verreries; puis en 1567 elle appela d'Anvers Philippe de Gridolphi pour perfectionner la fabrication; enfin, en 1615, un privilége fut accordé à Robert Mansell pour la fabrication et l'importation de toute espèce de verre.

Quelle variété, quel charme la curiosité ne peut-elle pas tirer de ces précieux et délicats produits!

ORIENT

Ce sera bien autre chose encore si nous abordons la verrerie orientale. Nous l'avons dit déjà, pour nous, c'est de cette contrée qu'est venu le secret des décors émaillés sur verre; en Chine, dans l'Inde, en Perse et en Asie Mineure la connaissance du travail des émaux remonte à la plus haute antiquité, et si l'on a ignoré le fait jusqu'en ces derniers temps, c'est qu'il y a chez nous une tendance générale à rapprocher l'inconnu du connu pour en faire un grand tout. Chardin voyageant en Perse et visitant la maison du vin à Ispahan, annonce que la liqueur dorée ou rutilante comme le rubis brille aux yeux dans de grandes bouteilles de *verre de Venise*. Il était plus facile pour lui de consacrer cette hérésie que de s'enquérir si les surahés taillées ou scintillantes d'or et d'émaux étaient de fabrication persane. Lorsque la spéculation commença à spolier les mosquées de l'Asie Mineure et de l'Égypte de ces enveloppes de lampes, ex-voto de la dévotion musulmane, on les suspendit dans les riches cabinets longtemps avant de s'informer si leurs inscriptions ne donnaient pas des dates et des noms curieux pour l'histoire. Cette lacune est désormais comblée ; on a de 1259 une lampe consacrée à Damas par Sandjar Halebi qui, après l'assassinat de Koutouz, se fit proclamer sulthan sous les noms de Malek el Adel el Alem el Modjahid. Une autre est inscrite des noms de Malek en Nacer, Nour Eddin Mohammed, sulthan Mamlouk Baharite d'Égypte, de 1293 à 1341 ; puis vient Malek en Nacer Hassan, sulthan d'Égypte et de Syrie, de 1348 à 1360. A la même série de sulthans appartient la lampe consacrée par Almonaïad Aboul nacer scheikh, de

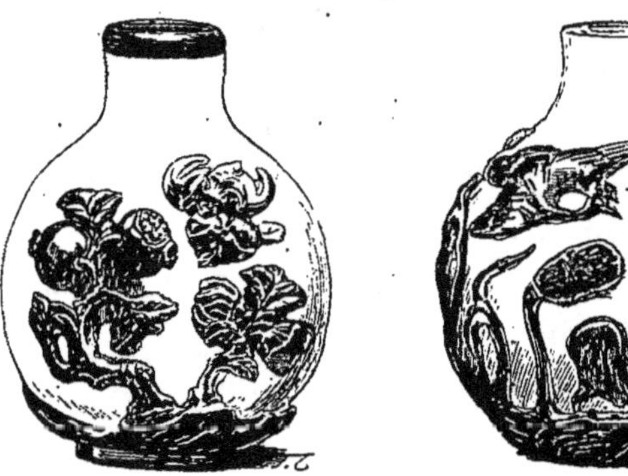

Flacons à tabac en verre à deux couches ; travail chinois. (Collection de M. le docteur Piogey.)

1412 à 1420. Enfin une autre au nom d'Argoun naïb (vicaire), du sulthan très-grand, doit avoir été faite par l'Argoun, lieutenant de Timour (Tamerlan) et gouverneur de Samarcande en 1405.

Nous ne parlons pas de pièces fort remarquables pourtant, mais dont les légendes restent incertaines parce qu'elles peuvent s'appliquer à plusieurs personnages du même nom. Ce que nous devons dire, c'est qu'il est assez facile de distinguer les ouvrages de l'Égypte et de l'Asie Mineure de ceux de la Perse, les premiers étant d'un verre épais, souvent verdâtre et décorés d'ornements plus sommaires moins détaillés que dans les seconds dont le verre est très-translucide. C'est généralement à la Perse qu'appartiennent les coupes à piédouche avec couvercle en forme de minaret, sur lesquelles courent des bordures d'or fines comme la dentelle et des rinceaux émaillés avec fleurs ornementales délicates, et les bouteilles à long col généralement pourvu d'un renflement vers le haut, qui servent à mettre le vin. Il en est une particulièrement intéressante, parce qu'elle porte une inscription d'or sur fond d'émail bleu, et plus bas une série de personnages persans se livrant au plaisir de l'ivresse : on y voit une bayadère dansant à laquelle on offre le verre plein de vin, des hommes assis qui boivent ou versent la liqueur rutilante, puis une femme tenant une surahé et une coupe qu'elle vient de remplir. Cette merveilleuse pièce est précisément une de celles dont les légendes se rapportent à un des nombreux Malek el Adel qu'aucun surnom ne distingue suffisamment.

On connaît peu les verreries émaillées de l'Inde; il en est une remarquable pourtant qui a passé sous nos yeux : c'est un flacon offrant sur une face le sujet bien connu de jeunes femmes à une fontaine offrant à boire à un cavalier richement vêtu. La face opposée est émaillée de bouquets et ornements d'un beau style qui pourraient mettre sur la voie pour déterminer d'autres œuvres de même provenance.

Quant à la Chine, le verre, Po 玻 y est connu de toute antiquité et il y a été travaillé avec un art merveilleux sous Thai-wou-ti (422 à 451). Un Scythe vint à la cour de l'empereur et promit de fabriquer les verres colorés qu'on tirait encore des pays occidentaux et qu'on payait fort cher; il réussit dans son entreprise et bâtit une salle pouvant contenir cent personnes et qui resplendissait de l'éclat des teintes les plus vives; on aurait pu, disent les annales, la croire l'œuvre d'êtres surnaturels. Depuis lors la fabrication devint courante et nulle difficulté ne put arrêter les artistes. Nous avons vu une fiole ou tabatière en verre mille fois plus fin qu'aucun de ceux qu'il nous a été donné d'étudier dans les produits de Murano. Où ils excellent encore c'est dans l'imitation des pierres comme les agates, jaspe, etc. Tout le monde connaît les verres à plusieurs couches qu'ils taillent ensuite à la façon des camées ; non-seulement ils obtiennent des tons tranchant l'un sur l'autre, mais ils sèment dans les couches colorées des teintes variées contiguës qui leur permettent, par exemple, de faire ressortir sur fond blanc une fleur rose avec ses feuilles vertes.

On trouve le verre employé ainsi en vases d'assez grande dimension, en coupes, en flacons très-variés de forme, et surtout en tabatières.

CÉRAMIQUE

Nous ne pouvons avoir l'intention de répéter ici une histoire que nous avons écrite sous divers titres. Nous renverrons donc le lecteur, désireux d'étudier avec détail ce qui touche à cette branche intéressante de l'art, à ces divers ouvrages. Ce que nous voulons examiner ici, c'est le rôle exact que peuvent avoir les vases dans un mobilier de luxe et de quelle manière les collections de porcelaines ou de faïences peuvent s'y classer avec goût. Le premier conseil à suivre, c'est de ne point mêler les espèces dans une promiscuité fâcheuse. La faïence, toujours plus ample et plus rustique dans ses formes et ses décors, ne peut s'allier avec la porcelaine, naturellement fine et plus éclatante dans ses tons. Les anciens épis fabriqués à Pré-d'Auge peuvent meubler un vestibule ; les vases *da pompa*, en majolique italienne, orner le dessus de meubles élevés, comme une bibliothèque, ou garnir le pourtour d'une salle à manger. Les formes robustes des hanaps de Palissy, des buires d'Urbino, des broccas de Ferrare, s'accommodent très-bien au voisinage des étagères où figure une belle orfévrerie, et les murs peuvent se consteller alors des grands plats à reliefs, ou des histoires peintes par les Xanto, Fontana, Maestro Giorgio et autres illustres de la majolique. C'est encore dans cette pièce qu'on peut suspendre les sévères fabrications de Rouen, de Nevers, de Moustiers et des autres usines françaises, ou bien encore les éclatants spécimens de la famille verte ou de la famille rose chinoises ; les fines productions du Japon restant réservées pour les étagères et les vitrines fermées.

S'il s'agit d'une collection suivie, elle doit rester soumise aux mêmes lois générales ; pour les faïences, une tenture d'étoffe absorbante pour la lumière, telle que le drap, convient parfaitement : nous avons vu un fond garance produire le plus excellent effet. Pour les porcelaines, un damas grenat fait merveille : il nous a été montré un cabinet de cette couleur revêtu d'une sorte de réseau d'argent à grandes divisions permettant de suspendre les pièces et de les retenir avec une facilité extrême ; il ne s'agissait que de passer une agrafe dans l'un des angles du réseau, et l'on pouvait ainsi à tout instant étudier ou montrer chaque pièce.

Ajoutons que les faïences sont le complément naturel d'un ameublement en bois sculpté du moyen âge ou de la Renaissance, et que les majoliques italiennes ont leur place marquée sur les crédences et les cabinets à incrustations de marbre ou d'ivoire.

Quant aux porcelaines de Sèvres et de Saxe, leur rôle est tout tracé dans un mobilier de luxe ; si le style en est Louis XV bien déterminé, les girandoles à fleurs, les vases contournés de Meissen, feront le meilleur effet sur les cheminées, les consoles et les encoignures ; le bronze se marie très-bien à ces créations éclatantes, et des candélabres à fleurs, ou même à sujets, sont dans une complète harmonie avec les bois tarabiscotés, les placages historiés, les rocailles capricieuses.

Selon nous, les Sèvres conviennent moins à ce genre ; leur délicatesse s'accommode mieux des meubles simplifiés de l'époque Louis XVI. Les recoins ménagés des élégantes étagères et des bonheurs du jour semblent préparés pour recevoir les petits vases à fond turquoise, les trembleuses chargées d'amours, les tasses relevées de paillons aux perles d'émail. Quant aux grandes pièces, ces rares trésors si difficiles à conquérir, on les veut parmi les bronzes ciselés par Gouthière et son école ; il faut cette pâte crémeuse délicatement ornée pour affronter le contact de ces girandoles étudiées comme de l'orfévrerie, relevées d'acanthes fines comme des bijoux. La composition des cheminées ornées de fleurs en porcelaine, des consoles plantureuses, n'est plus un secret ; il ne s'agit que d'en retrouver les rares éléments. Voici ce que dit à cet égard M. Courajod, dans son livre journal de Lazare Duvaux : « Ce goût désordonné (de la porcelaine) fit épanouir toute une flore. Des parterres entiers, avec toutes leurs variétés de plantes, sortaient des fours de Vincennes et vinrent s'animer dans les mains d'habiles ouvriers qui forgèrent une végétation de bronze pour ces fleurs d'émail. Duvaux prit une part active à ce mouvement de la mode qui consistait à semer des bouquets de porcelaine sur les lustres, les bras, les girandoles, et à les introduire dans toutes les parties de l'ameublement. A voir les personnages qui lui faisaient monter des fleurs de Vincennes et en examinant la description des pièces qu'il livrait, on peut affirmer que Duvaux était un des premiers parmi ceux qui fabriquaient ces branchages dorés d'or moulu ou vernis *au naturel*, ces

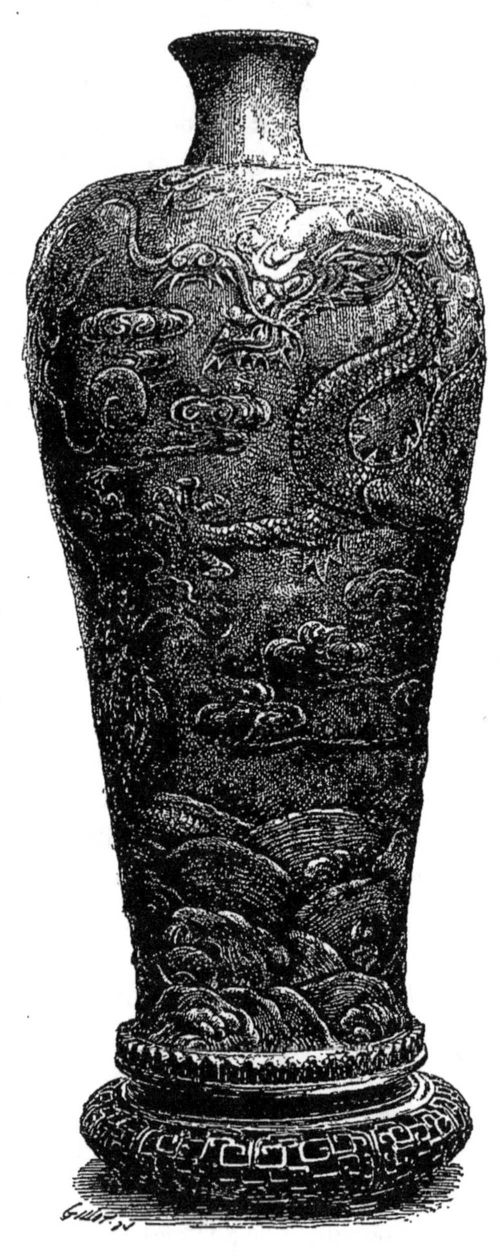

Grand vase de porcelaine à émail truité vert ombrant. (Collection de M. H. Barbet de Jouy.)

plantes de cannetille, ces bouquets factices qui, pendant quelque temps, donnèrent aux appartements l'aspect de jardins ou de serres. Pour que l'illusion fût complète, rien ne manquait à ces bouquets, pas même le parfum qu'on savait leur communiquer artificiellement. »

Il est possible qu'au moment de son apparition, la mode des fleurs en porcelaine ait été exagérée; mais ce qu'il y a de certain, c'est que rien n'est plus gracieux que ces groupes dont l'élégance relève à merveille les meubles en acajou aux bronzes mats, aux marbres brocatelle et dont la délicatesse semble ne pouvoir s'accommoder d'autre poids que celui des fleurs.

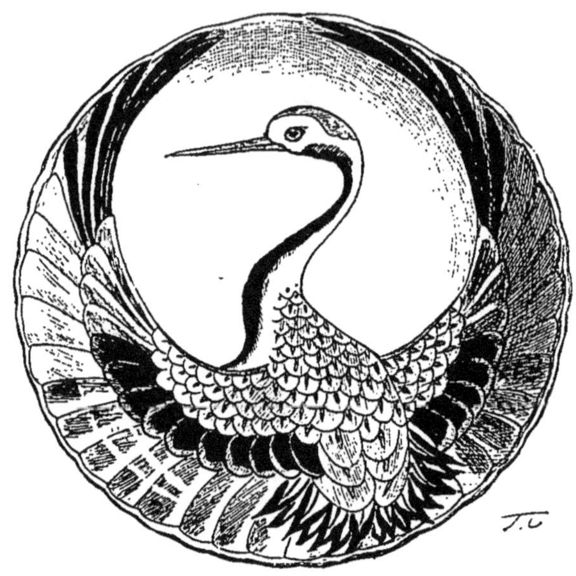

Plat de porcelaine du Japon décoré de la grue symbolique. (Collection de M. A. Jacquemart.)

Nous l'avons fait pressentir ailleurs, la céramique orientale prête au mobilier un concours précieux : le développement exceptionnel de certaines pièces, la robuste composition et la parure noble et sérieuse de la plupart des autres, font des vases de Chine et du Japon l'accessoire presque nécessaire de certains meubles. Qui pourrait s'harmonier avec les placages de Boule sinon les volumineuses garnitures qui brillent de l'éclat d'un bleu sombre, du rouge de fer éclatant et de l'or? Ces vastes potiches, ces cornets élancés où les bouquets de fleurs ornementales, les draperies échantillonnées des plus vives conceptions, relèvent une pâte d'un blanc mat ou bleuâtre, sont certes les seules créations céramiques qui supportent, sans en être écrasées, le voisinage des découpures de cuivre et d'écaille.

Ce sont encore ces porcelaines qui relèvent le mieux les cabinets de laque ou qui éclairent, en y appelant la lumière, les angles d'un salon somptueux. En voyant chez M. Édouard André, chez M. Barbet de Jouy et dans les hôtels de la famille de Rothschild, etc., le rôle que jouent les gigantesques vases de la Chine et de l'Inde, on comprend l'enthousiasme qui les salua lorsque d'audacieux commerçants les apportèrent pour la première fois ; maintenant leur rareté est devenue extrême : aussi est-ce dans les palais du Portugal qu'il a fallu chercher les derniers qui se cachaient depuis plus de deux siècles.

Nous avons encore à examiner le rôle de la porcelaine orientale d'un autre point de vue, celui du service. Il faut en convenir, rien ne fait mieux ressortir l'élégance de l'orfévrerie, la transparence hyaline des cristaux de la Bohême, que les couleurs pimpantes, vives et harmonieuses de la porcelaine de la Chine ; la presque impossibilité de réunir actuellement un nombre suffisant de pièces assorties ne fait qu'augmenter le charme d'un service dont les pièces diverses, empruntées à un genre analogue, joignent la variété à la grâce d'ensemble. Aussi voit-on souvent, sur une table somptueuse, un service de dessert chinois succéder aux porcelaines modernes timbrées du chiffre ou des armoiries de la maison. Quant aux services complets, ils ne peuvent exister que dans les espèces relativement modernes commandées dans l'Inde ou au Japon au siècle dernier ; on les trouve alors avec les soupières, les diverses sortes de plats et de légumiers, les réchauds et les séries d'assiettes convenables pour chaque service. Nous avouons nos préférences pour les tables échantillonnées où les sujets à personnages, les bouquets, les emblèmes variés, viennent à chaque instant solliciter l'attention et souvent exciter l'intérêt du convive.

Nous ne parlerons pas des services de Sèvres ; à part quelques heureux qui les ont formés de longue date, qui pourrait espérer en acquérir aujourd'hui ? Il faut voir ceux de la famille de Rothschild, le service dit de Buffon à M. Léopold Double, pour se faire une idée de ce luxe touchant qui fait revivre sur une table tous les souvenirs d'un

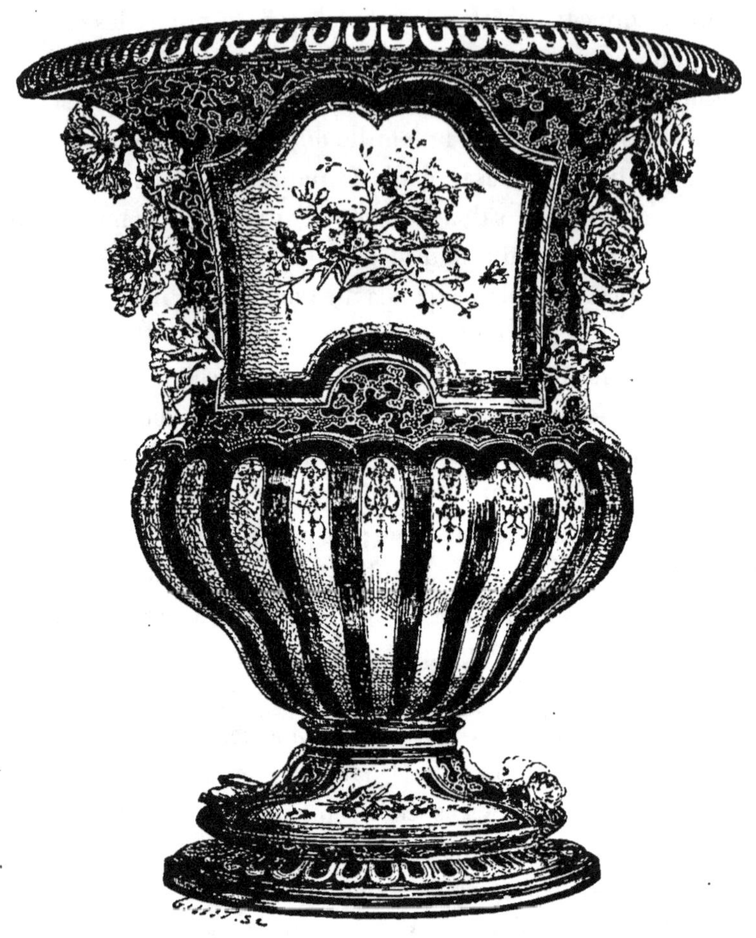

Vase de vieux Vincennes, pâte tendre, décoré de fleurs en relief. (Collection de M. L. Double.)

siècle de goût et d'esprit : ce sont ici les chiffres de la favorite artiste qui fut l'une des plus puissantes protectrices de l'usine royale de Sèvres ; là, ceux de l'élégant évêque de Strasbourg, ce Rohan devenu célèbre par un procès qui a fait époque ; ailleurs, les armes des Maupertuis, des Mazade, etc. De grands bols, des rafraîchissoirs aujourd'hui remplis de fleurs odorantes donnent à la table un rehaut que les surtouts d'orfévrerie seraient impuissants à lui apporter sans ce concours heureux.

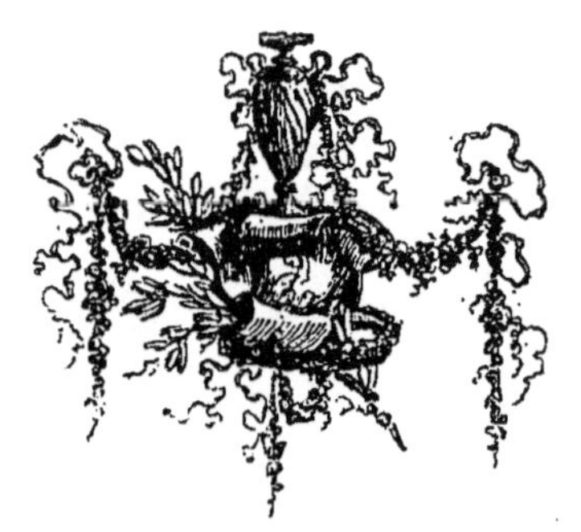

CHAPITRE VIII

LAQUES ET VERNIS ORIENTAUX

Le laque est un objet de tabletterie ou un meuble qui, après certaines préparations, a été enduit d'un vernis particulier lui donnant un brillant inaltérable. Ce vernis s'applique particulièrement sur un bois mince et bien travaillé, qui est généralement le cyprès ; il a pour base une résine plus ou moins colorée qui exsude ou qu'on extrait par incision de certains arbres. En Chine, l'arbre au vernis, nommé *tsi*, paraît être l'*Augia sinensis;* au Japon, c'est le *Rhus vernix;* sa résine s'appelle *Ourousi-no-ki*. Quelques autres plantes, telles que le *Rhus succedaneum*, l'*Elæococcus vernicia*, les *Melanoræa usitata* et *Dryandra cordata*, donnent une résine laque dont on use non-seulement en Chine et au Japon, mais dans l'Annam, l'Inde, la Perse, etc.

Voici quelle est, au moins dans les ateliers chinois, la méthode de travail du laque : lorsque le bois, bien plané, a été recouvert d'une feuille de papier mince ou de gaze de soie, on y étend une couche épaisse d'un enduit fait de grès rouge en poudre et de fiel de buffle ; on la laisse sécher, puis on polit et l'on frotte avec de la cire, ou bien l'on donne une couche d'eau gommée qui tient de la craie en suspension. On applique le vernis avec un pinceau plat et l'on porte le meuble dans un séchoir humide ; du séchoir la pièce passe dans les mains d'un ouvrier qui l'humecte et la polit de nouveau avec un schiste tendre d'un grain très-fin, ou avec des tiges de prêle. Le meuble reçoit une seconde couche de laque, et, dès qu'elle est sèche, on le polit encore.

Ces opérations sont renouvelées jusqu'à ce que la surface soit parfaitement unie et brillante ; on ne donne jamais moins de trois couches de vernis et il est rare qu'on en applique plus de dix-huit. On prétend que certains vieux laques chinois et des laques japonais ont reçu plus de vingt couches ; pour la Chine le fait paraîtrait tout à fait exceptionnel, car nous trouvons au Louvre une pièce inscrite de la mention : 六 lou 層 tinsg.

Six couches, ce qui implique déjà un fait digne d'être signalé et sortant de l'ordinaire.

Il reste à peindre le meuble ; l'esquisse est faite avec un pinceau imbibé de céruse, puis avec un burin ; le dessin est alors tracé définitivement avec de l'orpiment ou du vermillon délayés dans une dissolution de colle ; on recouvre les traits avec du laque de Kouang-si que le camphre rend liquide et on les dore. On obtient les reliefs avec du laque de Kouang-si pâteux, et l'on se sert de laque du Fo-kien pour les retouches.

Le meuble ou coffret revient de l'atelier des peintres dans celui des menuisiers, qui le montent et le font achever par les serruriers-garnisseurs.

On fait le laque blanc ou d'argent avec du laque de Kouang-si ou *Hoa-kin-tsi* mélangé avec de l'argent en feuilles, et rendu liquide au moyen du camphre ; ce laque reçoit des peintures dans lesquelles on peut employer cinq couleurs : le rouge (cinabre natif), le rose (laque de carthame), le vert (orpiment et indigo ou *to-kao*), le violet (colcothar calciné), le jaune (orpiment).

Les laques du Japon sont d'une finesse et d'une perfection qui laissent loin derrière elles même les plus beaux laques de la Chine ; ils ont en outre une qualité inexplicable : c'est la dureté qui leur permet de résister à tout, de n'être jamais rayés, et de supporter les hautes températures. Leur polissage est le plus parfait que l'on connaisse. On comprend dès lors que, pour distinguer les laques de provenances diverses, il faille d'abord étudier leur façonnage, puis et surtout le caractère d'art ; là en effet résident les différences déjà signalées entre les œuvres de la Chine, du Japon, de la Cochinchine, de la Perse, de l'Inde, etc. Toutefois, avant de descendre à ces détails, il importe de connaître les genres principaux qui divisent les laques en général : nous allons les décrire en commençant par les plus précieux.

Laque fond d'or. C'est l'espèce la plus ancienne et la plus recherchée ; elle acquérait au dix-huitième siècle les prix les plus élevés, car on savait que les plus beaux morceaux ne parvenaient en Europe que par les dignitaires de la factorerie hollandaise, qui les recevaient en dons pour des services rendus dans leurs relations officielles avec les princes japonais. Les laques à fond d'or ont généralement la couleur chaude et mate du métal vierge ; c'est sur cette surface lumineuse que ressortent en relief, des méandres de fleurs et de feuillages, des sujets, de fins réseaux scintillant comme ferait une sculpture brunie. Quelquefois mêlé d'argent, l'or affaibli prend une teinte douce et nacrée sur laquelle les ors rouge, vert et jaune se détachent puissamment ; pour relever encore ce riche ensemble, des cubes saillants d'or bruni, d'argent vif ou bleui comme l'acier, ressortent par place, ainsi que le feraient des cristaux natifs au milieu de leur gangue. Les seules colorations artificielles qui rehaussent ce travail sont le noir, le vermillon et le vert pâle mis en touches très-discrètes.

Les laques à fond d'or sont presque tous de petite dimension ; quelques rares cabinets à tiroirs microscopiques sont les seuls meubles qu'on puisse citer. Quant aux boîtes, elles affectent les formes les plus singulières, représentant parfois un personnage accroupi, une bourse, un éventail, un écran, des fruits ou des feuilles. Le plus souvent sous le couvercle est un obturateur, sorte de plateau sans profondeur et richement orné, qui cache des boîtes nombreuses à pourtour géométrique, agencées de manière à remplir tout le fond ; on ne peut les sortir qu'en en chassant une au moyen d'un trou circulaire ouvert en dessous et qui laisse pénétrer l'extrémité du petit doigt : celle-là enlevée, les autres viennent facilement.

Cette sorte d'orfévrerie en bois est réservée pour l'ornementation des demeures somptueuses ; elle ne devait point changer de destination en venant chez nous ; disposée dans les étagères des meubles Louis XVI elle semble en être le complément. Des laques comme ceux de la collection de Marie-Antoinette peuvent seuls affronter le voisinage des ciselures de Gouthière.

Laque aventurine. Celui-ci, moins précieux, se rencontre parfois en grands cabinets, coffres et autres meubles ; dans sa facture la moins parfaite, il sert d'ailleurs de doublure à la plupart des autres espèces de laques. Ceci indiqué, nous allons l'examiner dans ses applications les plus distinguées.

Il faut d'abord bien définir la signification du nom : si tout le monde ne connaît pas le *quartz aventurine*, chacun a vu le magnifique produit inventé à Venise pour imiter cette gemme, et dont la riche couleur brun-rouge est éclairée par les points brillants et métalliques dont sa masse est pénétrée. Tel est l'effet des vrais laques aventurine : le semé d'or des différentes couches, recouvert de vernis, s'assombrit en proportion de sa profondeur et ne laisse briller que les points superficiels ; l'objet ne semble donc plus taillé dans une matière opaque ; l'œil croit en scruter la profondeur comme il pénétrerait dans une gemme nébuleuse. Sur l'aventurine se dessinent les mêmes reliefs d'or que dans l'espèce précédente.

Les plus beaux laques aventurinés sont associés au laque fond d'or : dans les uns, l'or est réservé aux détails intérieurs ; dans les autres, le fond d'or est extérieur et les plateaux et boîtes du dedans sont en aventurine.

La qualité du travail établit de telles différences dans ce genre de laque que Julliot, le fin connaisseur du dix-huitième siècle, avait reconnu trois variétés : l'aventurine à gros grains d'or, l'aventurine ordinaire et l'aventurine foncée. Celle-ci, moins semée de points brillants, c'est-à-dire plus commune, se rencontre dans les grands meubles, les paravents ou les doublures de coffres ; la seconde est le type ; l'autre est l'espèce riche et soignée. Julliot signalait encore une autre espèce sous le nom d'*aventurine nuancée*. Dans cette belle variété, assez rare, le pointillé métallique disparaît d'espace en espace sous un nuage d'or vaguement fondu dans la masse.

Laque noir. C'est le laque vrai, celui qui fournit depuis les plus merveilleux bijoux jusqu'aux commandes vulgaires et aux meubles grossiers. Il faut une grande étude pour reconnaître la nationalité de quelques pièces, car le laque noir a été fait partout. Le travail japonais s'accuse par le nombre de ses couches et la perfection du poli *non poisseux;* on croirait être en présence d'un métal et non d'un vernis ; la finesse des reliefs d'or ajoute à l'illusion : certaines pièces semblent du fer poli incrusté d'or vierge.

Le laque noir se mêle à toutes les autres espèces, ou il y est conduit par des transitions insensibles ; certaine espèce semée de points d'or régulièrement espacés, imite assez l'aspect d'un ciel nocturne pour que nous l'ayons qualifiée de *fond constellé*. Il mène à l'aventurine sans lui ressembler. Une autre espèce où les points d'or sont très-petits et très-rapprochés est dite *poussierée d'or ;* enfin quand ce sablé est nébuleux par place il forme le *nuancé d'or* voisin de l'aventurine nuancée. La différence radicale entre les aventurines et les noirs plus ou moins ponctués, c'est que le travail de ceux-ci est à la surface et non dans le vernis, et que, si rapprochés qu'ils soient, le noir apparaît toujours pur entre les granules métalliques ; l'aventurine, au contraire, est toujours fauve.

La plus rare espèce de laque noir du Japon est celle qu'on nomme *laque miroir ;* pour mieux laisser voir sa perfection, on n'y applique jamais aucun décor. Non moins rare est une espèce, voisine par la pureté du vernis, mais dont le décor est pour nous un problème : à la surface s'accentuent les détails de plantes exécutées en or, avec les plus délicats reliefs ; puis, à mesure que les tiges descendent, les reliefs disparaissent, les détails s'effacent, et l'ensemble va se perdant comme le ferait un objet plongé dans un liquide et que la profondeur des couches et la diminution de la lumière déroberaient à l'œil. L'appellerons-nous *laque profond ?* L'expression est encore bien faible pour donner l'idée de la chose.

Le *laque usé* porte des dessins d'or très-nets, très-détaillés, mais sans aucun relief, en sorte que le vernis est entièrement lisse et uni au toucher comme une glace. Au Japon, le laque usé a été parfois exécuté en couleurs. En Chine, l'espèce est assez fréquente en objets modernes ; le lâché de l'exécution et la faiblesse du vernis les font facilement reconnaître.

Le laque noir a revêtu toutes les formes, depuis les meubles et les panneaux, les paravents, les tables, les siéges, les supports, jusqu'aux plus mignonnes conceptions de l'art ; ce sont des fruits, des fleurs, des personnages, des armoiries, des animaux. Les choses de provenance chinoise se reconnaissent, nous le répétons, à la faiblesse de l'or, plus délayé, moins chaud ; le fond est moins poli, on y sent le voisinage du bois. Au moment de la commande, on a même fait en Chine des laques noirs avec sujets à peine vernis et où la hâte et le vil prix du travail sont visiblement écrits.

C'est aux Chinois qu'on doit le mélange de teintes diverses avec le noir : on peut voir au Louvre des bols de la période Kia-thsing de la dynastie des Ming (1522 à 1560) sur lesquels un brun-rouge forme des médaillons arabesques ressortant sur le fond. Ce sont ces bols qui portent la mention de leurs six couches de vernis. On rencontre assez

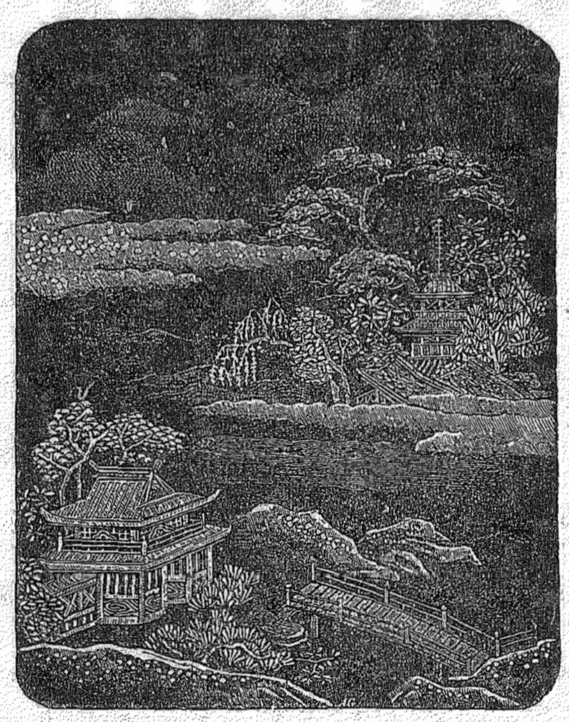

Laque noir à dessin d'or en relief ; travail ancien.

souvent des laques vert et chamois, simple variété de couleur à placer à la suite de celui dont il vient d'être question.

Laque rouge. Il paraît essentiellement japonais, et les petites pièces qu'on rencontre sont presque toujours d'une couleur ardente et pure et d'un décor très-soigné. Ce sont des petites coupes précieuses dans le mobilier où leur note puissante appelle la lumière et la gaieté. Le laque rouge était connu dans l'ancienne curiosité, et il paraît même qu'on cherchait à l'imiter, puisque les catalogues ne manquent pas de le désigner ainsi : *vrai lacq rouge*, en ajoutant *ancien* ou *ordinaire*, ce qui implique, sinon deux provenances, deux variétés.

Le rouge mis grossièrement au pinceau sur un bois mal travaillé forme souvent la doublure des laques de Siam et de la Perse. Dans ce dernier pays, un laque rouge peu abondant et granuleux a été orné de belles arabesques et de bouquets en or et brun noirâtre; nous l'avons trouvé ainsi au revers de beaux écrans en laque noir burgauté.

Laque xyloïde. C'est une espèce japonaise imitant les veines d'un bois fréquemment employé dans les petits meubles et la tabletterie fine du pays. On trouve l'espèce en bordures encadrant les panneaux du laque noir ou bien en petites boîtes ayant la forme d'un baril dont les extrémités portent la figure des trois puissances.

Laque burgauté. On donne, en curiosité, le nom de *burgau* à la nacre de perle, parce qu'avant l'époque où la navigation nous apporta les haliotides et les pintadines de l'Inde et de l'Amérique, une coquille appelée *burgau* fournissait aux arts la matière orientée dont ils faisaient emploi. Le terme a survécu à la modification des choses.

Presque toutes les nations de l'extrême Orient ont appliqué la nacre sur le vernis noir; la manière de l'associer au travail, le style des décors peuvent seuls faire distinguer la nationalité. Au Japon, le burgau relève souvent les plus fins laques noirs; il est alors posé avec une discrétion extrême, traçant des tiges de bambou, ou couronnant de fleurs microscopiques sculptées en relief des bouquets d'or brillant.

Une variété toute spéciale est le laque burgauté sur porcelaine, où les Japonais déploient une patience et un talent extraordinaires. La perfection et le rendu de ces mosaïques chatoyantes, ressortant sur un beau fond noir, sont un objet de juste admiration.

En Chine et dans l'Annam, des mosaïques analogues s'exécutent sur bois, mais avec bien moins de finesse et un moindre sentiment du dessin; les Chinois relèvent l'effet de leur travail en coloriant en dessous de nuances vives les lamelles de nacre. On attribue généralement à la Cochinchine les pièces où les médaillons principaux sont encadrés dans de larges bordures ou des fonds partiels cailloutés en burgau, c'est-à-dire composés de morceaux irréguliers juxtaposés dans le vernis noir. Il existe pourtant des cabinets d'origine japonaise où l'on trouve ce travail; mais le cailloutés y est beaucoup plus fin et plus serré: ce n'est presque plus qu'une pluie de burgau.

Les burgautés indiens et persans se distinguent surtout par le costume

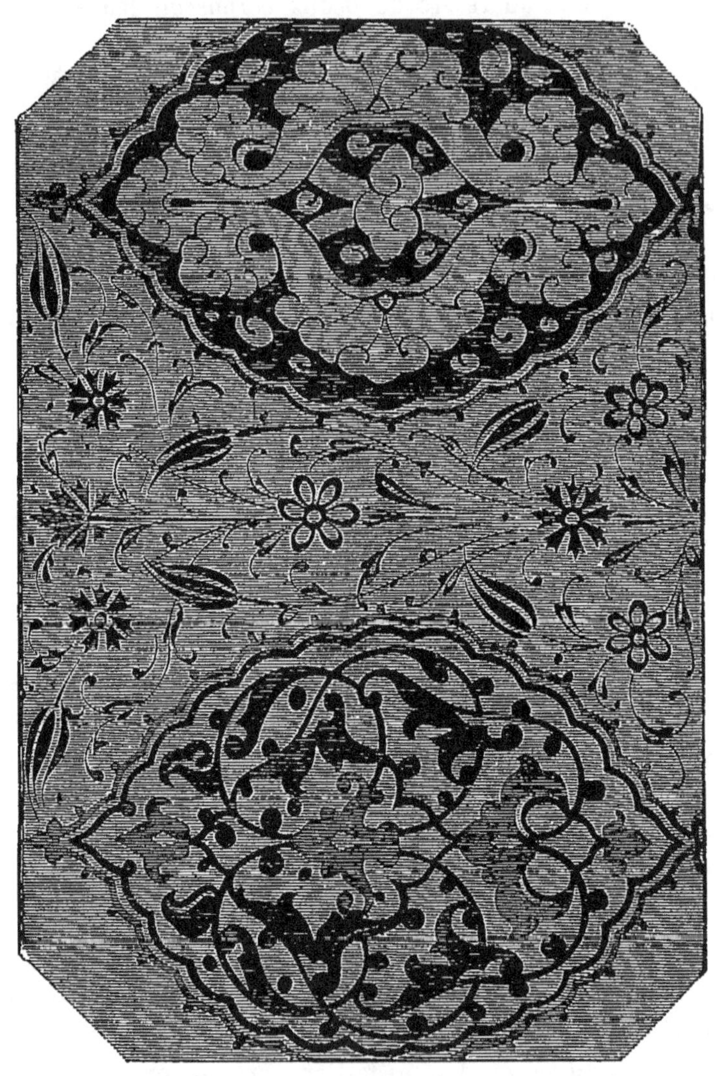

Laque rouge de l'Inde. (Ancienne collection de M. Jules Boilly.)

des personnages ; pour le reste, ils ont bien des caractères communs ; les bordures sont d'une riche composition où courent des inscriptions élégantes ; le fond, couvert de rameaux fleuris, serrés comme les arbres d'une forêt vierge, laisse voir, là des personnages armés et montés sur des éléphants, se livrant au plaisir de la chasse, ici des hommes et des femmes accroupis buvant la liqueur proscrite ou jouant de divers instruments. Ceci orne plus particulièrement des coffres de mariage de fabrication persane. Les figures sont simplement découpées en silhouette dans la nacre ; mais la masse est si juste qu'on retrouve parfaitement le mouvement, et les scènes ont de loin une animation singulière.

Laque ciselé. Cette espèce est d'origine japonaise incontestable, bien qu'elle soit plus généralement connue par les objets chinois désignés ici sous le nom de laque de Pékin, là-bas sous celui de laque de Ti-tcheou (province de Chan-toung), et qu'elle se fabrique positivement dans le département de Houang-tcheou, province de Hou-pé. Voici la composition du laque chinois de Ti-tcheou : la pâte est formée de filasse fine d'urtica nivea, de papier de bambou, de chaux de coquilles et d'autres matières, le tout bien battu, bien lié avec de l'huile de camélia ou de dryandra et coloré par le vermillon. Cette pâte est appliquée sur bois et acquiert une grande dureté; on la découpe et on la sculpte avec délicatesse ; quant à la vernissure, elle est l'objet d'un travail particulier tenu secret. Le laque ciselé est, le plus souvent, d'une couleur rouge rappelant la cire à cacheter foncée. Pâle, on le suppose moderne et on l'estime moins.

Le laque ciselé du Japon est plus foncé encore que le plus ardent et le plus ancien produit chinois ; un autre caractère c'est que les détails de l'ornementation sont plus grands et que la vernissure est bien plus parfaite. Il y a des laques ciselés du Japon sur pâte noire et brune. Quelques meubles étagères d'une très-haute époque ont leurs tablettes en laque usé noir peint de fleurs et fruits en couleur.

L'antériorité de la fabrication japonaise est parfaitement admise en Chine ; aujourd'hui encore les artistes qui veulent se consacrer à ce genre de ciselure vont apprendre ou se perfectionner au Japon.

Salvocat. Existe-t-il une sorte d'intermédiaire entre le laque ciselé et les autres espèces? Le salvocat serait-il cette espèce, ou son nom n'indiquerait-il qu'une variété de couleur? Nous avons rencontré, dénommés ainsi, des ouvrages d'une teinte fauve, à fonds formés de mosaïques ou de bâtons rompus sur lesquels ressortaient, en relief plus accusé, des fleurs, des oiseaux et surtout des inscriptions très-correctement écrites. En examinant le travail avec soin, on remarque que les angles de la ciselure ont moins de netteté, que les contours des objets sont moins purs que dans le laque de Ti-tcheou; il semble plutôt voir un moulage fait dans un creux qu'une sculpture refouillée à l'outil. A la Haye, il existe une boîte « dont l'extérieur est de salvocat et l'intérieur de noir. » Le salvocat paraît d'origine japonaise.

Laque de Coromandel. Voici encore un nom que tout le monde répète en l'appliquant à un produit connu, et pourtant ce nom est erroné. La côte de Coromandel est depuis longtemps l'entrepôt principal des marchandises orientales; mais la fabrication y est nulle, ou bornée aux objets de consommation locale. Il y aurait donc avantage à remplacer le nom courant par celui de *laque champlevé* qui ne préjugerait rien quant à la provenance aujourd'hui incertaine.

En général, le travail, peu fini, s'applique sur une tabletterie commune; l'intérieur des pièces, sommairement couvert d'une peinture rouge, laisse apercevoir les stries du bois et les inégalités du rabottage. Quant à la surface, elle offre un dessin net formé par des cloisons saillantes dans lesquelles s'insère une couleur peu épaisse sous laquelle on retrouve la trace des coups de gouge qui ont creusé les cavités; l'espace compris entre les dessins, ou le fond, généralement noir, est aussi très-parcimonieusement verni.

Les sujets, tantôt chinois, tantôt japonais, révèlent assez un atelier intermédiaire entre les deux empires et travaillant pour chacun. Une magnifique armoire appartenant au cabinet des médailles porte des scènes hiératiques exécutées dans le style et avec les couleurs des vieilles porcelaines chinoises de famille verte; des paravents nous ont offert des Japonaises au splendide costume se promenant parmi les fleurs d'un parc coupé par des eaux, et passant des ponts pour se rendre à la maison ouverte et garnie de stores retenus par des ganses à longs glands. Plus souvent encore ce sont des bouquets entourant le fong hoang sacré et montrant les chrysanthèmes et les pivoines dans tout l'éclat de leur blancheur ou du rose pur et dégradé de leurs pétales.

En présence de ces choses connues, on pense involontairement à l'Annam; pourtant les voyageurs nous disent que la Cochinchine

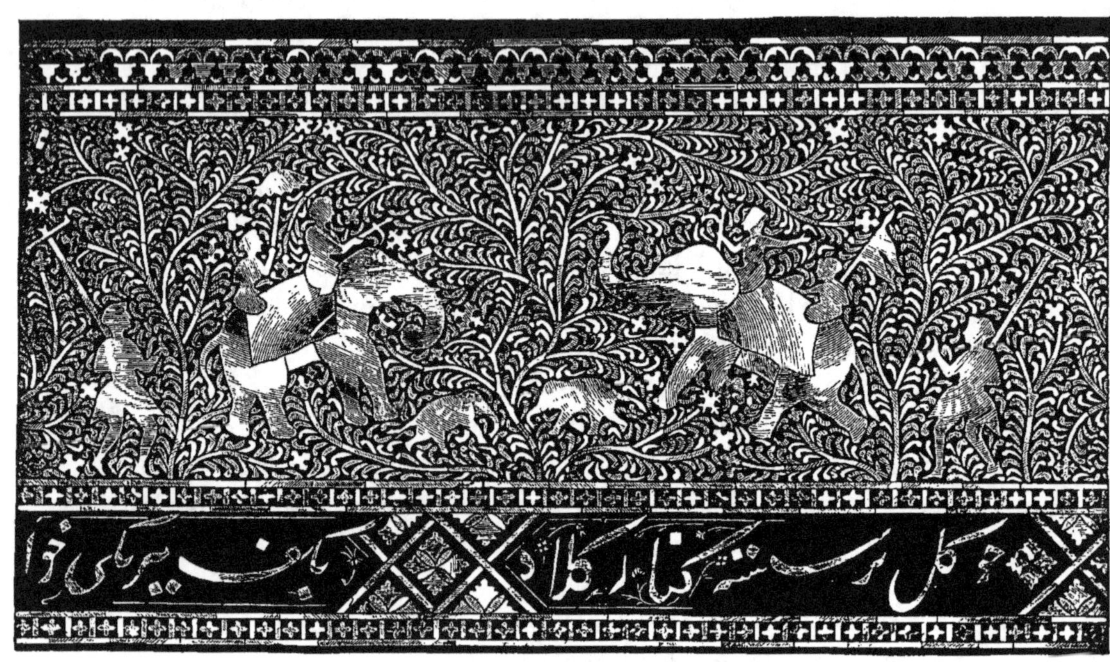

Laque burgauté de l'Inde. (Ancienne collection de M. Jules Boilly.)

envoie en présent à l'empereur de la Chine des laques dignes de rivaliser, par leur finesse, avec les ouvrages courants du Japon. Nous avons vu dans les expositions récentes les vernis de Siam, et, malgré leur grand style, nous n'y avons découvert aucune analogie avec les laques champlevés. Attendons, dès lors, que des faits nouveaux éclairent la question.

Après cette détermination sommaire des principales espèces de laques, nous ne pensons pas qu'il y ait lieu de chercher les caractères de décoration et surtout les emblèmes propres aux diverses régions de l'extrême Orient : ce serait répéter ce que nous avons dit déjà à propos des autres branches de l'art. En Chine, le laque ne semble pas avoir un rang aussi officiel dans la vie publique que le bronze et les gemmes ; c'est donc là qu'on trouvera ce que nous nous dispensons de mettre ici.

Quant aux laques du Japon, c'est autre chose ; rangés parmi les objets les plus précieux qui se puissent offrir, fabriqués dans des ateliers subventionnés par le souverain et les grands, ils portent le plus souvent des emblèmes héraldiques que le curieux a le plus grand intérêt à connaître, puisqu'ils sont une indication de provenance et un gage de perfection. Au Japon l'Empire est héréditaire et la famille qui occupe encore le trône a la prétention de descendre de Tensio-daï-zin, la déesse topique de l'île du Soleil-Levant. Les armoiries de cette famille sont une fleur de chrysanthème, guik-mon, figurée ainsi :

Mais ce n'est pas là l'emblème officiel de la puissance, le signe qui timbre la monnaie et tout ce qui manifeste les actes du souverain. Celui-ci, kiri-mon, est composé de trois feuilles et de trois fleurs (corymbe) du kiri, *Paullownia imperialis*, réunis de cette façon :

Une autre armoirie, longtemps officielle également, était celle de la famille Minamoto, revêtue depuis plusieurs générations de la puissance exécutive sous le nom de Siogoun, Koubo ou Taikoun. Cette armoirie, appelée Awoino-go-mon, était formée de trois

feuilles de mauve. Aujourd'hui la puissance du Taikoun

est détruite et ses armoiries rentrent dans la catégorie ordinaire de celles des princes feudataires. Nous allons donner, de ceux-ci, les *mon* ou armoiries qu'on rencontre le plus fréquemment, avec leur répartition dans les sept grandes contrées ou *doo* qui divisent le Japon.

On remarquera que, parmi ces armoiries, plusieurs ont une double signification : ainsi l'éventail, lorsqu'il porte sur or le disque du soleil en rouge, est l'insigne du commandement, réservé aux généraux comme à nos maréchaux le bâton emblématique. La forme de l'éventail est parfois donnée à des boîtes; la même observation s'applique à d'autres armoiries et les contours compliqués de certains laques se trouvent ainsi naturellement expliqués : des grues, des gerbes, une bourse doivent aussi représenter des signes nobiliaires ou des emblèmes religieux.

Nous venons de parler des laques vrais; nous ne devons pas négliger de dire un mot d'un genre oriental voisin, celui des peintures en vernis qui s'exécutent en Perse et dans l'Inde sur des objets en bois ou en papier mâché, sorte de carton très-fin, très-solide et apte à prendre les formes les plus compliquées. Des bordures charmantes souvent à fleurs vives encadrent des arabesques élégantes ou des sujets à figures, parfois délicatement peints : ce que l'on rencontre le plus fréquemment en ce genre ce sont des boîtes à miroirs, des pupitres, de petits portefeuilles, des nécessaires pouvant rivaliser avec les délicieux travaux piqués de même origine.

Ce genre nous intéresse, car il est la source évidente des efforts tentés en Europe pour arriver à la peinture inaltérable en vernis. Dès le temps de Louis XIV les Pays-Bas et l'Angleterre avaient produit des meubles à l'imitation des laques de Chine et du Japon ; la France elle-même s'était essayée dans le même genre, et si imparfaites que fussent ses productions elles avaient répondu aux besoins de l'industrie.

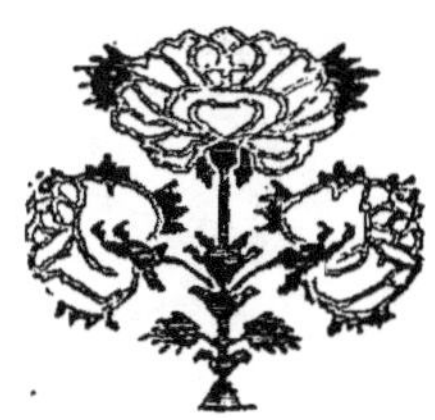

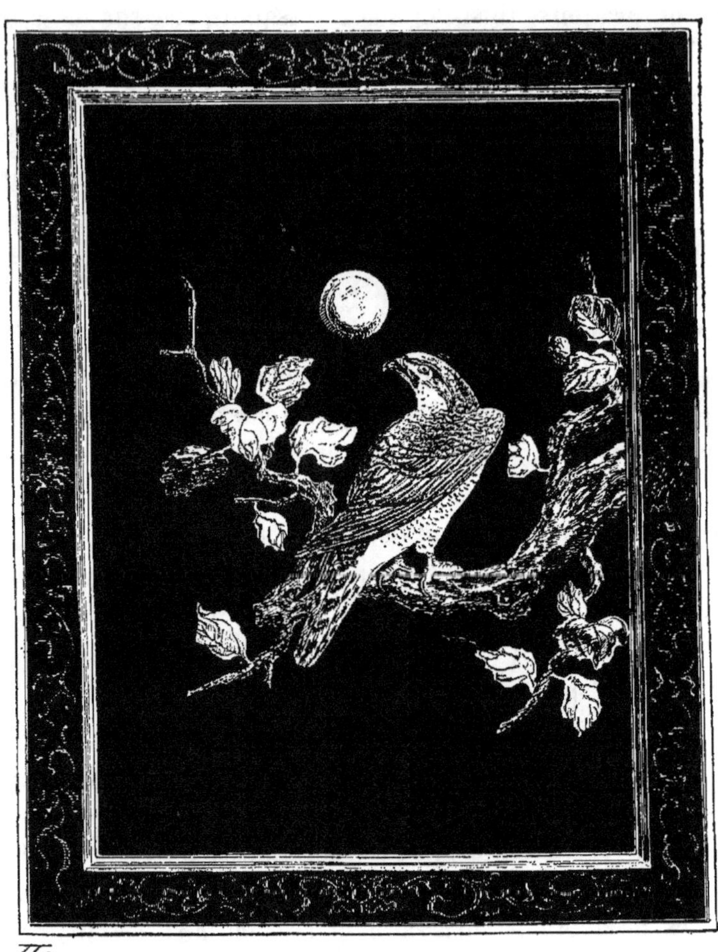

Panneau d'un cabinet de laque noir à incrustations de pierres dures, d'écaille et d'ivoire; travail japonais ancien. (Collection de M. Jules Jacquemart.)

1. Owari dans la Tookaydoo. Kiy dans le Nankaydoo, Mito, Jetsju dans le Hokrikfdoo, Asakfra, Istoumo dans le Saniendo, Istoe dans le Tookaydoo.
2. Owari dans le Tookaydoo, Kiy dans le Nankaydoo, Mito. Jetsju dans le Hokrikfdoo, Asakfra, Istoe dans le Tookaydoo.
3. Kiy dans le Nankaydoo, Mito.
4. Kiy dans le Nankaydoo.
5. Kiy dans le Nankaydoo.
6. Asakfra, Istoumo dans le Saniendoo, Moetsoe dans le Toozandoo, Sadsuma dans le Saykaydoo. Nagato dans le Sanjoodoo, Bizen dans le Sanjoodoo, Awazi dans le Nankaydoo, Jonitsawa, Kokaro, Tsusima, Koga Smoetsky dans le Nankaydoo.
7. Moetsoe dans le Toozandoo.
8. Asakfra, Jetsirin dans le Hokrikfdoo, Kawatsi dans le Saykaydoo, Nacubo Moets.
9. Istoumo dans le Saniendoo.
10. Figo dans le Saykaydoo, Mino dans le Toozandoo, Simiotsoeke dans le Toozandoo.
11. Tsikfoezing dans le Saykaydoo, Sagami dans le Tookaydoo, Kouroda.
12. Tsikfoezing dans le Saykaydoo, Jamagatta, Dewa.
13. Aki dans le Sanjoodoo, Asano.
14. Moezasi dans le Tookaydoo.
15. Nagato dans le Sanjoodoo, Dewa dans le Toozandoo, Mauri.
16. Nagato dans le Sanjoodoo, Mauri.
17. Boengo dans le Saykaydoo.
18. Boengo dans le Saykaydoo.
19. Istoumo dans le Saniendoo, Awatzi dans le Nankaydoo.
20. Moetsoe dans le Toozandoo, Tsikfoengo dans le Saykaydoo, Arima.
21. Istoe dans le Tookaydoo.
22. Istoe dans le Tookaydoo.
23. Kaga dans le Hokrikfdoo, Kachiou.
24. Jeetsigo dans le Hokrikfdoo.
25. Kaga dans le Hokrikfdoo, Moetsoe, Jio dans le Nankaydoo, Jeetsigo dans le Hokrikfdoo, Simiotsoeke dans le Toozandoo, Kachiou.

TABLEAU DES ARMOIRIES JAPONAISES.

1	2	3	4	5	6
7	8	9	10	11	12
13	14	15	16	17	18
19	20	21	22	23	24
25	26	27	28	29	30
31	32	33	34	35	36
37	38	39	40	41	42
43	44	45	46	47	48
49	50	51	52	53	54

TABLEAU DES ARMOIRIES JAPONAISES.

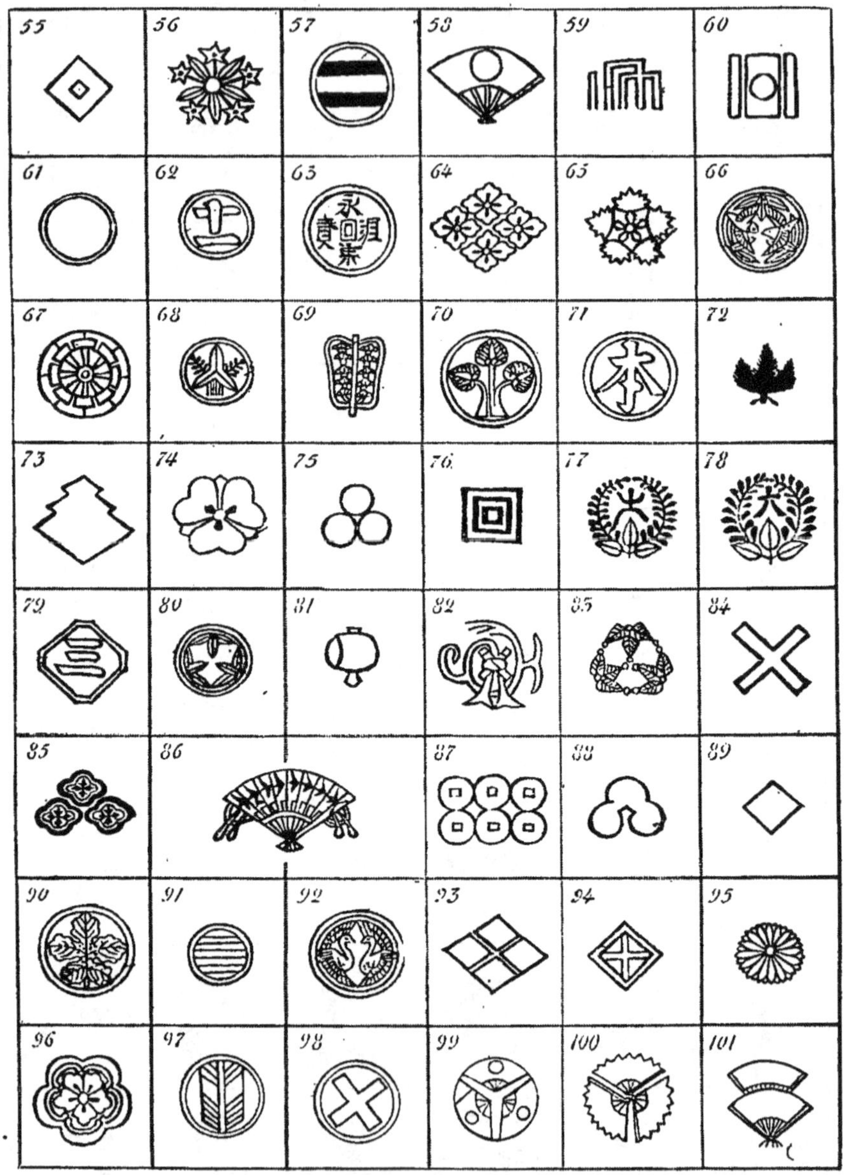

55	56	57	58	59	60
61	62	63	64	65	66
67	68	69	70	71	72
73	74	75	76	77	78
79	80	81	82	83	84
85	86		87	88	89
90	91	92	93	94	95
96	97	98	99	100	101

26. Sadsuma dans le Saykaydoo, Satsuma.
27. Sadsuma dans le Saykaydoo, Todo.
28. Jsie dans le Tookaydoo, Dewa dans le Toozandoo.
29. Awa dans le Nankaydoo, Moetse dans le Toozandoo, Sendaij.
30. Awa dans le Nankaydoo.
31. Moetsoe dans le Toozandoo, Juchiou.
32. Moetsoe dans le Toozandoo.
33. Moetsoe dans le Toozandoo, Figo dans le Saykaydoo, Mino dans le Toozandoo, Harima dans le Sanjoodoo, Sagami dans le Tookaydoo, Koana dans le Tookaydoo, Phosso Kava.
34. Figo dans le Saykaydoo.
35. Figo dans le Saykaydoo, Aki dans le Sanjoodoo, Sanoeki dans le Nankaydoo.
36. Figo dans le Saykaydoo.
37. Figo dans le Saykaydoo, Tsikfoezing dans le Saykaydoo, Moezasi dans le Tookaydoo.
38. Bitzen, dans le Sanjoodoo.
39. Bitzen dans le Sanjoodoo, Sikogo Jagananta.
40. Bitzen dans le Sanjoodoo.
41. Bitzen dans le Sanjoodoo.
42. Jnaba dans le Saniendoo, Kadsa, Enchiou.
43. Jnaba dans le Saniendoo, Sikogo Jagananta.
44. Bitjen dans le Sanjoodoo.
45. Bitjen dans le Sanjoodoo.
46. Bitjen dans le Sanjoodoo.
47. Bitjen dans le Sanjoodoo.
48. Bitjen dans le Sanjoodoo.
49. Oomi dans le Toozandoo, Hikoué.
50. Oomi dans le Toozandoo, Kadsa.
51. Isie dans le Tookaydoo, Iga dans le Tookaydoo.
52. Isie dans le Tookaydoo, Iga dans le Tookaydoo.
53. Tosa dans le Nankaydoo, Taschiou.
54. Tosa dans le Nankaydoo.
55. Tsikfoengo dans le Saykaydoo, Getsirin dans le Hokrikfdoo, Koana.
56. Tsigfoengo dans le Saykaydoo, Arima.
57. Tsigfoengo dans le Saykaydoo.

58. Dewa dans le Toozandoo, Satake.
59. Dewa dans le Toozandoo, Satake.
60. Satake.
61. Jio dans le Nankaydoo, Jetsigo dans le Hokrikfdoo, Moesazi dans le Tookaydoo.
62. Jetsigo dans le Hokrikfdoo.
63. Jetsigo dans le Hokrikfdoo.
64. Yamato dans le domaine de la Couronne.
65. Yamato dans le domaine de la Couronne.
66. Moetso dans le Toozandoo, Jonitsawa, Ouessugni.
67. Harima dans le Saykaydoo, Kawagatmoesas dans le domaine de la Couronne.
68. Boedsen dans le Saykaydoo.
69. Boedsen dans le Saykaydoo.
70. Smoesa dans le Tookaydoo, Kadsoesa dans le Tookaydoo, Oomi dans le Toozandoo, Sinano dans le Toozandoo.
71. Smoesa dans le Tookaydoo, Kadsoesa dans le Tookaydoo, Oomi dans le Toozandoo, Sinano dans le Toozandoo.
72. Smoesa dans le Tookaydoo.
73. Kokaro, Ognoura.
74. Kadsa, Dewa dans le Toozandoo.
75. Kadsa.
76. Kadsa.
77. Sagami dans le Tookaydoo.
78. Sagami dans le Tookaydoo.
79. Jodo Jamatia dans le domaine de la Couronne.
80. Jodo Jamatia dans le domaine de la Couronne, Jamagata, Dewa, Onessugni.
81. Yamasiro dans le domaine de la Couronne.
82. Sikogo Jagananta.
83. Sikogo Jagananta.
84. Mimasoeka dans le Sanjoodoo.
85. Mimasoeka dans le Sanjoodoo.
86. Jetsigo dans le Hokrikfdoo.
87. Sinano dans le Toozandoo.
88. Sinano dans le Toozandoo.
89. Moesazi dans le Tookaydoo.

90. Sinano, Soutzinano, Omoura.
91. Soutzinano.
92. Nacubo Moets.
93. Nacubo Moëts.
94. Jamagata, Dewa.
95. Tsousima (Corée).
96. Kawagas Moesas ou Kawatsi dans le domaine de la Couronne.
97. Boengo dans le Saykaydoo.
98. Mimasaki dans le Sanjoodoo.
99. Toozandoo ?
100. Toozandoo ?
101. Toozandoo?

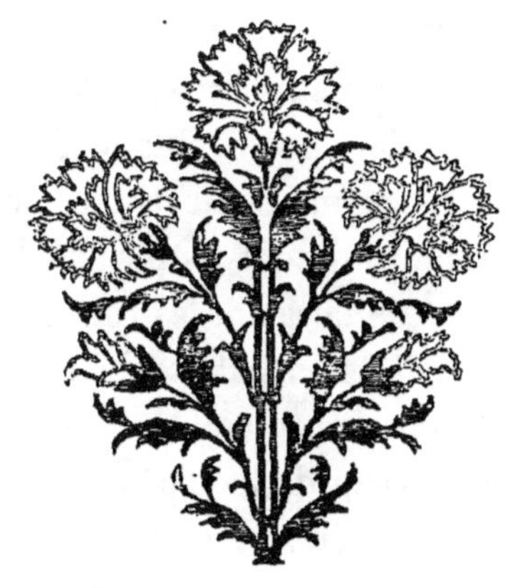

CHAPITRE IX

CUIRS OUVRÉS

Il faut se reporter aux mœurs orientales qui nous montrent encore aujourd'hui des coutumes analogues à celles de nos ancêtres pour bien comprendre l'importance de certaines industries ; au Japon, où les grands voyagent processionnellement entourés de leurs officiers, suivis de leur maison et d'un nombreux bagage, les coffres, les étuis, les enveloppes des étendards deviennent autant d'objets de luxe destinés à exciter au passage les témoignages du respect public et à montrer la grandeur et la richesse de celui dont ils portent les armoiries. Ce qui se passe au Japon, c'est ce que faisaient les rois et les seigneurs à l'époque du moyen âge ; les coffres ou bahuts de cuir, les enveloppes des orfévreries précieuses devenaient autant de meubles destinés à attirer les regards et à montrer le rang de leur propriétaire. Dans l'intérieur, l'étui luxueux faisait pressentir le mérite et le prix de l'objet qui y était renfermé, les sujets gravés ou repoussés indiquaient s'il était d'usage ordinaire ou religieux. Aussi les noms des ouvriers en cuir diminuent de nombre dans les archives à mesure qu'on se rapproche des époques modernes.

Voici ceux que nous avons trouvés :

1320, Nicolas de France, écrin de cuir bouilli ;
1387, Jacquet, coffrerie, étuis ;
1387, Perrin Bernart, gaînier à Paris ;

1388, Pierre de Fou, coffretier;
1390, Guillaume Tireverge, étuis, bouteilles;
1420, Gilles le coffrier de Lille;
1432, George de Vigne, gaisnier;
1432, Gilles de Willies, coffrier;
1443, Gilles Bonnier, coffretier.

D'autres mêlaient le travail général du cuir à certaines spécialités, comme Jehan de Troyes, en 1388, sellier et garnisseur de chaières, et Jehan Garnier, en 1496, livré particulièrement à la sellerie. Nous avons retrouvé des siéges en X du seizième siècle garnis encore de leur cuir, armorié et à dessins.

Nous ne dirons rien des cordouanniers dont l'histoire sera faite un jour; nous nous contenterons de cueillir en passant les noms de Jehan de Saumur, en 1389, et de Jehan Marchant, en 1454; l'un ornait les poulaines, et l'autre tailladait les souliers camus.

Les anciens documents désignent les différentes manières de travailler le cuir; la première de toutes est le cuir bouilli : d'abord, on le trouve *haché en manière d'enlevure*, c'est-à-dire taillé au canif et relevé en relief; puis vient le cuir *bouilli poinçonné* ou travaillé au petit fer qui marquait à froid. Selon M. de Laborde, le premier procédé date du neuvième siècle et le second du quatorzième. De là au cuir empreint ou martelé employé pour les reliures il n'y avait qu'un pas. En arrivant au seizième siècle, nous voyons le luxe produire de nouvelles industries; on ne se contentait plus de frapper et de repousser le cuir, on le dorait, et, en 1557, Jehan Foucault ou Fourcault et Jehan Louvet couvraient de leur luxueuse décoration des tentures destinées aux demeures royales; mais nous avons parlé de ce genre aux tentures et nous n'y reviendrons pas.

Nous venons de voir en passant le nom de Guillaume Tireverge, le fabricant de bouteilles. Du quatorzième siècle à une époque assez récente, cette industrie a dû fleurir encore; car pour les voyages, les excursions un peu prolongées, le vin ne pouvait être transporté que dans des récipients résistant au choc. Aussi rien n'est plus merveilleux que certaines de ces flasques couvertes de fines arabesques et parfois divisées en grands compartiments de cuirs diversement colorés, motivant une ornementation plus riche encore que celle du cuir uni.

Les coffrets, on le comprend, réclamaient toute l'ingéniosité des artistes; destinés à être constamment sous les yeux des dames et à contenir les objets de parure, les fines bijouteries et les pierres précieuses, donnés souvent par le prétendant à sa fiancée, ils offraient non-seulement les plus fines combinaisons, mais encore les emblèmes et les devises inspirés par l'amour. Les récentes expositions ont montré tout l'intérêt de ces petits monuments, archives intimes de l'histoire des arts et de l'histoire des mœurs.

Au moment où la gravure et la dorure se substituaient aux reliefs, on voit encore le cuir jouer un rôle important dans le mobilier, et chacun se rappelle le magnifique cabinet fait pour le mariage de Philippe II, roi d'Espagne, exposé par M. Spitzer et dont la surface bleue faisait ressortir, au milieu de splendides arabesques, les portraits en pied des deux fiancés.

Au dix-septième siècle, rien n'est encore plus fréquent que les étuis en maroquin frappés d'ornements et timbrés des armes royales et princières; et l'art du gaînier se confond presque avec une spécialité dont nous n'avons point à nous occuper ici, celle de la reliure, qui, dès son apparition, prit une telle importance que ses richesses rivalisèrent avec celles de l'orfévrerie et devinrent le type d'autres industries, ainsi que nous l'avons dit en parlant des faïences d'Oiron presque toutes ornées des mêmes motifs que les livres de l'époque de Henri II.

N'oublions pas que le cuir ouvré prit une large part dans l'attirail de guerre; sans remonter à la cuirie dont à une certaine époque on recouvrait l'armure, on le voit se formuler en pulvérins et flasques dès les commencements de l'emploi des armes à feu. Le plus souvent bursaire et divisée en compartiments repoussés, cette flasque recevait des ornements et emblèmes: divinités voguant sur les eaux, cavaliers à l'antique, surgissant au milieu des plus riches rinceaux; seulement, et l'on s'en étonnera, cet engin destiné à contenir la foudre moderne ne reproduit habituellement que des images faisant allusion à la guerre ancienne, comme si les inventeurs eux-mêmes avaient honte de cette substitution de la force brutale à la valeur personnelle du guerrier.

FIN

TABLE DES GRAVURES

FIN DE LA TABLE DES GRAVURES

TABLE ANALYTIQUE

D

E

F

G

J

K

L

M

N

O

P

Q

R

FIN DE LA TABLE ANALYTIQUE

TABLE DES MATIÈRES

18080. — Typographie Lahure, rue de Fleurus, 9, à Paris.

www.ingramcontent.com/pod-product-compliance
Lightning Source LLC
LaVergne TN
LVHW010514100826
845148LV00001B/9